제16판

세법개론 Ⅱ

국세기본법, 법인세법

박준석

비즈프레스

머 리 말

오늘날 대부분의 경제행위에는 조세가 수반된다. 경제행위에 따른 조세부담과 세법규정을 이해할 필요가 있다. 세법규정에 대한 이해가 필요함에도 불구하고 이를 습득하기란 여간 어려운 것이 아니다. 조세법률주의에 따라 우리나라의 세목과 세율은 법이 정하고 있고, 개별세법의 내용이 매우 방대하기 때문이다.

저자는 대학에서 세법에 대한 사전 지식이 없는 학생들에게 세법과목을 강의하면서 세법을 시작하는 학생들에게 세법의 주요내용을 효과적으로 전달하고 싶은 동기와 국세청에서 실무를 담당하는 조사관으로 세무조사를 하면서 경리실무자들이 경영자에게 회계처리에 대한 개념을 효과적으로 전달하는 방법을 알려주고 싶은 동기에서 본서를 집필하게 되었다.

이러한 동기에 기초하여 본서는 세법을 처음으로 접하는 학생이나 일반인이 비교적 큰 부담이 없이 본서를 통하여 세법의 골격을 쉽게 이해하는 것에 궁극적인 목표를 두었다. 그 결과 방대한 세법규정을 단순히 나열식으로 제시하는 것이 아니라, 세법규정의 취지와 의미를 해설하는 데 역점을 두었다.

첫째, 본서는 대학에서 세법 과목을 처음으로 수강하는 학생들이 세법의 기초내용을 가급적 쉽게, 체계적으로 이해할 수 있도록 배려하였으므로 대학의 강의교재로 사용하기에 적합할 것으로 생각된다.

둘째, 실무에서는 시행규칙, 예규, 판례가 중요할 수 있어 기존의 서적들 중에는 이들까지 제시한 경우가 있다. 하지만 실무에서도 시행규칙, 예규, 판례보다 더 중요한 것은 세법규정에 담겨져 있는 입법취지 및 그 의미에 대한 이해일 것이다. 따라서 본서는 가능하면 시행규칙, 예규, 판례과 같은 지엽적인 사항에 대한 언급은 원칙적으로 배제하고, 세법의 큰 그림을 이해하고 응용할 수 있는데 초점을 두었다.

셋째, 세법규정에 대한 명확한 이해를 돕기 위하여 필요한 경우 예제를 제시하였다. 본문에 있는 예제들은 개념을 이해하는 데 도움을 주기 위한 것으로 복잡하거나 어려운 문제풀이식 예제보다는 사례중심의 예제를 제시하였고, 연습문제의 예제는 공인회계사와 세무사의 기출문제를 중심으로 기술하여 각종 국가고시 수험에 대비한 기본서로도 활용할 수 있도록 하였다.

원고를 탈고하고 나니 부족하나마 소기의 목적을 달성하였다는 성취감과 아울러 혹시 설명이 미진하거나 미처 발견하지 못한 오류가 있지는 않을까 하는 마음을 떨칠 수가 없다. 부족한 부분은 독자 여러분의 격려와 충고를 통해 앞으로 지속적으로 수정·보완해 나갈 것을 약속드린다.

아울러 본서를 집필함에 있어서 여러 대학에 계신 선배교수님들을 비롯한 많은 분들의 다양한 저서들을 참고하였는바 이분들께 이 기회를 빌려 감사의 말씀을 드리고, 비즈프레스의 추일재 사장님 이하 직원분들께 감사드린다.

2022년 2월

박준석

차 례

제 1 편 국세기본법

Chapter 1 조세총론

Chapter 2 국세기본법의 개요

Chapter 3 국세부과의 원칙과 세법적용의 원칙

Chapter 4 납세의무

Chapter 5 조세채권의 보전

제 2 편 법인세법

Chapter 1 총 칙

Chapter 2 익금과 익금불산입

Chapter 3 손금과 손금불산입

Chapter 4 충당금과 준비금

Chapter 5 손익의 귀속사업연도

Chapter 6 자산 및 부채의 평가

Chapter 7 합병(분할)회계

Chapter 8 부당행위계산의 부인

Chapter 9 과세표준과 세액의 계산

Chapter 10 기타의 법인세

제 1 편 국세기본법

CHAPTER 01

조세총론

I 조세의 개념

1. 의의

공권력을 가지고 있는 국가 또는 지방자치단체가 그의 살림에 필요한 재원에 충당하기 위해 세법의 과세요건을 충족하는 국민에게 개별적인 대가없이 권력적 강제력에 의해 부과징수하는 금품이 조세이다. 조세는 역사적 발전과정을 통하여 생겨난 산물로서 정치, 경제, 사회, 문화의 발전과 더불어 재정수요 충당을 위한 조세의 개념에서 정책적 도구로서의 개념이 강조되고 있다.

2. 조세의 특징

1) 부과권자

조세는 국가 또는 지방차지단체가 권력적인 강제력에 의해 부과하고 징수한다. 공공단체가 부과하는 공과금과는 다르다.

2) 징수목적

공권력을 가지고 있는 국가 또는 지방자치단체가 그의 살림에 필요한 재원에 충당하기 위해 재정수입을 조달할 목적으로 부과한다. 그런데 최근에 와서 재정수입의 목적이 오히려 부차적인 것이 되고 경기조절, 소득재분배, 특정한 경제활동의 부양과 억제 등의 정책적 기능이 점점 증대되어 가고 있다.

3) 발생근거 및 반대급부

조세는 조세법률주의에 따라 과세요건이 충족되었을 경우 모든 자에게 부과되며, 조세를 납부한 자에게 개별보상 하는 것이 아니라 그 대가관계가 간접적인 일반보상의 원리에 따른다. 납세의무자가 국가서비스(국방, 치안 등 공공재)의 수익자임에 틀림이 없으나 국가서비스에 따른 편익이 자기가 납부한 조세와 비례하여 주어지는 것은 아니다.

3. 조세의 분류

1) 조세의 분류

조세는 과세주체, 징수목적, 과세요건 등에 따라 다음과 같이 분류할 수 있다.

분류기준	대 분 류		조세의 종류 등
과세주체	국 가	국 세	내국세, 관세
	지방자치단체	지방세	취득세, 등록면허세, 자동차세 등
세수의 용도	일반경비 충당	보통세	법인세, 소득세, 부가가치세 등
	특정경비 충당	목적세	교육세, 농어촌특별세 등
조세의 전가	납세의무자 = 조세부담자를 예정	직접세	법인세, 소득세, 상속세 등
	납세의무자 ≠ 조세부담자를 예정	간접세	부가가치세, 개별소비세 등
납세의무자 인적사정	납세의무자의 소득, 부양가족 수 등을 고려	인 세	소득세, 상속세, 증여세 등
	납세의무자의 인적사정이 고려 안함	물 세	부가가치세, 개별소비세
과세대상 측정단위	과세표준은 금액으로 표시, 세율은 비율로 표시	종가세	법인세, 소득세, 상속세 등
	과세표준은 물량으로 표시, 세율은 금액으로 표시	종량세	인지세, 주세의 주정할 등
적용세율	세율은 과세표준에 비례	누진세	법인세, 소득세 등
	세율은 과세표준에 관계없이 일정	비례세	부가가치세 등
다른 조세에 부가여부	다른 조세와 독립(獨立)	독립세	법인세, 소득세, 부가가치세 등
	다른 조세에 부가(附加)	부가세	농어촌특별세, 교육세 등

2) 우리나라 현행 조세체계

우리나라의 조세는 과세주체인 과세권자에 따라 국가가 부과하는 국세와 지방자치단체가 부과하는 지방세로 분류되고, 국세는 그 부과에 통관절차를 필요로 하는 관세와 통관절차가 필요 없는 내국세로 분류된다.

내국세는 소득에 대하여 부과되는 법인세 및 소득세가 있고, 소비에 대하여 부과되는 부가가치세 및 개별소비세가 있고, 부(富)의 분산을 강화하고 변칙상속을 방지하기 위한 상속세 및 증여세가 있다.

우리나라의 현행 조세체계는 세목 및 목적세가 너무 많고, 양도소득세는 부동산 투기억제에 초점을 맞추다보니 조세의 부담이 과도하여 자본소득 사이에 형평성을 잃고 있다. 우리나라의 조세분류체계를 살펴보면 다음과 같다.

<table>
<tr><th>구 분</th><th colspan="2">조세의 분류</th><th>세 목</th><th>세 법</th></tr>
<tr><td rowspan="3">국 세</td><td rowspan="2">보통세</td><td>직접세</td><td>· 법인세, 소득세
· 상속세, 증여세
· 종합부동산세</td><td>· 법인세법, 소득세법
· 상속세 및 증여세법
· 종합부동산세법</td></tr>
<tr><td>간접세</td><td>· 부가가치세
· 개별소비세, 주세
· 증권거래세, 인지세
· 교통 · 에너지 · 환경세</td><td>· 부가가치세법
· 개별소비세법, 주세법
· 증권거래세법, 인지세법
· 교통 · 에너지 · 환경세법</td></tr>
<tr><td>목적세</td><td>부가세</td><td>농어촌특별세, 교육세</td><td>농어촌특별세법, 교육세법</td></tr>
<tr><td rowspan="2">지방세</td><td colspan="2">보통세</td><td>· 취득세, 등록면허세
· 재산세, 자동차세
· 주민세, 지방소득세,
· 담배소비세, 지방소비세, 레저세</td><td rowspan="2">지방세법</td></tr>
<tr><td colspan="2">목적세</td><td>지역자원시설세, 지방교육세</td></tr>
</table>

Ⅱ 조세법

1. 조세법의 법원

조세법의 법원은 세법이 존재하는 형식으로 조세에 대하여 과세관청과 납세자 간에 쟁송이 있는 경우 사법부가 판결하는 근거가 된다.

1) 헌법

헌법에 따르면 모든 국민은 법률이 정하는 바에 따라 납세의무를 지고, 조세의 종목과 세율은 법률로 정하여야 한다.

납세의무는 개인의 부의 일부를 공권력 단체가 권력적 강제력에 의해 부를 이전시키는 수단이므로 그 권력적 강제성 때문에 헌법에서 보장하고 있는 국민의 재산권을 침해할 가능성이 있다. 따라서 조세의 부과 및 징수를 반드시 의회가 제정한 법률에 근거를 두도록 하는 조세법률주의가 엄격히 요청되고 있는 것도 바로 이 때문이다.

2) 법률

조세법은 모든 국세에 공통적으로 적용되는 국세기본법, 국세징수법, 조세범처벌법, 조세특례제한법이 있다. 각 개별 국세는 1세목 1세법주의를 선택하고 있다.

법률에서 규정하는 가장 중요한 법원은 과세요건이다. 과세요건은 납세의무자, 조세부과의 물적대상인 과세대상, 과세대상을 금전 등의 가치척도로 그 크기를 측정한 값인 과세표준, 조세부담비율인 세율을 말한다.

3) 명령 등

행정부에서 제정한 법규로서 대통령이 제정한 시행령과 각 부처장관이 제정한 시행규칙이 있다. 법률의 위임사항을 규정한 위임명령과 법률을 시행하기 위한 집행명령으로 구분된다.[1)]

1) 조례는 지방자치단체의 의회가 제정한 법규이며, 규칙은 지방자치단체의 장이 제정한 법규이므로 조례와 규칙은 지방세법의 위임에 따라 조세법의 법원이 된다.

4) 조세법의 법원은 아니나 납세의무에 영향을 미치는 것

행정규칙에는 상급행정기관이 하급행정기관의 권한행사를 지휘하기 위한 훈령, 법령해석에 관한 질의에 대한 회신 형식인 예규, 법령의 해석이나 운영에 관한 지침인 기본통칙이 있다. 행정규칙은 행정기관의 내부 지침에 불과하며 국민이나 법원을 구속하는 법규로서 효력을 갖지는 못한다.

판례는 소송사건을 판결한 선례로서 추상적인 법규의 내용을 구체화하고 그 내용을 보충한다. 대법원의 판례는 하급심을 구속하게 되므로 사실상 법원성을 갖는다고 할 수 있다.

2. 조세법의 기본원칙

1) 조세법률주의

조세법률주의란 법률의 근거 없이는 국가는 조세를 부과·징수할 수 없고, 국민은 조세의 납부를 강요받지 않는다는 원칙을 말한다. 헌법에서는 국민의 기본의무적 측면에서 국민은 법률이 정하는 바에 따라 납세의무를 지고, 국가의 과세권적 측면에서 국가는 법률로 정한 조세의 종목과 세율에 대하여 부과·징수할 것을 규정하고 있다.

조세법률주의는 과세권자의 자유재량을 배제하여 국민의 재산권을 보장하고, 경제생활의 예측가능성과 법적 안정성을 확보하고, 납세자기본권의 적극적 보장을 기본적인 목적으로 한다.

(1) 합법적인 조세채권

① 과세요건 법정주의

과세요건 법정주의란 조세를 부과하기 위한 과세요건은 반드시 국민의 대표기관인 국회에서 제정한 법률에 따라야 한다는 것이다. 과세요건은 납세의무가 성립하기 위한 요건으로서 납세의무자, 과세대상, 과세표준, 세율을 말한다.

대통령과 기획재정부장관은 국회의 동의 없이 조세의 종목과 세율을 제정하거나 변경할 수 없지만, 국회의 입법에 따른 법률에서 구체적인 범위를 정하여 위임받은 사항에 대한 위임명령과 법률을 시행하기 위한 부연·보충하는 집행명령을 제정한다.

② 과세요건 명확주의

과세요건 명확주의란 조세를 부과하기 위한 과세요건의 내용은 명확하고 상세하게 규정하여 한가지로 해석되고 적용되는 것을 말한다. 이는 과세권자의 자유재량을 배제하여 과세권자가 과세요건에 관한 법률을 자의적으로 해석하거나 적용하는 것을 방지하여 국민의 재산권을 보장하는데 목적이 있다.

조세법은 법조문의 문자적 의미에 따른 문리해석을 원칙으로 하고, 확대해석 또는 유추해석은 할 수 없고, 논리해석은 문리해석이 불가능한 경우에만 적용하는 것을 원칙으로 한다.(엄격해석 원칙)

(2) 합법적인 절차

① 합법성 원칙

합법성 원칙이란 과세요건이 충족되어 납세의무가 성립되면 과세권자는 합법적인 절차에 따라 조세를 부과 · 징수하는 것을 말한다.

조세의 양면성으로[2] 인해 조세행정은 법률의 엄격한 지배를 받아야 한다. 따라서 법률이 정하는 합법적인 절차에 따라 국가는 조세를 부과하고 국민은 조세를 납부하여야 한다.

② 소급입법금지 원칙

소급입법금지 원칙이란 조세법의 시행일 이전에 완료된 행위 · 사실에 대하여 새로운 법률을 소급하여 적용하지 못함으로써 국민의 경제생활의 예측가능성과 법적 안정성을 보장하기 위한 것을 말한다.

국세기본법에서도 국세를 납부할 의무가 성립한 소득, 수익, 재산, 행위, 거래에 대해서는 납세의무가 성립된 후의 새로운 세법에 따라 소급하여 과세하지 아니할 것을 명문화 하고 있다.[3]

---

2) 국가는 국가운영에 필요한 재정수요를 충당할 목적으로 권력적인 강제력에 따라 우선 징수하여야 하고, 국민의 공평한 조세부담을 보장하고 국민의 재산권을 보장하여야 할 의무가 있다.

3) 소급입법금지의 원칙은 신의성실의 원칙에 대한 예시적인 특별규정인 소급과세금지의 원칙과 구분되어야 한다. 국세기본법에서는 세법의 해석 · 국세행정의 관행이 일반적으로 납세자에게 받아들여진 후에 그 세법의 해석 · 국세행정의 관행에 따른 행위와 계산은 정당한 것이며, 새로운 세법의 해석 · 국세행정의 관행에 따라 소급하여 부과 · 징수되지 아니한다(세법의 해석 또는 관행에 따른 소급과세금지의 원칙)라고 규정하고 있다.

2) 조세평등주의

(1) 수평적 평등

헌법에 따른 평등의 원칙을 실현하기 위해 조세는 동일한 조세부담 능력을 가진 자에게 동일한 금액의 조세를 부담하도록 공평하게 배분되어야 한다.(동일조건 · 동일부담의 원칙)

수평적 조세평등주의를 실천하는 제도는 경제적 실질과 법적 형식이 다른 경우 경제적 실질에 따라 과세하는 실질과세제도, 특수관계인의 거래로 인하여 조세의 부담을 부당하게 감소시키는 조세회피를 방지하기 위한 부당행위계산의 부인제도, 과도한 조세혜택을 방지하기 위한 최저한세제도, 상법에 따른 배당은 아니지만 실질적으로 이익배당과 같은 경제적 이익을 받는 경우 배당소득으로 보고 과세하는 의제배당제도 등이 있다.

(2) 수직적 평등

헌법에 따른 평등의 원칙을 실현하기 위해 조세는 서로 다른 조세부담 능력을 가진 자에게 그에 상응하는 금액의 조세를 부담하도록 공평하게 배분되어야 한다.(조세부담공평의 원칙)

수직적 조세평등주의를 실천하는 제도는 여러 종류의 과세대상에 대하여 개별적으로 분리과세하지 않고 일괄 가산하여 그 합계액에 과세하는 종합과세제도, 과세표준이 증가함에 따라 더 높은 세율로 과세하는 초과누진세율제도, 고가주택에 대하여 양도소득세의 비과세를 제한하는 것 등이 있다.

연습문제

1. 다음은 세목별 조세의 종류에 대한 설명이다. 옳지 않은 것은?

	세 목	세수 용도	전가여부	부가여부
①	법 인 세	보 통 세	직 접 세	독 립 세
②	상 속 세	보 통 세	직 접 세	독 립 세
③	소 득 세	보 통 세	직 접 세	독 립 세
④	부가가치세	보 통 세	간 접 세	독 립 세
⑤	종합부동산세	보 통 세	직 접 세	부 가 세

【정답】 ⑤

√종합부동산세는 부동산의 보유자에게 부과하는 직접세이고 독립세이다.

2. 다음 중 조세평등주의에 어긋나는 것은?

① 실질과세의 원칙
② 종합소득공제
③ 누진세율
④ 고가주택에 대한 비과세배제
⑤ 장기채권에 대한 분리과세

【정답】 ⑤

√조세정책적인 감면, 장기채권 분리과세, 간이과세제도는 조세평등주의와 배치되는 제도이다.

3. 다음은 조세에 관한 일반적 설명이다. 옳지 않은 것은?

① 조세는 재정수요를 충당하는 기능뿐만 아니라 시장의 실패를 교정하는 정책 도구적 기능을 가지고 있다.
② 경제인이라면 개인이나 기업의 모든 의사결정에 세금을 고려하여야 한다.
③ 조세 정의를 구현하고 징수비용을 줄이기 위하여 간접세의 비중을 늘리는 것이 좋다.
④ 대법원의 판례는 하급심을 구속하게 되므로 사실상 법원성을 갖는다고 할 수 있다.
⑤ 행정규칙에는 훈령, 예규, 기본통칙이 있으나 법원성은 없다.

【정답】 ③

CHAPTER 02

국세기본법의 개요

I 총 칙

1. 국세기본법의 목적

모든 국세의 기본이 되는 국세기본법은 다음의 사항을 규정함으로써 국세에 관한 법률관계를 명확하게 하고, 과세를 공정하게 하며, 국민의 납세의무를 원활하게 하는 것을 목적으로 한다.

① 국세에 관한 기본적이고 공통적인 사항(총칙법)

② 납세자의 권리 · 의무 및 권리구제에 관한 사항(납세자 권리보장법)[1)]

2. 용어의 정의

1) 국세와 세법

국세(國稅)란 국가가 부과하는 조세 중 소득세, 법인세, 상속세, 증여세, 종합부동산세, 부가가치세, 개별소비세, 교통 · 에너지 · 환경세, 주세(酒稅), 인지세(印紙稅), 증권거래세, 교육세, 농어촌특별세를 말한다.

세법이란 국세의 종목과 세율을 정하고 있는 법률, 국세징수법, 조세특례제한법, 국제조세조정에 관한 법률, 조세범처벌법, 조세범처벌절차법을 말한다. 국세기본법의 세법에는 국세기본법, 관세법, 임시수입부가세, 지방세기본법, 지방세법, 지방세특례제한법이 포함되지 아니한다.[2)]

1) 국세기본법에서는 위법 또는 부당한 국세처분에 대한 불복절차, 세무공무원은 부과처분을 위한 실지조사 등을 하는 경우에 납세자권리헌장의 내용이 수록된 문서를 납세자에게 내주어야 하며, 납세자가 제출한 신고서 등이 진실한 것으로 추정하는 등 납세자의 권리에 관한 사항을 규정하고 있다.

2) 국세에 관하여 세법에 별도의 규정이 있는 경우를 제외하고는 국세기본법에서 정하는 바에 따른다.

2) 납세자

납세자란 납세의무자와 징수의무자로 구분할 수 있다.

납세의무자는 세법에 따라 국세를 납부할 의무가 있는 자로서 본래의 납세의무자, 하나의 조세채무에 대하여 2인 이상의 사람이 동일한 납세의무를 연대하여 부담하는 연대납세의무자, 납세자가 납세의무를 이행할 수 없는 경우에 납세자를 대신하여 납세의무를 지는 제2차 납세의무자와 납세보증인을 말한다.

징수의무자는 세법에 따라 국세를 징수하여 납부할 의무가 있는 자로서 원천징수의무자와 부가가치세법에 따른 대리납부의무자를 말한다.

납세자
- **납세의무자 : 본래의 납세의무자, 연대납세의무자, 제2차 납세의무자, 납세보증인**
- **징수의무자 : 원천징수의무자, 대리납부의무자**

3) 가산세

가산세란 국세기본법 및 세법에서 규정하는 의무의 성실한 이행을 확보하기 위하여 국세기본법 및 세법에 따라 산출한 세액에 더하여 징수하는 금액을 말한다. 가산세는 의무불이행에 대한 벌과금의 성격이나 형식상 세법에서 정하는 국세의 세목에 속한다.

4) 강제징수비

강제징수비란 국세징수법 중 강제징수에 따른 재산의 압류, 보관, 운반, 매각에 든 비용 및 매각대행수수료를 말한다. 여기서 강제징수란 조세채권이 독촉에 따른 납부기한까지 국세 등을 완납하지 않는 경우 행정상의 강제력에 따라 재산의 압류, 압류재산의 매각, 매각대금의 청산·배분의 과정을 통하여 납세자의 재산에 대하여 강제집행을 하는 것을 말한다.

5) 공과금

공과금이란 국세징수법에서 규정하는 강제징수의 예에 따라 징수할 수 있는 채권 중 국세, 관세, 임시수입부가세, 지방세와 이에 관계되는 강제징수비를 제외한 것을 말한다.

6) 과세기간 및 과세표준 등

과세기간이란 세법에 따라 국세의 과세표준 계산의 기초가 되는 기간을 말하고, 법정신고기한이란 세법에 따라 과세표준신고서를 제출할 기한을 말한다.

과세표준(課稅標準)이란 세법에 따라 직접적으로 세액산출의 기초가 되는 과세대상의 수량 또는 가액(價額)을 말하고, 과세표준신고서란 국세의 과세표준과 국세의 납부 또는 환급에 필요한 사항을 적은 신고서를 말한다.[3)]

7) 정보통신망 및 전자신고

정보통신망이란 전기통신기본법에 따른 전기통신설비를 활용하거나 전기통신설비와 컴퓨터 및 컴퓨터의 이용기술을 활용하여 정보를 수집, 가공, 저장, 검색, 송신, 수신하는 정보통신체계를 말한다.

전자신고란 과세표준신고서 등 국세기본법 또는 세법에 따른 신고 관련 서류를 국세정보통신망을 이용하여 신고하는 것을 말한다.

8) 세무공무원 및 세무조사

세무공무원이란 국세청장 · 지방국세청장 · 세무서장 또는 그 소속 공무원, 세법에 따라 국세에 관한 사무를 세관장(稅關長)이 관장하는 경우의 그 세관장 또는 그 소속 공무원을 말한다.

세무조사란 국세의 과세표준과 세액을 결정 또는 경정하기 위하여 질문을 하거나 해당 장부, 서류, 그 밖의 물건을 검사 · 조사하거나 그 제출을 명하는 활동을 말한다.

---

3) 과세표준수정신고서란 당초에 제출한 과세표준신고서의 기재사항을 수정하는 신고서를 말한다.

Ⅱ 기간과 기한

1. 기간

기간이란 한 시점에서 다른 시점까지 계속되는 시간을 말한다. 세법에 규정하는 기간의 계산은 세법에 특별한 규정이 있는 것을 제외하고는 민법에 따른다.

1) 기간의 기산점

민법에 따르면 기간의 기산점은 다음과 같다.

① 기간을 시 · 분 · 초로 정한 때에는 즉시로부터 기산한다.(자연적 계산)

② 기간을 일 · 주 · 월 · 연으로 정한 때에는 초일은 산입하지 아니한다.(역법적 계산, 초일 불산입) 그러나 그 기간이 오전 영시로부터 시작하는 때에는 초일을 산입하며,[4] 연령계산에는 출생일을 산입한다.

③ 기간의 초일이 공휴일인 경우에는 초일부터 기산한다.

2) 기간의 만료점

민법에 따르면 기간의 만료점은 다음과 같다.

① 기간을 일 · 주 · 월 · 연으로 정한 때에는 기간말일의 종료로 기간이 만료한다.(말일산입)

② 기간을 주 · 월 · 연으로 정한 때에는 월의 대소 및 연의 평윤에 관계없이 달력에 따라 계산한다.

③ 기간을 주 · 월 · 연의 처음으로부터 기산하지 아니한 때에는 최후의 주 · 월 · 연에서 그 기산일에 해당하는 날의 전일로 기간이 만료한다.

④ 기간을 월 · 연으로 정한 때에는 최종의 월에 해당일이 없는 경우에는 최종 월의 말일로 기간이 만료한다.

⑤ 기간의 말일이 공휴일인[5] 때에는 발생할 수 있는 불이익을 방지하기 위하여 공휴일의 다음날을 기간의 만료점으로 한다.

---

4) 국세기본법 또는 세법에 특별한 규정이 있는 경우에는 초일을 산입한다.

5) 공휴일이란 관공서의 공휴일에 관한 규정에 따라 규정된 공휴일을 말한다.

표 2-1	민법에 따른 기간의 계산		
계산방법	구분	기산점	만료점
자연적 계산	시, 분, 초	즉시	시, 분, 초의 종료시점
역법적 계산	일, 주, 월, 연	초일불산입	기간의 말일(말일산입)
	주, 월, 연		달력에 따라 계산
	월, 연		달력에 따라 계산, 최종 월의 말일
	공휴일	공휴일 포함	공휴일의 다음날

예제 ❶ 기간의 계산

상속개시일이 2022.5.20인 경우와 2022.8.30인 경우에 대하여 상속세의 신고납부기한을 계산하시오. 상속세는 상속개시일이 속하는 달의 말일부터 6개월 이내에 신고하여야 한다.

【해석】

√ 2022.5.20인 경우에는 2022.6.1부터 기산하며, 기산일로부터 6개월 이후인 2022.11.30이 신고기한이 된다.

√ 2022.8.30인 경우에는 2022.9.1부터 기산하며, 기산일로부터 6개월 이후인 2023.2.30이 신고기한이 되나 해당일이 없으므로 2023.2.28이 신고기한이 된다.

2. 기한

1) 의의

기한이란 법률행위의 효력이 발생·소멸하거나 채무를 이행하도록 미리 정해놓은 일정한 시기를 말하고, 이는 장래에 확실히 발생할 사실에 결부시킨 것으로 어떤 사실이 발생한 시점을 말한다.

세법에서 규정하는 신고, 신청, 청구, 그 밖에 서류의 제출, 통지, 납부, 징수에 관한 기한이 공휴일·토요일·근로자의 날일 때에는 공휴일·토요일·근로자의 날의 다음날을 기한으로 한다.

세법에 따른 신고기한 만료일이나 납부기한 만료일에 국세정보통신망이 정전, 프로그램의 오류 등 장애로 가동이 정지되어 전자신고나 전자납부를 할 수 없는 경우에는 그 장애가 복구되어 신고 또는 납부할 수 있게 된 날의 다음날을 기한으로 한다.

2) 우편신고 및 전자신고

과세표준신고서, 과세표준수정신고서, 경정청구서, 과세표준신고 · 과세표준수정신고 · 경정청구와 관련된 서류를 우편으로 제출한 경우에는 우편날짜도장이 찍힌 날에[6] 신고되거나 청구된 것으로 보고, 국세정보통신망을 이용하여 제출하는 전자신고의 경우에는 신고서 등이 국세청장에게 전송된 때에 신고되거나 청구된 것으로 본다.

3) 천재지변 등으로 인한 기한의 연장

(1) 신청

관할세무서장은 천재지변 등의 사유로 세법에 따른 신고, 신청, 청구, 그 밖에 서류의 제출 또는 통지를 정하여진 기한까지 할 수 없다고 인정하는 경우(직권) 또는 납세자가 기한만료일 3일 전까지 기한연장을 신청한 경우에는 그 기한을 연장할 수 있다. 다만, 행정기관장은 기한연장을 신청하는 자가 기한 만료일 3일 전까지 신청할 수 없다고 인정하는 경우에는 기한의 만료일까지 신청하게 할 수 있다.

(2) 기한연장 사유

기한연장의 사유는 다음과 같다.[7]

① 납세자가 화재, 전화(戰禍), 그 밖의 재해를 입거나 도난을 당한 경우

② 세무사법에 따라 납세자의 장부 작성을 대행하는 세무사, 세무법인, 공인회계사, 회계법인이 화재, 전화, 그 밖의 재해를 입거나 도난을 당한 경우

③ 납세자 또는 그 동거가족이 질병이나 중상해로 6개월 이상의 치료가 필요하거나 사망하여 상중(喪中)인 경우

④ 정전, 프로그램의 오류, 그 밖의 부득이한 사유로 한국은행 및 체신관서의 정보통신망의 정상적인 가동이 불가능한 경우

---

6) 우편날짜도장이 찍히지 아니하였거나 분명하지 아니한 때에는 통상 걸리는 배송일수를 기준으로 발송한 날로 인정되는 날을 말한다.

7) 국세징수법에 따르면 납부와 관련하여 기한연장을 할 수 있는 사유는 다음과 같다.
① 납세자가 그 사업에서 심각한 손해를 입거나, 그 사업이 중대한 위기에 처한 경우
② 납세자의 형편, 경제적 사정 등을 고려하여 기한의 연장이 필요하다고 인정되는 경우로서 국세청장이 정하는 기준에 해당하는 경우

⑤ 금융회사 등[8] 또는 체신관서의 휴무, 그 밖의 부득이한 사유로 정상적인 세금납부가 곤란하다고 국세청장이 인정하는 경우
⑥ 권한 있는 기관에 장부나 서류가 압수 또는 영치된 경우

(3) 기한연장의 기간

천재 등에 따른 기한연장은 3개월 이내로 하되, 해당 기한연장의 사유가 소멸되지 않는 경우 관할세무서장은 1개월의 범위에서 그 기한을 다시 연장할 수 있다. 다만, 신고와 관련된 기한연장은 9개월을 넘지 않는 범위에서 관할세무서장이 할 수 있다.

(4) 승인[9)10)]

행정기관장은 기한을 연장하였을 때에는 문서로 지체없이 관계인에게 통지하여야 한다.

기한 만료일 3일 전까지 기한연장을 신청한 경우에는 기한 만료일 전에 그 승인여부를 통지하여야 하고, 세법에서 정한 납부기한 만료일 10일 전에 납세자의 납부기한 연장 신청에 대하여 세무서장이 신청일로부터 10일 이내에 승인여부를 통지하지 아니한 때에는 그 10일이 되는 날에 납부기한의 연장을 승인한 것으로 본다.

행정기관의 장은 기한연장의 사유가 전국적으로 일시에 발생하는 경우, 기한연장의 통지대상자가 불특정 다수인 경우, 기한연장의 사실을 그 대상자에게 개별적으로 통지할 시간적 여유가 없는 경우에는 관보 또는 일간신문에 공고하는 방법으로 통지를 갈음할 수 있다.

---

8) 한국은행 국고대리점 및 국고수납대리점인 금융회사 등만 해당한다.

9) 납부기한 연장과 징수유예는 제도의 목적, 요건, 절차, 효과가 거의 동일하나 국세기본법과 국세징수법에 규정이 분산되어 있어 납세자가 쉽게 이해하기 어려우므로 납부기한 연장 관련 규정을 2020.12.31. 세법을 개정할 때 국세징수법으로 이관하였다.

10) 납세담보의 징수확보 성격을 고려하여 납세담보 관련 규정을 2020.12.31. 세법을 개정할 때 국세징수법으로 이관하였다.

Ⅲ 서류의 송달 등

1. 서류의 송달

1) 의의

서류의 송달이란 과세관청이 국세처분의 내용이 담긴 서류를 납세자에게 문서로써 알리는 절차를 말한다. 서류의 송달에 의하여 국세의 부과·징수에 필요한 각종 처분절차의 효력을 완성시키며 기간의 기산점이 정해진다.

세법에 따른 서류는 서류에 수신인으로 지정되어 있는 명의인의 주소, 거소, 영업소, 사무소, 전자우편주소에 송달한다. 서류의 송달을 받을 자가 주소·영업소 중에서 송달받을 장소를 정부에 신고한 경우에는 그 신고된 장소에 송달하여야 하고, 서류를 송달하는 경우에 송달받아야 할 자가 주소·영업소를 이전하였을 때에는 주민등록표 등으로 이를 확인하고 이전한 장소에 송달하여야 한다.

다만, 다음의 경우에는 명의인 외의 사람에게 송달한다.

① 연대납세의무자에게 서류를 송달할 때에는 그 대표자를 명의인으로 하며, 대표자가 없는 때에는 연대납세의무자 중 국세를 징수하기에 유리한 자를 명의인으로 한다. 다만, 납세의 고지와 독촉에 관한 서류는 연대납세의무자 모두에게 각각 송달하여야 한다.

② 상속이 개시된 경우 상속재산관리인이 있는 때에는 그 상속재산관리인에게 송달한다.

③ 납세관리인이 있는 때에는 납부의 고지와 독촉에 관한 서류는 그 납세관리인에게 송달한다.

④ 단독으로 완전 유효한 법률행위를 할 수 있는 행위능력이 없는 미성년자, 금치산자, 한정치산자에게 서류송달을 하는 경우에는 무능력자의 법정대리인에게 송달한다.

⑤ 파산선고를 받은 때에는 파산관재인에게 송달한다.

⑥ 법인의 소재가 불명한 때에는 법인 대표자의 주소지로 송달하고, 대표자의 주소지가 불명하여 송달이 불가능한 때에는 공시송달한다.

⑦ 송달받아야 할 사람이 교정시설 또는 국가경찰관서의 유치장에 체포, 구속, 유치된 사실이 확인된 경우에는 해당 교정시설의 장 또는 국가경찰관서의 장에게 송달한다.

2) 서류송달의 방법

세법에 따른 서류의 송달은 교부송달, 우편송달, 전자송달의 방법으로 한다. 교부송달 및 우편송달의 방법으로 서류를 송달하는 경우에 송달할 장소에서 서류의 송달을 받아야 할 자를 만나지 못 하였을 때에는 그 사용인, 종업원, 동거인으로서 사리를 판별할 수 있는 자에게 서류를 송달할 수 있다. 서류를 송달받아야 할 자 등이 정당한 사유 없이 서류 수령을 거부할 때에는 송달할 장소에 서류를 둘 수 있다.(유치송달)

(1) 교부송달

교부송달은 행정기관의 소속공무원이 세법에 따른 서류를 송달할 장소에서 송달을 받아야 할 자에게 서류를 교부하는 방법으로 한다. 다만, 송달을 받아야 할 자가 송달받기를 거부하지 아니하면 송달장소가 아닌 다른 장소에서 교부할 수 있다.

교부송달하는 경우에는 송달서에 수령인이 서명·날인하여야 하고, 수령인 서명·날인을 거부하면 그 거부사실을 송달서에 적어야 한다.

(2) 우편송달

납부의 고지, 독촉, 강제징수, 세법에 따른 정부의 명령에 관계되는 서류를 우편송달 할 때에는 등기우편으로 하여야 한다.

다만, 소득세법에 따른 중간예납세액의 납부고지서, 부가가치세법에 따른 예정고지세액의 납부고지서, 국세에 대한 과세표준신고서를 법정신고기한까지 제출하였으나 과세표준신고액에 상당하는 세액의 전부·일부를 납부하지 아니하여 발급하는 납부고지서로서 50만원 미만에 해당하는 납부고지서는 일반우편으로 송달할 수 있다. 일반우편으로 서류를 송달하는 경우에는 행정기관장은 서류의 명칭, 송달을 받아야 할 자의 성명, 송달장소, 발송연월일, 서류의 주요 내용을 확인할 수 있는 기록을 작성하여 갖춰 두어야 한다.

(3) 전자송달

납부고지서, 납부통지서, 국세환급금통지서, 신고안내문 등은 서류송달을 받아야 할 자가 신청하는 경우에만 전자송달할 수 있다. 다만, 납부고지서가 송달되기 전에 납세자가 국세정보통신망을 통해 소득세 중간예납세액, 부가가치세 예정고지세액 및 예정부과세액을 확인한 후 전자매체를 활용하여 계좌이체의 방법 또는 신용카드등으로 국세를 전액 자진 납부한 경우 납부한 세액에 대해서는 자진 납부한 시점에 전자송달을 신청한 것으로 본다.

(4) 공시송달

공시송달이란 일정한 사유로 인하여 우편송달, 교부송달, 전자송달이 불가능한 경우에 그 서류의 주요내용을 공고함으로써 공고한 날로부터 14일이 지나면 서류의 송달이 있는 것으로 보는 것을 말한다.

공시송달은 서류의 주요내용을 국세정보통신망, 세무서의 게시판 등, 해당 서류의 송달장소를 관할하는 특별자치시·특별자치도·시·군·구의 홈페이지 게시판 등, 관보·일간신문에 게시 또는 게재하여야 한다. 이 경우 국세정보통신망을 이용하여 공시송달을 하는 때에는 다른 공시송달 방법과 함께 하여야 한다.

공시송달의 사유는 다음과 같다.

① 주소 또는 영업소가 국외에 있고 송달하기 곤란한 경우
② 주민등록표·법인등기부 등에 따라서도 주소·영업소를 확인할 수 없는 경우
③ 등기우편으로 송달하였으나 수취인이 부재중인 것으로 확인되어 반송됨으로써 납부기한 내에 송달이 곤란하다고 인정되는 경우
④ 세무공무원이 2회 이상 납세자를 방문해[11] 서류를 교부하고자 하였으나 수취인이 부재중인 것으로 확인되어 납부기한까지 송달이 곤란하다고 인정되는 경우

3) 송달의 효력발생

서류를 우편송달 또는 교부송달하는 경우에는 송달을 받아야 할 자에게 도달한 때부터 효력이 발생한다.(도달주의) 도달이란 송달을 받아야 할 자에게 직접 교부할 것을 요구하는 것이 아니고, 상대방의 지배권 내에 들어가 사회통념상 일반적으로 그 사실을 알 수 있는 상태에 있는 때를 말하며, 일단 유효하게 도달된 서류가 도달이후에 반송되더라도 송달의 효력에는 영향이 없다.

전자송달의 경우에는 송달받을 자가 지정한 전자우편주소에 입력된 때, 국세정보통신망에 저장하는 경우에는 저장된 때에 그 송달을 받아야 할 자에게 도달한 것으로 본다.

---

11) 처음 방문한 날과 마지막 방문한 날 사이의 기간이 3일 이상이어야 하고, 기간을 계산할 때 공휴일 및 토요일은 산입하지 않는다.

2. 인격

1) 의의

인격이란 권리와 의무의 주체가 될 수 있는 법률적인 지위 또는 자격을 말한다.

민법은 모든 자연인과 일정한 단체(법인)에 대하여 법인격을 인정하고 있는데 법인을 설립하기 위해서는 설립등기를 하여야 한다.(법인 법정주의) 그러나 설립등기를 하지 못한 사단·재단 등의 단체가 법인의 설립절차 중 가장 중요한 주무관청의 허가·인가·등록하거나 재산의 출연 등을 완료한 경우에 어떻게 취급할 것인가의 문제가 제기된다.

2) 법인 아닌 단체

(1) 법인세를 과세하는 경우

법인이 아닌 사단·재단 등의 단체 중 다음의 경우에는 법인으로 보아 세법을 적용한다.

① 주무관청의 허가 또는 인가를 받아 설립되거나 법령에 따라 주무관청에 등록한 사단·재단 등의 단체로서 등기되지 아니한 것
② 공익을 목적으로 출연된 기본재산이 있는 재단으로서 등기되지 아니한 것
③ 법정요건을 갖춘 것으로서 대표자나 관리인이 관할세무서장에게 신청하여 승인을 받은 것[12][13][14]

(2) 소득세를 과세하는 경우

법인이 아닌 사단·재단 등의 단체로서 그 단체의 대표자 또는 관리인이 선임되어 있으나 이익의 분배방법 및 비율이 없는 경우에는 1거주자로 보아(총유) 세법을 적용하고, 이익의 분배방법 및 비율이 있는 경우에는 공동사업경영으로 보아(합유 또는 공유) 구성원 각자에게 지분에 따라 납세의무가 발생한다.

---

12) 법인 아닌 단체 중 법인으로 보는 법인의제요건은 다음의 요건을 모두 갖춘 것을 말한다.
① 단체의 조직과 운영에 관한 규정을 가지고 대표자나 관리인을 선임하고 있을 것
② 단체 자신의 계산과 명의로 수익과 재산을 독립적으로 소유·관리할 것
③ 단체의 수익을 구성원에게 분배하지 아니할 것

13) 법인으로 보는 법인 아닌 단체는 그 신청에 대하여 관할세무서장으로부터 승인을 받은 날이 속하는 과세기간과 그 과세기간이 끝난 날부터 3년이 되는 날이 속하는 과세기간까지는 거주자·비거주자로 변경할 수 없다. 다만, 법정요건을 갖추지 못하게 되어 승인취소를 받는 경우에는 거주자·비거주자로 변경할 수 있다.

14) 법인으로 보는 단체의 국세에 관한 의무는 그 대표자나 관리인이 이행하여야 한다.

연습문제

1. 국세기본법상 관할세무서장에게 신청 후 승인을 받은 법인으로 보는 단체에 관한 설명으로 옳은 것을 모두 고른 것은? (CTA. 2020)

가. 공익을 목적으로 출연된 기본재산이 있는 재단으로서 등기되지 아니할 것을 요건으로 한다.

나. 주무관청의 허가를 받아 설립된 단체로서 등기되지 아니할 것을 요건으로 한다.

다. 단체의 수익을 구성원에게 분배할 것을 요건으로 한다.

라. 단체 자신의 계산과 명의로 수익과 재산을 독립적으로 소유·관리할 것을 요건으로 한다.

마. 관할세무서장의 승인을 받은 날이 속하는 과세기간과 그 과세기간이 끝난 날부터 3년이 되는 날이 속하는 과세기간까지는 원칙적으로 소득세법에 따른 거주자 또는 비거주자로 변경할 수 없다.

바. 단체의 조직과 운영에 관한 규정을 가지고 대표자나 관리인을 선임하고 있을 것을 요건으로 한다.

① 가, 다, 마　② 라, 마, 바　③ 가, 나, 다, 바
④ 가, 나, 라, 바　⑤ 나, 다, 라, 마

【정답】 ②

√가와 나는 당연법인의제에 관한 설명이고, 당연법인의제 및 신청에 따른 법인의제는 단체의 수익을 구성원에게 분배하지 아니할 것을 요건으로 한다.

2. 국세기본법의 용어의 정의에 관한 설명으로 옳지 않은 것은? (CTA. 2016)

① 세무공무원에는 국세청장, 지방국세청장, 세무서장 또는 그 소속 공무원뿐만 아니라 세법에 따라 국세에 관한 사무를 세관장이 관장하는 경우의 그 소속 공무원도 포함한다.

② 세무조사란 국세의 과세표준과 세액을 결정 또는 경정하기 위하여 질문을 하거나 해당 장부, 서류, 그 밖의 물건을 검사·조사하거나 그 제출을 명하는 활동을 말한다.

③ 공과금이란 국세징수법에서 규정하는 강제징수의 예에 따라 징수할 수 있는 채권 중 국세, 관세, 임시수입부가세, 지방세와 이에 관계되는 강제징수비를 제외한 것을 말한다.

④ 납세의무자는 연대납세의무자, 제2차 납세의무자, 보증인, 원천징수의무자를 포함한다.

⑤ 과세표준이란 세법에 따라 직접적으로 세액산출의 기초가 되는 과세대상의 수량 또는 가액을 말한다.

【정답】 ④

√납세의무자는 → 납세자는

• 납세의무자에는 국세를 징수하여 납부할 의무를 지는 자(원천징수의무자)를 제외한다.

3. 국세기본법상 납세의무자에 관한 설명이다. 옳지 않은 것은? (CPA. 2020)

① 납세의무자란 세법에 따라 국세를 납부할 의무가 있는 자를 말하며 국세를 징수하여 납부할 의무가 있는 자도 포함한다.

② 제2차 납세의무자란 납세자가 납세의무를 이행할 수 없는 경우에 납세자를 갈음하여 납세의무를 지는 자를 말한다.

③ 납부의 고지에 관한 서류는 연대납세의무자 모두에게 각각 송달하여야 한다.

④ 세무공무원이 국세의 과세표준을 조사·결정할 때에는 해당 납세의무자가 계속하여 적용하고 있는 기업회계의 기준 또는 관행으로서 일반적으로 공정·타당하다고 인정되는 것은 존중하여야 하나 세법에 특별한 규정이 있는 것은 그러하지 아니하다.

⑤ 제2차 납세의무자로서 납부통지서를 받은 자가 세법에 따른 처분으로 인하여 권리나 이익을 침해당하게 될 이해관계인에 해당하는 경우 위법 또는 부당한 처분을 받은 자의 처분에 대하여 불복청구를 할 수 있다.

【정답】 ①

√포함한다. → 제외한다.

• 납세자란 납세의무자와 징수의무자로 구분한다.

4. 국세기본법상 서류의 송달에 관한 설명으로 옳은 것은? (CTA. 2021)

① 세무공무원이 납세자를 방문해 서류를 교부하려고 하였으나 수취인이 부재중인 것으로 확인되어 납부기한까지 송달이 곤란하다고 인정되는 경우에는 공시송달을 할 수 있다.

② 납세의무자, 그 종업원 또는 동거인으로서 사리를 판별할 수 있는 사람이 부재하는 경우에는 송달할 장소에 서류를 둘 수 있다.

③ 집배원이 아파트경비원에게 서류를 교부하는 방식의 송달은 적법한 송달이라고 볼 수 없다.

④ 납부고지서의 우편송달은 등기우편으로만 하여야 한다.

⑤ 국세기본법은 서류를 등기우편으로 송달하였으나 수취인이 부재중인 것으로 확인되어 반송됨으로써 납부기한 내에 송달이 곤란하다고 인정되는 경우에는 공시송달을 할 수 있다고 규정하고 있다.

【정답】 ⑤

√① 납세자를 방문해 → 납세자를 2회 이상 방문해, ② 부재하는 경우에는 → 정당한 사유 없이 서류 수령을 거부할 때에는, ③ 볼 수 없다. → 볼 수 있다. ④ 등기우편으로만 하여야 한다. → 등기우편으로 하여야 한다. 다만, 소득세법에 따른 중간예납세액의 납부고지서, 부가가치세법에 따른 예정결정고지세액의 납부고지서, 국세에 대한 과세표준신고서를 법정신고기한까지 제출하였으나 과세표준신고액에 상당하는 세액의 전부 · 일부를 납부하지 아니하여 발급하는 납부고지서로서 50만원 미만에 해당하는 납부고지서는 일반우편으로 송달할 수 있다.

5. 기한에 대한 설명으로 옳지 않은 것은?

① 사업에 심한 손해를 입은 경우 신고기한 연장을 할 수 없다.

② 과세표준신고서를 우편으로 한 경우에는 세무서에 도달한 날에 신고된 것으로 본다.

③ 납기전징수를 위한 고지서가 도달한 날에 이미 납부기한 만료일이 경과한 때에는 그 도달한 날이 납기가 된다.

④ 1월 31일부터 1개월이면 만료일이 평일인 경우에는 2월 말일이다.

⑤ 8월 30일부터 6개월간이라고 할 때 기간의 기산일은 8월 31일이고, 기간의 만료일은 다음해 2월 28일이다. 다만, 다음해 2월의 말일은 2.28이고 평일이다.

【정답】 ②

√세무서에 도달한 날 → 과세표준신고서에 우편날짜도장이 찍힌 날

6. 기간의 계산에 대한 설명으로 옳지 않은 것은?

① 기간의 기산일이 공휴일인 경우에는 그 다음날로 기산한다.

② 기간이 오전 영시로부터 시작하는 때에는 초일을 산입한다.

③ 기간을 주 · 월 · 연의 처음으로부터 기산하지 아니한 때에는 최후의 주 · 월 · 연에서 그 기산일에 해당하는 날의 전일로 기간이 만료한다.

④ 기간을 월 · 연으로 정한 때에는 최종의 월에 해당일이 없는 때에는 최종 월의 말일로 기간이 만료한다.

⑤ 기간의 만료일이 공휴일인 경우에는 그 다음날로 기간이 만료한다.

【정답】 ①

√기간의 기산일은 공휴일을 포함한다.

CHAPTER 03

국세부과의 원칙과 세법적용의 원칙

I 국세부과의 원칙

1. 실질과세의 원칙

1) 의의

실질과세의 원칙이란 과세요건에 대한 세법의 해석 및 적용에 있어서 경제적 실질과 법적 형식이 다른 경우에는 경제적 실질에 따라 과세하는 것을 말한다.[1)2)]

조세법률주의를 지나치게 철저히 시행한다면 복잡·다양하고도 끊임없이 변천하는 경제상황에 대처하여 정확하게 과세대상을 포착하고, 적정하게 과세표준을 산출하기 어려워 조세의 부담 능력에 따른 공평과세의 목적을 달성할 수 없게 된다. 따라서 조세법률주의를 견지하면서도 조세평등주의와 조화를 위하여 경제현실에 상응하여 공정한 과세를 할 수 있게 하고, 탈법적인 조세회피행위에 대처하기 위하여 실질과세원칙을 두고 있다. 실질과세의 원칙은 조세회피행위·조세포탈행위·가장행위를 부인하는 근거를 제공하며, 이는 세법의 해석원칙과 세법의 적용원칙에 적용된다.

실질과세원칙은 조세평등주의를 실현하기 위한 원칙이나 이를 무제한적으로 인정하면 법적 안정성과 예측가능성을 침해할 위험성이 있으므로 조세법률주의 범위 내에서 제한적으로 적용되어야 한다.

---

1) 실질과세의 원칙은 국세기본법에 따라 지켜야 할 국세부과의 원칙이지만 국제조세조정에 관한 법률, 개별소비세법, 인지세법에서 실질과세에 관한 특례규정이 있는 경우에는 개별세법의 규정이 국세기본법보다 우선적으로 적용된다.

2) 국세부과의 원칙이란 국가가 국민을 상대로 과세대상과 세액을 확정할 때 국세기본법의 기본원치에 따라 부과하여야 한다는 것을 말한다. 국세부과의 원칙은 납세자와 과세관청간의 조세법률관계를 확실히 하기 위한 것으로 각 세법에서는 세법의 고유한 특성을 반영하여 국세부과의 원칙에 대한 특례규정을 둘 수 있다.

2) 내용

(1) 귀속에 관한 실질과세

귀속에 관한 실질과세란 과세대상이 되는 소득, 수익, 재산, 행위, 거래의 귀속이 명의일 뿐이고 사실상 귀속되는 자가 따로 있을 때에는 사실상 귀속되는 자를 납세의무자로 하여 세법을 적용하는 것을 말한다.[3)]

소득 · 소익 · 재산 · 행위 · 거래의 과세대상에 관하여 귀속 명의와 달리 실질적으로 지배 및 관리하는 자가 따로 있는 경우에는 형식이나 외관을 이유로 귀속 명의자를 납세의무자로 할 것이 아니고 실질과세의 원칙에 따라 실질적으로 해당 과세대상을 지배 및 관리하는 자를[4)] 납세의무자로 하여야 한다.

(2) 거래내용에 관한 실질과세

거래내용에 관한 실질과세란 과세표준의 계산에 관한 규정은 소득, 수익, 재산, 행위, 거래의 명칭이나 형식에 관계없이 그 실질내용에 따라 세법을 적용하는 것을 말한다. 거래의 실질내용은 형식상의 기록내용이나 거래명의에 불구하고 건전한 사회통념 및 상거래 관행,[5)] 구체적인 증명서류, 거래당시의 정황 등을 고려하여 판단한다.[6)]

(3) 경제적 내용에 관한 실질과세

경제적 내용에 관한 실질과세란 제3자를 통한 간접적인 방법이나 둘 이상의 행위 · 거래를 거치는 방법으로 국세기본법 또는 세법의 혜택을 부당하게 받기 위한 것으로 인정되는 경우에는 조세회피를 방지하기 위하여 그 경제적 실질내용에 따라 당사자가 직접 거래를 한 것으로 보거나 연속된 하나의 행위 · 거래를 한 것으로 보아 세법을 적용하는 것을 말한다.[7)]

---

3) 1인 명의로 사업자등록을 하고 2인 이상이 동업하여 그 수익을 분배하는 경우에는 외관상의 사업명의인이 누구이냐에 불구하고 실질과세의 원칙에 따라 국세를 부과한다.

4) 과세대상을 실질적으로 지배 및 관리하는 자는 명의사용의 경위와 당사자의 약정내용, 명의자의 관여 정도와 범위, 내부적인 책임과 계산 관계, 과세대상에 대한 독립적인 관리 · 처분 권한의 소재 등 여러 사정을 종합하여 판단한다.

5) 통상적인 사인간의 상거래 관행에는 지급조건, 지급방법을 포함한다.

6) 회사의 주주로 명부상 등재되어 있더라도 회사의 대표자가 임의로 등재한 것일 뿐 회사의 주주로서 권리행사를 한 사실이 없는 경우에는 그 명의자인 주주를 세법상 주주로 보지 않는다.

7) 거주자가 배우자 및 직계존비속을 제외한 특수관계인에게 자산을 증여한 후 그 자산을 증여받은 자가 그 증여일부터 5년 이내에 다시 타인에게 양도한 경우에는 증여자가 그 자산을 직접 양도한 것으로 본다.

2. 신의성실의 원칙

1) 의의

신의성실의 원칙은 법률관계의 당사자는 상대방의 이익을 배려하여 형평에 어긋나거나 신뢰를 저버리는 내용 · 방법으로 권리를 행사하거나 의무를 이행하여서는 아니된다는 추상적 규범을 말한다. 신의성실의 원칙에 위배된다는 이유로 그 권리의 행사를 부정하기 위하여는 상대방에게 신의를 주었다거나 객관적으로 보아 상대방이 그러한 신의를 가짐이 정당한 상태에 이르러야 하고, 이와 같은 상대방의 신의에 반하여 권리를 행사하는 것이 정의 관념에 비추어 용인될 수 없는 정도의 상태에 이르러야 한다.

민법에 따르면 권리의 행사와 의무의 이행은 신의에 좇아 성실히 이행할 것을 규정하고 있고, 이는 민법의 채권 · 채무관계를 규율하기 위한 원칙으로 발달하였으나 오늘날에는 모든 법 분야에 내재하는 기본원칙으로 볼 수 있다.

세법에서도 납세자가 그 의무를 이행할 때에는 신의에 따라 성실하게 하여야 하고, 세무공무원이 그 직무를 수행할 때에도 신의에 따라 성실하게 하여야 할 것을 규정하고 있다.

2) 적용요건

과세관청에 대한 신의성실의 원칙을 적용하는 요건은[8] 다음과 같다.

① 명시적 · 묵시적인 방법으로 과세관청의 공적인 견해표시가[9] 있을 것
② 납세자가 공적인 견해표시를 신뢰하고 그 신뢰에 귀책사유가 없을 것[10]
③ 신뢰에 근거하여 세무처리를 하여야 할 것
④ 과거의 견해표시에 반하는 소급적인 적법한 처분이 있을 것
⑤ 소급적인 적법한 처분에 따라 경제적 불이익이 있을 것

---

8) 일반적으로 납세자에 대한 신의성실의 원칙을 적용하기 위해서 객관적으로 모순되는 행태가 있고, 모순된 행태가 납세자의 심한 배신행위에 기인하며, 배신행위에 따라 발생될 과세관청의 신뢰가 보호받을 가치가 있어야 한다. 그러나 납세자가 신의성실의 원칙을 위배하였을 경우에는 과세관청은 우월적 지위에서 실지조사권을 가지고 있어 납세자에게 신의성실의 원칙이 적용되는 경우는 적다.

9) 국세청의 인터넷 세무상담은 세법해석의 기준이라고 할 수 없어 수정신고를 권장한 행위가 신의성실의 원칙과 소급과세금지의 원칙에 위배되지 아니하고, 세무공무원과의 일반적인 상담내용만으로는 과세관청의 공적견해를 표명한 것으로 인정할 수 없으므로 신의성실의 원칙에 위배하였다고 볼 수 없다.

10) 납세의무자가 분식결산하고 이에 따라 과다하게 법인세를 신고 · 납부하였다가 그 과다납부한 세액에 대하여 취소소송을 제기하여 다툰다는 사정만으로 신의성실의 원칙에 위반될 정도로 심한 배신행위를 하였다고 볼 수 없다.

3) 신의성실원칙의 한계

신의성실의 원칙은 납세자의 신뢰이익을 보호하는 것이 목적이나 이를 적용함에 있어서 조세법률주의의 합법성의 원칙과 상충되는 결과를 초래하게 된다. 합법성의 원칙을 강조하면 신의성실의 원칙이 위협을 받게 되고, 신의성실의 원칙을 강조하면 조세평등주의가 위협을 받게 된다. 합법성을 따를 것인가 납세자의 신뢰이익을 보호할 것인가는 가치판단의 문제이며, 일반적으로 합법성을 위배하면서까지 신뢰이익을 보호할 가치가 충분히 있다고 인정되는 경우에만 신의성실의 원칙을 제한적으로 적용한다.

3. 근거과세의 원칙

납세의무자가 세법에 따라 장부를 갖추어 기록하고 있는 경우에는 국세에 관한 과세표준의 조사와 결정은 그 장부와 증거자료에 따라야 한다. 이는 과세관청의 자의를 배제하고, 과세형평을 도모하며, 납세자의 재산이 부당히 침해되지 않도록 하기 위한 원칙이다.

장부와 증명서류에 따라 국세를 조사·결정할 때 장부의 기록내용이 사실과 다르거나 장부의 기록에 누락된 것이 있을 때에는 그 부분에 대해서만 정부가 조사한 사실에 따라 결정할 수 있고, 정부가 조사한 사실과 결정의 근거를 결정서에 적어야 한다.

행정기관장은 납세의무자 또는 그 대리인이 구술로 요구하면 결정서를 열람 또는 복사하게 하거나 그 등본 또는 초본이 원본과 일치함을 확인하여야 한다. 다만, 행정기관장이 필요하다고 인정할 때에는 그 열람하거나 복사한 사람의 서명을 요구할 수 있다.

4. 조세감면의 사후관리

조세감면은 조세평등주의를 위배하는 것이지만 국가의 정책적인 목적이 더 중요하기 때문에 예외적으로 인정되고 있다.

정부는 국세를 감면한 경우에 그 감면의 취지를 성취하거나 국가정책을 수행하기 위하여 필요하다고 인정하면 세법에 따라 감면한 세액에 상당하는 자금 또는 자산의 운용범위를 정할 수 있다. 조세감면에 따른 운용 범위를 벗어난 자금 또는 자산에 상당하는 감면세액은 세법에 따라 조세감면을 취소하고 징수할 수 있다.

Ⅱ 세법적용의 원칙

세법적용의 원칙이란 과세관청이 세법을 해석·적용할 때 준수하여야 하는 원칙을 말한다. 세법적용의 원칙은 과세권을 가지고 있는 과세관청의 과도한 세법해석 및 적용을 방지하고 납세자의 재산권이 부당하게 침해되는 것을 방지하기 위한 것이므로 각 세법에서 세법적용의 원칙에 대한 특례규정을 둘 수가 없다.

1. 세법해석의 기준

세법을 해석·적용할 때에는 과세의 형평과 세법의 합목적성에 비추어 납세자의 재산권이 부당하게 침해되지 아니하도록 하여야 한다.[11)]

조세법규는 세법의 합목적성에 따라 엄격히 해석되어야 하므로 법규의 유추해석 또는 확대해석에 따라 납세의무를 확대하지 아니하며, 지나친 문리해석으로 조세법규의 기본취지와 목적에 반하지 않아야 한다.

2. 소급과세금지의 원칙

1) 의의

조세법률주의에 따르면 법률에 의하지 아니하고는 납세의무가 성립되지 아니한다. 법률의 규정이 없어서 특정의 납세의무가 존재하지 아니하였던 과거로 소급하여 과세됨으로써 국민의 재산권을 박탈하는 것은 조세법률주의에 위배된다. 소급과세금지는 납세자의 신뢰이익을 보호하고자 하는 목적을 가지고 있으므로 국세부과의 원칙 중 신의성실의 원칙을 보다 구체화한 예시적인 특별규정이다.

국세를 납부할 의무가[12)] 성립한 소득, 수익, 재산, 행위, 거래에 대해서는 그 성립 후의 새로운 세법에 따라 소급하여 과세하지 아니한다.

---

11) 세법 및 관세법의 입법취지에 따른 해석이 필요한 사항, 기존의 세법의 해석 또는 일반화된 국세 행정의 관행을 변경하는 사항, 그 밖에 납세자의 권리 및 의무에 중대한 영향을 미치는 사항을 심의하기 위하여 기획재정부에 국세예규심사위원회를 둔다.

12) 세법에 징수의무자가 따로 규정되어 있는 국세의 경우에는 이를 징수하여 납부할 의무를 말한다.

2) 세법의 해석 또는 관행에 따른 소급과세금지

국세기본법에서는 세법의 해석이나 국세행정의 관행이 일반적으로 납세자에게 받아들여진 후에는 그 해석이나 관행에 따른 행위·계산은 정당한 것으로 보며, 새로운 해석이나 관행에 따라 소급하여 과세되지 아니한다.(세법의 해석 또는 관행에 따른 소급과세금지)

세법의 해석 또는 국세행정의 관행이 일반적으로 받아들여진 후라는 것은 세법의 성문화의 여부에 관계없이 행정처분의 선례가 반복됨으로써 납세자가 세법의 해석 또는 국세행정의 관행에 대한 존재를 일반적으로 확신하게 된 것을 말하고, 명백히 법령위반인 경우는 제외한다.

소급과세여부를 판단하는 시점은 납세의무 성립시점이다. 그러므로 일정한 기간을 과세단위로 하는 소득세 또는 법인세의 경우 사업연도 중에 제정되거나 개정된 입법에 따라 사업연도의 개시일에 소급하여 적용할 수 있다. 이러한 소급은 납세의무가 성립한 국세에 대하여 소급하는 진정소급와 다른 것으로 이를 부진정소급이라 하며 대법원판례에서 허용하고 있으며 통설로 받아들여지고 있다.

3. 세무공무원의 재량의 한계

세무공무원의 재량행위는 국민의 재산권이 부당하게 침해되지 않는 범위 내에서 제한적으로 인정되어야 한다. 따라서 세무공무원이 재량으로 직무를 수행할 때에는 과세의 형평과 세법의 목적에 비추어 일반적으로 적당하다고 인정되는 한계를 엄수하여야 한다.

4. 기업회계의 존중

세무공무원이 국세의 과세표준을 조사·결정할 때에는 납세의무자가 계속하여 적용하고 있는 기업회계의 기준 또는 관행으로서 일반적으로 공정·타당하다고 인정되는 것은 존중하여야 한다. 다만, 세법에 특별한 규정이 있는 것은 그러하지 아니하다.

연습문제

1. 국세기본법상 신의성실의 원칙에 관한 설명으로 옳지 않은 것은? (CTA. 2017)

① 조세실체법에 대한 신의성실의 원칙 적용은 합법성을 희생하여서라도 구체적 신뢰보호의 필요성이 인정되는 경우에 한하여 허용된다.

② 세무서 직원들이 명시적으로 부가가치세 면제대상으로 세무지도를 하여 납세자가 이를 믿고 부가가치세를 거래징수하지 않았으나 그 이후에 과세관청이 한 부가가치세 과세처분은 신의성실의 원칙에 위반된다.

③ 신의성실의 원칙은 과세관청이 과거의 언동에 반하여 소급 처분하는 것을 금지하는 것으로 과세관청이 과거의 언동을 시정하여 장래에 향하여 처분하는 것은 허용된다.

④ 납세의무자가 인터넷 국세종합상담센터의 답변에 따라 세액을 과소신고 · 납부한 경우 그 답변은 과세관청의 공식적인 견해표명에 해당하지 않는다.

⑤ 납세의무자가 자산을 과대계상하는 방법으로 분식결산을 하고 이에 따라 법인세를 과다신고 · 납부한 후 그 과다납부한 세액에 대한 감액을 주장하는 경우 납세의무자에게 신의성실의 원칙이 적용된다.

【정답】 ⑤

√신의성실의 원칙이 적용된다. → 신의성실의 원칙이 적용되는 경우로 볼 수 없다.

2. 국세기본법의 국세부과의 원칙과 관련이 없는 것은? (2015. CTA)

① 거래의 형식은 매매이나 그 실질이 증여이면 증여로 보아 증여세를 과세한다.

② 세무서장이 종합소득 과세표준과 세액을 경정하는 경우 거주자가 추계신고한 경우에도 소득금액을 계산할 수 있는 장부 기타 증빙서류를 비치 · 기장하고 있는 때에는 그 장부 기타 증빙서류에 근거하여 실지조사 결정하여야 한다.

③ 세무공무원이 재량으로 직무를 수행할 때에는 과세의 형평과 해당 세법의 목적에 비추어 일반적으로 적당하다고 인정되는 한계를 엄수하여야 한다.

④ 명의신탁부동산을 매각처분한 경우에는 양도의 주체 및 납세의무자는 명의수탁자가 아니고 명의신탁자이다.

⑤ 납세자가 그 의무를 이행할 때에는 신의에 따라 성실하게 하여야 하며, 세무공무원이 그 직무를 수행할 때에도 또한 같다.

【정답】 ③

√세무공무원의 재량한계는 세법적용의 원칙이다.

3. 국세부과의 원칙에 관한 설명으로 옳지 않는 것은? (2013. CPA)

① 과세의 대상이 되는 소득, 수익, 재산, 행위. 거래의 귀속이 명의일 뿐이고 사실상 귀속되는 자가 따로 있을 때에는 사실상 귀속되는 자를 납세의무자로 하여 세법을 적용한다.

② 납세의무자가 세법에 따라 장부를 갖추어 기록하고 있는 경우에는 해당 국세 과세표준의 조사와 결정은 그 장부와 이에 관계되는 증거자료에 따라야 한다.

③ 국세를 조사·결정할 때 장부의 기록 내용이 사실과 다르거나 장부의 기록에 누락된 것이 있을 때에는 그 부분에 대해서만 정부가 조사한 사실에 따라 결정할 수 있다. 이때는 정부가 조사한 사실과 결정의 근거를 결정서에 적어야 한다.

④ 행정기관의 장은 해당 납세의무자 또는 그 대리인이 요구하면 결정서를 열람 또는 복사하게 하거나 그 등본 또는 초본이 원본과 일치함을 확인하여야 한다.

⑤ 국세기본법에서 규정하고 있는 실질과세의 원칙에 반하는 규정을 다른 세법에서 규정하고 있는 경우 국세기본법에서 규정하고 있는 실질과세의 원칙을 우선하여 적용한다.

【정답】 ⑤

√국세기본법은 세법에 우선한다. 다만, 국세부과의 원칙에 대하여 세법에서 국세기본법과 다른 특례규정을 두고 있는 경우에는 세법의 규정이 국세기본법에 우선한다.

4. 세법적용의 원칙에 대한 설명으로 옳지 않는 것은?

① 법률을 엄격히 해석·적용하여야 하지만 지나친 문리해석으로 그 법률의 기본취지와 목적에 반하지 않도록 하여야 한다.

② 세법의 해석 또는 국세행정의 관행이 일반적으로 납세자에게 받아들여진 후라 함은 성문화된 행정처분의 선례가 반복됨으로 납세자가 그 존재여부를 일반적으로 확신하게 된 것을 말한다.

③ 국민의 부담이 경감되는 경우에는 조세공평이 어긋나지 않는 한 소급효과가 허용된다.

④ 국세의 과세표준을 조사·결정할 때에는 납세의무자가 계속하여 적용하고 있는 기업회계의 기준 또는 관행으로서 일반적으로 공정·타당하다고 인정되는 것은 일반적으로 존중하여야 한다.

⑤ 세무공무원이 재량으로 직무를 수행할 때에는 과세의 평형과 세법의 합목적성에 비추어 일반적으로 적당하다고 인정되는 한계를 엄수하여야 한다.

【정답】 ②

√성문화된 → 성문화 여부에 관계없이

CHAPTER 04

납세의무

I 납세의무의 성립과 확정

1. 납세의무의 성립

1) 의의

일반적으로 민법의 채권·채무는 대등한 관계에 있는 당사자의 의사표시에 따라 성립하나, 조세의 채권·채무는 세법의 과세요건이 갖추어 지면 법률에 따라 당연히 성립한다.

납세의무의 성립이란 납세의무자·과세대상·과세표준·세율이 세법에 따른 과세요건을 갖추어 납세의무가 객관적으로 발생된 상태를 말한다. 납세의무는 각 세법이 정하는 과세요건의 충족하는 특정한 시기에 특정한 사실 또는 상태가 존재하여 과세대상인 물건 또는 행위가 납세의무자에게 귀속됨으로써 세법이 정하는 바에 따라 과세표준의 계산 및 세율의 적용이 가능하게 되는 때에 성립한다.

2) 성립시기

납세의무의 성립시기는 세법의 해석이나 적용에 있어서 별도의 규정이 없는 한 납세의무 성립 당시의 법률을 적용하여야 하므로 소급과세금지의 기준시점이 되고, 출자자로서 제2차 납세의무를 지는 과점주주의 판정시기 등이 된다.

납세의무는 구체적인 성립시기의 판정이 분명하지 아니하므로 세법에서 다음과 같이 일률적으로 규정하고 있다.

(1) 과세기간에 따른 조세

계속적인 사업활동에 따른 조세의 경우 국세를 납부할 의무는 실질적인 소득활동이나 거래가 이루진 때로 하지 아니하고 일률적으로 과세기간이 끝나는 때에 성립한다.

세목	납세의무 성립시기
법인세, 소득세	· 과세기간이 끝나는 때 · 청산소득에 대한 법인세: 그 법인이 해산하는 때
부가가치세	· 과세기간이 끝나는 때 · 수입재화에 대한 부가가치세: 세관장에게 수입신고를 하는 때

(2) 과세사실의 발생에 따른 조세

국세를 납부할 의무는 특정시기에 특정사실이 발생하는 때에 성립한다.

세목		납세의무 성립시기
상속세		상속이 개시되는 때
증여세		증여에 의하여 재산을 취득하는 때
종합부동산세		과세기준일(매년 6월 1일)
개별소비세, 주 세	과세물품	반출하는 때(제조장), 판매하는 때(판매장)
	과세장소	입장하는 때, 영업행위를 하는 때
	과세유흥장소	유흥음식행위를 하는 때
	수입물품	세관장에게 수입신고를 하는 때
인지세		과세문서를 작성한 때
증권거래세		증권의 매매거래가 확정되는 때

(3) 부가되는 조세

국세의 세목에 부가하는 조세인 교육세, 농어촌특별세의 국세를 납부할 의무는 해당 국세의 납세의무가 성립하는 때에 성립한다. 다만, 금융·보험업자의 수입금액에 부과되는 교육세는 사업소득세의 성격이 있는 것으로 보아 과세기간이 끝나는 때에 국세를 납부할 의무가 성립한다.

<table>
<tr><th colspan="2">세목</th><th>납세의무 성립시기</th></tr>
<tr><td rowspan="2">교육세</td><td>국세에 부과되는 교육세</td><td>해당 국세의 납세의무가 성립하는 때</td></tr>
<tr><td>금융·보험업자의 수입금액에 부과되는 교육세</td><td>과세기간이 끝나는 때</td></tr>
<tr><td colspan="2">농어촌특별세</td><td>본세의 납세의무가 성립하는 때</td></tr>
</table>

(4) 가산세

가산세를 납부할 의무의 성립시기는 다음과 같다.

세목	납세의무 성립시기
무신고, 과소신고, 초과환급신고에 따른 가산세	법정신고기한이 경과하는 때
무납부·과소납부·초과환급에 따른 납부지연가산세, 무납부·과소납부에 따른 원천징수등 납부지연가산세	법정납부기한 경과 후 1일마다 그 날이 경과하는 때
납부고지서에 따른 납부기한까지 무납부·과소납부한 경우의 납부지연가산세 및 원천징수등 납부지연가산세	납부고지서에 따른 납부기한이 경과하는 때
그 밖의 가산세	가산할 국세의 납세의무가 성립하는 때

(5) 원천징수하는 국세 등

원천징수하는 국세 및 납세의무가 성립되기 전에 국세를 납부하여야 하는 경우에 국세를 납부할 의무는 다음의 시기에 성립한다.

구분	성립시기
원천징수하는 소득세·법인세	소득금액 또는 수입금액을 지급하는 때[1]
납세조합이 징수하는 소득세, 예정신고납부하는 소득세	과세표준이 되는 금액이 발생한 달의 말일
중간예납하는 소득세·법인세	중간예납기간이 끝나는 때
예정신고(부과)기간에 대한 부가가치세	예정신고기간·예정부과기간이 끝나는 때
수시부과하여 징수하는 국세	수시부과할 사유가 발생한 때

1) 법인세법에 따라 상여처분되어야 할 금액으로서 근로소득에 해당하는 것은 소득금액변동통지서를 통지받은 날에 지급한 것으로 본다. 따라서 지급의제시기에 원천징수의무가 성립한다.

2. 납세의무의 확정

1) 의의

납세의무의 확정이란 조세의 납부 또는 징수를 위하여 납세의무가 성립한 국세에 대하여 과세요건을 파악하고, 세법이 정하는 바에 따라 납세의무자 또는 과세권자의 일정한 행위나 절차를 거쳐서 납부할 세액을 구체적으로 확정하는 것을 말한다.

납세의무 성립 후 특별한 절차가 요구되는 것으로서 납세자의 신고에 따라 확정되는 것과 정부의 결정에 따라 확정되는 것이 있다. 다만, 인지세, 원천징수하는 소득세 · 법인세, 납세조합이 징수하는 소득세, 중간예납하는 법인세,[2] 납부고지서에 따른 납부기한 후의 납부지연가산세 및 원천징수등 납부지연가산세는 납세의무가 성립하는 때에 특별한 절차 없이 자동적으로 그 세액이 확정된다.

2) 신고납세제도

부가가치세, 법인세, 소득세 등은 과세요건의 발생에 대한 사실의 실체적 내용을 가장 잘 알고 있는 납세의무자가 과세표준과 세액을 신고했을 때 납세의무가 확정된다. 다만, 납세의무자가 과세표준과 세액의 신고를 하지 아니하거나 신고한 과세표준과 세액이 세법이 정하는 바와 맞지 아니한 경우에는 정부가 과세표준과 세액을 결정하거나 경정하는 때에 그 결정 또는 경정에 따라 확정된다.

신고납세제도에서 납세의무자는 신고를 통해 납세의무를 1차적으로 확정하고, 납세의무자가 과세표준과 세액을 신고하지 않는 경우에는 과세권자가 과세표준과 세액을 결정하는 방법으로 납세의무를 2차적(보충적 지위)으로 확정한다.

3) 부과과세제도

상속세, 증여세, 종합부동산세는[3] 정부가 과세표준과 세액을 결정하는 시점에 납세의무가 확정된다. 부과과세제도에서 납세의무자의 신고는 협력의무의 이행에 불과하고, 과세권자의 과세표준과 세액의 결정 · 납부고지를 통하여 확정된다. 과세표준과 세액을 결정하는 시점이란

---

2) 중간예납하는 법인세로서 세법에 따라 정부가 국세의 과세표준과 세액을 결정하는 경우에는 결정한 때 납세의무가 확정된다.

3) 납세의무자가 종합부동산세법에 따라 과세표준과 세액을 정부에 신고하는 경우에는 신고했을 때에 납세의무가 확정된다.

과세표준과 세액결의서에 세무서장이 결재한 날을 의미하나, 효력발생은 납세자에게 과세표준과 세액의 결정통지서 · 납부고지서가 도달된 때를 말한다.

납세의무 확정과 관련하여 과세제도를 비교하면 다음과 같다.

구 분		신고납세제도	부과과세제도
확정		납세자의 신고	정부의 부과처분
조세 채권 확정	주체	납세의무자	정부(세무서장)
	시기	과세표준과 세액을 신고하는 때	과세표준과 세액을 결정 · 경정하는 때 (납부고지서가 도달한 때)
	절차	신고서의 제출	결정 · 경정, 납부고지
적용세목		소득세, 법인세, 부가가치세, 주세 개별소비세, 증권거래세, 교육세	상속세, 증여세, 종합부동산세
신고납부		납세의무의 확정효력	협력의무의 이행
탈루세액에 대한 조치		세액추징, 처벌	세액추징
기수시기		신고 · 납부기한 경과시점	납부기한 경과시점

Ⅱ 납세의무의 소멸

1. 납세의무의 소멸

국세 및 강제징수비를 납부할 의무는 납부 · 충당 · 부과의 취소가 된 때, 국세를 부과할 수 있는 국세의 부과제척기간에 국세가 부과되지 아니하고 그 기간이 끝난 때, 국세징수권의 소멸시효가 완성된 때에는 소멸한다.

납세의무를 소멸시키는 납부란 해당 납세의무자는 물론 연대납세의무자 · 제2차 납세의무자· 납세보증인 · 물적납세의무자 · 기타 이해관계가 있는 제3자 등에 따른 납부를 말하고, 충당이란 국세기본법에 따른 국세환급금을[4] 해당 납세의무자가 납부할 국세 및 강제징수비 상당액과 상계시키는 것을 말한다.

2. 국세의 부과제척기간

1) 의의

국세의 부과권이란 과세관청이 납세의무가 성립된 국세에 대하여 조세채권을 행사할 수 있도록 구체적으로 확정하는 결정 · 경정 · 재경정과 같은 부과처분을 할 수 있는 권리를 말하고, 제척기간이란 일정한 권리에 대해 법이 정하는 존속기간을 말한다.

국세부과의 제척기간은 조세의 채권 · 채무관계를 조속히 확정시킴으로써 조세법률관계를 안정시키기 위한 제도이므로 국세징수권의 소멸시효와는 달리 진행기간의 중단이나 정지가 없다. 국세부과의 제척기간이 지나면 정부의 부과권은 장래를 향하여 당연히 소멸되어 과세표준이나 세액을 변경하는 어떤 결정·경정도 할 수 없다. 다만, 행정소송에 대한 판결, 불복청구에 대한 결정, 상호합의를 이행하기 위한 결정 · 경정 등의 필요한 처분은 제외한다.

국세부과의 제척기간은 국세기본법에서 그 기간을 정하고 있다. 다만, 조세조약에 따라 상호합의 절차가 진행 중인 경우에는 국제조세조정에 관한 법률에서 정하는 바에 따른다.

---

4) 세무서장은 납세의무자가 국세 및 강제징수비로서 납부한 금액 중 잘못 납부한 금액, 초과하여 납부한 금액, 세법에 따라 환급하여야 할 환급세액이 있는 때에는 즉시 그 착오납부, 초과납부, 세법에 따른 환급세액을 국세환급금으로 결정하여야 한다.

2) 유형별 제척기간

(1) 일반적인 경우

국세의 부과제척기간은 국세를 부과할 수 있는 날부터 5년으로 하고, 역외거래에 따른 국세 부과의 제척기간은 국세를 부과할 수 있는 날부터 7년으로 하고, 상속세 및 증여세의 부과제척기간은 국세를 부과할 수 있는 날로부터 10년으로 한다. 이 경우 역외거래란 국제조세조정에 관한 법률에 따른 국제거래 및 거래 당사자 양쪽이 거주자 · 내국법인 · 외국법인의 국내사업장인 거래로서 국외에 있는 자산의 매매 · 임대차, 국외에서 제공하는 용역과 관련된 거래를 말한다.

법인세법에 따라 처분되는 상여는 법인이 소득금액변동통지서를 받은 날에 그 소득금액을 지급한 것으로 의제되어 법인의 원천징수의무가 성립하나 그 소득금액의 귀속사업연도 소득에 대한 국세부과의 제척기간이 만료되면 원천징수의무도 소멸한다.

또한 제2차 납세의무자에 대한 납부통지는 주된 납세의무자에 대한 부과처분과는 독립된 부과처분이므로 주된 납세의무의 국세부과 제척기간과 별도로 진행되는 것이며, 그 부과제척기간은 특별한 사정이 없는 한 국세로 부과할 수 있는 날인 제2차 납세의무가 성립한 날로부터 5년간으로 한다.

(2) 무신고 등에 따른 제척기간

무신고 등에 따른 국세의 부과제척기간은 다음과 같다.

① 납세자가 법정신고기한까지 과세표준신고서를 제출하지 아니한 경우에는 그 국세를 부과할 수 있는 날부터 7년으로 한다.

② 역외거래와 관련하여 납세자가 법정신고기한까지 과세표준신고서를 제출하지 아니한 경우에는 그 국세를 부과할 수 있는 날부터 10년으로 한다.

③ 부담부증여에 따라 증여세와 양도소득세가 과세되는 경우 양도소득세는 증여세에 따른 부과제척기간으로 한다.

④ 이월결손금 공제기간이 5년에서 15년으로 연장됨에 따라 5년을 초과하여 이월결손금 공제하는 경우 그 결손금이 발생한 과세기간의 소득세 또는 법인세의 부과제척기간은 이월결손금을 공제한 과세기간의 법정신고기한으로부터 1년으로 한다.

(3) 부정행위에 따른 제척기간

부정행위에 따른 국세의 부과제척기간은 다음과 같다. 부정행위란 이중장부의 작성 등 장부의 거짓 기장, 거짓 증빙·거짓 문서의 작성 및 수취, 장부와 기록의 파기, 재산의 은닉, 소득·수익·행위·거래의 조작 또는 은폐, 고의적으로 장부를 작성하지 아니하거나 비치하지 아니하는 행위, 계산서·세금계산서·계산서합계표·세금계산서합계표의 조작, 전사적 기업자원 관리설비의 조작, 전자세금계산서의 조작, 그 밖에 위계(僞計)에 의한 행위 또는 부정한 행위로서 조세의 부과와 징수를 불가능하게 하거나 현저히 곤란하게 하는 적극적 행위를 말한다.

① 납세자가 부정행위로 국세를 포탈하거나 환급·공제받은 경우에는 그 국세를 부과할 수 있는 날부터 10년으로 하고, 부정행위로 법인세를 포탈하거나 환급·공제받아 법인세법에 따라 처분된 금액에 대한 소득세 또는 법인세에 대해서도 그 소득세 또는 법인세를 부과할 수 있는 날부터 10년으로 한다.

② 납세자가 역외거래에서 발생한 부정행위로 국세를 포탈하거나 환급·공제받은 경우에는 그 국세를 부과할 수 있는 날부터 각각 15년간으로 하고, 역외거래에서 발생한 부정행위로 법인세를 포탈하거나 환급·공제받아 법인세법에 따라 처분된 금액에 대한 소득세 또는 법인세에 대해서도 그 소득세 또는 법인세를 부과할 수 있는 날부터 15년으로 한다.

③ 납세자가 부정행위로 계산서·세금계산서의 미교부가산세, 거짓의 계산서·세금계산서를 수수(授受)함에 따른 가산세 부과대상이 되는 경우 그 가산세는 부과할 수 있는 날로부터 10년으로 한다.

④ 납세자가 부정행위로 상속세·증여세를 포탈하거나 환급·공제받는 경우, 상속세·증여세신고서를 제출하지 아니한 경우, 상속세·증여세신고서를 제출한 자가 거짓신고 또는 누락신고를 한 경우[5](그 거짓신고 또는 누락신고를 한 부분에 한함)에는 부과할 수 있는 날부터 15년으로 한다.

5) 거짓 신고 또는 누락신고란 다음의 경우를 말한다.
① 상속재산가액 또는 증여재산가액에서 가공(架空)의 채무를 빼고 신고한 경우
② 권리의 이전이나 그 행사에 등기·등록·명의개서 등이 필요한 재산을 상속인 또는 수증자의 명의로 등기 등을 하지 아니한 경우로서 그 재산을 상속재산 또는 증여재산의 신고에서 누락한 경우
③ 예금·주식·채권·보험금 등의 금융자산을 상속재산 또는 증여재산의 신고에서 누락한 경우

⑤ 납세자가 부정행위로 상속세 · 증여세를 포탈하는 경우로서 명의신탁재산, 국외재산, 서화 등을 취득한 경우에는 해당 재산의 상속 또는 증여가 있음을 안 날부터 1년 이내에 상속세 및 증여세를 부과할 수 있다. 다만, 상속인, 증여자, 수증자가 사망한 경우와 포탈세액 산출의 기준이 되는 재산가액이 50억원 이하인 경우에는 그러하지 아니하다.[6)]

(4) 후발적인 사유가 발생한 경우

후발적인 사유가 발생한 경우에는 다음의 기간이 지나기 전까지 경정이나 그 밖에 필요한 처분을 할 수 있다.

① 이의신청, 심사청구, 심판청구, 감사원법에 따른 심사청구, 행정소송법에 따른 소송에 대한 결정 또는 판결이 확정된 경우에는 결정 또는 판결이 확정된 날부터 1년으로 한다.

② 불복청구의 결정 및 소송의 판결이 확정됨에 따라 그 결정 또는 판결의 대상이 된 과세표준 또는 세액과 연동된 다른 세목이나 과세기간의 과세표준 또는 세액의 조정이 필요한 경우에는 불복청구 결정 및 소송 판결이 확정된 날부터 1년으로 한다.

③ 형사소송법에 따른 소송에 대한 판결이 확정되어 뇌물 또는 알선수재 · 배임수재에 의하여 받은 금품에 대하여 기타소득이 발생한 것으로 확인된 경우에는 판결이 확정된 날부터 1년으로 한다.

④ 불복청구의 결정 또는 행정소송의 판결에서 명의대여 사실이 확인된 경우와 국내원천소득의 실질귀속자가 확인된 경우에는 그 결정 또는 판결이 확정된 날부터 1년 이내에 당초의 부과처분을 취소하고 실제로 사업을 경영한 자 또는 국내원천소득의 실질귀속자 · 원천징수의무자에게 경정이나 그 밖에 필요한 처분을 할 수 있다.

⑤ 최초의 신고 · 결정 · 경정에서 과세표준 및 세액의 계산 근거가 된 거래 · 행위 등이 그 거래 · 행위 등과 관련된 소송에 대한 판결 및 화해 등에 의하여 다른 것으로 확정된 경우에는 판결이 확정된 날부터 1년으로 한다.

---

6) 납세자의 부정행위에 따른 상속세 및 증여세를 포탈한 경우란 ① 제3자의 명의로 되어 있는 피상속인 또는 증여자의 재산을 상속인이나 수증자가 취득한 경우, ② 계약에 따라 피상속인이 취득할 재산이 계약이행기간 중에 상속이 개시됨으로써 등기 · 등록 · 명의개서가 이루어지지 아니하고 상속인이 취득한 경우, ③ 국외에 있는 상속재산이나 증여재산을 상속인 · 수증자가 취득한 경우, ④ 등기 · 등록 · 명의개서가 필요하지 아니한 유가증권 · 서화 · 골동품 등 상속재산 또는 증여재산을 상속인이나 수증자가 취득한 경우, ⑤ 수증자의 명의로 되어 있는 증여자의 금융실명법에 따른 금융자산을 수증자가 보유하고 있거나 사용 · 수익한 경우, ⑥ 비거주자인 피상속인의 국내재산을 상속인이 취득한 경우, ⑦ 상속세 및 증여세법에 따른 명의신탁재산의 증여의제에 해당하는 경우를 말한다.

⑥ 조세조약에 부합하지 아니하는 과세의 원인이 되는 조치가 있는 경우에 그 조치가 있음을 안 날부터 3년 이내(조세조약에서 따로 규정하는 경우에는 그에 따름)에 그 조세조약에 따른 상호합의가 신청된 것으로서 그에 대하여 상호합의가 이루어진 경우에는 상호합의절차의 종료일부터 1년으로 한다.

⑦ 역외거래와 관련하여 국세부과의 제척기간인 7년 · 10년 · 15년의 기간이 지나기 전에 국세조세조정에 관한 법률에 따라 조세의 부과와 징수에 필요한 조세정보를 외국의 권한 있는 당국에 요청하여 조세정보를 요청한 날부터 2년이 지나기 전까지 조세정보를 받은 경우에는 조세정보를 받은 날부터 1년으로 한다.

⑧ 국세기본법에 따른 경정청구와 국제조세조정에 관한 법률에 따른 경정청구 · 조정권고가 있는 경우에는 경정청구일 · 조정권고일로부터 2개월로 한다.

⑨ 국세기본법 및 국제조세조정에 관한 법률에 따른 경정청구 또는 조정권고가 있는 경우 그 경정청구 또는 조정권고의 대상이 된 과세표준 또는 세액과 연동된 다른 과세기간의 과세표준 또는 세액의 조정이 필요한 경우에는 경정청구일 · 조정권고일부터 2개월로 한다.

3) 국세부과 제척기간의 기산일

제척기간은 국세를 부과할 수 있는 날로부터 기산하며, 이는 다음과 같다.

구분	제척기간의 기산일
과세표준과 세액을 신고하는 국세[7][8]	과세표준 신고기한의 다음 날
종합부동산세, 인지세	국세의 납세의무가 성립한 날
원천징수세액, 납세조합징수세액[9]	원천징수세액 등의 법정 납부기한의 다음 날
과세표준 신고기한이 연장되는 경우, 법정 납부기한이 연장되는 경우	연장된 과세표준 신고기한 및 법정 납부기한의 다음 날
공제세액 등 징수하는 경우[10]	공제세액 등을 징수할 수 있는 사유가 발생한 날

7) 신고하는 국세의 과세표준 및 세액의 신고여부에 관계없이 적용하고, 중간예납 · 예정신고기한 · 수정신고기한은 과세표준 신고기한에 포함되지 아니한다. 중간예납 · 예정신고기한 · 수정신고기한의 다음날을 국세부과제척기간의 기산일로 보지 아니하고 국세의 과세표준과 세액에 대한 확정신고기한의 다음날을 기산일로 보는 것이다.

8) 종합부동산세법에 따라 신고하는 종합부동산세는 제외한다.

9) 국세징수권의 소멸시효의 기산일과 동일하다.

3. 국세징수권의 소멸시효

1) 의의

국세의 징수권이란 납세의무가 확정된 국세에 대하여 납세의무를 이행하도록 청구·강제할 수 있고 납세의무의 이행으로 납부된 세액을 수납하는 권리를 말하고, 소멸시효란 권리자가 권리를 행사할 수 있음에도 불구하고 소멸시효기간동안 권리를 행사하지 아니하는 경우에는 그 권리를 당연히 소멸시키는 것을 말한다.

국세의 소멸시효기간이 완성하면 정부의 징수권은 소멸시효의 기산일에 소급하여 당연히 소멸한다. 따라서 국세의 소멸시효가 완성된 때에는 국세의 종속된 권리인 그 국세의 강제징수비·이자상당세액에도 그 효력이 미치고, 주된 납세자의 국세가 소멸시효의 완성에 따라 소멸한 때에는 제2차 납세의무자·납세보증인·물적납세의무자에게도 그 효력이 미친다.

2) 소멸시효의 기간

국세의 징수를 목적으로 하는 국가의 권리는 이를 행사할 수 있는 때부터 5억원 이상의 국세는 10년간 행사하지 아니하면 소멸시효가 완성하고, 5억원 미만의 국세는 5년간 행사하지 아니하면 소멸시효가 완성한다. 이 경우 국세의 금액은 가산세를 제외한다.

3) 소멸시효의 기산일

소멸시효는 국세징수권을 행사할 수 있는 때부터 기산되며, 이는 다음과 같다.

구분	소멸시효의 기산일
신고납세제도에 따른 국세의 신고한 세액	법정 신고납부기한의 다음 날
정부의 결정, 경정, 수시부과에 따라 납부고지한 세액[11]	납부고지에 따른 납부기한의 다음 날
원천징수의무자·납세조합으로부터 징수하는 국세, 인지세로서 납부고지한 원천징수세액 및 인지세 등	납부고지에 따른 납부기한의 다음 날
법정 신고납부기한이 연장되는 경우	연장된 기한의 다음날

10) 공제, 면제, 비과세, 낮은 세율의 적용에 따른 세액(소득공제를 받은 경우에는 공제받은 소득금액에 상당하는 세액을 말하고, 낮은 세율을 적용받은 경우에는 일반세율과의 차이에 상당하는 세액을 말함)을 의무불이행 등의 사유로 징수하는 것을 말한다.

4) 시효의 중단과 정지

(1) 시효의 중단

시효의 중단이란 시효중단사유의 발생에 따라 이미 지난 시효기간의 효력이 상실되는 것을 말하고, 이 경우에는 시효중단사유가 끝나는 때부터 새로이 시효가 진행된다.

국세징수권의 소멸시효는 납부고지, 독촉,[12] 교부청구, 압류의 사유로 중단된다. 중단된 소멸시효는 납부고지에 따른 납부기간, 독촉에 따른 납부기간, 교부청구 중의 기간, 압류해제까지의 기간이 지난 때로부터 새로 진행한다.

(2) 시효의 정지

시효의 정지란 시효정지사유의 발생에 따라 일정한 기간동안 시효의 완성을 유예하는 것을 말하고, 이 경우에는 시효정지사유가 종료한 후 잔여기간이 경과하면 시효가 완성한다.

국세징수권의 소멸시효는 세법에 따른 분납기간, 납부고지의 유예 및 지정납부기한 · 독촉장에서 정하는 기한의 연장 및 징수 유예기간, 압류 · 매각의 유예기간, 연부연납(年賦延納)기간, 사해행위(詐害行爲) 취소소송 및 채권자대위 소송이 진행 중인 기간,[13] 체납자가 국외에 6개월 이상 계속 체류하는 경우 해당 국외 체류 기간에는 진행되지 아니한다.

구분	국세부과의 제척기간	국세징수권의 소멸시효
개념	국가가 국세를 부과할 수 있는 기간	국가가 국세징수권을 행사할 수 있는 기간
대상	국세부과권(형성권의 일종)	국세징수권(청구권의 일종)
기간	5년, 7년, 10년, 15년	5년, 10년
기산일	국세를 부과할 수 있는 날 (신고의무의 유무에 따라 달라짐)	국세징수권을 행사할 수 있는 날 (납세의무의 확정에 따라 달라짐)
중단과 정지	없음	있음
기간만료효과	장래를 향해 부과권 소멸	기산일에 소급하여 징수권 소멸

11) 납부고지한 세액에는 납세자가 신고한 세액에 대하여 정부가 과세표준과 세액을 결정, 경정, 수시부과결정하는 경우를 포함한다.

12) 시효중단의 효력이 있는 독촉은 국세징수법에 따라 납기경과 후 15일 내에 발부한 것으로 1회에 한하는 것이다.

13) 사해행위취소나 채권자대위소송의 제기에 따른 시효정지의 효력은 소송이 각하, 기각, 취하된 경우에는 효력이 없다. 채권자가 자기의 채권을 보호하기 위하여 채무자에게 속하는 권리를 대신 행사할 수 있는 권리를 채권자대위권이라고 하며, 이 권리에 따른 소송을 채권자대위소송이라고 한다.

연 습 문 제

1. 국세기본법상 납세의무의 성립 · 확정 및 소멸에 관한 설명이다. 옳지 않은 것은? (CPA. 2019)

① 원천징수하는 소득세 또는 법인세는 소득금액 또는 수입금액을 지급하는 때에 납세의무가 성립하며, 동시에 특별한 절차 없이 납세의무가 확정된다.

② 세법에 따라 확정된 세액을 증가시키는 경정은 당초 확정된 세액에 관한 국세기본법 또는 세법에서 규정하는 권리 · 의무관계에 영향을 미치지 아니한다.

③ 국제조세조정에 관한 법률에 의한 역외거래 중 국외 제공 용역거래에서 발생한 부정행위로 법인세를 포탈하거나 환급 · 공제받은 경우 그 법인세를 부과할 수 있는 날부터 10년이 지나면 부과할 수 없다.

④ 5억원 이상인 국세의 징수를 목적으로 하는 국가의 권리는 10년 동안 행사하지 않으면 소멸시효가 완성된다.

⑤ 국세징수권의 소멸시효는 납부고지, 독촉 또는 납부최고, 교부청구 및 압류의 사유로 중단된다.

【정답】 ③

√10년이 → 15년이

2. 납세의무의 성립시기에 관한 설명으로 옳지 않은 것은? (2015. CTA수정)

① 내국법인인 (주)마포의 제2기 사업연도(2021.1.1.~2021. 12. 31.)의 법인세 납세의무는 2022. 3. 31.에 성립한다.

② 국세의 납세의무 성립시기는 새로운 세법 또는 해석이나 관행의 적용 시 소급과세 여부를 판정하는 기준시점이 된다.

③ 내국법인인 (주)신촌이 개인주주에게 지급하는 배당금에 대하여 원천징수하는 소득세의 납세의무는 해당 배당금을 지급하는 때에 성립한다.

④ 내국법인인 (주)반포의 2022년 제1기 예정신고기간에 대한 부가가치세의 납세의무는 동 예정신고기간이 끝나는 때에 성립한다.

⑤ 금융 · 보험업자의 수익금액에 부과되는 교육세의 납세의무는 교육세의 법정 과세기간이 끝나는 때에 성립한다.

【정답】 ①

√2022. 3. 31 → 2021.12.31.(과세기간이 끝나는 날)

3. 국세기본법의 납세의무의 성립과 확정 등에 관한 설명이다. 옳지 않은 것은? (CPA. 2016)

① 소득세법에서 과세대상으로 정하는 소득이 있으면 해당 과세기간이 끝나는 때에 소득세 납세의무가 성립한다.

② 상속세 및 증여세법에서 과세대상으로 정하는 증여가 있으면 그 증여에 의하여 재산을 취득하는 때에 증여세 납세의무가 성립한다.

③ 소득세의 납세의무자가 과세표준 및 세액을 신고하지 아니한 경우에는 정부가 이를 결정하는 때에 납세의무가 확정된다.

④ 소득세는 납세의무자가 과세표준 및 세액을 정부에 신고하는 때에 그 납세의무가 확정되지만, 신고의 내용에 잘못이 있는 경우에는 정부가 새로이 확정시킬 수 있으나 정부가 스스로 확정한 세액을 다시 고칠 수 없다.

⑤ 납세의무자가 적법한 소득세 신고를 하였으나 현금이 없다는 이유로 이를 납부하지 아니한 경우 납세지관할세무서장은 국세징수법에 따라 해당 세금을 징수한다.

【정답】 ④

√다시 고칠 수 없다. → 즉시 이를 다시 경정한다.

4. 국세기본법의 납세의무의 성립과 확정에 관한 설명으로 옳은 것은? (2012. CPA)

① 청산소득에 대한 법인세의 납세의무는 그 법인이 해산 또는 합병을 하는 때에 성립하고 과세표준과 세액을 정부가 결정하는 때에 확정된다.

② 중간예납하는 법인세를 정부가 조사·결정하는 경우 납세의무는 중간예납기간이 끝나는 때에 성립하고 특별한 절차 없이 그 세액이 확정된다.

③ 수시부과하여 징수하는 법인세의 납세의무는 수시부과할 사유가 발생한 때에 성립하고 특별한 절차 없이 그 세액이 확정된다.

④ 금융보험업자의 수입금액에 부과되는 교육세의 납세의무는 해당 매매거래가 확정되는 때에 성립하고 과세표준과 세액을 정부에 신고하는 때에 확정된다.

⑤ 수입주류에 대한 주세를 세법에 따라 기한후신고하는 경우에는 세관장에게 수입신고를 하는 때에 해당 주세의 납세의무가 성립하고, 과세표준과 세액을 정부가 결정하는 때에 확정된다.

【정답】 ⑤

√① 청산소득은 그 법인이 해산하는 때 성립하고, 납세의무자가 신고하는 때 확정된다.

②와 ③ 특별한 절차 없이 → 정부가 결정하는 때에

④ 해당 매매거래가 확정되는 때 → 과세기간이 끝나는 때

5. 국세기본법에 관한 설명으로 옳지 않은 것은? (CPA. 2017)

① 국외에 있는 상속재산을 상속인이 취득하면서 사기나 그 밖의 부정한 행위로 상속세를 포탈한 경우 상속인이 사망하였더라도 해당 재산의 상속이 있음을 안 날부터 1년 이내에 상속세를 부과할 수 있다.

② 종합부동산세는 부과과세제도가 원칙이지만, 납세의무자가 신고하는 경우 그 신고하는 때 납세의무가 확정된다.

③ 부담부증여에 따라 증여세와 함께 과세되는 양도소득세에 대해서는 조세조약에 따라 상호합의 절차가 진행중인 경우가 아니라면 증여세와 동일한 제척기간을 적용한다.

④ 세법에 따라 당초 확정된 세액을 감소시키는 경정은 그 경정으로 감소되는 세액 외의 세액에 관한 국세기본법 또는 세법에서 규정하는 권리·의무관계에 영향을 미치지 아니한다.

⑤ 5억원 이상의 국세에 대한 징수권은 이를 행사할 수 있는 때부터 10년 동안 행사하지 아니하면 소멸시효가 완성된다.

【정답】 ①

√상속인이 사망하였더라도 → 상속인·증여자·수증자가 사망한 경우와 포탈세액 산출기준이 되는 재산가액이 50억원 이하인 경우를 제외하고

6. 국세기본법상 납세의무 성립시기에 관한 내용으로 옳은 것을 모두 고른 것은? (CTA. 2019)

ㄱ. 원천징수하는 소득세·법인세 : 과세기간이 끝나는 때

ㄴ. 증권거래세: 해당 매매거래가 확정되는 때

ㄷ. 수입재화에 대한 부가가치세: 세관장에게 수입신고를 하는 때

ㄹ. 수시부과하여 징수하는 국세: 수시부과 납부일

① ㄱ, ㄴ ② ㄱ, ㄷ ③ ㄴ, ㄷ ④ ㄴ, ㄹ ⑤ ㄷ, ㄹ

【정답】 ③

√ㄱ: 과세기간이 끝나는 때 → 소득금액 또는 수입금액을 지급하는 때

ㄹ: 수시부과 납부일 → 수시부과할 사유가 발생한 때

7. 국세기본법에 관한 설명으로 옳은 것은? (CPA. 2018)

① 과소신고가산세의 납세의무 성립시기는 가산할 국세의 납세의무가 확정되는 때이다.

② 원천징수하는 소득세 · 법인세는 소득금액 또는 수입금액을 지급하는 달의 말일에 납세의무의 성립과 확정이 이루어진다.

③ 10억원의 국세에 대한 징수권은 이를 행사할 수 있는 때부터 5년 동안 행사하지 않으면 소멸시효가 완성된다.

④ 사기로 법인세를 포탈한 경우 그 법인세의 납세의무가 성립한 날부터 15년의 기간이 끝난 날 이후에는 부과할 수 없다.

⑤ 세법에 따라 당초 확정된 세액을 증가시키는 경정은 당초 확정된 세액에 관한 국세기본법 또는 세법에서 규정하는 권리 · 의무관계에 영향을 미치지 아니한다.

【정답】 ⑤

√① 납세의무가 확정되는 때 → 법정신고기한이 경과하는 때, ② 소득금액 또는 수입금액을 지급하는 달의 말일 → 소득금액 또는 수입금액을 지급하는 때, ③ 5년 동안 행사하지 → 10년 동안 행사하지, ④ 법인세의 납세의무가 성립한 날부터 15년의 기간 → 국세를 부과할 수 있는 날(법인세의 신고기한의 다음날)로부터 10년의 기간

8. 국세기본법의 납부의무의 소멸에 관한 설명 중 옳은 것을 모두 묶은 것은? (CPA. 2016)

ㄱ. 납세의무자의 납세의무는 해당 납세의무자는 물론 연대납세의무자, 제2차 납세의무자, 납세보증인, 물적 납세의무자의 납부에 의하여 소멸하지만, 그 밖에 이해관계가 있는 제3자가 해당 납세의무자의 명의로 납부한 경우에는 소멸하지 아니한다.

ㄴ. 납세의무자가 자신의 물건이나 권리의 소유권을 국가에 이전하고 납세의무에서 벗어날 수 있게 하는 물납은 세법에서 정함이 없는 경우에도 인정된다.

ㄷ. 납세의무자 갑이 100만원의 증여세 납부고지서를 받았고 소득세 100만원을 돌려받을 권리가 있는 경우 갑이 이러한 권리를 납부고지서상의 세금에 충당할 것을 청구하면 그 청구한 날에 해당 세금을 납부한 것으로 본다.

ㄹ. 납세의무자 을이 200만원의 부가가치세를 체납하였고 소득세 200만원을 돌려받을 권리가 있는 경우 국가가 을에게 소득세 200만원을 돌려주지 아니하고 이를 을의 체납된 부가가치세 200만원에 충당하려면 을의 동의를 받아야 한다.

① ㄷ ② ㄹ ③ ㄱ, ㄴ

④ ㄱ, ㄷ ⑤ ㄷ, ㄹ

【정답】 ①

√ㄱ: 납세의무는 제3자가 납세의무자의 명의로 납부하는 경우에도 소멸한다.

ㄴ: 물납은 상증법에 따라 상속세에서 정한 경우에 인정된다.

ㄹ: 체납된 국세의 충당은 납세자의 동의를 필요로 하지 않는다.

9. 국세기본법상 국세부과의 제척기간에 관한 설명으로 옳은 것은? (CTA. 2020)

① 원칙적인 부과제척기간이 지났더라도 행정소송법에 따른 소송에 대한 판결이 확정 된 경우 지방국세청장 또는 세무서장은 그 확정된 날부터 1년이 지나기 전까지 경정이나 그 밖에 필요한 처분을 할 수 있다.

② 과세표준과 세액을 신고하는 국세(신고하는 종합부동산세는 제외)의 제척기간 기산일은 해당 국세의 과세표준신고기한(예정신고기한 포함)의 다음 날로 한다.

③ 조세쟁송에 대한 결정 또는 판결에서 명의대여 사실이 확인되는 경우 그 결정 또는 판결이 확정된 날부터 2년이 지나기 전까지는 명의자에 대한 부과처분을 취소하고 실제로 사업을 경영한 자에게 경정이나 그 밖에 필요한 처분을 할 수 있다.

④ 원칙적인 부과제척기간이 끝난 날이 속하는 과세기간 이후의 과세기간에 법인세법에 따라 이월결손금을 공제하는 경우 그 결손금이 발생한 과세기간의 법인세의 부과제척기간은 이월결손금을 공제한 과세기간의 법정신고기한으로부터 2년으로 한다.

⑤ 부담부증여에 따라 증여세와 함께 양도소득세가 과세되는 때에 납세자가 법정신고기한까지 소득세 과세표준신고서를 제출하지 아니한 경우 그 양도소득세의 부과제척기간은 7년으로 한다.

【정답】 ①

√② 국세의 과세표준신고기한(예정신고기한 포함) → 국세의 과세표준신고기한(확정신고기한), ③ 판결이 확정된 날부터 2년이 → 판결이 확정된 날부터 1년이, ④ 법정신고기한으로부터 2년 → 법정신고기한으로부터 1년, ⑤ 양도소득세의 부과제척기간은 7년 → 양도소득세의 부과제척기간은 15년

10. (주)A는 제3기 사업연도(2015.1.1.~2015.12.31.)의 매출기록을 조작하는 방식으로 매출을 일부 누락하여 법인세를 신고·납부하였다. 그 사실을 알게 된 과세관청은 2022.2.2. (주)A에게 법인세 부과처분을 함과 동시에 익금에 산입한 금액의 사외유출 귀속처가 불분명하다고 보아 대표이사인 甲에게 상여로 소득처분함을 내용으로 하는 소득금액변동통지를 하였다. 이에 관한 설명으로 옳지 않은 것은? (다툼이 있으면 판례에 따름) (CTA. 2021)

① 소득처분 관련 甲의 소득세 납세의무의 성립시기는 2015년이 끝나는 때이다.
② 甲이 사외유출된 금액이 자신에게 귀속되지 아니하였다는 점만을 입증하였다면 소득세 납세의무를 면할 수 없다.
③ (주)A에 대한 소득금액변동통지는 행정소송의 대상이 될 수 있는 처분에 해당한다.
④ 甲이 스스로 부정행위를 하지 아니하였고 2015년 과세기간 귀속 소득의 소득세 신고를 법정신고기한까지 한 경우라면 甲에 대한 소득세 부과제척기간의 만료일은 2021.5.31.이다.
⑤ 甲에 대한 소득세 부과제척기간이 도과하였다면 (주)A에 대한 소득금액변동통지는 위법하다.

【정답】 ④

√소득세 부과제척기간의 만료일은 2021.5.31.이다. → 소득세 부과제척기간의 만료일은 2026.5.31.이다.

- 납세자가 부정행위로 국세를 포탈하거나 환급·공제받은 경우에는 그 국세를 부과할 수 있는 날부터 10년으로 하고, 부정행위로 법인세를 포탈하거나 환급·공제받아 법인세법에 따라 처분된 금액에 대한 소득세 또는 법인세에 대해서도 그 소득세 또는 법인세를 부과할 수 있는 날부터 10년으로 한다.

CHAPTER 05

조세채권의 보전

I 납세의무의 승계

1. 의의

일반적으로 채권의 실현가능성은 채무자의 경제적 능력에 따라 결정된다. 따라서 민법에서는 사인간의 계약에 따라 채권을 이전할 수 있다.

조세채권에 대하여 사인간의 계약에 따라 이전할 수 있다면 조세채권의 확보에 영향을 받게 되므로 납세의무의 이전은 원칙적으로 인정하지 않는다. 다만, 국세기본법에서는 포괄적으로 권리 및 의무가 승계되는 법인의 합병과 상속의 경우에만 납세의무가 승계되는 것으로 한다.

납세의무의 승계란 일정한 경우에 납세자 이외의 자에게 납세의무가 이전되는 것을 말한다. 납세의무의 승계는 승계사유가 발생하면 당사자의 의사와는 관계없이 당연히 납세의무가 승계되고, 그에 관한 별도의 처분을 필요로 하지 않는다.

2. 법인의 합병에 따른 납세의무의 승계

법인이 합병한 경우 합병법인은 피합병법인에게 부과되거나 피합병법인이 납부할 국세 및 강제징수비를 납부할 의무를 진다.

합병한 경우란 합병법인이 본점소재지에서 합병등기를 한 때를 말하고, 피합병법인에게 부과되거나 피합병법인이 납부할 국세 및 강제징수비란 피합병법인에게 귀속되는 국세 등과 세법에 따른 납세의무의 확정절차에 따라 앞으로 부과되거나 납부하여야 할 국세 등을 말한다.

3. 상속에 따른 납세의무의 승계

1) 납세의무 승계절차

상속이 개시된 때에 피상속인에게 부과되거나 그 피상속인이 납부할 국세 및 강제징수비는 상속인 · 수유자 · 상속재산관리인에게 납세의무에 대한 별도의 지정조치 없이 당연히 승계되며, 피상속인의 생전에 피상속인에게 한 처분 또는 절차는 상속인 · 상속재산관리인에 대하여도 효력이 있다. 그러나 피상속인이 사망한 후 그 승계되는 국세 등의 부과징수를 위한 잔여절차는 상속인 · 상속재산관리인을 대상으로 하여야 한다.

상속인이 있는지 분명하지 아니할 때에는[1)2)] 상속인에게 하여야 할 납부의 고지 · 독촉 · 그 밖에 필요한 사항은[3)] 상속재산관리인에게 하고, 상속인이 있는지 분명하지 아니하고 상속재산관리인도 없을 때에는 세무서장은 상속개시지를 관할하는 법원에 상속재산관리인의 선임을 청구할 수 있다.

2) 납세의무 승계자

상속에 따른 납세의무를 승계받는 자는 상속인, 수유자, 상속재산관리인으로 한다. 수유자란 유언에 의하여 유증을 받을 자로 정하여진 자를 말하며, 수유자에는 증여자의 사망으로 효력을 발생하는 사인증여를 포함한다.

상속인에는 민법에 따른 상속포기자가[4)] 피상속인의 사망으로 인하여 보험금을 받는 때에는 상속포기자를 상속인으로 보고 보험금을 상속받은 재산으로 보아 납세의무의 승계를 적용한다. 이는 피상속인이 상속인을 수익자로 하는 보험계약을 체결하고 상속인은 민법에 따라 상속을 포기하는 경우 납세의무 승계를 피하면서 재산을 상속받는 것을 방지하기 위한 제도이다.

---

1) 피상속인의 혼인무효의 소 · 조정이 계류 중에 있는 경우 또는 그 밖의 상속의 효과를 가지는 신분관계의 존부확정에 관하여 쟁송 중인 경우 등으로 상속인이 명확하지 아니한 경우에는 원칙적으로 그 무효의 소 · 그 쟁송사유가 없는 것으로 보는 경우의 상속인에 대하여 납세의무의 승계를 적용한다.

2) 민법에 따르면 상속인의 존부가 분명하지 아니한 때에는 법원은 피상속인의 친족, 기타 이해관계인, 검사의 청구에 따른 상속재산관리인을 선임하고 지체 없이 공고하여야 한다.

3) 피상속인이 사망하기 전에 독촉을 한 체납액에 관하여 그 상속인의 재산을 압류하려는 경우에는 국세징수법에 따른 국세확정 전 보전압류의 사유가 있는 경우를 제외하고는 사전에 그 상속인에 대하여 승계세액의 납부를 촉구하여야 한다.

4) 민법에 따르면 상속인은 상속개시 있음을 안 날로부터 3개월 내에 단순승인, 한정승인, 포기를 할 수 있다.

3) 납세의무 승계범위

상속에 따른 납세의무의 승계는 피상속인에게 부과되거나 피상속인이 납부할 국세 및 강제징수비로서 피상속인에게 귀속되는 국세 등, 세법에 따른 납세의무의 확정절차에 따라 앞으로 부과되거나 납부하여야 할 국세 등을 말한다. 이 경우 피상속인이 부담할 제2차 납세의무도 포함하며, 이러한 제2차 납세의무의 승계에는 반드시 피상속인의 생전에 납부고지가 있어야 하는 것은 아니다.

4) 납세의무 승계한도액

(1) 일반원칙

상속인 등은 피상속인에게 부과되거나 그 피상속인이 납부할 국세 및 강제징수비를 상속받은 재산의 한도에서 납부할 의무를 진다. 상속받은 재산은 다음 계산식에 따른 가액으로 한다. 이 경우 자산총액과 부채총액의 가액은[5] 상증법에 따라 평가한다.

납세의무 승계한도액 = 상속받은 자산총액 - (상속받은 부채총액 + 상속세 등)

(2) 공동상속의 경우

상속인이 2명 이상일 때에는 각 상속인은 피상속인에게 부과되거나 그 피상속인이 납부할 국세 및 강제징수비를 민법에 따른 상속분에 따라 나누어 계산한 국세 및 강제징수비를 상속으로 받은 재산의 한도에서 연대하여 납부할 의무를 진다.[6]

다만, 상속인 중 수유자·상속을 포기한 사람·유류분을 받은 사람이 있는 경우 및 상속으로 받은 재산에 보험금이 포함되어 있는 경우에는 각각의 상속인·수유자·상속포기자가 상속으로 받은 재산의 가액을 각각의 상속인이 상속으로 받은 재산 가액의 합계액으로 나누어 계산한 상속재산가액비율에 따라 나누어 계산한 국세 및 강제징수비를 연대납세의무를 진다.

---

5) 납세의무 승계한도액을 계산하는 경우 자산총액과 부채총액을 계산함에 있어 상속재산에는 사인증여·유증의 목적이 된 재산과 생명침해 등으로 인한 피상속인의 손해배상청구권도 상속재산에 포함하고, 피상속인의 일신에 전속하는 권리의무와 피상속인이 수탁하고 있는 신탁재산은 수탁자의 상속재산에 포함하지 아니한다.

6) 상속재산 분할방법의 지정에 관한 유언의 효력에 대하여 분쟁이 있는 등 상속재산의 분할방법이 명백하지 아니한 경우와 상속재산의 분할방법을 정할 것을 위탁받은 자가 그 위탁을 승낙하지 않는 경우에는 민법에 따른 법정상속지분율에 따라 연대납세의무를 진다.

Ⅱ 연대납세의무

1. 의의

연대납세의무란 하나의 조세채무에 대하여 2인 이상의 납세자가 납세의무의 전부를 각자 이행할 의무가 있고, 납세자 중 1인이 납세의무를 이행함으로써 다른 납세자도 그 납세의무가 소멸하게 되는 것을 말한다.[7)]

과세권자는 어느 연대납세의무자 또는 모든 연대납세의무자에 대하여 동시 · 순차로 납세의무의 전부나 일부의 이행을 청구할 수 있다. 어느 연대납세의무자에 대한 부과처분의 무효나 취소는 다른 연대납세의무자의 납세의무에 영향을 미치지 아니한다.

2. 법인의 연대납세의무

1) 분할 등에 따른 연대납세의무

법인의 분할 등에 따른 연대납세의무는 다음과 같다.

① 법인이 분할되거나 분할합병된 후 분할법인이 존속하는 경우 분할법인, 분할신설법인, 분할합병의 상대방법인은 분할등기일 이전에 분할법인에 부과되거나 납세의무가 성립한 국세 및 강제징수비에 대하여 분할로 승계된 재산가액을 한도로 연대하여 납부할 의무가 있다.

② 법인이 분할 또는 분할합병한 후 소멸하는 경우 분할신설법인, 분할합병의 상대방 법인은 분할법인에 부과되거나 분할법인이 납부하여야 할 국세 및 강제징수비에 대하여 분할로 승계된 재산가액을 한도로 연대하여 납부할 의무가 있다.

2) 채무자회생법에 따른 연대납세의무

법인이 채무자회생법에 따라 신회사를 설립하는 경우 기존의 법인에 부과되거나 납세의무가 성립한 국세 및 강제징수비는 신회사가 연대하여 납부할 의무를 진다.

---

7) 민법에 따르면 어느 연대채무자가 변제, 그 밖의 자기의 출재로 공동면책이 된 때에는 다른 연대채무자의 부담부분에 대하여 구상권을 행사할 수 있다. 채무자의 구상권은 면책된 날 이후의 법정이자 및 피할 수 없는 비용, 그 밖의 손해배상을 포함한다.

3. 개인 등의 연대납세의무

1) 국세기본법의 연대납세의무

공유물, 공동사업, 공동사업에 속하는 재산에 관계되는 국세 및 강제징수비는 공유자 또는 공동사업자가 연대하여 납부할 의무를 진다.[8)]

공유물이란 2인 이상이 공동으로 소유하는 물건을 말하고, 공동사업이란 그 사업이 당사자 전원의 공동의 것으로서 공동으로 경영되고 사업의 성공여부에 대하여 이해관계(이익분배청구권)를 가지는 사업을 말한다.

2) 소득세의 연대납세의무

소득세법에서는 사업자가 자산을 공유·합유하거나 공동으로 사업을 경영하는 경우에는 거주자별로 납세의무를 진다. 다만, 주된 공동사업자에게 합산과세되는 경우 합산과세되는 소득금액에 대하여는 주된 공동사업자 이외의 특수관계인이 그의 지분 또는 손익분배의 비율에 해당하는 소득금액을 한도로 주된 공동사업자와 연대납세의무를 진다.

거주자가 배우자 및 직계존비속을 제외한 특수관계인에게 자산을 증여한 후 그 자산을 증여받은 자가 그 증여일부터 5년 이내에 다시 타인에게 양도한 경우로서 증여자가 그 자산을 직접 양도한 것으로 보는 경우 그 양도소득에 대해서는 증여자와 증여받은 자가 연대하여 납세의무를 진다.

3) 상속세 및 증여세의 연대납세의무

상속인·수유자는 상속재산 중 각자가 받았거나 받을 재산의 지분비율에 따라 상속세를 연대하여 납부할 의무가 있고, 증여자는 수증자의 납부할 증여세에 대하여 수증자가 다음에 해당하는 경우 연대하여 납부할 책임을 진다.

① 주소 또는 거소가 분명하지 아니한 경우로서 조세채권을 확보하기 곤란한 경우

② 증여세를 납부할 능력이 없다고 인정되는 경우로서 강제징수를 하여도 조세채권을 확보하기 곤란한 경우

③ 비거주자인 경우

---

8) 개별세법에서 연대납세의무에 대한 특례규정을 둔 경우에는 개별세법이 국세기본법에 우선 적용된다.

Ⅲ 제2차 납세의무

제2차 납세의무란 납세의무자의 재산으로 강제징수를 하여도 그가 납부하여야 할 국세 및 강제징수비에 부족한 경우에는 납세의무자와 일정한 관계가 있는 자가 부족액에 대하여 납세의무를 지는 것을 말한다.

본래의 납세의무가 변경되거나 소멸되는 경우에는 제2차 납세의무에 대하여도 그 효력이 동일하게 미치게 되는데 이를 부종성(附從性)이라고 한다. 또한 본래의 납세의무자의 재산에 대하여 강제징수를 집행하여도 징수할 국세 등의 금액이 부족한 경우에만 그 부족액에 대하여 이행책임을 지게 되는데 이를 보충성(補充性)이라고 한다.

1. 청산인 등의 제2차 납세의무

1) 요건

청산인 등의 제2차 납세의무는 다음의 요건을 갖추어야 한다.

① 법인이 해산하여 청산하는 경우

② 해산된 법인에게 부과되거나 그 법인이 납부할 국세 및 강제징수비를 납부하지 아니하고 해산에 의한 잔여재산을 분배하거나 인도한 경우[9)]

③ 해산된 법인에 대하여 강제징수를 하여도 징수할 금액에 부족한 경우

2) 제2차 납세의무를 지는 자

해산하여 청산된 법인의 국세 등에 대하여 청산인 또는 잔여재산을 분배받거나 인도받은 자는 제2차 납세의무를 진다. 이 경우 청산인은 분배하거나 인도한 재산의 가액을 한도로 하고, 잔여재산을 분배 또는 인도를 받은 자는 각자가 받은 재산의 가액을 한도로 하고, 재산의 가액은 청산 후 남은 재산을 분배하거나 인도한 날 현재의 시가로 한다.

청산인이란 정관의 규정, 주주총회의 결의, 법원의 선임(법정청산인)에 따라 현존사무의 종결·잔여재산의 분배 등 해산된 법인의 청산사무를 집행하는 자를 말한다.

9) 법인에게 부과되거나 그 법인이 납부할 국세란 해당 법인이 결과적으로 납부하여야 할 모든 국세를 말하며, 해산할 때 또는 분배·인도하는 때에 이미 납세의무가 성립된 국세에 한정하지 아니한다.

2. 출자자의 제2차 납세의무

1) 요건

출자자의 제2차 납세의무는 다음의 요건을 갖추어야 한다.

① 주된 납세자가 주권상장법인을 제외한 법인인 경우
② 주된 납세자인 법인의 재산으로 그 법인에게 부과되거나 그 법인이 납부할 국세 및 강제징수비에 충당하여도 부족한 경우
③ 주된 납세자인 법인에게 부과되거나 그 법인이 납부할 국세의 납세의무의 성립일 현재 무한책임사원 또는 과점주주

2) 제2차 납세의무를 지는 자

(1) 무한책임사원

무한책임사원이란 합명회사의 사원 및 합자회사의 무한책임사원을 말한다. 무한책임사원의 제2차 납세의무는 주된 납세자인 법인의 재산으로 징수하기 부족한 금액에 대하여 인적 무한책임을 진다.

(2) 과점주주

과점주주란 주주, 합자회사의 유한책임사원, 유한책임회사의 사원, 유한회사의 사원 1명과 그의 특수관계인으로서 그들의 소유주식의 합계가 해당 법인의 발행주식총수의 50%를 초과하면서 그 법인의 경영에 대하여 지배적인 영향력을 행사하는 자들을 말한다.[10)]

다만, 과점주주의 경우에는 국세 등의 부족한 금액을 그 법인의 발행주식총수로 나눈 금액에 과점주주가 실질적으로 권리를 행사하는 주식수를 곱하여 산출한 금액을 한도로 한다. 이 경우 주식에는 의결권이 없는 주식을 제외하다.

$$\text{과점주주의 제2차 납세의무 한도액} = \text{국세 등 부족액} \times \frac{\text{과점주주의 소유주식수}}{\text{발행주식총수}}$$

10) 과점주주 중 제2차 납세의무를 부담하는 자는 법인의 발행주식총수의 50%를 초과하는 주식에 관한 권리를 실질적으로 행사하는 자(주권행사자), 명예회장 · 회장 · 사장 · 부사장 · 전무 · 상무 · 이사 · 그 밖에 그 명칭에 관계없이 법인의 경영을 사실상 지배하는 자(경영지배자), 주권행사자 및 경영지배자의 배우자(사실상 혼인관계에 있는 사람을 포함함) 및 그와 생계를 같이하는 직계존비속을 말한다.

3. 법인의 제2차 납세의무

1) 요건

법인의 제2차 납세의무는 다음의 요건을 갖추어야 한다.

① 주된 납세자가 국세의 납부기간 만료일 현재[11] 법인의 출자자인 경우

② 주된 납세자인 출자자(무한책임사원, 과점주주)의 재산으로 출자자가 납부할 국세 및 강제징수비에 충당하여도 부족한 경우

③ 주된 납세자인 출자자의 소유주식에 대하여 정부가 재공매하거나 수의계약으로 매각하려 하여도 매수희망자가 없는 경우

④ 법률 또는 그 법인의 정관에 의하여 출자자의 소유주식 또는 출자지분의 양도가 제한된 경우.[12] 다만, 심판청구등이 계속 중인 국세의 체납으로 압류한 재산은 그 신청 또는 청구에 대한 결정이나 소(訴)에 대한 판결이 확정되기 전에는 공매할 수 없는 경우는 제외한다.

2) 제2차 납세의무를 지는 자

주된 납세자인 무한책임사원 또는 과점주주를 둔 법인은[13] 제2차 납세의무를 진다.

법인의 제2차 납세의무는 법인의 자산총액에서 부채총액을 뺀 가액을 출자자의 소유주식의 가액비율을 곱하여 산출한 금액을 한도로 한다. 이 경우 자산총액과 부채총액의 평가는 해당 국세의 납부기간 만료일 현재의 시가로 하고, 해당 국세가 2이상이면 납부기한이 뒤에 도래한 국세로 한다.

$$\text{법인의 제2차 납세의무 한도액} = (\text{자산총액}-\text{부채총액}) \times \frac{\text{출자자의 소유주식금액}}{\text{발행주식총액}}$$

11) 2이상의 국세의 경우에는 납부기한이 뒤에 오는 국세의 납부기간 만료일 현재를 기준으로 한다.

12) 합명회사 및 합자회사의 지분은 상법에 따라서 다른 무한책임사원 전원의 동의가 없으면 양도할 수 없으므로 환가 전에 무한책임사원 중 1인이라도 환가에 의한 지분양도에 대하여 반대의사를 표시하는 경우는 양도가 제한된 때에 해당한다.

13) 법인이 상법에서 정한 주권의 발행시기가 경과하였음에도 불구하고 주권을 발행하지 아니한 경우 세무서장은 체납자인 주주가 회사에 대하여 가지는 주주권을 압류하고 일정기간 내에 주권을 발행하여 세무공무원에게 인도하라는 뜻을 통지하여야 한다. 세무서장이 통지한 기간 내에 주권을 발행하지 아니하고 회사성립 후 · 신주의 납입기일 후 6월이 경과한 때에는 주식에 대한 매각절차를 진행하여야 하며, 그 결과 매수 희망자가 없고 해당 체납자가 과점주주인 경우에는 법인의 제2차 납세의무를 지울 수 있다.

4. 사업양수인의 제2차 납세의무

1) 요건

사업양수인의 제2차 납세의무는 다음의 요건을 갖추어야 한다.

① 사업장별로 그 사업에 관한 모든 권리(미수금에 관한 것을 제외함)와 의무(미지급금에 관한 것을 제외함)를 포괄적으로 승계한 경우[14)]

② 주된 납세자인 사업양도인의 재산으로 사업양도인이 납부할 국세 및 강제징수비에 충당하여도 부족한 경우

③ 양도·양수된 그 사업에 관한 국세 등[15)]으로서 사업양도일 이전에 납세의무가 확정된 국세인 경우[16)]

2) 제2차 납세의무를 지는 자

사업장별로 그 사업에 관한 모든 권리와 의무를 포괄적으로 승계한 자로서 양도인과 특수관계에 있는 자 및 양도인의 조세회피를 목적으로 사업을 양수한 자는 제2차 납세의무를 진다. 사업양수인은 사업양도인의 재산으로 충당하여도 부족한 금액에 대하여 양수한 재산가액을 한도로 인적 유한책임을 진다.[17)]

여기서 양수한 재산가액이란 다음의 가액을 말한다.

① 사업양수인이 양도인에게 지급하였거나 지급하여야 할 금액(양도대가)

② 양도대가가 없거나 불분명한 경우에는 양수한 자산 및 부채를 상속세 및 증여세법에 따라 평가한 후 자산총액에서 부채총액을 뺀 가액(순자산시가)

③ 양도대가와 순자산시가의 차액이 3억원 이상이거나 순자산시가의 30%에 상당하는 금액 이상인 경우에는 양도대가와 순자산시가 중 큰 금액

---

14) 사업의 양도·양수계약이 그 사업장내의 시설물, 비품, 재고상품, 건물 및 대지 등 대상목적에 따라 부분별, 시차별로 별도로 이루어졌다 하더라도 결과적으로 사회통념상 사업전부에 관하여 행하여진 것이라면 사업의 양도·양수에 해당한다.

15) 사업에 관한 국세 등에는 사업용 부동산의 양도에 따라 발생한 양도소득세, 법인의 토지등 양도소득에 대한 법인세를 포함하지 아니한다.

16) 사업양수인이 제2차 납세의무를 지는 국세의 범위는 사업의 양도·양수일 현재 이미 고지된 국세와 납세의무가 확정된 국세를 포함하는 것이나 사업 양도·양수 이후 양도자에게 부과되는 국세는 포함하지 않는다.

17) 사업의 양도인에게 2이상의 사업장이 있는 경우에 하나의 사업장을 양수한 자의 제2차 납세의무는 양수한 사업장과 관계되는 국세 및 강제징수비(2이상의 사업장에 공통되는 국세 및 강제징수비가 있는 경우에는 양수한 사업장에 배분되는 금액을 포함함)에 대해서만 진다.

5. 양도담보권자의 물적납세의무

1) 의의

양도담보란 당사자 간의 계약에 따라 채무자인 납세자가 자산을 담보로 제공하고 그 자산을 계속 점유하여 사용·수익하면서 그 자산의 소유권만을 채권자인 양도담보권자에게 이전시키는 담보를 말한다.

양도담보재산이란 당사자 간의 양도담보설정계약에 따라 납세자가 자기·제3자의 채무를 담보하기 위하여 채권자 또는 제3자에게 재산을 양도하였을 때에 실질적으로 양도인에 대한 채권담보의 목적이 된 재산을[18] 말한다. 이 경우 국세징수법에 따라 양도담보권자에게 납부고지가 있은 후 납세자가 양도에 의하여 실질적으로 담보된 채무를 불이행하여 해당 재산이 양도담보권자에게 확정적으로 귀속되고 양도담보권이 소멸하는 경우에는 납부고지 당시의 양도담보재산이 계속하여 양도담보재산으로서 존속하는 것으로 본다.

2) 요건

양도담보권자의 물적납세의무는 다음의 요건을 갖추어야 한다.

① 양도담보권자에게 물적납세의무를 부여할 때 주된 납세자에게 양도담보된 재산이 있는 경우

② 주된 납세자의 다른 재산에 대하여 강제징수를 하여도 징수할 금액에 부족한 경우

③ 체납된 국세 등의 법정기일 이후에 양도담보로 제공된 재산이 있는 경우[19]

3) 제2차 납세의무를 지는 자

양도담보권자는 국세징수법에 따라 그 양도담보재산에 대해서만 물적, 보충적 납세의무를 부담한다. 양도담보재산으로 제공된 자산은 실질적으로 납세자의 재산이나 법률적으로 양도담보권자의 소유로 되어 있기 때문에 강제징수를 할 수 없다. 양도담보재산은 채권을 담보하기 위하여 형식상 양도담보권자(채권자)에게 이전한 재산으로 저당권이 설정된 재산과 유사하므로 양도담보권자에게 물적납세의무를 부여하는 것이다.

---

18) 동산, 유가증권, 채권, 부동산, 무체재산권 등, 그 밖에 법률상으로 아직 권리로 인정되어 있지 않은 것이라도 양도할 수 있는 것은 모두 양도담보의 목적물이 된다.

19) 국세의 법정기일 전에 담보의 목적이 된 양도담보재산에 대해서는 물적납세의무를 부담하지 않는다.

Ⅳ 국세우선의 원칙

1. 국세의 우선

1) 국세우선징수권

민법에 따른 일반채권은 모든 채권자가 채권액에 비례하여 변제를 받을 수 있는 채권자평등의 원칙이 적용되고, 채무자의 재산이 모든 채무를 변제하기에 부족한 경우에는 채권자들 간에는 차별하지 아니한다.

그러나 조세의 공익성을 고려하여 채권자평등의 원칙을 깨뜨리고 국세 및 강제징수비는[20] 다른 공과금이나 그 밖의 채권에 우선하여 징수하는데[21] 이를 국세우선권이라 한다. [22] 공과금(公課金)이란 국세징수법에서 규정하는 강제징수의 예에 따라 징수할 수 있는 채권 중 국세·관세·임시수입부가세·지방세와 이에 관계되는 강제징수비를 제외한 것을 말하고, 그 밖의 채권이란 자력집행력이 부여되지 않은 일반채권을 말한다.

국세의 우선권은 납세자의 재산으로부터 강제매각·추심절차에 따라 국세채권과 기타채권을 징수하는 경우에 적용되는 것이며, 납세자가 임의로 납부 또는 변제하는 경우에는 적용되지 않는다.

2) 국세우선징수권의 제한

국세의 우선징수에 대하여 채무자회생법 및 관세법에 따른 제한을 인정한다. 채무자회생법에 따른 공익채권·재단채권으로 있는 국세는 다른 공익채권·재단채권과 동등하게 변제되는 것이며, 관세법에 따른 관세를 납부하여야 할 물품에 대하여는 관세가 다른 조세 등에 우선한다.

---

20) 정리보류를 취소한 경우 국세의 우선권 여부는 해당 정리보류는 당초부터 없었던 것으로 보는 것이며, 따라서 국세의 법정기일과 근저당권의 설정기일을 기준으로 판단하는 것이다.

21) 우선하여 징수한다라는 것은 납세자의 재산을 강제매각절차에 의하여 매각하거나 추심하는 경우에 그 매각대금 중에서 국세를 우선하여 징수하는 것을 말한다.

22) 조세채권과 담보채권의 우선순위를 법정기일을 기준으로 하는 것은 조세의 우선권과 담보권자의 우선변제청구권을 조화적으로 보장하기 위한 것이며, 이는 조세징수의 확보와 사법질서의 존중이라는 두 가지 공익목적의 합리적인 조정을 도모하는 것이다.

2. 국세우선징수권의 예외

1) 의의

국세에는 공시성이 없으므로 국세우선권을 예외 없이 인정하는 경우에는 국민이 예측하지 못하는 재산권의 침해를 받을 수 있다. 따라서 국세기본법은 일정한 재산에 대하여는 국세우선권을 제한하고 있다.

2) 실제 발생 직접경비

(1) 강제징수비

지방세나 공과금의 체납처분 또는 강제징수를 할 때 그 체납처분 또는 강제징수비 금액 중에서 국세 및 강제징수비를 징수하는 경우의 그 지방세나 공과금의 체납처분비 또는 강제징수비는[23] 국세 및 강제징수비에 우선하여 변제된다.

(2) 공익비용

강제집행, 경매, 파산절차에 따라 재산을 매각할 때 그 매각금액 중에서 국세 및 강제징수비를 징수하는 경우의 그 강제집행, 경매, 파산절차에 든 비용(공익비용)은 국세 및 강제징수비에 우선하여 변제된다.

3) 법정기일 전에 설정된 권리에 따른 채권

(1) 담보된 채권 및 임대차보증금반환채권

국세의 법정기일 전에 법정권리가 설정된 재산을 매각하여 그 매각금액에서 국세를 징수하는 경우 법정권리에 의하여 담보된 채권 또는 임대차보증금반환채권은 국세 등에 우선하여 변제된다. 법정권리는 전세권 · 질권 · 저당권 · 가등기담보권[24] · 임차권을[25] 말하고, 법정권리가

23) 공과금 체납충당순서가 강제징수비 → 공과금 → 가산금으로 규정됨에 따라 공과금의 강제징수비 · 가산금을 국세보다 우선배분하는 경우 공과금 채권체납충당순서에 따라 가산금이 아닌 공과금에 먼저 충당하게 된다. 공과금이 국세보다 먼저 압류된 경우에도 국세는 공과금채권에 우선한다는 국세우선의 원칙에 따라 가산금을 제외한 강제징수비만을 국세에 우선하도록 하였다,

24) 가등기담보권이란 납세의무자를 등기의무자로 하고, 채무불이행을 정지조건으로 하는 대물변제(代物辨濟)의 예약에 따라 채권 담보의 목적으로 가등기 및 가등록을 마친 것을 말한다.

25) 주택임대차보호법 또는 상가건물 임대차보호법에 따라 대항요건과 확정일자를 갖춘 임차권으로 한정한다.

설정된 사실을 부동산등기부 등본 · 공증인의 증명 · 질권에 대한 증명으로서 세무서장이 인정하는 것 · 공문서 등으로서 세무서장이 인정하는 것으로 증명하여야 한다.

다만, 해당 재산에 대하여 부과된 상속세, 증여세, 종합부동산세는 법정기일 전에 설정된 법정권리에 의하여 담보된 채권 또는 임대차보증금반환채권보다 우선한다.[26)]

법정기일 후에 가등기담보권의 가등기를 마친 사실이 증명되는 재산을 매각하여 그 매각금액에서 국세를 징수하는 경우 그 재산을 압류한 날 이후에 그 가등기에 따른 본등기가 이루어지더라도 그 국세는 그 가등기에 의해 담보된 채권보다 우선한다. 이 경우 세무서장은 가등기가 설정된 재산을 압류하거나 공매(公賣)할 때에는 그 사실을 가등기권리자에게 지체 없이 통지하여야 한다.

(2) 법정기일

국세의 법정기일이란 일반인이 국세의 존재를 확인할 수 있는 시점으로 국세채권과 담보채권 사이의 우선 여부를 결정하는 기준을 말한다.

구분		국세의 법정기일
원 칙	신고에 따라 납세의무가 확정되는 국세의 신고한 세액[27)]	신고일[28)]
	정부의 결정 · 경정에 따라 고지한 세액[29)]	납부고지서의 발송일
예 외	인지세, 원천징수세액, 납세조합징수세액	납세의무의 확정일
	제2차 납세의무자,[30)] 양도담보재산에서 징수하는 경우	납부통지서 발송일
	신탁재산에서 부가가치세를 징수하는 경우	
	신탁재산에서 징수하는 종합부동산세	납부고지서 발송일
	국세 확정 전 보전압류와 관련하여 확정된 세액	압류등기일 · 등록일[31)]

26) 담보채권이 설정된 재산에 부과되는 상속세 · 증여세 · 종합부동산세는 피상속인 · 증여인이 조세의 체납이 없는 상태에서 설정한 담보채권보다는 우선하지 않고, 본래의 납세의무자인 상속인 · 수증인이 설정한 담보채권보다는 법정기일에 관계없이 항상 국세채권이 우선한다.

27) 국세에는 중간예납하는 법인세, 예정신고하는 부가가치세, 예정신고하는 양도소득세를 포함한다.

28) 신고일은 신고서의 접수일을 말한다. 다만, 우편신고의 경우에는 우편날짜도장이 찍힌 날이고, 전자신고의 경우에는 신고서 등이 국세청장에게 전송된 날을 말한다.

29) 납부지연가산세 중 납부고지서에 따른 납부기한 후의 납부지연가산세와 원천징수등 납부지연가산세 중 납부고지서에 따른 납부기한 후의 원천징수등 납부지연가산세를 포함한다.

30) 납세보증인을 포함한다.

4) 소액임차보증금 및 일반임차보증금

(1) 소액임차보증금

주택임대차보호법 또는 상가건물임대차보호법이 적용되는 임대차관계에 있는 주택 또는 건물을 매각할 때 그 매각금액 중에서 국세 또는 가산금을 징수하는 경우 소액임차보증금은 공익비용을 제외한 모든 채권에 우선한다. 소액임차보증금이란 주택 · 상가건물의 임차인은 주택 · 상가건물에 대한 공매공고일 이전에 대항력의 요건을[32] 갖춘 경우에는 임차보증금을 다른 담보물권자보다 최우선하여 변제 받을 권리를 말한다.

(2) 일반임차보증금

임대차계약을 체결한 그 날짜의 문서가 존재하고 있다는 사실을 증명하는 확정일자를 받은 경우 일반임차보증금은 확정일자 순위에 따른 우선변제권이 발생한다. 확정일자는 전세권 설정등기와 같은 우선변제 효력이 부여되므로 소액임차보증금의 대항력요건과 확정일자를 받고, 그 확정일자가 국세의 법정기일 또는 다른 담보채권 보다 우선하는 경우에는 우선변제권이 발생한다.

5) 우선변제 임금채권 및 일반임금채권

(1) 우선변제 임금채권

사용자의 재산을 매각하거나 추심할 때 그 매각금액 또는 추심금액 중에서 국세를 징수하는 경우에 근로기준법 또는 근로자퇴직급여보장법에 따라 국세에 우선하여 변제되는 최종 3월분 임금, 최근 3년간 퇴직금, 재해보상금 등 근로관계에 따른 채권(우선변제 임금채권)은 공익비용을 제외한 모든 채권에 우선하며 소액임차보증금과 같은 순위를 가진다.

(2) 일반임금채권

우선변제 임금채권을 제외한 임금, 퇴직금, 재해보상금 등 근로관계에 따른 채권(일반임금채권)은 질권 또는 저당권에 따른 담보채권, 담보채권에 우선하는 조세 · 공과금에 대하여는 일반임금채권이 우선하지 못한다.

---

31) 압류등기일 · 등록일이란 등기부 또는 등록부에 기재된 압류서류의 접수일을 말한다.

32) 주택은 주택의 인도와 주민등록을, 상가건물은 상가건물의 인도와 사업자등록을 신청하여야 한다.

3. 압류에 따른 우선

국세의 강제징수에 따라 납세자의 재산을 압류한 경우에 다른 국세 및 강제징수비 또는 지방세의 교부청구가[33][34] 있으면 압류에 관계되는 국세 및 강제징수비는 교부청구된 다른 국세 및 강제징수비와 지방세에 우선하여 징수한다.[35]

지방세의 강제징수에 따라 납세자의 재산을 압류한 경우에 국세 및 강제징수비의 교부청구가 있으면 교부청구된 국세 및 강제징수비는 압류에 관계되는 지방세의 다음 순위로 징수한다.(조세채권 상호간의 압류선착주의)[36]

4. 담보있는 국세의 우선

납세담보물을 매각한 때에는 그 국세 및 강제징수비는 매각대금 중에서 다른 국세 및 강제징수비와 지방세에 우선하여 징수한다.(담보우선주의) 이 경우 납세담보물이란 유가증권,[37] 토지, 보험에 든 등기·등록된 건물 등으로 국세에 관한 법률에 따라 담보로 제공된 재산을[38] 말한다.

따라서 국세 · 지방세 상호간의 우선순위는 담보된 국세 · 지방세 → 압류 및 강제징수한 국세 · 지방세 → 교부청구 · 참가압류한 국세 · 지방세이다.

---

33) 교부청구란 다른 국세나 지방세를 징수하기 위하여 납세자의 압류재산을 매각할 때 압류재산의 매각금액을 교부청구한 국세 등에 대해서도 배분할 것을 요구하는 것을 말하고, 국세징수법의 교부청구 및 참가압류 등에 따른 교부청구를 말한다.

34) 교부청구에는 국세징수법 또는 지방세징수법에 따라 참가압류한 경우를 포함한다.

35) 국세 등과 임차보증금, 임금채권, 담보채권의 우선순위는 다음과 같다.
① 압류재산에 국세의 법정기일 전에 질권 · 저당권에 따라 담보된 채권이 있는 경우에는 우선변제 임금채권 · 소액임차보증금 → 질권 · 저당권에 따라 담보된 채권 → 일반임금채권 → 국세 → 일반채권의 순위로 판단한다.
② 압류재산에 국세의 법정기일 이후에 질권 · 저당권에 따라 담보된 채권이 있는 경우에는 우선변제 임금채권 · 소액임차보증금 → 국세 → 질권 · 저당권에 따라 담보된 채권 → 일반임금채권 → 일반채권의 순위로 판단한다.
③ 압류재산에 질권 · 저당권에 따라 담보된 채권이 없는 경우에는 우선변제 임금채권 · 소액임차보증금 → 일반임금채권 → 국세 → 일반채권의 순위로 판단한다.

36) 국세와 지방세는 압류선착주의에 따라 우선순위가 결정된다. 다만, 공과금의 강제징수비는 국세보다 우선할 수 있도록 하고 있다.

37) 유가증권은 국채증권, 지방채증권, 특수채증권, 주권상장법인이 발행한 보증사채 및 전환사채, 주권상장법인의 주식, 자본시장법에 따른 무기명 수익증권 및 환매청구가 가능한 수익증권, 양도성 예금증서를 말한다.

38) 물상보증으로 제공된 제3자의 재산도 포함하고, 국세징수법에 따르면 보험에 든 재산인 경우 해당 재산의 보험계약금액은 그 재산에 의하여 담보된 국세 및 강제징수비의 합계액(선순위의 피담보채권이 있을 때는 그 피담보채권액을 가산한 금액) 이상이어야 한다.

5. 국세기본법의 사해행위

세무서장은 납세자가 제3자와 짜고 거짓으로 그 재산에 전세권 · 질권 · 저당권의 설정계약, 임대차 계약, 가등기 설정계약, 양도담보 설정계약을 하고 그 등기 또는 등록하거나 주택임대차보호법 · 상가건물임대차보호법에 따른 대항요건과 확정일자를 갖춘 임대차 계약을 체결하는 사해행위을 함으로써 그 재산의 매각금액으로 국세를 징수하기가 곤란하다고 인정할 때에는 그 행위의 취소를 법원에 청구할 수 있다. 이 경우 사해행위라는 것은 과세관청에서 입증하여야 한다.

다만, 납세자가 국세의 법정기일 전 1년 내에 특수관계인과 전세권 · 질권 · 저당권의 설정계약, 임대차 계약, 가등기 설정계약, 양도담보 설정계약을 한 경우에는 짜고 한 거짓계약으로 추정한다. 이 경우에는 사해행위가 아님을 담보권자 또는 납세자가 입증하여야 한다.

사례 ① 국세우선권

A은행은 채무자 갑에 대한 대출금을 회수하기 위하여 갑이 소유한 주택의 경매절차를 진행하였다. 다음 자료에 따라 주택의 경매가격 중 갑이 체납한 소득세와 그에 대한 납부지연가산세로 징수될 금액을 계산하면? (2003. CPA수정)

(1) 주택의 경매가격 80,000,000원
(2) 경매비용 6,000,000원
(3) A은행의 대출금 10,000,000원(주택에 대하여 2022.6.6 저당권 설정)
(4) B은행의 대출금 40,000,000원(주택에 대하여 2022.4.4 저당권 설정)
(5) 갑의 2021년 귀속 소득세 30,000,000원(신고일 2022.5.30)
(6) 소득세에 대한 납부지연가산세 5,000,000원
(7) 주택에 대한 임대보증금 40,000,000원(이 중 주택임대차보호법에 따른 우선변제금액은 16,000,000원이고, 전세권 등기나 확정일자는 없음)

【해석】

√주택의 경매가격 80,000,000원의 배분순서는 경매비용(6,000,000) → 소액임차보증금(16,000,000) → B은행대출금(40,000,000) → 소득세(18,000,000)이다.

- 소득세의 법정기일(2022.5.30.) 이전에 저당권이 설정된 B은행의 대출금은 국세에 우선한다

사례 ❷ 국세우선권(국세의 법정기일 이후에 담보된 채권)

증여세 관할세무서장이 갑의 토지(A)를 압류하여 2022.12.10. 180,000,000원에 매각하고 강제징수비 10,000,000원이 발생한 경우 다음 자료를 이용하여 부가가치세로 징수할 수 있는 금액을 계산한 것으로 옳은 것은? (CPA. 2018)

(1) 증여세: 50,000,000원
- 갑은 토지(A)를 2020.6.1.에 증여받고 증여세를 신고·납부하지 않았으며, 관할세무서장은 갑에게 2021.6.5.에 증여세 납부고지서를 발송하였으나 갑은 이를 체납함

(2) 대한은행 대출금: 60,000,000원(2021.7.5. 토지(A)에 저당권이 설정됨)

(3) 갑의 사업체에 종사하는 근로자들의 임금채권
- 최종 3월분 임금채권: 10,000,000원
- 기타 임금채권: 20,000,000원

(4) 부가가치세: 100,000,000원(2022.7.15.에 신고하였으나 납부하지 못함)

(5) 부가가치세 관할세무서장은 토지(A) 매각대금에 대해 증여세 관할세무서장에게 부가가치세의 교부를 청구함

【해석】

√ 압류재산에 국세의 법정기일 이후에 저당권에 따라 담보된 채권이 있는 경우에는 강제징수비(10,000,000원) → 우선변제 임금채권(10,000,000원) → 증여세(50,000,000원) → 저당권에 따라 담보된 채권(60,000,000원) → 일반임금채권(20,000,000원) → 부가가치세(30,000,000원)으로 한다.
- 증여세의 법정기일은 납부고지서 발송일인 2021.6.5.이고, 부가가치세의 법정기일은 신고일인 2022.7.15.이다.
- 압류한 국세는 교부청구한 국세보다 우선하여 징수한다.

√ 교부청구한 부가가치세 징수할 금액: 30,000,000원

연습문제

1. 국세기본법의 제2차 납세의무에 관한 설명이다. 옳지 않은 것은? (CPA, 2016)

① 사업이 일체로서 동일성을 유지한 채 양도되는 경우 양수인이 부담하는 제2차 납세의무는 양수인이 양수한 재산의 가액을 한도로 한다.

② 회사의 재산으로 회사의 세금을 충당하여도 부족한 경우 무한책임사원은 그 부족한 세금에 대하여 한도 없이 납세의무를 진다.

③ 과점주주가 회사의 조세채무에 관하여 자신의 고유재산으로 책임을 져야 하는 경우 그 책임의 한도는 해당 과점주주가 실질적으로 권리를 행사하는 주식수를 발행주식 총수로 나눈 비율(의결권 없는 주식 제외)에 비례한다.

④ 법인이 무한책임사원의 조세채무에 대하여 부담하는 제2차 납세의무는 당해 법인의 순자산가액에 무한책임사원의 출자지분비율을 곱하여 산출한 금액을 한도로 한다.

⑤ 법인이 해산한 경우 그 법인에 부과된 세금을 다 내지 아니하고 잔여재산을 분배하였을 때에 해당 법인의 납세의무를 2차적으로 부담하는 자는 잔여재산의 분배업무를 처리한 청산인이 아니라 그 잔여재산을 가져간 출자자이다.

【정답】 ⑤

√청산인이 아니라 그 잔여재산을 가져간 출자자이다. → 청산인 또는 해산에 의한 잔여재산을 분배받거나 인도받은 자이다.

2. 국세 납세의무에 관한 설명으로 옳지 않은 것은? (CPA, 2018)

① 법인이 합병한 경우 합병 후 존속하는 법인은 합병으로 소멸된 법인에 부과되거나 그 법인이 납부할 국세 및 강제징수비를 납부할 의무를 진다.

② 피상속인에게 한 처분 또는 절차는 상속으로 인한 납세의무를 승계하는 상속인이나 상속재산관리인에 대해서도 효력이 있다.

③ 사업소득이 발생하는 소득세법에 따른 공동사업의 소득금액에 대해서는 공동사업자가 연대하여 소득세 납세의무를 진다.

④ 납세담보로서 금전을 제공한 자는 그 금전으로 담보한 국세 및 강제징수비를 납부할 수 있다.

⑤ 사업양수인은 사업양도일 이전에 양도인의 납세의무가 성립되었으나 사업양도일까지 확정되지 않은 국세 및 강제징수비에 대하여 제2차 납세의무를 지지 아니한다.

【정답】 ③

√소득세법에서는 사업자가 자산을 공유 · 합유하거나 공동으로 사업을 경영하는 경우에는 거주자별로 납세의무를 진다.

3. 국세기본법의 사업양수인의 제2차 납세의무에 관한 설명이다. 옳지 않은 것은? (2015. CPA)

① 사업이 양도 · 양수된 경우에 양도일 이전에 양도인의 납세의무가 확정된 당해 사업에 관한 국세 및 강제징수비를 양도인의 재산으로 충당하여도 부족한 경우 사업의 양수인이 제2차 납세의무를 진다.

② 사업의 양도인이 사업용 부동산을 양도함으로써 납부하여야 할 양도소득세에 대하여는 그 양수인이 제2차 납세의무를 진다.

③ 사업양수인의 제2차 납세의무는 양수한 재산의 가액을 한도로 한다.

④ 사업의 양수인이란 사업장별로 그 사업에 관한 모든 권리(미수금에 관한 것 제외)와 모든 의무(미지급금에 관한 것 제외)를 포괄적으로 승계한 자를 말한다.

⑤ 2이상의 사업장 중 하나의 사업장을 양수한 자의 제2차 납세의무는 양수한 사업장과 관계되는 국세과 강제징수비에 대해서만 진다.

【정답】 ②

√사업용 부동산(토지, 건물)을 양도함으로써 납부할 양도소득세는 해당 사업에 관한 국세가 아니므로 사업양수인은 제2차 납세의무를 지지 않는다.

4. 국세기본법상 제2차 납세의무에 관한 설명으로 옳은 것은? (CTA. 2020)

① 청산인의 제2차 납세의무의 한도는 그가 받은 보수의 총액이며, 잔여재산을 분배받은 자의 제2차 납세의무의 한도는 그가 받은 재산의 가액으로 한다.

② 사업이 양도 · 양수된 경우에 양도일 이전에 양도인의 납세의무가 확정된 그 사업에 관한 국세 및 강제징수비를 양도인의 재산으로 충당하여도 부족할 때에는 사업의 양수인은 그 부족한 금액에 대하여 제2차 납세의무를 진다. 이때 사업의 양수인은 양도인과 특수관계인인 자에 한한다.

③ 법인의 재산으로 그 법인에 부과되거나 그 법인이 납부할 국세 및 강제징수비에 충당하여도 부족한 경우에는 그 국세의 납세의무 확정일 현재 무한책임사원 또는 과점주주는 그 부족한 금액에 대하여 제2차 납세의무를 진다.

④ 법인의 주주 1인과 그의 자녀가 그 법인의 주주명부상 발행주식 총수의 50%를 초과하는 경우 그들은 출자자의 제2차 납세의무를 부담하는 과점주주에 해당한다.

⑤ 정부가 국세의 납부기간 만료일 현재 법인의 과점주주인 출자자의 소유주식을 재공매하거나 수의계약으로 매각하려 하여도 매수희망자가 없는 경우 그 법인은 그 출자자가 납부할 국세 및 강제징수비에 대한 제2차 납세의무를 부담하지 아니한다.

【정답】 ⑤

√① 그가 받은 보수의 총액 → 그가 분배한 가액, ② 이때 사업의 양수인은 양도인과 특수관계인인 자에 한한다. → 삭제, ③ 납세의무 확정일 → 납세의무 성립일 ④ 50%를 초과하는 경우 그들은 → 50%를 초과하면서 그에 관한 권리를 실질적으로 행사하는 자는

5. 국세기본법상 국세우선과 관련한 법정기일로 옳지 않은 것은? (CTA. 2019)

① 중간예납하는 법인세, 예정신고납부하는 부가가치세 및 양도소득과세표준을 예정신고하는 소득세의 경우 신고한 해당 세액에 대해서는 그 신고일

② 양도담보재산에서 국세를 징수하는 경우에는 법령에 따른 납부통지서의 발송일

③ 원천징수의무자나 납세조합으로부터 징수하는 국세와 인지세의 경우에는 그 납세의무의 확정일

④ 국세징수법상 납기전징수 규정에 따라 납세자의 재산을 압류한 경우에 그 압류와 관련하여 확정된 세액에 대해서는 그 납세의무의 확정일

⑤ 부가가치세법에 따른 신탁 관련 수탁자의 물적납세의무 규정에 따라 신탁재산에서 부가가치세 등을 징수하는 경우에는 법령에 따른 납부통지서의 발송일

【정답】 ④

√그 납세의무의 확정일 → 압류등기일 또는 등록일

6. 국세기본법상 국세의 우선권에 관한 설명으로 옳지 않은 것은? (CTA. 2018)

① 국세상호간의 우선관계는 압류에 관한 국세, 교부청구한 국세, 납세담보있는 국세 순이다.

② 세무서장은 대물변제의 예약에 의하여 권리 이전 청구권의 보전을 위해 가등기된 재산을 압류할 때에는 그 사실을 가등기권리자에게 지체 없이 통지하여야 한다.

③ 과세표준과 세액을 정부가 결정하여 납부고지한 경우 법정기일은 그 납부고지서의 발송일이다.

④ 정부의 경정에 따라 고지된 세액의 법정기일은 납부고지서의 발송일이다.

⑤ 공과금의 강제징수를 할 때 그 강제징수 금액 중에서 국세를 징수하는 경우 그 공과금의 강제징수비는 국세에 우선한다.

【정답】 ①

√국세 · 지방세 상호간의 우선순위는 담보된 국세 · 지방세 → 압류(강제징수)한 국세 · 지방세 → 교부청구 · 참가압류한 국세 · 지방세이다.

7. 국세기본법상 국세의 우선에 관한 설명으로 옳은 것은? (다툼이 있으면 판례에 따름) (CTA. 2021)

① 납세의무자의 재산양도일이 국세채권의 법정기일 이후인 경우 양수인은 물적납세의무를 부담한다.

② 국세징수법 제7조 제1항에 따라 양도담보권자에게 납부고지가 있은 후 납세자가 양도에 의하여 실질적으로 담보된 채무를 불이행하여 해당 재산이 양도담보권자에게 확정적으로 귀속되고 양도담보권이 소멸하는 경우에는 납부고지 당시의 양도담보재산이 계속하여 양도담보재산으로서 존속하는 것으로 본다.(납부지연가산세는 감안하지 아니함)

③ 현행법은 주택임대차보호법에 따라 대항요건과 확정일자를 갖춘 임차권 관련 보증금채권(소액임대차보증금 아님)에 대한 특칙을 두고 있지 아니하므로 국세채권이 위 보증금채권에 우선한다.

④ 납세의무자를 채무자로 하는 임금채권, 국세채권(법정기일 2021.3.1), 근저당권부 채권(설정일 2021.2.1)이 있는 경우 국세채권은 임금채권에 우선한다.

⑤ 납세의무자를 채무자로 하는 국세채권(법정기일 2021.1.1, 압류 2021.5.1) 100원, 근저당권부채권(근저당권설정일 2021.2.1) 100원, 지방세채권(법정기일 2021.3.1, 압류 2021.3.1) 100원이 있는 경우 압류재산 매각대금 150원의 배분은 국세채권 100원, 근저당권부채권 50원의 순으로 하여야 한다.

【정답】 ②

√① 양수인은 → 양도담보권자

③ 특칙을 두고 있지 아니하므로 국세채권이 위 보증금채권에 우선한다. → 임대차계약을 체결한 그 날짜의 문서가 존재하고 있다는 사실을 증명하는 확정일자를 받은 경우 일반임차보증금은 확정일자 순위에 따른 우선변제권이 발생한다.

④ 국세채권은 임금채권에 우선한다. → 국세채권은 임금채권에 우선하지 아니한다.(근저당부채권, 임금채권, 국세채권의 순서로 한다.)

⑤ 국세채권 100원, 근저당권부채권 50원의 순으로 → 지방세채권 100원, 근저당권부채권 50원의 순으로(조세채권 상호간의 압류선착주의)

8. 다음 자료를 이용하여 갑, 을, 병이 국세기본법의 제2차 납세의무자로서 납부할세액(가산세는 제외)을 계산한 것으로 옳은 것은? (2014. CPA)

(1) 주권비상장법인 고려㈜는 2021년 제1기 부가가치세 4,500,000원과 제17기 사업연도(2021.1.1.~2021.12.31.) 법인세 9,000,000원을 체납하였다.

(2) 관할세무서장이 고려㈜의 재산을 조사한 결과 2022.10.25 현재 압류가능 재산은 없는 것으로 판명되었다.

(3) 고려㈜의 2021년 주식변동내역은 다음과 같다.

주주	2021.1.1. 보유주식수	2021.10.5. 주식변동	2021.12.31. 보유주식수
갑	600주	-300주(양도)	300주
을	200주		200주
병	200주	+300주(양수)	500주
발행주식총수	1,000주		1,000주

(4) 을은 갑의 배우자이며, 병은 갑과 을의 특수관계인이 아니다.

(5) 고려㈜의 발행주식총수 1,000주 중 100주는 의결권이 없는 주식으로 갑이 계속 보유중이다.

(6) 갑, 을, 병은 소유주식에 관한 권리를 실질적으로 행사하고 있다.

	갑	을	병
①	2,500,000원	1,000,000원	5,000,000원
②	2,700,000원	900,000원	4,500,000원
③	2,700,000원	900,000원	5,000,000원
④	7,500,000원	1,000,000원	0원
⑤	0원	0원	7,500,000원

【정답】①

√2021.1기 부가가치세의 납세의무 성립일은 과세기간이 끝나는 때(2021.6.30.)이고, 이를 기준으로 과점주주인 갑, 을은 제2차 납세의무를 진다.

- 갑: 4,500,000 × (500/900) = 2,500,000원
- 을: 4,500,000 × (200/900) = 1,000,000원

√2021사업연도 법인세의 납세의무 성립일은 과세기간이 끝나는 때(2021.12.31.)이고, 이를 기준으로 과점주주인 병은 제2차 납세의무를 진다.

- 병: 9,000,000 × (500/900) = 5,000,000원

9. 국세기본법상 국세의 우선에 관한 설명이다. 옳지 않은 것은?(CPA. 2021)

① 파산 절차에 따라 재산을 매각할 때 그 매각금액 중에서 국세 및 강제징수비를 징수하는 경우 그 파산 절차에 든 비용은 국세 및 강제징수비에 우선한다.

② 법정기일 전에 전세권이 설정된 재산을 매각하여 그 매각금액에서 국세를 징수하는 경우 그 전세금은 국세 및 강제징수비에 우선한다.

③ 세무서장은 납세자가 제3자와 짜고 거짓으로 재산에 저당권 설정 계약 및 등기를 하여 그 재산의 매각금액으로 국세를 징수하기 곤란하다고 인정할 때에는 그 행위의 취소를 법원에 청구할 수 있다.

④ 법정기일 전에 저당권이 설정된 재산을 매각하여 그 매각금액에서 해당 재산에 대하여 부과된 종합부동산세를 징수하는 경우 그 저당권에 의하여 담보된 채권은 그 종합부동산세 및 강제징수비에 우선한다.

⑤ 국세의 납세담보물을 매각한 경우 그 납세담보물을 지방세 체납처분에 의하여 압류한 경우에도 그 국세 및 강제징수비는 매각대금 중에서 지방세에 우선하여 징수한다.

【정답】④

√해당 재산에 대하여 부과된 상속세, 증여세, 종합부동산세는 법정기일 전에 설정된 법정권리에 의하여 담보된 채권 또는 임대차보증금반환채권보다 우선한다.

10. 국세기본법상 국세우선권에 관한 설명이다. 옳지 않은 것은? (CPA. 2019)

① 공과금의 강제징수를 할 때 그 강제징수금액 중에서 국세 및 강제징수비를 징수하는 경우 그 공과금 및 강제징수비는 국세 및 강제징수비보다 우선하여 징수된다.

② 납세담보물을 매각하였을 때에는 압류 순서에 관계없이 그 담보된 국세 및 강제징수비는 매각대금 중에서 다른 국세 및 강제징수비와 지방세에 우선하여 징수한다.

③ 소득세의 법정기일 전에 주택임대차보호법에 따른 대항요건과 확정일자를 갖춘 사실이 증명되는 재산을 매각할 때 그 매각금액 중에서 소득세를 징수하는 경우 그 확정일자를 갖춘 임대차계약서상의 보증금은 소득세보다 우선 변제된다.

④ 사용자의 재산을 매각할 때 그 매각금액 중에서 국세를 징수하는 경우에 근로기준법상 최종 3월분 임금채권은 법정기일에 관계없이 국세에 우선하여 변제된다.

⑤ 세무서장은 납세자가 제3자와 짜고 거짓으로 재산에 저당권을 설정함으로써 그 재산의 매각금액으로 국세 등을 징수하기가 곤란하다고 인정할 때에는 그 행위의 취소를 법원에 청구할 수 있다.

【정답】 ①

√그 공과금 및 강제징수비는 → 그 공과금의 강제징수비는

11. 국세기본법상 국세와 다른 채권의 관계에 관한 설명이다. 옳은 것은? (CPA, 2020)

① 경매절차에 따라 재산을 매각할 때 그 매각금액 중에서 국세를 징수하는 경우 국세는 경매절차에 든 비용에 우선하여 징수한다.

② 납세조합으로부터 징수하는 소득세를 납세의무의 확정일 전에 저당권이 설정된 재산을 매각하여 그 매각금액에서 징수하는 경우 그 소득세는 저당권에 의하여 담보된 채권에 우선하여 징수한다.

③ 국세 강제징수에 따라 납세자의 재산을 압류한 경우 다른 국세 및 강제징수비 또는 지방세의 교부청구가 있으면 압류와 관계되는 국세 및 강제징수비는 교부청구된 다른 국세 및 강제징수비 또는 지방세보다 우선하여 징수한다.

④ 강제집행절차에 의하여 경락된 재산을 양수한 자는 양도일 이전에 양도인의 납세의무가 확정된 국세 및 강제징수비를 양도인의 재산으로 충당하여도 부족할 경우 제2차 납세의무를 진다.

⑤ 납세자가 국세 및 강제징수비를 체납한 경우에 그 국세의 법정기일 전에 담보의 목적이 된 그 납세자의 양도담보재산으로써 국세 및 강제징수비를 징수할 수 있다.

【정답】 ③

√① 경매에 든 비용은 국세 및 강제징수비에 우선하여 변제된다. ② 소득세의 법정기일 전에 법정권리가 설정된 재산을 매각하여 그 매각금액에서 징수하는 경우 저당권에 의하여 담보된 채권은 국세에 우선하여 변제한다. ④ 사업양수인은 그 사업에 관한 국세로서 사업양도일 이전에 납세의무가 확정된 국세인 경우에 제2차 납세의무를 진다. ⑤ 국세의 법정기일 전에 → 국세의 법정기일 이후에

CHAPTER 06

과세와 환급

I 과세

1. 관할 관청

1) 신고

과세표준신고서는 신고 당시 해당 국세의 납세지를 관할하는 세무서장에게 제출하여야 하고, 전자신고를 하는 경우에는 지방국세청장이나 국세청장에게 제출할 수 있다.

과세표준신고서가 납세지관할세무서장 외의 세무서장에게 제출한 경우에도 그 신고의 효력에는 영향이 없다. 이 경우 과세표준신고서를 접수한 후 소관이 아님을 알게 되었을 때에는 그 신고서를 관할세무서장에게 지체없이 송부하고, 그 뜻을 적은 문서로 납세자에게 통지하여야 한다.

2) 결정 또는 경정

국세의 과세표준과 세액의 결정 · 경정결정은 결정 또는 경정결정하는 때의 그 국세의 납세지를 관할하는 세무서장이 한다.[1)]

국세의 과세표준과 세액의 결정 · 경정하는 때에 그 국세의 납세지관할세무서장 외의 세무서장이 집행하는 결정 · 경정은 효력이 없다. 다만, 세법 또는 다른 법령 등에 따라 권한 있는 세무서장이 결정 · 경정하는 경우에는 효력이 있다.

1) 국세청과 그 소속기관 직제에 따라 관할구역이 변경된 이후에는 변경 후 납세지를 관할하는 세무서장이 국세의 과세표준과 세액을 경정 또는 결정하여야 하고, 주소지 · 사업장의 이전 또는 납세지의 지정에 따라 납세지가 변경된 경우에도 변경 후 납세지를 관할하는 세무서장이 국세의 과세표준과 세액을 경정 또는 결정한다.

2. 수정신고 등

1) 수정신고

(1) 의의

수정신고란 과세표준신고서를 법정신고기한까지[2] 제출한 자[3]및 기한후과세표준신고서를 제출한 자는 그 신고한 과세표준과 세액이 과소신고, 초과환급신고, 불완전한 신고에[4] 해당할 때에는 국세의 과세표준과 세액을 결정·경정하여 통지하기 전으로서 국세의 부과제척기간이 끝나기 전까지 스스로 고쳐 과세표준과 세액을 증액하여 신고하는 것을 말한다.

(2) 수정신고의 효력

국세의 과세표준신고서를 법정신고기한까지 제출한 자의 수정신고는 당초의 신고에 따라 확정된 과세표준과 세액을 증액하여 확정하는 효력을 가지고, 국세의 수정신고는 당초 신고에 따라 확정된 세액에 관한 국세기본법 또는 세법에서 규정하는 권리·의무관계에 영향을 미치지 아니한다.

정부는 법정신고기한이 지난 후 수정신고한 경우에는 과소신고가산세, 초과환급신고가산세, 부가가치세법의 영세율과세표준 신고불성실가산세를 기간별로 차등하여 감면한다.

2) 경정청구

(1) 일반적 사유에 따른 경정청구

과세표준신고서를 법정신고기한까지 제출한 자 및 기한후과세표준신고서를 제출한 자는 그 신고한 과세표준과 세액이 초과신고, 과소환급신고에 해당할 때에는 최초신고 및 수정신고한 국세의 과세표준·세액의 결정 또는 경정을 법정신고기한이 지난 후 5년 이내에 관할세무서장에게 청구할 수 있다. 다만, 결정·경정에 따라 증가된 과세표준·세액에 대하여는 해당 처분이 있음을 안 날 또는 처분통지를 받은 날로부터 90일 이내(법정신고기한이 지난 후 5년 이내에 한함)에 경정을 청구할 수 있다.

---

2) 법정신고기한이란 세법에 따른 과세표준과 세액에 대한 신고기한 또는 신고서의 제출기한을 말한다. 다만, 세법에 따라 신고기한이 연장된 경우에는 그 연장된 기한을 법정신고기한으로 한다.

3) 과세표준신고서를 법정신고기한까지 제출한 자에는 근로소득, 퇴직소득, 연금소득, 원천징수대상 사업소득이 발생한 원천징수대상자를 포함한다.

4) 불완전한 신고란 익금과 손금이 동시에 산입하지 않는 경우 등을 말한다.

(2) 후발적 사유에 따른 경정청구

과세표준신고서를 법정신고기한까지 제출한 자 또는 국세의 과세표준 및 세액의 결정을 받은 자는 후발적 사유가 발생하였을 때에는 그 사유가 발생한 것을 안 날부터 3개월 이내에 결정 또는 경정을 청구할 수 있다.[5)]

① 최초의 신고 · 결정 · 경정에서 과세표준 및 세액의 계산 근거가 된 거래 또는 행위 등이 그에 관한 소송에 대한 판결에[6)] 따라 다른 것으로 확정되었을 때

② 소득 등의 과세물건의 귀속을 제3자에게로 변경시키는 결정 · 경정이 있을 때

③ 조세조약에 따른 상호합의가 최초의 신고 · 결정 · 경정의 내용과 다르게 이루어졌을 때

④ 결정 또는 경정으로 인하여 그 결정 또는 경정의 대상이 되는 과세기간 외의 과세기간에 대하여 최초에 신고한 국세의 과세표준 및 세액이 세법에 따라 신고하여야 할 과세표준 및 세액을 초과할 때

⑤ 최초의 신고 · 결정 · 경정을 할 때 과세표준 및 세액의 계산 근거가 된 거래 또는 행위 등의 효력과 관계되는 관청의 허가나 그 밖의 처분이 취소된 경우

⑥ 최초의 신고 · 결정 · 경정을 할 때 과세표준 및 세액의 계산 근거가 된 거래 또는 행위 등의 효력과 관계되는 계약이 해제권의 행사에 의하여 해제되거나 해당 계약의 성립 후 발생한 부득이한 사유로 해제되거나 취소된 경우

⑦ 최초의 신고 · 결정 · 경정을 할 때 장부 및 증거서류의 압수, 그 밖의 부득이한 사유로 과세표준 및 세액을 계산할 수 없었으나 그 후 해당 사유가 소멸한 경우

(3) 경정청구의 효력

국세기본법에서는 당초처분과 경정처분의 법률관계를 **병존설**에 입각하여 설명하고 있다. 세법에 따라 당초 확정된 세액을 증가시키는 경정은 당초 확정된 세액에 관한 세법에서 규정하는 권리 · 의무 관계에 영향을 미치지 아니한다. 또한, 세법에 따라 당초 확정된 세액을 감소시키는 경정은 그 경정에 의하여 감소되는 세액 외의 세액에 관한 세법에서 규정하는 권리 · 의무관계에 영향을 미치지 아니한다.

---

5) 일반적인 경정청구기간이 지나기 전에 후발적 사유가 발생한 경우에는 후발적 사유 등이 발생한 것을 안 날부터 3월 이내에 후발적 경정청구를 하지 않더라도 당초 경정청구기간 내에는 경정청구할 수 있는 것이며, 국세기본법에 따른 경정청구기간이 경한 경우에는 후발적 사유가 발생한 경우에 한하여 경정청구가 가능하다.

6) 판결에는 판결과 같은 효력을 가지는 화해나 그 밖의 행위를 포함한다.

(4) 경정청구의 통지

결정 · 경정의 청구를 받은 세무서장은 그 청구를 받은 날부터 2개월 이내에 과세표준 및 세액을 결정 · 경정하거나 결정 · 경정하여야 할 이유가 없다는 뜻을 그 청구를 한 자에게 통지하여야 한다. 다만, 청구를 한 자가 2개월 이내에 아무런 통지를 받지 못한 경우에는 통지를 받기 전이라도 그 2개월이 되는 날부터 이의신청, 심사청구, 감사원법에 따른 심사청구를 할 수 있다.

결정 · 경정의 청구를 받은 세무서장은 청구를 받은 날부터 2개월 이내에 과세표준 및 세액의 결정 · 경정이 곤란한 경우에는 청구를 한 자에게 관련 진행상황 및 이의신청, 심사청구, 심판청구, 감사원법에 따른 심사청구를 할 수 있다는 사실을 통지하여야 한다.

3) 기한후신고

(1) 의의

법정신고기한까지 과세표준신고서를 제출하지 아니한 무신고자는 관할세무서장이 세법에 따라 국세의 과세표준과 세액을 결정하여 신고인에게 통지하기 전까지 기한후과세표준신고서를 제출할 수 있다.

(2) 기한후신고의 효력

신고납세제도의 경우에도 기한후신고는 납세의무를 확정하는 효력이 없으므로 과세관청은 결정을 통하여 납세의무를 확정하여야 한다. 법정신고기한 내 신고하지 못한 경우 납세의무자 스스로 세액을 신고 및 납부함으로써 무신고가산세의 과중한 부담에서 벗어날 수가 있고, 과세관청은 고지서의 발부 및 징수 등의 절차에 소요되는 부담을 경감할 수 있다.

(3) 납세의무의 확정

기한후과세표준신고서를 제출하거나 기한후과세표준신고서를 제출한 자가 과세표준수정신고서를 제출한 경우에는 관할세무서장은 세법에 따라 신고일로부터 3개월 이내에 해당 국세의 과세표준과 세액을 결정 또는 경정하여야 한다. 다만, 그 과세표준과 세액을 조사할 때 조사 등에 장기간이 소요되는 등 부득이한 사유로 신고일로부터 3개월 이내에 결정 또는 경정 할 수 없는 경우에는 그 사유를 신고인에게 통지 하여야 한다.

3. 가산세

1) 가산세의 부과

정부는 세법에서 규정한 의무를 위반한 자에게 세법에 따라 본세에 더하여 가산세를 부과할 수 있다. 가산세는 해당 의무가 규정된 세법의 해당 국세의 세목으로 한다. 다만, 해당 국세를 감면하는 경우에는 가산세는 그 감면대상에 포함하지 아니한다.

2) 신고불성실가산세

(1) 계산방법

신고불성실가산세는 다음과 같은 방법으로 계산한다.

① 국세의 과세표준 신고에는 예정신고 및 중간신고를 포함하며, 교육세법에 따른 금융보험업자가 아닌 자의 신고와 농어촌특별세법에 따른 신고는 제외한다.[7)]

② 무신고납부세액, 과소신고납부세액, 초과신고환급세액에는 세법에 따른 가산세와 세법에 따라 가산하여 납부하여야 할 이자상당가산액을 제외한다.

(2) 무신고가산세

납세의무자가 법정신고기한까지 세법에 따른 국세의 과세표준 신고를 하지 아니한 경우에는 무신고납부세액에 따른 무신고가산세를 부과한다.

√일반 무신고가산세액 = 무신고납부세액 × 20%
√부정 무신고가산세액 = 무신고납부세액 × 40% · 60%

이 경우 국세의 과세표준 신고를 하지 아니한 자가 소득세법에 따른 복식부기의무자 또는 법인인 경우에는 다음과 같이 무신고가산세를 부과한다.[8)]

√일반 무신고가산세액 = Max(무신고납부세액 × 20%, 무신고수입금액 × 0.07%)
√부정 무신고가산세액 = Max(무신고납부세액 × 40% · 60%, 무신고수입금액 × 0.14%)

7) 무신고가산세를 적용하는 경우 신고에는 종합부동산세법에 따른 신고는 제외한다.

8) 수입금액이란 개인의 경우에는 소득세법에 따라 계산한 사업소득에 대한 개인의 총수입금액을 말하고, 법인의 경우에는 법인세법에 따라 법인세 과세표준 및 세액신고서에 적어야 할 법인의 수입금액을 말한다.

(3) 과소신고 · 초과환급신고가산세

납세의무자가 법정신고기한까지 세법에 따른 국세의 과세표준 신고를 한 경우로서 납부할 세액을 신고하여야 할 세액보다 과소신고하거나 환급받을 세액을 신고하여야 할 금액보다 초과신고한 경우에는 과소신고한 납부세액과 초과신고한 환급세액을 합한 금액(과소신고납부세액등)에 따른 과소신고 · 초과환급신고가산세를 부과한다.

> **과소신고 · 초과환급신고가산세액**
> **= 일반 과소신고납부세액등 × 10% + 부정 과소신고납부세액등 × 40% · 60%**[9)]

이 경우 부정행위로 국세의 과세표준을 과소신고한 자가 소득세법에 따른 복식부기의무자 또는 법인인 경우에는 다음과 같이 과소신고가산세를 부과한다. 이 경우 과소신고납부세액등 중에 부정행위로 인한 부정과소신고납부세액등과 일반과소신고납부세액등이 있는 경우로서 부정과소신고납부세액과 일반과소신고납부세액을 구분하기 곤란한 경우에는 각각의 과세표준의 비율에[10)] 따라 계산한 금액으로 한다.

> **√과소신고가산세액 = 일반 과소신고가산세액 + 부정 과소신고가산세액**
> - **일반 과소신고가산세액 = 일반 과소신고납부세액등 × 10%**
> - **부정 과소신고가산세액**
>   **= Max(부정 과소신고납부세액등 × 40% · 60%, 부정 과소신고수입금액 × 0.14%)**

(4) 영세율과세표준불성실가산세

부가가치세법에 따른 사업자가 과세표준과 납부세액등을 신고하지 아니하거나 과소신고한 경우로서 영세율이 적용되는 과세표준이 있는 경우에는 영세율과세표준의 0.5%에 상당하는 금액을 무신고가산세 및 과소신고가산세에 더한 금액으로 부과한다.[11)]

> **영세율과세표준불성실가산세액 = 무신고 · 과소신고된 영세율과세표준 × 0.5%**

---

9) 역외거래에서 발생한 부정행위로 인한 경우에는 60%를 적용한다.

10) 부정과소신고납부세액 = 과소신고납부세액등 × $\frac{\text{부정행위로 인하여 과소신고한 과세표준}}{\text{과소신고한 과세표준}}$

11) 영세율첨부서류제출명세서의 기재사항이 착오로 기재되었으나 관련 증명자료 등에 의하여 그 사실이 확인되는 경우에는 영세율과세표준불성실가산세를 적용하지 아니한다.

(5) 적용방법

① 간이과세자로서 부가가치세의 납세의무가 면제되는 경우에는 무신고가산세를 적용하지 않는다.

② 부가가치세법에 따른 사업자가 아닌 자가 환급세액을 신고한 경우에도 과소신고·초과환급신고가산세를 적용한다.

③ 다음의 경우에는 신고불성실가산세를 적용하지 아니한다.

㉠ 예정신고 및 중간신고와 관련하여 신고불성실가산세(무신고가산세, 과소신고·초과환급신고가산세)가 부과되는 부분에 대해서는 확정신고와 관련하여 신고불성실가산세를 적용하지 아니한다.

㉡ 대손 관련 매입세액을 공제받은 납세자에 대한 대손세액을 경정하는 경우

④ 신고불성실가산세와 소득세법 또는 법인세법의 장부의 기록·보관 불성실가산세가 동시에 적용될 때에는 각각 그 중 가산세액이 큰 가산세만 적용하고, 가산세액이 같은 경우에는 신고불성실가산세만 적용한다.

⑤ 다음의 사유로 상속세 및 증여세 과세표준을 과소신고한 경우에는 과소신고가산세를 적용하지 아니한다.

㉠ 신고 당시 소유권에 대한 소송 등의 사유로 상속재산, 증여재산으로 확정되지 아니하였던 경우

㉡ 상속공제[12] 또는 증여공제에 따른 공제의 적용에 착오가 있었던 경우

㉢ 상증법에 따라 시가로 인정되는 감정가격, 수용가격, 공매가격으로 평가한 경우

㉣ 시가를 산정하기 어려워 상증법의 보충적 평가방법을 적용한 경우

㉤ 저당권이 설정된 재산의 평가의 특례를 적용하여 과세표준을 결정한 경우

㉥ 법인세법에 따라 법인세 과세표준 및 세액의 결정·경정으로 상증법에 따른 증여의제이익이 변경되는 경우. 다만, 부정행위로 인하여 법인세의 과세표준 및 세액을 결정·경정하는 경우는 제외한다.

㉦ 법인세법에 따른 법인세 과세표준 또는 세액의 결정·경정으로 특수관계법인과의 거래와 관련된 증여의제이익이 감소됨에 따라 양도한 주식 등의 취득가액이 감소된 경우

12) 상속공제란 상속세법에 따른 기초공제, 배우자 상속공제, 그 밖의 인적공제, 일괄공제, 금융재산 상속공제, 재해손실공제, 동거주택 상속공제, 상속공제적용의 한도를 말한다.

3) 납부지연가산세

(1) 납부지연가산세의 계산

납세의무자가 법정납부기한까지 국세의 납부를 하지 아니한 경우(무납부), 납부하여야 할 세액보다 적게 납부한 경우(과소납부), 환급받아야 할 세액보다 많이 환급받은 경우(초과환급), 국세를 납부고지서에 따른 납부기한까지 완납하지 아니한 경우(고지분에 대한 무납부 및 과소납부)에는 다음의 금액을 납부지연가산세로 부과한다.

이 경우 납세의무자에는 연대납세의무자 · 제2차 납세의무자 · 보증인을 포함하고, 국세에는 인지세를[13] 제외하고, 납부에는 중간예납 · 예정신고납부 · 중간신고납부를 포함하고, 무납부 · 과소납부 · 초과환급에 따른 세액에는 세법에 따라 가산하여 납부하여야 할 이자상당가산액이 있는 경우에는 그 금액을 더한다.

√ 납부지연가산세(과소납부등) = 무납부세액 · 과소납부세액 × 기간[14] × 0.022%
√ 납부지연가산세(초과환급) = 초과환급받은 세액 × 기간[15] × 0.022%
√ 납부지연가산세(고지분)[16] = 무납부세액 · 과소납부세액 × 3%

(2) 적용방법

① 예정신고 및 중간신고와 관련하여 납부지연가산세가 부과되는 부분에 대해서는 확정신고와 관련하여 납부지연가산세를 적용하지 아니한다.

② 소득세, 법인세, 부가가치세의 과세기간을 잘못 적용하여 신고납부한 경우로서 납부지연가산세를 적용할 때 실제 신고납부한 날에 실제 신고납부한 금액의 범위에서 당초 신고납부하였어야 할 과세기간에 대한 국세를 자진 납부한 것으로 본다. 다만, 부정행위로 무신고, 과소신고, 초과신고한 경우에는 그러하지 아니하다.

---

13) 종이문서용 전자수입인지에 따른 인지세를 제외하고, 인지세법에 따른 인지세의 납부를 하지 아니하거나 과소납부한 경우에는 납부하지 아니한 세액 또는 과소납부분 세액의 100% ~ 300%에 상당하는 금액을 가산세로 한다.

14) 법정납부기한의 다음 날로부터 납부일까지의 기간(납부고지일부터 납부고지서에 따른 납부기한까지의 기간은 제외함)을 말한다.

15) 환급받은 날의 다음 날로부터 납부일까지의 기간(납부고지일부터 납부고지서에 따른 납부기한까지의 기간은 제외함)을 말한다.

16) 법정납부기한까지 납부하여야 할 세액 중 납부고지서에 따른 납부기한까지 납부하지 아니한 세액 또는 과소납부분 세액에 대하여 적용하고, 법정납부기한까지 납부하여야 할 세액에는 세법에 따라 가산하여 납부하여야 할 이자상당가산액이 있는 경우에는 그 금액을 더한다.

③ 다음의 경우에는 납부지연가산세를 적용하지 아니한다.

㉠ 부가가치세법에 따른 사업자가 납부기한까지 어느 사업장에 대한 부가가치세를 다른 사업장에 대한 부가가치세에 더하여 신고납부한 경우

㉡ 대손 관련 매입세액을 공제받은 납세자에 대한 대손세액을 경정하는 경우

㉢ 법인세법에 따라 법인세 과세표준 및 세액의 결정 · 경정으로 상속세 · 증여세법에 따른 증여의제이익이 변경되는 경우. 다만, 부정행위로 인하여 법인세 과세표준 및 세액을 결정 · 경정하는 경우는 제외한다.

㉣ 법인세법에 따른 법인세 과세표준 또는 세액의 결정 · 경정으로 특수관계법인과의 거래와 관련된 증여의제이익이 감소됨에 따라 양도한 주식 등의 취득가액이 감소된 경우

㉤ 상증법에 따라 상속세 · 증여세를 신고한 자가 법정신고기한까지 상속세 · 증여세를 납부한 경우로서 법정신고기한 이후 상증법에 따라 평가심의위원회를 거치는 방법에 따라 상속재산 또는 증여재산을 평가하여 과세표준과 세액을 결정 · 경정한 경우

④ 부가가치세법에 따른 사업자가 아닌 자가 부가가치세액을 환급받은 경우에도 납부지연가산세를 적용한다.

⑤ 원천징수등 납부지연가산세가 부과되는 부분에 대해서는 국세의 납부와 관련하여 납부지연가산세를 부과하지 아니한다.

⑥ 납부고지서에 따른 납부기한의 다음 날부터 납부일까지의 기간이 5년을 초과하는 경우에는 그 기간은 5년으로 한다.

⑦ 체납된 국세의 납부고지서별 · 세목별 세액이 150만원 미만인 경우에는 무납부세액, 과소납부세액, 초과환급세액에 대한 납부지연가산세를 적용하지 아니한다.

4) 원천징수등 납부지연가산세

원천징수의무자가 원천징수하였거나 원천징수하여야 할 세액을 법정납부기한까지 납부하지 아니하거나 과소납부하는 경우에는 무납부세액 또는 과소납부세액의 50% 및 10%을 한도로 하여 원천징수등 납부지연가산세로 부과한다. 다만, 원천징수의무자가 국가 · 지방자치단체 · 지방자치단체조합인 경우, 우리나라에 주둔하는 미군인 경우, 공적연금 관련법에 따라 받는 각종 연금 · 일시금을 지급하는 경우에는 원천징수등 납부지연가산세를 적용하지 아니한다.

원천징수납부등 불성실가산세 = 무납부세액 · 과소납부세액 × Min(10%, 3% + 기간 × 0.022%)

4. 가산세의 감면 및 한도

1) 가산세의 적용배제

(1) 기한연장

정부는 국세기본법 또는 세법에 따라 가산세를 부과하는 경우 그 부과의 원인이 되는 사유가 천재지변 등에 따른 기한연장사유에 해당하는 때에는 해당 가산세를 부과하지 아니한다. 조세포탈을 위한 증거인멸목적 또는 납세자의 고의적인 행동에 따라 기한연장사유가 발생한 경우에는 가산세의 감면을 적용하지 아니하고, 기한연장사유가 집단적으로 발생한 경우에는 납세자의 신청이 없는 경우에도 세무서장이 조사하여 직권으로 가산세를 감면할 수 있다.

(2) 정당한 사유

정부는 국세기본법 또는 세법에 따라 가산세를 부과하는 경우 납세자가 의무를 이행하지 아니한 것에 대한 정당한 사유가 있는 때에는 해당 가산세를 부과하지 아니한다. 이 경우 정당한 사유란 납세의무를 알지 못한 것이 무리가 아니었다고 할 수 있어 그를 정당시할 수 있는 사정이 있는 경우 또는 납세의무의 이행을 당사자에게 기대하는 것이 무리라고 하는 사정이 있을 때 등 그 의무해태를 탓할 수 없는 경우를 말한다. 다만, 법령의 무지 및 오해는 정당한 사유에 해당하지 않는다.

(3) 과세처분의 변경 등

정부는 가산세 부과의 원인이 되는 사유가 다음의 경우에는 가산세를 부과하지 않는다.

① 납세자가 세법해석에 관한 질의 · 회신 등에 따라 신고 및 납부하였으나 이후 다른 과세처분을 하는 경우

② 공익사업을 위한 토지 등의 취득 및 보상에 관한 법률에 따른 토지등의 수용 또는 사용, 국토의 계획 및 이용에 관한 법률에 따른 도시 · 군계획, 그 밖의 법령 등으로 인해 세법상 의무를 이행할 수 없게 된 경우

③ 소득세법에 따라 실손의료보험금을 의료비에서 제외할 때에 실손의료보험금 지급의 원인이 되는 의료비를 지출한 과세기간과 해당 보험금을 지급받은 과세기간이 달라 해당 보험금을 지급받은 후 의료비를 지출한 과세기간에 대한 소득세를 해당 보험금을 지급받은 과세기간에 대한 종합소득과세표준 확정신고기한까지 수정신고하는 경우

2) 가산세의 감면

(1) 수정신고

정부는 과세표준신고서를 법정신고기한까지 제출한 자가 법정신고기한이 지난 후 수정신고한 경우에는 과소신고·초과환급신고가산세, 부가가치세법의 영세율과세표준 신고불성실가산세에서[17] 해당 가산세액에 감면율을 곱하여 계산한 금액을 감면한다.

다만, 국세에 관하여 세무공무원이 조사에 착수한 것을 알고 과세표준수정신고서를 제출한 경우 및 국세에 관하여 관할세무서장으로부터 과세자료 해명통지를 받고 과세표준수정신고서를 제출한 경우에는 수정신고에 따른 가산세의 감면을 적용하지 않는다.

법정신고기한 지난 후	1개월 이내	1개월 초과 3개월 이내	3개월 초과 6개월 이내	6개월 초과 1년 이내	1년 초과 1년 6개월 이내	1년 6개월 초과
감면율	90%	75%	50%	30%	20%	10%

(2) 기한후신고

정부는 과세표준신고서를 법정신고기한까지 제출하지 아니한 자가 법정신고기한이 지난 후 기한후신고하는 경우에는 무신고가산세에서 해당 가산세액에 감면율을 곱하여 계산한 금액을 감면한다. 다만, 과세표준과 세액을 결정할 것을 미리 알고 기한후과세표준신고서를 제출한 경우는 기한후신고에 따른 가산세의 감면을 적용하지 않는다.

법정신고기한 지난 후	1개월 이내	1개월 초과~3개월 이내	3개월 초과~6개월 이내
감면율	50%	30%	20%

(3) 과세전적부심사 지연결정에 대한 감면

과세전적부심사 청구를 받은 세무서장·지방국세청장·국세청장은 각각 국세심사위원회의 심사 결과를 청구받은 날로부터 30일 이내에 청구인에게 통지하여야 한다. 과세전적부심사 결정·통지기간에 그 결과를 통지하지 아니한 경우로서 결정·통지가 지연됨으로써 지연된 기간에 부과되는 납부지연가산세액의 50%에 상당하는 금액을 감면한다.

---

17) 당초 신고한 과세표준과 세액의 과소신고에 따라 부과되는 가산세가 아니고, 과세표준의 신고에 있어서 필수적인 첨부서류 등을 제출하지 아니하여 신고된 것으로 보지 않음으로써 부과되는 부가가치세법의 영세율과세표준 불성실가산세는 수정신고서를 제출하더라도 면제되지 않는다.

(4) 지연협력에 대한 감면

세법에 따른 제출, 신고, 가입, 등록, 개설의 기한이 지난 후 1개월 이내에 해당 세법에 따른 제출 등의 의무를 이행하는 경우에는 제출 등의 의무위반에 대하여 세법에 따라 부과되는 가산세액의 50%에 상당하는 금액을 감면한다.

(5) 지연신고에 대한 감면

세법에 따른 예정신고기한 및 중간신고기한까지 예정신고 및 중간신고를 무신고, 과소신고, 초과신고한 경우로서 확정신고기한까지 과세표준을 신고 또는 수정신고한 경우에는 신고불성실가산세액의 50%에 상당하는 금액을 감면한다. 다만, 과세표준과 세액을 경정할 것을 미리 알고 과세표준신고를 하는 경우는 제외한다.

3) 가산세 한도

세법에 따른 협력의무 위반에 대하여 부과되는 가산세는 그 의무위반의 종류별로 각각 5,000만원을 한도로 한다. 다만, 중소기업이 아닌 경우에는 1억원을 한도로 하고, 해당 의무를 고의적으로 위반한 경우에는 가산세 한도를 적용하지 아니한다.

세법	한도적용 가산세	적용기간
법인세법 소득세법	· 증명서류 수취 불성실가산세 · 주식등변동상황명세서 제출 불성실가산세 · 주주등명세서 등 제출 불성실가산세 · 지급명세서 제출 불성실가산세 · 계산서등 제출 불성실가산세 · 기부금영수증 발급 · 작성 · 보관 불성실가산세 · 특정외국법인의 유보소득 계산명세서 제출 불성실가산세	과세기간단위
부가가치세법	· 사업자등록 불성실가산세 · 세금계산서 관련 가산세(미발급, 거짓의 발급수취분 가산세, 비사업자의 거짓발급분은 제외) · 현금매출 · 부동산임대공급가액명세서 불성실가산세	
상속 · 증여세법	· 공익법인보고서 제출 불성실가산세 · 지급명세서등 제출 불성실가산세	의무이행기간

Ⅱ 국세환급금 및 국세환급가산금

1. 국세환급금

1) 국세환급금의 결정

세무서장은 납세의무자가 국세 및 강제징수비로서 납부한 금액 중 잘못 납부(錯誤納付)하거나 초과하여 납부(超過納付)한 금액이 있거나 세법에 따라 환급하여야 할 환급세액이 있는 때에는 즉시 그 착오납부, 초과납부, 세법에 따른 환급세액을 국세환급금으로 결정하여야 한다.[18]

국세환급금은 환급하여야 할 국세 및 강제징수비를 납부한 해당 납세자에게 환급함을 원칙으로 한다.

2) 국세환급금의 충당

(1) 국세환급금의 충당순위

세무서장은 국세환급금으로 결정한 금액을 국세 등에 충당하는 때에는 체납된 국세 및 강제징수비에 우선 충당해야 하고, 충당할 국세환급금이 2건 이상인 경우에는 소멸시효가 먼저 도래하는 것부터 충당하여야 한다. 다만, 납세자가 납부고지에 의하여 납부하는 국세에 충당하는 것을 동의하거나 신청한 경우에는 납부고지에 따라 납부하는 국세에 우선 충당하여야 한다.

순 위	내 용	충 당 절 차
1순위	체납된 국세 및 강제징수비[19)20)]	직권충당
2순위	납부고지에 따라 납부하는 국세	납세자 동의
	납기전징수의 사유로 납부고지한 국세	직권충당
3순위	세법에 따라 자진 납부하는 국세	납세자 동의

18) 착오납부한 금액이란 납부 또는 징수의 기초가 된 신고(신고납세의 경우) 또는 부과처분(부과과세의 경우)이 부존재하거나 당연무효임에도 불구하고 납부 또는 징수된 세액을 말하고, 초과납부한 금액은 신고납세방식에 있어서 경정으로 확정되고 부과과세방식에 있어서 부과결정으로 확정된다.

19) 체납액은 강제징수비 → 국세의 순으로 충당하며, 2이상의 체납액이 있는 때에는 납부기한이 나중에 경과한 체납액부터 순차로 소급하여 충당한다.

(2) 국세환급금의 충당시기

세무서장은 국세환급금을 결정한 후에는 국세기본법에 따라 국세 등에 충당할 수 있으나, 국세환급금의 환급결정을 하고 이를 한국은행에 통지한 후에는 납세자가 국세의 충당에 동의하거나 체납된 국세가 있더라도 그 환급금으로 충당할 수 없다.

납세자가 세법에 따라 환급받을 세액이 있는 경우에는 그 환급세액을 납기 중에 있는 고지세액 및 세법에 따라 자진 납부하는 국세에 충당할 것을 청구할 수 있고, 이 경우 충당된 세액의 충당청구를 한 날에 해당 국세를 납부한 것으로 본다.

(3) 국세환급금의 충당효과

국세환급금의 충당이 장래효과만 가지고 있어 체납국세가 있음에도 국세환급금에 대하여 제3자가 압류를 하는 경우 국가가 아닌 제3자가 우선 만족을 얻고 있는 문제를 해결하기 위해 체납된 국세 및 강제징수비와 국세환급금은 **체납된 국세의 법정납부기한과 국세환급금 발생일 중 늦은 때로 소급하여 대등액을 충당·소멸한 것으로 본다.**(국세환급금충당의 소급효과)

국세환급금의 발생일은 다음의 날을 말한다.

구분	발생원인	국세환급금의 발생일
납부세액	착오납부, 이중납부, 감액경정	납부일,[21] 최종 납부일(분할납부)[22]
	국세감면	감면 결정일
	법률개정	개정된 법률 시행일
환급세액	신고, 환급신청 신고한 환급세액의 경정	신고·신청일
	무신고에 따른 결정	결정일[23]
연말징수세액	경정청구에 따른 원천징수세액 환급	납부기한의 만료일
근로장려금		근로장려금의 결정일

20) 다른 세무서에 체납된 국세 및 강제징수비를 포함한다.

21) 세법에 따른 중간예납액 또는 원천징수에 따른 납부액인 경우에는 그 세목의 법정신고기한의 만료일을 국세환급금의 발생일로 한다.

22) 그 국세가 2회 이상 분할납부된 것인 경우에는 그 마지막 납부일로 하되, 국세환급금이 마지막에 납부된 금액을 초과하는 경우에는 그 금액이 될 때까지 납부일의 순서로 소급하여 계산한 국세의 각 납부일로 한다.

23) 환급세액을 신고하지 아니하여 결정하는 경우에는 기한후신고에 따른 결정을 포함한다.

3) 국세환급금의 환급

(1) 국세환급금의 환급결정

국세환급금 중 국세 등에 충당한 후의 남은 금액은 국세환급금의 결정을 한 날로부터 30일 내에 해당 연도의 소관 세입금 중에서 납세자에게 지급하여야 한다.[24)][25)][26)]

다음의 경우에는 충당 및 공제한 후 남은 금액을 환급한다.

① 원천징수의무자가 원천징수하여 납부한 세액에서 환급받을 환급세액이 있는 경우 그 환급액은 그 원천징수의무자가 원천징수하여 납부하여야 할 세액에 충당하고[27)] 남은 금액을 환급한다. 다만, 그 원천징수의무자가 그 환급액을 즉시 환급해 줄 것을 요구하는 경우나 원천징수하여 납부하여야 할 세액이 없는 경우에는 즉시 환급한다.

② 국세환급금 중 세법에 따라 충당한 후 남은 금액이 10만원 이하이고, 지급결정을 한 날부터 1년 이내에 환급이 이루어지지 아니하는 경우에는 납부고지에 따라 납부하는 국세에 충당할 수 있다. 이 경우 납세자의 동의가 있는 것으로 보고, 국세환급금은 국세환급금이 발생한 세목과 같은 세목에 우선 충당한다.

③ 과세의 대상이 되는 소득, 수익, 재산, 행위, 거래의 귀속이 명의일 뿐이고 사실상 귀속되는 실질귀속자가 따로 있어 명의대여자에 대한 과세를 취소하고 실질귀속자를 납세의무자로 하여 과세하여야 한다. 이 경우 명의대여자 대신 실질귀속자가 납부한 것으로 확인된 금액은 실질귀속자의 기납부세액으로 먼저 공제하고 남은 금액이 있는 경우에는 실질귀속자에게 환급한다.

(2) 국세환급금의 반환청구

세무서장이 국세환급금의 결정이 취소됨에 따라 이미 충당되거나 지급된 금액의 반환을 청구하는 경우에는 국세징수법의 고지, 독촉, 강제징수의 규정을 준용한다.

---

24) 수입인지를 과다 첨부하여 납부함으로써 발생한 인지세의 과오납금은 환급할 수 없다.

25) 세무서장은 한국은행 또는 체신관서에 국세환급금의 지급을 요구한 경우에는 지급금액, 지급이유, 수령방법, 지급장소, 지급요구일, 그 밖에 필요한 사항을 명시한 국세환급금통지서를 납세자에게 송부해야 한다.

26) 세무서장은 금융회사 등 · 체신관서에 계좌를 개설하고 세무서장에게 그 계좌를 신고한 납세자에게는 계좌이체방식으로 국세환급금을 지급할 수 있고, 국세환급금을 계좌이체방식으로 지급할 수 없는 납세자에게는 현금지급방식으로 지급할 수 있다.

27) 다른 세목의 원천징수세액에의 충당은 소득세법에 따른 원천징수이행상황신고서에 그 충당 · 조정명세를 적어 신고한 경우에만 할 수 있다.

4) 물납재산의 환급

(1) 물납재산으로 환급

납세자가 상증법에 따라 상속세를 물납한 후[28] 그 부과의 전부 또는 일부를 취소하거나 감액하는 경정에 따라 환급하는 경우에는 해당 물납재산으로 환급하여야 한다. 이 경우에는 국세환급가산금은 지급하지 아니한다.

물납(物納)재산을 환급하는 경우 환급의 순서에 관하여 납세자의 신청이 있는 경우에는 그 신청에 따라 관할세무서장이 환급하고, 납세자의 신청이 없는 경우에는 상속세및증여세법에 따른 물납에 충당하는 재산에 대한 허가 순서의 역순(逆順)으로 환급한다.[29]

물납재산으로 환급하는 경우 물납재산을 유지 또는 관리하기 위하여 지출한 비용은 국가의 부담으로 하고, 물납재산의 수납 이후 발생한 과실(법정과실, 천연과실)은 납세자에게 환급하지 아니하고 국가에 귀속된다. 다만, 국가가 물납재산에 대하여 자본적 지출을 한 경우에는 이를 납세자의 부담으로 한다.

(2) 금전으로 환급

다음의 경우에는 국세환급금의 규정을 적용하여 금전으로 환급한다.

① 물납재산이 매각되었거나 다른 용도로 사용되고 있는 경우
② 물납재산의 성질상 분할하여 환급하는 것이 곤란한 경우
③ 물납재산이 임대 중이거나 다른 행정용도로 사용되고 있는 경우
④ 사용계획이 수립되어 물납재산으로 환급하는 것이 곤란하다고 인정되는 경우

---

28) 상증법에 따르면 납세지관할세무서장은 다음의 요건을 모두 갖춘 경우에는 납세의무자의 신청을 받아 물납을 허가할 수 있다. 다만, 물납을 신청한 재산의 관리·처분이 적당하지 아니하다고 인정되는 경우에는 물납허가를 하지 아니할 수 있다.
① 상속재산(상속재산에 가산하는 증여재산 중 상속인 및 수유자가 받은 증여재산을 포함함) 중 국내에 소재하는 부동산과 유가증권으로서 물납에 충당할 수 있는 재산의 가액이 해당 상속재산가액의 50%를 초과할 것
② 상속세 납부세액이 2,000만원을 초과할 것
③ 상속세 납부세액이 상속재산가액 중 금융재산의 가액(상속재산에 가산하는 증여재산의 가액은 포함하지 아니함)을 초과할 것

29) 상증법에 따르면 물납에 충당하는 재산은 국채 및 공채 → 채권 및 증권으로서 거래소에 상장된 것 → 국내에 소재하는 부동산 → 주권상장법인의 주식 → 주권비상장법인의 주식 → 상속개시일 현재 상속인이 거주하는 주택 및 그 부수토지의 순서에 따라 신청 및 허가하여야 한다.

2. 국세환급가산금

1) 국세환급가산금의 계산

국세환급가산금이란 국세환급금에 대한 법정이자 상당액을 말하고, 국세환급가산금의 계산할 때 그 대상이 되는 금액에는 본세·강제징수비·연부연납세액을 포함한다. 다만, 경정청구, 이의신청, 심사청구, 심판청구, 행정소송에 대한 결정이나 판결을 거치지 아니한 고충민원의 처리에 따라 국세환급금을 충당하거나 지급하는 경우에는 국세환급가산금을 가산하지 아니한다.

국세환급가산금은 국세환급금을 충당하거나 지급할 때에는 국세환급가산금의 기산일로부터 충당하는 날 또는 지급결정을 하는 날까지의 기간과[30] 시중은행의 1년 만기 정기예금 평균 수신금리를 고려하여 기획재정부령으로 정하는 기본이자율에 따라 계산한 금액을 말한다.

$$\text{국세환급가산금} = \text{국세환급금} \times \text{기간} \times \frac{1}{365} \times \text{기본이자율}$$[31]

2) 국세환급가산금의 기산일

국세환급가산금의 기산일은 다음의 날을 말한다.

구분	경정원인	기산일(다음에 게기하는 날의 다음날)
납부세액	착오납부, 이중납부, 감액경정	국세 납부일, 최종 국세 납부일[32]
	적법하게 납부된 국세의 감면	감면 결정일
	적법하게 납부된 후 법률개정	개정된 법률의 시행일
환급세액	환급세액의 신고, 환급신청 경정·결정에 따른 환급	법정신고기일·신청일부터 30일이 지난 날[33]
	무신고에 따른 결정[34]	결정일부터 30일이 지난 날

30) 국세환급금 중 세법에 따라 충당한 후 남은 금액이 10만원 이하이고, 지급결정을 한 날부터 1년 이내에 환급이 이루어지지 아니하여 납부고지에 따라 납부하는 국세에 충당하는 경우에는 국세환급가산금은 지급결정을 한 날까지 가산한다.

31) 납세자가 이의신청, 심사청구, 심판청구, 감사원법에 따른 심사청구, 행정소송법에 따른 소송을 제기하여 그 결정 또는 판결에 따라 세무서장이 국세환급금을 지급하는 경우로서 그 결정 또는 판결이 확정된 날부터 40일 이후에 납세자에게 국세환급금을 지급하는 경우에는 기본이자율의 1.5배에 해당하는 이자율을 적용한다.

32) 그 국세가 2회 이상 분할납부된 것인 경우에는 그 마지막 납부일로 하되, 국세환급금이 마지막에 납부된 금액을 초과하는 경우에는 그 금액이 될 때까지 납부일의 순서로 소급하여 계산한 국세의 각 납부일로 하며, 세법에 따른 중간예납액 또는 원천징수에 의한 납부액은 해당 세목의 법정신고기한 만료일에 납부된 것으로 본다.

3. 국세환급금에 관한 권리

1) 국세환급금에 관한 권리의 양도

납세자는 국세환급금에 관한 권리를 세무서장이 국세환급금통지서를 발급하기 전에 문서로 소관세무서장에게 요구하면[35] 이를 타인에게 양도할 수 있다. 이 경우 세무서장은 국세환급금에 관한 권리의 양도 요구가 있는 경우에 국세환급금에서 양도인이 납부할 국세 및 강제징수비 → 양수인이 납부할 국세 및 강제징수비에 충당하고, 남은 금액에 대해서는 양도의 요구에 따라 지체없이 양수인에게 환급하여야 한다.[36]

2) 국세환급금의 소멸시효

납세자의 국세환급금과 국세환급가산금에 관한 권리는 행사할 수 있는 때부터 5년간 행사하지 아니하면 소멸시효가 완성한다.[37] 이 경우 국세환급금 등의 소멸시효 기산일은 국세환급가산금의 기산일을 말하고, 감액경정의 경우에는 경정결정일 · 부과취소일을 말한다.

국세환급금 및 국세환급가산금의 소멸시효의 중단과 정지에 관하여는 민법에 따르며, 국세환급가산금의 결정원인이 되는 국세환급금의 소멸시효가 완성한 때에 국세환급가산금의 소멸시효도 완성하는 것으로 본다. 다만, 국세환급금 및 국세환급가산금의 소멸시효는 세무서장이 납세자의 환급청구를 촉구하기 위하여 납세자에게 하는 환급청구의 안내 · 통지 등으로 인하여 중단되지 아니한다.

---

33) 세법에서 환급기한을 정하고 있는 경우에는 그 환급기한의 다음 날을 국세환급가산금의 기산일로 한다.

34) 환급세액을 법정신고기한까지 신고하지 않음에 따른 결정으로 인하여 발생한 환급세액을 환급할 때를 말한다.

35) 국세환급금의 양도요구를 할 때에는 양도인의 인감증명서를 첨부하여야 한다. 다만, 양도인이 인감증명서를 첨부할 수 없는 외국인인 때에는 민법의 지명채권양도의 대항요건에 따른 통지서를 첨부하거나, 납세관리인이 납세관리인증명서와 인감증명서를 첨부하여야 한다.

36) 국세환급금에 관한 권리를 양도한 경우에 양도인과 양수인 사이에 국세환급가산금에 관한 특별한 약정이 없는 때에는 다음에 따라 환급한다.
① 국세환급금 전액을 양도한 때에는 양수인에게 국세환급가산금을 충당 또는 환급한다.
② 국세환급금 중 일부를 양도 · 양수한 때에는 그 양도 · 양수한 금액에 대하여 양도한 날을 기준으로 양도일까지의 가산금은 양도인에게 충당 또는 환급하고, 양도일의 다음날부터 지급일까지의 가산금은 양수인에게 충당 또는 환급한다.

37) 국세 및 강제징수비에 충당할 국세환급금이 2건 이상인 경우에는 소멸시효가 먼저 도래하는 것부터 충당하여야 한다.

연 습 문 제

1. 국세기본법의 과세관할에 관한 설명으로 옳지 않은 것은? (2012. CPA)

① 관할세무서장 외의 세무서장이 한 국세의 과세표준과 세액의 결정 또는 경정결정 처분은 항상 적법하며 납세자는 관할세무서를 밝혀 납세의무를 이행하여야 한다.

② 전자신고를 하는 경우에는 납세지관할세무서장이 아닌 지방국세청장이나 국세청장에게 과세표준신고서를 제출할 수 있다.

③ 국세의 과세표준과 세액의 결정 또는 경정결정은 그 처분 당시 그 국세의 납세지를 관할하는 세무서장이 한다.

④ 과세표준신고서가 납세지관할세무서장 외의 세무서장에게 제출된 경우에도 그 신고의 효력에는 영향이 없다.

⑤ 과세표준신고서는 신고 당시 해당 국세의 납세지를 관할하는 세무서장에게 제출하여야 한다.

【정답】 ①

√관할세무서장 외의 세무서장이 한 국세의 과세표준과 세액의 결정 또는 경정결정 처분은 그 효력이 없다.

2. 경정 등의 청구에 관한 설명으로 옳은 것은? (CTA. 2016)

① 과세표준신고서를 법정신고기한까지 제출한 자는 과세관청의 결정 또는 경정으로 인하여 증가된 과세표준 및 세액에 대하여는 법정신고기한이 지난 후 5년이 경과하였더라도 해당 처분이 있음을 안 날부터 90일 이내에 경정을 청구할 수 있다.

② 과세표준신고서를 법정신고기한까지 제출한 자라도 상속세 또는 증여세에 관하여는 결정 또는 경정을 청구할 수 없다.

③ 과세표준신고서를 법정신고기한까지 제출한 자는 과세표준신고서에 기재된 과세표준 및 세액이 세법에 따라 신고하여야 할 과세표준 및 세액에 미치지 못할 때에는 경정을 청구할 수 있다.

④ 원천징수대상자에게 근로소득만 있어서 원천징수의무자가 연말정산에 의하여 그에 관한 소득세를 납부하고 지급명세서를 제출기한까지 제출한 경우 원천징수영수증에 기재된 과세표준 및 세액이 세법에 따라 신고하여야 할 과세표준 및 세액을 초과할 때에는 원천징수의무자 뿐만 아니라 원천징수대상자도 경정을 청구할 수 있다.

⑤ 국세의 과세표준 및 세액의 결정을 받은 자는 해당 처분이 있음을 안 날부터 90일이 지난 경우라도 최초의 결정을 할 때 과세표준 및 세액의 계산 근거가 된 행위의 효력과 관계되는 계약이 해제권의 행사에 의하여 해제된 것을 안 날부터 1년 이내에 경정을 청구할 수 있다.

【정답】 ④

√① 법정신고기한이 지난 후 5년이 경과하였더라도 → 법정신고기한이 지난 후 5년 이내, ② 청구할 수 없다. → 청구할 수 있다. ③ 미치지 못할 때에는 → 초과할 때, ⑤ 해제된 것을 안 날부터 1년 이내에 → 해제된 것을 안 날부터 3월 이내에

3. 국세기본법의 과세표준신고서를 법정신고기한까지 제출한 자 또는 국세의 과세표준과 세액을 결정 받은 자가 후발적 사유의 발생을 이유로 경정청구를 할 수 있는 경우로서 옳지 않은 것은? (2012. CPA)

① 최초의 신고, 결정, 경정에서 과세표준 및 세액의 계산 근거가 된 거래 또는 행위 등이 그에 관한 소송에 대한 판결에 따라 다른 것으로 확정되었을 때

② 최초의 신고, 결정, 경정을 할 때 과세표준 및 세액의 계산 근거가 된 거래 또는 행위 등의 효력과 관계되는 계약이 합의해제되거나 해당 계약의 효력발생 후 발생한 부득이한 사유로 취소된 경우

③ 최초의 신고, 결정, 경정을 할 때 과세표준 및 세액의 계산 근거가 된 거래 또는 행위 등의 효력과 관계되는 관청의 허가나 그 밖의 처분이 해당 국세의 법정신고기한이 지난 후에 취소된 경우

④ 최초의 신고, 결정, 경정을 할 때 장부 및 증거서류의 압수, 그 밖의 부득이한 사유로 과세표준 및 세액을 계산할 수 없었으나 그 후 해당 사유가 해당 국세의 법정신고기한이 지난 후 소멸한 경우

⑤ 결정, 경정으로 인하여 그 결정 또는 경정의 대상이 되는 과세시간 외의 과세기간에 대하여 최초에 신고한 국세의 과세표준 및 세액이 세법에 따라 신고하여야 할 과세표준 및 세액을 초과할 때

【정답】 ②

√합의해제되거나 해당 계약의 효력발생 후 → 해제권의 행사에 의하여 해제되거나 해당 계약의 성립 후

4. 국세기본법의 수정신고 및 경정청구 등에 관한 설명이다. 옳지 않은 것은? (CPA. 2016)
① 납세의무자 갑이 100만원의 소득세를 법에서 정한 기한까지 신고하였는데, 그 후 300만원으로 수정신고한 경우 세액이 300만원으로 확정된다.
② 납세의무자 을이 300만원의 소득세를 법에서 정한 기한이 지난 후 6개월 내에 신고한 경우 세액이 300만원으로 확정된다.
③ 납세의무자 병이 200만원의 소득세를 법에서 정한 기한까지 신고하였는데, 그 후 100만원으로 감액경정을 청구한 경우 그 청구만으로는 세액이 100만원으로 확정되지 아니한다.
④ 원래 신고하였어야 할 세액보다 더 많은 세액을 신고하여 감액경정을 청구하려면 법에서 정한 기한 내에 과세표준신고서를 제출한 자 및 기한후과세표준신고서를 제출한 자이어야 한다.
⑤ 납세의무자 정이 2021년 한 해 동안의 소득에 대하여 2022.5.20에 500만원의 소득세를 신고·납부한 후 신고 내용에 계산 오류가 있어 감액경정을 청구하는 경우 이 경정청구는 2027.5.31까지 할 수 있다.

【정답】 ②

√기한후신고는 관할세무서장이 세법에 따라 신고일부터 3개월 이내에 국세의 과세표준과 세액을 결정하여 확정한다.

5. 국세기본법상 가산세에 관한 설명으로 옳지 않은 것은? (CTA. 2017)
① 가산세는 해당 의무가 규정된 세법의 해당 국세의 세목으로 하나 해당 국세를 감면하는 경우 가산세는 감면대상에 포함되지 아니한다.
② 납세의무자가 역외거래에서 발생한 부정행위로 법정신고기한까지 법인세 과세표준 신고를 하지 아니한 경우에는 그 신고로 납부하여야할 세액에 60%을 곱한 금액을 가산세로 한다.
③ 납세의무자가 법정신고기한까지 법인세의 과세표준 신고를 한 경우로서 착오에 의하여 과소신고를 한 때에는 과소신고납부세액의 10%에 상당하는 금액을 가산세로 한다.
④ 납부지연가산세를 부과함에 있어 납세의무자가 법인세를 부정행위로 과소신고하면서 과세기간을 잘못 적용한 경우 실제 신고납부한 날에 실제 신고납부한 금액의 범위에서 신고납부하였어야 할 과세기간에 대한 법인세를 자진납부한 것으로 본다.
⑤ 정부는 납세자가 의무를 이행하지 아니한 데 대한 정당한 사유가 있는 때에는 해당 가산세를 부과하지 아니한다.

【정답】 ④

√부정행위로 과소신고하면서 → 부정행위로 무신고한 경우 또는 부정행위로 과소신고·초과신고한 경우를 제외하고 신고납부와 관련하여

6. 국세기본법의 가산세에 관한 설명이다. 옳지 않은 것은? (2015. CPA)

① 가산세란 세법에서 규정하는 의무의 성실한 이행을 확보하기 위하여 세법에 따라 산출한 세액에 더하여 징수하는 금액을 말한다.

② 가산세는 해당 의무가 규정된 세법의 해당 국세의 세목으로 한다.

③ 본세가 감면되면 가산세도 감면된다.

④ 납세자가 의무를 이행하지 아니한 데 대한 정당한 사유가 있는 때에는 해당 가산세를 부과하지 아니한다.

⑤ 세법에서 규정하는 의무를 고의적으로 위반한 경우에는 가산세 한도규정을 적용하지 아니한다.

【정답】 ③

√국세를 감면하는 경우 가산세는 그 감면대상에 포함시키지 아니한다.

7. 국세기본법상 과세와 환급에 관한 설명으로 옳지 않은 것은? (CPA. 2018)

① 과세표준신고서는 신고(전자신고 제외) 당시 해당 국세의 납세지를 관할하는 세무서장에게 제출하여야 하나, 관할세무서장 외의 세무서장에게 제출된 경우에도 그 신고의 효력에는 영향이 없다.

② 세무서장이 국세환급금으로 결정한 금액을 세법에 따라 자진납부 하는 국세에 충당 시 납세자가 그 충당에 동의하는 경우에 한하여 충당할 수 있다.

③ 결정 또는 경정의 청구를 받은 세무서장은 그 청구를 받은 날부터 2개월 이내에 과세표준 및 세액을 결정 또는 경정하거나 결정 또는 경정하여야 할 이유가 없다는 뜻을 그 청구를 한 자에게 통지하여야 한다.

④ 납세자가 상속세를 물납(2022.2.5.)한 후 그 부과의 일부를 감액하는 경정 결정에 따라 환급하는 경우에는 해당 물납재산으로 환급하여야 하며, 이 경우 국세환급가산금을 포함하여 지급한다.

⑤ 납세자의 국세환급금과 국세환급가산금에 관한 권리는 행사할 수 있는 때부터 5년간 행사하지 아니하면 소멸시효가 완성된다.

【정답】 ④

√국세환급가산금을 포함하여 지급한다. → 국세환급가산금은 지급하지 아니한다.

8. 국세기본법상 국세환급금에 관한 설명이다. 옳지 않은 것은? (CPA. 2019)

① 국세환급금을 충당할 경우에는 체납된 국세과 강제징수비에 우선 충당하여야 하나, 납세자가 세법에 따라 자진납부하는 국세에 충당하는 것을 동의한 경우에는 해당 국세에 우선 충당하여야 한다.

② 국세환급금 중 국세 또는 강제징수비에 충당한 후 남은 금액이 10만원 이하이고, 지급결정을 한 날부터 1년 이내에 환급이 이루어지지 아니하는 경우에는 납부고지에 의하여 납부하는 국세에 충당할 수 있다.

③ 체납된 국세과 강제징수비에 국세환급금의 충당이 있는 경우 체납된 국세 또는 강제징수비와 국세환급금은 체납된 국세의 법정납부기한과 국세환급금 발생일 중 늦은 때로 소급하여 대등액에 관하여 소멸한 것으로 본다.

④ 국세환급금 중 국세 또는 강제징수비에 충당한 후 남은 금액은 국세환급금의 결정을 한 날부터 30일 내에 납세자에게 지급하여야 한다.

⑤ 납세자가 상속세를 물납한 후 그 부과의 전부 또는 일부를 취소하거나 감액하는 경정결정에 따라 환급하는 경우에 해당 물납재산의 성질상 분할하여 환급하는 것이 곤란한 경우 금전으로 환급하여야 한다.

【정답】 ①

√ 세법에 따라 자진납부하는 국세에 충당하는 것 → 납부고지에 의하여 납부하는 국세에 충당하는 것

9. 국세기본법의 수정신고와 경정 등의 청구 및 가산세의 부과와 감면에 대한 설명으로 옳지 않은 것은? (2011. CPA)

① 과세표준신고서를 법정신고기한까지 제출한 자는 과세표준신고서에 기재된 결손금액 또는 환급세액이 세법에 따라 신고하여야 할 결손금액이나 환급세액을 초과할 때에는 관할세무서장이 각 세법에 따라 해당 국세의 과세표준과 세액을 결정 또는 경정하여 통지하기 전까지 과세표준수정신고서를 제출할 수 있다.

② 정부는 국세기본법 또는 세법에 따라 가산세를 부과하는 경우 납세자가 의무를 이행하지 아니한 데 대한 정당한 사유가 있는 때에는 해당 가산세를 부과하지 아니한다.

③ 과세표준신고서를 법정신고기한까지 제출한 자는 최초의 신고·결정 또는 경정에서 과세표준 및 세액의 계산 근거가 된 거래 또는 행위 등이 그에 관한 소송에 대한 판결에 따라 다른 것으로 확정되었을 때에는 그 사유가 발생한 것을 안 날로부터 3개월 이내에 결정 또는 경정을 청구할 수 있다.

④ 정부는 과세전적부심사 결정 · 통지기간에 그 결과를 통지하지 아니한 경우에는 해당 가산세액을 전액 감면한다.
⑤ 가산세는 해당 의무가 규정된 세법의 해당 국세의 세목으로 한다. 다만, 해당 국세를 감면하는 경우에는 가산세는 그 감면대상에 포함시키지 아니하는 것으로 한다.

【정답】 ④
√전액감면 → 50%

10. 국세기본법상 가산세에 관한 설명이다. 옳은 것은? (CPA, 2020)
① 가산세는 해당 의무가 규정된 세법의 해당 국세의 세목으로 하며, 해당 국세를 감면하는 경우에는 가산세도 그 감면대상에 포함한다.
② 납세의무자가 법정신고기한까지 종합부동산세법에 따른 과세표준 신고를 하지 아니한 경우 무신고가산세를 부과한다.
③ 신고 당시 소유권에 대한 소송으로 상속재산으로 확정되지 아니하여 상속세 과세표준을 과소신고한 경우 과소신고가산세를 부과한다.
④ 부가가치세법에 따른 사업자가 아닌 자가 부가가치세액을 환급받은 경우는 납부지연가산세의 적용대상에 해당하지 아니한다.
⑤ 법령에 따른 세법해석에 관한 질의 · 회신 등에 따라 신고 · 납부하였으나 이후 다른 과세처분을 하는 경우 가산세를 부과하지 아니한다.

【정답】 ⑤
√① 감면대상에 포함한다. → 감면대상에 포함하지 아니한다. ② 및 ③ 부과한다. → 부과하지 아니한다. ④ 납부지연가산세의 적용대상에 해당하지 아니한다. → 납부지연가산세(환급불성실가산세)를 적용한다.

CHAPTER 07

불복청구와 납세자의 권리

I 불복청구

1. 통칙

1) 의의

국세기본법 또는 세법에 따른 처분으로서 위법 또는 부당한 처분을 받거나 필요한 처분을 받지 못하여 권리나 이익의 침해를 당한 자[1] 또는 이해관계인은 이의신청, 심사청구, 심판청구에 따라 그 처분의 취소 또는 변경을 청구하거나 필요한 처분을 청구할 수 있다.

국세기본법 또는 세법에 따른 처분에 의하여 권리나 이익을 침해당하게 될 이해관계인으로서 제2차 납세의무자로서 납부고지서를 받은 자, 부가가치세법에 따라 물적납세의무를 지는 자로서 납부고지서를 받은 자, 종합부동산세법에 따라 물적납세의무를 지는 자로서 납부고지서를 받은 자, 보증인은 위법 또는 부당한 처분을 받은 자의 처분에 대하여 그 처분의 취소 또는 변경을 청구하거나 그 밖에 필요한 처분을 청구할 수 있다.

2) 위법 또는 부당한 처분의 범위

국세기본법 또는 세법에 따른 처분에는 감사원장의 시정요구에 따라 행한 처분을 포함한다. 다만, 위법 또는 부당한 처분에는 조세범처벌절차법에 따른 통고처분, 감사원법에 따른 심사청구를 한 처분이나 그 심사청구에 대한 처분, 국세기본법 및 세법에 따른 과태료 부과처분은 포함되지 아니한다.

---

1) 권리 또는 이익의 침해를 받은 자란 위법부당한 처분을 받거나 필요한 처분을 받지 못한 직접적인 당사자를 말하고, 제3자적 지위에 있는 자도 당해 위법부당한 처분으로 권리 또는 이익의 침해를 당한 경우에는 불복청구할 수 있다. 다만, 단순히 반사적인 권리 또는 이익의 침해를 받은 자는 불복청구를 할 수 없다.

3) 불복청구의 관계

(1) 이의신청의 배제

상급기관인 국세청장의 처분에 대하여 하급기관인 세무서장 또는 지방국세청장이 결정할 수 없기 때문에 국세청장이 조사·결정 또는 처리하거나 하였어야 할 것에 대하여 이의신청을 할 수 없다. 국세청장이 조사·결정 또는 처리하거나 하였어야 할 것이란 국세청의 감사결과로서의 시정지시에 따른 처분,[2] 세법에 따라 국세청장이 하여야 할 처분을 말한다.[3]

(2) 조세심판전치주의

위법한 처분에 대한 행정소송은 국세기본법에 따른 심사청구 또는 심판청구와 그에 대한 결정을 거치지 아니하면 제기할 수 없다. 다만, 심사청구 또는 심판청구에 대한 재조사 결정에 따른 처분청의 처분에 대한 행정소송은 국세기본법에 따른 심사청구·심판청구와 그에 대한 결정을 거치지 아니하고 제기할 수 있고, 감사원법에 따른 심사청구를 거친 경우에는 국세기본법에 따른 심사청구·심판청구를 거친 것으로 본다.

행정소송은 심사청구 또는 심판청구에 대한 결정의 통지를 받은 날부터 90일 이내에 제기하여야 한다.[4]

(3) 불복청구에 대하여 재조사 결정을 받은 경우

심사청구 또는 심판청구에 대한 처분에 대해서는 이의신청, 심사청구, 심판청구를 제기할 수 없다.

다만, 불복청구의 결과 취소·경정 또는 필요한 처분을 하기 위하여 사실관계 확인 등 추가적으로 조사가 필요한 경우에는 처분청으로 하여금 이를 재조사하여 그 결과에 따라 취소·경정하거나 필요한 처분을 하도록 하는 재조사 결정을 할 수 있고, 불복청구인은 재조사 결정에 따른 처분청의 처분에 대해서는 해당 재조사 결정을 한 재결청에 대하여 심사청구 또는 심판청구를 제기할 수 있다.

---

2) 감사원법에 따른 감사원장의 시정요구에 따라 국세청장이 지시한 과세처분은 국세청장의 특별한 지시에 따른 처분으로서 이의신청의 대상이 아니고 심사청구의 대상이다.

3) 세무서장은 이의신청이 배제되는 처분 또는 감사원법에 의한 시정요구에 따른 처분을 하는 경우에는 해당 처분의 통지서에 그 뜻을 덧붙여 적어야 한다.

4) 이 경우 심사청구 또는 심판청구를 제기한 날로부터 90일 이내에 결정의 통지를 받지 못한 경우에는 결정의 통지를 받기 전이라도 그 결정기간이 지난 날부터 행정소송을 제기할 수 있다.

(4) 동일한 처분의 경우

이의신청, 심사청구, 심판청구, 감사원 심사청구의 관계는 다음과 같다.

① 동일한 처분에 대해서는 심사청구와 심판청구를 중복하여 제기할 수 없다.
② 동일한 처분에 대한 이의신청을 세무서장과 지방국세청장에게 중복제기한 경우에는 지방국세청장에게 이의신청을 제기한 것으로 본다.
③ 동일한 처분에 대하여 이의신청과 심사청구를 중복제기하였을 경우에는 심사청구를 제기한 것으로 본다.
④ 동일한 처분에 대하여 이의신청, 심사청구, 감사원 심사청구를 중복제기한 경우에는 감사원 심사청구를 제기한 것으로 본다.

4) 집행부정지(執行不停止)의 원칙

이의신청, 심사청구, 심판청구는 납세자들이 처분의 집행을 일시적으로 모면하는 방편으로 불복청구제도를 남용하는 것을 방지하기 위하여 세법에 특별한 규정이 있는 것을 제외하고는 해당 처분의 집행에 효력을 미치지 아니한다.

다만, 해당 재결청(裁決廳)이 처분의 집행 또는 절차의 속행 때문에 이의신청인, 심사청구인, 심판청구인에게 중대한 손해가 생기는 것을 예방할 필요성이 긴급하다고 인정할 때에는 처분의 집행 또는 절차 속행의 전부·일부의 정지를 결정할 수 있다. 이 경우 재결청은 집행정지 또는 집행정지의 취소에 관하여 심리·결정하면 지체 없이 당사자에게 통지하여야 한다.

5) 관계 서류의 열람 및 의결진술권

이의신청인, 심사청구인, 심판청구인, 심판청구에 따른 처분청은 그 신청 또는 청구에 관계되는 서류를 열람할 수 있다. 서류를 열람하거나 그 내용에 동조(同調)하려는 자는 이를 구술로 해당 재결청에 요구할 수 있고, 재결청은 그 서류를 열람·복사하게 하거나 그 등본·초본이 원본과 다르지 않음을 확인하여야 한다.

이의신청인, 심사청구인, 심판청구인, 심판청구에 따른 처분청은 해당 재결청에 의견을 진술할 수 있다. 의견을 진술하려는 자는 문서로 해당 재결청에 신청하여야 하고, 신청을 받은 재결청은 회의개최일 3일 전까지 신청인에게 통지하여 의견진술의 기회를 주어야 한다.

6) 증거서류 등의 제출

불복청구인은 불복청구에 따라 송부받은 의견서에 대하여 항변하기 위하여 국세청장에게 증거서류나 증거물을 제출할 수 있다. 또한, 불복청구인은 국세청장이 불복청구에 따른 증거서류나 증거물에 대하여 기한을 정하여 제출할 것을 요구하는 경우 그 기한까지 해당 증거서류 또는 증거물을 제출하여야 한다.

국세청장 및 조세심판원장은 불복청구인이 증거서류가 제출되면 증거서류의 부본(副本)을 지체 없이 해당 세무서장 및 지방국세청장에게 송부하여야 한다.

7) 대리인

이의신청인, 심사청구인, 심판청구인과 처분청은 변호사 · 세무사 · 세무사법에 따라 등록한 공인회계사를 대리인으로 선임할 수 있다. 이 경우 신청 · 청구의 대상이 되는 금액이 3,000만원 미만의 소액인 경우에는 그 배우자, 4촌 이내의 혈족 또는 그 배우자의 4촌 이내의 혈족을 대리인으로 선임할 수 있다.[5)]

대리인의 권한은 서면으로 증명하여야 하고, 대리인은 본인을 위하여 그 신청 · 청구에 관한 모든 행위를 할 수 있다. 다만, 그 신청 또는 청구의 취하는 특별한 위임을 받은 경우에만 할 수 있다.

8) 불복 방법의 통지

이의신청, 심사청구, 심판청구의 재결청은 결정서에 그 결정서를 받은 날부터 90일 이내에 이의신청인은 심사청구 또는 심판청구를 제기할 수 있고, 심사청구인 또는 심판청구인은 행정소송을 제기할 수 있다는 내용을 적어야 한다.

이의신청, 심사청구, 심판청구의 재결청은 그 신청 또는 청구에 대한 결정기간이 지나도 결정을 하지 못하였을 때에는 이의신청인은 심사청구 · 심판청구를, 심사청구인 · 심판청구인은 행정소송 제기를 결정의 통지를 받기 전이라도 그 결정기간이 지난 날부터 할 수 있다는 내용을 서면으로 지체 없이 그 신청인 또는 청구인에게 통지하여야 한다.

---

5) 이의신청인 등은 이의신청인 등의 종합소득금액이 5,000만원 이하일 것, 소유재산의 가격이 5억원 이하일 것, 이의신청인 등이 법인이 아닐 것, 불복청구 대상금액이 3,000만원 이하일 것, 상속세 · 증여세 · 종합부동산세가 아닌 세목에 대한 신청 및 청구인 경우에는 국선대리인을 선정하여 줄 것을 신청할 수 있다.

2. 불복청구의 절차

1) 청구절차

조세에 대한 불복청구의 절차는 이의신청, 심사청구, 심판청구, 감사원 심사청구로 구분되고 이를 선택적으로 청구할 수 있다. 납세자의 권리인 과세전적부심사제도를 고려한다면 불복청구인은 과세전적부심사제도 → 이의신청 → 심사청구·심판청구 → 행정소송을 제기할 수 있다. 또한, 조세의 불복청구제도는 선택적으로 적용할 수 있으므로 불복청구인은 심사청구·심판청구 → 행정소송의 절차를 밟을 수도 있다.

표 7-1 불복청구의 절차

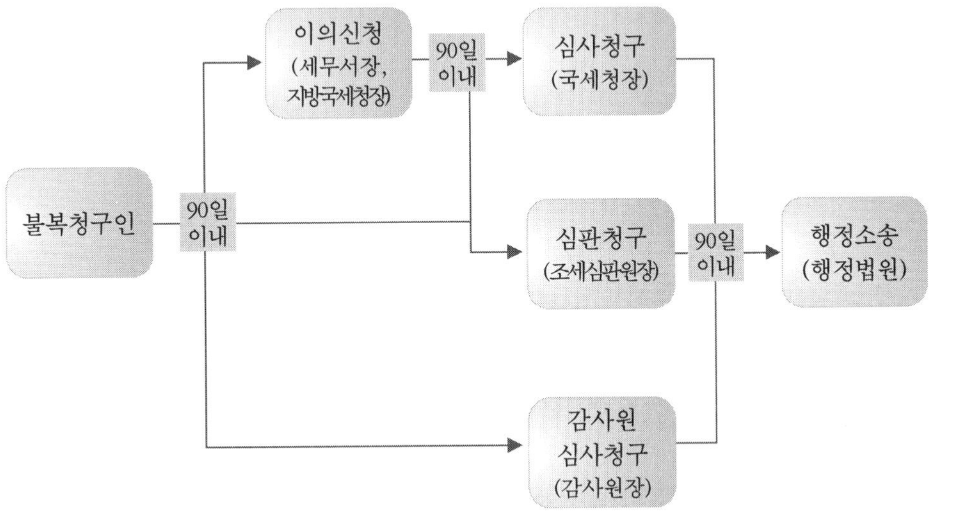

2) 청구기간

심사청구 또는 심판청구는 불복청구인이 그 처분이 있은 것을 안 날 또는 처분의 통지를 받은 날부터 90일 이내에 제기하여야 한다. 다만, 불복청구인이 천재지변 등으로 인한 기한연장 사유에 따라 불복청구기간 내에 불복청구를 할 수 없는 때에는 그 사유가 소멸한 날로부터 14일 이내에 불복청구를 할 수 있다.

3) 정보통신망을 이용한 불복청구

이의신청인, 심사청구인, 심판청구인은 국세청장 또는 조세심판원장이 운영하는 정보통신망을 이용하여 이의신청서, 심사청구서, 심판청구서를 제출할 수 있다. 이 경우 이의신청서, 심사청구서, 심판청구서를 제출하는 경우에는 국세청장 또는 조세심판원장에게 이의신청서, 심사청구서 또는 심판청구서가 전송된 때에 제출된 것으로 본다.

4) 불복청구에 대한 결정

(1) 각하결정

불복청구가 있으면 먼저 불복청구의 형식적인 요건을 심리하게 되는데 이를 요건심리라고 하며, 형식적이 요건이 불비한 경우에는 본안심리 없이 각하결정을 하게 된다.

다음의 경우에는 각하결정을 한다.

① 불복청구가 적법하지 아니한 경우

② 불복청구기간이 지난 후에 청구된 경우

③ 불복청구 후 보정기간에 필요한 보정을 하지 아니한 경우

④ 심판청구를 제기한 후 심사청구를 제기(같은 날 제기한 경우도 포함함)한 경우에는 심사청구를 각하한다.

⑤ 심판청구 · 심사청구 · 이의신청을 한 동일한 처분에 대하여 감사원심사청구가 불복제기기간 내에 중복제기되었을 때에는 심판청구 · 심사청구 · 이의신청을 각하한다.

⑥ 동일한 처분에 대하여 청구기간 내에 이의신청 · 심사청구 · 심판청구가 중복제기되었을 때에는 청구인의 의사를 확인하여 처리한다. 이 경우 청구인이 선택하지 않은 불복청구는 각하한다.

⑦ 이의신청이 각하결정된 사항에 대하여 심사청구 · 심판청구를 하였을 경우에는 전심(이의신청)의 각하결정에 흠이 없는 한 심사청구 · 심판청구도 각하한다.

⑧ 불복청구의 대상이 된 처분이 존재하지 않는 경우(처분의 부존재)

⑨ 불복청구의 대상이 된 처분으로 권리 또는 이익을 침해당하지 않은 경우(당사자 부적격)

⑩ 불복청구의 대상이 되지 아니하는 처분에 대한 불복

⑪ 대리인이 아닌 자가 대리인으로서 불복을 청구한 경우

(2) 기각결정 및 인용결정

요건심리를 통해 청구의 요건이 갖추어진 경우 불복청구의 내용을 검토, 심리하는 것을 본안심리라고 한다. 본안심리는 서류심리를 원칙으로 하며 청구인의 신청에 따라 의견진술의 기회가 부여되며 본안심리 후에는 기각이나 인용결정을 하게 된다.

불복청구가 이유 없다고 인정될 때에는 그 청구를 기각하는 결정을 하고, 불복청구가 이유 있다고 인정될 때에는 그 청구의 대상이 된 처분의 취소 결정, 경정 결정, 재조사 결정, 필요한 처분의 결정 등의 인용결정을 한다.

5) 결정의 효력

불복청구에 대한 결정은 다음과 같은 효력이 있다.

① 불복청구의 기간 내에 다음 심급의 청구를 하지 않는 경우에는 그 결정은 확정되므로 다시 불복을 할 수 없게 된다.(불가쟁력)

② 불복청구에 대한 결정은 쟁송절차에 따라 내려진 판단이므로 재결청은 그 결정에 구속되므로 스스로 결정을 취소, 변경, 철회하지 못한다.(불가변력)

③ 불복청구에 대한 결정은 행정청을 기속하므로 불복청구에 따른 결정이 있으면 행정청은 결정의 취지에 따라 즉시 필요한 처분을 하여야 한다.(기속력)

6) 불복청구의 심리원칙

(1) 불고불리의 원칙

국세청장이 심사청구에 대한 결정을 할 때와 조세심판관회의·조세심판관합동회의에서 심판청구에 대한 결정을 할 때에는 심사청구 또는 심판청구를 한 처분 외의 처분에 대하여는 그 처분의 전부 또는 일부를 취소·변경하거나 새로운 처분의 결정을 하지 못한다.(불고불리의 원칙)

(2) 불이익변경 금지의 원칙

국세청장이 심사청구에 대한 결정을 할 때와 조세심판관회의·조세심판관합동회의에서 심판청구에 대한 결정을 할 때에는 심사청구 또는 심판청구를 한 처분보다 청구인에게 불리한 결정을 하지 못한다.(불이익변경 금지의 원칙)

3. 이의신청

1) 청구절차

이의신청은 불복의 사유를 갖추어 해당 처분을 하거나 하였어야 할 세무서장에게 하거나 세무서장을 거쳐 관할지방국세청장에게 할 수 있다.[6] 다만, 지방국세청장의 조사에 따라 과세처분을 한 경우, 세무서장에게 과세전적부심사를 청구한 경우에는 관할지방국세청장에게 하여야 한다. 이 경우 세무서장에게 한 이의신청은 관할지방국세청장에게 한 것으로 본다.

2) 결정절차

① 이의신청은 해당 처분이 있음을 안 날(처분의 통지를 받은 때에는 그 받은 날)부터 90일 이내에 제기하여야 한다.

② 세무서장은 이의신청의 내용이나 절차가 국세기본법 등에 적합하지 아니하나 보정(補正)할 수 있다고 인정되면 20일 이내의 기간을 정하여 보정할 것을 요구할 수 있다. 다만, 보정할 사항이 경미한 경우에는 직권으로 보정할 수 있다.

③ 세무서장은 이의신청의 대상이 된 처분이 지방국세청장이 조사·결정·처리하였거나 하였어야 할 것인 경우 또는 지방국세청장에게 하는 이의신청을 받은 경우에는 이의신청을 받은 날부터 7일 이내에 해당 신청서에 의견서를 첨부하여 해당 지방국세청장에게 송부하고 그 사실을 이의신청인에게 통지하여야 한다.

④ 세무서장 또는 지방국세청장은 지체 없이 이의신청의 대상이 된 처분에 대한 의견서를 이의신청인에게 송부하여야 한다. 이 경우 의견서에는 처분의 근거·이유, 처분의 이유가 된 사실 등이 구체적으로 기재되어야 한다.

⑤ 이의신청을 받은 세무서장과 지방국세청장은 각각 국세심사위원회의 심의를 거쳐 이의신청을 받은 날로부터 30일 이내(결정기간)에 결정하여야 하고, 이의신청인이 송부받은 의견서에 대하여 결정기간 내에 항변하는 경우에는 이의신청을 받은 날부터 60일 이내에 결정하여야 한다.

⑥ 이의신청에 대한 결정을 하였을 때에는 결정기간 내에 그 이유를 기재한 결정서로 이의신청인에게 통지하여야 한다.

---

6) 세무서의 관할구역 변경으로 처분의 통지를 한 세무서와 불복청구할 때의 세무서가 다른 경우에는 불복청구를 할 당시의 납세지를 관할하는 세무서장이 이의신청의 재결청이 된다.

4. 심사청구

1) 청구절차

심사청구는 불복의 사유를 갖추어 해당 처분을 하거나 하였어야 할 세무서장을 거쳐 국세청장에게 하여야 한다. 이 경우 심사청구기간을 계산할 때에는 세무서장 등에게 해당 심사청구서가 제출된 때에 심사청구를 한 것으로 한다.

2) 결정절차

① 심사청구는 해당 처분이 있음을 안 날(처분의 통지를 받은 때에는 그 받은 날)부터 90일 이내에 제기하여야 하고, 이의신청을 거친 후 심사청구를 하려면 이의신청에 대한 결정의 통지를 받은 날부터 90일 이내에 제기하여야 한다. 다만, 이의신청에 따른 결정기간 내에 결정의 통지를 받지 못한 경우에는 결정의 통지를 받기 전이라도 그 결정기간이 지난 날부터 심사청구를 할 수 있다.

② 국세청장은 심사청구의 내용이나 절차가 국세기본법 등에 적합하지 아니하나 보정(補正)할 수 있다고 인정되면 20일 이내의 기간을 정하여 보정할 것을 요구할 수 있고, 보정기간은 심사청구기간에 산입하지 아니한다. 다만, 보정할 사항이 경미한 경우에는 직권으로 보정할 수 있다.[7)8)]

③ 심사청구서를 받은 세무서장은 이를 받은 날부터 7일 이내에 그 청구서에 처분의 근거 · 이유, 처분의 이유가 된 사실 등이 구체적으로 기재된 의견서를 첨부하여 국세청장에게 송부하여야 한다. 다만, 심사청구의 대상이 된 처분이 지방국세청장이 조사 · 결정 · 처리하였거나 하였어야 할 것인 경우 또는 지방국세청장에게 이의신청을 한 자가 이의신청에 대한 결정에 이의가 있거나 그 결정을 받지 못한 경우에는 그 지방국세청장의 의견서를 첨부하여야 한다.

④ 국세청장은 심사청구에 대한 의견서가 제출되면 지체 없이 심사청구에 대한 의견서를 심사청구인에게 송부하여야 한다. 심사청구인은 송부받은 의견서에 대하여 항변하기 위

---

7) 보정의 요구를 받은 심사청구인은 보정할 사항을 서면으로 작성하여 국세청장에게 제출하거나, 국세청에 출석하여 보정할 사항을 말하고 그 말한 내용을 국세청 소속 공무원이 기록한 서면에 서명 또는 날인함으로써 보정할 수 있다.

8) 이의신청서, 심사청구서, 심판청구서의 형식을 취하지 아니하고 처분의 취소 · 경정 또는 필요한 처분을 요구하는 서면이 제출되었을 경우에는 보정을 요구하여 심리할 수 있다.

하여 국세청장에게 증거서류나 증거물을 제출할 수 있고, 국세청장은 증거서류가 제출되면 증거서류의 부본(副本)을 지체 없이 해당 세무서장 및 지방국세청장에게 송부하여야 한다.

⑤ 국세청장은 심사청구를 받으면 국세심사위원회의 의결에 따라 심사청구를 받은 날로부터 90일 이내에 결정을 한다.[9] 다만, 심사청구의 내용이 경미한 사항에 해당하는 경우 및 심사청구가 그 청구기간이 지난 후에 제기된 경우에는 국세심사위원회의 의결을 거치지 않고 결정할 수 있다.

⑥ 국세청장은 국세심사위원회의 의결이 법령에 명백히 위반된다고 판단하는 경우 구체적인 사유를 적어 서면으로 국세심사위원회로 하여금 한 차례에 한정하여 다시 심의할 것을 요청할 수 있다.

⑦ 심사청구에 대한 결정을 하였을 때에는 결정기간 내에 그 이유를 기재한 결정서로 심사청구인에게 통지하여야 한다.

3) 재조사 결정 등

(1) 재조사 결정

심사청구에 대하여 재조사 결정이 있는 경우 처분청은 재조사 결정일로부터 60일 이내에 결정서 주문에 기재된 범위에 한정하여 조사하고, 그 결과에 따라 취소·경정하거나 필요한 처분을 하여야 한다. 이 경우 처분청은 조사를 연기하거나 조사기간을 연장하거나 조사를 중지할 수 있다.

처분청은 재조사 결과에 따라 청구의 대상이 된 처분의 취소·경정을 하거나 필요한 처분을 하였을 때에는 그 처분결과를 지체 없이 서면으로 심사청구인에게 통지하여야 한다.

(2) 결정의 경정

심사청구에 대한 결정에 잘못된 기재, 계산착오, 그 밖에 이와 비슷한 잘못이 있는 것이 명백할 때에는 국세청장은 직권으로 또는 심사청구인의 신청에 의하여 경정할 수 있다. 이 경우 국세청장은 심사청구에 대한 결정에 잘못된 기재 등에 따른 결정의 경정을 한 경우에는 경정서를 작성하여 지체 없이 심사청구인에게 통지하여야 한다.

---

9) 국세심사위원회의 회의는 공개하지 아니한다. 다만, 국세심사위원회 위원장이 필요하다고 인정할 때에는 공개할 수 있다.

5. 심판청구

1) 청구절차

심판청구인은 불복의 사유 등이 기재된 심판청구서를 그 처분을 하였거나 하였어야 할 세무서장이나 조세심판원장에게 제출하여야 한다. 이 경우 심판청구서를 받은 세무서장은 이를 지체 없이 조세심판원장에게 송부하여야 한다.

심판청구기간을 계산할 때에는 심판청구서가 처분을 하였거나 하였어야 할 세무서장 외의 세무서장 · 지방국세청장 · 국세청장에게 제출된 경우에도 심판청구를 한 것으로 본다. 이 경우 심판청구서를 받은 세무서장, 지방국세청장, 국세청장은 이를 지체 없이 조세심판원장에게 송부하여야 한다.[10)]

2) 결정절차

① 심판청구는 해당 처분이 있음을 안 날(처분의 통지를 받은 때에는 그 받은 날)부터 90일 이내에 제기하여야 하고, 이의신청을 거친 후 심판청구를 하려면 이의신청에 대한 결정의 통지를 받은 날부터 90일 이내에 제기하여야 한다. 다만, 이의신청에 따른 결정기간 내에 결정의 통지를 받지 못한 경우에는 결정의 통지를 받기 전이라도 그 결정기간이 지난 날부터 심판청구를 할 수 있다.

② 조세심판원장은 심판청구의 내용이나 절차가 국세기본법 등에 적합하지 아니하나 보정(補正)할 수 있다고 인정되면 상당한 기간을 정하여 보정할 것을 요구할 수 있고, 청구서의 보정기간은 결정기간에 산입하지 아니한다. 다만, 보정할 사항이 경미한 경우에는 직권으로 보정할 수 있다.

③ 심판청구서를 받거나 심판청구서의 부본을 받은 세무서장은 이를 받은 날부터 10일 이내에 심판청구서에 대한 답변서를 조세심판원장에게 제출하여야 한다.[11)][12)] 이 경우 답

---

10) 조세심판원장은 조세심판원장에게 심판청구서가 제출된 경우 또는 처분을 하였거나 하여야 할 세무서장 외의 세무서장 · 지방국세청장 · 국세청장으로부터 심판청구서를 송부받은 경우에는 지체 없이 그 부본을 그 처분을 하였거나 하였어야 할 세무서장에게 송부하여야 한다.

11) 국세청장 또는 지방국세청장이 조사 · 결정 · 처리하거나 하였어야 할 것인 경우에는 국세청장 또는 지방국세청장의 답변서를 첨부하여야 한다.

12) 조세심판원장은 심판청구에 대한 답변서 제출기한까지 세무서장이 답변서를 제출하지 아니하는 경우에는 기한을 정하여 답변서 제출을 촉구할 수 있다. 이 경우 조세심판원장은 세무서장이 지정된 답변서 제출기한까지 답변서를 제출하지 아니하는 경우에는 증거조사 등을 통하여 심리절차를 진행하도록 할 수 있다.

변서에는 이의신청에 대한 결정서, 처분의 근거 · 이유, 처분의 이유가 된 사실을 증명할 서류, 청구인이 제출한 증거서류 · 증거물, 그 밖의 심리자료 전부를 첨부하여야 한다.

④ 심판청구에 대한 답변서가 제출되면 조세심판원장은 지체 없이 그 부본(副本)을 해당 심판청구인에게 송부하여야 한다.

⑤ 심판청구인은 송부받은 답변서에 대하여 항변하기 위하여 조세심판원장에게 증거서류나 증거물을 제출할 수 있고, 조세심판원장이 심판청구인에게 답변서에 대한 항변을 위한 증거서류나 증거물을 기한을 정하여 제출할 것을 요구하면 심판청구인은 그 기한까지 제출하여야 한다.

⑥ 심판청구에 대한 항변을 위한 증거서류가 제출되면 조세심판원장은 증거서류의 부본을 지체없이 피청구인에게 송부하여야 한다.

⑦ 심판청구를 받으면 조세심판원장은 조세심판관회의[13][14][15] 심의를 거쳐 심판청구를 받은 날로부터 90일 이내에 결정을 한다.

⑧ 심판결정은 문서로 하여야 하고, 그 결정서에는 주문과 이유를 적고 심리에 참석한 조세심판관의 성명을 밝혀 해당 심판청구인과 세무서장에게 송달하여야 한다.

3) 결정방법

(1) 조세심판관회의 결정

조세심판원장이 심판청구를 받았을 때에는 조세심판관회의의 심리를 거쳐 결정한다.

(2) 주심조세심판관 결정

심판청구의 대상이 소액이거나 경미한 것인 경우 또는 청구기간이 지난 후에 심판청구를 받은 경우에는 조세심판관회의의 심리를 거치지 아니하고 주심조세심판관이 심리하여 결정할 수 있다.

이 경우 소액이거나 경미한 것이란 다음의 것을 말한다.

---

13) 조세심판원장은 심판청구를 받으면 이에 관한 조사와 심리(審理)를 담당할 주심조세심판관 1명과 배석조세심판관 2명 이상을 지정하여 조세심판관회의를 구성하게 하고, 조세심판관회의는 주심조세심판관이 그 의장이 되며 의장은 그 심판사건에 관한 사무를 총괄한다.

14) 조세심판관회의는 담당 조세심판관 3분의 2 이상의 출석으로 개의(開議)하고, 출석조세심판관 과반수의 찬성으로 의결한다.

15) 조세심판관회의는 공개하지 아니한다. 다만, 조세심판관회의 의장이 필요하다고 인정할 때에는 공개할 수 있다.

① 심판청구금액이 3,000만원 미만인 것으로 청구사항이 법령의 해석에 관한 것이 아닌 것과 청구사항이 법령의 해석에 관한 것으로서 유사한 청구에 대하여 이미 조세심판관회의의 의결에 따라 결정된 사례가 있는 것

② 심판청구가 과세표준 · 세액의 결정에 관한 것 외의 것으로서 유사한 청구에 대하여 이미 조세심판관회의의 의결에 따라 결정된 사례가 있는 것

(3) 조세심판관합동회의 결정

조세심판원장과 상임조세심판관 모두로 구성된 회의가 조세심판관회의의 의결이 다음의 사유에 해당한다고 의결하는 경우에는 조세심판관합동회의가 심리를 거쳐 결정한다.

① 심판청구사건에 관하여 세법의 해석이 쟁점이 되는 경우로서 이에 관하여 종전의 조세심판원 결정이 없는 경우

② 종전에 조세심판원에서 한 세법의 해석 · 적용을 변경하는 경우

③ 조세심판관회의 간에 결정의 일관성을 유지하기 위한 경우

④ 심판청구사건에 대한 결정이 다수의 납세자에게 동일하게 적용되는 등 국세행정에 중대한 영향을 미칠 것으로 예상되어 국세청장이 조세심판원장에게 조세심판관합동회의에서 심리하여 줄 것을 요청하는 경우

⑤ 심판청구사건에 대한 결정이 국세행정이나 납세자의 권리 · 의무에 중대한 영향을 미칠 것으로 예상되는 경우

4) 심판청구의 심리원칙

심판청구의 심리원칙은 다음과 같다.

① 조세심판관은 필요하다고 인정되는 경우 수개의 심판사항을 병합하거나 병합된 심판사항을 수개의 심판사항으로 분리할 수 있다.(사건의 병합과 분리)

② 조세심판관은 심판청구에 관한 조사 및 심리의 결과와 과세의 형평을 참작하여 자유심증으로 사실을 판단한다.(자유심증주의)

③ 조세심판관은 심판청구에 관한 조사와 심리를 위하여 필요하면 직권으로 또는 심판청구인의 신청에 의하여 심판청구인 · 처분청 · 관계인 · 참고인에 대한 질문, 장부 등의 제출 요구, 장부 등의 검사 또는 감정기관에 대한 감정을 의뢰할 수 있다.(질문검사권)

Ⅱ 납세자의 권리 및 세무조사

1. 납세자권리

1) 납세자권리헌장

(1) 납세자권리헌장의 제정

국세청장은 납세자의 성실성 추정, 세무조사권 남용 금지, 세무조사 대상자 선정에서 결과통지까지의 납세자 권리, 비밀유지, 정보제공, 과세전적부심사, 납세자보호위원회, 납세자보호위원회에 대한 납세자의 심의 요청 및 결과 통지 등 납세자의 권리보호에 관한 사항을 포함하는 납세자권리헌장을 제정하여 고시하여야 한다.

(2) 납세자권리헌장의 교부

국세기본법에서는 납세자의 권리를 보장하기 위하여 납세자의 권리에 관한 사항을 포함하는 납세자권리헌장을 제정하여 고시하고 있다. 세무공무원은 세무조사하거나[16] 사업자등록증을 발급하는 경우에는 납세자권리헌장의 내용이 수록된 문서를 납세자에게 교부하여야 한다.

2) 납세자의 성실성 추정

세무공무원은 납세자가 다음의 경우를 제외하고는 납세자가 성실하며 납세자가 제출한 신고서 등이 진실한 것으로 추정하여야 한다.

① 납세자가 세법에 따른 신고, 성실신고확인서의 제출, 세금계산서 또는 계산서의 작성·교부·제출, 지급명세서의 작성·제출 등의 납세협력의무를 이행하지 아니한 경우
② 무자료거래, 거짓거래 등 거래내용이 사실과 다른 혐의가 있는 경우
③ 납세자에 대한 구체적인 탈세제보가 있는 경우
④ 신고내용에 탈루나 오류의 혐의를 인정할 만한 명백한 자료가 있는 경우
⑤ 납세자가 세무공무원에게 직무와 관련하여 금품을 제공하거나 금품제공을 알선한 경우

---

16) 세무조사란 국세의 과세표준과 세액을 결정·경정하기 위하여 질문하거나 장부·서류·그 밖의 물건을 검사·조사하거나 그 제출을 명하는 것을 말하고, 세무조사에는 조세범칙조사를 포함한다.

3) 세무조사권 남용 금지

세무공무원은 적정하고 공평한 과세의 실현을 위하여 필요한 최소한의 범위에서 세무조사를 하여야 하며, 다른 목적 등을 위해 조사권을 남용해서는 아니 된다. 또한 누구든지 세무공무원으로 하여금 법령을 위반하게 하거나 지위 · 권한을 남용하게 하는 등 공정한 세무조사를 저해하는 행위를 하여서는 아니 된다.

세무공무원은 세무조사를 하기 위하여 필요한 최소한의 범위에서 장부 등의 제출을 요구하여야 하며, 조사대상 세목 및 과세기간의 과세표준과 세액의 계산과 관련 없는 장부 등의 제출을 요구해서는 아니 된다.

4) 중복조사의 금지

세무공무원은 다음의 경우를 제외하고는 같은 세목 및 같은 과세기간에 대하여 재조사를 할 수 없다.

① 조세탈루의 혐의를 인정할 만한 명백한 자료가 있는 경우
② 조세범칙행위의 혐의를 인정할 만한 명백한 자료가 있는 경우
③ 거래상대방에 대한 조사가 필요한 경우
④ 부분조사를 실시한 후 해당 조사에 포함되지 아니한 부분에 대하여 조사하는 경우
⑤ 부동산투기, 매점매석, 무자료거래 등 경제질서 교란 등을 통한 세금탈루 혐의가 있는 자에 대하여 일제조사를 하는 경우
⑥ 불복청구의 인용결정에 따른 재조사 결정에 따라 결정서 주문에 기재된 범위의 조사를 하는 경우
⑦ 2개 이상의 과세기간과 관련하여 잘못이 있는 경우
⑧ 과세관청 외의 기관이 직무상 목적을 위해 작성하거나 취득해 과세관청에 제공한 자료의 처리를 위해 조사하는 경우
⑨ 국세환급금의 결정을 위한 확인조사를 하는 경우
⑩ 납세자가 세무공무원에게 직무와 관련하여 금품을 제공하거나 금품제공을 알선한 경우

5) 세무조사에 있어서 조력을 받을 권리

납세자는 세무조사를 받는 경우에 변호사, 공인회계사, 세무사로 하여금 조사에 참여하게 하거나 의견을 진술하게 할 수 있다.

6) 비밀유지 및 정보의 제공

(1) 비밀유지

세무공무원은 납세자가 세법에 따른 납세의무를 이행하기 위하여 제출한 자료나 국세의 부과·징수를 위하여 업무상 취득한 과세정보를 타인에게 제공·누설하거나 목적 외의 용도로 사용하여서는 아니 된다.

다만, 다음의 경우에는 그 사용목적에 맞는 범위에서 납세자의 과세정보를 제공할 수 있다. 이 경우 납세자의 과세정보를 알게 된 사람은 이를 타인에게 제공·누설하거나 그 목적 외의 용도로 사용해서는 아니 되고, 과세정보를 제공받아 알게 된 사람 중 공무원이 아닌 사람은 형법 등의 법률에 따른 벌칙을 적용할 때에는 공무원으로 본다.

① 국가행정기관, 지방자치단체 등이 법률에 따른 조세, 과징금의 부과·징수의 목적 등을 위하여 사용할 목적으로 과세정보를 요구하는 경우

② 국가기관이 조세쟁송이나 조세범의 소추를 위하여 과세정보를 요구하는 경우

③ 법원의 제출명령 또는 법관이 발부한 영장에 의하여 과세정보를 요구하는 경우

④ 세무공무원 간에 국세의 부과·징수 또는 질문·검사에 필요한 과세정보를 요구하는 경우

⑤ 통계청장이 국가통계작성 목적으로 과세정보를 요구하는 경우

⑥ 사회보장기본법에 따른 사회보험의 운영을 목적으로 설립된 기관이 관계 법률에 따른 소관업무를 수행하기 위하여 과세정보를 요구하는 경우

⑦ 국가행정기관, 지방자치단체, 공공기관의 운영에 관한 법률에 따른 공공기관이 급부·지원 등을 위한 자격의 조사·심사 등에 필요한 과세정보를 당사자의 동의를 받아 요구하는 경우

⑧ 국정감사 및 조사에 관한 법률에 따른 조사위원회가 국정조사의 목적을 달성하기 위하여 조사위원회의 의결로 비공개회의에 과세정보의 제공을 요청하는 경우

⑨ 다른 법률의 규정에 따라 과세정보를 요구하는 경우

(2) 납세자의 권리행사에 필요한 정보의 제공

납세자 본인의 권리 행사에 필요한 정보를 납세자 및 그로부터 세무업무를 위임받은 세무사 등이 요구하면 세무공무원은 신속하게 정보를 제공하여야 한다.

2. 세무조사

1) 세무조사 대상자의 선정

(1) 정기세무조사

세무공무원은 다음의 경우에 정기적으로 신고의 적정성을 검증하기 위하여 대상을 정기선정하여 세무조사를 할 수 있다. 이 경우 세무공무원은 객관적 기준에 따라 공정하게 그 대상을 선정하여야 한다.

① 국세청장이 납세자의 신고내용에 대하여 과세자료, 세무정보, 외감법에 따른 감사의견, 외부감사 실시내용 등 회계성실도 자료 등을 고려하여 정기적으로 성실도를 분석한 결과 불성실혐의가 있다고 인정하는 경우
② 최근 4과세기간 이상 같은 세목의 세무조사를 받지 아니한 납세자에 대하여 업종, 규모, 경제력 집중 등을 고려하여 신고내용이 적정한지를 검증할 필요가 있는 경우
③ 무작위추출방식으로 표본조사를 하려는 경우

(2) 수시세무조사

세무공무원은 다음의 경우에는 수시로 세무조사를 실시할 수 있다.

① 납세자가 세법에 따른 신고, 성실신고확인서의 제출, 세금계산서 또는 계산서의 작성·교부·제출, 지급명세서의 작성·제출 등의 납세협력의무를 이행하지 아니한 경우
② 무자료거래, 거짓거래 등 거래내용이 사실과 다른 혐의가 있는 경우
③ 납세자에 대한 구체적인 탈세제보가 있는 경우
④ 신고내용에 탈루나 오류의 혐의를 인정할 만한 명백한 자료가 있는 경우
⑤ 납세자가 세무공무원에게 직무와 관련하여 금품을 제공하거나 금품제공을 알선한 경우

(3) 소규모 성실사업자에 대한 정기세무조사의 면제

세무공무원은 소규모[17] 성실사업자에 대해서는 정기선정에 따른 세무조사를 하지 아니할 수 있다. 다만, 객관적인 증거자료에 따라 과소신고한 것이 명백한 경우에는 정기선정에 따른 세무조사를 할 수 있다.

---

17) 소규모란 업종별 수입금액이 소득세법에 따른 간편장부대상자인 개인과 법인세법에 따라 법인세 과세표준 및 세액 신고서에 적어야 할 해당 법인의 수입금액이 1억원 이하인 법인을 말한다.

2) 세무조사의 사전통지

(1) 사전통지

세무공무원은 세무조사를 하는 경우에는 조사를 받을 납세자에게 조사를 시작하기 15일 전에 조사대상 세목, 조사기간, 조사사유, 부분조사를 실시하는 경우에는 부분조사의 범위 등을 사전통지하여야 한다.

(2) 사전통지의 생략

사전통지하면 증거인멸 등으로 조사목적을 달성할 수 없다고 인정되는 경우에는 세무조사의 사전통지를 생략할 수 있다. 세무공무원은 세무조사의 사전통지를 하지 아니하고 세무조사를 하는 경우 세무조사를 개시할 때 사전통지 사항 및 사전통지를 하지 아니한 사유 등의 사항이 포함된 세무조사통지서를 세무조사를 받을 납세자에게 교부하여야 한다.

다만, 납세자가 세무조사 대상이 된 사업을 폐업한 경우, 납세자가 납세관리인을 정하지 아니하고 국내에 주소·거소를 두지 아니한 경우, 납세자·납세관리인이 세무조사통지서의 수령을 회피하거나 거부하는 경우에는 세무조사의 사전통지를 생략할 수 있다.

3) 세무조사의 연기신청

세무조사의 사전통지를 받은 납세자가 다음의 사유로 조사를 받기 곤란한 경우에는 관할세무서장에게 조사를 연기하여 줄 것을 문서로 신청할 수 있고, 연기신청을 받은 관할세무서장은 연기신청 승인 여부를 결정하고 그 결과 및 연기한 기간을 조사개시 전까지 통지하여야 한다.

① 천재지변, 화재 등 재해로 사업상 심각한 어려움이 있을 때
② 납세자 또는 납세관리인의 질병·장기출장 등으로 세무조사가 곤란하다고 판단될 때
③ 권한 있는 기관에 장부·증거서류가 압수되거나 영치되었을 때

관할세무관서장은 세무조사의 연기 사유가 소멸한 경우 및 조세채권을 확보하기 위하여 조사를 긴급히 개시할 필요가 있다고 인정되는 경우에는 세무조사를 연기한 기간이 만료되기 전에 조사를 개시할 수 있다. 이 경우 관할세무관서장은 세무조사의 연기 사유가 소멸하여 세무조사를 개시하려는 경우에는 조사를 개시하기 5일 전까지 조사를 받을 납세자에게 연기 사유가 소멸한 사실과 조사기간을 통지하여야 한다.

4) 세무조사 기간

(1) 세무조사의 기간

세무공무원은 조사대상 세목 · 업종 · 규모, 조사 난이도 등을 고려하여 세무조사의 기간이 최소한이 되도록 하여야 한다. 세무조사 기간을 정할 경우 조사대상 과세기간 중 연간 수입금액 · 양도가액이 가장 큰 과세기간의 연간 수입금액 · 양도가액이 100억원 미만인 납세자에 대한 세무조사 기간은 20일 이내로 한다.(세무조사 기간의 제한)

세무공무원은 세무조사 기간을 단축하기 위하여 노력하여야 하며, 장부기록 및 회계처리의 투명성 등 납세성실도를 검토하여 더 이상 조사할 사항이 없다고 판단될 때에는 조사기간 종료 전이라도 조사를 조기에 종결할 수 있다.

(2) 세무조사 기간의 연장

세무조사 기간을 연장할 수 있고, 세무조사 기간을 연장하는 경우로서 최초로 연장하는 경우에는 관할세무관서의 장의 승인을 받아야 하고, 2회 이후 연장의 경우에는 관할 상급 세무관서의 장의 승인을 받아 각각 20일 이내에서 연장할 수 있다.

다음의 경우에는 세무조사 기간을 연장할 수 있고, 세무조사 기간을 연장하려는 때에는 연장사유와 기간을 납세자에게 문서로 통지하여야 한다.

① 납세자가 장부 · 서류 등의 은닉, 제출 지연, 제출 거부하는 등 조사를 기피하는 행위가 명백한 경우
② 거래처 조사, 거래처 현지확인, 금융거래 현지확인이 필요한 경우
③ 세금탈루 혐의가 포착되거나 조사과정에서 조세범처벌절차법에 따른 조세범칙조사를 개시하는 경우
④ 천재지변이나 노동쟁의로 조사가 중단되는 경우
⑤ 납세자보호관 또는 담당관이 세금탈루혐의와 관련하여 추가적인 사실 확인이 필요하다고 인정되는 경우
⑥ 세무조사 대상자가 세금탈루혐의에 대한 혐의 등을 위하여 세무조사 기간의 연장을 신청한 경우로서 납세자보호관 등이 이를 인정하는 경우

(3) 세무조사의 기간 및 연장기간의 제한 배제

다음의 경우에는 세무조사의 기간 및 연장기간의 제한을 받지 아니한다.

① 무자료거래, 위장 · 가공거래 등 거래 내용이 사실과 다른 혐의가 있어 실제 거래 내용에 대한 조사가 필요한 경우

② 역외거래를 이용하여 세금을 탈루(脫漏)하거나 국내 탈루소득을 해외로 변칙유출한 혐의로 조사하는 경우

③ 명의위장, 이중장부의 작성, 차명계좌의 이용, 현금거래의 누락 등의 방법을 통하여 세금을 탈루한 혐의로 조사하는 경우

④ 거짓계약서 작성, 미등기양도 등을 이용한 부동산 투기 등을 통하여 세금을 탈루한 혐의로 조사하는 경우

⑤ 상속세 · 증여세 조사, 주식변동 조사, 범칙사건 조사, 출자 · 거래관계에 있는 관련자에 대하여 동시조사를 하는 경우

(4) 세무조사의 중지

세무공무원은 다음의 사유로 세무조사를 진행하기 어려운 경우에는 세무조사를 중지할 수 있고, 그 중지기간은 세무조사 기간 및 세무조사 연장기간에 산입하지 아니한다. 세무조사의 중지기간 중에는 납세자에 대하여 국세의 과세표준과 세액을 결정 또는 경정하기 위한 질문을 하거나 장부 등의 검사, 조사, 제출을 요구할 수 없다.

① 세무조사 연기신청 사유에 해당하는 사유가 있어 납세자가 조사중지를 신청한 경우

② 국외자료의 수집 · 제출, 상호합의절차 개시에 따라 외국 과세기관과의 협의가 필요한 경우

③ 납세자의 소재가 불명한 경우, 납세자가 해외로 출국한 경우, 납세자가 장부 · 서류 등을 은닉하거나 그 제출을 지연 또는 거부한 경우, 노동쟁의가 발생한 경우 등의 사유로 세무조사를 정상적으로 진행하기 어려운 경우

④ 납세자보호관 또는 담당관이 세무조사의 일시중지를 요청하는 경우

세무공무원은 세무조사를 중지한 경우에는 그 중지사유가 소멸하게 되면 즉시 조사를 재개하여야 한다. 다만, 조세채권의 확보 등 긴급히 조사를 재개하여야 할 필요가 있는 경우에는 세무조사를 재개할 수 있다.

5) 장부 등의 보관 금지

(1) 장부 등의 일시 보관

세무공무원은 세무조사의 목적으로 납세자의 장부 등을 세무관서에 임의로 보관할 수 없다. 다만, 세무공무원은 수시세무조사사유에 해당하는 경우에는 조사목적에 필요한 최소한의 범위에서 납세자, 소지자, 보관자 등 정당한 권한이 있는 자가 임의로 제출한 장부 등을 납세자의 동의를 얻어 세무관서에 일시 보관할[18] 수 있다.

(2) 장부등의 반환

세무공무원은 세무관서에 일시 보관하고 있는 장부 등에 대하여 납세자가 반환을 요청한 경우에는 그 반환을 요청한 날부터 14일 이내에 장부 등을 반환하여야 한다. 다만, 조사목적을 달성하기 위하여 필요한 경우에는 1회에 한하여 납세자보호위원회의 심의를 거쳐 14일 이내의 범위에서 보관 기간을 연장할 수 있다.

납세자에게 장부 등을 반환하는 경우 세무공무원은 장부 등의 사본을 보관할 수 있고, 그 사본이 원본과 다름없다는 사실을 확인하는 납세자의 서명 또는 날인을 요구할 수 있다.

6) 세무조사의 결과통지

(1) 세무조사의 전부 종결

세무공무원은 세무조사를 마쳤을 때에는 그 조사를 마친 날부터 20일[19] 이내에 세무조사 내용, 결정 또는 경정할 과세표준·세액 및 산출근거 등의 사항이[20] 포함된 조사결과를 납세자에게 설명하고, 이를 서면으로 납세자에게 통지하여야 한다.

다만, 납세관리인을 정하지 아니하고 국내에 주소·거소를 두지 아니한 경우, 불복청구 및 과세전적부심사에 따른 재조사 결정에 의한 조사를 마친 경우, 세무조사결과통지서 수령을 회피하거나 거부하는 경우에는 세무조사의 결과통지를 생략할 수 있다.

---

18) 세무공무원은 납세자의 장부 등을 세무관서에 일시 보관하려는 경우 납세자로부터 일시보관동의서를 받아야 하며, 일시 보관증을 교부하여야 한다.

19) 공시송달의 사유에 해당하는 경우에는 40일 이내에 세무조사의 결과를 통지하여야 한다.

20) 세무조사의 결과통지에는 세무조사 대상 세목 및 과세기간, 과세표준 및 세액을 결정·경정하는 사유, 가산세의 종류·금액 및 그 산출근거, 관할세무서장이 해당 국세의 과세표준과 세액을 결정·경정하여 통지하기 전까지 수정신고가 가능하다는 사실, 과세전적부심사를 청구할 수 있다는 사실을 포함하여야 한다.

(2) 세무조사의 부분 종결

세무공무원은 국외자료의 수집·제출, 상호합의절차 개시, 세무조사와 관련하여 세법의 해석 또는 사실관계 확정을 위한 질의 절차가 개시 중인 경우로서 세무조사를 마친 날부터 20일 이내에 조사결과를 통지할 수 없는 부분이 있는 경우에는 납세자가 동의하는 경우에 한정하여 조사결과를 통지할 수 없는 부분을 제외한 조사결과를 납세자에게 설명하고, 이를 서면으로 통지할 수 있다.

상호합의절차 종료, 세법의 해석 또는 사실관계 확정을 위한 질의에 대한 회신 등이 있는 경우에는 그 사유가 해소된 날부터 20일 이내에 이미 통지한 부분 외에 대한 조사결과를 납세자에게 설명하고, 이를 서면으로 통지하여야 한다.

3. 과세전적부심사제도

1) 의의

과세전적부심사란 세무조사결과에 대한 서면통지 및 과세예고통지를 받은 자가[21] 그 통지를 받은 날부터 30일 이내에 세무서장이나 지방국세청장에게 통지내용에 대한 적법성 여부에 관하여 심사를 청구하는 사전적 권리구제제도를 말한다.

다만, 다음의 경우에는 과세전적부심사를 국세청장에게 청구할 수 있다.

① 법령과 관련하여 국세청장의 유권해석을 변경하거나 새로운 해석이 필요한 경우
② 국세청장의 훈령, 예규, 고시 등과 관련하여 새로운 해석이 필요한 경우
③ 국세청장의 업무감사결과에 따라 세무서장 또는 지방국세청장이 하는 과세예고통지에 관한 것
④ 과세전적부심사 청구금액이 10억원 이상인 경우
⑤ 감사원법에 따른 시정요구에 따라 세무서장 등이 과세처분하는 경우로서 시정 요구 전에 과세처분 대상자가 감사원의 지적사항에 대한 소명안내를 받지 못한 것

---

21) 세무서장 또는 지방국세청장은 ① 세무서 또는 지방국세청에 대한 지방국세청장 또는 국세청장의 업무감사 결과(현지에서 시정조치하는 경우를 포함함)에 따라 세무서장 또는 지방국세청장이 과세하는 경우, ② 세무조사에서 확인된 것으로 조사대상자 외의 자에 대한 과세자료 및 현지 확인조사에 따라 세무서장 또는 지방국세청장이 과세하는 경우, ③ 납부고지하려는 세액이 100만원 이상인 경우(다만, 감사원법에 따른 시정요구에 따라 세무서장 또는 지방국세청장이 과세처분하는 경우로서 시정요구 전에 과세처분 대상자가 감사원의 지적사항에 대한 소명안내를 받은 경우는 제외함)에는 미리 납세자에게 그 내용을 서면으로 과세예고통지하여야 한다.

2) 과세전적부심사의 배제

다음의 경우에는 과세전적부심사를 적용하지 아니한다.

① 납기전징수사유, 수시부과사유가 있는 경우
② 조세범처벌법의 위반으로 고발 또는 통고처분하는 경우
③ 세무조사 결과 통지 및 과세예고통지를 하는 날부터 국세부과 제척기간의 만료일까지의 기간이 3개월 이하인 경우
④ 조세조약을 체결한 상대국의 상호합의절차의 개시를 요청한 경우
⑤ 불복청구의 인용결정에 따른 재조사 결정에 따라 조사를 하는 경우

3) 심사결과의 통지

과세전적부심사 청구를 받은 세무서장, 지방국세청장, 국세청장은 각각 국세심사위원회의 심사를 거쳐 불채택 결정(청구 이유 없음), 채택 결정, 재조사 결정, 심사거부를 하고 그 결과를 청구를 받은 날부터 30일 이내에 청구인에게 통지하여야 한다.

연습문제

1. 국세기본법상 국세불복에 관한 설명으로 옳지 않은 것은? (CPA. 2018)

① 청구기한까지 우편으로 제출한 심사청구서가 청구기간을 지나서 도달한 경우에는 그 기간의 만료일에 적법한 청구를 한 것으로 본다.

② 이의신청, 심사청구 또는 심판청구는 세법에 특별한 규정이 있는 것을 제외하고는 해당 처분의 집행에 효력을 미치지 아니하나, 해당 재결청이 필요하다고 인정할 때에는 그 처분의 집행을 중지하게 하거나 중지할 수 있다.

③ 조세심판관회의는 심판청구에 대한 결정을 할 때 심판청구를 한 처분 외의 처분에 대해서는 그 처분의 전부 또는 일부를 취소 또는 변경하거나 새로운 처분의 결정을 하지 못한다.

④ 담당 조세심판관은 필요하다고 인정하면 여러 개의 심판사항을 병합하거나 병합된 심판사항을 여러 개의 심판사항으로 분리할 수 있다.

⑤ 심사청구 또는 심판청구에 대한 재조사 결정에 따른 처분청의 처분에 대해서는 심사청구 또는 심판청구를 거치지 않을 경우 행정소송을 제기할 수 없다.

【정답】 ⑤

√심사청구 또는 심판청구에 대한 재조사 결정에 따른 처분청의 처분에 대한 행정소송은 심사청구 또는 심판청구를 거치지 않고 제기할 수 있다.

2. 국세기본법상 조세불복제도에 관한 설명으로 옳은 것을 모두 묶은 것은? (CPA. 2017)

ㄱ. 조세범처벌절차법에 따른 통고처분은 국세기본법에 따른 불복을 할 수 없다.

ㄴ. 심사청구의 재결청은 그 청구에 대한 결정기간이 지나도 결정을 하지 못하였을 때에는 심사청구인은 결정의 통지를 받기 전이라도 그 결정기간이 지난 날부터 행정소송 제기를 할 수 있다는 내용을 서면으로 지체 없이 그 청구인에게 통지하여야 한다.

ㄷ. 이의신청, 심사청구 또는 심판청구는 세법에 특별한 규정이 있는 것을 제외하고는 해당 처분의 집행에 효력을 미치지 아니한다. 다만, 해당 재결청이 필요하다고 인정할 때에는 그 처분의 집행을 중지하게 하거나 중지할 수 있다.

ㄹ. 조세심판관회의는 담당 조세심판관 과반수 이상의 출석으로 개의하고, 출석조세심판관 과반수의 찬성으로 의결한다.

① ㄱ, ㄴ　　② ㄱ, ㄷ　　③ ㄱ, ㄴ, ㄷ

④ ㄴ, ㄷ, ㄹ　　⑤ ㄱ, ㄴ, ㄷ, ㄹ

【정답】 ③

√ㄹ: 과반수 이상의 출석으로 개의하고 → 3분의 2이상의 출석으로 개의하고

3. (주)A의 제5기 사업연도(2015.1.1.~2015.12.31.)에 관한 자료이다. (주)A의 법인세와 관련한 조세심판원의 결정에 대한 설명으로 옳은 것은? (다툼이 있으면 판례에 따름) (CTA. 2021)

(1) 과세관청은 2017.3.2. (주)A에 대하여 매출누락을 이유로 제5기의 법인세 20억원의 부과처분을 하였다. 그에 대하여 (주)A는 행정심판을 제기하지 아니하였다.

(2) 과세관청은 제5기에 대하여 2018.4.4. 업무무관가지급금 인정이자 익금산입을 이유로 10억원의 증액 경정처분을 하였다가, 당해 인정이자계산상의 오류를 발견함에 따라 2018.5.6. 3억원의 감액경정처분을 하였다.

(3) (주)A는 2018.6.4. 조세심판원에 심판청구를 제기하여 2017.3.2.자 과세처분 사유인 매출누락 사실이 없음을 주장하였다.

① 2017.3.2.자 과세처분은 심판청구기간이 도과하여 불가쟁력이 발생하였으므로 심판청구 각하결정

② (주)A의 주장이 맞다고 하더라도 금 20억원의 세액은 당초 확정된 세액에 해당하므로 심판의 이익이 없어 심판청구 각하결정

③ 과세처분 취소결정이 필요한 경우 취소 대상으로 특정하여야 할 처분은 2017.3.2.자 과세처분이다.

④ (주)A의 주장이 맞다면 27억원의 부과처분 중 20억원을 넘는 부분의 부과처분 취소결정

⑤ (주)A의 주장이 맞다면 27억원의 부과처분 중 7억원을 넘는 부분의 부과처분 취소결정

【정답】 ④

√① 증액경정처분의 심판청구기간이 도과하지 않았다면 심판청구는 가능하다.

② 당초 확정된 세액에 대해서도 취소를 구할 수 있다.

③ 2017.3.2.자 과세처분 → 2018.4.4. 증액경정처분

④ 및 ⑤ 증액경정처분에 대해 불복청구할 경우 당초 확정분과 경정된 세액을 다툴 수 있다. 다만, 취소가능한 세액의 범위는 경정으로 인하여 증액된 세액이다.

4. 국세기본법의 심사와 심판에 관한 설명으로 옳지 않은 것은? (2015. CTA)

① 국세에 관한 행정소송은 국세기본법에 따른 심사청구나 심판청구 또는 감사원법에 따른 심사청구와 그에 대한 결정을 거치지 아니하면 제기할 수 없다.

② 이의신청인, 심사청구인 또는 심판청구인은 불복신청 또는 청구금액이 3,000만원(지방세의 경우는 1,000만원) 미만인 경우에는 그 배우자, 4촌 이내의 혈족 또는 그 배우자의 4촌 이내의 혈족을 대리인으로 선임할 수 있다.
③ 불복청구인의 이의신청과 관련하여 당초 처분의 적법성에 관하여 재조사하여 그 결과에 따라 과세표준과 세액을 경정하거나 당초 처분을 유지하는 등의 처분을 하도록 하는 결정에 따른 처분에 대하여는 심사청구 또는 심판청구가 가능하다.
④ 조세심판관회의는 심판청구에 관한 결정을 할 때 심판청구를 한 처분 외의 처분에 대해서는 그 처분의 전부 또는 일부를 취소 또는 변경하거나 새로운 처분의 결정을 하지 못한다.
⑤ 종합부동산세의 결정 고지세액 1,000만원에 대하여 심판청구를 하려는 자가 재결청에 변호사 등을 국선대리인으로 선정하여 줄 것을 신청하는 경우 재결청은 지체없이 국선대리인을 선정하고 신청을 받은 날부터 5일 이내에 그 결과를 심판청구인과 국선대리인에게 각각 통지하여야 한다.

【정답】 ⑤
√국선대리인으로 선정하여 줄 것을 신청할 수 있는 세목은 상속세, 증여세, 종합부동산세가 아닌 것을 말한다.

5. 국세기본법의 조세불복제도에 관한 설명이다. 옳지 않은 것은? (2014. CPA)
① 심사청구서는 해당 처분을 하였거나 하였어야 할 세무서장에게 제출하여야 하며, 소관 세무서장 외의 세무서장, 지방국세청장 또는 국세청장에게 직접 제출한 경우에는 심사청구의 효력이 발생하지 아니한다.
② 이의신청, 심사청구 또는 심판청구는 세법에 특별한 규정이 있는 것을 제외하고는 해당 처분의 집행에 효력을 미치지 아니한다. 다만, 해당 재결청이 필요하다고 인정할 때에는 그 처분의 집행을 중지하게 하거나 중지할 수 있다.
③ 위법한 국세처분에 대한 행정소송은 국세기본법에 따른 심사청구 또는 심판청구, 감사원법에 따른 심사청구와 그에 대한 결정을 거치지 아니하면 제기할 수 없다.
④ 심판청구인은 담당 조세심판관에게 공정한 심판을 기대하기 어려운 사정이 있다고 인정될 때에는 그 조세심판관의 기피를 신청할 수 있다.
⑤ 조세범처벌절차법에 따른 통고처분에 대해서는 국세기본법에 따른 심사청구를 할 수 없다.

【정답】 ①
√심사청구의 효력이 발생하지 아니한다. → 심사청구의 효력이 발생한다.

6. 국세기본법상 납세자의 권리 중 장부등의 보관 금지에 관한 설명으로 옳은 것은? (CTA. 2019)

① 세무공무원은 조세범 처벌절차법에 따른 조세범칙조사를 제외하고는 세무조사의 목적으로 납세자의 장부등을 세무관서에 임의로 보관할 수 없다.

② 세무공무원은 납세자에 대한 구체적인 탈세 제보가 있는 경우에는 조사 목적에 필요한 최소한의 범위에서 납세자, 소지자 또는 보관자 등 정당한 권한이 있는 자가 임의로 제출한 장부등을 납세자의 동의 없이 세무관서에 일시 보관할 수 있다.

③ 납세자등은 조사목적이나 조사범위와 관련이 없는 등의 사유로 일시 보관에 동의하지 아니하는 장부등에 대해서는 세무공무원에게 일시 보관할 장부등에서 제외할 것을 요청할 수 있다. 이 경우 세무공무원은 어떠한 사유로도 해당 장부등을 일시 보관할 수 없다.

④ 세무공무원은 법령에 따라 일시 보관하고 있는 장부등에 대하여 납세자가 반환을 요청한 날부터 14일 이내에 반환하여야 하나, 조사목적 달성을 위해 필요한 경우에는 납세자보호위원회의 심의를 거쳐 한 차례만 14일 이내의 범위에서 보관 기간을 연장 할 수 있다.

⑤ 세무공무원은 법령에 따라 일시 보관하고 있는 장부등의 반환을 납세자가 요청한 경우로서 세무조사에 지장이 없다고 판단될 때에는 요청한 장부등을 7일 이내에 반환하여야 한다.

【정답】 ④

√① 조세범칙조사를 제외하고는 → 조세범칙조사를 포함하여, ② 납세자의 동의 없이 → 납세자의 동의를 얻어, ③ 어떠한 사유로도 → 정당한 사유 없이, ⑤ 7일 이내에 → 즉시

7. 국세기본법상 세무조사에 관한 설명이다. 옳지 않은 것은? (CPA. 2020)

① 세무공무원은 적정하고 공평한 과세를 실현하기 위하여 필요한 최소한의 범위에서 세무조사를 하여야 하며, 세무조사는 조세범처벌절차법에 따른 조세범칙조사를 포함한다.

② 국세환급금의 결정을 위한 확인조사를 하는 경우에는 같은 세목 및 같은 과세기간에 대하여 재조사를 할 수 있다.

③ 세무공무원은 세무조사의 중지기간 중에는 납세자에 대하여 국세의 과세표준과 세액을 결정 또는 경정하기 위한 질문을 하거나 장부 등의 검사 · 조사 또는 그 제출을 요구할 수 없다.

④ 세무조사는 납세자의 사업과 관련하여 세법에 따라 신고 · 납부의무가 있는 세목을 통합하여 실시하는 것을 원칙으로 한다.

⑤ 세무공무원은 납세자가 납세관리인을 정하지 아니하고 국내에 주소 또는 거소를 두지 아니한 경우에도 세무조사결과를 통지하여야 한다.

【정답】 ⑤

√통지하여야 한다. → 통지를 생략할 수 있다.

8. 국세기본법상 세무조사에 관한 설명으로 옳은 것은? (다툼이 있으면 판례에 따름) (CTA. 2017)

① 납세자가 세무공무원에게 직무와 관련하여 금품제공을 알선한 경우에는 정기선정에 의한 조사 외에 세무조사를 할 수 있다.

② 세무공무원이 납세의무자의 2021년도분 소득세에 대한 임대료수입금액 누락에 대하여 세무조사를 마친 후 다시 2021년도분 소득세에 대한 음식점수입금액 누락에 대하여 세무조사를 하는 경우에는 세무조사의 내용이 중첩되지 않으므로 원칙적으로 국세기본법에서 금지하는 재조사에 해당하지 않는다.

③ 세무공무원은 조사과정에서 조세범처벌절차법에 따른 조세범칙조사로 개시하는 경우에는 납세자에게 별도의 통지 없이 세무조사의 범위를 확대할 수 있다.

④ 세무공무원은 국외자료의 수집에 따라 외국 과세기관과의 협의가 필요하여 세무조사를 진행하기 어려운 경우에는 세무조사를 중지할 수 있고 이 중지기간은 세무조사기간에 산입된다.

⑤ 세무조사의 적법요건으로 객관적 필요성, 최소성, 권한남용의 금지 등을 규정하고 있는 국세기본법 제81조의 4 제1항은 그 자체로서는 구체적인 법규적 효력이 없다.

【정답】 ①

√② 재조사에 해당하지 않는다. → 재조사에 해당한다. ③ 별도의 통지 없이 → 문서로 통지하여야, ④ 이 중지기간은 세무조사기간에 산입된다. → 이 중지기간은 세무조사기간 및 세무조사연장기간에 산입하지 아니한다. ⑤ 구체적인 법규적 효력이 없다. → 구체적인 법규적 효력을 가진다.(대법원 2016두47659, 2016.12.15. 판결)

9. 국세기본법상 납세자의 권리에 관한 설명으로 옳지 않은 것은? (CPA. 2017)

① 세무조사 결과통지 및 과세예고통지를 하는 날부터 국세부과 제척기간의 만료일까지의 기간이 6개월이 남은 경우에는 과세전적부심사를 청구할 수 없다.

② 거래상대방에 대한 조사가 필요한 경우 세무공무원은 같은 세목 및 같은 과세기간에 대하여 재조사를 실시할 수 있다.

③ 세무조사는 특정한 세목만을 조사할 필요가 있는 등 대통령령으로 정하는 경우를 제외하고는 납세자의 사업과 관련하여 세법에 따라 신고 · 납부의무가 있는 세목을 통합하여 실시하는 것을 원칙으로 한다.

④ 세무공무원은 법에 따라 세무조사의 범위를 확대하는 경우 그 사유와 범위를 납세자에게 문서로 통지하여야 한다.

⑤ 세무공무원은 사업자등록증을 발급하는 경우 납세자권리헌장의 내용이 수록된 문서를 납세자에게 내주어야 한다.

【정답】 ①

√6개월이 남은 경우에는 → 3개월 이하인 경우에는

10. 국세기본법상 과세전적부심사에 관한 설명이다. 옳지 않은 것은? (CPA. 2019)

① 세무서장은 세무조사에서 확인된 것으로 조사대상자 외의 자에 대한 과세자료 및 현지 확인조사에 따라 세무서장이 과세하는 경우에는 미리 납세자에게 그 내용을 서면으로 통지하여야 한다.

② 세무서장에게 과세전적부심사를 청구할 수 있는 자가 법령과 관련하여 국세청장의 유권해석 변경이 필요한 경우 국세청장에게 과세전적부심사를 청구할 수 있다.

③ 세무조사 결과 통지 및 과세예고통지를 하는 날부터 국세부과 제척기간의 만료일까지의 기간이 3개월 이하인 경우에는 과세전적부심사를 청구할 수 없다.

④ 과세전적부심사 청구를 받은 세무서장은 국세심사위원회의 심사를 거쳐 결정을 하고 그 결과를 청구를 받은 날부터 30일 이내에 청구인에게 통지하여야 한다.

⑤ 과세예고통지를 받은 자가 과세전적부심사를 청구하지 아니하고 통지를 한 세무서장에게 통지받은 내용에 대하여 과세표준 및 세액을 조기에 결정해 줄 것을 신청한 경우 해당 세무서장은 신청받은 내용을 검토하여 2개월 이내에 결정하여야 한다.

【정답】 ⑤

√신청받은 내용을 검토하여 2개월 이내에 결정 → 신청받은 내용대로 즉시 결정이나 경정결정

11. 국세기본법상 조세구제제도에 관한 설명이다. 옳지 않은 것은? (CPA. 2020)

① 조세범처벌절차법에 따른 통고처분에 대하여는 심사 또는 심판을 청구할 수 없다.

② 세법에 따라 국세청장이 하여야 할 처분에 대하여는 이의신청을 할 수 없다.

③ 심사청구는 세법에 특별한 규정이 있는 것을 제외하고는 해당 처분의 집행에 영향을 미치지 아니하므로 심사청구인이 심각한 재해를 입은 경우에만 집행정지를 결정할 수 있다.

④ 심사청구 또는 심판청구에 대한 재조사 결정에 따른 처분청의 처분에 대한 행정소송은 심사청구 또는 심판청구와 그에 대한 결정을 거치지 아니하고 제기할 수 있다.

⑤ 과세전적부심사 청구인은 법령에서 정한 요건을 갖추어 국선대리인을 선정하여 줄 것을 신청할 수 있다.

【정답】 ③

√해당 재결청(裁決廳)이 처분의 집행 또는 절차의 속행 때문에 이의신청인, 심사청구인, 심판청

구인에게 중대한 손해가 생기는 것을 예방할 필요성이 긴급하다고 인정할 때에는 처분의 집행 또는 절차 속행의 전부 · 일부의 정지를 결정할 수 있다

12. 국세기본법상 재조사 금지에 관한 설명으로 옳은 것은? (CTA. 2020)

① 2개 이상의 과세기간과 관련하여 잘못이 있는 경우 같은 세목 및 같은 과세기간에 대하여 재조사를 할 수 없다.

② 국세환급금의 결정을 위한 확인조사를 하는 경우 같은 세목 및 같은 과세기간에 대하여 재조사를 할 수 없다.

③ 세무공무원의 조사행위가 국세청의 사무처리규정에 따라 실시한 사업장 현지확인이더라도 재조사가 금지되는 세무조사에 해당할 수 있다.

④ 재조사의 허용사유인 조세탈루의 혐의를 인정할 만한 명백한 자료가 있는 경우란 조세의 탈루사실이 확인될 상당한 정도의 개연성이 있는 경우를 말하며 객관성과 합리성이 뒷받침되는 자료는 필요하지 않다.

⑤ 서울지방국세청이 실시한 세무조사에서 작성하거나 취득한 과세자료의 처리를 위해 종로세무서는 같은 세목 및 같은 과세기간에 대하여 재조사를 할 수 있다.

【정답】 ③

√① 및 ② 재조사를 할 수 없다. → 재조사를 할 수 있다. ④ 객관성과 합리성이 뒷받침되는 자료에 의하여 인정되는 경우로 엄격히 제한되어야 한다. ⑤ 재조사를 할 수 있다. → 재조사를 할 수 없다.

제 2 편 법인세법

CHAPTER 01

총 칙

I 법인세의 개요

1. 법인세의 기초개념

1) 법인세의 성격

법인세는 법인을[1] 납세의무자로 하고, 법인의 소득을 과세대상으로 하는 조세이다. 일반적으로 소득(income)을 과세대상으로 하는 조세는 개인이[2] 얻은 소득에 대한 개인소득세(individual income tax)와 법인이 얻은 소득에 대한 법인소득세(corporate income tax)로 나누어진다. 우리나라에서는 개인소득세를 소득세로, 법인소득세를 법인세로 구별하고 있다.

소득세(income tax)
- **개인소득세**(individual income tax) ⇨ **소득세**
- **법인소득세**(corporate income tax) ⇨ **법인세**

법인의 소득에 대해서는 법인세가 부과된 다음 이를 소유주에게 분배할 때 배당금에 대하여 다시 소득세가 부과되는데 이와 같은 현상으로 인하여 법인에 대한 과세는 이중과세 논란의 대상이 되고 있다.

법인의제설(법인세 반대론)에 따르면 법률에 따라 법적 주체를 갖춘 개인의 집합체인 단체로 의제된 법인에게 법인세가 부과되고, 실체인 주주에게는 배당에 대한 소득세가 다시 부과되므로 이중과세의 성격을 지니는 것이 된다.

---

1) 법인은 법률에 따라 정관으로 정한 목적의 범위 내에서 권리와 의무의 주체가 되고, 법인은 설립등기에 따라 성립하고, 해산에 따라 청산단계에 들어가서 청산종결의 등기를 함으로써 소멸한다.

2) 개인이란 자연인 또는 단순한 자연인의 집합체를 말한다.

그러나 법인실재설(법인세 긍정론)에 따르면 법인의 소득에 대하여 독립된 실체인 법인에게 법인세가 부과되고, 법인의 독립적인 결정에 따라 배당금을 지급받는 소유주는 자기 소득에 대하여 소득세를 부담하는 것이므로 이중과세의 문제는 발생하지 않는다. 법인실재설이 다수설이고 법인세제도를 지지하는 주장이 더 일반적이다.

2) 법인세의 특징

법률에 따라 권리와 의무의 주체로서의 자격을 부여받은 법인이 그 사업활동을 통하여 얻은 소득에 대하여 과세하는 법인세는 다음과 같은 특징을 가지고 있다.

① 법인세는 과세권의 주체가 국가이므로 국세이며, 내국세이다.

② 법인세는 입법자가 법률상의 납세자와 조세를 부담하는 자가 일치하도록 예견하고 제정한 조세이므로 직접세에 해당한다.

③ 법인세는 소득을 과세대상으로 하는 소득세이다.

④ 법인세는 과세표준이 화폐단위인 금액으로 표시되는 종가세이며, 4단계 초과누진세율이 적용되는 누진세이다.

⑤ 법인세는 특정목적이 아닌 일반적인 재원으로 사용되는 보통세이다.

3) 법인세의 과세방법

(1) 순자산증가설에 따른 과세

법인의 모든 손익은 소유와 경영의 분리를 전제로 하는 기업실체의 공준에 따라 계산하고, 내국법인의 각 사업연도의 소득을 계산함에 있어 익금과 손금은 각각 총액에 따라 계산한다. 법인의 과세대상소득은 일정기간 동안 법인의 자산증가에 해당하는 익금총액에서 자산 감소에 해당하는 손금총액을 뺀 금액으로 계산하여 과세한다.

법인세는 포괄주의 과세방식에 따라 소득의 발생원천에 관계없이 법인에 귀속되는 모든 소득에 대하여 과세하게 된다.[3] 다만, 비영리법인은 법인세법에서 열거하고 있는 사업 또는 수입인 수익사업에서 발생하는 소득에 대하여 과세하고, 외국법인은 법인세법에서 열거하고 있는 국내원천소득에 대하여 과세한다.

---

3) 소득원천설이란 일정한 소득원천에서 계속적 · 반복적으로 발생하는 것만을 과세소득으로 파악하고 일시적 · 우발적으로 발생하는 것은 과세소득의 범위에서 제외하는 것을 말하고, 순자산증가설이란 소득의 발생원천과 형태를 불문하고 순자산증가액을 과세소득으로 하는 것을 말한다.

(2) 기간별 종합과세

법인세는 반대의 증거가 없는 한 미래에도 영업활동을 계속한다는 계속기업의 공준에 따라 흐름의 개념인 소득에 대하여 과세하는 조세이다. 따라서 법인의 1회계기간을 각 사업연도로 하여 해당 사업연도의 소득을 종합하여 과세하는 기간별 종합과세방식의 조세이다.

(3) 신고납세방식에 따른 과세

법인세는 원칙적으로 납세의무자인 법인의 신고에 따라 과세표준 및 세액을 확정하는 신고납세제도를 채택하고 있다. 그러므로 정부에서는 법인세를 신고하지 아니한 경우에는 결정을 하고, 법인세의 신고내용에 오류나 착오가 있는 경우에는 경정을 한다.

부과과세제도에서는 납세의무자의 과세표준 및 세액의 신고·납부가 일종의 조세협력의무 성격을 가지고 있는데 반하여, 신고납세제도에서는 납세의무자의 과세표준 및 세액의 신고·납부가 납세의무를 확정짓는 효력을 가지고 있다.

(4) 실질과세의 원칙

납세의무자 및 과세표준의 계산에 관한 실질과세의 원칙은 다음과 같다.

① 소득의 귀속에 관한 실질과세의 원칙이란 자산이나 사업에서 발생하는 수입의 전부 또는 일부가 법률상 귀속되는 법인과 사실상 귀속되는 법인이 서로 다른 경우에는 그 수입이 사실상 귀속되는 법인에 대하여 법인세를 적용한다.(소득의 귀속에 관한 실질과세)

② 법인세의 과세소득이 되는 금액의 계산에 관한 규정은 소득, 수익, 재산, 행위, 거래의 명칭 또는 형식에도 불구하고 실질내용에[4] 따라 법인세를 적용한다.(거래내용에 관한 실질과세)

③ 제3자를 통한 간접적인 방법이나 둘 이상의 행위·거래를 거치는 방법으로 법인세법 등의 혜택을 부당하게 받기 위한 것으로 인정되는 경우에는 그 경제적 실질내용에 따라 당사자가 직접 거래를 한 것으로 보거나 연속된 하나의 행위 또는 거래를 한 것으로 본다.(경제적 내용에 따른 실질과세)

---

4) 법인세의 과세소득 또는 토지 등의 양도차익을 계산할 때 구체적인 세법적용의 기준이 되는 과세사실의 판단은 법인의 기장내용, 계정과목, 거래명의에 불구하고 그 거래의 실질내용을 기준으로 한다. 이 경우 거래의 실질내용은 건전한 사회통념, 상거래 관행(지급조건, 지급방법 등), 구체적인 정황을 기준으로 판단한다.

2. 법인세의 과세소득

법인세의 과세대상이 되는 소득은 사업활동의 결과로 얻은 각 사업연도의 소득에 대한 법인세, 해산에 따라 소멸하는 경우 발생되는 청산소득에 대한 법인세, 일정한 부동산의 양도에 따라 발생되는 토지등 양도소득에 대한 법인세로 구분된다.

1) 각 사업연도의 소득

각 사업연도의 소득이란 법인이 일정한 회계기간(사업연도) 동안 경제활동을 통해 얻은 이익으로서 본래의 법인세 과세소득이다. 법인세법에 따르면 「내국법인의 각 사업연도의 소득은 그 사업연도에 속하는 익금의 총액에서 그 사업연도에 속하는 손금의 총액을 뺀 금액으로 한다.」라고 규정하고 있다.

2) 청산소득

청산소득은 법인의 해산에 따라 소멸할 때 잔여재산가액이 해산등기일 현재의 자기자본의 총액을 초과하는 경우 그 초과하는 금액을 말한다.

청산소득에 대한 법인세는 각 사업연도의 기간 중에 발생한 미실현이익 또는 과세누락 부분에 대하여 법인이 소멸하는 시점에 과세하는 법인세의 일종으로 각 사업연도의 소득에 대한 법인세를 최종적으로 정산하는 기능을 갖추고 있다.

3) 토지등 양도소득

토지등 양도소득이란 지가가 급등하는 지역에 소재하는 부동산, 주택 및 상시 주거용으로 사용하지 아니하고 휴양·피서·위락 등의 용도로 사용하는 별장, 조합원입주권 및 분양권, 비사업용토지를 양도함으로써 발생하는 소득을 말한다. 각 사업연도의 소득으로 계상한 자산처분이익에 대한 법인세에 부가하여 과세하는 법인세의 일종이다.

토지등 양도소득에 대한 법인세는 동일한 종류의 자산소득에 대한 개인소득세와 법인소득세의 조세부담의 불균형을 해소하고, 부동산투기를 억제할 목적으로 특별히 법인에 이중과세하는 조세이므로 부동산의 양도자 성격에 따라 달리 취급할 필요가 없어 영리법인 및 비영리법인에 모두에게 부과된다.

3. 법인세의 납세의무자

법인세의 납세의무자는 법률에 따라 법적 주체를 갖춘 내국법인과 국내원천소득이 있는 외국법인이다.[5)]

1) 법인의 종류

법인세법에서는 법인의 본점·주사무소·사업의 실질적 관리장소에 따라 내국법인과 외국법인으로 구분하고, 사업목적의 영리성 유무에 따라 영리법인과 비영리법인으로 구분한다.

사업이란 그 사업활동이 각 사업연도의 모든 기간·상당기간에 걸쳐 계속적으로 행하여지는 것과 정기적·부정기적으로 상당횟수에 걸쳐 행하여지는 것을 말한다.[6)]

영리란 이윤추구를 목적으로 사업을 경영하는 것뿐만 아니라 사업활동 등을 통하여 얻은 이익을 배당금·분배금으로 지급하거나 법인이 해산할 때 잔여재산분배 등의 형태로 그 구성원에게 분배할 것인가에 따라 판단한다. 영리법인은 그 구성원이 이익분배청구권 또는 잔여재산분배청구권을 갖는 것이 일반적이다.

(1) 내국법인

내국법인이란 본점·주사무소·사업의 실질적 관리장소가 국내에 있는 법인을 말하며, 영리내국법인과 비영리내국법인으로 나눌 수 있다. 여기서 본점이란 영리법인의 영업의 본거지를 말하며, 주사무소란 비영리법인의 사업의 본거지를 말하며, 사업의 실질적 관리장소란 법인의 업무수행에 필요한 중요한 관리와 상업적 의사결정이 실질적으로 이루어지는 장소를[7)] 의미한다.

영리내국법인이란 영리를 목적으로 하는 내국법인이고, 비영리내국법인이란 영리를 목적으로 하지 아니하는 내국법인으로서 법령에 따라 설립된 법인(①, ②)과 국세기본법에 따라 법인으로 보는 의제법인(③, ④) 및 승인법인(⑤)를 말한다.

---

5) 법인이 설립무효 또는 설립취소의 판결을 받은 경우에도 당해 판결의 확정일까지 발생한 소득에 대한 법인세와 청산소득에 대한 법인세를 납부할 의무가 있다.

6) 상당기간에 걸쳐 계속적으로 행하여지거나 정기적 또는 부정기적으로 상당회수에 걸쳐 행하여지는 사업에는 하절기에 있어서만 행하여지는 해수욕장에 있어서의 장소임대수입, 큰 행사에 있어서의 물품판매 등이 있다.

7) 외국에 본점 또는 주사무소가 있는 법인이라 하더라도 국내에서 실제로 사업에 관한 관리가 이루어지는 경우에는 내국법인으로 봄으로써 거주자의 최종판정기준으로 실질적 관리장소가 포함되어 있는 조세조약과 국내세법의 균형을 유지하고 있다.

① 민법 제32조에 따라 설립된 법인[8)]
② 사립학교법 · 그 밖의 특별법에 따라 설립된 법인으로서 민법 제32조에 규정된 목적과 유사한 목적을 가진 법인[9)]
③ 설립에 관하여 주무관청의 허가 · 인가를 필요로 하는 단체와 법령에 따라 주무관청에 등록한 단체로서 등기되지 않은 것
④ 공익을 목적으로 출연된 기본재산이 있는 재단으로서 등기되지 않은 것
⑤ 국세기본법의 요건을 갖추어 대표자 또는 관리인이 납세지관할세무서장에게 신청하여 승인을 얻은 단체

(2) 외국법인

외국법인이란 국내에 사업의 실질적 관리장소가 소재하지 아니하는 경우로서 본점 · 주사무소가 외국에 있는 단체로서 설립된 국가의 법에 따라 법인격이 부여된 단체, 구성원이 유한책임사원으로만 구성된 단체, 그 밖에 해당 외국단체와 동종 · 유사한 국내의 단체가 상법 등 국내의 법률에 따른 법인인 경우의 그 외국단체를 말하며, 영리외국법인과 비영리외국법인으로 나눌 수 있다.

영리외국법인이란 영리를 목적으로 하는 외국법인이고, 비영리외국법인이란 외국의 정부 · 지방자치단체 및 국내에서 영리를 목적으로 하지 아니하는 외국법인을 말한다.

2) 법인종류별 납세의무

(1) 영리내국법인

영리내국법인은 각 사업연도의 소득에 대한 법인세, 청산소득에 대한 법인세, 토지등 양도소득에 대한 법인세의 납세의무가 있다. 이 경우 각 사업연도의 소득에 대한 법인세는 그 소득의 원천이 영업활동인지 비영업활동인지 여부 또는 소득의 발생장소가 국내인지 국외인지 여부와 관계없이 그 법인에 귀속되는 모든 소득에 대하여 법인세의 납세의무가 있다.(무제한적 납세의무자)

8) 학술, 종교, 자선, 기예, 사교, 기타 영리 아닌 사업을 목적으로 하는 사단 또는 재단은 주무관청의 허가를 얻어 이를 법인으로 할 수 있다. 사단이란 일정한 목적을 위해 결합한 사람의 단체를 말하고, 재단이란 일정한 목적에 바쳐진 재산에 법적 인격이 부여된 단체를 말한다.

9) 다만, 농업협동조합법 등에 따라 설립된 조합법인 등이 아닌 법인으로서 그 주주 · 사원 · 출자자에게 이익을 배당할 수 있는 법인을 제외한다.

(2) 영리외국법인

영리외국법인은 국내에서 발생한 각 사업연도의 국내원천소득에 대한 법인세와 국내에 소재하는 토지등 양도소득에 대한 법인세의 납세의무가 있다.

(3) 비영리내국법인

비영리내국법인은 법인세법에서 열거하고 있는 수익사업에서 발생하는 소득에 대한 법인세와 토지등 양도소득에 대한 법인세의 납세의무가 있다.

비영리법인은 수익사업에서 발생한 소득을 구성원에게 분배하지 아니하고 공익목적으로 사용할 것이므로 법인세를 과세하지 않는 것이 합리적이다. 그러나 동일한 종류의 사업소득에 대하여 영리법인에게만 법인세를 부과한다면 법인세액만큼 영리법인과 비영리법인 사이에 과세형평의 문제가 발생한다.

따라서 법인세법에서는 한국표준산업분류에 따른 사업소득,[10] 금융소득(이자소득, 배당소득), 자산양도소득, 채권등 매매이익을[11] 수익사업소득으로 분류하고 비영리법인에게 법인세의 납세의무를 부여하고 있다. 자산양도소득은 주식 · 유형자산 · 무형자산 · 부동산에 관한 권리 · 기타자산[12]의 양도에 따른 소득을 말하고, 자산양도소득 중 자산의 처분일[13] 현재 3년 이상 계속하여 법령 또는 정관에 규정된 고유목적사업에 직접 사용한 유형자산 · 무형자산의 처분으로 인하여 생기는 수입은 제외한다.[14]

(4) 비영리외국법인

비영리외국법인은 국내원천소득 중 법인세법에서 열거하고 있는 수익사업에서 발생하는 소득에 대한 법인세와 국내에 소재하는 토지등 양도소득에 대한 법인세의 납세의무가 있다.

---

10) 수익사업의 범위에는 한국표준산업분류에 따른 사업 중 농업(축산업, 조경관리 및 유지서비스업 제외), 연구개발업, 교육서비스업, 사회복지사업, 국민연금사업, 의료보험사업과 산업재해보상보험사업 등을 제외한다.

11) 채권 등 매매이익은 채권 등의 매각이익에서 채권 등의 매각손실을 뺀 금액을 말한다. 이 경우 채권 등에는 이자소득에 대하여 법인세가 비과세되는 것은 제외하고, 금융보험관련 서비스업 중 예금보호제도를 운영하는 사업에 귀속되는 채권 등의 매매이익을 제외한다.

12) 기타자산이란 사업용 자산과 함께 양도하는 영업권, 특정시설이용권(골프회원권, 콘도미니엄회원권, 헬스클럽회원권 등), 부동산법인의 주식, 부동산과다보유법인의 특정주식을 말한다.

13) 국가균형발전 특별법에 따라 이전하는 공공기관의 경우에는 공공기관 이전일을 말한다.

14) 이 경우 해당 자산의 유지 · 관리 등을 위한 관람료 · 입장료수입 등 부수수익이 있는 경우에도 이를 고유목적사업에 직접 사용한 자산으로 보며, 비영리법인이 수익사업에 속하는 자산을 고유목적사업에 전입한 후 처분하는 경우에는 전입할 때에 시가로 평가한 가액을 그 자산의 취득가액으로 하여 처분으로 인하여 생기는 수입을 계산한다.

3) 기타 법인의 납세의무

(1) 국가 및 지방자치단체

국가 및 지방자치단체는 국가법인설에 따라 법인으로 취급한다. 그러나 우리나라의 국가 및 지방자치단체(지방자치단체조합 포함)는 과세권자인 과세주체에 해당하므로 국가 및 지방자치단체는 그 소득에 대한 법인세를 납부할 의무가 없다.

반면에 외국의 정부나 지방자치단체는 비과세법인이 아니며, 비영리외국법인으로서 우리나라의 법인세 납세의무를 진다.

(2) 연결법인

연결법인은 연결납세방식에 따른 각 연결사업연도의 소득에 대한 법인세, 각 연결법인의 토지등 양도소득에 대한 법인세를 연대하여 납부할 의무가 있다.

연결납세방식이란 둘 이상의 내국법인을 하나의 과세표준과 세액을 계산하는 단위로 하여 법인세를 신고·납부하는 방식을 말한다.

(3) 신탁재산에 귀속되는 소득

신탁재산에 귀속되는 소득은[15] 그 신탁의 이익을 받을 수익자가 그 신탁재산을 가진 것으로 보아 그 신탁의 수익자에게 법인세를 납부할 의무가 있다. 다만, 신탁법에 따른 목적신탁, 수익증권발행신탁, 유한책임신탁 등에 해당하는 신탁의[16] 경우에는 신탁재산에 귀속되는 소득에 대하여 신탁계약에 따라 그 신탁의 수탁자가 법인세를 납부할 수 있고, 이 경우 신탁재산별로 각각을 하나의 내국법인으로 본다.

신탁의 이익을 받을 수익자가 특별히 정하여지지 아니하거나 존재하지 아니하는 신탁 또는 위탁자가 신탁재산을 실질적으로 통제하는 신탁의 경우에는[17] 신탁재산에 귀속되는 소득에 대하여 그 신탁의 위탁자가 법인세를 납부할 의무가 있다.

---

15) 자본시장법의 적용을 받는 법인의 신탁재산(자본시장법에 따른 보험회사의 특별계정은 제외함)에 귀속되는 수입과 지출은 그 법인에 귀속되는 수입과 지출로 보지 아니한다.

16) 자본시장법에 따른 투자신탁은 제외한다.

17) 위탁자가 신탁재산을 실질적으로 통제하는 신탁이란 위탁자가 신탁을 해지할 수 있는 권리·수익자를 지정하거나 변경할 수 있는 권리·신탁 종료 후 잔여재산을 귀속 받을 권리를 보유하는 등 신탁재산을 실질적으로 지배·통제할 것과 신탁재산 원본을 받을 권리에 대한 수익자는 위탁자로하고 수익을 받을 권리에 대한 수익자는 위탁자의 지배주주등의 배우자 또는 같은 주소·거소에서 생계를 같이 하는 직계존비속(배우자의 직계존비속을 포함함)으로 설정했을 것의 요건을 모두 갖춘 신탁을 말한다.

Ⅱ 사업연도 및 납세지

1. 사업연도

법인은 그 목적과 의무를 이행하기에 충분할 정도로 장기간 존속한다고 가정하고 있다. 법인세는 흐름(FLOW)의 개념인 소득에 대해서 과세하는 조세이므로 과세표준을 확정하기 위해서는 과세기간을 먼저 확정하여야 한다. 법인세의 과세기간은 사업연도라 하는데, 사업연도란 법령이나 정관 등에 따라 일정한 기간단위로 인위적으로 분할하여 법인의 소득을 계산하는 1회계기간을 말한다.

1) 법령이나 정관 등에 사업연도의 규정이 있는 경우

사업연도는 법령이나 법인의 정관 등에서 정하는 1회계기간으로 한다. 사업연도를 법인이 정하는 회계기간과 일치시킨 이유는 법인의 결산을 바탕으로 과세소득을 계산하기 때문이다.

법인세의 납부를 지연시키기 위해서는 사업연도가 길면 길수록 유리하다. 이를 규제하기 위하여 법인세법에서는 사업연도의 기간을 1년을 초과하지 못하도록 규정하고 있다. 사업연도가 1년을 초과하는 경우에는 사업연도를 처음 1년과 잔여기간으로 나누어 두 개의 과세기간으로 한다. 한편, 사업연도가 짧다고 해서 법인세의 누진세율을 회피하는 수단이 되지 못한다. 이는 법인세가 사업연도의 소득을 연간소득 상당액으로 환산하여 세율을 적용하기 때문에 유리한 점이 전혀 없고, 오히려 법인세의 조기납부 및 과세소득의 계산 등에 따른 불리한 점이 수반된다.

2) 법령이나 정관 등에 사업연도의 규정이 없는 경우

(1) 사업연도를 신고한 법인

법령이나 법인의 정관 등에 사업연도에 관한 규정이 없는 내국법인 및 외국법인은 따로 사업연도를 정하여 다음의 신고서와 함께 납세지관할세무서장에게 사업연도를 신고하여야 하며, 신고한 사업연도가 법인의 사업연도가 된다.

① 내국법인은 법인의 설립등기일부터 2개월 이내에 법인설립신고서

② 외국법인은 국내사업장을 가지게 된 날부터 2개월 이내에 국내사업장설치신고서[18)]

③ 비영리내국법인과 국내사업장을 가지고 있는 비영리외국법인이 새로 수익사업을 시작한 경우에는 그 개시일부터 2개월 이내에 수익사업 개시신고서

④ 신규로 사업을 개시하는 법인은 사업장마다 사업개시일부터 20일 이내에 사업자등록신청서

(2) 사업연도를 신고하지 아니한 법인

사업연도를 신고하여야 할 법인이 그 신고를 하지 아니한 경우에는 매년 1월 1일부터 12월 31일까지를 그 법인의 사업연도로 한다.

3) 사업연도 개시일

내국법인의 최초 사업연도의 개시일은 설립등기일로 한다. 다만, 비영리법인의 경우에는 법령에 따른 설립일, 주무관청의 허가일 · 인가일 · 등록일, 공익목적의 기본재산의 출연을 받은 날, 세무서장의 승인일로 한다.

외국법인의 최초 사업연도의 개시일은 국내사업장을 가지게 된 날로 하고, 국내사업장이 없는 외국법인으로서 국내원천 부동산소득 및 국내원천 부동산등양도소득이 있는 경우에는 해당 소득이 최초로 발생한 날로 한다.

다만, 최초 사업연도의 개시일 전에 발생한 손익을 사실상 그 법인에 귀속시킨 것이 있는 경우 조세포탈의 우려가 없을 때에는 최초 사업연도의 기간이 1년을 초과하지 않는 범위 내에서 이를 해당 법인의 최초 사업연도의 손익에 산입할 수 있다. 이 경우 최초 사업연도의 개시일은 해당 법인에 귀속시킨 손익이 최초로 발생한 날로 한다.

4) 사업연도의 변경

사업연도를 변경하려는 법인은 그 법인의 직전 사업연도 종료일부터 3개월 이내에 사업연도 변경신고서를 납세지관할세무서장에게 신고하여야 한다. 사업연도의 변경신고를 기한까지 하지 아니한 경우에는 그 법인의 사업연도는 변경되지 아니한 것으로 본다. 다만, 법령에 따라 사업연도가 정해지는 법인의 경우 관련 법령의 개정에 따라 사업연도가 변경된 경우에는 사업

18) 다만, 국내사업장이 없는 외국법인으로서 국내원천 부동산소득 및 국내원천 부동산등양도소득이 있는 법인은 그 소득이 최초로 발생하게 된 날로부터 1개월 이내에 사업연도를 신고하여야 한다.

연도의 변경신고를 하지 아니한 경우에도 해당 법령의 개정내용과 같이 사업연도가 변경된 것으로 본다.

사업연도가 변경된 경우에는 종전의 사업연도 개시일부터 변경된 사업연도 개시일 전일까지의 기간을 1사업연도로 한다. 다만, 그 기간이 1개월 미만인 경우에는 변경된 사업연도에 그 기간을 포함한다.[19]

연구 12월말 법인을 6월말 법인으로 변경한 경우

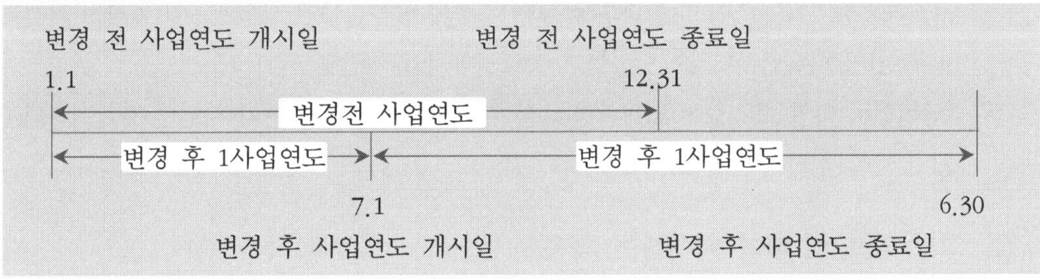

5) 사업연도의 의제

법인에게 해산, 합병, 분할 등 특수한 사유가 발생하는 경우에는 본래의 사업연도에도 불구하고 그 사유발생일을 기준으로 사업연도를 획일적으로 정하고 있다. 이는 사유발생일을 기준으로 과세대상인 소득종류(각 사업연도소득과 청산소득)가 변경되어 과세표준의 계산방법이 다르거나, 납세의무자인 법인실체가 변경되었기 때문이다.

(1) 해산 · 청산하는 경우

법인이 해산하는 경우에 해산과 동시에 소멸하는 것이 아니고, 해산사유가 발생한 날로부터 상법에 따라 일정기간 내에 해산등기를[20] 마치고, 청산인을 선임한 후 현재의 사무의 종결 · 채권의 추심 · 채무의 변제 · 잔여재산분배 등의 청산절차에 들어가고 그 절차가 종료하기까지 청산의 목적범위 내에서 존속한다.[21]

---

19) 신설법인의 경우에는 최초 사업연도가 경과하기 전에는 사업연도를 변경할 수 없는 것으로 한다.

20) 파산에 따라 해산하는 경우에는 파산등기일을 말하며, 법인으로 보는 단체의 경우에는 해산일을 말한다. 주식회사가 해산하는 경우에는 회사존립기간의 만료, 합병 · 파산 등의 해산사유가 있는 날로부터 본점소재지는 2주 이내(지점소재지는 3주 이내)에 해산등기를 신청하여야 한다.

21) 상법에 따라 설립한 법인이 사업을 폐지한 경우에도 상법에 따른 해산 및 청산절차를 이행하지 아니한 경우에는 해당 법인이 계속 존속하는 것으로 보는 것이므로 법인이 휴업한 경우에도 사업연도별로 결산하여 법인세의 과세표준 및 세액을 신고하여야 한다.

① 내국법인이 사업연도 중에 해산(합병, 분할, 조직변경에 따른 해산은 제외함)한 경우에는 그 사업연도 개시일부터 해산등기일까지의 기간과 해산등기일 다음날부터 그 사업연도 종료일까지의 기간을 각각 1사업연도로 본다.[22][23]

② 청산 중에 있는 내국법인의 잔여재산가액이 사업연도 중에 확정된 경우에는 그 사업연도 개시일부터 잔여재산가액이 확정된 날까지의 기간을 1사업연도로 본다.

③ 청산 중에 있는 내국법인이 상법에 따라 사업을 계속하는 경우에는 그 사업연도 개시일부터 계속등기일(계속등기를 하지 아니한 경우에는 사실상의 사업계속일)까지의 기간과 계속등기일 다음날부터 그 사업연도 종료일까지의 기간을 각각 1사업연도로 본다.

④ 내국법인이 사업연도 중에 조직변경을 한 경우에는 조직변경 전의 사업연도가 계속되는 것으로 본다.

(2) 합병 · 분할에 따라 해산하는 경우

내국법인이 사업연도 중에 합병이나 분할에 따라 해산한 경우에는 그 사업연도 개시일부터 합병등기일 또는 분할등기일까지의 기간을 그 해산한 법인의 1사업연도로 본다.

(3) 연결납세방식을 적용받는 경우

내국법인이 사업연도 중에 연결납세방식을 적용받는 경우에는 그 사업연도 개시일부터 연결사업연도 개시일 전날까지의 기간을 1사업연도로 본다.

(4) 외국법인에 대한 사업연도의 의제

국내사업장이 있는 외국법인이 사업연도 중에 그 국내사업장을 가지지 아니하게 된 경우에는 그 사업연도 개시일부터 국내사업장을 가지지 아니하게 된 날까지의 기간을 1사업연도로 본다. 다만, 국내에 다른 사업장을 계속하여 가지고 있는 경우에는 그러하지 아니하다.

국내사업장이 없는 외국법인이 국내원천 부동산소득 또는 국내원천 부동산등양도소득이 발생하지 아니하게 되어 납세지관할세무서장에게 그 사실을 신고한 경우에는 사업연도 개시일부터 그 신고일까지의 기간을 1사업연도로 본다.

---

22) 사업연도 기간 중에 해산한 경우에 해당 등기부상 원인일자 또는 주주총회의 결의일에 관계없이 그 사업연도 개시일로부터 해산등기일까지의 기간과 해산등기를 한 날의 다음 날로부터 그 사업연도 종료일까지의 기간을 각각 1사업연도로 본다.

23) 법인이 사업연도 기간 중에 설립무효 또는 설립취소의 판결을 받은 경우에는 해당 사업연도 개시일로부터 확정판결일까지를 1사업연도로 본다.

2. 납세지

1) 납세지의 범위

납세지란 납세의무자가 세법에 따른 의무를 이행하고 그 권리를 행사하는 기준이 되는 장소를 말한다. 법인의 납세지에 따라 관할세무서와 관할지방국세청이 결정된다.

(1) 내국법인

내국법인의 법인세 납세지는 법인의 등기부에 따른 본점, 주사무소, 사업을 실질적으로 관리하는 장소의 소재지로 한다. 다만, 법인으로 보는 단체의 납세지는 법인의 등기부에 등재되지 아니하기 때문에 그 단체의 사업장 소재지 · 부동산의 소재지[24] → 단체의 주사무소 소재지 → 단체의 대표자 · 관리인 주소지로[25] 한다.

(2) 외국법인

외국법인의 법인세 납세지는 국내사업장의 소재지로 하고, 둘 이상의 국내사업장이 있는 경우에는 직전 사업연도의 사업수입금액이 가장 많은 사업장을 주된 사업장으로 한다.

국내사업장이 없는 외국법인으로서 국내원천 부동산소득 또는 국내원천 부동산등양도소득이 있는 경우에는 그 소득이 발생되는 자산의 소재지를 하고, 둘 이상의 부동산이 있는 경우에는 국내원천소득이 발생하는 장소 중 외국법인이 납세지로 신고하는 부동산 소재지를[26] 말한다.

(3) 원천징수한 법인세의 납세지

① 원천징수의무자가 개인인 경우

원천징수의무자가 거주자인 경우에는 그 거주자가 원천징수하는 사업장의 소재지하고, 사업장이 없는 경우에는 주소지 또는 거소지로 한다. 원천징수의무자가 비거주자인 경우에는 그 비거주자가 원천징수하는 국내사업장의 소재지하고, 국내사업장이 없는 경우에는 거류지 또는 체류지로 한다.

---

24) 주된 소득이 부동산 임대소득인 단체의 경우에는 그 부동산의 소재지로 하고, 둘 이상의 사업장 또는 부동산을 가지고 있는 단체의 경우에는 직전 사업연도의 사업수입금액이 가장 많은 주된 사업장 또는 주된 부동산의 소재지로 한다.

25) 정관 등에 주사무소에 관한 규정이 없는 단체의 경우에는 그 대표자 또는 관리인의 주소지를 적용한다.

26) 납세지의 신고는 둘 이상의 국내원천소득이 발생하게 된 날부터 1개월 이내에 납세지관할세무서장에게 하여야 한다.

② 원천징수의무자가 법인인 경우

원천징수의무자가 법인인 경우에는 내국법인 또는 외국법인의 법인세의 납세지로 한다.

법인의 지점, 영업소, 그 밖의 사업장이 독립채산제에 따라 독자적으로 회계 사무를 처리하는 경우에는 그 사업장의 소재지(그 사업장의 소재지가 국외에 있는 경우에는 제외함)로 한다. 다만, 법인이 지점, 영업소, 기타 사업장에서 지급하는 소득에 대한 원천징수세액을 본점 등에서 전자계산조직 등에 따라 일괄 계산하는 경우로서 본점 등의 관할세무서장에게 신고한 경우와 부가가치세법에 따라 사업자단위과세 사업자로 등록한 경우에는 법인의 본점 등을 원천징수하는 소득에 대한 법인세 원천징수세액의 납세지로 할 수 있다.

③ 원천징수의무자가 국내에 소재지를 가지지 아니한 경우

원천징수의무자가 국내에 소재지를 가지지 아니한 경우로서 유가증권의 양도소득이 있는 경우에는 유가증권을 발행한 내국법인 또는 외국법인의 국내사업장의 소재지로 하며, 유가증권의 양도소득 외의 소득이 있는 경우에는 국세청장이 지정하는 장소를 납세지로 한다.

2) 납세지의 지정

내국법인 또는 외국법인의 납세지가 그 법인의 사업 또는 자산상황으로 보아 그 법인의 납세지로 적당하지 아니하다고 인정되는 경우에는 관할지방국세청장이나 국세청장이 납세지를 지정할 수 있다.

납세지를 지정한 때에는 그 법인의 해당 사업연도 종료일부터 45일 이내에 이를 법인에게 알려야 하며, 만일 이 기한 내에 납세지의 지정통지를 하지 아니한 경우에는 종전의 납세지를 그 법인의 납세지로 한다.

납세지를 지정할 수 있는 사유는 다음과 같다.

① 내국법인의 본점 등의 소재지가 등기된 주소와 동일하지 아니한 경우
② 내국법인의 본점 등의 소재지가 자산 또는 사업장과 분리되어 있어 조세포탈의 우려가 있다고 인정되는 경우
③ 국내에 둘 이상의 국내사업장을 가지고 있는 외국법인의 경우로서 주된 사업장의 소재지를 판정할 수 없는 경우
④ 국내사업장이 없으면서 국내원천 부동산소득 또는 국내원천 부동산등양도소득이 발생하는 둘 이상의 자산이 있는 외국법인이 납세지 신고를 하지 아니한 경우

3) 납세지의 변경신고

(1) 내국법인

법인은 납세지가 변경된 경우 그 변경된 날부터 15일 이내에 변경 후의 납세지관할세무서장에게 납세지변경신고서를 제출하여야 한다. 이 경우 납세지가 변경된 법인이 부가가치세법에 따라 그 변경된 사실을 사업자등록 정정신고한 경우에는 납세지의 변경신고를 한 것으로 본다. 납세지의 변경신고를 하지 아니한 경우에는 종전의 납세지를 그 법인의 납세지로 한다.

납세지의 변경신고를 받은 세무서장은 그 신고받은 내용을 변경 전의 납세지관할세무서장에게 통보하여야 한다.

(2) 외국법인

외국법인도 납세지가 변경된 경우에는 내국법인의 납세지 변경신고를 준용하여 적용한다. 외국법인이 납세지를 국내에 가지지 아니하게 된 경우에는 그 사실을 납세지관할세무서장에게 신고하여야 한다.

(3) 합병 · 분할로 소멸하는 법인

피합병법인 등의[27] 각 사업연도의 법인세 신고는 피합병법인 등의 납세지에 각 사업연도의 종료일로부터 3개월 이내에 신고하여야 하고, 피합병법인 등의 청산소득은 피합병법인 등의 납세지에 합병등기일로부터 3개월 이내에 신고하여야 한다.

법인이 사업연도 중에 합병 또는 분할에 따라 소멸한 경우 피합병법인 등의 각 사업연도의 소득 및 청산소득에 대한 납세지는 합병법인 등의[28] 납세지(분할의 경우에는 승계한 자산가액이 가장 많은 법인의 소재지를 말함)로 할 수 있다. 이 경우 납세지의 변경신고를 하여야 한다.

---

27) 피합병법인 등에는 분할법인, 소멸한 분할합병의 상대방법인을 포함한다.

28) 합병법인 등에는 분할신설법인, 분할합병의 상대방법인을 포함한다.

Ⅲ 내국법인의 각 사업연도의 소득과 세무조정

1. 소득금액의 계산구조

1) 각 사업연도의 소득에 대한 법인세의 계산구조

각 사업연도의 소득에 대한 법인세의 계산구조는 다음과 같으며, 이는 법인세 과세표준 및 세액조정계산서에 따라 작성한다.

계산구조	비고
결산서의 당기순손익	· 기업회계에 따른 당기순손익
+ 익금산입 · 손금불산입 − 손금산입 · 익금불산입	· 세무조정: 소득금액조정합계표의 금액
= 차가감소득금액	
+ 기부금한도초과액	
− 기부금한도초과이월액손금산입	· 기부금 이월공제: 10년
= 각사업연도소득금액	
− 이월결손금	· 해당 사업연도 개시일 전 15년 이내에 발생한 세법에 따른 결손금
− 비과세소득	
− 소득공제	
= 과세표준	
× 세율	· 4단계 초과누진세율(10%, 20%, 22%, 25%)
= 산출세액	· 토지등 양도소득에 대한 법인세액 포함
− 세액감면	
− 세액공제	
+ 가산세	
+ 감면분추가납부세액	
= 총부담세액	
− 기납부세액	· 중간예납세액, 원천징수세액, 수시부과세액
= 차감납부할세액	

사업연도	. . . ~ . . .	**법인세 과세표준 및 세액조정계산서**	법인명	
			사업자번호	

구분	항목		코드	금액
① 각사업연도소득계산	⑩① 결산서상당기순손익		01	
	소득조정금액	⑩② 익금산입	02	
		⑩③ 손금산입	03	
	⑩④ 차가감소득금액 (⑩① + ⑩② − ⑩③)		04	
	⑩⑤ 기부금한도초과액		05	
	⑩⑥ 기부금한도초과이월액손금산입		54	
	⑩⑦ 각사업연도소득금액 (⑩④+⑩⑤-⑩⑥)		06	
② 과세표준계산	⑩⑧ 각 사업연도소득금액(⑩⑧=⑩⑦)			
	⑩⑨ 이월결손금		07	
	⑪⑩ 비과세소득		08	
	⑪⑪ 소득공제		09	
	⑪⑫ 과세표준(⑩⑧−⑩⑨−⑪⑩-⑪⑪)		10	
	⑮⑨ 선박표준이익		55	
③ 산출세액계산	⑪⑬ 과세표준(⑪⑫+⑮⑨)		56	
	⑪⑭ 세율		11	
	⑪⑮ 산출세액		12	
	⑪⑯ 지점유보소득(법인세법 제96조)		13	
	⑪⑰ 세율		14	
	⑪⑱ 산출세액		15	
	⑪⑲ 합계(⑪⑮+⑪⑱)		16	
④ 납부할 세액계산	⑫⑩ 산출세액(⑫⑩ = ⑪⑲)			
	⑫① 최저한세적용대상공제감면세액		17	
	⑫② 차감세액		18	
	⑫③ 최저한세적용제외공제감면세액		19	
	⑫④ 가산세액		20	
	⑫⑤ 가감계(⑫②-⑫③+⑫④)		21	
	기납부세액 / 기한내납부세액	⑫⑥ 중간예납세액	22	
		⑫⑦ 수시부과세액	23	
		⑫⑧ 원천납부세액	24	
		⑫⑨ 간접투자회사등의 외국납부세액	25	
		⑬⑩ 소계 (⑫⑥+⑫⑦+⑫⑧+⑫⑨)	26	
	기납부세액	⑬① 신고납부전가산세액	27	
		⑬② 합계(⑬⑩+⑬①)	28	
	⑬③ 감면분추가납부세액		29	
	⑬④ 차감납부할세액(⑫⑤-⑬②+⑬③)		30	
⑤ 토지등양도소득에 대한 법인세 계산	양도차익	⑬⑤ 등기자산	31	
		⑬⑥ 미등기자산	32	
	⑬⑦ 비과세소득		33	
	⑬⑧ 과세표준(⑬⑤+⑬⑥-⑬⑦)		34	
	⑬⑨ 세율		35	
	⑭⑩ 산출세액		36	
	⑭① 감면세액		37	
	⑭② 차감세액(⑭⑩-⑭①)		38	
	⑭③ 공제세액		39	
	⑭④ 동업기업법인세배분액(가산세 제외)		58	
	⑭⑤ 가산세액(동업기업배분액포함)		40	
	⑭⑥ 가감계(⑭②-⑭③+⑭④+⑭⑤)		41	
	기납부세액	⑭⑦ 수시부과세액	42	
		⑭⑧ ( ) 세액	43	
		⑭⑨ 계(⑭⑦+⑭⑧)	44	
	⑮⑩ 차감납부할세액(⑭⑥-⑭⑨)		45	
⑥ 세액계	⑮① 차감납부할세액계(⑬④+⑮⑩)		46	
	⑮② 사실과다른회계처리경정세액공제		57	
	⑮③ 분납세액계산범위액 (⑮①-⑫④-⑬③-⑭⑤-⑮②+⑬①)		47	
	분납할세액	⑮④ 현금납부	48	
		⑮⑤ 물납	49	
		⑮⑥ 계(⑮④+⑮⑤)	50	
	차감납부세액	⑮⑦ 현금납부	51	
		⑮⑧ 물납	52	
		⑯⑩ 계(⑮⑦+⑮⑧) (⑯⑩=(⑮①-⑮②-⑮⑥)	53	

2) 법인세 과세표준의 계산구조

내국법인의 각 사업연도의 소득에 대한 법인세의 과세표준은 각 사업연도의 소득의 범위에서 이월결손금, 비과세소득, 소득공제액을 차례로 공제한 금액을 말한다.

과세표준 = 각 사업연도의 소득 − 이월결손금 − 비과세소득 − 소득공제액

내국법인의 각 사업연도의 소득은 그 사업연도에 속하는 익금총액에서 손금총액을 뺀 금액으로 한다. 이 경우 각 사업연도의 손금총액이 익금총액을 초과하는 경우에는 그 초과하는 금액을 각 사업연도의 결손금이라 한다.

3) 각 사업연도의 소득

각 사업연도의 소득은 법인세법에 따라 계산한 과세소득을 말하고, 당기순이익은 일반적으로 인정되는 회계원칙에 따라 계산한 회계이익을 말한다.

기업회계의 목적은 기업회계기준에 따라 기업의 재산상태 및 경영성과를 적정하게 계산하여 주주·채권자 등 이해관계자가 합리적 의사결정을 할 수 있도록 목적적합성과 신뢰성을 갖춘 유용한 정보를 제공하는 데 있다. 기업회계는 각 기업의 서로 다른 사정을 더 잘 반영하도록 다양한 회계처리방법을 인정하기도 하고, 회계담당자의 판단에 따라 결정할 수 있는 여유를 상당히 부여하고 있다.

세무회계의 목적은 공평한 조세부담, 조세채권의 확보, 납세의무의 명확화를 기하는 데 있다. 따라서 기업회계기준 보다 훨씬 객관적이고 판단의 여지가 적은 세법규정이 마련되어 있다.

각 사업연도의 소득은 법인세법에 따라 법인의 익금총액과 손금총액을 일일이 집계하여 직접적으로 계산하는 것이 원칙이지만, 이는 기업회계와 세무회계의 장부를 각각 작성하여야 하는 어려움이 있다. 따라서 기업회계에 따른 당기순손익에서 출발하여 가산조정(익금산입, 손금불산입)과 차감조정(손금산입, 익금불산입)의 세무조정을 통하여 각 사업연도의 소득을 간접적으로 계산하는 방식을 채택하고 있다.

각 사업연도소득 = 익금총액 − 손금총액
= 기업회계의 당기순손익 + 익금산입·손금불산입 − 손금산입·익금불산입

2. 세무조정

1) 세무조정의 기초개념

(1) 의의

세무조정이란 기업의 재무제표에 표시되어 있는 당기순손익이 세법에 따른 과세소득과 비교하여 과소계상되어 있는 부분은 가산하고, 반대로 과대계상되어 있는 부분은 차감하는 절차를 말한다.

법인세법에 따른 과세소득은 기업회계기준에 따라 작성한 재무제표의 당기순손익을 기초로 하여 세법의 규정에 따라 익금과 손금을 조정하여 계산하는 방식을 채택하고 있다. 법인세법에 따른 각 사업연도의 소득을 산정하기 위한 계산구조는 다음과 같다.

결 산 서	세무조정		법인세법
수 익	(+)익금산입 (−)익금불산입	=	익 금
(−) 비 용	(+)손금산입 (−)손금불산입	=	(−) 손 금
당기순이익	(+)익금산입 및 손금불산입 (−)손금산입 및 익금불산입	=	각 사업연도 소득

(2) 세무조정의 발생원인

세무조정을 유발시키는 기업회계와 세무회계의 차이발생 원인은 다음과 같다.[29][30]

① 기업회계의 회계이익과 세무회계의 과세소득에 대한 개념에 따른 차이

② 기업회계의 수익·비용과 세무회계의 손익에 대한 인식기준에 따른 차이

③ 기업회계의 자산·부채와 세무회계의 자산·부채의 평가방법에 따른 차이

④ 조세정책적 목적에 따른 차이

---

29) 법인세법을 개괄적으로 분류하면 개념에 따른 차이는 법인세법 제15조에서 제39조까지, 인식기준에 따른 차이는 법인세법 제40조, 평가방법에 따른 차이는 법인세법 제41조에서 42조까지, 조세정책적 목적에 따른 차이는 법인세법 제44조에서 54조까지로 분류할 수 있다. 법인세법은 순자산증가설에 따라 과세소득을 계산하고, 손금과 익금은 권리의무확정주의에 따라 인식하며, 자산 및 부채의 평가는 원가법을 원칙으로 하고, 조세지원 및 공평과세를 실현할 조세정책적인 목적을 지니고 있다.

30) 기업회계에서는 손익법에 따라 회계이익을 계산하고, 수익과 비용은 발생주의(수익은 실현주의, 비용은 수익·비용대응원칙에 따름)에 따라 인식하고, 자산·부채의 평가는 시가법을 원칙으로 한다.

2) 가산조정과 차감조정

세무조정은 과세소득의 증감 여부를 기준으로 가산하는 세무조정과 차감하는 세무조정으로 구분한다.

(1) 가산조정

재무제표의 당기순이익보다 각 사업연도의 소득금액을 증가시키는 가산조정에는 익금산입과 손금불산입이 있다.

익금산입이란 기업회계에서는 수익으로 계상하지 아니한 것을 세법에서는 이를 익금으로 규정한 것을[31] 말하고, 손금불산입은 기업회계에서는 비용으로 인정되나 세법에서는 이를 손금으로 인정하지 아니하는 것이다.[32]

(2) 차감조정

재무제표의 당기순이익보다 각 사업연도의 소득금액을 감소시키는 차감조정에는 손금산입과 익금불산입이 있다.

손금산입이란 기업회계에서는 비용으로 인정하지 아니하나 세법에서는 이를 손금으로 인정하는 것을[33] 말하고, 익금불산입은 기업회계에서는 수익으로 계상하지만 세법에서는 이를 익금으로 보지 아니하는 것이다.[34]

각 사업연도 소득 = 기업회계 당기순이익 + 익금산입 + 손금불산입 − 손금산입 − 익금불산입

- 세무조정
  - 가산조정
    - 익금산입 : 기업회계의 수익(×), 세무회계의 익금(○)
    - 손금불산입: 기업회계의 비용(○), 세무회계의 손금(×)
  - 차감조정
    - 손금산입 : 기업회계의 비용(×), 세무회계의 손금(○)
    - 익금불산입: 기업회계의 수익(○), 세무회계의 익금(×)

---

31) 익금산입에는 유가증권의 저가매입에 따른 차액, 의제배당, 간주익금 등이 있다.

32) 손금불산입에는 법정요건을 갖추지 않는 대손금, 벌금 등, 자산의 평가손실, 감가상각비 · 기부금 · 접대비 한도초과액, 공동경비 초과부담액 등, 업무와 관련 없는 비용, 채권자가 불분명한 사채이자 등이 있다.

33) 손금산입에는 준비금(고유목적사업준비금, 책임준비금 등) 및 충당금(퇴직급여충당금, 대손충당금, 구상채권상각충당금 등), 국고보조금 · 공사부담금 · 보험차익으로 취득한 자산가액에 대한 일시상각충당금 · 압축기장충당금 등이 있다.

34) 익금불산입에는 자산의 평가이익, 지주회사 및 일반법인의 수입배당금 중 일정액, 국세환급금가산금, 자산수증이익 및 채무면제이익 중 이월결손금을 보전하는데 충당한 금액 등이 있다.

3) 결산조정과 신고조정

세무조정은 세무조정의 방법에 따라 결산조정과 신고조정으로 구분할 수 있다.

(1) 결산조정

결산조정이란 기업이 손비 등을 장부에 계상하여 결산확정할 때 재무제표에 반영하는 것을 말한다. 법인이 결산하는 경우 장부에 비용으로 계상한 경우에만 세법에서 손금으로 인정하고, 신고조정으로 손금산입할 수 없는 항목들을 결산조정사항이라 한다. 결산조정사항은 주로 외부와의 거래에서 발생되지 않고, 장부에 손금으로 계상할 지 여부가 법인 자신의 의사에 맡겨져 있는 것들이다.

결산조정사항(원칙)		신고조정 허용(예외)
자산의 평가 등	감가상각비	한국채택국제회계기준 적용법인 감가상각의제 업무용승용차의 감가상각비
	감가상각자산의 즉시상각의제	
	자산의 평가손실, 감액손실	
	소액미술품의 취득가액 즉시 손금산입	
충 당 금	퇴직급여충당금	퇴직연금의 부담금
	대손충당금, 대손금	소멸시효 완성된 대손금
준 비 금	법인세법의 준비금	고유목적사업준비금 비상위험준비금(K-IFRS)

(2) 신고조정

신고조정이란 기업회계의 수익 또는 비용에 해당하지 아니하는 사항과 세무회계의 익금 또는 손금에 해당하는 사항을 결산서의 당기순손익에 반영하지 아니하고 세무조정계산서에서 익금 또는 손금으로 조정하는 것을 말한다. 결산조정사항에 해당하지 않는 모든 항목이 신고조정사항이다.

신고조정은 그 성격에 따라 임의적 신고조정사항과 강제적 신고조정사항으로 구분한다. 임의적 신고조정사항은 일반적으로 세법의 준비금, 일시상각충당금, 압축기장충당금 등과 같이 기업회계에서는 비용계상을 허용하지 않으므로 기업회계와 세무회계의 차이를 조정하기 위하여 특별히 허용하는 것들이다. 임의적 신고조정사항은 법인이 세무조정계산서에 손금산입 여부를 선택할 수 있는 사항으로 손금산입의 의사표시를 하는 경우에만[35] 손금이 인정된다. 따라서 법인이 법인세를 신고하는 때에 손금으로 계상하지 아니하면 정부가 과세표준과 세액을 경정하는 경우에도 손금으로 인정하지 아니한다.

강제적 신고조정사항은 매출액 · 인건비 · 광고선전비 등과 같이 외부와의 거래에 따라 손익의 귀속시기가 확정되는 경우 등으로 법인은 반드시 결산서에 손익으로 계상하여야 하며, 법인이 결산서에 이를 계상하지 않은 경우에 결산서와 세법의 차이에 대하여 법인의 의사에 관계없이 강제로 세무조정하는 것을 말한다.

법인이 법인세의 과세표준과 세액을 신고하는 때에 강제적 신고조정사항을 손금으로 계상하지 아니한 경우에는 손금이 확정된 사업연도에 손금산입으로 신고조정하여 국세기본법에 따라 경정청구의 방법으로 손금산입할 수 있으나, 손금이 확정된 사업연도 후의 사업연도에는 손금산입할 수 없다.

4) 세무조정금액의 표시방법

세무조정의 결과는 해당 과세기간에 부담할 법인세에 영향을 줄 뿐만 아니라 소득처분에 따라 개인소득세에 영향을 주게 되고, 다음 연도 또는 그 이후의 세법에 따른 소득금액의 계산에 계속 영향을 미치게 되므로 철저한 사후관리가 요구된다.

법인이 과세표준을 신고하거나 정부가 결정 · 경정하는 경우에 발생한 계정과목, 금액, 소득처분의 내용은 소득금액조정합계표에 집계된다. 다만, 세무조정사항 중 기부금한도초과액은 소득금액조정합계표에 표시되지 아니하고 과세표준 및 세액조정계산서에 표시된다.

소득처분의 내용 중 미래의 과세표준을 계산하는 데 영향을 미치는 유보(△유보)는 체계적 관리가 필요하며, 이를 위해 자본금과 적립금조정명세서(을)에서 관리한다.

---

35) 손금산입의 의사표시는 다음 경우를 말한다.
① 조세특례제한법에 따른 준비금과 법인세법에 따른 고유목적사업준비금을 세무조정계산서에 계상하고, 그 금액 상당액을 해당 사업연도의 이익처분을 할 때 그 준비금으로 적립한 경우
② 일시상각충당금과 압축기장충당금을 세무조정계산서에 계상하고 이를 법인세 과세표준 신고할 때 손금에 산입한 경우

[별지 제15호서식] (앞 쪽)

사 업 연 도	소득금액조정합계표							법 인 명
사업자등록번호				법인등록번호				

익금산입 및 손금불산입				손금산입 및 익금불산입			
①과 목	②금 액	③소득처분		④과 목	⑤금 액	⑥소 득 처 분	
		처분	코드			처분	코드
합 계				합 계			

[별지 제50호서식(을)] (앞 쪽)

사업연도	. . . . . .	자본금과 적립금조정명세서(을)	법인명	
※관리번호	-	사업자등록번호	- -	

※ 표시란은 기입하지 마십시오.

세무조정유보소득 계산

①과목 또는 사항	②기초잔액	당 기 중 증 감		⑤기말잔액	비 고
		③감 소	④증 가	(익기초현재)	
합계					

3. 소득처분

1) 개요

(1) 소득처분의 개념

기업회계의 당기순이익은 주주총회 또는 사원총회에서 이익잉여금처분계산서의 승인을 얻어 잉여금처분이 확정되므로 법인의 의사에 따라 소득의 귀속자와 종류가 결정된다. 잉여금처분이란 법인이 가득한 이익 중 사내유보(법정적립금 및 임의적립금의 적립,[36] 자본조정항목의 상각[37])할 부분과 사외유출(현금배당, 상여)할 부분을 결정하고, 차기로 이월시킬 이익잉여금(차기이월미처분이익잉여금)을 산출하는 과정이다.

각 사업연도의 소득에 대하여도 소득의 귀속자와 종류를 결정하여야 한다. 각 사업연도의 소득 중 기업회계에 따른 당기순이익에 대해서는 상법의 잉여금처분에 따라 그 귀속이 결정되므로 별도의 처분을 할 필요가 없으며, 각 사업연도의 소득과 당기순이익의 차이인 세무조정금액에 대하여 귀속을 추가적으로 확인하여야 한다. 따라서 소득처분이란 세무조정금액에 대한 소득의 귀속자와 종류를 확정하는 절차를 말한다. 이는 소득금액조정합계표의 「처분」란에 표시되며, 모든 세무조정사항에는 소득처분이 동반된다.

(2) 소득처분의 시기와 주체

법인세의 과세표준을 신고하는 경우에는 법인이 스스로 세무조정 절차를 이행하기 때문에 각 사업연도의 소득에 대한 법인세의 과세표준을 신고하는 시점에 납세의무자인 법인이 소득처분을 한다.

법인이 법인세 과세표준의 신고가 없거나 신고내용에 오류·누락이 있어 정부가 이를 결정 또는 경정하는 경우에는 법인세의 과세표준을 결정·경정하는 시점에 과세권자인 정부가 소득처분을 하게 된다. 이와 같은 소득처분은 각 사업연도의 소득에 대한 법인세의 납세의무가 있는 모든 법인에 대하여 적용된다.

---

36) 법정적립금이란 상법·세법 등에 따라 강제로 적립되는 이익준비금·책임준비금 등을 말하고, 임의적립금이란 기업이 제3자와 계약 또는 기업의 경영자의 판단에 따라 이월이익잉여금의 일부에 대한 배당 처분을 제한하고자 자발적 의사에 따라 적립되는 사업확장적립금·감채적립금·배당평균적립금 등을 말한다.

37) 자본조정항목이란 자본거래에서 발생한 것으로 소유주지분에서 가감(주식할인발행차금, 자기주식처분손실, 감자차손 등)되어야 하거나 자본의 구성항목 중 어느 것에 가감(주식매수선택권, 미교부주식배당금 등)해야 하는지 알 수 없어서 회계상 자본에 가감하는 형식으로 기재하는 항목을 말한다. 자본조정항목의 상각이란 주식할인발행차금, 자기주식처분손실, 감자차손 등을 이익잉여금으로 상계하는 것을 말한다.

2) 소득처분의 유형

(1) 사외유출

각 사업연도의 소득에 대하여 신고·결정·경정·수정신고할 때 익금에 산입하거나 손금에 산입하지 아니한 금액이 기업 외부로 유출된 것이 분명한 경우에는 그 귀속자에 따라 배당(配當), 상여(賞與), 기타소득(其他所得), 기타사외유출(其他社外流出)로 처분한다. 이는 기업회계의 자산·부채와 세무회계의 자산·부채의 차이가 발생하지 아니하는 영구적차이를 구성하게 된다.

사외유출된 금액은 법인이 소득의 귀속자에게 법인의 이익을 분여한 것이므로 이익을 분여한 법인에게 원천징수하여 납부할 의무를 부과하고, 이익을 분여받은 소득의 귀속자에게 소득세 또는 법인세의 납세의무를 부과한다.

① 배당

익금에 산입한 금액의 귀속자가 주주인 경우에는 배당으로 처분한다. 다만, 주주가 임원 및 직원인 경우에는 상여로 처분하고, 법인주주인 경우에는 기타사외유출로 처분한다.

임원 등은 경영에 직접 참가하고 있는 관계로 조세회피의 수단을 강구할 수 있는 기회가 많기 때문에 이를 제재할 목적으로 배당보다는 대체로 세금이 많이 과세되는 상여로 처분한다. 우리나라의 소득세법은 배당소득에 대한 세액공제를 인정하고 있기 때문에 일반적으로 배당으로 처분되는 것이 상여로 처분되는 것보다 유리하다. 물론 상여로 처분된 부분에 대해서는 근로소득공제가 적용되지만 소득공제와 세액공제는 그 실질적 혜택에서 차이가 있다.

이러한 소득처분은 상법에 따른 배당은 아니지만 배당으로 간주하여 과세하는 것이므로 실무상 인정배당이라 한다. 배당처분을 하는 법인은 배당소득세를 원천징수하여 납부하고, 배당으로 소득처분을 받은 주주는 법인의 해당 사업연도의 결산확정일을 소득의 귀속시기로 하여 배당소득에 대한 종합소득세의 납세의무를 부담한다.[38][39]

---

38) 법인세법에 따라 세무서장·지방국세청장이 법인소득금액을 결정 또는 경정함에 있어서 처분되는 배당·상여·기타소득은 법인소득금액을 결정 또는 경정하는 세무서장·지방국세청장이 그 결정일 또는 경정일부터 15일내에 소득금액변동통지서에 의하여 당해 법인에게 통지하여야 한다.

39) 해당 법인의 소재지가 분명하지 아니하거나 그 통지서를 송달할 수 없는 경우에는 당해 주주 및 당해 상여나 기타소득의 처분을 받은 거주자에게 통지하여야 한다. 세무서장·지방국세청장이 해당 법인에게 소득금액변동통지서를 통지한 경우 통지하였다는 사실을 해당 주주 및 해당 상여나 기타소득의 처분을 받은 거주자에게 알려야 한다.

② 상여

익금에 산입한 금액의 귀속자가 임원 또는 직원의 경우에는 상여로 처분한다.[40][41][42] 이 경우 임원 또는 직원이 주주인 경우에도 상여로 처분한다.

이러한 소득처분은 상여금으로 실제로 지급한 것은 아니지만 상여로 간주하여 과세하는 것이므로 일반적인 상여금과 구분하여 실무상 인정상여라 한다. 상여처분을 한 법인은 근로소득세를 원천징수하여 납부하고, 상여로 소득처분을 받은 임원 또는 직원은 해당 사업연도 중 근로를 제공한 날을 소득의 귀속시기로 하여 근로소득에 대한 종합소득세의 납세의무를 부담한다.

③ 기타사외유출

익금에 산입한 금액의 귀속자가 법인이거나 사업을 경영하는 개인인 경우에는 기타사외유출로 처분한다. 이 경우 그 분여된 이익이 내국법인·외국법인의 국내사업장의 각 사업연도의 소득이나 거주자·비거주자의 국내사업장의 사업소득을 구성하는 경우에만 적용한다.

기타사외유출금액은 자동적으로 귀속자의 소득을 구성하여 과세되거나 그 자체로 종결되므로 귀속자에게 추가적인 과세를 하지 않으며 법인의 원천징수의무도 없다.

④ 기타소득

익금에 산입한 금액의 귀속자가 주주, 임원 및 직원, 법인 및 개인사업자가 아닌 기업의 외부자(제3자)인 경우에는 소득의 귀속자에게 기타소득으로 처분한다.

기타소득의 처분을 한 법인은 기타소득세를 원천징수하여 납부하고, 기타소득으로 소득처분을 받은 제3자는 법인의 해당 사업연도의 결산확정일을 소득의 귀속시기로 하여 기타소득에 대한 종합소득세의 납세의무를 부담한다.

---

40) 법인이 임원 또는 직원에게 부과된 벌금·과료·과태료·교통벌과금을 대신 부담한 경우에도 그 벌금 등의 부과대상이 된 행위가 법인의 업무수행과 관련된 것일 때에는 법인에게 귀속된 금액으로 보아 손금불산입하고 기타사외유출로 처분한다. 다만, 내부규정에 의하여 원인유발자에게 변상조치하기로 되어 있는 경우에는 당해 원인유발자에 대한 상여로 처분한다.

41) 각 사업연도의 소득금액 계산상 익금에 산입하는 매출누락액 등의 금액은 외상매출금 계상누락 및 매출누락액의 사실상 귀속자가 별도로 부담한 동 매출누락액에 대응하는 원가상당액으로서 부외처리 되어 법인의 손금으로 계상하지 아니하였음이 입증되는 금액을 제외하고는 그 총액(부가가치세 등 간접세를 포함함)을 상여 등으로 소득처분한다.

42) 해당 법인의 대표자가 아니라는 사실이 객관적인 증빙이나 법원의 판결에 의하여 입증되는 경우를 제외하고는 등기상의 대표자를 그 법인의 대표자로 본다.

표 1-1 사외유출에 대한 소득처분 및 사후관리

귀 속 자	소득종류	사후관리	
		법인[43]	귀속자
주주, 출자자	배당(인정배당)	원천징수	소득세 납세의무(결산확정일)
임원, 직원	상여(인정상여)	원천징수	소득세 납세의무(근로제공일)
법인, 개인사업자	기타사외유출	없음	없음
제3자(기업의 외부인)	기타소득	원천징수	소득세 납세의무(결산확정일)

사례 ❶ 사외유출에 대한 이해

건물을 사용한 자가 임원, 직원, 개인, 법인으로서 주주인 경우와 주주가 아닌 경우로 구분하여 각각 소득처분을 하시오.

(1) (주)고려는 제7기 중에 건물의 수선비를 지출하고 손익계산서에 판매관리비로 회계처리하였다.
(차변) 수선비 1,000,000 (대변) 현금 1,000,000

(2) 수선비를 지출한 건물은 (주)고려의 업무와 전혀 관련 없이 사용하였다. 따라서 동 건물에 대한 수선비는 손금으로 인정되지 않는다.

【해석】

√법인의 자산(현금)이 사외로 유출된 것이 분명하므로 1,000,000원을 손금불산입하고 귀속자에게 다음과 같이 소득처분한다.

귀 속 자	주주, 출자자인 경우	주주, 출자자가 아닌 경우
임원, 직원	상 여	상 여 (근로대가)
개 인	배 당	기 타 소 득 (제3자)
법 인	기타사외유출	기타사외유출 (법인소득 포함)

43) 법인세 과세표준을 신고하거나 결정·경정할 때 배당, 상여, 기타소득으로 처분된 금액에 대해서는 해당 법인이 소득세를 원천징수하여 그 지급일이 속하는 달의 다음달 10일까지 납부하여야 한다. 이 경우 배당, 상여, 기타소득으로 처분된 금액은 다음의 날에 지급된 것으로 보아 원천징수한다.
① 법인세 신고할 때 처분한 금액은 해당 법인의 법인세 과세표준 및 세액의 신고기일
② 법인세 결정 또는 경정할 때 처분한 금액은 해당 법인 등이 소득금액변동통지서를 받은 날

(2) 사내유보(유보 · △유보)

각 사업연도의 소득에 대하여 신고 또는 결정 · 경정할 때 익금에 산입한 금액이 기업 외부로 유출되지 않은 경우에는 사내유보로 처분한다. 이 경우 익금에 산입한 금액이란 세무회계와 기업회계의 차이에 상당하는 세무조정금액을 지칭하는 것을 의미한다.

세무조정금액이 법인의 자본을 증가시키는 것(자산의 증가, 부채의 감소)으로 인정되는 경우에는 유보처분하고,[44] 법인의 자본을 감소시키는 것(자산의 감소, 부채의 증가)으로 인정되는 경우에는 △유보처분한다.[45]

재무상태표에 과대 또는 과소계상된 자산 · 부채는 궁극적으로 수익 · 비용에 영향을 미치게 된다. 해당 사업연도에 유보(△유보)처분은 차기 이후 반대의 세무조정인 △유보(유보)처분에 따라 상계됨으로써 기업회계와 세무회계의 차이가 해소된다. 따라서 유보(△유보)처분은 기업회계와 세무회계의 일시적차이(timing difference)를 초래한다.

유보(△유보)처분은 법인세법의 입장에서 결산서의 자산 · 부채의 왜곡을 수정함으로써 차기 이후의 세무조정을 적정하게 수행할 수 있도록 하는 역할을 한다고 볼 수 있다. 유보(△유보)는 체계적 관리가 필요한데, 이는 자본금과 적립금조정명세서(을)에서 관리한다.[46]

(3) 기타

세무조정금액이 사외유출되지 않고 사내에 남아 있으나, 기업회계와 세무회계의 자본(자산과 부채)의 차이를 유발시키지 않으면 기타로 처분한다.

기타처분의 경우 세무조정금액이 사외유출되지 않았으므로 귀속자에 대한 납세의무가 발생되지 않으며, 기업회계의 자산 · 부채와 세무회계의 자산 · 부채의 차이가 발생되지 않기 때문에 차기 이후에 반대의 세무조정을 할 필요도 없다.

---

44) 익금산입 및 손금불산입으로 유보처분된 금액을 기업회계의 장부가액에 더하면 세무회계의 평가액이 된다(기업회계 장부가액 + 유보금액 = 세무회계 평가액).

45) 손금산입 및 익금불산입으로 △유보처분된 금액을 기업회계의 장부가액에서 빼면 세무회계의 평가액이 된다(기업회계 장부가액 - 유보금액 = 세무회계 평가액).

46) 특수관계있는 자로부터 자산을 시가를 초과하여 매입하는 경우에는 시가를 초과하는 금액은 익금에 산입하여 이를 소득 귀속자별로 처분하고, 자산의 과대계상을 손금에 산입하여 사내유보로 처분한다. 이 경우 대금을 분할하여 지급하는 때에는 미지급한 시가초과액을 익금에 산입하여 사내유보로 처분하고, 매입대금이 실제로 지급하는 때에 소득 귀속자별로 처분하며, 대금을 분할하여 지급하는 때에는 시가에 상당하는 금액을 먼저 지급한 것으로 본다.

사례 ❷ 유보(△유보) 처분에 대한 이해

㈜고려의 토지와 관련된 제14기와 제15기의 세무조정과 소득처분을 하시오.

(1) ㈜고려는 제14기에 토지를 ₩1,000,000에 취득하면서 그 토지분 취득세 20,000을 다음과 같이 세금과공과금(비용)로 처리하였다.

(차)	토 지	1,000,000	(대)	현 금	1,020,000
	세금과공과금	20,000			

(2) ㈜고려는 위 토지를 제15기에 ₩1,700,000에 처분하고 다음과 같이 회계처리하였다.

(차)	현 금	1,700,000	(대)	토 지	1,000,000
				유형자산처분이익	700,000

【해석】

√ 제14기의 세무조정: 〈손금불산입〉 토지 20,000 유보

- 토지의 취득가액은 매입가액에 부대비용을 더한 것으로 한다. 비용으로 계상한 토지의 취득세를 손금불산입하여 유보하는 방법으로 자산(자본)을 증가시킨다.

→ 세무회계: (차)	토 지	1,020,000	(대)	현 금	1,020,000
→ 조정분계: (차)	토 지	20,000		세금과공과금	20,000

- 세법에 따른 토지의 취득가액: 1,000,000(기업회계) + 20,000(유보) = 1,020,000

√ 제15기의 세무조정: 〈익금불산입〉 토지 20,000 △유보

- 세법의 토지의 취득가액(1,020,000)과 기업회계의 취득원가(1,000,000)의 차액 20,000원만큼 토지의 취득가액을 과소계상하였으므로 유형자산처분이익(이익잉여금, 자본)이 과대계상되어 있다.

→ 세무회계: (차)	현 금	1,700,000	(대)	토 지	1,020,000
				유형자산처분이익	680,000

사례 ❸ 기타 처분에 대한 이해

㈜고려는 자기주식을 처분하고 기업회계기준에 따라 자본잉여금으로 처리하였다. 법인세법의 자기주식처분이익은 익금항목으로 규정되어 있다. 이에 대한 세무조정과 소득처분을 표시하시오.

(차)	현 금	50,000,000	(대)	자기주식	40,000,000
				자기주식처분이익(자본잉여금)	10,000,000

【해석】

√ 세무조정: 〈익금산입〉 자기주식처분이익 10,000,000 기타

• 세무회계: (차)	현 금	50,000,000	(대)	자기주식	40,000,000
				유가증권처분이익	10,000,000

√ 세법에 따른 익금을 법인이 자본(자본잉여금)으로 계상하였으므로 기타로 소득처분한다.

3) 소득처분의 특례

(1) 사외유출된 것은 분명하나 그 귀속자가 불분명한 경우

익금에 산입한 금액이 사외유출된 것이 분명하나 그 귀속자가 불분명한 경우에는 **대표자에[47] 대한 상여**로 처분한다. 이는 사외유출된 금액의 귀속자가 불분명한 경우에는 경험칙상 법인의 대표자에게 귀속되었을 개연성이 높을 뿐만 아니라, 대표자가 그 귀속자를 밝히지 못한데 대한 제재로서 소득세를 부과함으로써 귀속자를 밝히도록 강제하기 위함이다.

(2) 추계결정 · 경정하는 경우

추계방법에 따라 결정 · 경정된 과세표준과 법인의 재무상태표상 당기순이익의 차액은 **대표자에 대한 이익처분에 따른 상여**로 한다. 이 경우 추계결정 · 경정된 과세표준이 법인세액 산출 전의 소득이므로 이와 비교하는 당기순이익도 법인세차감전 당기순이익이어야 하고, 법인이 결손으로 신고한 경우에는 그 결손은 없는 것으로 본다. 이는 장부의 기록 · 보관하지 아니한 것에 대한 제재로서 대표자에게 소득세를 과세함으로써 장부의 기록 · 보관을 유도하기 위한 것이다.

다만, 천재지변 등의 불가항력으로 장부나 증명서류가 멸실되어 추계하는 경우에는 기타사외유출로 처분한다.

(3) 사외유출금액을 회수하고 수정신고하는 경우

내국법인이 국세기본법의 수정신고기한 내에 매출누락 · 가공경비 등 부당하게 사외유출된 금액을 회수하고 세무조정으로 익금산입하여 신고하는 경우의 소득처분은 사내유보로[48] 한다. 다만, 경정이 있을 것을 미리 알고 사외유출된 금액을 익금산입하는 경우에는 사내유보로 소득처분하지 아니한다.[49]

---

47) 대표자란 소액주주 등이 아닌 주주인 임원 및 그와 특수관계인이 소유하고 있는 주식을 합하여 해당 법인의 발행주식총수의 30% 이상을 소유하고 있는 경우의 그 임원이 법인의 경영을 사실상 지배하고 있는 경우에는 그 자를 대표자로하고, 대표자가 2명 이상인 경우에는 사실상의 대표자로 한다.

48) 이 경우 매출누락, 가공경비 등의 계상일로부터 사외유출금액의 회수일까지 그 귀속자에 대한 업무무관가지급금으로 본다.

49) 경정이 있을 것을 미리 알고 있는 경우란 세무조사의 통지를 받은 경우, 세무조사에 착수된 것을 알게 된 경우, 세무공무원이 과세자료 · 민원 등의 처리를 위해 현지출장 · 확인업무에 착수한 경우, 납세지관할세무서장으로부터 과세자료 해명 통지를 받은 경우, 수사기관의 수사 또는 재판 과정에서 사외유출 사실이 확인된 경우 등을 말한다.

(4) 반드시 기타사외유출로 처분하는 경우

익금에 산입한 금액이 사외유출된 것임에도 불구하고, 다음의 세무조정사항은 귀속자를 불문하고 반드시 기타사외유출로 처분한다. 이것은 조세정책적 목적 또는 이중과세방지 등의 사유에 따라 익금산입하거나 손금불산입하는 사항들로서 귀속자에 대한 납세의무를 지우지 않는 것들이다.

① 기부금의 손금산입한도액을 초과하여 익금에 산입한 금액

② 접대비의 한도초과액 또는 법정증명서류미수취에 따른 손금불산입액

③ 업무용승용차의 감가상각비 및 처분손실에 대한 이월액으로 익금산입한 금액

④ 채권자가 불분명한 사채이자 및 지급받은 자가 불분명한 채권 · 증권의 이자에 대한 원천징수세액 상당하는 금액

⑤ 업무무관자산 등에 관련된 지급이자 손금불산입액

⑥ 귀속이 불분명하거나 추계결정 · 경정함에 따라 익금에 산입한 금액이 대표자에게 귀속된 것으로 보아 상여로 처분한 경우 법인은 그 처분에 따른 소득세 등을 대납하고, 이를 비용(세금과공과)으로 계상하거나 대표자에 대한 대여금으로 회계처리한다. 법인이 소득세 대납분을 손비계상하거나 대표자와 특수관계가 소멸될 때까지 회수하지 않음에 따라 익금산입한 금액

⑦ 불공정자본거래에 대하여 부당행위계산의 부인규정을 적용함에 따라 익금에 산입한 금액으로서 귀속자에게 증여세가 과세되는 금액

⑧ 외국법인의 국내사업장의 각 사업연도의 소득에 대한 법인세의 과세표준을 신고하거나 결정 · 경정함에 있어서 익금에 산입한 금액이 그 외국법인 등에 귀속되는 소득과 국제조세조정에 관한 법률에 따른 과세조정으로 익금에 산입한 금액이 국외특수관계인으로부터 반환되지 않은 소득

⑨ 임대보증금 등에 대한 간주익금

연습문제

1. 법인세법의 과세소득의 범위와 사업연도 및 납세지에 관한 설명으로 옳지 않은 것은? (CTA. 2016)

① 영리내국법인에 대하여는 각 사업연도의 소득, 청산소득, 법령에 따른 토지등 양도소득에 대하여 법인세를 부과한다.

② 출자지분의 양도로 인하여 생기는 수입은 비영리내국법인의 각 사업연도의 소득에 포함되지 않는다.

③ 비영리외국법인의 각 사업연도의 소득은 국내원천소득 중 수익사업에서 생기는 소득만 해당한다.

④ 내국법인이 사업연도 중에 연결납세방식을 적용받는 경우에는 그 사업연도 개시일부터 연결사업연도 개시일 전날까지의 기간을 1사업연도로 본다.

⑤ 납세지가 변경된 법인이 부가가치세법에 따라 그 변경된 사실을 신고한 경우에는 법인세법에 따른 납세지 변경신고를 한 것으로 본다.

【정답】 ②

√출자지분의 양도는 비영리법인의 수익사업에 포함된다.

2. 법인세법상 장부에 계상하여야 세무조정의 효과가 발생하는 조정(이하 '결산조정'이라 함)과 소득금액조정합계표에 계상하여야 세무조정의 효과가 발생하는 조정(이하 '신고조정'이라 함)에 관한 설명으로 옳은 것을 모두 고른 것은? (CTA. 2017)

ㄱ. 익금항목은 모두 신고조정사항이다.

ㄴ. 일시상각충당금은 원칙적으로 결산조정사항이지만, 예외적으로 신고조정을 허용한다.

ㄷ. 채무자 회생 및 파산에 관한 법률에 따른 회생계획인가의 결정 또는 법원의 면책결정에 따라 회수불능으로 2021년도에 확정된 채권을 2024년도에 손금에 계상한 경우 손금으로 인정되지 않는다.

ㄹ. 감가상각비의 손금산입은 모두 결산조정사항이다.

① ㄱ　② ㄴ, ㄷ　③ ㄷ, ㄹ
④ ㄱ, ㄴ, ㄷ　⑤ ㄱ, ㄴ, ㄷ, ㄹ

【정답】 ④

√감가상각비 중 감가상각의제 대상법인의 의제상각비와 2016.1.1. 이후 개시하는 사업연도에 취득한 업무용승용차의 감가상각비는 강제신고조정사항이고, 한국채택국제회계기준을 적용하는 법인은 신고조정할 수 있다.

3. 법인세법의 사업연도에 관한 설명으로 옳지 않은 것은? (2012. CPA)

① 내국법인이 사업연도 중에 연결납세방식을 적용받는 경우에는 그 사업연도 개시일부터 연결사업연도 개시일 전일까지의 기간을 1사업연도로 본다.

② 법령에 따라 사업연도가 정해지는 법인이 아닌 (주)고려(사업연도 1.1~12.31)가 제12기 사업연도를 2012.10.1~2013.9.30로 변경하기 위하여 2012.4.5에 사업연도 변경신고서를 납세지관할 세무서장에게 제출한 경우 변경 후 최초사업연도는 2013.1.1.~2013.9.30이다

③ 내국법인인 (주)중앙(사업연도 1.1~12.31)이 분할에 따라 해산하여 2012.5.1에 해산등기를 한 경우에는 2012.1.1부터 2012.5.1까지를 (주)중앙의 1사업연도로 본다.

④ 국내사업장을 가지고 있으며 법령이나 정관 등에 사업연도에 관한 규정이 없는 외국법인 (주)코리아가 사업연도 신고를 하지 않은 경우 (주)코리아의 최초 사업연도는 국내사업장을 가지게 된 날로부터 그 날이 속하는 해의 12.31까지로 한다.

⑤ 상법, 그 밖의 법령에 따라 그 조직을 변경한 경우에도 조직변경 전의 법인해산등기 또는 조직변경 후의 법인설립등기에 관계없이 해당 법인의 사업연도는 조직변경 전 사업연도가 계속되는 것으로 한다.

【정답】 ③

√해산에는 합병 · 분할 · 조직변경에 따른 해산을 제외하며, 분할에 따라 해산하는 경우에는 사업연도 개시일로부터 분할등기일까지의 기간을 그 해산한 법인의 1사업연도로 한다.

4. 법인세법상 사업연도와 납세지에 관한 설명이다. 옳지 않은 것은? (CPA. 2019)

① 내국법인이 사업연도 중에 상법의 규정에 따라 조직변경을 한 경우에는 조직변경 전의 사업연도가 계속되는 것으로 본다.

② 내국법인이 사업연도 중에 연결납세방식을 적용받는 경우에는 그 사업연도 개시일부터 연결사업연도 개시일 전날까지의 기간을 1사업연도로 본다.

③ 사업연도를 변경하려는 법인은 그 법인의 직전 사업연도 종료일부터 3개월 이내에 사업연도변경신고서를 납세지관할세무서장에게 제출하여 이를 신고하여야 한다.

④ 둘 이상의 국내사업장이 있는 외국법인의 경우 주된 사업장의 소재지를 납세지로 한다.

⑤ 납세지관할세무서장은 내국법인의 본점 소재지가 등기된 주소와 동일하지 아니한 경우 납세지를 지정할 수 있다.

【정답】 ⑤

√납세지관할세무서장은 → 관할지방국세청장이나 국세청장은

5. 법인세법의 총칙에 관한 설명으로 옳지 않은 것은? (CTA. 2018)

① 내국법인 중 국가와 지방자치단체에 대하여는 법인세를 납부할 의무가 없다.

② 자산이나 사업에서 생기는 수입이 법률상 귀속되는 법인과 사실상 귀속되는 법인이 서로 다른 경우에는 그 수입이 사실상 귀속되는 법인에 대하여 법인세법을 적용한다.

③ 신탁재산에 귀속되는 소득은 그 신탁의 이익을 받을 수익자가 특정된 경우 그 수익자가 그 신탁재산을 가진 것으로 보고 법인세법을 적용한다.

④ 둘 이상의 국내사업장이 있는 외국법인이 사업연도 중에 그 중 하나의 국내사업장을 가지지 아니하게 된 경우에는 그 사업연도 개시일부터 그 사업장을 가지지 아니하게 된 날까지의 기간을 그 법인의 1사업연도로 본다.

⑤ 법령에 따라 사업연도가 정하여지는 법인이 관련 법령의 개정에 따라 사업연도가 변경된 경우에는 사업연도의 변경신고를 하지 아니한 경우에도 사업연도가 변경된 것으로 본다.

【정답】 ④

√그 사업장을 가지지 아니하게 된 날까지 → 그 사업연도 종료일까지

- 국내에 다른 사업장을 계속하여 가지고 있는 경우에는 국내사업장을 가지지 아니하게 된 날까지의 기간을 그 법인의 1사업연도로 보지 아니하다.

6. 법인세법상 사업연도와 납세지에 관한 설명으로 옳지 않은 것은?(CPA. 2017)

① 법령이나 정관 등에 사업연도에 관한 규정이 없는 내국법인은 따로 사업연도를 정하여 납세지 관할세무서장에게 신고하여야 한다.

② 법령에 따라 사업연도가 정하여지는 법인이 관련 법령의 개정에 따라 사업연도가 변경된 경우에는 사업연도의 변경신고를 하지 아니한 경우에도 그 법령의 개정내용과 같이 사업연도가 변경된 것으로 본다.

③ 내국법인의 법인세 납세지는 그 법인의 등기부에 따른 본점이나 주사무소의 소재지로 한다. 다만, 법인으로 보는 단체의 경우에는 당해 단체가 신고하는 장소로 하고 신고가 없는 경우 관할세무서장이 정하는 장소로 한다.

④ 내국법인이 사업연도 중에 연결납세방식을 적용받는 경우 그 사업연도 개시일부터 연결사업연도 개시일 전날까지의 기간을 1사업연도로 본다.

⑤ 관할지방국세청장이나 국세청장이 납세지를 지정하는 경우 그 법인의 당해 사업연도 종료일로부터 45일 이내에 지정통지를 하여야 한다.

【정답】 ③

√법인으로 보는 단체의 경우에는 주된 사업장 소재지 및 주된 부동산의 소재지 → 정관 등에 기재된 주사무소의 소재지 → 단체의 대표자 또는 관리인의 주소지로 한다.

7. 법인세법의 납세의무와 사업연도에 관한 설명으로 옳지 않은 것은? (2013. CPA)

① 법령이나 정관 등에 사업연도에 관한 규정이 없는 내국법인은 따로 사업연도를 정하여 법인세법의 법인설립신고 또는 사업자등록과 함께 납세지관할세무서장에게 사업연도를 신고하여야 한다.

② 사업연도를 변경하려는 법인은 그 법인의 직전 사업연도 종료일부터 3개월 이내에 납세지관할세무서장에게 신고하여야 한다.

③ 학술, 종교, 자선 등 영리 아닌 사업을 목적으로 설립된 비영리내국법인이라 하더라도 해당 법인의 수익사업에서 생기는 소득에 대해서는 각 사업연도의 소득에 대한 법인세 납세의무를 진다.

④ 외국에서 주된 영업을 하는 영리법인은 국내에 본점이나 주사무소 또는 사업의 실질적 관리장소를 두고 있다 하더라도 내국법인으로 분류될 수 없다.

⑤ 내국법인 중 국가와 지방자치단체(지방자치단체조합을 포함)에 대해서는 법인세를 납부할 의무가 없다.

【정답】 ④

√본점, 주사무소, 사업의 실질적 관리장소가 국내에 있는 경우에는 내국법인이다.

8. (주)고려의 제17기 사업연도(2022.1.1~2022.12.31)의 법인세 세무조정 자료이다. 제17기 자본금과 적립금조정명세서(을)의 기말잔액의 합계액으로 옳은 것은? (2012. CPA)

(1) 제16기 자본금과 적립금조정명세서(을) 기말잔액

과목 또는 사항	기말잔액	
미수수익	5,000,000원	△유보
감가상각비 한도초과액	500,000원	유 보
퇴직급여충당금 한도초과액	600,000원	유 보
무상주 의제배당	1,000,000원	유 보
선급비용	2,000,000원	유 보

(2) 제17기 세무조정자료

익금산입 및 손금불산입		손금산입 및 익금불산입	
법인세비용	3,500,000원	국고보조금에 대한 일시상각충당금	1,500,000원
법정기부금 한도초과액	500,000원	지정기부금 한도초과 이월액의 손금산입액	900,000원
감가상각비 한도초과액	2,200,000원	전기오류수정손실*로 계상한 감가상각비	500,000원
대손충당금 한도초과액	800,000원	재고자산평가증	200,000원
증빙미수취 접대비	400,000원	전기 선급비용 중 당기 비용분	1,500,000원
건설자금이자 중 특정차입금이자의 비용계상액	800,000원	국세의 과오납금의 환급금에 대한 이자	100,000원

* 전기이월이익잉여금을 수정함

① △800,000원 ② △300,000원 ③ 100,000원
④ 200,000원 ⑤ 1,200,000원

【정답】 ②

√유보 증가액: 2,200,000 + 800,000 + 800,000 = 3,800,000원

유보 감소액: 1,500,000 + 1,500,000 + 200,000 = 3,200,000원

기 말 잔 액: △900,000 + 3,800,000 − 3,200,000 = △300,000원

9. 제조업을 주업으로 하는 내국법인 (주)A(중소기업 아님, 상시근로자 50인)가 다음 자료를 근거로 제18기 사업연도(2022.1.1~2022.12.31)의 세무조정을 적정히하는 경우 사내유보와 사외유출로 소득처분해야 할 금액의 합계는 각각 얼마인가? (단, 전기 이전의 모든 세무조정은 적정하였으며, 주어진 자료 이외에는 고려하지 않음) (CTA. 2018)

(1) 제18기의 자본금과 적립금 조정명세서(을)상의 기초잔액 및 관련 자료

과목	기초잔액(원)	제18기 중 발생한 사항
토지	△8,400,000	토지의 절반을 현금 60,000,000원에 처분하고, 유형자산처분이익 10,000,000원을 결산서에 계상하였다.
건물	5,000,000	(주)A의 업무에 직접 사용하지 않으며, (주)A의 대주주인 (주)B가 사용하고 있다. (주)A는 당해 건물의 외부도장 비용 2,000,000원을 현금지출하고, 이를 수선비로 결산서에 반영하였다.
기계장치	-	제18기 초에 장기할부조건으로 취득하였고, 취득대금 3,000,000원은 3년에 걸쳐 매년 말 균등상환하며, 취득대금의 현재가치 2,500,000원을 반영하여 다음과 같이 회계처리하였다. (차) 기계장치 2,500,000 (대) 장기미지급금 3,000,000 현재가치할인차금 500,000

(2) 2021.1.1.에 취득하여 업무에 사용하던 업무용승용차 1대(법인세법상 업무용승용차로서의 요건은 모두 충족함)를 2022.12.31.에 처분하고, 이에 따른 처분손실 11,500,000원을 결산서에 반영하였다.

	사내유보	사외유출		사내유보	사외유출
①	3,500,000원	7,240,000원	②	4,200,000원	5,500,000원
③	5,000,000원	14,200,000원	④	7,700,000원	2,000,00원
⑤	9,200,000원	2,000,000원			

【정답】②

√토지: 〈손금불산입〉 토지 4,200,000 유보

√건물: 〈손금불산입〉 건물(수선비) 2,000,000 기타사외유출

- 사외유출된 금액의 귀속자가 법인주주이므로 기타사외유출로 처분한다.

√업무용승용차: 〈손금불산입〉 업무용승용차 처분손실 3,500,000 기타사외유출

- 업무용승용차의 처분손실 이월액: 11,500,000 − 8,000,000 = 3,500,000원

10. 법인세법상 소득처분에 관한 설명으로 옳지 않은 것은? (CTA. 2020)

① 소득처분은 각 사업연도 소득에 대한 법인세 납세의무가 있는 영리법인뿐만 아니라 비영리 내국법인과 비영리 외국법인에 대하여도 적용된다.

② 사외유출된 금액의 귀속자가 법인으로써 그 분여된 이익이 내국법인 또는 외국법인의 국내사업장의 각 사업연도의 소득을 구성하는 경우 기타사외유출로 처분한다.

③ 내국법인이 국세기본법상 수정신고기한 내에 매출누락, 가공경비 등 부당하게 사외유출된 금액을 회수하고 세무조정으로 익금에 산입하여 신고하는 경우 기타사외유출로 처분한다.

④ 법령으로 정하는 채권자가 불분명한 사채의 이자(동 이자에 대한 원천징수세액은 제외)는 대표자에 대한 상여로 처분하고 익금에 산입한 이자 · 할인액 또는 차익에 대한 원천징수세액에 상당하는 금액은 기타사외유출로 처분한다.

⑤ 사외유출된 금액의 귀속이 불분명하여 대표자(법령이 정하는 대표자로 함)에게 귀속된 것으로 처분한 경우 당해 법인이 그 처분에 따른 소득세 등을 대납하고 이를 손비로 계상하거나 그 대표자와의 특수관계가 소멸될 때까지 회수하지 아니함에 따라 익금에 산입한 금액은 기타사외유출로 처분한다.

【정답】 ③, 기타사외유출로 처분한다. → 유보로 처분한다.

11. 법인세법상 소득처분에 관한 설명이다. 옳지 않은 것은? (CPA. 2020)

① 익금에 산입한 금액 중 사외로 유출된 것이 분명하나 그 처분이 배당, 상여, 기타사외유출에 해당하지 않는 경우 기타소득으로 처분한다.

② 익금에 산입한 금액이 사외에 유출되지 아니한 경우 유보 또는 기타로 처분한다.

③ 익금에 산입한 금액 중 그 귀속이 불분명하여 대표자에게 상여로 처분한 경우 당해 법인이 그 처분에 따른 소득세 등을 대납하고 이를 손비로 계상함에 따라 익금에 산입한 금액은 기타사외유출로 처분한다.

④ 천재지변으로 장부나 그 밖의 증명서류가 멸실되어 법인세 과세표준을 추계결정하는 경우 그 추계에 의한 과세표준과 결산서상 당기순이익과의 차액(법인세상당액을 공제하지 아니한 금액)을 기타사외유출로 처분한다.

⑤ 익금에 산입한 금액 중 사외로 유출되어 그 귀속자가 당해 법인의 주주이면서 임원인 경우 그 출자임원에 대한 배당으로 처분한다.

【정답】 ⑤

√그 출자임원에 대한 배당으로 처분한다. → 그 출자임원에 대한 상여로 처분한다.

CHAPTER 02

익금과 익금불산입

I 익금

1. 익금의 범위

1) 익금의 정의

익금이란 자본 또는 출자의 납입 및 법인세법에서 규정하는 익금불산입 항목을 제외하고, 그 법인의 순자산을 증가시키는 거래로 인하여 발생하는 수익의 금액을 말한다.

익금을 법인의 순자산의 증가액으로 보아 그 자산의 증가된 원인이 영업수익인지 영업외수익인지를 묻지 아니하고 결과적으로 발생한 자산의 증가가 법인에 귀속하면 이를 익금으로 보는 것이다.

(1) 소득세법의 총수익금액과 차이

법인세법의 익금은 소득세법의 총수입금액보다는 훨씬 광범위한 개념이다.

소득세법의 총수입금액은 계속적 · 경상적으로 발생하는 소득만을 과세대상으로 하고(소득원천설), 소득의 발생원천별로 세법에서 과세대상으로 열거한 것(열거주의)에 한정하여 소득을 계산한다.

법인세법의 익금은 소득의 종류 또는 발생원천을 불문하고 법인의 순자산을 증가시키는 거래로 인하여 발생한 수익(순자산증가설) 중 세법에서 규정하는 자본거래 등을 제외한 모든 소득에 대하여 과세하는 방법을(포괄주의) 채택하고 있다. 따라서 법인세법에 따른 익금항목들은 예시한 것에 불과하다.

(2) 기업회계의 수익과 차이

세무회계에서 익금이란 법인의 순자산을 증가시키는 거래로 인하여 발생하는 수익의 금액을 말하고, 수익이란 타인에게 재화 또는 용역을 제공하고 획득한 수입금액과 기타 법인에 귀속되는 일체의 경제적 이익을 말한다.

기업회계에서 수익은 재화의 생산과 판매 또는 용역의 제공 등 주요 경영활동 결과로 발생하는 경제적효익의 유입을 의미하고, 부수적인 거래나 사건의 결과 발생하는 경제적효익의 유입은 이득으로 표시한다. 다만, 주주의 지분참여에 따른 자본의 증가는 수익에 포함하지 아니한다.

세무회계의 익금과 기업회계의 수익의 개념이 결과적으로는 순자산을 증가시킨다는 데는 일치하지만 실제 적용에 있어서는 약간의 차이점이 있다. 세법에서는 조세정책, 경제정책, 사회정책에 따라 기업회계의 수익거래와는 상관없이 특정항목들을 익금산입하거나 익금불산입하여 익금총액을 산출한다.

익금총액 = 기업회계의 수익 + 익금산입 − 익금불산입

2) 익금산입의 특례

법인세법 및 조세특례제한법에서는 엄밀한 의미에서 법인의 순자산을 증가시키는 거래에서 발생한 수익으로 보기는 어려운 금액이지만 세법에서 정하는 요건을 충족하는 경우에 한정하여 익금산입하도록 규정하고 있는 것이 있다.

익금산입하는 취지는 증여세 회피방지, 부동산 투기억제, 공평과세 등 조세정책의 목적을 달성하기 위한 것으로 다음과 같은 것이 있다.

① 특수관계인인 개인으로부터 유가증권을 시가보다 낮은 가액으로 취득하는 경우 취득가액과 시가의 차액(유가증권의 저가매입에 따른 차액)

② 각 사업연도의 소득금액에 외국자회사로부터 받은 수입배당금액이 포함되어 있는 경우 그 외국자회사의 소득에 대하여 부과된 외국법인세액으로서 세액공제의 대상이 되는 금액(간접외국납부세액)

③ 임대보증금 등의 간주익금

④ 의제배당

2. 익금항목과 세무조정

1) 사업수입금액

사업수입금액이란 한국표준산업분류에 따른 각 사업에서 발생하는 사업수입금액, 도급금액, 판매금액, 보험료액을 말한다. 기업회계기준에 따라 판매한 상품 또는 제품의 품질불량 · 수량부족 · 파손 등으로 인하여 발생한 매출에누리와[1] 상품의 대금을 약정기일 이내에 지급할 것을 원인으로 하는 매출할인은 사업수입금액에서 공제한다.

2) 자산 또는 자기주식의 양도금액

(1) 자산의 양도금액

상품 또는 제품 등의 재고자산의 양도금액은 사업수입금액에 해당하므로 여기서 자산은 사업수입금액에 해당하지 않는 것으로서 주로 재고자산 외의 자산을 말한다.

법인세법에서 자산처분손익은 양도자산의 양도가액을 익금에 계상하고 양도자산의 장부가액을 손금에 계상하는 방법(총액법)으로 계산하고 있으나, 기업회계에서는 장부가액과 양도가액의 차액을 영업외손익으로 계상한다.(순액법) 따라서 세무회계와 기업회계의 계산방법 차이로 인하여 익금총액과 수입금액이 다르지만, 과세소득과 당기순이익은 동일하므로 세무조정은 필요하지 않다.

(2) 자기주식의 양도금액

자기주식이란 회사가 이미 발행한 주식을 일정한 사유 또는 특정목적으로 재취득한 주식을 말한다. 상법에서는 기업은 자기 스스로의 소유주가 될 수 없으므로 자기주식을 취득할 수 없고, 특정목적에 따라 취득한 자기주식은 의결권을 갖지 못하며 배당금을 받을 수 없다.

기업회계는 자기주식의 취득을 자본의 환불로, 자기주식의 처분을 자본의 추가출자로, 자기주식의 소각을 자본의 감소거래로 보아 자기주식의 거래를 자본거래로 취급하여 손익을 인식하지 않는다. 따라서 자기주식처분이익은 자본잉여금으로 계상하고, 자기주식처분손실은 이미 계상되어 있는 자기주식처분이익에서 먼저 충당하고 잔액은 자본조정으로 계상하여 이익잉여금을 처분할 때 미처분이익잉여금과 상각한다.

---

1) 일정기간의 판매한 상품의 수량 · 금액에 따라 매출액을 감액하는 것은 거래조건의 일종으로 보아 매출에누리에 포함되나, 거래수량 또는 거래금액에 관계없이 지급하는 장려금은 접대비 · 기부금 등으로 처리한다.

법인세법에서 자기주식을 취득하여 소각함으로써 발생하는 자기주식소각손익은 자본거래로 보아 각 사업연도 소득계산에 있어 익금 또는 손금에 산입하지 아니하나, 자기주식을 처분함으로써 발생하는 자기주식처분손익은 유가증권처분손익과 동일한 손익거래로 보아 익금 또는 손금에 산입한다. 이 경우 자기주식에는 합병법인이 합병에 따라 피합병법인이 보유한 합병법인의 주식을 취득하게 된 경우를 포함한다.

기업회계에 따라 자기주식처분손익을 회계처리하는 경우에는 세무조정을 하여야 한다.

구 분		기업회계	법인세법	세무조정
처분	자기주식처분이익	자본잉여금	손익거래	익금산입(기타)
	자기주식처분손실	자본조정 (자기주식처분이익에서 상계 후 잔액)	손익거래	손금산입(기타)
소각	자기주식소각이익	자본잉여금(감자차익)	자본거래	세무조정 없음
	자기주식소각손실	자본조정(감자차손) (감자차익에서 상계 후 잔액)	자본거래	세무조정 없음

사례 ❶ 자기주식처분손익에 대한 세무조정

(주)고려는 2022.1.1 자기주식 10주(액면가액: 5,000원)를 60,000원에 취득하고 취득원가로 계상하였다. 2022.7.1 자기주식 10주를 70,000원에 특수관계 없는 제3자에게 양도하는 경우와 법인이 소각하는 경우에 대하여 세무조정을 하시오. (주)고려는 자기주식에 대하여 기업회계기준에 따라 회계처리하였다.

【해석】

√자기주식을 양도하는 경우: 〈익금산입〉 자기주식처분이익 10,000 기타

- 자기주식을 처분하는 경우 기업회계는 주권의 재발행으로, 세무회계는 손익거래로 인식한다.

기업회계	(차)	현금 등	70,000	(대)	자기주식	60,000
					자기주식처분이익(B/S)	10,000
세무회계	(차)	현금 등	70,000	(대)	자기주식	60,000
					유가증권처분이익	10,000
조정분개	(차)	자기주식처분이익(B/S)	10,000	(대)	유가증권처분이익	10,000

√자기주식을 소각하는 경우에는 기업회계에 따라 감자차손 10,000원을 자본조정으로 계상한다. 기업회계와 세무회계 모두 자기주식의 소각거래는 자본거래로 보므로 별도의 세무조정이 없다.

3) 자산의 임대료

일시적 또는 비영업적으로 자산을 임대하여 얻는 수입을 말한다. 자산의 임대를 계속적 · 반복적으로 하는 경우의 임대료수입은 사업수입금액에 해당된다.

4) 자산의 평가차익

자산의 평가차익이란 법인이 보유하고 있는 자산을 시가로 평가하고 그 시가평가액이 장부가액을 초과하는 경우 그 초과하는 가액을 말한다. 법인세법에서는 자산을 원가법에 따라 평가하는 것을 원칙으로 하므로 시가가 상승하였다고 해서 그 자산의 장부가액을 임의로 증액하는 것은 허용하지 아니한다.

다만, 세법과 다른 법률이 상충되는 것을 방지하기 위하여 보험업법 등의 법률에 따른 유형자산 · 무형자산의 평가증액, 투자회사 등이 보유한 자본시장법에 따른 집합투자재산의 평가이익, 화폐성 외화자산 · 부채 등에 대한 외화평가이익 등은 익금으로 본다.

5) 자산수증이익 또는 채무면제이익

무상으로 받은 자산의 가액과 채무의 면제 · 소멸에 따라 발생하는 부채의 감소액은 법인의 순자산을 증가시키는 거래이므로 그 원인 여하에 불구하고 익금에 해당된다. 무상으로 받은 자산이란 법인이 대가를 지불하지 않고 취득한 자산을 말하고, 채무의 면제란 채권자가 채무자에 대하여 행사할 수 있는 법률상의 채권을 포기함으로써 채무자의 상환의무를 면제하는 법률적 행위를 말하고, 채무의 소멸이란 소멸시효의 완성 또는 제3자에 따른 변제 · 인수 등에 따라 채무가 소멸되는 것을 말한다.[2)]

자산수증이익 또는 채무면제이익은 개인의 경우에는 증여세의 과세대상이지만, 법인의 경우에는 증여세가 과세되지 아니하는 대신 법인의 각 사업연도의 소득에 포함시키는 것이다.

기업회계에서는 자산수증이익과 채무면제이익을 영업외수익으로 계상한다. 기업회계와 세무회계가 일치하므로 별도의 세부조정은 발생하지 않는다.[3)]

---

2) 이익이나 잉여금의 배당 · 분배금으로 확정된 금액에 대하여 주주 또는 사원이 그 배당 · 분배금의 청구권를 포기한 경우에는 배당 · 분배금 청구권에 상당하는 금액을 법인의 소득금액 계산상 익금에 산입한다. 다만, 그 법인의 이월결손금 보전에 충당된 금액은 그러하지 아니하다.

3) 자산수증이익 또는 채무면제이익 중 이월결손금의 보전에 충당된 금액을 과세하는 것은 자본에 대해 과세하는 것과 동일한 효과가 있으므로 세무회계에서는 자본과세가 되지 않도록 익금산입의 예외규정을 두고 있다.

6) 손금에 산입한 금액 중 환입된 금액

이미 손금으로 인정받은 인지세, 재산세, 자동차세, 교통유발부담금 등의 금액이 손금산입일 이후 다음 사업연도에 환입되는 경우 그 환입된 금액은 익금에 해당한다. 익금을 구성하는 환입은 지출당시 또는 발생당시 손금으로 계상한 경우에 한정한다. 그러나 지출 당시에 손금으로 인정받지 못한 법인세, 법인지방소득세, 농어촌특별세 등의 금액이 환입되는 경우에는 그 환입된 금액은 익금에 해당하지 아니한다.

기업회계에 따라 손금에 산입된 금액 중 환입된 금액을 전기오류수정이익으로 계상하고 이를 이익잉여금에 포함시키는 경우에는 전기오류수정이익의 계상에 따른 이익잉여금의 증가분(순자산증가분)에 대하여 익금산입(기타)한다. 또한 기업회계에서는 법인세환급액 및 법인세추납액에 대해서 영업외손익으로 회계처리하도록 규정하고 있으므로 법인세환급액을 영업외수익으로 계상한 경우에는 이월익금으로 보아 익금불산입(기타)한다.

사례 ❷ 손금에 산입한 금액의 환입

(주)고려의 2022사업연도(1.1~12.31) 중 조세의 납부 및 환급과 관련하여 세무조정을 하시오.

(1) 2022.7.30. 보유 중인 토지에 대한 종합부동산세로 1,200원을 납부하고 세금과공과금으로 회계처리하였으나, 2022.10.1. 지방자체단체로부터 300원을 환급받고 이를 전기오류수정이익(이익잉여금의 증가)으로 회계처리하였다.

(2) 2022.6.1 취득한 본사의 건물에 대한 재산세 중 100원을 2022.9.1. 환급받고 이를 영업외수익으로 계상하였다.

(3) 2022.4.1. 과오납에 따른 법인세 200을 환급받고 이를 영업외수익으로 계상하였다.

【해석】

√〈익금산입〉 전기오류수정이익 300 기타

- 기업회계: (차변) 현금 300 (대변) 전기오류수정이익(B/S) 300
- 세무회계: (차변) 현금 300 (대변) 잡이익(I/S) 300
- 조정분개: (차변) 전기오류수정이익(B/S) 300 (대변) 잡이익(I/S) 300
- 결산상 당기순이익에 반영되지 아니하고 이익잉여금의 증가로 처리하였으므로 익금산입한다.

√〈익금불산입〉 법인세비용(환급) 200 기타

- 재산세를 구청에 납부할 때 법인은 세금과공과로 비용계상하였으므로 재산세의 환급금에 대하여 익금으로 본다. 법인세는 발생시 손금불산입된 조세이므로 법인세의 환급금에 대하여 익금불산입한다.

7) 가지급금 등

(1) 가지급금의 익금산입

특수관계인과의 자금거래에서 발생한 업무무관가지급금을 특수관계가 소멸하는 날까지 회수하지 아니한 경우에는 법인세법에 따라 익금에 산입하고 소득처분을 한다. 업무무관가지급금이란 그 명칭 여하에 불구하고 법인의 업무와 직접적인 관련이 없거나 금융회사 등의 주된 수익사업으로 볼 수 없는 자금의 대여액을 말한다.

특수관계가 소멸하는 날까지 회수하지 아니한 가지급금은 외형상 채권으로 계상하고 있지만, 그 실질은 회수할 의사가 없거나 회수할 성질의 것이 아니기 때문이다.

(2) 가지급금인정이자의 익금산입

법인이 보유한 금전 및 차입한 자금을 특수관계인에게 무상 또는 차입이자율보다 낮은 이율로 대여하면 법인세법에 따라 특수관계인으로부터 수입해야 하는 이자(가지급금인정이자)와 실제수입이자의 차액을 익금산입한다.

법인이 특수관계인과의 자금거래에서 발생한 가지급금인정이자(미수이자)를 가지급금의 이자발생일이 속하는 사업연도 종료일로부터 1년이 되는 날 또는 특수관계가 소멸되는 날까지 회수하지 아니한 경우에는 익금에 산입하고 소득처분을 한다.[4)]

익금에 산입하고 소득처분하는 사유는 가지급금의 익금산입과 같다.

(3) 익금산입의 배제

가지급금 등을 회수하지 아니한 정당한 사유가 있거나 회수할 것임이 객관적으로 입증되는 다음의 경우는 익금에 산입하지 아니한다.

① 채권 · 채무에 대한 쟁송으로 회수가 불가능한 경우

② 특수관계인이 회수할 채권에 상당하는 재산을 담보로 제공하였거나 특수관계인의 소유재산에 대한 강제집행으로 채권을 확보하고 있는 경우

③ 채권과 상계할 수 있는 채무를 보유하고 있는 경우

④ 그 밖에 위와 비슷한 사유로서 회수하지 아니하는 것이 정당하다고 인정되는 경우

---

4) 법인이 특수관계인간의 금전거래에 있어서 상환기간 및 이자율 등에 대한 약정이 없는 대여금 및 가지급금 등에 대하여 결산서에 미수이자를 계상한 경우에도 결산서의 미수이자를 익금불산입하고, 세법에 따라 계산한 가지급금인정이자 상당액을 익금에 산입하여 금전을 대여받은 자에 따라 배당 · 상여 · 기타사외유출 · 기타소득으로 소득처분한다.

8) 불공정자본거래에 따라 특수관계인으로부터 분여받은 이익

(1) 불공정자본거래의 유형

증자 · 감자, 합병 · 분할 등의 자본거래 중 불공정한 거래로 인하여 주주인 법인이 특수관계인인 다른 주주에게 이익을 분여한 경우는 다음과 같다.

① 특수관계에 있는 법인 간의 합병 · 분할합병에 있어서 주식 등을 시가보다 높거나 낮게 평가하여 불공정한 비율로 합병한 경우(불공정합병)

② 법인의 증자에 있어서 신주를 배정받을 수 있는 권리(신주인수권)의 전부 · 일부를 포기하거나 신주를 시가보다 높은 가액으로 인수하는 경우. 다만, 포기한 신주가 자본시장법에 따라 공개모집방법으로 배정되는 경우를 제외한다.(불공정증자)

③ 법인의 감자에 있어서 주주의 소유주식의 비율에 따르지 아니하고 일부 주주의 주식을 소각하는 경우(불공정감자)

④ 증자 · 감자, 합병 · 분할, 주식의 전환 · 인수 · 교환 등에 따른 자본거래를 통하여 법인이 이익을 분여받은 경우. 다만, 주식매수선택권의 행사에 따라 주식을 발행하는 경우는 제외한다.(불공정자본거래)

(2) 불공정자본거래의 세무조정

불공정합병, 불공정증자, 불공정감자 등을 함으로써 특수관계인인 다른 주주에게 이익을 분여한 경우에는 부당행위계산의 부인규정에 따라 그 이익을 분여한 법인은 익금에 산입하고 기타사외유출로 소득처분한다.[5)6)]

불공정자본거래에 따라 이익을 분여받은 경우 개인주주 · 비영리법인주주는 증여세가 과세되고, 영리법인주주는 자산수증이익(유가증권)으로 보아 합병 · 증자 · 감자하는 시점에 익금산입하여 주식의 취득가액에 더하며, 주식을 처분하는 시점에 이를 손금으로 추인한다.[7)]

5) 이익을 분여한 자가 개인인 경우에는 과세문제가 발생하지 아니한다.

6) 불공정자본거래에 따라 이익을 분여받는 귀속자에게 상증법에 따른 증여세(대주주인 경우에만 과세)가 과세되는 금액은 기타사외유출로 처분한다. 대주주란 주주 및 그와 특수관계있는 자의 지분을 포함하여 해당 법인의 발행주식총수의 1% 이상을 소유하고 있거나 소유하고 있는 주식 등의 액면가액이 3억원 이상인 주주를 말한다. 이 경우 증여세는 실권주를 재배정하는 경우에는 주주간에 특수관계의 여부와는 상관없이 과세되며, 실권주가 재배정되지 않는 경우에는 주주간에 특수관계가 있는 경우만 적용한다.

7) 불공정합병에 따라 이익을 분여 받은 피합병법인의 개인주주 또는 법인주주는 합병대가에서 그 피합병법인의 주식 등을 취득하기 위하여 사용한 금액을 차감한 금액에 대하여 의제배당으로 보아 소득세 및 법인세를 부담한다.

9) 동업기업으로부터 배분받은 소득금액

동업자군별 동업기업의 소득금액 중 동업자들에게 동업자 간의 손익배분비율에 따라 배분받은 소득금액은 익금에 해당된다. 동업자군별 동업기업의 소득금액이란 동업자를 거주자, 비거주자, 내국법인, 외국법인의 4개의 동업자군으로 구분하여 각 동업자군별로 동업기업을 하나의 거주자, 비거주자, 내국법인, 외국법인으로 보아 소득세법 또는 법인세법에 따라 계산한 소득금액을 말한다.

10) 그 밖의 수익으로 그 법인에 귀속되었거나 귀속될 금액

위에서 규정된 익금항목 외의 수익으로서 그 법인에게 귀속되었거나 귀속될 금액은 수익으로 본다. 즉, 위에서 살펴 본 익금항목들은 예시적 열거항목에 불과하므로, 그 원천 또는 명칭 여하에 불구하고 법인세법에서 규정한 익금불산입 항목을 제외하고는 법인에게 귀속되는 일체의 경제적 이익은 모두 익금에 해당한다. 그 밖의 수익으로서 이자수익, 배당금수익, 보험차익 · 국고보조금 · 공사부담금, 손해배상금 등은 익금에 해당한다.

사례 ❸ 익금총액의 계산

(주)고려의 다음 포괄손익계산서의 자료에 따라 법인세법의 익금총액을 계산하시오.

(1) 매출액 1,000,000은 매출에누리 30,000과 매출할인 20,000을 뺀 금액이다.

(2) 영업외수익으로 계상된 금액은 다음과 같다.

① 단기매매증권의 평가이익 1,000과 단기매매증권의 처분이익 2,000

② 전기분 법인세 환급액 3,000과 동 환급가산금 500

③ 전기분 재산세 환급액 4,000과 동 환급가산금 600

④ 자기주식처분이익 5,000과 자기주식소각이익 6,000

⑤ 유형자산의 처분이익 7,000(양도가액은 107,000이고, 장부가액은 100,000임)

【해석】

√ 익금총액: 1,000,000 + 2,000 + 4,000 + 5,000 + 107,000 = 1,118,000

- 기업회계기준에 따른 매출에누리와 매출할인은 익금총액에서 제외한다.
- 유가증권은 원가법을 적용하므로 유가증권평가이익은 익금총액에서 제외한다.
- 손금산입된 조세의 환급액은 익금총액에 더하고, 국세환급가산금은 국세환급금에 관계없이 익금총액에서 제외한다.
- 자기주식소각이익은 자본거래이므로 익금총액에서 제외한다.
- 자산의 양도금액은 총액법에 따라 익금총액에 포함한다.

Ⅱ 익금산입의 특례

1. 유가증권의 저가매입차액

1) 의의

법인이 특수관계인인 개인으로부터 유가증권을 시가보다 낮은 가액으로 매입하는 경우에는 시가와 그 매입가액의 차액을 매입일이 속하는 사업연도에 익금산입하여 법인세를 과세한다.

시가란 건전한 사회통념 및 상거래 관행과 특수관계인이 아닌 자간의 정상적인 거래에서 적용되거나 적용될 것으로 판단되는 가격을 말한다. 시가를 적용할 때 해당 거래와 유사한 상황에서 해당 법인이 특수관계인 외의 불특정다수인과 계속적으로 거래한 가격 또는 특수관계인이 아닌 제3자간에 일반적으로 거래된 가격이 있는 경우에는 그 가격을 시가로 적용한다.

시가를 적용할 때 주권상장법인이 발행한 주식을 증권시장 외에서 거래하거나 일정 수량·금액 이상의 요건을 충족하는 경우에 한정하여 매매가 성립되는 대량매매의 방법으로 거래한 경우 해당 주식의 시가는 그 거래일의 거래소 최종시세가액으로 하며, 상속세 및 증여세법에 따른 최대주주가 변경되거나 최대주주 간의 거래에서 주식의 보유비율이 1% 이상 변동되어 사실상 경영권의 이전이 수반되는 경우에는 시가에 그 가액의 20%을 가산한다.

2) 익금산입의 사유

법인세법은 원칙적으로 자산의 저가매입차액에 대해서는 매입시점에 과세하지 않고 있다. 그 이유는 매입시점에 수익이 실현되었다고 볼 수는 없으며 또한 과세하지 않아도 감가상각 또는 처분시점에 과세되기 때문이다.

그러나 유가증권을 저가매입한 법인의 입장에서는 법인세의 과세가 이연되는 점, 유가증권을 저가양도한 개인의 입장에서는 주권상장법인의 주식양도차익이 비과세되는 점 및 주권비상장법인의 주식양도차익에 대해서는 저율로 분리과세되는 점을 이용하여 개인이 보유하고 있는 유가증권을 자녀가 대주주로 있는 특수관계있는 법인에게 저가로 양도함에 따라 상속세·증여세 등 조세부담을 회피할 수 있다. 법인세법은 부당한 조세회피를 방지하기 위하여 유가증권을 저가매입한 법인의 취득시점에 세무조정을 통해 익금산입한다.

사례 ❹ 유가증권의 저가매입차액에 대한 세무조정

고려(주)의 2021.12.31., 2022.7.1., 2022.12.31의 회계처리에 대하여 세무조정을 하시오.

(1) 2021.12.31 고려(주)는 해당 법인의 대주주인 홍길동으로부터 주권상장법인인 성장(주)의 주식 1,000주(1주당 액면가액: 5,000원, 취득일 현재 1주당 거래소의 최종시세가액: 10,000원)를 5,000,000원에 매입하고, 취득일에 실제매입가액을 기준으로 자산으로 회계처리하였다.

(2) 2022.7.1 전기에 대주주로부터 취득한 상장주식 1,000주 중 500주를 6,000,000원(1주당 12,000원)에 거래소를 통하여 제3자에게 매각하고 유가증권처분이익으로 3,500,000원을 계상하였다.

(3) 2022.12.31. 결산일 현재 성장(주)의 1주당 거래소의 최종시세가액은 11,000원이고, 고려(주)는 장부가액과 시가의 차이액에 대하여 평가이익을 장부상 수익으로 계상하였다.

(4) 전기 이전의 세무조정은 모두 적정하게 이루어졌다.

【해석】

√취득일(2021.12.31.): 〈익금산입〉 유가증권 5,000,000 유보

- 유가증권 저가매입차액: 10,000원 × 1,000주 − 5,000,000 = 5,000,000원

√처분일(2022.7.1.): 〈익금불산입〉 유가증권 2,500,000 △유보

- 회사 유가증권처분이익 계상액: 6,000,000 − 500주 × 5,000 = 3,500,000원
- 세법상 유가증권처분이익: 6,000,000 − 5,000,000 = 1,000,000원

  → 세법의 취득가액 : $(500주 \times 5{,}000) + (5{,}000{,}000 \times \frac{500주}{1{,}000주}) = 5{,}000{,}000$

- 유가증권처분이익 과대계상액: 3,500,000 − 1,000,000 = 2,500,000

  (별해) $5{,}000{,}000(유보금액) \times \frac{500주(양도주식수)}{1{,}000(유보관련주식수)} = 2{,}500{,}000$

√평가이익 계상일(2022.12.31.): 〈익금불산입〉 유가증권(평가이익) 3,000,000 △유보

- 유가증권 평가이익: 5,500,000 − 2,500,000 = 3,000,000원

  → 평가 전 장부가액: 〔 1,000주 − 500주(양도 주식수) 〕 × 5,000원 = 2,500,000원

  → 시　　가: 11,000원 × 500주 = 5,500,000원

- 회계처리: (차변) 유가증권 3,000,000 (대변) 유가증권평가이익 3,000,000
- 세무조정: 법인세법은 유가증권에 대하여 원가법만을 적용하므로 기업회계에 따라 자산으로 계상한 유가증권 3,000,000원을 차감하는 세무조정을 하여야 한다.

  → 유보잔액: 5,000,000 − 2,500,000(양도) − 3,000,000(평가) = △500,000

  → 세법에 따른 평가액: 5,500,000(장부가액) - 500,000(유보금액) = 5,000,000원

2. 간접외국납부세액

1) 의의

간접외국납부세액이란 내국법인의 각 사업연도의 소득금액에 외국자회사로부터 받은 수입배당금액이 포함되어 있는 경우 그 외국자회사의 소득에 대하여 부과된 외국법인세액 중 외국자회사로부터 수령한 수입배당금액에 대응하는 것으로서 세액공제의 대상되는 금액을 말한다.

내국법인은 외국자회사로부터 수령한 수입배당금액에 대응하는 외국법인세액에 대하여 세액공제를 적용하고, 세액공제한 간접외국납부세액을 외국자회사의 배당확정일이 속하는 사업연도에 익금산입(기타)한다.

2) 익금산입의 사유

외국지점은 내국법인의 일부이므로 국외원천소득에 대하여 국외에서 납부한 법인세는 국내에서 법인세를 납부할 때 일정한도 내에서 외국납부세액으로 공제받을 수 있으나, 해외현지법인은 모회사와 독립된 법인이므로 자회사가 국외에서 납부한 법인세를 모회사가 공제받을 수 없다.

법인세법은 지점형태의 해외진출과 자회사형태의 해외진출의 조세부담의 차이를 해소하고, 배당금을 지급받은 주주인 내국법인의 국제적인 이중과세를 조정할 목적으로 수입배당금에 대응하는 외국납부세액에 대하여 익금산입 및 세액공제하고 있다.

3) 간접외국납부세액의 계산

익금에 산입하는 간접외국납부세액은 외국자회사의[8] 소득에 대하여 부과된 법인세액 중 외국자회사로부터 수령한 수입배당금액에 상당하는 법인세액을 말하고, 다음과 같이 계산한다.[9]

$$\text{간접외국납부세액} = \text{외국자회사의 법인세액} \times \frac{\text{수입배당금액}}{\text{외국자회사의 세후소득금액}}$$

---

8) 외국자회사란 내국법인이 의결권 있는 발행주식총수의 25%(조세특례제한법에 따른 해외자원개발사업을 하는 외국법인의 경우: 5%) 이상을 출자하고 있는 외국법인으로서 외국자회사의 배당확정일 현재 6개월 이상 계속하여 보유하고 있는 법인을 말한다.

9) 제9장(과세표준과 세액의 계산) 제2절(세액의 계산)의 법인세법의 세액공제 중 외국납부세액공제 참조

사례 ⑤ 간접외국납부세액의 세무조정

고려(주)는 외국납부세액에 대하여 세액공제방법으로 이중과세조정을 할 예정이다. 간접외국납부세액에 관한 세무조정을 하시오.

(1) 고려(주)는 미국현지법인 ABC.Ltd를 설립하고 총발행주식의 50%를 취득하여 보유하고 있다.

(2) ABC.Ltd는 제10기의 소득금액은 100,000,000원이고 이에 대한 미국법인세는 20,000,000원이며, 제10기에 대한 이익처분에 따른 배당금지급액은 총 50,000,000원이다.

(3) 고려(주)는 미국세법에 따라 20%의 세율로 원천징수된 세액을 차감한 실수령액을 포괄손익계산서의 배당금수익으로 계상하였다.

【해석】

√수입배당금액: 20,000,000 + 5,000,000 = 25,000,000원

- 수입배당금액 계상액: 50,000,000 × 50% × (1 − 20%) = 20,000,000원
- 직접외국납부세액(수입배당금 과소계상액): 25,000,000 × 20% = 5,000,000원
  → 세무조정: 〈익금산입〉 수입배당금 5,000,000 기타

√간접외국납부세액: $20{,}000{,}000 \times \dfrac{(20{,}000{,}000+5{,}000{,}000)}{(100{,}000{,}000-20{,}000{,}000)} = 6{,}250{,}000$원

√세무조정: 〈익금산입〉 간접외국납부세액 6,250,000 기타

연 구 간접외국납부세액의 세무조정 근거

(주)고려의 미국법인이 지점법인 또는 현지법인인 경우 세무상 차이는 다음과 같다.
(미국의 법인세율과 한국의 법인세율은 25%이고 배당률은 100%로 가정하고, 국내의 경우 계산의 편의를 위하여 국내소득은 없는 것으로 가정한다.)

구 분		지점법인	현지법인	
			익금산입하지 경우	익금산입하는 경우
국 외	당기순이익	20,000,000	20,000,000	20,000,000
	법 인 세 액	5,000,000	5,000,000	5,000,000
	배 당 액	0	15,000,000	15,000,000
국 내	과 세 표 준	20,000,000	15,000,000	20,000,000 (15,000,000 + 5,000,000)
	산 출 세 액	5,000,000	3,750,000	5,000,000
	세 액 공 제	5,000,000	0	5,000,000
	납 부 세 액	0	3,750,000	0

3. 임대보증금 등의 간주익금

1) 의의

부동산 등을 임대하고 받는 임대료는 익금에 해당되지만 임대보증금 또는 전세금은 부채이므로 익금이 될 수 없다. 부동산임대업을 경영하는 법인이 주로 임대보증금만을 받는 방법으로 임대하고, 그 임대보증금으로 또 다른 부동산을 취득하는 경우 법인세의 부담 없이 계속적인 부동산 취득이 가능하게 된다.

2) 익금산입의 사유

간주익금제도는 임대보증금을 이용한 부동산투기를 억제하고, 임대료를 받은 경우와 임대보증금을 받은 경우의 과세형평을 실현하기 위하여 임대보증금 등의 운용수입이 과세되지 않는 한 임대보증금 등에 대한 이자상당액을 임대료로 간주하여 과세하는 제도를 말한다.

3) 간주임대료의 계산

(1) 장부에 따라 소득금액을 계산하는 경우

차입금을 과다보유하고 있는 내국법인으로서 부동산임대업을 주업으로 하는 법인에 대하여 간주임대료를 계산하여 익금에 가산한다. 이 경우 차입금 과다법인이란 차입금이 자기자본의[10] 2배를 초과하는 법인을 말하고, 부동산임대업을 주업으로 하는 법인이란 비영리법인을 제외한 내국법인으로서 사업연도 종료일 현재 자산총액 중 임대사업에 사용된 자산가액이 50% 이상인 법인을 말한다.

주택을 제외한 부동산 또는 그 부동산에 관한 권리를 대여하고 전세금 · 임대보증금 등을 받은 경우에는 임대보증금 등의 간주익금을 다음과 같이 계산한다.

$$\text{간주임대료} = (\text{보증금 등 적수} - \text{건설비상당액적수}^{11)}) \times \frac{1}{365} \times \text{정기예금이자율} - \text{보증금 운용수입}^{12)}$$

10) 자기자본이란 사업연도 종료일 현재 재무상태표의 자산의 합계액에서 부채의 합계액을 뺀 금액과 납입자본금 중 큰 금액을 말한다. 여기서 부채에는 충당금을 포함하고 미지급법인세를 제외하며, 납입자본금은 자본금에 주식발행초과액 및 감자차익을 더하고 주식할인발행차금 및 감자차손을 뺀 금액으로 한다.

11) 건설비상당액은 해당 건축물의 취득가액을 말한다. 이는 자본적지출을 포함하고, 재평가차액과 토지의 취득가액을 제외한다.

$$\surd\ \text{건설비상당액적수} = \text{건설비총액 적수} \times \frac{\text{임대면적(공유면적 포함) 적수}}{\text{건물연면적(지하층 포함) 적수}}$$

(2) 추계결정의 경우

법인의 소득금액은 실지조사에 따라 결정함을 원칙으로 하되, 장부 및 증명서류에 따라 소득금액을 계산할 수 없는 경우에는 추계결정하게 된다. 추계결정방법에 따라 소득금액을 결정하는 경우에는 부동산 등을 임대하고 받은 전세금 · 임대보증금에 대한 수입금액은 다음과 같이 계산한다.

$$\text{간주임대료} = \text{보증금 등의 적수} \times \frac{1}{365} \times \text{정기예금이자율}^{13)}$$

사례 ⑥ 간주임대료의 계산

차입금적수가 자기자본적수의 2배를 초과하고 부동산임대업을 주로 하는 (주)고려의 제17기 사업연도(2022.1.1～2022.12.31)의 부동산 임대에 관한 자료는 다음과 같다. 장부에 따라 소득금액을 계산하는 경우 제17기의 임대보증금 등의 간주익금을 계산하고 세무조정을 하시오.

(1) 임대료 및 임대보증금의 내역

구 분	월임대료	임대보증금	계약기간
사무실 임대	2,000,000	50,000,000	2022.5.1~2023.12.31
주택 임대	0	80,000,000	2022.1.1~2023.12.31

(2) 사무실의 임대보증금에 따른 수입이자 700,000원이 결산서에 반영되었다.

(3) 임대용 부동산의 건설비는 토지 취득가액 2억원과 건물 건설비 2억 5,000만원이다. 건물 중 사무실의 건설비 1억원이고 사무실의 임대면적은 전체면적의 10%이며, 주택의 건설비는 1억 5,000만원이고 주택의 임대면적은 전체면적의 30%이다.

(4) 정기예금이자율은 5%로 가정한다.

【해석】

√간주임대료: 642,465원

- $(50{,}000{,}000 \times 245 - 100{,}000{,}000 \times 245 \times 10\%) \times \frac{1}{365} \times 5\% - 700{,}000 = 642{,}465$
- 장부에 따라 소득금액을 계산하는 경우에는 주택을 제외하여 간주익금을 계산한다.

√세무조정: 〈익금산입〉 간주임대료 642,465 기타사외유출

12) 보증금 운용수입은 해당 사업연도에 임대사업에서 발생한 수입이자와 할인료, 배당금, 신주인수권처분이익, 유가증권처분이익의 합계액을 말한다. 유가증권처분이익은 유가증권처분이익에서 유가증권처분손실과 상계한 후의 금액이며, 유가증권처분이익의 합계액이 음수(−)일 때에는 '0' 으로 계산한다.

13) 정기예금이자율은 금융회사 등의 정기예금이자율을 참작하여 기획재정부령이 정한 이자율(1.2%)을 말한다.

사업 연도	. . . ~ . . .	임대보증금등의 간주익금조정명세서	법 인 명	
			사업자등록번호	

1. 임대보증금 등의 간주익금조정

① 임대보증금등적수	② 건설비 상당액적수	③ 보증금 잔액 [(①-②)÷365]	④ 이자율	⑤ 익금상당액 (③×④)	⑥ 보증금 운용수입	⑦ 익금산입금액 (⑤-⑥)

2. 임대보증금 등 적수계산

⑧일자	⑨적요	⑩임대보증금누계	⑪일수	⑫적수(⑩×⑪)

3. 건설비 상당액 적수계산

가. 건설비의 안분계산

⑬건설비총액적수 (⑳의 합계)	⑭임대면적적수 (㉔의 합계)	⑮건물 연면적적수 (㉘의 합계)	⑯건설비상당액적수 (⑬×⑭÷⑮)

나. 임대면적 등 적수계산

⑰건설비총액적수			㉑건물 임대면적 적수			㉕건물연면적 적수		
⑱ 건설비 총액누계	⑲ 임대 일수	⑳ 적수 (⑱×⑲)	㉒ 임대 면적누계	㉓ 임대 일수	㉔ 적수 (㉒×㉓)	㉖ 건물연면적 누계	㉗ 임대 일수	㉘ 적수 (㉖×㉗)
합계			합계			합계		

4. 임대보증금 운용수입금액 명세

㉙과목	㉚계정금액	㉛보증금운용수입금액	㉜기타 수입금액	비고
계				

4. 의제배당

1) 의의

이익배당이란 법인이 경영활동 결과 얻은 이익을 주주에게 출자한 지분비율에 따라 분배하는 것을 의미한다. 상법에 따른 현금배당, 주식배당은[14][15] 모두 본래적 의미의 이익배당에 속한다. 법인이 다른 법인에 출자하여 그로부터 배당을 받은 경우에는 그 수입배당금액은 잉여금처분결의일이 속하는 사업연도에 익금산입한다.

의제배당이란 상법에 따른 배당은 아니지만 주주 등이 실질적으로 이익배당과 같은 경제적 이익을 받게 될 때 세법에서 배당금 또는 분배금으로 의제하는 것을 말한다. 이러한 의제배당금액도 주주의 과세소득을 구성하며 소득세 또는 법인세가 과세된다.

2) 감자 · 해산 · 합병 · 분할에 따른 의제배당

(1) 의의

주식의 소각, 자본의 감소, 출자의 감소, 사원의 퇴사 · 탈퇴, 법인의 해산, 법인의 합병 · 분할에 따라 주주인 내국법인이 취득하는 금전 및 그 밖의 재산가액의 합계액이[16] 해당 주식을 취득하기 위하여 사용한 금액을 초과하는 경우에는 그 초과액을 배당으로 본다.

(2) 익금산입 사유

감자 등의 경우 의제배당이 발생하는 이유는 법인이 그동안 발생된 이익을 배당하지 않고 사내에 유보시켰기 때문이므로 감자 등을 통하여 주주가 얻은 이익은 배당과 그 성격이 같다고 볼 수 있다. 즉, 과거에 배당받지 않은 금액이 감자 등을 통해서 주주에게 귀속된 것이기 때문에 배당으로 의제하는 것이다.

---

14) 주식분할설에 따르면 주식배당은 주식의 세분화로 간주한다. 즉, 사외유통주식수가 증가되고 이는 주식의 시장가치의 하락을 초래하므로 주식분할과 경제적 실질이 동일하다. 투자회사는 주식배당의 전 · 후 주주의 지분비율이 동일하고 추가적인 주식대금의 납입이 없어 피투자회사의 순자산총액에 변화가 없으므로 주식의 수만 조정하고 자산의 증가로 인식하지 않는다.

15) 이익배당설에 따르면 주식배당은 현금배당과 추가출자라는 이원거래로 간주한다. 즉, 현금배당에 따른 이익배당과 경제적 실질이 동일하다. 투자회사는 배당신주의 평가액이 발행주식수의 증가에 따른 주식의 시장가치의 하락보다 크므로 배당금 수익을 인식하고 자산(유가증권)의 증가로 인식한다.

16) 분할합병의 경우에는 분할등기일 현재 분할합병의 상대방 법인의 발행주식총수를 소유하고 있는 내국법인의 주식을 포함한다.

3) 잉여금의 자본전입에 따른 의제배당

(1) 의의

잉여금의 자본전입에 따른 의제배당은 무상증자와 주식배당으로 구분할 수 있다. 무상증자란 배당의 재원으로 사용할 수 없는 자본잉여금 또는 이익잉여금의 전부 · 일부를 자본으로 전입하여 발행한 주식을 주주에게 무상으로 분배하는 것을 말하고, 주식배당이란 배당가능이익의 일부를 자본으로 전입하여 발행한 주식을 주주에게 무상으로 분배하는 것을 말한다.

(2) 익금산입 사유

잉여금의 자본전입에 따른 의제배당에 대하여 우리나라의 기업회계는 주식분할설에 따라 회계처리하고, 상법과 세법은 이익배당설에 따라 규정하고 있다.

법인세법에서는 이익배당에 대하여 법인세가 과세되는데 반하여 이익배당과 경제적 실질이 동일한 잉여금의 자본전입에 따른 의제배당에 대하여 과세하지 않는 경우 과세형평에 어긋나므로 익금에 산입한다.

구분	기업회계	법인세법	세무조정
현금배당	배당금수익	익금	세무조정 없음
주식배당	주식분할	익금(발행가액으로 평가)	익금산입
무상증자	주식분할	의제배당(액면가액으로 평가)	익금산입
		자본거래(법인세가 과세되지 않은 잉여금)	세무조정 없음

(3) 손익거래에서 발생한 잉여금의 자본전입

주식발행의 재원인 잉여금의 발생원천에 따라 의제배당 여부를 결정한다. 원칙적으로 잉여금의 발생당시 법인세가 과세되는 손익거래에서 발생한 잉여금을 자본전입하는 경우에는 취득하는 주식의 액면가액 상당액을 배당으로 보아 그 주식을 취득하는 주주인 내국법인에게 과세한다. 이는 법인세법의 과세소득이 발생하는 경우와 잉여금의 자본전입에 따라 배당으로 의제하는 경우의 과세 여부에 대하여 일관된 과세체계를 유지하기 위한 것이다.

(4) 자본거래에서 발생한 잉여금의 자본전입

상법에 따른 자본준비금 및 자산재평가법에 따른 재평가적립금과 같이 잉여금이 발생할 때 법인세가 과세되지 아니한 잉여금의 자본전입으로 취득하는 주식은 불입자본과 유사하므로 의제배당에서 제외된다.

다만, 변칙적인 자본거래를 통하여 얻는 이익에 대해서 과세하기 위하여 출자전환채무면제이익 · 자기주식소각이익 · 합병차익 · 분할차익을 자본전입하는 경우, 토지의 재평가차익에 상당하는 재평가적립금을 자본전입하는 경우, 무상주 대위배당하는 경우에 주주가 취득하는 주식의 가액에 대하여 의제배당으로 과세한다.

① 출자전환채무면제이익을 자본전입하는 경우

채무의 출자전환으로 주식을 발행하는 경우 상법의 주식발행초과액에는 액면가액과 시가의 차액인 회계상의 주식발행초과액 및 시가와 발행가액의 차액인 회계상의 출자전환채무면제이익으로 구성되어 있다.

주식발행초과액은 그 실질이 불입자본의 성격이므로 법인의 각 사업연도의 소득금액 계산에 있어서 익금산입하지 않고, 자본전입하는 경우에도 주주에게 의제배당으로 과세하지 않는다. 그러나 주식발행초과액 중 출자전환채무면제이익에 상당하는 금액은 법인의 순자산을 증가시키는 거래로 인하여 발생하는 수익이므로 발생시에 익금산입하여 법인세를 과세하고, 자본전입하는 경우에는 의제배당으로 과세한다.

② 자기주식소각이익을 자본전입하는 경우

자기주식소각이익 중 자기주식을 소각할 때 주식의 시가가 취득가액을 초과한 경우와 소각일로부터 2년 이내에 자본에 전입하는 경우에는 의제배당으로 과세한다.

소각할 당시의 시가가 취득가액을 초과하는 경우에 발생한 자기주식소각이익은 자기주식을 처분하는 경우에 발행하는 자기주식처분이익과 경제적 실질이 동일하다. 특정주주의 주식을 불균등하게 감자하는 방법을 통하여 얻은 자기주식소각이익을 자본전입함으로써 부당하게 부(富)가 이전되는 것을 방지하기 위하여 의제배당으로 과세한다.

소각할 당시의 시가가 취득가액을 초과하지 않는 경우에도 단기간 내에 감자와 자본전입을 통하여 특정주주에게 경제적 이익을 제공하지 못하도록 제한하기 위하여 소각일로부터 2년 이내에 자본전입하는 자기주식소각이익에 대하여 의제배당으로 과세한다.

③ 합병차익을 자본전입하는 경우

적격합병을 한 경우 상법에 따른 합병차익을 한도로 하여 자산조정계정으로 계상된 합병매수차익[17] 및 피합병법인의 의제배당대상 자본잉여금에 상당하는 금액,[18] 피합병법인의 이익잉여금에 상당하는 금액을 자본으로 전입하는 경우에는 의제배당으로 과세한다.[19] 합병차익의 일부를 자본 또는 출자에 전입하는 경우에는 의제배당대상에 해당하지 아니하는 금액을 먼저 전입하는 것으로 한다.

비적격합병을 하는 경우 합병법인은 피합병법인의 자산을 시가로 양도받은 것으로 보아 피합병법인의 합병등기일 현재의 순자산시가에서 피합병법인에게 지급한 양도가액을 차감하여 계산한 합병매수차익을 익금에 산입한다. 따라서 합병매수차익에 상당하는 잉여금을 자본전입하는 경우에는 의제배당으로 과세된다.[20]

④ 분할차익을 자본전입하는 경우

적격분할을 한 경우 상법에 따른 분할차익을 한도로 하여 자산조정계정으로 계상된 분할매수차익,[21] 분할법인의 감자차손을[22] 자본으로 전입하는 경우에는 의제배당으로 과세한다. 분할차익의 일부를 자본 또는 출자에 전입하는 경우에는 의제배당대상에 해당하지 아니하는 금액을 먼저 전입하는 것으로 한다.

---

17) 자산조정계정으로 계상된 합병매수차익이란 합병등기일 현재 합병법인이 승계한 재산의 가액이 그 재산의 피합병법인 장부가액(세무조정사항이 있는 경우에는 그 세무조정사항 중 익금불산입액은 더하고 손금불산입액은 뺀 가액으로 함)을 초과하는 경우 그 초과하는 금액을 말한다.

18) 피합병법인의 의제배당대상 자본잉여금이란 피합병법인의 상법에 따른 자본거래로 인한 잉여금과 자산재평가법에 따른 재평가적립금 중 잉여금이 발생할 때 법인세가 과세된 잉여금을 말한다.

19) 자산조정계정으로 계상된 합병매수차익은 자산평가차익에 따른 것이므로 본래 이익잉여금 성격(손익거래)이기 때문이고, 피합병법인의 의제배당대상 자본잉여금에 상당하는 금액과 피합병법인의 이익잉여금에 상당하는 금액은 합병 전에 피합병법인이 자본전입하였다면 당연히 의제배당으로 과세하여야만 하는 것이므로 과세형평과 합병을 통한 조세회피를 방지하기 위해서이다.

20) 비적격합병을 하는 경우 피합병법인의 주주는 합병신주의 가액을 시가로 평가하여 의제배당소득을 계산하므로 합병시점에 피합병법인의 법인세가 과세된 자본잉여금상당액과 피합병법인의 이익잉여금상당액에 대하여 이미 조세를 부담하였다. 따라서 이를 자본전입하는 경우에는 의제배당으로 과세하지 않는다.

21) 자산조정계정으로 계상된 분할매수차익이란 분할등기일 현재 분할신설법인이 승계한 재산의 가액이 그 재산의 분할법인 장부가액을 초과하는 경우 그 초과하는 금액을 말한다.

22) 분할법인의 감자차손이란 분할에 따른 분할법인의 자본금 · 자본잉여금 · 재평가적립금 중 의제배당대상 자본잉여금 외의 잉여금의 감소액이 분할한 사업부문의 분할등기일 현재 순자산 장부가액에 미달하는 경우 그 미달하는 금액을 말한다. 이 경우 분할법인의 분할등기일 현재의 분할 전 이익잉여금과 의제배당대상 자본잉여금에 상당하는 금액의 합계액을 한도로 한다.

비적격분할을 하는 경우 분할신설법인은 분할법인의 자산을 시가로 양도받은 것으로 보아 분할법인의 분할등기일 현재의 순자산시가에서 분할법인에게 지급한 양도가액을 차감하여 계산한 분할매수차익을 익금에 산입한다. 따라서 분할매수차익에 상당하는 잉여금을 자본전입하는 경우에는 의제배당으로 과세된다.

⑤ 토지의 재평가차익에 상당하는 재평가적립금을 자본전입하는 경우

자산재평가법에 따라 토지의 재평가차익에 대하여 1%의 재평가세를 부과하고 익금에 산입하여 법인세를 과세하고, 건물 등의 재평가차익에 대하여 3%의 재평가세를 부과하고 익금에 산입하지 않는다. 따라서 토지의 재평가차익에 상당하는 재평가적립금을 자본전입하는 경우에는 의제배당으로 보아 과세한다.

재평가적립금의 일부를 자본전입하는 경우에는 1%의 재평가세율이 적용된 적립금(토지)과 3%의 재평가세율이 적용된 적립금(건물 등)의 비율에 따라 각각 자본전입된 것으로 하여 의제배당액을 계산한다.

⑥ 무상주 대위배당

법인이 잉여금을 자본전입하는 경우 신주를 발행하여 주주에게 무상으로 교부하게 되는데 통상 이를 무상주라고 한다. 법인이 자기주식을 보유한 상태에서 법인세가 과세되지 않은 잉여금을 자본전입함에 따라 해당 법인 외의 주주인 내국법인의 지분비율이 증가한 경우 증가한 지분비율에 상당하는 주식의 가액은 의제배당으로 과세한다.

<table>
<tr><th colspan="3">구 분</th><th>발생시</th><th>의제배당</th></tr>
<tr><td rowspan="8">자본잉여금</td><td>주식발행초과액</td><td>출자전환채무면제이익</td><td>○</td><td>○</td></tr>
<tr><td>감자차익</td><td>자기주식소각이익
(2년내 자본전입, 시가 〉 취득가액)</td><td>×</td><td>●</td></tr>
<tr><td rowspan="3">합병차익
분할차익</td><td>자산조정계상액</td><td>○</td><td>○</td></tr>
<tr><td>의제배당대상 자본잉여금</td><td>×</td><td>●</td></tr>
<tr><td>이익잉여금</td><td>×</td><td>●</td></tr>
<tr><td>기타자본잉여금</td><td>자기주식처분이익</td><td>○</td><td>○</td></tr>
<tr><td>재평가적립금</td><td>재평가세율 1%인 자산(토지)</td><td>○</td><td>○</td></tr>
<tr><td colspan="0" style="display:none"></td></tr>
<tr><td>이익잉여금</td><td colspan="2">법정적립금, 임의적립금, 미처분이익잉여금(주식배당)</td><td>○</td><td>○</td></tr>
</table>

사례 ⑦ 의제배당금액

다음의 자료를 이용하여 영리내국법인 ㈜고려의 제17기(2022.1.1~2022.12.31) 의제배당금액을 계산하시오? (2015, CPA수정)

(1) ㈜고려는 ㈜종속의 주식 20,000주를 보유하고 있다.
(2) ㈜종속의 발행주식총수는 100,000주(주당 액면가액 5,000원)이며, 자기주식수는 20,000주이다.
(3) 2022.6.25에 ㈜고려는 ㈜종속의 잉여금 자본전입으로 인한 무상주 15,000주를 수령하였다.
(4) ㈜종속의 무상주 재원은 다음과 같다.

구 분	금 액
주식발행초과금	20,000,000원
자기주식소각이익(소각일 : 2021.3.5.)	10,000,000원
자기주식처분이익	40,000,000원
이익잉여금	230,000,000원
합 계	300,000,000원

【해석】

√잉여금의 자본전입에 따른 의제배당금액

- 과세대상 잉여금: 10,000,000 + 40,000,000 + 230,000,000 = 280,000,000원
- 의제대당금액: $\frac{280,000,000}{5,000} \times \frac{20\%}{80\%} \times 5,000 = 70,000,000$원

√무상주 대위배당에 따른 의제배당금액

- 주식발행초과금의 자본전입에 따라 취득한 주식수: $\frac{20,000,000}{5,000} \times \frac{20\%}{80\%} = 1,000$주
- 지분비율에 따라 취득할 주식수: $\frac{20,000,000}{5,000} \times 20\% = 800$주
- 의제배당금액: (1,000주 - 800주) × 5,000 = 1,000,000원

4) 의제배당의 시기

이익을 배당받았거나 잉여금을 분배받은 날은 다음과 같다.

의제배당의 유형	의제배당의 시기
주식의 소각, 자본의 감소 등	주식의 소각 및 감자 결의일, 사원의 퇴사·탈퇴일
해산	잔여재산가액이 확정된 날
합병, 분할	합병등기일, 분할등기일
잉여금의 자본전입	자본전입을 결의한 날, 신주배정기준일

5) 재산가액의 평가

의제배당과 관련하여 재산가액의 평가는 다음과 같다.

자산종류	취득원인	일반적인 경우	특수한 경우(예외)
주식	잉여금 자본전입	액면가액, 출자금액	무액면주식가액 = 자본금 ÷ 발행주식수
	주식배당	발행금액	
	합병, 분할	시 가	· 적격 합병 · 분할의[23] 경우: 종전의 장부가액 · 합병교부금 등을 수령한 경우: Min(합병교부주식의 시가, 종전의 장부가액) · 투자회사등이 취득하는 주식: 영(0)
	단기소각주식[24]	영(0)	
	기타	시 가	불공정자본거래 분여이익을 차감
주식 외		시 가	

사례 ⑧ 무상주 보유에 따른 취득가액의 계산

(주)고려의 2022.3.31 감자와 관련된 주식의 취득가액을 기업회계 및 세무회계에 따라 계산하시오.

(1) 2019.7.1 (주)고려는 ㈜종속의 주식 100주를 취득(1주당 취득가액 11,000원, 액면가액 5,000원)하였다.

(2) 2020.4.1 (주)종속은 주식발행초과액의 자본전입에 따른 무상주 10주를 교부하였다.

(3) 2022.3.31 (주)고려는 (주)종속의 주식 20%를 1주당 15,000원에 유상감자하였다.

【해석】

√감자된 주식수: (100주 + 10주) × 20% = 22주

√기업회계 취득가액: 22주 × $\frac{(100 \times 11,000)}{(100+10)}$ = 220,000원

√세무회계 취득가액: 10주 × 0 + 12주× 11,000 = 132,000원

---

23) 적격합병 및 적격분할의 요건 중 사업목적의 합병 · 분할로서 지분의 연속성(주식의 보유와 관련된 부분은 제외함)을 갖추거나 완전자법인 등이 합병하는 경우에는 종전의 장부가액을 기준으로 합병 및 분할에 따라 주식을 취득한 주주인 내국법인의 의제배당액을 계산한다.

24) 주식의 소각 및 자본 · 출자의 감소 전 2년 이내에 의제배당에 해당되지 않는 주식의 취득이 있는 경우에는 그 주식이 먼저 감자된 것으로 한다. 이 경우 그 기간 중에 주식의 일부를 처분한 경우에는 해당 주식과 다른 주식을 그 주식의 수에 비례하여 처분한 것으로 본다.

6) 의제배당금액의 계산

(1) 감자 등에 따른 의제배당금액

감자 등에 따른 의제배당금액은 다음과 같이 계산한다.

의제배당금액 = 감자 등의 대가로 받는 재산가액 − 소멸하는 주식의 취득가액

기업회계에서는 감자 등에 따른 이익을 유가증권처분이익으로 계상하고 있으므로 세무회계의 의제배당금액과 유가증권처분이익을 비교하여 차액을 익금산입(유보) 또는 익금불산입(△유보)한다.

사례 ⑨ 감자에 따른 의제배당금액의 계산

비상장 영리내국법인인 (주)A와 (주)B의 자료를 이용하여 보통주 소각에 따른 (주)A의 제19기(2022.1.1~2022.12.31) 의제배당금액을 계산하면 얼마인가? (CTA. 2019)

(1) (주)A의 보통주 관련 거래는 다음과 같고, 1주당 액면금액은 1,000원이다.
  ① (주)A는 2019.4.1. (주)B의 보통주 400주를 1주당 시가인 1,500원에 취득하였음
  ② (주)A는 2020.5.2. (주)B가 주식발행초과금(출자전환으로 인한 채무면제이익이 아님)을 자본에 전입함에 따라 보통주 200주를 무상으로 취득하였음
  ③ (주)A는 2020.7.1. (주)B가 법인세가 이미 과세된 자기주식처분이익을 자본에 전입함에 따라 보통주 400주를 무상으로 취득하였음
  ④ (주)A는 2020.9.15. 보유중인 (주)B의 보통주 400주를 유상으로 처분하였음

(2) (주)B는 2022.3.31. 보통주를 1주당 1,500원에 소각하였으며, 이로 인해 (주)A가 보유한 (주)B의 보통주 400주가 소각되었다.

【해석】

√잉여금의 자본전입에 따른 의제배당(2020.7.1.): 〈익금산입〉 유가증권 400,000 유보
- 의제배당액: 400주 × 1,000 = 400,000원

√보유주식 중 일부를 처분(2020.9.15.)하는 경우에는 주식의 수에 비례하여 처분한 것으로 본다.
- 80주(주식발행초과금 자본전입) + 160주(유상취득) + 160주(의제배당) = 400주

√감자에 따른 의제배당(2022.3.31.): 600,000 − 350,000 = 250,000원
- 감자대가: 400주 × 1,500 = 600,000원
- 소각일 전 보유 주식수: 120주+240주(유상취득)+ 240주(의제배당) = 600주
- 구주식의 취득가액: 350,000원

  → 취득가액: $120\times0 + 280\times\frac{240}{240+240}\times1{,}500 + 280\times\frac{240}{240+240}\times1{,}000 = 350{,}000$원

  → 자본의 감소 전 2년 이내에 의제배당에 해당되지 않는 주식의 취득이 있는 경우에는 그 주식이 먼저 감자된 것으로 본다.

(2) 잉여금의 자본전입에 따른 의제배당금액

세무회계에서는 법인이 무상증자 또는 주식배당에 따라 주식을 받고 기업회계에 따라 주식수만 증가시킨 경우에는 의제배당금액을 익금산입(유보)하여 주식의 취득가액에 더한다. 익금산입된 유보금액은 주식이 처분되는 시점에 손금산입하여 세법에 따른 처분원가에 가산한다.

의제배당금액 = 주식수 × 액면가액(주식배당은 발행금액)

사례 ⑩ 잉여금의 자본전입에 따른 의제배당금액의 계산

㈜고려는 장기투자목적으로 2017사업연도(2017.1.1.~2017.12.31)에 종속(주)의 주식(지분율 20%)을 취득하였다. 회사는 2022.10.1(무상주 배정기준일 2021.12.31)에 종속(주)의 무상증자를 통하여 발행한 주식을 구 주식의 비율에 따라 교부받고 기업회계기준에 따라 회계처리하였으며 종속(주)의 무상증자 내용은 다음과 같다. 의제배당금액을 계산하시오.

(1) 이익준비금: 20,000,000원
(2) 자기주식처분이익: 10,000,000원
(3) 자기주식소각이익: 50,000,000원
(소각일 2020.2.28, 소각당시 시가 10,000원/주, 취득가액 7,000원/주)
(4) 주식발행초과금: 20,000,000원
(5) 재평가적립금: 100,000,000원
(재평가적립금은 150,000,000원이고, 이 중 일부가 자본으로 전입되었다. 토지분에 대한 재평가차액에 상당하는 재평가적립금은 120,000,000원이고, 건물분에 대한 재평가차액에 상당하는 재평가적립금은 30,000,000원으로 구성되어 있다.)

【해석】

√ 의제배당금액: 32,000,000원

- (20,000,000 + 10,000,000 + 50,000,000 + 80,000,000) × 20% = 32,000,000
- 자기주식소각이익은 소각일로부터 2년이 경과하여 자본전입하였으나 소각일 당시 주식의 시가가 취득가액을 초과하였으므로 의제배당의 과세대상이 된다.
- 의제배당으로 과세되는 토지분의 재평가적립금은 80,000,000원이다.

$$\rightarrow 100,000,000 \times \frac{120,000,000}{150,000,000} = 80,000,000$$

Ⅲ 익금불산입

1. 의의

세무회계에서는 법인의 순자산을 증가시키는 거래로 인하여 발생하는 수익에 대하여 모두 익금산입하지만 자본충실화 목적, 이중과세 방지목적, 조세정책적 목적 등의 이유로 익금산입하지 아니하는 것이 있다. 이를 익금불산입이라 하고, 법인세법에서 익금불산입 항목으로 열거된 것만 익금에서 제외된다.

익금불산입 항목은 법인세를 과세하지 않는다는 점에서 비과세소득과 유사하다. 그러나 익금불산입 항목은 처음부터 각 사업연도의 소득에 포함하지 아니하는 것이나 비과세소득은 각 사업연도의 소득에는 포함하였다가 이월결손금을 차감한 소득금액의 범위에서 공제한다는 점에서 차이가 있다.

익금불산입 항목을 유형에 따라 분류하면 다음과 같다.

목 적	익금불산입 항목
자본충실화 목적	· 주식발행초과액 · 주식의 포괄적 교환차익 · 이전차익 · 감자차익 · 합병차익 및 분할차익 · 자산수증이익 · 채무면제이익 중 이월결손금의 보전에 충당된 금액 · 자본준비금의 감액에 따른 배당
이중과세조정 목적	· 이월익금 · 손금인정 받지 못한 조세의 환급액 · 수입배당금액의 익금불산입
조세정책적 목적 등	· 부가가치세의 매출세액 · 국세 또는 지방세의 과오납금 환급금에 대한 이자 · 채무법인의 채무조정에 따른 채무조정이익 · 자산의 평가이익

2. 자본거래에 따른 익금불산입

1) 주식발행초과액

(1) 할증발행하는 경우

주식발행초과액은 주식의 발행가액이 액면가액 이상으로 할증발행하는 경우에 그 액면가액을 초과하는 금액을 말하고, 무액면주식의 경우에는 발행가액 중 자본금으로 계상한 금액을 초과하는 금액을 말한다. 기업의 미래수익성이 높으면 신주의 발행가액이 액면가액보다 높게 형성되어 자본시장에서 자금을 조달할 수 있다.

상법은 주식발행을 액면가액으로 허용하고 있어 주주가 불입한 자본 중 상법에 따른 발행주식의 액면가액만을 자본금으로 계상하고 나머지는 주식발행초과액으로 계상한다.[25]

주식발행초과액은 법인의 순자산을 증가시키는 거래이기는 하나 사실상 자본의 납입에 불과하고, 이를 익금으로 보면 자본금에 과세하는 결과가 되므로 자본충실화의 원칙에 따라 익금산입하지 아니한다.

(2) 채무의 출자전환으로 주식을 발행하는 경우

채무를 출자전환하는 법인으로서 출자전환주식의 시가가 액면가액 이상이고 발행가액(통상 채무가액) 이하인 경우에는 주식의 액면가액과 출자전환주식의 시가의 차액은[26] 주식발행초과액으로 보아 익금불산입하고, 출자전환주식의 시가와 주식의 발행가액의 차액은[27] 출자전환에 따라 발생한 채무면제이익(출자전환채무면제이익)으로 보아 익금산입한다.

그림 | 채무의 출자전환에 따른 주식발행

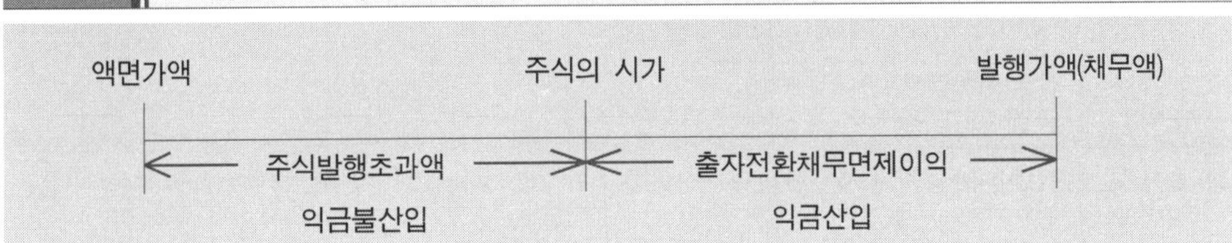

---

25) 외국인투자촉진법에 의하여 외국인투자지분을 자본금으로 납입하는 과정에서 환율변동에 따라 발생한 납입준비금 잔액은 이를 주식발행액면초과액으로 보아 익금에 산입하지 아니한다.

26) 주식발행액면초과액 = (시가 − 액면가액) × 주식수

27) 출자전환채무면제이익 = (발행가액 − 시가) × 주식수

다만, 다음의 법인에 있어서 채무의 출자전환에 따른 채무면제이익[28] 중 이월결손금의 보전에 충당하지 아니한 금액을 해당 사업연도의 익금에 산입하지 아니하고 그 이후의 각 사업연도에 발생한 결손금의 보전에 충당할 수 있다. 이 경우 회생계획인가의 결정을 받은 법인 등이 익금에 산입하지 아니한 금액 전액을 결손금의 보전에 충당하기 전에 사업을 폐지하거나 해산하는 경우에는 그 사유가 발생한 날이 속하는 사업연도의 소득금액 계산에 있어서 결손금의 보전에 충당하지 아니한 금액 전액을 익금에 산입한다.

① 채무자회생법에 따라 채무를 출자로 전환하는 내용이 포함된 회생계획인가의 결정을 받은 법인

② 기업구조조정촉진법에 따라 채무를 출자로 전환하는 내용이 포함된 기업개선계획의 이행을 위한 약정을 체결한 부실징후기업

③ 해당 법인에 대하여 채권을 보유하고 있는 금융실명법에 따른 금융회사 등과 채무를 출자로 전환하는 내용이 포함된 경영정상화계획의 이행을 위한 협약을 체결한 법인

④ 기업활력제고를 위한 특별법에 따른 사업재편계획승인을 받은 법인

2) 주식의 포괄적 교환차익 · 이전차익

주식의 포괄적 교환 및 이전에 따라 설립 또는 전환된 완전모회사가 이전받은 완전자회사의 주식가액(완전자회사의 순자산)과 증가한 자본금(교부주식의 액면가액)의 차액은 주식발행초과금과 성격이 같으므로 익금으로 보지 아니한다.[29][30]

√ 주식의 포괄적 교환차익 = 완전자회사의 순자산가액 − 완전모회사의 자본금증가액 − 이전한 자기주식의 장부가액 − 주식교환 교부금

√ 주식의 포괄적 이전차익 = 완전자회사의 순자산가액 − 완전모회사의 자본금 − 주식이전 교부금

28) 출자전환채무면제이익은 출자전환된 주식의 시가(시가가 액면가액에 미달하는 경우에는 액면가액)을 초과하여 발행된 금액을 말한다.

29) 주식의 포괄적 교환이란 상법에 따라 완전자회사가 되는 회사의 주주가 소유하고 있는 완전자회사의 주식을 주식교환에 따라 완전모회사(지주회사)가 되는 회사에 이전하고, 완전자회사가 되는 회사의 주주는 완전모회사가 되는 회사가 주식교환을 위하여 발행하는 신주의 배정을 받음으로써 완전모회사의 주주가 되는 것을 말한다. 주식의 포괄적 교환에 따라 다른 회사의 발행주식의 총수를 소유하는 회사를 완전모회사라 하며, 이 경우 그 다른 회사를 완전자회사라 한다.

30) 주식의 포괄적 이전이란 상법에 따라 완전자회사가 되는 회사의 주주가 소유하는 완전자회사의 주식을 주식이전에 따라 설립하는 완전모회사(지주회사)에 이전하고, 완전자회사가 되는 회사의 주주는 완전모회사가 주식이전을 위하여 발행하는 주식의 배정을 받음으로써 완전모회사의 주주가 되는 것을 말한다.

3) 감자차익

(1) 감자차익의 계산

감자차익이란 상법에 따라 계산한 감자차익으로서 자본의 감소액이 주주에게 환급된 금액과 결손보전에 충당한 금액을 초과하는 경우 그 초과금액을 말한다.

감자차익 = 자본금 감소액 − 주식소각에 사용된 금액 − 결손금보전에 충당된 금액

기업회계에서는 자본을 감소시킬 때 현금 등이 유출되는 실질적 감자인 유상감자와 계산상 자본이 감소하지만 자산이 유출되지 않는 형식적 감자인 무상감자가 있다. 실질적 감자에서 감자차익은 감자대가·상환가격이 액면가격보다 낮을 때 발생하는 차이를 말하고, 형식적 감자에서 감자차익은 자본금의 감소액이 보전할 결손금보다 클 때 발생하는 차이를 말한다.

(2) 익금불산입 근거

감자차익은 감자하기 전에는 자본금이었던 것이 감자를 통하여 그 형태만 바꾸어 법인의 내부에 유보되어 있는 것으로 근본적으로 자본금과 그 성격이 같다. 따라서 감자차익은 주식발행초과액의 경우와 같이 자본충실화 목적에 따라 기업회계에서는 자본잉여금으로 계상하고 있으며 세무회계에서도 감자차익을 익금으로 보지 아니한다.

4) 합병차익 및 분할차익

(1) 합병차익 및 분할차익의 계산

합병차익이란 합병법인이 피합병법인으로부터 시가초과액을 제외하고 승계한 순자산가액이 피합병법인의 주주에게 지급한 합병대가를 초과하는 경우 그 초과금액을 말하고, 분할차익이란 분할신설법인이 분할법인으로부터 승계한 순자산가액이 분할법인의 주주에게 지급한 분할대가를 초과하는 경우 그 초과금액을 말한다.

√합병차익 = 승계한 순자산가액 − (합병교부주식의 액면가액 + 합병교부금)
√분할차익 = 승계한 순자산가액 − (분할교부주식의 액면가액 + 분할교부금)

(2) 익금불산입 근거

법인세법에서는 합병차익과 분할차익을 자본거래에서 발생한 것으로 보아 익금에 산입하지 않는 것을 원칙으로 한다. 다만, 합병차익과 분할차익 중 법인세법에서 익금으로 규정한 합병매수차익 및 분할매수차익은 손익거래로 보아 익금에 산입한다.

5) 자본준비금의 감액에 따른 배당

법인은 상법에 따라 적립된 자본준비금 및 이익준비금의 총액이 자본금의 1.5배를 초과하는 경우에 주주총회의 결의에 따라 그 초과한 금액 범위에서 자본준비금과 이익준비금을 감액할 수 있다. 법인세법에 따른 의제배당에 해당하지 아니하는 자본준비금을 감액하여 받은 배당은 익금에 산입하지 아니한다.

사례 11 자본거래에 따른 익금불산입

(주)고려의 다음의 거래내용에 대하여 세무조정을 하시오.

(1) 2022.7.1 A거래처의 차입금 1,000,000원을 출자전환하면서 시가 8,000원(액면가액 5,000원)의 주식 100주를 교부하고 아래와 같이 회계처리였다.

(차)	차 입 금	1,000,000	(대)	자 본 금	500,000
				채무면제이익	500,000

(2) 2022.12.30 보통주 1,000주(액면가액 5,000)를 1주당 4,000원에 취득하여 즉시 소각하였다. 이에 따라 발생한 감자차익 1,000,000원을 기타자본잉여금으로 처리하였다.

【해석】

√채무의 출자전환: 〈익금불산입〉 주식발행초과금 300,000 기타

- 세무상 분개: (차) 차입금 1,000,000 (대) 자 본 금 500,000

(차)	차입금	1,000,000	(대) 자 본 금	500,000
			주 식 발 행 초 과 금	300,000
			출자전환채무면제이익	200,000

- 조정할 분개: (차) 출자전환채무면제이익 300,000 (대) 주식발행초과금 300,000
- 주식의 시장가치(800,000)와 주식의 액면가액(500,000)의 차액은 주식발행초과금(자본거래)이므로 익금불산입(기타)한다.

√감자차익: 세무조정 없음

- 감자차익은 자본금이 감자를 통하여 형태만 변경된 것으로 자본거래이므로 익금불산입 항목이다.

6) 자산수증이익과 채무면제이익 중 이월결손금의 보전에 충당한 금액

(1) 의의

자산수증이익과 채무면제이익은 기업회계의 영업외수익에 해당되며 세무회계의 익금에 해당된다. 다만, 자산수증이익과 채무면제이익 중 이월결손금의 보전에 충당한 금액은 증여를 통한 재무구조 개선을 지원하려는 취지에서 자본충실화의 원칙에 따라 익금산입하지 아니한다. 이 경우 무상으로 받은 자산의 가액에는 국가사업 수행을 위하여 지원되는 국고보조금을 제외한다.

(2) 이월결손금의 보전방법

이월결손금의 보전방법은 다음과 같다.

① 자산수증이익 · 채무면제이익을 결산할 때 장부의 이월결손금과 상계하는 방법

② 상법의 주주총회 결의에 따라 이월결손금에 보전하고 이익잉여금처분계산서(결손금처리계산서)에 계상하는 방법

③ 법인세 과세표준 및 세액을 신고할 때 자산수증이익 · 채무면제이익을 기업회계기준에 따라 특별이익으로 계상한 법인이 소득금액조정합계표에 자산수증이익과 채무면제이익 중 이월결손금의 보전에 충당한 금액을 익금불산입으로 세무조정하고, 자본금과 적립금조정명세서에 동 금액을 이월결손금의 보전에 충당한다는 뜻을 표시하는 방법

(3) 이월결손금의 특징

자산수증이익 등으로 보전할 수 있는 이월결손금은 다음과 같은 특징이 있다.

① 각 사업연도의 과세표준을 계산하는 경우에 공제되는 이월결손금은 해당 사업연도 개시일 전 15년 이내에 개시한 사업연도에서 발생한 금액에 한정하는 것이나 자산수증이익 또는 채무면제이익으로 보전할 수 있는 이월결손금은 발생시점에 제한이 없다.

② 적격합병 및 적격분할에 따라 승계받은 결손금은 제외한다.

③ 법인세법에 따라 신고된 각 사업연도의 과세표준에 포함되지 아니하였으나 채무자회생법에 따른 회생계획인가의 결정을 받은 법인의 결손금으로서 법원이 확인한 것과 기업구조조정촉진법에 따른 기업개선계획의 이행을 위한 약정이 체결된 법인으로서 금융채권자협의회가 의결한 결손금을 포함한다.

3. 조세정책적 목적 등에 따른 익금불산입

1) 자산의 평가이익

자산의 평가차익이란 법인이 보유하고 있는 자산을 시가로 평가하고 그 시가평가액이 장부가액을 초과하는 경우 그 초과하는 가액을 말한다.

법인세법에서는 자산을 원가법에 따라 평가하는 것을 원칙으로[31] 하므로 시가가 상승하였다고 해서 그 자산의 장부가액을 임의로 증액하는 것은 허용하지 아니한다. 다만, 세법과 다른 법률이 상충되는 것을 방지하기 위하여 보험업법 등의 법률에 따른 유형자산 · 무형자산의 평가증액, 투자회사 등이 보유한 자본시장법에 따른 집합투자재산의 평가이익, 화폐성 외화자산 · 부채 등에 대한 외화평가이익은 익금으로 본다.

2) 국세 또는 지방세의 과오납금의 환급금에 대한 이자

국세 또는 지방세의 과오납금의 환급금에 대한 이자란 국가나 지방자치단체가 과세의 오류에 따른 손실을 납세자에게 보상하는 의미에서 과오납된 세액에 대하여 납부일의 다음날로부터 환급일까지의 이자상당액(국세환급가산금,[32] 지방세환급가산금)을 지급하게 된다.

보상금에 해당하는 이자를 다시 법인의 소득금액으로 익금산입하여 법인세를 부담하게 된다면 법인세부담액만큼 그 보상의 효과가 줄어들게 된다. 따라서 국세환급가산금 등은 국세 또는 지방세의 환급금 자체가 익금에 해당하는지 여부에 관계없이 전액 익금산입하지 아니한다. 그러나 국세 또는 지방세의 환급금 자체는 발생 당시 손금산입되었는지 여부에 따라 익금산입 또는 익금불산입하게 된다.

3) 부가가치세의 매출세액

사업자가 재화 또는 용역을 공급할 때 공급받는 자로부터 거래징수한 부가가치세 매출세액은 매입세액을 공제한 후 그 잔액은 정부에 납부할 예수금(부채)이므로 사업자에게 귀속되는 수입이 아니다. 따라서 부가가치세 매출세액은 익금으로 보지 않는다.

---

31) 법인이 보유하는 자산 및 부채의 장부가액을 감가상각을 제외하고 증액 또는 감액한 경우(평가)에는 그 평가일이 속하는 사업연도와 그 후의 각 사업연도의 소득금액을 계산할 때 자산 및 부채의 장부가액은 평가 전의 가액(원가법)으로 한다.

32) 국세환급가산금이란 국세환급금을 충당하거나 지급할 때에는 국세환급가산금 기산일부터 충당하는 날 · 지급결정을 하는 날까지의 기간과 이자율(2020.3.13.~2021.3.15.: 연 1.8%, 2021.3.16.이후: 1.2%)에 따라 계산한 금액을 말한다.

4) 채무법인의 채무재조정에 따른 채무조정이익

(1) 기업회계

채무법인은 만기일, 이자율 등의 변경에 따른 채무의 재조정으로 인하여 채무의 장부가액과 현재가치의 차이가 중요한 경우에는 기업회계기준에 따라 채무를 현재가치로 평가한다.

채무법인은 원금감면액을 차감한 후 조정된 채무의 장부가액과 현재가치의 차액을 현재가치할인차금(채무조정이익)으로 계상하고, 조정된 채무의 장부가액에서 차감하는 형식으로 기재한다. 기업회계는 이익의 발생원천이 채무조건의 완화로 인하여 발생한 채무이자 감면액을 채무조정이익과 같은 영업외수익으로 나타냄으로써 재무정보의 유용성을 증대시키고자 한다.

채무조정이익으로 계상된 현재가치할인차금은 기업회계의 유효이자율법에 따라 채무의 상환기간동안 이자비용으로 상각한다.

(2) 세무회계

세무회계는 채무조건의 완화로 인하여 발생한 채무이자 감면액과 이자비용을 구분할 필요가 없이 단순히 명목가액에 따른 이자지급액만을 비용으로 인정하고 있다.

따라서 채무법인이 기업회계기준에 따라 채무조정이익으로 익금으로 계상한 금액은 익금불산입(△유보)으로 세무조정하고, 매년 결산시 장부가액과 현재가치의 차액(현재가치할인차금)에 대한 상각액을 이자비용으로 계상하면 이를 손금불산입(유보)한다.

연구 ‖ 채무조정이익

(주)고려는 안암(주)의 채권 및 채무를 재조정하기로 약정하였다. 채권 · 채무의 재조정 당시 (주)고려의 채권액은 10,000원이고, 재조정된 채권액은 7,000원(현재가치 6,000원)이다.

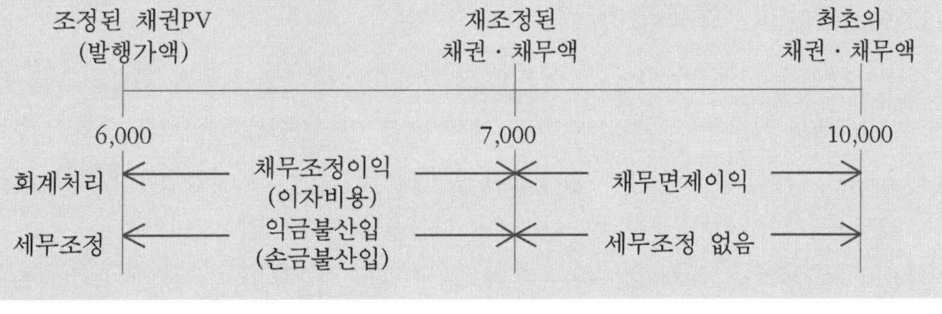

4. 이중과세조정에 따른 익금불산입

1) 이월익금

이월익금이란 해당 사업연도 이전에 법인의 소득금액 계산할 때 각 사업연도의 소득으로 이미 과세된 소득 또는 법인세법 등에 따라 비과세소득 · 면제소득을 다시 해당 사업연도의 익금에 산입한 금액을 말한다.

이월익금은 주로 전기 이전에 세무조정에 따라 익금산입된 항목에 대해서 추후에 기업회계가 이를 결산서에 반영하는 과정에서 발생하는데, 이는 이중과세 방지를 위하여 익금불산입하는 것이다.

사례 ⑫ 이월익금에 대한 세무조정

㈜고려는 제10기말에 외상으로 판매한 매출액 ₩3,000,000에 대하여 대금을 회수한 제11기의 매출액으로 회계처리한 경우 이에 관한 세무조정을 하시오.

【해석】

√ 제10기: 〈익금산입〉 매출채권 3,000,000 유보

- 기업회계: 회계처리 누락
- 세무회계: (차변) 매출채권 3,000,000 (대변) 매출 3,000,000

√ 제11기: 〈익금불산입〉 매출채권 3,000,000 △유보

- 기업회계: (차변) 현금 3,000,000 (대변) 매출(전기오류수정이익) 3,000,000
- 세무회계: (차변) 현금 3,000,000 (대변) 매출채권 3,000,000
- 조정분개: (차변) 매출(전기오류수정이익) 3,000,000 (대변) 매출채권 3,000,000

2) 손금불산입된 조세의 환급액

손금에 산입하지 아니한 법인세 · 법인지방소득세 · 농어촌특별세 등의 조세를 환급 받은 경우 그 환급액은 사실상 이월익금과 같은 성격이므로 익금산입하지 아니하고, 손금에 산입한 재산세 · 종합부동산세 · 자동차세 등의 조세를 환급받은 경우 그 환급액은 익금에 산입한다. 즉, 당초 손금산입 여부에 따라 그 환급액의 익금산입 여부가 결정된다.

자산의 취득원가로 계상한 취득세 · 등록세 등에 대한 환급금은 익금산입(기타)하며, 동시에 환급금을 취득원가에서 차감하기 위하여 손금산입(△유보)한다.

3) 내국법인의 수입배당금액의 익금불산입

(1) 의의

법인이 지급하는 배당금은 이미 법인세가 과세된 소득이므로 배당소득을 수취하는 자에게 다시 법인세를 과세하게 되면 동일한 소득에 대하여 이중과세를 하는 결과가 된다. 수입배당금의 익금불산입은 배당소득에 대한 이중과세의 조정에 목적이 있고, 고유목적사업준비금을 손금산입하는 비영리내국법인은 수입배당금액의 익금불산입 규정을 적용할 수 없다.

(2) 수입배당금액의 범위

내국법인이 피출자법인으로부터 받은 이익의 배당금, 잉여금의 분배금, 의제배당액을 포함하는 모든 수입배당금액은 이중과세 조정대상이다.

다만, 다음의 수입배당금액에 대해서는 익금불산입 규정을 적용하지 않는다.

① 배당기준일 전 3개월 이내 취득한 주식을 보유함으로써 발생하는 수입배당금액
② 지주회사의 수입배당금액으로서 익금불산입 규정을 적용받는 수입배당금액
③ 유동화전문회사 등 및 프로젝트금융투자회사가 배당가능이익의 90% 이상을 배당한 경우 그 지급한 배당에 대하여 소득공제를 적용받는 법인으로부터 받은 수입배당금액
④ 법인과세 신탁재산이 수익자에게 배당한 경우 그 지급한 배당에 대하여 소득공제를 적용받는 법인과세 신탁재산으로부터 받은 수입배당금액
⑤ 법인세법 및 조세특례제한법에 따라 법인세를 비과세 · 면제 · 감면되는 법인으로부터 받는 수입배당금액[33)]

(3) 익금불산입액의 계산

내국법인이 다른 내국법인으로부터 받은 수입배당금액 중 다음 산식에 따라 계산한 금액을 익금에 산입하지 아니한다. 이 경우 그 금액이 0보다 작은 경우에는 없는 것으로 본다.

익금불산입액 = (수입배당금액 × 익금불산입률) − 차입금이자 배제금액

---

33) 지급배당에 대하여 법인세가 비과세 · 면제 · 감면되는 법인이란 감면율이 100%인 사업연도에 한하여 조세특례제한법에 따른 법인의 공장 및 본사를 수도권 밖으로 이전하는 경우 법인세 등 감면·제주첨단과학기술단지 입주기업에 대한 법인세 등의 감면·제주투자진흥지구 또는 제주자유무역지역입주기업에 대한 법인세 등의 감면을 적용받는 법인, 조세특례제한법에 따른 동업기업과세특례를 적용받는 법인을 말한다.

① 익금불산입률

익금불산입률은 일반법인이 출자한 회사에 대한 출자비율에 따라 다음과 같다. 이 경우 출자한 비율은 출자받은 내국법인의 배당기준일 현재 3개월 이상 계속하여 보유하고 있는 주식을 기준으로 계산한다. 주식보유기간 중 변동이 있는 경우에는 선입선출법에 따라 주식수를 계산한다.

익금불산입 비율	피출자법인의 구분	
	주권상장법인	주권비상장법인
100%	100%	100%
50%	30% 이상~100% 미만	50% 이상~100% 미만
30%	30% 미만	50% 미만

사례 ⑬ 익금불산입대상 주식비율의 계산

(주)고려는 주권상장법인인 ㈜종속에 배당수익을 목적으로 투자하였으며, (주)종속의 배당기준일은 2022.12.31이다. (주)고려는 ㈜종속의 주식을 2022.1.1에 70%를 취득하고, 2022.11.1에 20%를 취득하고, 2022.12.1에 40%를 처분하였다. 수입배당금액에 대한 이중과세조정을 위한 익금불산입대상 주식비율을 계산하시오.

【해석】

√2022.11.1 취득한 주식(20%)은 배당기준일 현재 3월 이내에 취득하였으므로 익금불산입의 규정을 적용하지 아니한다. 2022.12.1에 처분한 (주)종속의 주식(40%)은 선입선출법에 따라 2022.1.1에 취득한 주식이 처분된 것으로 본다.

√익금불산입대상 주식비율: 70% − 40% = 30%

② 차입금이자 배제금액

차입금이자의 일부를 익금불산입 대상금액에서 차감하는 취지는 출자법인이 차입금으로 피출자법인의 주식을 취득한 경우 차입금이자는 손금산입되고, 수입배당금액은 익금불산입되는 이중공제의 혜택을 방지하기 위해서이다.

배당금을 지급받은 출자법인의 각 사업연도에 지급한 차입금의 이자가 있는 경우 다음과 같이 계산한 차입금이자를 익금불산입 대상금액에서 차감한다. 이 경우 차입금의 이자, 피출자법인의 주식의 장부가액의 적수, 출자법인의 자산총액의 적수는 수입배당금액이 해당 법인의 익금으로 확정된 날이 속하는 사업연도의 것으로 한다.

$$\text{차입금이자 배제금액} = \text{차입금이자} \times \frac{\text{피출자법인의 주식의 장부가액 적수}}{\text{출자법인의 자산총액 적수}} \times \text{익금불산입률}$$

차입금의 이자에는 이미 손금불산입 된 채권자가 불분명한 이자, 지급받은 자가 불분명한 채권·증권의 이자등, 건설자금이자, 업무무관자산등에 대한 지급이자를 제외한다.[34)]

피출자법인의 주식의 장부가액이란 수입배당금액의 익금불산입 규정이 적용되는 피출자법인의 주식의 세법에 따른 장부가액을 말하고, 주식에는 국가 및 지방자치단체로부터 현물출자 받은 주식을 제외한다.

사례 ⑭ 수입배당금액에 대한 이중과세조정

제조업을 경영하는 영리내국법인 고려㈜(지주회사가 아님)의 제17기 사업연도(2022.1.1~2022.12.31) 귀속 수입배당금액 관련 자료이다. 수입배당금액에 대한 익금불산입액을 계산하시오?(2014, CPA수정)

(1) 제조업을 경영하는 주권비상장법인으로부터 받은 수입배당금액의 내역은 다음과 같으며, 배당기준일은 모두 2022.12.31이다.

배당지급법인	수입배당금액	보유주식 장부가액 적수	지분율	주식취득일
갑 법인	10,000,000원	365억원	40%	2020.2.15.
을 법인	6,000,000원	438억원	60%	2022.10.5.

(2) 사업연도 종료일 현재 재무상태표의 자산총액은 10억원(적수는 3,650억원)이다.
(3) 제17기의 차입금이자는 30,000,000원으로서 해당 차입금의 적수는 100억원이다.
(4) 고려㈜는 제17기말 현재 업무무관자산을 보유하고 있으며, 그 적수는 20억원이다.

【해석】

√을 법인의 수입배당금액은 배당기준일 3개월 이내 취득하였으므로 익금불산액은 없다.

√익금불산입액: $10,000,000 \times 30\% - 24,000,000 \times \frac{365\text{억원}}{3,650\text{억원}} \times 30\% = 2,280,000\text{원}$

- 업무무관자산 지급이자 손금불산입액: $30,000,000 \times \frac{20\text{억원}}{100\text{억원}} = 6,000,000\text{원}$
- 차입금이자 배제대상금액: 30,000,000 − 6,000,000 = 24,000,000원

√세무조정: 〈익금불산입〉 수입배당금 이중과세조정 2,280,000 기타

34) 차입금의 이자에는 금융회사가 국가·지방자치단체 등으로부터 차입한 금액의 이자와 내국법인이 기업구매자금대출에 의하여 차입한 금액의 이자를 포함한다.

4) 지주회사의 수입배당금액의 익금불산입

(1) 의의

법인세법에서는 이중과세의 조정과 지주회사제도의 지원을 위해 배당금을 지급하는 법인단계에서 소득공제하는 방법과 배당금을 지급받는 법인주주단계에서 배당소득의 일부를 수입배당금액에서 익금불산입하는 방법을 규정하고 있다.35)

(2) 수입배당금액의 범위

수입배당금액이란 지주회사가 자회사로부터 받은 현금배당, 주식배당, 의제배당을 포함하는 모든 배당금액을 말한다. 다만, 다음의 수입배당금액에 대해서는 지주회사의 수입배당금액의 익금불산입 규정을 적용하지 않는다.

① 배당기준일 전 3개월 이내에 취득한 주식을 보유함으로써 발생한 수입배당금액
② 유동화전문회사 등 및 프로젝트금융투자회사가 배당가능이익의 90% 이상을 배당한 경우 그 지급한 배당에 대하여 소득공제를 적용받는 법인으로부터 받은 수입배당금액
③ 법인과세 신탁재산이 수익자에게 배당한 경우 그 지급한 배당에 대하여 소득공제를 적용받는 법인과세 신탁재산으로부터 받은 수입배당금액
④ 법인세법 및 조세특례제한법에 따라 법인세를 비과세·면제·감면되는 법인으로부터 받는 수입배당금액

(3) 지주회사

지주회사란 내국법인 중 법률에 따라 설립된 일반지주회사, 금융지주회사법에 따른 금융지주회사를 말한다. 이 경우 일반지주회사란 공정거래법에 따른 지주회사, 산업교육진흥 및 산학협력 촉진에 관한 법률에 따른 산학협력기술지주회사, 기술의 이전 및 사업화 촉진에 관한 법률에 따른 공공연구기관첨단기술 지주회사를 말한다.

지주회사는 지배회사 또는 모회사라고도 하며 다른 기업의 의결권이 있는 주식·지분을 직접·간접 소유함으로써 기업의 경영활동에 중대한 영향력을 행사하여 경영권을 지배하는 것을 주된 목적으로 하는 회사이다.

---

35) 법인이 지급하는 배당금은 이미 법인세가 과세된 소득이므로 배당소득을 수취하는 자에게 다시 법인세 또는 소득세를 과세하게 되면 동일한 소득에 대하여 이중과세를 하는 결과가 된다.

(4) 자회사

자회사란 지주회사가 출자한 법인으로서 지분율기준과 업종기준의 요건을 모두 갖춘 법인을 말한다.

① 지주회사가 직접 내국법인의 발행주식총수의 40%(주권상장법인과 벤처기업의 경우에는 20%) 이상을 그 내국법인의 배당기준일 현재 3개월 이상 계속하여 보유하고 있는 법인일 것(지분율기준)

② 지주회사가 금융지주회사인 경우에는 내국법인도 금융회사이고, 지주회사가 일반지주회사인 경우에는 내국법인도 금융업 또는 보험업을 경영하지 아니하는 법인일 것(업종기준)

(5) 익금불산입액의 계산

지주회사가 자회사로부터 받은 수입배당금액 중 자회사별로 다음 산식에 따라 계산한 금액의 합계액을 익금에 산입하지 아니한다. 이 경우 익금에 산입하지 아니할 금액이 0보다 작은 경우에는 없는 것으로 본다.

익금불산입액 = (수입배당금액 × 익금불산입률) − 차입금이자 배제금액

① 익금불산입률

익금불산입률은 지주회사가 자회사에 대한 출자비율에 따른 다음의 비율을 말한다. 이 경우 출자비율은 자회사의 배당기준일 현재 3개월 이상 계속하여 보유하고 있는 주식을 기준으로 계산하고, 주식보유기간 중 변동이 있는 경우에는 선입선출법에 따라 주식수 및 출자비율을 계산한다.

익금불산입률	자회사의 구분[36]	
	주권상장법인	주권비상장법인
100%	40% 이상	80% 이상
90%	30% 이상~40% 미만	50% 이상~80% 미만
80%	20% 이상~30% 미만	40% 이상~80% 미만
30%	20% 미만	40% 미만

② 차입금이자 배제금액

지주회사의 각 사업연도에 지급한 차입금의 이자가 있는 경우 다음과 같이 계산한 차입금이자를 익금불산입 대상금액에서 차감한다.

$$\textbf{차입금이자 배제금액} = \textbf{차입금이자}^{37)} \times \frac{\text{자회사의 주식의 장부가액 적수}}{\text{지주회사의 자산총액 적수}} \times \textbf{익금불산입률}$$

사례 ⑮ 지주회사의 수입배당금액에 대한 세무조정

(주)고려는 자회사를 보유한 일반지주회사이다. 제17기(2022.1.1~2022.12.31) 수입배당금액의 익금불산입액을 계산하시오.

(1) (주)고려의 제17기의 자산총액은 100억원이고, 지급이자는 2억원이다.

(2) 수입배당금액 115,000,000원이고, 자회사 A · B · C의 배당기준일은 2022.12.27.이다.

자회사	상장 여부	출자금액	지분율	수입배당금액	취득일자
A	상장	400,000,000	25%	50,000,000	2022. 6.30
B	비상장	350,000,000	100%	25,000,000	2022.10. 1
C	비상장	500,000,000	40%	40,000,000	2021. 7. 1

【해석】

√A회사의 익금불산입액: 40,000,000 − 3,243,836 = 36,756,164원

- 익금불산입대상금액: 50,000,000원 × 80% = 40,000,000원
- 차입금이자 배제금액: 2억원 × $\frac{4\text{억원} \times 185\text{일}}{100\text{억원} \times 365\text{일}}$ × 80% = 3,243,836원

√B는 배당기준일 전 3월 이내에 취득한 주식이므로 이중과세 조정대상이 아니다.

√C회사의 익금불산입액: 32,000,000 − 8,000,000 = 24,000,000원

- 익금불산입대상금액: 40,000,000원 × 80% = 32,000,000원
- 차입금이자 배제금액: 2억원 × $\frac{5\text{억원} \times 365}{100\text{억원} \times 365\text{일}}$ × 80% = 8,000,000원

√수입배당금액에 대한 익금불산입액 : 〈익금불산입〉 수입배당금액 60,756,164원 기타

- 익금불산입액: 36,756,164 + 24,000,000 = 60,756,164원

---

36) 지주회사의 완전자회사가 되기 전에 부여한 신주인수권과 전환권이 지주회사의 완전자회사가 된 후 행사되어 자회사의 발행주식총수가 증가하는 경우 신주인수권과 전환권의 행사에 따라 발행된 주식으로서 배당기준일 전 3월 이내에 발행된 것에 대하여는 배당기준일 현재 보유하고 있는 주식을 기준으로 계산한다.

37) 금융지주회사가 차입할 때의 이자율보다 높은 이자율로 자회사에게 대여한 금액이 있는 경우 자산총액의 적수를 계산할 때 자산총액에서 그 대여금을 뺀 금액으로 하고, 차입금의 이자를 계산할 때 자회사에 대여한 금액에 상당하는 차입금의 이자를 제외한다.

사업 연도	. . . ~ . . .	수입배당금액명세서	법 인 명	
			사업자등록번호	

1. 지주회사 또는 출자법인 현황

① 법인명	② 구 분	③ 사업자등록번호	④ 소재지	⑤ 대표자 성명	⑥ 업태 종목

2. 자회사 또는 배당금 지급법인 현황

⑦ 법인명	⑧ 구 분	⑨ 사업자등록번호	⑩ 소재지	⑪ 대표자	⑫ 발행주식총수	⑬ 지분율(%)

3. 수입배당금 및 익금불산입 금액 명세

⑭ 자회사 또는 배당금지급 법 인 명	⑮ 배당금액	⑯ 익금불산입 비 율 (%)	⑰ 익금불산입 대 상 금 액 (⑮×⑯)	⑱ 지급이자 관련 익 금 불 산 입 배 제 금 액	⑲ 익금불산입액 (⑰-⑱)
계					

연습문제

1. 법인세법상 익금에 관한 설명으로 옳지 않은 것은? (CTA. 2017)

① 익금은 자본 또는 출자의 납입 및 법인세법에서 규정하는 것은 제외하고 해당 법인의 순자산을 증가시키는 거래로 인하여 발생하는 수익의 금액으로 한다.

② 이월결손금의 보전에 충당하지 않은 자산수증이익과 채무의 출자전환에 따른 채무면제이익은 해당 사업연도에 익금불산입하고 그 이후의 각 사업연도에 발생한 결손금의 보전에 충당할 수 있다.

③ 법인세법에 따른 특수관계인인 개인으로부터 유가증권을 시가보다 낮은 가액으로 매입하는 경우 당해 시가와 그 매입가액의 차액에 상당하는 금액은 익금으로 본다.

④ 국세 과오납금의 환급금에 대한 이자는 익금으로 보지 않는다.

⑤ 채무의 출자전환시 시가가 액면가액에 미달하는 경우 익금에 산입되는 채무면제이익은 발행가액에서 액면가액을 차감하여 계산한다.

【정답】 ②

√이월결손금의 보전에 충당하지 않은 자산수증이익은 익금으로 과세된다.

√이월결손금의 보전에 충당하지 아니한 채무의 출자전환에 따른 채무면제이익으로서 채무자회생법에 따른 회생계획인가의 결정을 받은 법인 등에 해당하는 경우에는 해당 사업연도의 익금에 산입하지 아니하고, 그 이후의 각 사업연도에 발생한 결손금의 보전에 충당할 수 있다.

2. 법인세법의 익금에 관한 설명이다. 옳은 것은? (2015. CPA수정)

① 영리내국법인이 특수관계인인 법인으로부터 유가증권을 시가보다 낮은 가액으로 매입하여 보유하는 경우 시가와 매입가액의 차액은 그 유가증권을 매입한 사업연도의 익금으로 본다.

② 내국법인이 외국자회사로부터 수입배당금액을 받은 경우 그 외국자회사의 소득에 대하여 부과된 외국법인세액 중 그 수입배당금액에 대응하는 금액으로서 세액공제의 대상이 되는 금액을 익금으로 간주한다.

③ 채무의 출자전환으로 주식을 발행함에 있어서 그 주식의 시가를 초과하여 발행된 금액은 법령상 이월결손금 보전에 충당하더라도 익금에 산입한다.

④ 영리내국법인이 이미 보유하던 주식에 대하여 받은 주식배당은 익금을 구성하지 아니한다.

⑤ 의제배당에 대하여는 수입배당금액의 익금불산입 규정을 적용하지 아니한다.

【정답】 ②

√① 특수관계인인 법인 → 특수관계에 있는 개인,

③ 충당하더라도 익금에 산입한다. → 충당하는 경우 익금에 산입하지 아니한다.

④ 익금을 구성하지 아니한다. → 수입배당금으로 보아 익금에 산입한다.

⑤ 적용하지 아니한다. → 적용한다.

3. 법인세법상 당해 과세기간의 세무조정 및 소득처분에 관한 설명으로 옳지 않은 것은? 단, 전기 이전 세무조정은 모두 정상적으로 이루어졌다. (CPA. 2017)

① 장부상 자기주식처분이익 500,000원을 손익계산서상 수익으로 회계처리한 경우 세무조정은 없다.

② 보험업법에 따른 유형자산의 평가로 재평가이익 3,000,000원을 장부상 자본항목으로 회계처리한 경우 익금산입 3,000,000원(유보)에는 익금불산입 3,000,000원(기타)으로 처리하여야 한다.

③ 당기에 특수관계인인 개인으로부터 500,000원(취득당시 시가 800,000원)에 취득하고 지급액을 장부상 취득원가로 회계처리한 매도가능증권을 당기말 시가(400,000원)로 평가하면서 평가손실(100,000원)을 기타포괄손익으로 회계처리한 경우, 익금산입 400,000원(유보), 익금불산입 100,000원(기타)으로 처리하여야 한다.

④ 전기에 토지를 취득하면서 장부상 비용처리한 취득세 중 당기에 1,000,000원이 과오납금으로 환급되면서 환급금 이자 25,000원을 함께 받고 모두 잡이익으로 회계처리한 경우, 익금불산입 1,000,000원(△유보), 익금불산입 25,000원(기타)으로 처리하여야 한다.

⑤ 회사의 비출자 임원인 특수관계인으로부터 토지를 10,000,000원에 매입(시가 6,000,000원)하고 지급금액을 취득원가로 회계처리한 경우 손금산입 4,000,000원(△유보), 손금불산입 4,000,000원(상여)으로 처리하여야 한다.

【정답】 ②

√익금산입 3,000,000원(유보), 익금불산입 3,000,000원(기타) → 익금산입 3,000,000원(기타)

• 보험업법에 따른 유형자산·무형자산의 평가증액은 익금에 산입한다.

√전기에 토지의 취득원가인 취득세를 비용으로 계상한 경우에는 전기의 세무조정에 따라 취득세 상당액을 손금불산입하고 유보처분하였다. 당기에 환급된 취득세를 수익으로 계상하였으므로 수익으로 계상된 취득세 환급액을 익금불산입하고 △유보처분한다.

4. 법인세법상 세무조정 및 소득처분에 관한 설명이다. 옳지 않은 것은? (CPA. 2021)

① 자기주식 소각에 따라 발생한 감자차익 300,000원을 손익계산서상 수익으로 회계처리한 경우 익금불산입 300,000원(기타)으로 처리하여야 한다.

② 법률에 의하지 아니하고 유형자산을 재평가하여 발생한 재평가이익 1,000,000원을 기타포괄손익으로 회계처리한 경우 익금산입 1,000,000원(기타), 익금불산입 1,000,000원(△유보)으로 처리하여야 한다.

③ 공정가치측정 금융자산의 평가이익 800,000원을 기타포괄손익으로 회계처리한 경우 익금산입 800,000원(기타), 익금불산입 800,000원(△유보)으로 처리하여야 한다.

④ 이익잉여금의 자본전입에 따른 무상주 수령액 1,500,000원(이 중 수입배당금 익금불산입 금액은 450,000원임)을 장부상 회계처리 하지 않은 경우 익금산입 1,500,000원(유보), 익금불산입 450,000원(기타)으로 처리하여야 한다.

⑤ 법인의 채무 6,000,000원을 출자전환하면서 교부한 주식(액면가액 3,500,000원, 시가 4,000,000원)에 대해 채무감소액과 액면가액의 차액 2,500,000원을 손익계산서상 채무조정이익으로 회계처리한 경우 익금산입 500,000원(기타), 익금불산입 500,000원(△유보)으로 처리하여야 한다.

【정답】 ⑤

√세무조정: 〈손금산입〉 주식발행초과금 500,000 기타

기업회계	(차)	채무	6,000,000	(대)	자본금	3,500,000
					채무조정이익	2,500,000
세무회계	(차)	채무	6,000,000	(대)	자본금	3,500,000
					주식발행초과금	500,000
					출자전환채무면제이익	2,000,000
조정분개	(차)	채무조정이익	2,500,000	(대)	주식발행초과금	500,000
					출자전환채무면제이익	2,000,000

5. 제조업을 영위하는 영리내국법인 ㈜A의 제21기(2022.1.1~2022.12.31) 자료이다. 의제배당 및 수입배당금 관련 세무조정이 각 사업연도 소득금액에 미치는 순영향으로 옳은 것은? (CPA. 2021)

(1) ㈜A는 ㈜B가 잉여금 자본전입(결의일: 2022.3.3.)으로 액면 발행한 무상주 중 10%를 지분비율에 따라 수령하였으며 무상증자의 재원은 다음과 같다.

구 분	금 액
자기주식처분이익	2,200,000원
주식의 포괄적 교환차익	2,000,000원
재평가적립금*	1,500,000원

* 토지분(재평가세 1% 과세분) 4,000,000원과 건물분(재평가세 3% 과세분) 1,000,000원으로 구성되어 있으며, 이 중 30%를 자본전입함.

(2) ㈜B가 보유한 자기주식은 없다.

(3) ㈜A는 당기에 차입금과 지급이자가 없고, 수입배당금 익금불산입율은 30%이며 수입배당금 익금불산입 요건을 충족한다.

① 102,000원 ② 111,000원 ③ 175,000원 ④ 238,000원 ⑤ 259,000원

【정답】 ④

√의제배당액: 220,000 + 120,000 = 340,000원

- 자기주식처분이익: 2,200,000 × 10% = 220,000원
- 재평가적립금: $1,500,000 \times \frac{4,000,000}{4,000,000 + 1,000,000} \times 10\% = 120,000$원

√수입배당금 익금불산입액: 340,000 ×30% = 102,000원

√각사업연도 소득금액 증감액: 340,000 - 102,000 = 238,000원

6. 제조업을 영위하는 내국법인 ㈜C는 제35기 과세기간(2022.1.1~2022.12.31) 중 주식발행초과금 150,000,000원을 재원으로 하여 무상증자를 시행하였다. 무상증자 직전의 ㈜C의 발행주식총수는 300,000주(1주당 액면가액은 500원)이며 주주구성 및 보유주식현황은 다음 표와 같을 때 상황1과 상황2에서 ㈜B의 의제배당금액을 계산하면 각각 얼마인가? (CTA. 2017)

무상증자 직전의 주주구성 및 보유주식현황

주주구성	보유주식수
㈜A	180,000주
㈜B	60,000주
㈜C	60,000주
합계	300,000주

〈상황1〉 무상증자시 자기주식에 배정할 무상주 60,000주에 대하여 ㈜C를 제외한 기타주주의 지분비율에 따라 배정하여 무상증자후 총발행주식수가 600,000주가 되었다고 가정

〈상황2〉 무상증자시 자기주식에 배정할 무상주 60,000주에 대하여 ㈜C를 제외한 기타주주에게 배정하지 않아 무상증자후 총발행주식수가 540,000주가 되었다고 가정

	상황1	상황2		상황1	상황2
①	6,500,000원	4,500,000원	②	6,500,000원	5,500,000원
③	7,500,000원	5,500,000원	④	7,500,000원	6,000,000원
⑤	8,000,000원	6,000,000원			

【정답】 ④

√상황1의 의제배당금액: $(60{,}000주 \times \frac{60{,}000주}{180{,}000주 + 60{,}000주}) \times 500 = 7{,}500{,}000원$

- 별해: $(300{,}000주 \times \frac{20\%}{80\%} - 300{,}000주 \times 20\%) \times 500 = 7{,}500{,}000원$

√상황2의 의제배당금액: 6,000,000원

- $(240{,}000주 \times \frac{20\%}{80\%} - 240{,}000주 \times 20\%) \times 500 = 6{,}000{,}000원$
- 별해1: 7,500,000(상황1) × (1−20%) = 6,000,000원(20%: 자기주식 지분율)
- 별해2: $540{,}000주 \times (\frac{120{,}000}{540{,}000} - \frac{60{,}000}{300{,}000}) \times 500 = 6{,}000{,}000원$

  → 증가된 지분비율: $\frac{120{,}000}{540{,}000} - \frac{60{,}000}{300{,}000} = 0.022222$

7. ㈜고려의 17기(2022.1.1~2022.12.31) 사업연도에 의제배당과 관련하여 세무조정해야 할 내용은?

(1) 2021.7.1에 (주)종속의 주식을 20,000주(1주당 12,000원) 취득하였다.

(2) (주)종속(사업연도: 1.1~12.31)은 2021.12.31을 기준으로 2022.7.1 무상주를 교부하였다. (주)종속은 2022.7.1 주식발행초과금 4억원, 임의적립금(이익잉여금) 1억원을 재원으로 무상증자(액면가액 5,000원, 시가 10,000원)를 실시하였다.

(3) 주식보유현황

주주명	증자 전		무상교부	증자 후	
	주식수	지분비율	주 식 수	주식수	지분비율
(주)고려	20,000	20.0	25,000	45,000	22.5
기타주주	60,000	60.0	75,000	135,000	67.5
자기주식	20,000	20.0		20,000	10.0
합 계	100,000	100.0	100,000	200,000	100.0

(4) (주)고려와 ㈜종속은 일반법인이고, 주식거래를 기업회계기준에 따라 회계처리하였으며, (주)고려는 제17기에 지급이자가 발생하지 않았다.

① 익금산입 90,000,000원 ② 익금산입 25,000,000원, 익금불산입 7,500,000원
③ 익금산입 45,000,000원 ④ 익금산입 45,000,000원, 익금불산입 13,500,000원
⑤ 익금산입 50,000,000원

【정답】 ④

√임의적립금의 자본전입에 따른 의제배당액: 25,000,000원

- 의제배당액: 20,000주 $\times \frac{20\%}{80\%} \times$ 5,000원 = 25,000,000원

  → 임의적립금의 자본전입에 따른 주식수 : 100,000주 × 20% = 20,000주

√무상주대위배당에 따른 의제배당액: 20,000,000원

- 주식발행초과금의 자본전입에 따른 주식수: $\frac{400,000,000}{5,000}$ = 80,000주
- (80,000주 $\times \frac{20\%}{80\%}$ − 80,000주 × 20%) × 5,000원 = 20,000,000원

√이중과세조정에 따른 익금불산입액: 13,500,000원

- (25,000,000 + 20,000,000) × 30% = 13,500,000원

8. 법인세법의 의제배당에 관한 설명으로 옳지 않은 것은? (CPA. 2016)

① 잉여금의 자본전입으로 인한 의제배당은 주주총회 또는 이사회에서 이를 결의한 날이 속하는 사업연도에 귀속한다.

② 법인이 자기주식을 보유한 상태에서 익금불산입 항목인 자본잉여금을 자본금에 전입함에 따라 그 법인 외의 주주가 지분비율이 증가한 경우 증가한 지분비율에 상당하는 주식의 가액은 배당으로 본다.

③ 자기주식처분이익을 자본금에 전입하는 경우 주주가 받은 무상주는 자기주식 취득 시기에 따라 의제배당 여부가 결정된다.

④ 자기주식 소각 당시의 시가가 취득가액을 초과한 경우로서 자기주식을 소각하여 생긴 이익을 소각일부터 4년이 지난 후 자본에 전입하여 주주가 받은 주식가액은 의제배당에 해당한다.

⑤ 해산한 법인의 주주가 그 법인의 해산으로 분배받은 잔여재산가액이 해당 주식을 취득하기 위하여 소요된 금액을 초과하는 금액은 배당으로 본다.

【정답】 ③

√자기주식 취득 시기에 따라 의제배당 여부가 결정된다. → 자기주식 취득 시기에 관계 없이 의제배당으로 본다.

9. 2022.2.1 A법인이 잉여금을 자본금에 전입함에 따라 이 회사의 주주인 B법인은 무상주를 교부받았다. 자본금 전입의 재원이 다음과 같을 때 교부받은 무상주의 가액이 B법인의 배당소득에 해당하지 않는 것은? 단, 무상주 수령 후에도 B법인의 지분율은 변동이 없다. (2007. CPA)

① 2017.9.1에 자기주식을 처분하여 발생한 이익

② 2018.5.1에 자기주식을 소각하여 발생한 이익(소각당시 시가가 취득가액을 초과하였음)

③ 2019.6.1에 채무의 출자전환으로 주식을 발행함에 있어서 해당 주식의 시가(액면가액을 초과함)를 초과하여 발행된 금액

④ 2020.10.1에 자기주식을 소각하여 발생한 이익(소각당시 시가가 취득가액을 초과하지 아니하였음)

⑤ 2021.8.1에 자본을 감소할 때 그 감소액이 주식소각 및 주금의 반환에 사용된 금액과 결손보전에 충당된 금액을 초과하는 금액

【정답】 ⑤

√감자차익은 잉여금 발생당시 익금불산입 항목이고, 익금불산입된 잉여금을 재원으로 무상주를 교부받는 경우는 의제배당에 해당하지 않는다.

10. 독점규제 및 공정거래에 관한 법률에 따른 일반지주회사인 영리내국법인 (주)고려의 제17기 사업연도(2022.1.1~2022.12.31)에 관한 자료이다. 과세되는 수입배당금액으로 옳은 것은? (2012. CPA수정)

(1) 제17기말 현재 직접 보유하고 있는 주식 및 이익배당금 내역은 다음과 같고, 갑·을·병의 배당결의일은 2022.2.15.이다.

배당지급 내국법인	보유주식 장부가액	지분율	이익배당금	주식취득일	배당기준일
갑(상장법인)	3억원(1,098억원)	45%	30,000,000원	2020.3.1	2021.5.26
을(비상장법인)	5억원(1,281억원)	30%	50,000,000원	2021.4.20	2021.8.10
병(비상장법인)	2억원(732억원)	45%	10,000,000원	2020.9.1	2021.9.10
합 계	10억원		90,000,000원		

※보유주식 장부가액의 ( )의 금액은 적수

(2) 추가정보

가. 제17기말 재무상태표의 자산총액은 50억원(적수는 18,300억원)이고 당기 중에 매각한 주식은 없다.

나. 제17기 총차입금이자는 40,000,000원이고 이는 업무무관자산 관련 지급이자 5,000,000원과 현재가치할인차금상각액 3,000,000원을 포함한 것이다.

다. 갑이 2022.1.15에 감자차익(자기주식소각이익 제외)을 자본전입함으로서 (주)고려는 무상주 2,800주(액면가액 5,000원, 발행가액 6,000원)를 취득하였다. 무상주를 수령한 후에도 (주)고려의 지분율은 변동이 없다.

① 16,736,000원 ② 31,520,000원 ③ 40,616,000원
④ 40,955,000원 ⑤ 54,616,000원

【정답】③

√과세되는 수입배당금액: 1,920,000 + 35,672,000 + 3,024,000 = 40,616,000원

- 갑: $30,000,000 - (30,000,000 \times 100\% - 32,000,000 \times \dfrac{1,098억원}{18,300억원} \times 100\%) = 1,920,000$
- 을: $50,000,000 - (50,000,000 \times 30\% - 32,000,000 \times \dfrac{1,281억원}{18,300억원} \times 30\%) = 35,672,000$
- 병: $10,000,000 - (10,000,000 \times 80\% - 32,000,000 \times \dfrac{732억원}{18,300억원} \times 80\%) = 3,024,000$

11. 지주회사가 아닌 영리내국법인인 ㈜A의 제17기(2022.1.1~2022.12.31) 수입배당금 익금불산입액을 계산한 것으로 옳은 것은? (CPA. 2016)

(1) 비상장내국법인 ㈜B로부터 수입배당금 39,000,000원(배당기준일 : 2021.12.31. 배당결의일 : 2022.2.20.)을 수령하여 수익계상하였다. ㈜B 주식에 대한 취득 및 처분내역은 다음과 같으며, ㈜B의 발행주식총수는 100,000주이다. ㈜B는 지급배당에 대한 소득공제와 조세특례제한법의 감면규정 및 동업기업과세특례를 적용받지 않는다. 2022년도 중 보유주식변동은 없다.

일 자	거래유형(주식수)	금 액
2020. 12. 29.	매입(60,000주)	9억원
2021. 10. 13.	매입(10,000주)	2억원
2021. 12. 8.	처분(5,000주)	△1억원
2021. 12. 31.	총 보유주식수 65,000주	10억원

(2) ㈜A의 제17기말 현재 재무상태표상 자산총액은 250억원이며, 손익계산서상 지급이자는 2억원이다. 이 지급이자에는 현재가치할인차금 상각액 10,000,000원이 포함되어 있다.

① 8,019,000원 ② 13,080,000원 ③ 13,365,000원
④ 13,650,000원 ⑤ 16,650,000원

【정답】 ③

√익금불산입 대상 주식수: 55,000주(2020.12.29. 취득분)

- 2021.12.8. 처분한 5,000주는 선입선출법을 적용하여 60,000주에서 차감한다.
- 2021.10.13. 취득한 10,000주는 배당기준일 현재 3개월 이내에 취득하였으므로 익금불산입 대상 주식수에서 제외한다.

√수입배당금 익금불산입액: 16,500,000원 − 3,135,000원 = 13,365,000원

- 익금불산입 대상금액: $39,000,000 \times \frac{55,000주}{65,000주} \times 50\% = 16,500,000$

  → 보유주식의 지분비율 55%(55,000주/100,000주)이므로 익금불산입비율은 50%를 적용한다.
- 차입금이자 배제금액: 3,135,000원

  → $(200,000,000-10,000,000) \times \frac{55,000주 \times 15,000원 \times 365}{250억원 \times 365} \times 50\% = 3,135,000원$

12. 다음 자료를 이용하여 (주)고려의 제17기(2022.1.1~2022.12.31) 법인세 과세표준 계산할 때 포함될 수입배당금액(익금불산입액을 차감한 후의 금액)을 계산하면 얼마인가?

(1) (주)고려가 제17기에 받은 수입배당금액

주식발행법인	주식 거래일	구분	지분비율	배당금 수령액
A회사(주권상장법인)	2022. 9.25	취득	20%	10,000,000원
B회사(주권상장법인)	2022. 1. 1	취득	70%	20,000,000원
	2022. 7. 1	양도	60%	
	2022.10.20	취득	40%	
C회사(주권비상장법인)	2022. 8. 7	취득	10%	30,000,000원
합 계				60,000,000원

(2) (주)고려는 일반법인이고 제17기에는 지급이자가 발생하지 않았다.

(3) A회사, B회사, C회사의 배당기준일 및 배당결의일은 모두 2022.12.31이다.

① 42,000,000원 ② 34,800,000원 ③ 31,500,000원
④ 46,800,000원 ⑤ 26,000,000원

【정답】 ④

√익금불산입액: 3,000,000 + 1,200,000 + 9,000,000 = 13,200,000원

- A회사: 10,000,000 × 30% = 3,000,000원
- B회사: 20,000,000 × $\frac{10\%}{50\%}$ × 30% = 1,200,000원

  → B회사의 보유주식 50%(70%−60%+40%=50%) 중 배당기준일로부터 3개월 이내에 취득한 40%(선입선출법 적용)의 주식에 대한 배당소득금액은 이중과세 조정대상이 아니다.
- C회사: 30,000,000 × 30% = 9,000,000원

√과세표준에 포함될 수입배당금액: 60,000,000 − 13,200,000 = 46,800,000원

13. 다음의 자료를 이용하여 지주회사가 아닌 영리내국법인 ㈜A의 제20기 사업연도(2022.1.1~2022.12.31) 수입배당금 익금불산입액을 계산한 것으로 옳은 것은? (CPA. 2020)

(1) ㈜A는 2022년 3월 중 비상장 영리내국법인 ㈜B, ㈜C, ㈜D로부터 수입배당금 15,000,000원을 수령하여 수익으로 계상하였고, ㈜B, ㈜C, ㈜D의 주식취득일 이후 주식수, 장부가액, 지분율의 변동은 없다.

배당지급법인	현금배당금	법인세법 장부가액	지분율	주식취득일
㈜B	6,000,000원	300,000,000원	60%	2020. 8. 1
㈜C	6,000,000원	600,000,000원	60%	2021. 11.15
㈜D	3,000,000원	600,000,000원	40%	2021. 9. 15

(2) ㈜B, ㈜C, ㈜D의 배당기준일이 2021.12.31.이고, 배당결의일은 2022.2.20이다

(3) ㈜B, ㈜C, ㈜D는 지급배당에 대한 소득공제와 조세특례제한법상 감면규정 및 동업기업과세특례를 적용받지 않는다.

(4) ㈜A의 2022.12.31 현재 재무상태표상 자산총액은 5,000,000,000원이다.

(5) ㈜A의 제20기 손익계산서상 이자비용은 30,000,000원이다. 해당 이자비용 중 15,000,000원은 채권자가 불분명한 사채의 이자비용이다.

① 5,010,000원 ② 3,300,000원 ③ 3,120,000원
④ 2,910,000원 ⑤ 2,100,000원

【정답】 ④

√ (주)C의 수입배당금액은 배당기준일 3개월 이내 취득하였으므로 익금불산입액은 없다.

√ 익금불산입액: 2,550,000 + 360,000 = 2,910,000원

- (주)B: $6,000,000 \times 50\% - 15,000,000 \times \frac{300,000,000 \times 365}{5,000,000,000 \times 365} \times 50\% = 2,550,000$원
- (주)D: $3,000,000 \times 30\% - 15,000,000 \times \frac{600,000,000 \times 365}{5,000,000,000 \times 365} \times 30\% = 360,000$원
- 차입금이자 배제대상금액: 30,000,000 − 15,000,000 = 15,000,000원

14. 다음 자료를 이용하여 영리내국법인 ㈜A의 제18기 사업연도(2022.1.1~2022.12.31) ㈜B 주식에 대한 의제배당금액을 계산한 것으로 옳은 것은? 단, 수입배당금액의 익금불산입은 고려하지 않는다. (CPA 2018)

(1) 2019.5.1.에 ㈜A는 내국법인 ㈜B의 주식 11,000주(주당 액면가액: 5,000원)를 시가인 주당 20,000원에 취득하였다.

(2) ㈜A가 제17기에 ㈜B의 잉여금 자본전입으로 인해 수령한 무상주 4,000주의 내역은 다음과 같다.

자본전입결의일	무상주	잉여금 자본전입의 재원
2021.7.1	3,000주	자산재평가법에 따른 건물의 재평가적립금
2021.9.1	1,000주	자기주식처분이익

(3) 2022.2.1.(감자결의일)에 ㈜B가 유상감자를 실시함에 따라 ㈜A는 보유주식 2,000주를 반환하고, 주당 20,000원의 현금을 감자대가로 수령하였다.

(4) ㈜B가 보유한 자기주식은 없다.

① 40,000,000원 ② 35,000,000원 ③ 21,250,000원
④ 10,000,000원 ⑤ 2,500,000원

【정답】 ①

√ 의제배당금액: 40,000,000 - 0 = 40,000,000원

- 감자대가: 2,000주 × 20,000원/주 = 40,000,000원
- 취득가액: 주식의 소각일(2022.2.1.) 전 2년 이내에 의제배당에 해당되지 않는 주식(제17기에 자산재평가법에 따른 건물의 재평가적립금을 자본전입함에 따라 취득한 무상주 3,000주)의 취득이 있는 경우에는 그 주식이 먼저 감자된 것으로 한다.

CHAPTER 03

손금과 손금불산입

I 손금

1. 손금의 범위

1) 손금의 개념

손금이란 자본 또는 출자의 환급, 잉여금의 처분, 법인세법에서 규정하는 손금불산입 항목을 제외하고 그 법인의 순자산을 감소시키는 거래로 인하여 발생하는 손비(損費)의 금액을 말한다.

기업회계에서 비용이란 주요 경영활동으로서 재화의 생산과 판매 또는 용역의 제공 등에 따른 경제적효익의 유출·소비를 말하고, 주요 경영활동 외의 부수적인 거래나 사건의 결과로 발생하는 경제적효익의 유출은 손실이다.

법인세법의 손비란 손실과 비용이 결합된 용어로서 수익을 획득하기 위하여 소비·사용된 모든 비용과 그 밖의 법인에게 귀속되는 일체의 경제적 손실을 의미하며, 이는 기업회계의 비용·손실과 유사하지만 실제에 있어서는 차이가 있다.[1] 법인세법의 손금은 국가재정의 확보, 기업의 건전한 발전의 유도, 조세정책·사회정책적인 목적에서 과다한 경비 등을 법인의 비용으로 인정하지 아니함으로써 기업회계의 비용과 손실보다 그 범위가 좁은 면이 있다.

손금총액 = 기업회계의 비용과 손실 + 손금산입 − 손금불산입

1) 손비로 계상한다는 것은 손실과 비용을 계산하여 장부에 올리는 것을 의미하고, 손금에 산입한다는 것은 세법에 따른 손금을 신고조정 및 결산조정으로 방법으로 각 사업연도의 소득에서 빼는 것을 말한다.

2) 손금산입의 특례

법인의 순자산을 감소시키는 거래에서 발생한 손비는 아니지만 기업활동에 대한 조세지원의 수단으로서 법인세법 및 조세특례제한법에 따른 준비금, 일시상각충당금, 압축기장충당금을 손비로 계상하거나 손금에 산입하는 경우에는 손금으로 인정한다.

3) 손비의 일반원칙

각 사업연도의 소득금액 계산에 있어서 손금에 산입할 수 있는 손비는 법인세법 및 다른 법률에 달리 정하고 있는 것을 제외하고 그 법인의 사업과 관련하여 발생하거나 지출된 손실 또는 비용으로서 일반적으로 용인되는 통상적인 것이거나 수익과 직접 관련된 것이어야 한다. 이 경우 일반적으로 용인되는 통상적인 비용이란 납세의무자와 같은 종류의 사업을 경영하는 다른 법인도 동일한 상황 아래에서는 지출하였을 것으로 인정되는 비용을 말하고, 이는 지출의 경위와 목적 · 형태 · 액수 · 효과 등을 종합적으로 고려하여 객관적으로 판단하여야 한다.

4) 법인의 입증책임

법인세의 납세의무가 있는 법인은 모든 거래에 대하여 거래증빙과 지급규정 · 사규 등의 객관적인 자료에 따라 이를 법인에게 귀속시키는 것이 정당함을 입증하여야 한다. 즉, 손금에 대한 거증책임은 법인에게 있는 것이다. 다만, 사회통념상 부득이하다고 인정되는 범위 내의 비용과 법인의 내부통제기능 등을 고려하여 인정할 수 있는 범위 내의 지출에[2] 대해서는 이를 예외로 인정한다.

5) 비용배분의 원칙

법인세법에서는 비용을 판매관리비, 제조원가, 자산취득가액 등으로 구분하여 계상할지에 대해 구체적인 언급이 없다. 따라서 법인에게 귀속되는 모든 비용은 법인세법에서 달리 규정하고 있는 경우를 제외하고 일반적으로 공정 · 타당하다고 인정되는 기업회계기준에 따라 판매관리비, 제조원가, 자산취득가액 등으로 명확히 구분하여 기록하여야 한다.

2) 법인이 임원 · 직원에게 복리후생비 지급규정에 따라 지급되는 경조사와 직장문화비, 여비지급규정에 따라 지급되는 시내교통비와 출장에 따른 일당 등은 사회통념상 타당하다고 인정되는 범위 내의 비용이면 손금에 산입할 수 있다.

2. 손금의 구분

1) 재료비 및 판매부대비용

한국표준산업분류에 따른 각 사업에서 발생하는 수입금액에 직접 대응되는 매출원가로서 판매한 상품·제품에 대한 원료의 매입가액(재료비)과 그 부대비용은 손금에 산입한다. 다만, 매입가액에는 기업회계기준에 따른 매입에누리금액 및 매입할인금액을 제외한다.

판매한 상품·제품의 보관료, 포장비, 운반비, 판매장려금, 판매수당 등 기업회계기준에 따라 계상한 판매부대비용은 손금에 산입한다. 일정기간의 판매한 상품·제품의 수량이나 금액에 따라 지급되는 판매장려금 및 판매수당의 경우에는 사전약정 없이 지급하는 것도 판매부대비용에 포함한다.

2) 인건비 등

인건비란 근로의 용역을 제공받고 그 대가로 근로제공자에게 지급되는 비용으로서 임원과 직원에게 지급되는 급여, 상여금, 퇴직급여를 말하고 이는 수익창출에 기여한 비용이므로 손금에 산입한다.

임원과 직원에 대한 복리후생비와 교육훈련비 등 다음의 인건비는 손금에 산입한다.

① 맞춤형 교육을 위한 운영비·수당[3)]

② 업무와 관련 있는 해외시찰·훈련비

③ 임원·직원이 금융지주회사 및 해외모법인로부터 부여받거나 지급받은 주식매수선택권 또는 주식기준보상을 행사하거나 지급받는 경우 해당 주식매수선택권 또는 주식기준보상을 부여하거나 지급한 법인에 그 행사 또는 지급비용으로서 보전하는 금액

④ 상법, 벤처기업법, 소재부품장비특별법, 근로복지기본법에 따라 발행주식총수의 10% 범위에서 부여하거나 지급한 주식매수선택권·우리사주매수선택권 또는 주식기준보상으로서 주식매수선택권 등을 부여받거나 지급받은 자에게 지급하는 금전 또는 법인의 주식가액[4)]

---

3) 맞춤형 교육을 위한 운영비·수당이란 ① 초·중등교육법에 따라 설치된 근로청소년을 위한 특별학급 또는 산업체부설 중·고등학교의 운영비, ② 산업교육진흥 및 산학협력 촉진에 관한 법률에 따라 교육기관이 해당 법인과의 계약에 따라서 채용을 조건으로 설치·운영하는 직업교육훈련과정·학과 등의 운영비, ③ 직업교육훈련촉진법 또는 고등교육법에 따른 현장실습수업에 참여하는 학생들에게 지급하는 수당을 말한다.

⑤ 지배주주등을 제외한 임원 또는 직원의 사망 이후 유족에게 학자금 등으로 일시적으로 지급하는 금액으로서 임원 또는 직원의 사망 전에 정관이나 주주총회 · 사원총회 · 이사회의 결의에 의하여 결정되어 임원 또는 직원에게 공통적으로 적용되는 지급기준에 따라 지급되는 것

⑥ 중소기업 및 중견기업이 부담하는 기여금(핵심인력 성과보상기금[5])

⑦ 중소기업 및 중견기업이 발행주식총수의 100%을 직접 또는 간접 출자한 해외현지법인에 파견된 임원 또는 직원의 인건비로서 해당 중소기업 및 중견기업이 지급한 인건비가 해당 중소기업 · 중견기업 및 해외출자법인이 지급한 인건비 합계의 50% 미만인 경우

3) 감가상각자산의 감가상각비

감가상각자산의 물적 소모를 보충하며 그 기능을 정상으로 유지하기 위해 소비되는 수선비와 시간이 흐름에 따라 자산의 가치감소분을 체계적이고 합리적인 방법에 따라 비용으로 인식한 감가상각비는 손금에 산입한다.

감가상각비에는 특수관계인으로부터 자산을 양수하면서 기업회계기준에 따라 장부에 계상한 자산의 가액(장부가액)이 시가에 미달하는 경우 시가와 취득가액 중 적은 금액에서 장부가액을 차감한 금액에 대한 감가상각비 상당액을 포함한다.

4) 세금과공과금 등

국가나 지방자치단체 등 공공단체가 법률 등에 따라 그 구성원에게 강제적으로 부과하는 세금과공과금은 손금에 산입한다. 이 경우 외국납부세액공제를 적용하지 않는 경우의 외국법인세액을 포함한다.

영업자가 조직한 단체로서 법인이거나 주무관청에 등록된 조합 · 협회가 법령 또는 정관에 정하는 바에 따른 정상적인 회비징수 방식에 의하여 경상경비 충당 등을 목적으로 조합원 및 회원에게 부과되는 회비는 손금에 산입한다.

---

4) 주식매수선택권을 부여받은 경우에는 약정된 주식매수시기에 약정된 주식의 매수가액과 시가의 차액을 금전 · 해당 법인의 주식으로 지급하는 경우의 해당 금액 또는 약정된 주식매수시기에 주식매수선택권 행사에 따라 주식을 시가보다 낮게 발행하는 경우 그 주식의 실제 매수가액과 시가의 차액을 말하고, 주식기준보상으로 금전을 지급하는 경우에는 해당 금액을 말한다.

5) 기업이 핵심인력으로 지정한 직원이 5년간 재직 시 기업과 직원이 공동으로 납입한 공제부금을 성과보상금으로 지급한다.

5) 통상적이고 수익과 직접 관련된 비용

다음의 비용은 발생 즉시 손금에 산입한다.

① 자산의 임차료[6)]

② 회수할 수 없는 부가가치세 매출세액 미수금으로 부가가치세법에 따라 대손세액공제를 받지 아니한 것

③ 식품등 기부활성화에 관한 법률에 따른 식품 및 생활용품의 제조업 · 도매업 · 소매업을 경영하는 내국법인이 해당 사업에서 발생한 잉여식품 등을 식품기부활성화에 관한 법률에 따른 제공자 또는 제공자가 지정하는 자에게 무상으로 기증하는 경우 그 기증한 잉여식품 등의 장부가액. 이 경우 무상으로 기증하는 잉여식품의 장부가액은 기부금에 포함하지 아니한다.

④ 근로복지기본법에 따른 우리사주조합에 출연하는 자사주의 장부가액 · 금품

⑤ 장식 · 환경미화 등의 목적으로 사무실 · 복도 등 여러 사람이 볼 수 있는 공간에 항상 전시하는 미술품의 취득가액이 거래단위별로 1,000만원 이하인 것으로서 그 취득일이 속하는 사업연도의 손금으로 계상한 금액

⑥ 광고선전 목적으로 기증한 물품의 구입비용. 다만, 특정인에게 기증한 물품(개당 3만원 이하의 물품은 제외함)의 경우에는 연간 5만원 이내의 금액에 한정한다.

⑦ 광업의 탐광비 및 탐광을 위한 개발비

⑧ 보건복지부장관이 정하는 무료진료권 · 새마을진료권에 따라 행한 무료진료의 가액

⑨ 양도한 자산의 양도당시의 장부가액

⑩ 지급이자 및 할인료를 부담하는 모든 차입금의 이자

⑪ 자산의 평가손실

⑫ 내국법인이 설립한 사내근로복지기금, 내국법인과 다른 내국법인 간에 공동으로 설립한 공동근로복지기금, 내국법인의 협력중소기업이 설립한 사내근로복지기금, 내국법인의 협력중소기업 간에 공동으로 설립한 공동근로복지기금에 출연하는 금품

⑬ 동업기업으로부터 배분받은 결손금

---

6) 일정기간 사용 후에 소유권을 무상양도할 것을 조건으로 타인의 토지 위에 건축물을 신축한 경우에는 그 건축물의 취득가액은 사용계약기간에 안분하여 손금에 산입한다. 다만, 사용기간을 연장할 수 있거나 사용기간이 정하여지지 아니한 경우에는 당해 건축물의 신고내용연수를 사용기간으로 한다.

Ⅱ 손금불산입

1. 자본거래에 따른 손금불산입

1) 잉여금의 처분을 손비로 계상한 금액

결산을 확정할 때 잉여금의 처분을 손비로 계상한 금액은 내국법인의 각 사업연도의 소득금액을 계산할 때 손금에 산입하지 아니한다. 잉여금이란 법인의 순자산이 자본금을 초과하는 경우 그 초과한 금액을 가리키며, 이는 잉여금의 발생원천이 자본거래인지 손익거래인지에 따라 자본잉여금과 이익잉여금으로 구분된다. 자본잉여금은 자본금으로 전입되거나 결손금의 보전에 충당되는 것으로 한정하고 있으므로 잉여금의 처분대상이 되는 것은 이익잉여금이다.

이익잉여금의 처분은 주주에 대한 이익의 배당 또는 분배로서 법인의 순자산이 감소하지만 이는 법인소득으로 과세 또는 과세제외된 소득을 주주가 찾아가는데 불과하므로 손비가 되는 것은 아니다.[7)]

2) 주식할인발행차금

주식할인발행차금이란 주식의 발행가액이 액면가액보다 낮은 경우에 그 액면가액에 미달하는 금액과 신주발행비의[8)] 합계액을 말한다. 이는 자본거래인 자본금의 납입과정에서 발생한 것이므로 손금산입할 수 없다. 주식할인발행차금에 대하여 기업회계와 세무회계는 동일한 입장을 취하고 있어 세무조정은 필요하지 않다.

법인의 설립 후 자본을 증가함에 있어 증자 등기할 때 납부하는 등록면허세, 신주의 발행과 관련하여 공모대행증권사에 지급하는 공모대행 인수수수료, 신주발행을 위하여 직접 지출하는 법률비용 · 주권인쇄비 · 우송료 · 등록비 · 사무처리비 · 광고료 등은 신주발행비로서 주식할인발행차금에 해당하므로 손금에 산입하지 아니한다.

---

7) 2017.12.31. 이전 사업연도에는 자기주식으로 지급하는 성과급, 주식매수선택권 등으로 지급하는 성과급, 사전약정에 따른 성과배분상여금으로서 그 잉여금처분금액을 해당 사업연도의 세무조정계산서에 계상하고 이를 법인세 과세표준신고서에 손금으로 산입하는 방법을 통하여 손금산입하였다.

8) 신주발행비는 주식이 할증발행하는 경우에는 주식발행초과액에서 차감하고, 액면가액으로 발행하거나 할인발행하는 경우에는 주식할인발행차금으로 처리하도록 기업회계에서 규정하고 있으며, 세법은 이를 인정한다.

2. 세금과공과금의 손금불산입

1) 조세

(1) 소득에 부과되는 조세

법인이 각 사업연도의 소득금액을 계산할 때 각 사업연도에 납부하였거나 납부할 법인세,[9] 외국납부세액공제를 적용받는 외국법인세액, 연결자법인이 연결모법인에 지급하였거나 지급할 연결법인별 법인세액, 법인지방소득세 등 소득에 부과되는 조세는 손금에 산입하지 아니한다.

(2) 간접세

법인이 재화 또는 용역을 공급받을 때 공급자로부터 거래징수받은 부가가치세 매입세액은 매출세액에서 공제한 후 그 잔액은 정부로부터 환급받을 수 있는 선급금(자산)이므로 손금으로 보지 않는다.

부가가치세의 매입세액으로서 공제받지 못한 사유가 사업자에게 있는 경우 및 사업과 관련이 없는 경우에는[10] 손금에 산입하지 아니한다. 다만, 거래의 조건에 의하여 부가가치세법에 따라 본래부터 공제받지 못한 면세사업관련 매입세액, 접대비관련 매입세액, 개별소비세 과세대상 자동차의 임차·유지에 대한 매입세액, 영수증을 교부받은 거래분에 포함된 매입세액, 임차인이 부담한 간주임대료에 대한 매입세액은 손금에 산입한다.[11]

또한, 부가가치세법에 따라 공제 받은 의제매입세액과 조세특례제한법에 따라 공제 받은 재활용폐자원등에 대한 매입세액은 법인의 각 사업연도의 소득금액 계산할 때 해당 원재료의 매입가액에서 이를 공제한다.

법인이 각 사업연도의 소득금액을 계산할 때 반출하였으나 판매하지 아니한 제품에 대한 개별소비세 또는 주세의 미납액은 손금에 산입하지 아니한다. 다만, 제품가격에 그 세액에 상당하는 금액을 더한 경우에는 제외한다.

---

9) 제2차 납세의무자로서 납부한 법인세 등 및 원천징수의무자가 원천징수세액을 징수하지 아니하고 대신 납부한 원천징수세액은 손금에 산입하지 아니한다.

10) 손금에 산입할 수 없는 부가가치세의 매입세액은 ① 세금계산서의 미수취·불분명한 매입세액, ② 매입처별 세금계산서합계표의 미제출·불분명한 매입세액, ③ 사업자등록 전 매입세액, ④ 사업과 관련 없는 매입세액을 말한다.

11) 자본적지출과 관련 있는 것은 취득원가에 합산하고, 수익적지출과 관련 있는 것은 손금에 산입하고, 접대비에 대한 부가세는 접대비에 포함하여 접대비로 시부인계산한다.

(3) 제재목적으로 부과되는 가산세 등

세법에 규정된 의무불이행에 따라 납부하였거나 납부할 세액,[12] 벌금·과료, 과태료, 가산금, 강제징수비는 손금에 산입하지 아니한다.[13]

벌금 등에 해당하는 것	벌금 등에 해당하지 않는 것
· 업무와 관련한 교통사고벌과금 · 산업재해보상보험법에 따라 징수하는 산재보험료가산금 · 국민건강보험법에 따라 징수하는 가산금 · 외국의 법률에 따라 국외에서 납부하는 벌금	· 사계약상의 의무불이행에 따른 지체상금 (정부와의 납품계약에 따른 지체상금을 포함, 구상권행사가 가능한 지체상금은 제외) · 철도화차사용료 미납액에 대한 연체이자 · 연체금, 연체료, 납부지연에 따른 연체가산금

2) 징벌적 손해배상금

손해배상금과 관련된 비용의 손금인정을 합리적으로 조정하기 위하여 내국법인이 지급한 손해배상금 중 실제 발생한 손해를 초과하여 지급하는 징벌적 목적의 손해배상금은 손금에 산입하지 아니한다.

손금불산입 대상 손해배상금이란 가맹사업거래의 공정화에 관한 법률·개인정보 보호법·외국의 법령 등에 따라 지급한 손해배상액 중 실제 발생한 손해액을 초과하여 손해배상금을 지급하는 경우 실제 발생한 손해액을 초과하는 금액을 말하고, 실제 발생한 손해액이 분명하지 아니한 경우에는 내국법인이 지급한 손해배상금에 3분의 2를 곱한 금액을 손금불산입 대상 손해배상금으로 한다.

3) 공과금

공과금은 국가·공공단체가 강제로 부과하는 것으로서 조세 이외의 것을 말하고, 이는 법령에 따라 강제적으로 부과되므로 원칙적으로 손금산입한다.

그러나 법령에 따라 의무적으로 납부하는 것이 아닌 것과 법령에 따른 의무불이행 또는 금지·제한 등의 위반에 대한 제재로서 부과되는 것은 손금산입할 수 없다.[14]

---

12) 세법에 규정된 의무불이행에 따라 납부하였거나 납부할 세액에는 가산세를 포함하고, 의무불이행에는 간접국세의 징수불이행·납부불이행과 기타의 의무불이행의 경우를 포함한다.

13) 벌금·과료에는 통고처분에 따른 벌금과 과료를 포함하고, 과태료에는 과료와 과태금을 포함한다.

14) 손금으로 인정되지 않는 조세는 법인세, 법인지방소득세, 농어촌특별세, 부가가치세 매입세액, 개별소비세, 주세, 세법에 따른 의무불이행 세액을 말한다.

사례 ❶ 세금과공과금에 대한 세무조정

다음은 I/S의 세금과공과금의 내역이다. 각 계정에 대한 세법에 따른 처리방법을 설명하시오.

내 용	금 액	비 고
(1) 동업자조합 회비	1,200,000	주무관청에 등록된 단체이다
(2) 징벌적 손해배상금	3,000,000	실제 발생한 손해액이 불분명하다.
(3) 폐수배출부과금	7,000,000	
(4) 교통유발부담금	3,000,000	
(5) 업무용토지개발부담금	30,000,000	
(6) 폐기물예치금	2,400,000	차기에 60%가 환급되었다.
(7) 지체상금	2,500,000	거래처의 납품지연에 따라 부담
(8) 산재보험료가산금	1,000,000	

【해석】

√동업자조합 회비의 경우에는 주무관청에 등록된 단체의 회비를 손금산입한다.
√징벌적 손해배상금 중 3분의 2에 해당하는 2,000,000원을 손금불산입한다.
√폐수배출부과금은 법령의 금지규정을 위반하여 납부한 것이므로 손금불산입한다.
√교통유발부담금은 손금으로 인정되는 공과금이다.
√업무용토지의 개발부담금은 비용배분의 원칙에 따라 토지의 취득가액으로 계상하여야 한다. 따라서 이를 손금불산입하고 유보로 처분한다.
√폐기물예치금은 납부한 사업연도의 손금으로 산입하고 예치금을 환급받을 때 익금으로 산입한다.
√지체상금은 벌금 등에 해당되지 않아 손금으로 인정한다.
√산재보험료연체료는 벌금 등에 해당하지 않으나 산재보험료가산금은 벌금에 해당되므로 손금불산입 한다.

3. 자산의 평가손실의 손금불산입

자산의 평가손실은 자산의 시가가 장부가액보다 하락하여 재무상태표의 자산가액을 시가로 평가함에 따라 발생하는 손실을 인식하는 것을 말한다. 법인세법에서는 자산의 평가손실을 원칙적으로 법인의 손금에 산입하지 않는다. 다만, 일정한 사유가 있는 경우에는 자산의 평가손실 및 감액손실을 손금으로 인정받을 수 있다. 이에 대하여 제6장 자산 및 부채의 평가에서 구체적으로 설명하고 있다.

4. 인건비의 손금불산입

1) 의의

인건비란 근로의 용역을 제공받고 그 대가로 근로제공자에게 지급되는 비용으로서 임원과 직원에게 지급되는 급여(임금, 보수, 수당 등), 상여금, 퇴직급여를 말한다. 인건비는 법인의 순자산을 감소시키는 거래로서 수익창출에 기여하는 비용이므로 이익처분에 따라 지급되는 것을 제외하고는 원칙적으로 손금산입한다.

그러나 임원 또는 지배주주 및 그와 특수관계가 있는 직원 등의 경우에는 법인의 업무를 결정 또는 집행하는 위치에 있음을 이용하여 자신에 대한 인건비를 과다하게 책정하는 사례 등이 있어 과다하거나 부당하다고 인정되는 인건비는 손금산입하지 아니한다. 임원은 상법상의 등기 및 명칭여부에 관계없이 주식회사의 이사회의 구성원 전원과 청산인, 합명회사 · 합자회사 · 유한회사의 업무집행사원과 이사, 유한책임회사의 업무집행자, 감사, 경영지배자를 말한다.

인건비는 일반적으로 보수종류인 급여 · 상여금 · 퇴직급여인가에 따라, 지급을 받는 자가 직원 · 임원인가에 따라, 이익처분에 따른 것인가에 따라 그 손금 인정 여부가 결정된다.

2) 급여 또는 상여금

근로제공의 대가로 지급되는 급여와 상여금은 직원과 임원을 구분하지 아니하고 원칙적으로 전액 손금산입한다. 다만, 급여 또는 상여금 중 이익처분에 따라 지급하는 상여금, 임원상여금의 한도초과액, 지배주주등인 임원 · 직원에게 과다 지급되는 보수, 비상근임원에게 지급한 보수로서 부당행위계산의 부인액은 손금산입하지 아니한다.

(1) 이익처분에 따라 지급하는 상여금

법인이 임원 또는 직원에게 이익처분에 따라 지급하는 상여금은 원칙적으로 손금산입하지 아니한다. 이 경우 합명회사 또는 합자회사의 노무출자사원에게 지급하는 보수는 노무제공 자체가 출자이므로 이익처분에 따른 상여로 본다.

이익처분으로 회계처리할 것인가, 인건비로 회계처리할 것인가는 법인의 회계처리의 차이로 볼 수 있으므로 상여금의 손금산입 여부는 법인의 의사결정에 따라 결정된다. 이익처분에 따라 잉여금을 임원 또는 직원에게 분배하여 주면 그 분배로 인하여 법인의 순자산은 감소하지만 이는 법인소득으로서 과세 또는 과세제외된 소득을 분배한 것이기 때문에 손비가 될 수 없다. 이익처분에 따른 상여금은 이익의 분여를 받을 자격이 없는 임원 또는 직원에게 지급된 이익으로서 법인 스스로가 자진하여 인건비가 아닌 이익처분으로 회계처리한 것을 세법에서 손금으로 용인할 필요가 없다.[15)]

(2) 임원상여금 한도초과액

법인이 지급하는 상여금은 업무와 관련하여 지출된 비용이므로 원칙적으로 손금산입된다. 다만, 법인이 임원에게 지급하는 상여금 중 정관, 주주총회 · 사원총회, 이사회의 결의에 따른 구체적이고 객관적인 급여지급기준에 따라 지급하여야 할 금액을 초과하여 지급한 경우 그 초과금액은 손금산입하지 아니한다.

임원의 경우 상여금의 지급결정권이 본인들에게 있는 만큼 임원에 대한 상여금 중 급여지급기준을 초과하여 지급한 금액은 손금으로 인정하지 않음으로써 법인의 소득이 부당하게 감소되는 것을 방지하고 있다. 따라서 사실상 객관적인 기준에 따라 지급된 상여금이라도 정관, 주주총회, 이사회 결의에 따라 결정된 급여지급기준에 따르지 아니하고 지급된 임원상여금은 손금산입할 수 없다.

(3) 지배주주등인 임원 · 직원에게 과다 지급하는 보수

법인이 지배주주(특수관계인을 포함) 등인 임원 또는 직원에게 정당한 사유 없이 동일직위에 있는 지배주주등 외의 임원 또는 직원에게 지급하는 금액을 초과하여 보수를 지급하는 경우 그 초과금액은 손금산입하지 아니한다.

지배주주등이란 법인의 발행주식총수의 1% 이상의 주식을 소유한 주주로서 그와 특수관계인의[16)17)] 소유주식 합계가 법인의 주주 중 가장 많은 경우의 주주 등을 말한다.

---

15) 2017.12.31. 이전 사업연도에는 다음의 성과급에 대하여 이익처분에 따라 지급하는 경우에도 손금산입할 수 있다.
① 자본시장법에 따라 취득한 자기주식으로 지급하는 성과급으로서 우리사주조합을 통하여 직원에게 지급하는 성과급
② 주권상장법인 등의 발행주식총수의 10% 범위에서 부여하거나 지급한 주식매수선택권 등을 부여하거나 지급받은 자에게 지급하는 금전 또는 법인의 주식가액
③ 내국법인이 근로자(임원은 제외)와 성과산정지표 및 그 목표, 성과의 측정 및 배분방법 등에 대하여 사전에 서면으로 약정하고 이에 따라 그 근로자에게 지급하는 성과배분상여금

16) 특수관계인이란 해당 주주가 개인인 경우에는 친족, 사실상 경영지배법인, 30% 이상의 지분을 통한 경영지배관계에 있는 법인을 말하고, 해당 주주가 법인인 경우에는 법인세법에 따른 특수관계인(법인의 임원·직원, 비소액주주의 직원, 법인 또는 비소액주주의 금전이나 자산에 의해 생계를 유지하는 자 및 이들과 생계를 함께하는 친족을 제외함)을 말한다.

17) 특수관계 유무를 판단할 때 지배주주등과 계열회사의 임원의 경우에는 특수관계에 있는 것으로 보지 아니한다.

(4) 비상근임원에게 지급한 보수로서 부당행위계산의 부인액

비상근임원이란 계속적으로 법인에 출근하여 업무를 집행하지 않는 임원을 말한다. 이러한 비상근임원에게 지급하는 보수도 손금에 산입하는 것이 원칙이나, 부당행위계산 부인에 해당하는 경우에는 손금산입하지 아니한다.

따라서 비상근임원의 보수가 해당 법인의 규모 · 영업내용, 비상근임원의 직무내용, 직원에 대한 급여지급사항, 그 법인과 동일규모의 사업을 경영하는 법인이 임원에게 지급하는 보수 등으로 미루어 법인의 소득을 부당하게 감소시키는 것으로 인정되는 경우에는 손금산입하지 아니한다.

사례 ❷ 급여 및 상여금에 대한 세무조정

(주)고려의 급여 및 상여금에 대한 제16기(2022.1.1~2022.12.31)의 세무조정을 하시오

㈜고려의 공장장(임원에 해당)인 홍길동에 대한 급여와 상여금 80,000,000원(지급규정 외의 상여금 10,000,000원 포함)을 판매비와 관리비로 처리하였다. 회사가 신고한 재고자산 평가방법에 따르면 당기 제조원가의 80%는 매출원가로, 20%는 기말재고자산으로 배부된다.

【해석】

√상여금에 대한 세무조정 :	〈손금불산입〉	임원상여금	10,000,000	상 여
	〈손금불산입〉	재고자산	14,000,000	유 보

- 임원상여금 중 급여지급규정 외의 금액은 손금불산입하고, 손금산입 한도 내의 인건비 중 재고자산으로 계상하여야 할 14,000,000원(70,000,000 × 20%)을 손금불산입한다.

3) 퇴직급여

(1) 개념

퇴직급여란 임원 또는 직원이 일정기간 근속하고 퇴직하는 경우에 일시금으로 지급하는 인건비를 말하고, 임원 또는 직원이 현실적으로 퇴직하는 경우 지급하는 퇴직급여는 원칙적으로 손금산입한다. 그러나 임원에게 지급한 퇴직급여 중 손금산입한도액을 초과하는 금액은 손금산입하지 아니하고, 법인의 해산에 따라 퇴직하는 임원 또는 직원에게 지급하는 해산수당 또는 퇴직위로금 등은 최종 사업연도의 손금으로 한다.

현실적인 퇴직에 따라 지급한 퇴직급여는 손금으로 인정하나, 현실적으로 퇴직하지 아니한 직원 또는 임원에게 지급한 퇴직급여는 현실적으로 퇴직할 때까지 직원 또는 임원에 대한 업

무무관가지급금으로 본다. 여기서 현실적인 퇴직이란 고용관계 또는 근로관계가 종료됨으로써 퇴직하는 것을 의미하며, 퇴직을 사유로 퇴직급여지급규정 · 취업규칙 · 노사합의에 따라 퇴직급여를 실제로 받는 경우에는 현실적으로 퇴직한 것으로 본다.

현실적 퇴직의 경우	현실적 퇴직이 아닌 경우
· 직원이 임원으로 취임한 경우 · 상근임원이 비상근임원이 된 경우 · 근로자퇴직급여보장법에 따라 중간정산하는 경우[18](직원) · 정관 등에 따라 중간정산[19]하는 경우(임원) · 임원 · 직원이 그 법인의 조직변경 · 합병 · 분할 · 사업양도에 따라 퇴직한 경우	· 임원이 연임된 경우 · 대주주 변동에 따라 계산의 편의 등의 사유로 퇴직급여를 지급하는 경우 · 외국법인의 국내지점 종업원이 본점(본국)으로 전출하는 경우 · 근로자퇴직급여보장법에 따라 퇴직급여를 중간정산하기로 하였으나 이를 실제로 지급하지 않은 경우

(2) 직원의 퇴직급여 한도초과액

직원에게 지급하는 퇴직급여는 직원이 현실적으로 퇴직하는 때에 실제로 지급한 경우에는 한도계산 없이 전액 손금산입한다. 퇴직급여지급규정이 있는 경우에는 퇴직급여지급규정에 따라 계산한 금액 및 퇴직급여지급규정이 없는 경우에는 근로자퇴직급여보장법에 따라 계산한 금액을 소득세법에 따른 직원의 퇴직소득으로 과세하고, 그 범위를 초과하여 지급한 금액은 소득세법에 따른 직원의 근로소득으로 과세한다.

(3) 임원의 퇴직급여 한도초과액

법인이 임원에게 지급한 퇴직급여 중 세법에 따른 손금산입한도액을 초과하는 경우 그 초과하는 금액은 손금에 산입하지 아니하고 그 임원에 대한 상여로 처분한다.

---

18) 근로자퇴직급여보장법에 따라 퇴직급여를 중간정산하기로 하였으나 확정된 중간정산 퇴직급여를 회사의 자금사정 등을 이유로 퇴직급여 전액을 일시에 실제로 지급하지 못하고 노사합의에 따라 일정기간 분할하여 지급하기로 한 경우에는 그 최초지급일이 속하는 사업연도의 손금산입한다.

19) 임원에게 정관 또는 정관에서 위임된 퇴직급여지급규정에 따라 중간정산하여 퇴직급여를 지급할 수 있는 사유는 다음과 같다. 이 경우 근무연수는 직전 중간정산대상기간 종료일의 다음날부터 기산하여 퇴직급여를 계산하는 경우에 한정한다.
① 중간정산일 현재 1년 이상 주택을 소유하지 아니한 세대의 세대주인 임원이 중간정산일부터 3개월 내에 주택을 구입하려 는 경우
② 임원 · 임원의 배우자 · 생계를 같이 하는 부양가족이 3개월 이상의 질병 치료 또는 요양을 필요로 하는 경우
③ 천재 · 지변 등의 재해를 입은 경우

① 퇴직급여지급규정이 있는 경우

임원의 퇴직급여 손금산입한도액은 정관 · 정관에서 위임된 퇴직급여지급규정에 따라 계산한 금액을 말한다. 정관 또는 정관에서 위임된 퇴직급여지급규정에 따른 퇴직급여를 한도로 손금산입하는 이유는 정관을 변경하기 위해서는 상법상의 정관변경절차를 거쳐야 하므로 임원들이 자신의 퇴직급여를 과다하게 지급하는 것을 방지할 수 있기 때문이다.

② 퇴직급여지급규정이 없는 경우

임원의 퇴직급여 손금산입한도액은 총급여액 기준에 따라 계산한 금액을 말한다.

손금산입한도액 = 퇴직 직전 1년간의 총 급여액[20] × 10% × 근속연수[21]

사례 ❸ 퇴직급여에 대한 세무조정

(주)고려의 인건비에 대하여 제17기(2022.1.1~2022.12.31)의 세무조정을 하시오.
(1) 임원 A에 대한 연간 급여는 100,000,000원이고, 급여에는 상여금을 제외하였다.
(2) 임원 A에 대한 상여금은 40,000,000원이고, 이는 임원에 대한 상여금의 지급규정이 없어 직원과 동일한 수준에 따라 지급하였다.
(3) 임원 A에 대한 퇴직급여는 50,000,000원이고, 이는 이사회결의에 따라 제정된 퇴직급여지급규정에 따라 지급된 금액이며, 퇴직일은 2022.12.31이고 근속년수는 3년이다.

【해석】

√임원상여금: 〈손금불산입〉 임원상여금 한도초과액 40,000,000 상여
- 임원의 상여금은 구체적이고 객관적인 지급규정이 있어야 한다.

√임원퇴직금: 〈손금불산입〉 임원퇴직급여 한도초과액 20,000,000 상여
- 정관 또는 정관에서 위임된 임원퇴직급여지급규정이 없으므로 임원퇴직급여한도액은 퇴직 전 1년간 총급여액을 기준으로 계산한다.
- 임원퇴직급여한도액: (140,000,000 − 40,000,000) × 10% × 3 = 30,000,000
- 임원퇴직급여 한도초과액: 50,000,000 − 30,000,000 = 20,000,000

---

20) 퇴직 직전 1년간의 총급여액이란 퇴직일로부터 소급하여 1년간 지급받은 급여, 상여금, 수당 등 급여와 이익처분에 따라 받는 상여금의 합계액을 말한다. 다만, 법인세법에 따라 손금산입하지 아니한 금액, 법인세법에 따라 상여로 처분된 금액(인정상여), 퇴직함에 따라 받는 소득으로서 퇴직소득에 속하지 않는 것, 종업원 등이 지급받은 직무발명보상금은 총급여액에 포함되지 않는다.

21) 근속연수는 태양력에 따라 계산하되 1년 미만의 기간은 월수로 계산하고 1월 미만의 기간은 이를 산입하지 않는다. 임원이 직원에서 임원으로 된 때에 퇴직금을 지급하지 아니한 경우에는 직원으로 근무한 기간을 근속연수에 합산할 수 있다.

4) 퇴직연금

(1) 손금산입의 근거

법인세법에서 임원 또는 직원의 퇴직급여를 손금산입하는 방법은 사내유보제도인 퇴직급여충당금과 사외적립제도인 퇴직연금이 있다.

사내유보제도인 퇴직급여충당금은 이익유보를 통하여 조성된 충당금으로 특정자산의 형태로 존재하지는 않는다. 따라서 법인이 부도나 파산 등에 직면하는 경우 지급재원이 고갈되어 퇴직급여를 지급하지 못 할 수가 있으므로 퇴직연금의 부담금을 사외적립하여 임원 · 직원의 고용불안을 해소하고자 도입된 제도가 퇴직연금(확정급여형 퇴직연금제도, 확정기여형 퇴직연금제도)이다.

퇴직연금이란 법인이 임원 또는 직원의 퇴직을 퇴직급여의 지급사유로 하고, 임원 또는 직원을 수급자로 하는 연금을 말하고, 퇴직연금의 부담금으로서 지출하는 금액은 해당 사업연도의 소득금액계산에 있어서 이를 손금에 산입한다.

(2) 퇴직연금제도

법인(사용자)은 퇴직급여를 지급하기 위하여 근로자퇴직급여보장법에 따른 퇴직급여충당금제도(사내유보)와 퇴직연금제도(사외적립) 중 하나 이상의 제도를 설정하여야 한다. 퇴직연금제도란 퇴직일시금의 연금(Pension)화 제도로서 퇴직할 때 일시금으로 받는 퇴직급여에 대하여 법인은 매월 · 매년에 일정금액을 사외적립하고 근로자는 퇴직 후 매월 · 매년에 연금 또는 일시금으로 받을 수 있는 것을 말한다.

퇴직연금제도에는 확정급여형 퇴직연금(Defined Benefit)과 확정기여형 퇴직연금(Defined Contribution)이 있다.

구분	확정급여형 퇴직연금(Defined Benefit)	확정기여형 퇴직연금(Defined Contribution)
개 념	퇴직시 지급할 급여수준이 사전확정	기업이 부담할 기여금수준이 사전확정
적립의무	법인(사용자)	법인(사용자)
운용책임	법인(사용자), 기업부담 변동	근로자(직원), 기업부담 확정
세법적용	퇴직보험료의 납입과 유사	퇴직급여의 지급과 유사

(3) 확정기여형 퇴직연금 등의 부담금

① 직원

근로자퇴직급여보장법에 따른 확정기여형 퇴직연금 · 개인형퇴직연금제도 및 과학기술인공제회법에 따른 확정기여형 퇴직연금의 부담금은 전액 손금에 산입한다.

② 임원

임원에 대한 확정기여형 퇴직연금의 부담금은 법인이 퇴직할 때까지 부담한 부담금의 합계액을 퇴직급여로 보아 임원퇴직급여 한도액의[22] 규정을 적용한다.

이 경우 임원에 대한 부담금의 합계액이 임원퇴직급여 한도액을 초과하는 경우 손금산입 한도초과액은 퇴직일이 속하는 사업연도의 부담금의 범위에서 손금불산입하고, 퇴직일이 속하는 사업연도의 부담금을 초과하는 금액은 익금산입한다.

√손금불산입 = Min(임원퇴직급여 한도초과액, 퇴직일이 속하는 사업연도의 부담금)
√익금산입 = Max(임원퇴직급여 한도초과액 − 퇴직일이 속하는 사업연도의 부담금, 0)

사례 ④ 임원의 퇴직연금 등

(주)고려는 제17기 사업연도(2022.1.1~2022.12.31) 임원(홍길동)에 대한 퇴직연금을 세무조정하시오.

(1) 홍길동의 근속연수는 3년이고, 임원에 대한 정관 등에 퇴직급여지급규정은 없다.
(2) 홍길동은 2022.12.31 퇴직하였으며, 퇴직 직전 1년간의 총급여액은 100,000,000원이다.
(3) 홍길동에 대한 퇴직연금의 부담금은 제15기 20,000,000원, 제16기 30,000,000원, 제17기 50,000,000원을 확정기여형 퇴직연금에 가입하고 불입하였다.

【해석】

√임원퇴직급여 한도액: 100,000,000 × 10% × 3 = 30,000,000원
√임원퇴직연금 한도초과금액: (20,000,000+30,000,000+50,000,000) − 30,000,000 = 70,000,000원
√세무조정:

〈손금불산입〉	퇴직연금 부담금	50,000,000	상	여
〈익금산입〉	퇴직연금 한도초과액	20,000,000	상	여

22) 임원퇴직급여의 한도액은 정관 · 정관에서 위임된 퇴직급여지급규정에서 정한 금액 또는 총급여액 기준에 따라 계산한 금액을 한도로 한다. 총급여액 기준은 퇴직 직전 1년간의 총급여액의 10%에 상당하는 금액에 근속연수를 곱하여 산출한다.

(4) 확정급여형 퇴직연금 등의 부담금

① 손금산입방법

기업회계에서 퇴직연금예치금(퇴직연금운용자산)은 그 자체는 자산으로 볼 수 있으나 그 수급자가 직원이므로 법인의 자산으로 계상하지 않고, 퇴직급여에 대한 법인의 지급의무(부채)가 예치금만큼 감소하기 때문에 퇴직급여충당금에서 차감하는 형식으로 표시한다. 이 경우 퇴직연금예치금이 퇴직급여충당금을 초과하는 부분은 투자자산으로 계상한다.

법인세법에서 퇴직급여충당금을 손비로 계상하는 경우에는 반드시 결산에 반영하여야 하나, 퇴직연금의 손금산입은 결산조정과 신고조정 중 법인이 임의로 선택할 수 있다. 또한 퇴직급여충당금의 손금산입 여부는 기업의 선택사항이지만, 퇴식연금의 부담금을 납입한 경우 손금산입한도액의 범위에서 퇴직연금의 부담금으로서 지출하는 금액은 반드시 해당 사업연도에 손금에 산입해야 하므로 손금산입시기를 임의로 선택할 수 없다.

② 손금산입한도액

퇴직연금의 손금산입한도액은 다음과 같이 계산한다. 이 경우 2이상의 부담금이 있는 경우에는 먼저 계약이 체결된 퇴직연금 등의 부담금부터 손금에 산입한다.

손금산입한도액 = Min(퇴직급여추계액 기준, 퇴직연금예치금 기준) − 이미 손금산입한 부담금
√퇴직급여추계액 기준[23] = Max(퇴직급여추계액, 보험수리추계액) − 퇴직급여충당금 잔액
• 퇴직급여충당금 잔액[24] = 퇴직급여충당금의 장부가액 - 당기말 부인누계액
√퇴직연금예치금 기준 = 당기말 현재의 퇴직연금예치금 잔액
• 퇴직연금예치금 잔액[25] = 퇴직연금예치금의 기초잔액 − 수령액 · 해약액 + 당기 납입액
√이미 손금산입한 부담금[26][27]
= 퇴직연금충당금의 기초잔액 − 퇴직연금의 당기 수령 · 해약액 − 퇴직연금충당금의 부인누계액
= 전기말 신고조정에 따른 손금산입액 − 퇴직연금의 당기 수령 · 해약액 − 퇴직연금의 부인누계액

---

23) 퇴직급여추계액이란 해당 사업연도 종료일 현재 재직하는 임원 또는 직원의 전원이 일시에 퇴직할 경우 퇴직급여로 지급되어야 할 금액의 추계액을 말한다. 퇴직급여추계액과 보험수리추계액은 퇴직급여충당금의 손금산입한도액을 계산할 때 퇴직급여추계액 및 보험수리추계액의 범위와 같다.

24) 퇴직급여충당금의 잔액이란 당기의 퇴직급여충당금을 설정 및 그에 대한 세무조정이 완료된 후의 금액으로서 당기말 재무상태표의 퇴직급여충당금 잔액에서 당기말 퇴직급여충당금의 부인누계액을 뺀 금액으로 계산한다.

25) 퇴직연금예치금이란 사업연도 종료일 현재 퇴직연금예치금의 잔액을 의미한다. 퇴직연금예치금의 잔액이란 퇴직연금예치금의 기초잔액에서 퇴직연금예치금의 수령액 · 해약액을 빼고 퇴직연금예치금의 당기 납입액을 더한 금액을 말한다.

(5) 퇴직연금의 세무조정

① 신고조정

<table>
<tr><th colspan="3">구 분</th><th>회계처리 및 신고조정에 따른 세무조정</th></tr>
<tr><td colspan="3">부담금 지급일</td><td>(차변) 퇴직연금예치금 *** / (대변) 현금 ***</td></tr>
<tr><td colspan="2" rowspan="2">결산일</td><td>회계</td><td>회계처리 없음</td></tr>
<tr><td>세무</td><td>(손금산입) 퇴직연금 부담금(손금산입한도액) *** △유보</td></tr>
<tr><td rowspan="4">퇴직연금 수령일</td><td rowspan="2">비용 계상</td><td>회계</td><td>(차변) 퇴직급여 *** / (대변) 퇴직연금예치금 ***</td></tr>
<tr><td>세무</td><td>(손금불산입) 퇴직연금 부담금 *** 유보</td></tr>
<tr><td rowspan="2">퇴직급여 충당금 상계</td><td>회계</td><td>(차변) 퇴직급여충당금 *** / (대변) 퇴직연금예치금 ***</td></tr>
<tr><td>세무</td><td>(손금산입) 퇴직급여충당금[28] *** △유보
(손금불산입) 퇴직연금 부담금[29] *** 유보</td></tr>
</table>

② 결산조정

<table>
<tr><th colspan="2">구 분</th><th>회계처리 및 결산조정에 따른 세무조정</th></tr>
<tr><td colspan="2">부담금 지급일</td><td>(차변) 퇴직연금예치금 *** / (대변) 현금 ***</td></tr>
<tr><td rowspan="2">결산일</td><td>회계</td><td>(차변) 퇴직급여 *** / (대변) 퇴직연금충당금 ***</td></tr>
<tr><td>세무</td><td>(손금불산입) 퇴직연금충당금 한도초과액 *** 유보</td></tr>
<tr><td rowspan="2">퇴직연금 수령일</td><td>회계</td><td>(차변) 퇴직연금충당금 *** / (대변) 퇴직연금예치금 ***</td></tr>
<tr><td>세무</td><td>세무조정 없음</td></tr>
</table>

26) 결산조정의 경우 이미 손금산입한 부담금은 사업연도 개시일 현재의 결산조정에 따른 퇴직연금충당금에서 퇴직연금충당금의 부인누계액과 퇴직연금 등의 수령 · 해약액을 뺀 금액으로 계산한다.

27) 신고조정의 경우 이미 손금산입한 부담금은 사업연도 개시일 현재의 신고조정에 따른 손금산입액에서 퇴직연금부담금의 손금불산입누계액과 퇴직연금 등의 수령 · 해약액을 뺀 금액으로 계산한다.

28) 퇴직급여충당금의 손금산입한도액 계산하는 경우 퇴직급여충당금의 과다상계액을 퇴직급여충당금 누적액의 이월잔액에 더하여(퇴직급여충당금의 당기 감소분에 뺀 금액으로 함) 계산한다.

29) 해당 사업연도 전에 신고조정에 따라 손금에 산입한 퇴직연금(퇴직보험료)의 △유보잔액에서 해당 사업연도 중에 퇴직연금의 수령 · 해약액을 손금불산입(유보)하여 상계한다.

사례 ⑤ 퇴직연금에 대한 세무조정

제조업을 영위하는 영리내국법인 ㈜A의 제21기(2022.1.1~2022.12.31) 자료이다. 퇴직급여충당금 및 퇴직연금충당금 관련 세무조정이 제21기 각 사업연도 소득금액에 미치는 순영향으로 옳은 것은? (CPA. 2021)

(1) ㈜A는 금융회사에 확정급여형 퇴직연금을 위탁운용하고 있다. 퇴직연금운용자산의 당기 말 계정잔액은 60,000,000원이고, 퇴직연금운용자산 당기 증가액 50,000,000원은 추가납입한 것이며 당기 감소액은 20,000,000원이다.

(2) 당기 퇴직급여충당금 계정의 증감내역은 다음과 같다.

퇴직급여충당금 (단위: 원)

당기감소	20,000,000	기초잔액	50,000,000
기말잔액	60,000,000	당기증가	30,000,000

(3) 퇴직급여충당금 기초잔액에는 48,000,000원의 손금부인액이 포함되어 있으며, 당기 증가액은 ㈜B와의 합병(합병등기일: 2022.4.5.)으로 인하여 퇴직급여충당금(손금부인액 29,000,000원 포함)을 승계한 것이다.

(4) 당기 중 직원이 현실적으로 퇴직함에 따라 퇴직연금운용자산에서 20,000,000원을 지급하고, 퇴직급여충당금과 상계하였다.

(5) ㈜A는 신고조정에 의하여 퇴직연금충당금을 손금산입하고 있으며, 세무상 기초잔액은 30,000,000원(△유보)이다.

(6) 당기 말 퇴직급여추계액은 일시퇴직기준 66,000,000원, 보험수리적기준 60,000,000원이다.

【해석】

√퇴직급여 지급: 〈손금산입〉 퇴직급여충당금 20,000,000 △유보
〈손금불산입〉 퇴직연금충당금 20,000,000 유보

• 신고조정으로 손금산입한 퇴직연금충당금을 감액하지 아니하고 퇴직급여충당금의 감소로 회계처리한 것에 대하여 익금산입과 손금산입의 세무조정을 한다.

√손금산입한도액: Min(63,000,000원, 60,000,000원) − 10,000,000 = 50,000,000원

• 퇴직급여추계액 기준: Max(66,000,000원, 60,000,000원) − 3,000,000 = 63,000,000원
→ 당기말 퇴직급여충당금 잔액: 60,000,000 − (48,000,000+29,000,000−20,000,000)
= 3,000,000

• 퇴직연금예치금 기준: 30,000,000 − 20,000,000 + 50,000,000 = 60,000,000원

• 이미 손금산입한 부담금: 30,000,000 − 20,000,000 = 10,000,000원

√퇴직연금충당금 세무조정: 〈손금산입〉 퇴직연금충당금 50,000,000 유보

• 퇴직연금의 손금산입한도액 50,000,000원의 범위 내에서 해당 사업연도에 퇴직연금운용자산으로 납입한 50,000,000원을 신고조정으로 손금산입한다.

√퇴직연금 세무조정: 20,000,000 − 20,000,000 - 50,000,000 = △50,000,000원

사 업 연 도	. . . ~ . . .	퇴직연금부담금 조정명세서	법 인 명	
			사업자등록번호	

1. 퇴직연금 등의 부담금 조정

① 퇴직급여추계액	당기말 현재 퇴직급여충당금				⑥ 퇴직부담금 등 손금산입 누적한도액 (①-⑤)
	② 장부상 기말잔액	③ 확정기여형 퇴직연금자의 퇴직연금 설정 전 기계상된 퇴직급여충당금	④ 당 기 말 부인 누계액	⑤ 차 감 액 (②-③-④)	

⑦ 이미 손금산입한 부담금 등(⑰)	⑧ 손금산입한도액 (⑥-⑦)	⑨ 손금산입대상 부담금 등(⑱)	⑩ 손금산입범위액 (⑧과 ⑨ 중 작은 금액)	⑪ 회사손금계상액	⑫ 조정금액 (⑩-⑪)

2. 이미 손금산입한 부담금 등의 계산

가. 손금산입대상 부담금 등 계산

⑬ 퇴직연금예치금 등 계(㉒)	⑭ 기초퇴직연금충당금등 및 전기말 신고조정 에 의한 손금산입액	⑮ 퇴직연금충당금등 손금부인누계액	⑯ 기중 퇴직연금등 수령 및 해약액	⑰ 이미 손금산입한 부 담 금 등 (⑭-⑮-⑯)	⑱ 손금산입대상 부 담 금 등 (⑬-⑰)

나. 기말 퇴직연금예치금 등의 계산

⑲ 기초퇴직연금예치금 등	⑳ 기중 퇴직연금예치금 등 수령 및 해약액	㉑ 당기 퇴직연금예치금 등의 납입액	㉒ 퇴직연금예치금 등 계 (⑲-⑳+㉑)

5. 감가상각비의 손금불산입

1) 감가상각비의 개념

(1) 감가상각비의 성격

감가상각비의 성격에 관하여 자산의 평가측면(재무상태표 관점)과 수익·비용 대응측면(포괄손익계산서 관점)에서 살펴볼 수 있다. 재무상태표 관점에서는 감가상각비란 영업활동과정에서 사용된 사업용자산의 가치는 시간이 경과함에 따라 물리적 또는 기능적으로 감소하므로 그 경제적 가치의 감소분을 자산에서 감액시켜야만 자산을 적정하게 표시할 수 있다는 것이다.(정태론)

포괄손익계산서 관점에서는 감가상각비란 정확한 당기순이익을 산출하기 위하여 당기 수익을 창출하는 과정에서 발생한 모든 비용을 수익에 대응시켜야 함으로 사업용자산에 대한 가치의 유출 · 소비를 비용으로 인식하여야 한다는 것이다.(동태론)

(2) 기업회계의 감가상각비

기업회계에서는 감가상각비란 수익 · 비용 대응원칙에 따른 원가배분과정으로 정의하고 있다. 감가상각비란 경제적효익이 창출되는 시점까지 집합된 원가를 미래의 경제적효익이 창출될 것으로 예상되는 합리적인 기간동안(내용연수) 체계적이고 합리적인 방법(정액법, 가속상각법, 비례법)으로 배분하는 과정을 말한다.[30)]

(3) 세무회계의 감가상각비

세무회계에서는 감가상각비이란 감가상각자산에 대하여 결산조정에 따라 손비로 계상하는 경우에만 세법에 따른 감가상각비의 손금산입한도액인 상각범위액까지만 손금에 산입하는 것을 말한다. 결산조정으로 손금에 산입한다는 것은 감가상각비의 손금산입 여부는 법인의 선택사항이고, 상각범위액을 초과하지 않는 범위 내에서 감가상각비를 계상하여도 되고 계상하지 않아도 되는 것이며 잔존가액이 남아있는 한 내용연수가 경과되어도 감가상각할 수 있는 것이다.

30) 기업회계에서는 계속성의 원칙에 따라 내용연수 기간동안 매년 감가상각비를 계상하여야 한다. 회사가 임의로 감가상각비를 한도액보다 미달하게 계상하는 경우에는 기업회계기준의 위배에 해당되어 그 금액의 중요성에 따라 감사의견의 제한을 받게 되므로 세무회계와의 차이가 날 가능성이 낮지만, 회계감사를 받지 않는 기업일 경우에는 회사 사정에 따라 상각범위액 내에서 임의계상이 가능하다.

2) 감가상각제도의 특징

(1) 결산조정사항

법인세법 제23조는 「내국법인이 각 사업연도의 결산을 확정할 때 감가상각자산에 대한 감가상각비를 손비로 계상한 경우에는~ 」라고 규정하고 있어 법인세법의 감각상각제도는 결산조정사항임을 명시하고 있다. 감가상각비는 결산할 때 손금으로 계상한 경우에 한하여 이를 손비로 보는 것이므로 결산할 때 손금에 계상하지 아니한 금액은 이를 세무조정에 의하여 손금산입하거나 국세기본법에 따라 경정청구할 수 없는 것이 원칙이다.

다만, 한국채택국제회계기준을 적용하는 법인의 유형자산과 내용연수가 비한정인 무형자산의 감가상각비, 특수관계인으로부터 양수한 자산의 장부가액이 시가에 미달하는 경우 감가상각비 손금산입 특례, 감가상각의 의제가 적용되는 법인의 감가상각비, 2016.1.1.이후 개시하는 사업연도에 취득한 업무용승용차의 감가상각비는 신고조정에 따라 손금에 산입할 수 있다.

(2) 임의상각제도

법인세법에서는 감가상각자산의 감가상각비에 대해 손금에 산입할 수 있는 상각범위액을 정하고 그 상각범위액 내에서 각 사업연도의 소득금액을 계산할 때 이를 손금산입할 수 있도록 하는 임의상각제도를 택하고 있다. 다만, 법인세가 면제되거나 감면되는 사업을 경영하는 법인은 감면기간 중에는 의무적으로 감가상각을 하여야 한다.

(3) 감가상각의 계산요소 및 감가상각방법의 법정화

법인세법에서는 감가상각의 계산요소가 되는 취득가액, 내용연수, 잔존가액, 자산별 감가상각방법에 대하여 구체적으로 규정하고 있다. 이는 기업의 자의적 적용을 배제하고 세법에 규정된 방법만을 적용하도록 규정하고 있다.

이에 반하여 기업회계에서는 내용연수와 잔존가액을 자산의 종류 · 업종 등을 고려하여 객관적이고 합리적으로 추정하여 정하고, 이를 기준으로 매년 계속적으로 감가상각을 하도록 규정하고 있다. 기업회계기준에서는 별도의 내용연수를 규정하고 있지 않으므로 회사는 특별한 사유가 없는 한 법인세법의 내용연수를 적용하게 된다.

3) 감가상각자산의 범위

(1) 법인세법의 감가상각자산

감가상각자산은 법인세법 시행규칙 별표의 내용연수표에 기록된 토지를 제외한 건물, 기계장치, 특허권 등 유형자산 및 무형자산으로 한다.

유형자산은 건축물(부속설비, 구축물 포함), 차량운반구 · 공구 · 기구 · 비품, 선박 · 항공기, 기계장치, 동물 · 식물, 그 밖의 유형자산으로 구분한다. 무형자산은 영업권,[31] 특허권, 상표권, 디자인권, 실용신안권, 어업권, 양식업권, 해저광물자원개발법에 따른 채취권, 수리권, 이용권(전기가스공급시설, 공업용수도시설, 열공급시설, 전신전화전용시설, 전용측선), 관리권(유료도로, 하수종말처리장시설, 수도시설), 광업권, 댐사용권, 개발비, 사용수익기부자산가액, 주파수이용권, 공항시설관리권, 항만시설관리권으로 구분한다.

장기할부조건으로 매입한 감가상각자산의 경우 법인이 해당 감가상각자산의 가액 전액을 자산으로 계상하고 사업에 사용하는 경우에는 그 대금의 청산 또는 소유권의 이전여부에 관계없이 이를 감가상각자산에 포함한다. 또한, 리스회사가 대여하는 리스자산 중 금융리스의 자산은 리스이용자의 감가상각자산으로 하고, 금융리스 외의 리스자산은 리스회사의 감가상각자산으로 한다.[32]

(2) 감가상각에서 제외되는 자산

① 유휴설비를[33] 제외하고 사업에 사용하지 않는 자산

기업회계에서는 내용연수의 기간 중 사용을 중단하고 처분 또는 폐기할 예정인 운휴자산은 중단시점의 장부가액을 투자자산으로 재분류한다. 투자자산은 감가상각을 하지 않기 때문에 운휴자산은 중단시점부터 감가상각을 하지 않으며 매 회계연도 말에 감액손실 여부를 검토한다. 또한 내용연수의 기간 중 사용을 중단하였지만 장래에 사용이 재개될 것이 예상되는 유형

31) 영업권이란 사업의 양도 · 양수과정에서 사업에 관한 허가 · 인가 등 법률상의 지위, 사업상 편리한 지리적 여건, 영업상의 비법, 신용 · 명성(상호) · 거래관계 등 영업상의 이점 등을 감안하여 적절한 평가방법에 따라 유상으로 취득한 금액 및 설립인가 · 특정사업의 면허 · 사업의 개시등과 관련하여 부담한 기금 · 입회금등으로서 반환청구를 할 수 없는 금액과 기부금등을 말한다. 영업권에는 합병 및 분할에 따라 합병법인 등이 계상한 영업권은 제외한다.

32) 자산유동화에 관한 법률에 따른 유동화전문회사가 자산유동화계획에 따라 금융리스의 자산을 양수한 경우 해당 자산에 대하여는 리스이용자의 감가상각자산으로 한다

33) 사업에 사용하던 중 일시적으로 사용하지 않고 있는 기계장치 등을 말한다.

자산(유휴설비)은 계속 유형자산으로 분류하여 감가상각을 하고, 그 감가상각비는 영업외비용으로 보고하여야 한다.

법인세법에서는 사업에 사용하던 기계·장치 등을 철거하여 사업에 사용하지 아니하는 것과 취득 후 사업에 사용하지 아니하고 보관 중인 기계·장치 등은 감가상각자산이 되는 유휴설비로 보지 아니한다.

② 건설중인자산

건설중인자산에는 설치 중인 자산 또는 그 성능을 시험하기 위한 시운전기간에 있는 자산을 포함한다. 다만, 건설중인자산의 일부가 완성되어 완성된 부분이 사업에 사용되는 경우 그 부분은 감가상각자산에 포함된다.

③ 토지, 서화, 골동품 등과 같이 시간의 경과에 따라 그 가치가 감소되지 아니하는 것

사례 ❻ 감가상각자산 해당 여부

고려(주)는 제8기에 다음과 같은 비용을 감가상각비로 계상하였다. 감가상각비의 계상은 적법하게 이루어진 경우 세무조정을 하시오.

(1) 보수를 위하여 일시적으로 가동을 중단한 기계장치에 대하여 감가상각비 5,000,000원을 계상하였다.
(2) 공장에서 철거하여 사업에 사용하지 아니하는 기계설비(아직 폐기하지 않았음)에 대하여 기업회계기준에 따라 감액손실 2,000,000원을 계상하였다.
(3) 매매용으로 신축한 주상복합건물 중에서 미분양된 상가와 아파트를 일시적으로 임대를 하고 연도 말에 감가상각비로 상가 8,000,000원과 아파트 6,000,000원을 계상하였다.
(4) 회사는 유명화가의 그림을 3,000,000원에 구입하여 복도에 전시하고 비용으로 처리하였다.

【해석】

√일시적인 가동 중단: 유휴설비에 해당되며 감가상각자산이므로 세무조정은 없다.

√사업에 사용하지 않는 자산: 〈손금불산입〉 기계설비(감액손실) 2,000,000 유보

- 사업에 사용하지 아니하는 자산에 대한 감액손실은 감가상각 시부인하지 않고 전액 손금불산입한다.

√재고자산: 〈손금불산입〉 감가상각누계액(감가상각비) 14,000,000 유보

- 미분양되어 일시적으로 임대를 하더라도 재고자산에 해당하므로 감가상각비를 계상 할 수 없다.

√미술품: 1,000만원 이하의 미술품 취득가액은 전액 손금으로 인정되므로 세무조정은 없다.

4) 상각범위액의 계산

상각범위액이란 감가상각자산별로 세법에 따른 감가상각방법 중 법인이 납세지관할세무서장에게 신고한 방법에 따라 계산한 금액을 말하고, 신고한 상각방법은 그후의 사업연도에도 계속하여 신고한 상각방법을 적용하여야 한다.

(1) 감가상각방법

감가상각방법은 신설법인과 새로 수익사업을 개시한 비영리법인의 경우에는 영업개시일, 감가상각자산을 새로 취득한 경우에는 취득일이 속하는 사업연도의 법인세 과세표준의 신고기한까지 감가상각방법신고서를 납세지관할세무서장에게 제출하여야 한다.

법인은 자산의 종류별로 다음 중 하나의 감가상각방법을 선택하여 신고하여야 하고, 감가상각방법을 신고하지 아니한 경우에는 다음의 감가상각방법을 적용한다.

구 분		신고시 감가상각방법	무신고시 감가상각방법
유형자산	건축물	정액법	정액법
	광업용 유형자산	생산량비례법, 정률법, 정액법	생산량비례법
	그 밖의 유형자산	정률법, 정액법	정률법
무형자산	광업권[34] 폐기물매립시설	생산량비례법, 정액법	생산량비례법
	주파수이용권, 공항시설관리권, 항만시설관리권	주무관청에 고시·등록한 기간 내의 사용기간에 따라 균등액을 상각하는 방법	주무관청에 고시·등록한 기간 내의 사용기간에 따라 균등액을 상각하는 방법
	개발비	20년 이내에서 연단위로 신고한 내용연수에 따라 균등액을 상각하는 방법	5년 동안 매년 균등액을 상각하는 방법
	사용수익기부자산가액	사용수익기간에 따라 균등액을 상각하는 방법	사용수익기간에 따라 균등액을 상각하는 방법
	그 밖의 무형자산	정액법	정액법

34) 광업권에는 해저광물자원 개발법에 따른 채취권을 포함한다.

(2) 감가상각비 계산요소

① 취득가액

감가상각의 기초가액이 되는 취득가액은 법인세법에 따라 계산하는 취득가액에 관한 규정을 적용한다.[35)]

법인이 자산을 시가보다 높은 가액으로 매입한 경우에는 시가초과액을 제외한 취득당시의 시가를 취득가액으로 하고, 법인이 자산을 시가보다 낮은 가액으로 매입한 경우에는 그 매입가액이 취득가액이 된다. 법인이 장기할부조건으로 감가상각자산을 취득하고 그 자산의 취득가액을 기업회계기준에 따라 현재가치로 평가한 경우 장부가액과 현재가치의 차액인 현재가치할인차금은 기업회계에 따른 회계처리를 세법에서 그대로 인정한다.

② 잔존가액

잔존가액이란 감가상각자산의 사용이 종료된 후 현금화할 수 있는 금액(순실현가능가치)으로 자산을 처분할 수 있는 가액(처분예상가액)에서 처분과 관련된 비용(처분예상비용)을 뺀 금액을 말한다.

기업회계기준에서는 이러한 잔존가액에 대하여 객관적이고 합리적인 방법으로 추정할 수 있도록 하고 있으나, 법인세법은 감가상각계산의 자의성을 방지하고 투하자본의 조기회수를 통한 기업의 경쟁력 제고를 위해 잔존가액은 '영(0)' 으로 규정하고 있다. 다만, 정률법에 따라 상각범위액을 계산하는 경우에는 잔존가액이 없으면 상각률을 계산할 수 없으므로[36)] 잔존가액을 취득가액의 5%로 가정하여 상각률을 계산하고, 취득가액의 5%에 상당하는 금액은 미상각잔액이 최초로 취득가액의 5% 이하가 되는 사업연도의 상각범위액에 더하여 상각한다.

감가상각이 종료되는 감가상각자산에 대해서는 실물관리를 위한 비망기록용으로 취득가액의 5%와 1,000원 중 적은 금액을 해당 감가상각자산의 장부가액으로 남겨두어야 한다. 비망기록용 장부가액은 감가상각자산이 처분되는 시점에 손금산입한다.

---

35) 법인세법에서는 세법에 따른 자산의 평가에 한정하여 그 평가액을 취득가액으로 보도록 하고 있다. 따라서 보험업법 등 법률에 따른 평가증으로 인해 증가된 금액은 유형자산 · 무형자산의 취득가액에 가산하지만, 자산의 임의평가에 따른 임의평가증액은 취득가액에 포함하지 아니한다.

36) $r=1-\sqrt[n]{\frac{S}{C}}$ (r=상각률, n=내용연수, S=잔존가액, C=취득원가)에서 잔존가액이 0이면 $\frac{S}{C}$가 0이고, 따라서 상각률은 1이 되므로 상각률을 계산할 수 없다.

③ 내용연수

내용연수란 자산의 본래의 용도 또는 용법에 따라 법인의 영업활동에 이용될 수 있는 사용 가능한 기간을 말한다. 법인세법은 자산별 · 업종별로 내용연수와 그에 따른 상각률을 구체적으로 규정하고 있고, 이는 상각범위액을 계산할 때 적용하는 상각률을 정하는 근거가 되는 것으로 상각기간만을 의미하는 것은 아니다.[37] 따라서 세법에 따른 내용연수가 경과하여도 미상각잔액이 있으면 내용연수에 관계없이 상각범위액 내에서 감가상각할 수 있는 것이다.

법인세법에서는 내용연수를 자산종류별로 시험연구용자산, 무형자산, 건축물 등 유형자산, 업종별 자산으로 구분하여 연단위로 정하고 있다. 건축물 등 유형자산과 업종별 자산에 대해서는 기준내용연수와 그 기준내용연수에 기준내용연수의 25%를 가감한 신고내용연수를 각각 규정하고 그 중 선택하여 적용할 수 있다.

법인의 영업개시일 또는 감가상각자산의 취득일이 속하는 사업연도의 법인세 과세표준의 신고기한까지 내용연수를 신고한 법인은 그 신고내용연수와 그에 따른 상각률을 적용하여 감가상각하며, 내용연수를 기한 내에 신고하지 않은 법인은 법인세법에서 정하는 기준내용연수와 그에 따른 상각률을 적용하여 감가상각한다.

(3) 감가상각방법별 상각범위액

① 정액법

정액법에 따른 상각범위액은 감가상각자산의 취득가액에 자산의 내용연수에 따른 상각률을 곱하여 계산한 금액을 말하고, 이는 각 사업연도의 상각범위액이 매년 균등하게 되는 상각방법이다. 여기서 취득가액은 세법에 따른 취득가액으로 당초 자산의 취득원가에 자산 · 비용으로 계상한 자본적 지출액의 누계액을[38] 더하여 계산한다.

상각범위액 = 취득가액 × 상각률
√취득가액 = 취득원가 + 자산 · 비용계상한 자본적 지출액의 누계액

37) 기업회계는 자산의 물리적 원인(마모, 파손 등)과 경제적 원인(자산의 진부화, 생산능력의 불충분성)을 종합적으로 고려하여 내용연수에 대한 추정을 하도록 하고 있다.

38) 재무상태표의 취득가액에는 비용으로 계상한 자본적 지출액이 포함되어 있지 않기 때문에 재무상태표의 취득가액에 비용으로 계상한 자본적 지출액을 더하여 계산하면 된다.

② 정률법

정률법에 따른 상각범위액은 감가상각자산의 취득가액에서 이미 감가상각비로 손금산입한 금액을[39] 뺀 미상각잔액에 자산의 내용연수에 따른 상각률을 곱하여 계산한 금액을 말하고, 이는 각 사업연도의 상각범위액이 매년 체감되는 상각방법이다.

세무회계의 미상각잔액을 계산하기 위하여 다음과 같은 조정을 하여야 한다.

상각범위액 = 미상각잔액 × 상각률
√미상각잔액 = (당기말 B/S의 취득가액 − 당기말 B/S의 감가상가누계액)
+ 당기 감가상각비 계상액[40] + 당기 비용계상한 자본적 지출액[41]
− 전기말 감가상각의제누계액[42] + 전기말 상각부인누계액[43]

③ 생산량비례법

생산량비례법에 따른 상각범위액은 감가상각자산의 취득가액을 그 자산이 속하는 광구의 총채굴예정량으로 나누어 계산한 금액에 해당 사업연도의 기간 중 그 광구에서 채굴한 양을 곱하여 계산한 금액을 말한다.

$$\sqrt{}\text{상각범위액} = \text{취득가액} \times \frac{\text{당기 중 광구에서 채굴한 양}}{\text{총채굴예정량}}$$

$$\sqrt{}\text{상각범위액} = \text{취득가액} \times \frac{\text{당기 중 폐기물 매립시설에서 매립한 양}}{\text{폐기물 매립시설의 총매립예정량}}$$

(4) 특수한 경우의 상각범위액 계산

① 신규취득자산에 대한 상각범위액

사업연도 중에 취득하여 사업에 사용한 감가상각자산에 대한 상각범위액은 사업에 사용한 날부터 해당 사업연도 종료일까지의 월수에 따라 계산한다. 이 경우 월수는 태양력에 따라 계산하되 1월 미만의 일수는 1월로 한다.

---

39) 업무용승용차 관련비용 중 업무사용금액에 해당하지 않는 금액 및 감가상각비 한도초과액으로 손금에 산입하지 않는 금액을 포함한다.

40) 해당 사업연도의 회사계상 감가상각비가 당기 재무상태표의 감가상각누계액에 반영되어 있으므로 이를 해당 사업연도의 감가상각비 계상 전 금액으로 환원하기 위하여 더하는 것이다.

41) 당기 비용으로 계상한 자본적 지출액은 당기 재무상태표의 취득가액에 포함되어 있지 않으므로 더하는 것이다. 당기 이전에 비용으로 계상한 자본적 지출액은 감가상각비로 비용으로 인식되었거나 전기말 상각부인누계액에 포함되어 있다.

42) 전기말 감가상각의제누계액은 당기 재무상태표의 감가상각누계액에 포함되어 있지 않으므로 빼는 것이다.

43) 전기말 상각부인누계액은 기업회계의 미상각잔액을 세무회계의 미상각잔액으로 전환하기 위하여 더하는 것이다.

② 자본적지출이 있는 경우

감가상각자산에 대한 자본적 지출액은 신규 취득한 자산과는 달리 월할계산하지 않고, 전액을 기존의 감가상각자산의 장부가액에 합산하여 기존의 감가상각자산과 동일한 상각방법에 따라 상각한다.

③ 사업연도가 1년 미만인 경우

사업연도가 1년 미만인 법인의 감가상각자산에 대한 상각범위액은 일반적인 상각범위액에 해당 사업연도의 월수를 곱한 금액을 12로 나누어 계산한다.

사례 ❼ 상각범위액의 계산

다음은 ㈜고려 제17기 사업연도(2022.1.1~2022.12.31)의 기계장치A에 대한 자료이다. 이를 감가상각비를 계산하기 위한 정액법과 정률법의 상각범위액을 각각 계산하시오.

(1) 당기말 B/S상 장부가액 : 240,000,000원
(2) 당기말 B/S상 감가상각누계액 : 170,000,000원
(3) 당기 감가상각비 계상액 : 24,000,000원
(4) 전기이월 상각부인액 : 3,600,000원
(5) 당기 자본적 지출액 : 5,000,000원
(6) 전기 자본적 지출액 : 1,000,000원
(7) 내용연수는 8년이며, 정액법의 상각률은 0.125이고 정률법의 상각률은 0.313이다.

【해석】

√ 정액법에 따른 상각범위액: 52,000,000원

- 상각범위액: 416,000,000(취득가액) × 0.125(상각률) = 52,000,000
- 취득가액: 240,000,000 + 170,000,000 + 5,000,000 + 1,000,000 = 416,000,000

√ 정률법에 따른 상각범위액: 85,323,800원

- 상각범위액: 272,600,000(미상각잔액) × 0.313(상각률) = 85,323,800
- 미상각잔액: 272,600,000원
  → 410,000,000－170,000,000＋24,000,000＋5,000,000＋3,600,000 = 272,600,000
  → 전기의 자본적지출액 1,000,000원은 전기 이전에 감가상각비를 통하여 비용으로 인식되었거나 전기 이월 상각부인액 3,600,000원에 포함되어 있으므로 정률법에 따른 미상각잔액을 계산할 때 전기의 자본적지출액은 고려하지 않는다.

5) 감각상각비의 시부인계산

(1) 법인계상 감가상각비

감가상각비의 시부인계산이란 법인이 계상한 감가상각비와 세법에 따른 상각범위액을 비교하여 법인이 계상한 감가상각비를 시인할 것인지 부인할 것인지의 여부를 결정하는 것을 말한다. 자산의 내용연수에 따라 상각률이 결정되므로 법인은 감가상각비를 동일한 내용연수의 자산을 한 묶음으로 분류하여 집계하고, 보유기간별로 구분하여 관리한다.

법인이 각 사업연도에 감가상각자산의 감가상각비를 손비로 계상하거나 손금에 산입하는 경우에는 감가상각자산의 장부가액을 직접 감액하는 방법 또는 장부가액을 감액하지 아니하고 감가상각누계액으로 계상하는 방법 중 선택하여야 한다. 이 경우 법인이 감가상각비를 감가상각누계액으로 계상하는 경우에는 개별 자산별로 계상하되, 개별자산별로 구분하여 작성된 감가상각비조정명세서를 보관하고 있는 경우에는 감가상각비 총액을 일괄하여 감가상각누계액으로 계상할 수 있다.

법인이 계상한 감가상각비는 다음과 같이 계산한 금액으로 한다.

법인계상 감가상각비 = ① + ② + ③ + ④ + ⑤
① 포괄손익계산서, 제조원가명세서에 계상한 감가상각비(자산 배부액 포함)
② 자본적 지출액을 비용으로 계상한 금액(즉시상각의제 금액)[44]
③ 기업회계기준에 따라 손상차손(손상차손누계액)으로 계상한 금액[45]
④ 이익잉여금의 감소로 계상한 감가상각비[46]
⑤ 자산감액(△유보)분에 대한 감가상각비

44) 설치중인 기계장치의 시운전을 위하여 지출된 비용에서 시운전 기간 중 생산된 시제품을 처분하여 회수된 금액을 공제한 잔액 및 수입기계장치를 설치하기 위하여 지출한 외국인 기술자에 대한 식비 등 체재비는 기계장치에 대한 자본적지출로 한다.

45) 감가상각자산이 진부화, 물리적 손상 등에 따라 시장가치가 급격히 하락하여 법인이 기업회계기준에 따라 자산의 회수가능가액이 장부가액에 미달하여 손상차손으로 계상한 경우에는 해당 금액을 감가상각비로서 손금으로 계상한 것으로 본다. 다만, 법인세법에 따른 유형자산으로서 천재지변, 화재, 법령에 의한 수용, 채굴예정량의 채진으로 인한 폐광의 사유로 파손되거나 멸실되어 자산의 감액손실로 계상한 것은 제외한다.

46) 법인이 감가상각방법의 변경에 따른 회계변경의 누적효과를 이익잉여금을 감소시키고 감가상각누계액으로 계상한 경우와 전기 · 전기이전에 과소계상한 감가상각비를 기업회계기준에 따라 이월이익잉여금(전기오류수정손실)을 감소시키고 감가상각누계액으로 계상한 경우에는 감가상각누계액의 증가분을 결산조정에 따라 법인이 손금에 계상한 것으로 보아 감가상각비 시부인계산하고, 이익잉여금의 감소분에 대하여 이를 부인하여 손금산입(기타)한다.

(2) 상각부인액

상각부인액이란 법인이 계상한 감각상각비가 세법에 따른 상각범위액을 초과하는 경우 그 초과하는 금액을 말하며, 이는 손금불산입(유보)한다. 상각부인액은 그 후의 사업연도에 있어서 다음의 경우에 손금추인한다.

① 시인부족액이 발생한 경우에는 시인부족액을 한도로 하여 손금으로 추인한다. 이 경우 법인이 감가상각비를 손금으로 계상하지 아니한 경우에도 상각범위액을 한도로 하여 손금으로 추인한다.

② 법인세법에 따라 감가상각자산의 장부가액을 평가증액한 경우에는 감가상각자산의 상각부인액은 평가증의 한도까지 익금에 산입된 것으로 보아 손금에 산입하고, 평가증의 한도를 초과하는 금액은 그 후의 사업연도에 이월할 상각부인액으로 하고, 시인부족액은 소멸하는 것으로 한다. 이 경우 법인이 감가상각자산에 대하여 감가상각과 평가증액을 병행한 경우에는 먼저 감가상각을 한 후 평가증액을 한 것으로 보아 상각범위액을 계산한다.

③ 감가상각자산을 양도하는 경우에는 그 자산의 상각부인액은 양도일이 속하는 사업연도에 손금산입(△유보)한다. 이 경우 감가상각자산의 일부를 양도한 경우 해당 양도자산에 대한 감가상각누계액, 상각부인액, 시인부족액은 해당 감가상각자산 전체의 취득가액에서 양도자산의 취득가액이 차지하는 비율로 안분계산한다.[47]

(3) 시인부족액

시인부족액이란 법인이 계상한 감각상각비가 세법에 따른 상각범위액에 미달하는 경우 그 미달하는 금액을 말하며, 이는 원칙적으로 소멸된다. 감가상각비는 결산조정사항이므로 법인이 손비로 계상하지 아니한 금액을 상각범위액에 미달하는 경우에도 세무조정으로 손금산입할 수 없다.

시인부족액은 차기 이후의 상각부인액에 충당하지 못하고, 전기까지의 상각부인누계액을 시인부족액의 범위 안에서 손금으로 추인한다.

손금추인액 = Min(시인부족액, 상각부인누계액)

47) 이 경우 취득가액은 취득당시의 장부가액에 따른다.

사례 ⑧ 감가상각비의 시부인계산 방법

다음은 제조업을 영위하는 영리내국법인 (주)A의 제19기(2022.1.1~2022.12.31) 감가상각과 관련된 자료이다. 관련된 세무조정과 소득처분으로 옳은 것은? (단, 전기 이전의 모든 세무조정은 적정하였으며, 주어진 자료 이외에는 고려 하지 않음) (CTA. 2019)

(1) 기계장치의 취득가액은 50,000,000원이고, 취득일은 2020.1.1.이다

(2) 감가상각방법은 정률법이고, 상각률은 0.45이다.

(3) 감가상각비 장부상 계상금액은 2020년에 25,000,000원, 2021년에 10,000,000원, 2022년에 6,500,000원이다.

【해석】

√2020년: 〈손금불산입〉 감가상각비 한도초과액(기계장치) 2,500,000 유보

- 상각범위액: 50,000,000 × 0.45 = 22,500,000원
- 감가상각비 한도초과액: 25,000,000 - 22,500,000 = 2,500,000원

√2021년: 〈손금산입〉 감가상각비 한도초과액(기계장치) 2,375,000 △유보

- 상각범위액: (50,000,000 - 25,000,000 + 2,500,000) × 0.45 = 12,375,000원
- 감가상각비 한도초과액: 10,000,000 - 12,375,000 = △2,375,000원(한도미달)
- 상각부인액 추인: Min(2,375,000원, 2,500,000원) = 2,375,000원

√2022년: 〈손금산입〉 감가상각비 한도초과액(기계장치) 125,000 △유보

- 상각범위액: (50,000,000 - 35,000,000 + 125,000) × 0.45 = 6,806,250원
- 감가상각비 한도초과액: 6,500,000 - 6,806,250 = △306,250원(한도미달)
- 상각부인액 추인: Min(306,250원, 125,000원) = 125,000원

사례 ⑨ 평가증액에 따른 시부인계산

(주)고려는 보유건물을 기말에 보험업법에 따라 평가하고, 기업회계기준에 따라 회계처리하였다. 세무조정을 하시오.

(1) 취득가액: 200,000,000

(2) 당기말 B/S의 감가상각누계액 : 100,000,000원

(3) 보험업법에 따른 자산평가액 : 150,000,000원

(4) 당기말 시부인계산한 후 건물의 상각부인액은 70,000,000원

【해석】

√법인이 유형자산에 대하여 감가상각과 보험업법 등에 따른 평가증을 병행한 경우에는 먼저 감가상각을 한 후 자산의 평가증액을 한 것으로 본다. 이 경우 상각부인액 중 평가증액까지는 손금에 산입한다.

√세무조정: 〈손금산입〉 감가상각누계액(상각부인액) 50,000,000 △유보

6) 감가상각방법의 변경

(1) 변경절차

법인이 신고한 감가상각방법은 이를 계속 적용하여야 하나 특별히 변경사유가 있는 경우에는 납세지관할세무서장의 승인을 얻어 변경할 수 있다. 법인이 상각방법의 변경승인을 얻지 아니하고 상각방법을 변경한 경우(임의변경)에는 변경하기 전의 상각방법에 따라 상각범위액을 계산한다.

감가상각방법의 변경승인을 얻고자 하는 법인은 그 변경할 상각방법을 적용하고자 하는 최초 사업연도의 종료일까지 감가상각방법변경신청서를 납세지관할세무서장에게 제출하여야 한다.

감가상각방법변경신청서를 접수한 납세지관할세무서장은 신청서의 접수일이 속하는 사업연도 종료일부터 1개월 이내에 그 승인 여부를 결정하여 알려야 한다.

(2) 변경사유(요건)

법인이 다음의 경우에는 감가상각방법을 변경할 수 있다.

① 상각방법이 서로 다른 법인이 합병·분할합병한 경우
② 상각방법이 서로 다른 사업자의 사업을 인수하거나 승계한 경우
③ 외국인투자촉진법에 따라 외국투자자가 내국법인의 주식을 20% 이상 인수하거나 보유하게 된 경우
④ 해외시장의 경기변동 또는 경제적 여건의 변동에 따라 종전의 상각방법을 변경할 필요가 있는 경우
⑤ 한국채택국제회계기준을 최초로 적용한 사업연도에 결산상각방법이 변경된 경우

(3) 상각범위액의 계산

감가상각방법을 변경한 경우의 상각범위액은 감가상각방법의 변경승인일 현재의 세법에 따른 미상각잔액에 신고내용연수에 따른 상각률을 적용하여 계산한다.

상각범위액 = 세법에 따른 미상각잔액 × 신고내용연수에 따른 상각률
√세법에 따른 미상각잔액 = (취득가액 − 감가상각누계액) + 전기이월상각한도초과액

사례 ⑩ 감가상각방법의 변경[48][49]

제조업을 경영하는 영리내국법인인 (주)고려는 제17기(2022.1.1~2022.12.31) 사업연도부터 기계장치에 대한 감가상각방법을 정률법에서 정액법으로 변경하고자 법인세법의 감가상각방법변경신청서를 변경신고기한 내에 제출하여 승인을 받았다. 기계장치 감가상각비에 대한 세무조정이 (주)고려의 제17기 각 사업연도의 소득금액에 미치는 금액을 계산하시오? (2015, CTA)

(1) (주)고려가 사업에 사용 중인 기계장치에 관한 정보가 다음과 같다.

구 분	기계장치A	기계장치B
취득일자	2021.1.1	2021.1.1
재무상태표의 취득가액	150,000,000원	300,000,000원
재무상태표의 전기말 감가상각누계액	67,650,000원	150,000,000원
전기말 상각부인누계액		14,700,000원
당기 회사계상 감가상각비	14,970,000원	35,940,000원

(2) 기계장치에 대한 신고내용연수는 5년이고 내용연수에 따른 상각률은 다음과 같다.

구 분	정률법	정액법
내용연수 4년	0.528	0.250
내용연수 5년	0.451	0.200

(3) ㈜고려는 한국채택국제회계기준을 적용하지 않으며, 각 사업연도의 소득에 대하여 법인세가 면제되거나 감면되는 사업을 경영하지 않는다고 가정한다.

【해석】

√기계장치A: 세무조정 없음

- 세법에 따른 미상각잔액: 150,000,000 − 67,650,000 = 82,350,000
- 시부인계산: 14,970,000 - 82,350,000 × 0.200 = △1,500,000(시인부족액)

√기계장치B: 〈손금불산입〉 기계장치B(한도초과액) 3,000,000 유보

- 세법에 따른 미상각잔액: 300,000,000 − 150,000,000 + 14,700,000 = 164,700,000
- 한도초과액: 35,940,000 - 164,700,000 × 0.200 = 3,000,000

---

48) 법인이 회계변경의 누적효과를 이익잉여금의 증가로 회계처리한 경우에는 세법에 따른 순자산의 증가로 볼 수 없는 이익잉여금의 증가분을 부인하여 익금산입(기타)하고, 감가상각누계액의 감소분을 부인하여 손금산입(△유보)한다. 또한 법인이 회계변경의 누적효과를 이익잉여금의 감소로 회계처리한 경우에는 세법에 따른 순자산의 감소로 볼 수 없는 이익잉여금의 감소분을 부인하여 손금산입(기타)하고, 감가상각누계액의 증가분은 결산조정에 따라 감가상각비(손금)로 계상한 것으로 보아 감가상각 시부인계산한다.

49) 회계변경의 누적효과란 회계변경과 관련된 자산·부채에 대하여 새로운 회계처리방법을 처음부터 적용하였다고 가정할 경우 변경연도의 기초시점에 새로운 회계처리방법에 따라 계상될 장부가액과 종전의 회계처리방법에 따른 실제 장부가액의 차액을 의미한다.

7) 내용연수의 변경

(1) 특례내용연수

법인이 한번 적용한 기준내용연수 또는 신고내용연수는 그 후 사업연도에 있어서 계속하여 적용하여야 한다. 다만, 내용연수를 단축하거나 연장해야 하는 특별한 사유가 발생한 경우에는 사업장별로 기준내용연수에 기준내용연수의 50%를[50] 가감한 범위에서 내용연수범위와 달리 내용연수를 적용하거나 적용하던 내용연수를 변경할 수 있다.

특례내용연수를 적용하고자 하는 법인은 영업개시일 · 취득일 · 사업개시일부터 3월이 되는 날까지 또는 변경할 내용연수를 적용하고자 하는 최초 사업연도의 종료일까지 특례내용연수승인(변경승인)신청서를 납세지관할세무서장을 거쳐 납세지 관할지방국세청장에게 제출하여야 한다. 특례내용연수승인(변경승인)신청서를 통보받은 납세지 관할지방국세청장은 신청서의 접수일이 속하는 사업연도 종료일로부터 1개월 이내에 승인 여부를 결정하여 통지하여야 한다.

특례내용연수의 적용 또는 변경할 수 있는 사유는 다음과 같다.

① 사업장의 특성으로 자산의 부식 · 마모 · 훼손의 정도가 현저한 경우

② 새로운 생산기술 및 신제품의 개발 · 보급 등으로 기존 생산설비의 가속상각이 필요한 경우

③ 영업개시 후 3년이 경과한 법인으로서 생산량 기준 및 작업시간 기준에 따라 계산한 해당 사업연도의 생산설비(건축물 제외)의 가동률이 직전 3개 사업연도의 평균가동률보다 현저히 증가한 경우

④ 경제적 여건의 변동으로 조업을 중단하거나 생산설비의 가동률이 감소한 경우

⑤ 신고내용연수를 적용받는 감가상각자산에 대하여 한국채택국제회계기준을 최초로 적용하는 사업연도에 결산내용연수를 변경한 경우[51]

⑥ 신고내용연수를 적용받는 감가상각자산에 대한 기준내용연수가 변경된 경우[52]

---

50) 한국채택국제회계기준의 도입에 따라 감가상각자산의 내용연수가 연장되는 점을 고려하여 내용연수 변경사유에 추가하고, 신고내용연수를 적용받는 감가상각자산에 대하여 결산내용연수 및 기준내용연수가 변경된 경우에는 25%를 적용한다.

51) 결산내용연수가 연장된 경우 내용연수를 연장하고, 결산내용연수가 단축된 경우 내용연수를 단축하는 경우만 해당하되 내용연수를 단축하는 경우에는 결산내용연수보다 짧은 내용연수로 변경할 수 없다.

52) 내용연수를 단축하는 경우로서 결산내용연수가 변경된 기준내용연수의 25%를 가감한 범위 내에 포함되는 경우에는 결산내용연수보다 짧은 내용연수로 변경할 수 없다.

(2) 수정내용연수

법인이 중고자산을 취득한 경우에 이를 신규자산의 취득으로 보아 내용연수 및 상각률을 적용하게 되면 감가상각기간이 장기화되어 물리적 내용연수와의 괴리가 발생하고 자산의 원가배분도 적절히 이루어지지 않는다.

기준내용연수의 50% 이상이 지난 자산(중고자산)을 다른 법인 또는 개인사업자로부터 취득(합병 · 분할에 따라 자산을 승계한 경우를 포함함)한 경우에는 내용연수를 수정할 수 있다. 수정내용연수는 기준내용연수의 50%에 상당하는 연수와 기준내용연수의 범위 내에서 선택하여 중고자산의 취득일 또는 합병 · 분할등기일이 속하는 사업연도의 법인세 과세표준의 신고기한까지 납세지관할세무서장에게 신고한 내용연수를 말한다. 수정내용연수 계산에 있어서 1년 미만은 없는 것으로 한다.

8) 즉시상각의제

(1) 의의

즉시상각의제란 법인이 감가상각자산을 취득하기 위하여 지출한 금액과 감가상각자산에 대한 자본적 지출액을 손비로 계상한 경우에는 이를 감가상각한 것으로 보아 감가상각비를 시부인계산하는 것을 말한다. 손비로 계상한 감가상각자산의 취득가액과 자본적 지출액은 법인이 계상한 감가상각비에 합산되어 시부인계산의 대상이 됨과 동시에, 상각범위액을 계산할 때 감가상각자산의 기초가액에 합산되어 상각범위액을 증가시키게 된다.

자본적지출이란 법인이 소유하는 감가상각자산의 내용연수를 연장시키거나 감가상각자산의 가치를 현실적으로 증가시키기 위하여 지출한 수선비를[53][54] 말하며, 이는 비용으로 처리할 수 없고 감가상각자산의 취득가액에 포함시켜야 한다.

수익적지출이란 감가상각자산의 원상을 회복하거나 현상유지를 위하여 지출한 수선비를[55] 말하며, 이는 지출한 사업연도에 손금산입한다.

---

53) 본래의 용도를 변경하기 위한 개조, 엘리베이터 또는 냉난방장치의 설치, 빌딩 등에 있어서 피난시설 등의 설치, 재해 등으로 인하여 멸실 또는 훼손되어 본래의 용도에 이용할 가치가 없는 건축물 · 기계 · 설비 등의 복구, 기타 개량 · 확장 · 증설 등과 같은 지출은 자본적지출로 본다.

54) 감가상가자산의 가치를 현실적인 증가란 감가상각자산에 제공되는 서비스의 양과 질이 증가되어 생산능력의 증대, 상당한 원가절감, 품질향상이 이루어진 것을 말한다.

55) 건물 · 벽의 도장, 파손된 유리 또는 기와의 대체, 기계의 소모된 부속품 또는 벨트의 대체, 자동차 타이어의 대체, 재해를 입은 자산에 대한 외장의 복구 · 도장 및 유리의 삽입, 기타 조업가능한 상태의 유지 등과 같은 지출은 수익적지출로 본다.

(2) 즉시상각의 허용

다음의 경우에는 즉시상각의제에 해당됨에도 불구하고, 법인이 감가상각자산의 취득가액을 사업에 사용한 날이 속하는 사업연도에 손비로 계상한 경우 또는 자본적 지출액을 수선비 등으로 지출한 사업연도에 손비로 계상한 경우에는 감가상각비의 시부인계산을 하지 아니하고 전액 손금으로 인정한다.

① 소액수선비 등

법인이 각 사업연도에 지출한 수선비가 소액으로서 그 수선비를 지출한 사업연도의 손비로 계상한 경우에는 이를 자본적지출에 포함하지 아니한다. 여기서 수선비로 지출한 가액이란 개별자산별로 자본적 지출액과 수익적 지출액을 합한 금액을 말하고, 소액이란 다음의 경우에 해당하는 것을 말한다.[56)]

㉠ 개별자산별로 수선비로 지출한 금액이 600만원 미만인 경우
㉡ 개별자산별로 수선비로 지출한 금액이 직전 사업연도 종료일 현재 취득가액에서 감가상각누계액을 뺀 재무상태표의 장부가액의 5%에 미달하는 경우
㉢ 3년 미만의 기간마다 주기적인 수선을 위하여 지출하는 경우

② 소액자산의 취득가액

소액자산이란 취득가액이 거래단위별로 100만원 이하인 감가상각자산을 말한다. 이 경우 거래단위란 자산을 취득한 법인이 그 취득한 자산을 독립적으로 사업에 사용할 수 있는 것을 말한다. 다만, 고유업무의 성질상 대량으로 보유하는 자산과 사업의 개시·확장을 위하여 취득한 자산은 소액자산에 포함하지 아니한다.

③ 소모성 자산의 취득가액

소모성 자산에 대해서는 소액자산, 대량으로 보유하는 자산, 사업의 개시·확장을 위하여 취득한 자산인지 여부에 관계없이 사업에 사용한 날이 속하는 사업연도의 손비로 계상한 것에 한하여 손금에 산입한다.

이 경우 소모성 자산이란 어업에 사용되는 어구·어선용구, 영화필름, 공구, 가구, 전기기구, 가스기기, 가정용 기구·비품, 시계, 시험기기, 측정기기, 간판, 대여사업용 비디오테이프·음

56) 토지만을 사용할 목적으로 건축물이 있는 토지를 취득하여 그 건축물을 철거하거나, 자기소유의 토지상에 있는 임차인의 건축물을 취득하여 철거한 경우 철거한 건축물의 취득가액과 철거비용은 당해 토지에 대한 자본적 지출로 한다.

악용 콤팩트디스크로서 개별자산의 취득가액이 30만원 미만인 것, 전화기 · 휴대용 전화기, 개인용 컴퓨터를 말한다.

④ 생산설비의 폐기

시설의 개체 또는 기술의 낙후에 따라 생산설비의 일부를 폐기한 경우, 사업의 폐지 또는 사업장의 이전으로 임대차계약에 따라 임차한 사업장의 원상회복을 위하여 시설물을 철거하는 경우에는 해당 자산의 장부가액에서 1,000원을 공제한 금액을 폐기일이 속하는 사업연도의 손금에 산입할 수 있다. 이때 폐기일이란 생산설비를 철거하여 본래의 용도로 재사용되지 아니하게 되는 등 현실적으로 유형자산으로서의 효용이 없어지는 날을 말한다.

사례 ⑪ 감가상각비에 대한 세무조정

(주)고려의 제17기 사업연도(2022.1.1~2022.12.31.)의 판매관리비에 계상된 감가상각비 40,000,000원은 본사건물에 대한 상각비로 이에 관련 자료는 다음과 같다. 자료를 바탕으로 감가상각비에 대한 세무조정을 하시오.

(1) 당기말 B/S의 취득가액: 500,000,000원
(2) 당기말 B/S의 감가상각누계액: 100,000,000원
(3) 전기이월 상각부인액: 10,000,000원
(4) 수선비: 25,000,000원
(2022.5.1의 건물도색비 4,500,000원, 2022.7.1의 철골공사비 20,500,000원)
(5) 기준내용연수는 40년(정률법에 따른 상각률 : 0.073)
(6) 신고내용연수는 30년(정률법에 따른 상각률 : 0.096)
(7) 회사는 감가상각자산에 대한 상각방법으로 정률법으로 신고하였다.

【해석】

√상각방법: 법인세법은 건물에 대한 상각방법으로 정액법만을 규정하고 있다. 회사가 신고한 정률법은 정당한 평가방법이 아님으로 정액법에 따라 평가하여야 한다.

√소액수선비 해당 여부: 25,000,000 〉 Max [600만원, (5억−1억 + 4,000만원) × 5%]

- 수선비 중 자본적 지출액 20,500,000은 즉시상각의제에 해당된다.

√감가상각비 한도초과액: 60,500,000 − 17,350,000 = 43,150,000원

- 회사계상액: 40,000,000 + 20,500,000 = 60,500,000
- 상각범위액: $(500,000,000 + 20,500,000) \times \frac{1}{30} = 17,350,000$

√세무조정: 〈손금불산입〉 감가상각비한도초과액(건물) 43,150,000 유보

9) 감각상각의 의제

(1) 의의

감가상각의제란 각 사업연도의 소득에 대하여 법인세가 면제되거나 감면되는 사업을 경영하는 법인으로서 법인세를 면제받거나 감면받는 경우에는 개별자산에 대한 감가상각비가 결산조정에 따른 상각범위액이 되도록 감가상각비를 손금에 산입하여야 한다.(강제조정) 다만, 한국채택국제회계기준을 적용하는 법인은 신고조정에 따라 개별자산에 대한 감가상각비를 추가로 손금에 산입할 수 있고, 추계결정 · 경정하는 경우에는 감가상각자산에 대한 감가상각비를 손금에 산입한 것으로 본다.

감가상각비는 임의상각제도를 채택하고 있으므로 각 사업연도의 소득에 대하여 법인세가 면제 또는 감면되는 기간동안은 감가상각비를 계상하지 아니하다가, 그 감면기간이 지난 후부터 감가상각을 함으로써 조세부담의 부당한 회피를 방지하기 위한 규정이다.

(2) 감가상각의제 대상법인

법인세가 면제되거나 감면되는 사업을 영위하는 법인이란 특정사업에서 생긴 소득에 대하여 법인세를 면제 · 감면 · 소득공제를 받은 법인을 말하며, 소득에 대한 법인세에는 토지등 양도소득에 대한 법인세를 제외한다.[57)]

(3) 세무조정 방법

기업회계에 따른 감가상각비를 계상하지 아니한 경우라도 세무회계에서는 이를 이미 감가상각한 것으로 보아 그 이후에는 감가상각비로 손금산입할 수 없도록 규정하고 있다. 다만, 법인세가 면제되거나 감면되는 사업연도에 손비로 계상하지 아니한 경우에도 해당 사업연도의 손금에 산입하여야 한다.

법인세법은 법인세가 면제되거나 감면되는 사업을 경영하는 법인이 감가상각비를 손비로 계상하지 않거나 상각범위액에 미달하게 계상한 경우에는 그 후 사업연도의 상각범위액 계산의 기초가 될 자산가액에서 그 과소계상한 감가상각비에 상당하는 금액(의제상각액[58)])을 공제한 잔액을 기초가액으로 하여 상각범위액을 계산한다.

---

57) 감각상각의제 대상법인에는 2개 이상의 사업장을 가지고 있는 법인으로서 그 중 일부 사업장에 대해서만 법인세가 면제되거나 감면되는 법인을 포함한다.

58) 의제상각액 = 감면 · 면제받은 과세기간의 상각범위액 − 법인이 손비계상한 감가상각비

10) 한국채택국제회계기준의 적용에 따른 감가상각비

(1) 감가상각비의 신고조정

한국채택국제회계기준을 적용하는 내국법인이 보유한 감가상각자산 중 유형자산과 비한정인 무형자산의 감가상각비는 개별 자산별로 계산한 종전감가상각비와 기준감가상각비의 금액이 결산조정에 따라 손금에 산입한 감가상각비보다 큰 경우 그 차액의 범위에서 추가로 손금에 산입할 수 있다. 여기서 비한정인 무형자산이란 감가상각비를 손비로 계상할 때 적용하는 결산내용연수를 확정할 수 없는 무형자산과[59] 한국채택국제회계기준을 최초로 적용하는 사업연도 전에 취득한 영업권을 말한다.

(2) 종전감가상각비

① 의의

종전감가상각비란 2013.12.31. 이전에 취득한 감가상각자산에 대하여 한국채택국제회계기준을 적용하지 아니하고 종전의 방식에 따라 감가상각비를 손비로 계상할 경우 손금에 산입할 감가상각비 상당액을 말한다. 2013.12.31 이전에 취득한 감가상각자산이란 법인이 한국채택국제회계기준을 최초로 적용한 사업연도의 직전 사업연도(기준연도) 이전에 취득한 기존보유자산 및 동종자산을 말하고, 동종자산이란 기존보유자산과 동일한 종류의 자산으로서 기존보유자산과 동일한 업종에 사용되는 것을 말한다.

② 손금산입한도액

종전감가상각비는 개별자산의 감가상각비 한도액 범위에서 개별자산에 대하여 신고조정에 따라 추가로 손금에 산입할 감가상각비를 동종자산별로 합한 금액이 동종자산의 감가상각비 한도액을 초과하지 아니하는 범위에서 손금에 산입한다.

√개별자산 감가상각비 한도액 = 개별자산의 취득가액 · 미상각잔액 × 기준상각률
√동종자산 감가상각비 한도액 = 동종자산의 취득가액 · 미상각잔액 합계액 × 기준상각률
− 동종자산의 결산조정 감가상각비 합계액

---

59) 무형자산 중 법령 · 계약에 따른 권리로부터 발생하는 무형자산으로서 법령 · 계약에 따른 사용 기간이 무한하거나 무한하지 아니하더라도 취득가액의 10% 미만의 비용으로 그 사용 기간을 갱신할 수 있을 것, 한국채택국제회계기준에 따라 내용연수가 비한정인 무형자산으로 분류될 것, 결산을 확정할 때 해당 무형자산에 대한 감가상각비를 계상하지 아니할 것의 요건을 모두 갖추어야 한다.

③ 감가상각방법

감가상각방법은 기준연도에 적용한 결산상각방법을 적용하고, 기준연도에 해당 자산의 동종자산에 대하여 감가상각비를 손비로 계상하지 아니한 경우에는 기준연도 이전 마지막으로 해당 자산의 동종자산에 대하여 감가상각비를 손비로 계상한 사업연도의 결산상각방법을 기준연도의 결산상각방법으로 한다.

④ 기준상각률

기준상각률이란 한국채택국제회계기준 도입 이전 상각률을 말한다. 기준상각률은 기준연도 및 그 이전 2개 사업연도에 대하여 각 사업연도별로 다음의 비율을 구하고 이를 평균하여 계산한다.[60]

$$\surd \text{기준상각률(정액법)} = \frac{\text{동종자산의 감가상각비 손금산입액 합계액}}{\text{동종자산의 취득가액 합계액}}$$

$$\surd \text{기준상각률(정률법)} = \frac{\text{동종자산의 감가상각비 손금산입액 합계액}}{\text{동종자산의 미상각잔액 합계액}}$$

(3) 기준감가상각비

기준감가상각비란 2014.1.1. 이후 취득한 감가상각자산에 대하여 개별자산의 기준감가상각비의 범위에서 신고조정에 따라 추가로 손금에 산입하는 감가상각비를 동종자산별로 합한 금액이 기준감가상각비와 종전감가상각비를 고려한 동종자산의 감가상각비 한도액을 초과하지 아니하는 범위에서 손금에 산입한다.

√기준감가상각비 = 개별자산의 취득가액 · 미상각잔액 × 기준내용연수에 따른 상각률
√기준감가상각비의 손금산입한도액 = Min(①, ②)
① 기준감가상각비에 따른 동종자산의 감가상각비 한도액
= 동종자산의 취득가액 · 미상각잔액 합계액 × 기준내용연수에 따른 상각률
− 동종자산의 결산조정 감가상각비 합계액
② 종전감가상각비에 따른 동종자산의 감가상각비 한도액
= 동종자산의 취득가액 · 미상각잔액 합계액 × 기준상각률
− 동종자산의 결산조정 감가상각비 합계액

60) 이 경우 기준연도 및 그 이전 2개 사업연도 중에 법인이 신규 설립된 경우, 합병 및 분할한 경우, 감가상각방법을 변경한 경우, 특례내용연수를 적용한 경우, 내용연수를 변경한 경우에는 그 사유가 발생하기 전에 종료한 사업연도는 제외하고 계산한다.

사례 ⑫ 기준상각률에 따른 종전감가상각비의 계산

주권상장법인인 (주)고려의 감가상각과 관련하여 제16기 사업연도(2016.1.1.~2016.12.31)의 법인세 부담을 최소화하는 방법으로 세무조정을 하시오? (CTA 2011 수정)

(1) (주)고려는 중소기업이고, 제16기에 최초로 한국채택국제회계기준을 적용하였다.

(2) 제16기의 감가상각자산의 결산내용은 다음과 같고, 이들은 동종자산에 해당하며, 2013.12.31.이전에 취득한 기계장치이다.

구 분	기계장치 A	기계장치 B
재무상태표의 기초 취득가액	300,000,000	200,000,000
재무상태표의 기초 감가상각누계액	120,000,000	90,00,000
당기 중 감가상각비 계상액	35,000,000	12,000,000
신고한 감가상각방법 및 내용연수	정액법, 10년	정액법, 10년

(3) 각 사업연도별 동종자산의 감가상각비 손금산입합계액을 취득가액의 합계액으로 나눈 비율은 다음과 같다.

사업연도	제12기	제13기	제14기	제15기	제16기
비율	0.11	0.13	0.14	0.18	0.15

【해석】

√결산조정 감가상각비의 시부인계산

- 기계장치A: 35,000,000 － 300,000,000 × (1/10) ＝ 5,000,000(상각부인액)
- 기계장치B: 12,000,000 － 200,000,000 × (1/10) ＝ △8,000,000(시인부족액, 소멸)

√K-IFRS적용에 따른 신고조정 감가상각비의 손금산입액 계산

- 기준상각률: (0.13 ＋ 0.14 ＋ 0.18) / 3 ＝ 0.15
- 개별자산 감가상각비 한도액: 45,000,000 ＋ 30,000,000 ＝ 75,000,000
  → 기계장치A: 300,000,000 × 0.15 ＝ 45,000,000
  → 기계장치B: 200,000,000 × 0.15 ＝ 30,000,000
- 동종자산 감가상각비 한도액: 500,000,000 × 0.15 － 42,000,000 ＝ 33,000,000
- 2013.12.31 이전에 취득한 기계장치A와 기계장치B에 대하여 K-IFRS을 적용하는 경우에는 개별자산의 감가상각비 한도액 75,000,000원 범위에서 동종자산 감가상각비의 손금산입한도액 33,000,000원을 초과하지 아니하는 범위에서 손금산입할 수 있다.

√세무조정:

〈손금불산입〉	감가상각누계액(기계장치A)	5,000,000	유 보
〈손금산입〉	감가상각누계액(기계장치A)	15,000,000	△유보
〈손금산입〉	감가상각누계액(기계장치B)	18,000,000	△유보

6. 기부금의 손금불산입

1) 기부금의 개념

기부금이란 내국법인이 사업과 직접적인 관계없이 무상으로 지출하는 재산적 증여의 가액을 말하고, 기부금의 지출여부는 법인의 의사에 따라 결정된다.(지출의 임의성)

기부금은 법인의 순자산을 감소시키므로 손금성을 지니고 있다고 할 수 있으나, 법인의 사업과 직접적인 관계 없이 지출된다는 점에서 원칙적으로 손금성이 부인된다고 할 수 있다. 법인세법에서는 기업의 사회적 책임과 기업활동의 원활한 수행을 위하여 사실상 불가피하게 요구되거나 공익성이 있는 기부금에 대해서는 일정한 한도액 범위에서 손금으로 인정한다.

2) 기부금의 해당액

(1) 기부금의 범위

① 본래의 기부금

내국법인이 사업과 직접적인 관계없이 무상으로 지출한 재산적 증여가액을 말한다.

사업과 직접적인 관계가 없는 자에게 금전 또는 물품 등을 기증한 경우에 그 물품의 가액은 거래실태별로 구분하며, 업무와 관련하여 지출한 금품은 접대비로 보고 업무와 관련이 없이 지출한 금품은 기부금으로 본다.[61]

② 의제기부금

법인이 특수관계인 외의 자에게 정당한 사유 없이 자산을 정상가액보다 낮은 가액으로 양도하거나 정상가액보다 높은 가액으로 매입함으로써 그 차액 중 실질적으로 증여한 것으로 인정되는 금액은 기부금으로 의제한다.

정상가액이란 시가에 시가의 30%를 가산하거나 시가의 30%를 차감한 범위 내의 가액을 말한다. 따라서 정당한 사유 없이 자산을 정상가액보다 저가양도하거나 고가매입한 경우 기부금으로 보는 금액은 정상가액을 초과하거나 미달하는 가액만이 해당된다.

√저가양도에 따른 기부금 = 시가 × (1 − 0.3) − 실지거래가액
√고가매입에 따른 기부금 = 실지거래가액 − 시가 × (1 + 0.3)

61) 사업과 직접 관계있는 자에게 금전 또는 물품을 기증한 경우에 그 금품의 가액은 접대비로 구분한다.

(2) 기부금의 가액

기부금을 금전 외의 자산으로 제공한 경우(현물기부금)에는 다음과 같이 평가한다.

① 법정기부금 및 특수관계인이 아닌 자에게 기부한 지정기부금: 기부했을 때의 장부가액

② 비지정기부금 및 특수관계인에게 기부한 지정기부금: 기부했을 때의 장부가액과 시가 중 큰 금액

(3) 기부금의 귀속시기

기부금은 이를 지출한 사업연도의 손금에 산입하므로 현금주의 입장을 취하고 있다. 따라서 기부금은 실제로 현금으로 지급하거나 현금으로 결제되는 시점에 손금으로 인정하므로 미지급금과 가지급금은 지출일, 어음은 결제일, 수표는 교부일이 속하는 사업연도의 기부금으로 보아 손금산입하고 시부인계산한다.

이는 민법상 증여(기부)란 이행에 따라 명확히 되는 것이며, 실제 이행이 있기 전까지 각 당사자는 언제든지 해제할 수 있고, 상대방의 미이행을 이유로 일반적인 채권과 같은 강제집행 절차를 할 수 없기 때문이다.

3) 기부금의 종류

(1) 법정기부금

법정기부금은 다음의 어느 하나에 지출하는 것을 말한다.

① 국가나 지방자치단체에 무상으로 기증하는 금품의 가액[62)63)]

② 국방헌금과 국군장병 위문금품의 가액[64)]

③ 천재지변으로 발생하는 이재민을 위한 구호금품의 가액[65)]

④ 사회복지사업, 그 밖의 사회복지활동의 지원에 필요한 재원을 모집 · 배분하는 것을 주된 목적으로 하는 비영리법인에 지출하는 기부금

---

62) 국가 등에 무상으로 기증하는 금품에는 법인이 개인 또는 다른 법인에게 자산을 기증하고 수증자가 이를 받은 후 지체없이 다시 국가나 지방자치단체에 기증한 금품의 가액(우회기부금)과 한국은행이 국제금융기구에의 가입조치에 관한 법률에 따라 출연한 금품의 가액을 포함한다.

63) 기부금품의 모집 및 사용에 관한 법률의 적용을 받는 기부금품은 법령에 따라 접수하는 것만 해당한다.

64) 국방헌금에는 예비군법에 따라 설치된 예비군에 직접 지출하거나 국방부장관의 승인을 얻는 기관 또는 단체를 통하여 지출하는 기부금을 포함한다.

65) 천재지변에는 재난 및 안전관리 기본법에 따라 특별재난지역으로 선포된 경우 그 선포의 사유가 된 재난을 포함하고, 화재에 따라 발생하는 이재민을 위한 구호금품은 불우이웃을 돕기 위하여 지출한 것이므로 지정기부금에 해당된다.

⑤ 법인이 법률에 따라 설립된 교육기관(병원은 제외함)에[66] 시설비, 교육비, 연구비, 장학금으로 지출하는 기부금
⑥ 법인이 법률에 따라 설립된 병원에[67] 시설비, 교육비, 연구비로 지출하는 기부금

(2) 지정기부금

지정기부금은 그 성격에 따라 다음과 같이 구분할 수 있다.

① 공익법인 등의[68] 고유목적사업비로[69] 지출하는 기부금[70]
② 사회복지, 문화, 예술, 학술, 교육, 종교, 자선 등 공익목적으로 지출하는 기부금
③ 유아교육법에 따른 유치원의 장, 초·중등교육법 및 고등교육법에 의한 학교의 장, 근로자직업능력 개발법에 의한 기능대학의 장, 평생교육법에 따른 전공대학 형태의 평생교육시설 및 원격대학 형태의 평생교육시설의 장이 추천하는 개인에게 교육비·연구비·장학금으로 지출하는 기부금
④ 상증법에 따른 요건을 갖춘 공익신탁으로 신탁하는 기부금
⑤ 사회복지시설 중 무료 또는 실비로 이용할 수 있는 시설에 기부하는 금품의 가액
⑥ 사회복지, 문화, 예술, 학술, 교육, 종교, 자선 등 공익을 위한 사업을 수행하고 우리나라가 회원국으로 가입한 국제기구에 지출하는 기부금

(3) 비지정기부금

위에 열거된 법정기부금, 지정기부금 외의 기부금은 모두 비지정기부금에 해당된다. 비지정기부금은 손금산입한도액을 계산하지 않고 전액 손금에 산입하지 아니하며 소득금액조정합계표에 세무조정한다.

---

66) 해당 법률에 따라 설립된 사립학교, 비영리교육재단, 기능대학, 평생교육시설, 외국교육기관, 제주국제학교, 산학협력단, 한국과학기술원, 광주과학기술원, 대구경북과학기술원, 울산과학기술원, 한국에너지공과대학교, 서울대학교·인천대학교 등 국립대학법인, 재외국민을 위한 한국학교를 말한다.

67) 해당 법률에 따라 설립된 국립대학병원, 국립대학치과병원, 서울대학교병원, 서울대학교치과병원, 사립학교병원, 대한적십자사병원, 국립암센터, 지방의료원, 국립중앙의료원, 한국보훈복지의료공단병원, 한국원자력의학원, 국민건강보험공단병원, 산업재해보상보험법에 따른 의료기관을 말한다.

68) 공익법인 등에는 비영리법인 또는 단체 및 비영리외국법인을 포함한다.

69) 고유목적사업비란 비영리법인 또는 단체에 관한 법령·정관에 규정된 설립목적을 수행하는 사업으로서 수익사업(보건업 및 사회복지 서비스업 중 보건업은 제외함) 외의 사업에 사용하기 위한 금액을 말한다.

70) 법인으로 보는 단체 중 고유목적사업준비금의 손금산입이 허용되지 않는 단체의 수익사업에서 발생하는 소득을 고유목적사업비로 지출한 금액은 지정기부금으로 본다.

4) 기부금의 손금산입한도액

(1) 손금산입한도액

내국법인이 각 사업연도에 지출한 기부금 및 기부금의 손금산입한도액을 초과하여 이월된 기부금은 각각 손금산입한도액 내에서 해당 사업연도의 소득금액을 계산할 때 법정기부금 → 지정기부금의 순서로 순차적으로 손금에 산입한다. 이 경우 이월된 기부금을 해당 사업연도에 지출한 기부금보다 먼저 손금에 산입하고, 이월된 기부금은 먼저 발생한 이월금액부터 손금에 산입한다.

① **법정기부금 = (기준소득금액 − 이월결손금[71]) × 50%**
② **지정기부금 = (기준소득금액 − 이월결손금 − 법정기부금 손금산입액) × 10% · 20%[72]**

(2) 기준소득금액

기준소득금액은 기부금 한도초과액의 손금불산입 및 기부금 이월공제액의 손금산입을 제외한 모든 세무조정이 완료된 후의 차가감소득금액에서 법인이 손비로 계상한 법정기부금과 지정기부금을 더하고, 합병 · 분할에 따른 양도손익을 뺀 금액을 말한다.

차가감소득금액이 아닌 기준소득금액으로 손금산입한도액을 구하는 것은 차가감소득금액에는 회사가 비용으로 계상한 기부금액이 반영되어 있어 기부금의 지출액에 따라 손금산입한도액의 크기가 변동하는 불합리성을 없애기 위한 것이다.

기준소득금액 = 차가감소득금액 + 법정 · 지정 기부금해당액 − 합병 · 분할에 따른 양도손익

(3) 이월공제

내국법인이 각 사업연도에 지출하는 기부금 중 법정기부금과 지정기부금의 손금산입한도액을 초과하여 손금에 산입하지 아니한 금액은 해당 사업연도의 다음 사업연도 개시일부터 10년 이내에 끝나는 사업연도에 이월하여 그 이월된 사업연도의 소득금액을 계산할 때 법정기부금 및 지정기부금이 각각의 손금산입한도액의 범위에서 손금에 산입한다.

---

71) 기준소득금액에서 공제되는 이월결손금은 각 사업연도 개시일 전 15년 이내에 개시한 사업연도에서 발생한 결손금으로 하고, 각 사업연도의 60%를 한도로 이월결손금 공제를 적용받은 법인은 기준소득금액의 60%를 한도로 한다.

72) 사업연도 종료일 현재 사업적기업육성법에 따른 사회적기업은 20%를 적용한다.

5) 기부금에 대한 세무조정

사례별 기부금에 대한 세무조정은 다음과 같다.

구 분			회계처리 및 세무조정
기부금한도초과액			법인세 과세표준및세액조정계산서에 기재(이월공제: 10년)
현물기부금		회계	(차변) 기부금(장부가액) *** / (대변) 자산 ***
		세무	(익금산입) 자산처분이익(시가-장부가액) *** 유보 (손금산입) 기부금(시가-장부가액) *** △유보 → 세무조정을 생략하고 시가를 기부금으로 보아 시부인계산
고가매입	매입일	회계	(차변) 자산 *** / (대변) 현금 ***
		세무	(손금산입) 자산(매입가액-정상가액) *** △유보 → 손금에 산입한 시가초과액에 상당하는 금액을 기부금으로 보아 시부인계산
	결산일	회계	(차변) 감가상각비 *** / (대변) 감가상각누계액 ***
		세무	(손금불산입) 감가상각누계액(시가초과액) *** 유보
	처분일	회계	(차변) 현 금 *** / (대변) 자 산 *** 감가상각누계액 *** / 자산처분이익 ***
		세무	(손금불산입) 자산(매입가액-정상가액) *** 유보 (손금산입) 감가상각누계액(시가초과액) *** △유보
저가양도	양도일	회계	(차변) 현금 *** / (대변) 자산 ***
		세무	→ 세무조정을 생략하고 양도가액과 정상가액의 차액을 기부금으로 보아 시부인계산
미지급금 (어음지급)	비용계상일 (어음교부일)	회계	(차변) 기부금 *** / (대변) 미지급금 ***
		세무	(손금불산입) 미지급금(기부금) *** 유보
	현금지출일 (어음결제일)	회계	(차변) 미지급금 *** / (대변) 현금 ***
		세무	(손금산입) 미지급금(기부금) *** △유보, 기부금 시부인계산
가지급금	현금지출일	회계	(차변) 가지급금 *** / (대변) 현금 ***
		세무	(손금산입) 가지급금(기부금) *** △유보, 기부금 시부인계산
	비용계상일	회계	(차변) 기부금 ***/ (대변) 가지급금 ***
		세무	(손금불산입) 가지급금(기부금) *** 유보

사례 ⑬ 기부금 한도초과액에 대한 세무조정

다음은 제조업을 영위하는 영리내국법인 ㈜A(중소기업)의 제17기 사업연도(2022.1.1~2022.12.31) 기부금 세무조정을 위한 자료이다. 제17기의 각 사업연도의 소득금액을 계산한 것으로 옳은 것은? (CPA, 2017수정)

(1) 제17기 손익계산서상 법인세비용차감전순이익 : 100,000,000원

(2) 손익계산서상 기부금 내역

내 역	금 액
고등교육법에 의한 학교의 장이 추천하는 개인에게 지출한 장학금	5,000,000원
천재지변으로 생긴 이재민을 위한 구호물품*	6,000,000원
사립학교법에 따른 사립학교에 시설비로 지출한 기부금	2,000,000원

* 자사 제품을 기부한 것으로 동 제품의 장부가액은 6,000,000원, 시가는 20,000,000원임.

(3) 영업자가 조직한 법인인 단체에 지급한 일반회비 3,000,000원과 실비로 이용할 수 있는 사회복지시설에 20,000,000원을 지출하고 손익계산서상 세금과공과로 계상하였다.

(4) 제14기(2019.1.1.~2019.12.31.)에 발생한 결손금으로서 그 후의 각 사업연도의 과세표준을 계산할 때 공제되지 아니한 금액 : 90,000,000원

(5) 제14기 법정기부금 손금산입한도액 초과금액 : 9,000,000원

(6) 위 자료 이외의 추가적인 세무조정은 없다.

【해석】

√기부금의 구분

- 법정기부금: 6,000,000(이재민 구호물품) + 2,000,000(사립학교 시설비) = 8,000,000원
  → 법정기부금은 장부가액으로 평가한다.
- 지정기부금: 5,000,000(개인 장학금) + 20,000,000(사회복지시설) = 25,000,000원

√기준소득금액: 100,000,000 + 8,000,000 + 25,000,000 = 133,000,000원

√법정기부금 세무조정: 〈손금산입〉 이월된 법정기부금 9,000,000 기타

- 손금산입한도액: (133,000,000−90,000,000) × 50% = 21,500,000
  → 중소기업은 이월결손금이 100% 공제되므로 기준소득금액의 100%를 한도로 이월결손금을 공제한다.
- 이월된 법정기부금: Min(9,000,000원, 21,500,000원) = 9,000,000원
  → 기부금은 각 사업연도에 지출하거나 법정기부금의 손금산입한도액을 초과하여 이월된 금액을 더하여 해당 사업연도의 손금산입한도액을 계산한다.
- 당기 지출 법정기부금: 8,000,000 - (21,500,000 − 9,000,000) = △4,500,000원

√지정기부금 세무조정: 〈손금불산입〉 지정기부금 22,400,000 기타사외유출

- 손금산입한도액: (133,000,000−90,000,000-17,000,000) × 10% =2,600,000
- 지정기부금 한도초과액: 25,000,000 - 2,600,000 = 22,400,000원

√각사업연도 소득금액: 100,000,000 − 9,000,000 + 22,400,000 = 113,400,000원

사업 연도	. . . ~ . . .	기부금 조정명세서	법 인 명	
			사업자등록번호	

1. 법정기부금 손금산입액 한도액 계산

①소득금액 계		⑤손금산입액 MIN(③, ④)	
②「법인세법」 제13조제1호에 따른 이월결손금 합계액		⑥이월잔액 중 손금산입액 MIN[(④-③)〉0, ㉕]	
③「법인세법」 제24조제2항에 따른 법정기부금 해당 금액		⑦소득금액 차감잔액 [(①-②-⑤-⑥)〉0]	
④한도액 {[(①-②)〉0]×50%}		⑧한도초과액[(③-④)〉0]	

2. (구)조세특례제한법 제73조제1항 기부금 손금산입액 한도액 계산

⑨(구)「조세특례제한법」 제73조제1항에 따른 기부금 해당 금액		⑫이월잔액 중 손금산입액 MIN[(⑩-⑨)〉0, ㉕]	
⑩한도액 (⑦×50%)		⑬소득금액 차감잔액 [(⑦-⑪-⑫)〉0]	
⑪손금산입액 MIN(⑨, ⑩)		⑭한 도 초 과 액 [(⑨-⑩)〉0]	

3. 지정기부금 손금산입 한도액 계산

⑮「법인세법」 제24조제1항에 따른 지정기부금 해당 금액		⑱이월잔액 중 손금산입액 MIN[(⑯-⑮)〉0, ㉕]	
⑯ 한도액(⑬×10%)			
⑰손금산입액 MIN(⑮, ⑯)		⑲한 도 초 과 액 [(⑮-⑯)〉0]	

4. 기부금 한도초과액 총액

⑳ 기부금 합계액 (③+⑮)	㉑ 손금산입 합계 (⑤+⑰)	㉒ 한도초과액합계 (⑳-㉑)=(⑧+⑲)

5. 기부금 이월액 명세						
사업연도	기부금 종류	㉓ 한도초과 손금불산입액	㉔ 기공제액	㉕ 공제가능잔액 (㉓-㉔)	㉖ 해당사업연도 손금추인액	㉗ 차기이월액 (㉕-㉖)
합계	「법인세법」 제24조 제2항에 따른 법정기부금					
	(구) 「조세특례제한법」 제73조제1항에 따른 기부금					
	「법인세법」 제24조 제1항에 따른 지정기부금					
	「법인세법」 제24조 제2항에 따른 법정기부금					
	(구) 「조세특례제한법」 제73조제1항에 따른 기부금					
	「법인세법」 제24조 제1항에 따른 지정기부금					
	「법인세법」 제24조 제2항에 따른 법정기부금					
	(구) 「조세특례제한법」 제73조제1항에 따른 기부금					
	「법인세법」 제24조 제1항에 따른 지정기부금					
	「법인세법」 제24조 제2항에 따른 법정기부금					
	(구) 「조세특례제한법」 제73조제1항에 따른 기부금					
	「법인세법」 제24조 제1항에 따른 지정기부금					

7. 접대비의 손금불산입

1) 접대비 해당액

(1) 접대비의 개념

접대비란 접대, 교제, 사례, 그 밖에 어떠한 명목이든 상관없이 이와 유사한 목적으로 지출한 비용으로서 내국법인이 직접 또는 간접적으로 업무와 관련이 있는 자와 업무를 원활하게 진행하기 위하여 지출한 금액을 말한다.

접대비의 지출은 업무와 관련되었는지를 따지기 힘들고 개인적 지출을 법인에게 부담시켜 조세를 회피할 우려가 많기 때문에 그 요건을 엄격히 정하고 있다.[73] 따라서 접대비에 해당하는지 여부는 계정과목의 명칭에 관계없이 그 실질내용에 따라 판단한다.

(2) 접대비의 구분

법인이 각 사업연도에 지출한 접대비와 기부금은 세법에 따른 손금산입한도액을 초과하는 금액은 손금에 산입하지 아니하고, 광고선전비와 판매부대비용은 손금산입한도액에 관계없이 전액 손금에 산입한다. 따라서 비용의 구분은 중요하다.

접대비와 기부금은 특정인을 대상으로 무상 지출되는 금품이라는 점에서 유사하지만, 접대비는 업무와 직접 · 간접적으로 관련하여 지출한 금액이고 기부금은 반대급부를 기대하지 아니하고 사업과 직접적인 관련 없이 지출한다는 점에서 그 차이가 있다.

접대비와 광고선전비는 업무와 관련하여 지출되는 금품이라는 점에서 유사하지만, 접대비는 특정인을 대상으로 거래관계의 원활한 진행을 위하여 지출한 금액이고 광고선전비는 광고선전을 목적으로 불특정다수인에게 구매의욕을 자극하기 위하여 지출한다는 점에서 그 차이가 있다.

판매한 상품 · 제품에 대한 부대비용이란 건전한 사회통념과 상거래 관행에 비추어 정상적인 거래라고 인정될 수 있는 범위 안의 금액으로서 상품 등의 판매와 관련하여 고객에게 지출하여야 할 의무가 있거나 비용의 지출이 수익의 실현에 결정적으로 기여하는 것을 말한다. 따라서 지출의무가 없다는 점과 수익의 실현에 직접 대응되지 아니한다는 점에서 접대비는 판매부대비용과 구별된다.

73) 주주, 임원, 직원이 부담하여야 할 성질의 접대비를 법인이 지출한 것은 접대비로 보지 않는다. 이 경우 임원이란 이사회의 구성원 전원과 청산인, 업무집행사원 또는 이사, 업무집행자, 감사 등의 직무에 종사하는 자를 말한다.

구 분	업무와의 관련성	상대방	손금인정 여부
접 대 비	○	특정인	한도내 손금인정
기 부 금	×	특정인	한도내 손금인정
광고전선비	○	불특정 다수인	전액 손금인정

(3) 접대비의 범위

접대비는 업무와 관련된 지출로서 명목 여하에 관계없이 판매관리비, 제조경비, 자산 등 계상여부에 상관없이 접대비에 해당되면 시부인대상이 된다.

구 분	접대비에 해당되는 경우	접대비에 해당되지 않는 경우
복리시설비	직원 조직한 법인단체에 지출[74]	직원 조직한 법인 아닌 단체 지출
채 권 포 기	약정에 따른 채권의 임의포기	채권의 조기회수를 위한 불가피한 포기
회 의 비	통상적인 범위를 초과하는 회의비	통상적인 범위의 회의비[75]
부가가치세 등	접대비 관련 부가세 매입세액 현물접대비 관련 부가세 매출세액	임원 등이 부담할 성질의 비용을 법인이 대신 부담한 것

사례 ⑭ 접대비해당액의 계산

(주)고려의 제7기 사업연도(2022.1.1～2022.12.31) 접대비해당액을 계산하시오.

(1) 거래처에 무상제공한 제품의 가액 11,000원(부가세 포함)을 선급비용으로 계상하였다.
(2) 사전약정 없이 거래실적에 따라 판매장려금 30,000원을 지급하고 매출액에서 차감하였다.
(3) 종업원이 조직한 법인단체에 복리시설비 40,000원을 지급하였다.
(4) 대리점에게 상표·로고 등을 부착한 통일된 형태의 인테리어를 위해 60,000원을 지급하였다.
(5) 접대와 관련된 부가가치세 매입세액 4,000원은 세금과공과금으로 계상하였다.

【해석】

√접대비해당액: 11,000 ＋ 40,000 ＋ 4,000 ＝ 55,000원

- 판매장려금은 전액 손금인정되고, 상표·로고가 부착된 인테리어 지원금은 구매의욕을 자극시키기 위한 비용으로서 광고선전비에 해당되며, 접대비는 접대행위가 발생한 시점에 인식한다.

---

74) 복리시설비란 법인이 종업원을 위하여 지출한 복리후생의 시설비, 시설구입비 등을 말한다.

75) 통상회의비란 정상적인 업무를 수행하기 위하여 지출하는 회의비로서 사내 또는 통상회의가 개최되는 장소에서 제공하는 다과 및 음식물 등의 가액 중 사회통념상 인정될 수 있는 범위내의 금액을 말한다.

2) 접대비의 지출증빙 요건

(1) 의의

접대비는 업무와 관련된 것으로서 법인의 순자산을 감소시키는 비용이므로 손금에 해당된다. 법인이 손비로 계상한 접대비는 원칙적으로 그 지출의 상대방, 지출목적, 지출금액, 지출내용 등에 관한 거래증빙과 기업의 내부통제근거 등 객관성 있는 자료에 따라 법인에 귀속되는 비용임을 입증하여야 한다.

접대비는 기업의 재무구조를 취약하게 하는 소비성 경비이므로 법인세법에서는 접대비와 관련하여 세법에 따른 증명서류를 구비하는 경우에 손금산입한다.

(2) 법정증명서류

법인이 한 차례의 접대에 지출한 접대비 중 3만원(경조금의 경우에 20만원)을 초과하는 접대비는 신용카드등의 법정증명서류를 수취하여야 하며, 이를 수취하지 않는 경우에는 한도액계산과 관계없이 손금불산입(기타사외유출)한다.[76]

법정증명서류는 여신전문금융업법에 따른 신용카드 매출전표, 법인세법 및 소득세법에 따른 계산서, 부가가치세법에 따른 세금계산서 및 매입자발행세금계산서, 조세특례제한법에 따른 현금영수증, 소득세법에 따라 사업자등록을 하지 아니한 자로부터 용역을 제공받고 발급하는 원천징수영수증을 말한다.

이 경우 신용카드는 해당 법인의 명의로 발급받은 신용카드만을[77][78] 말하여, 매출전표에 기재된 상호 및 사업장소재지가 재화 · 용역을 공급하는 신용카드등의 가맹점의 상호 및 사업장소재지가 아닌 다른 경우에는 해당 지출금액을 접대비로 보지 않는다. 다만, 한 차례의 접대에 지출한 접대비 중 3만원 이하에 대해서는 개인 명의의 신용카드 매출전표와 재화·용역을 공급하는 신용카드등의 가맹점이 아닌 다른 가맹점의 명의로 작성된 매출전표를 발급받은 경우에도 접대비로 본다.

---

76) 법인이 거래 건당 기준금액을 초과하는 재화 · 용역(접대비 제외)을 공급받고 임원 · 직원 명의의 현금영수증을 수취한 경우 업무관련지출임을 입증할 수 있는 때에는 증빙불비가산세를 적용하지 아니하나, 기준금액을 초과하는 접대비를 임원 · 직원 명의의 현금영수증으로 수취하는 경우에는 이를 손금에 산입하지 않는다.(서면2팀-230, 2005.2.1.)

77) 법인과 종업원 개인명의가 함께 기재된 신용카드로서 그 이용대금상환이 개인계좌에서 결제되나, 최종적으로 법인이 연대책임이 있는 경우에는 법인명의로 발급된 카드로 본다.(서이46012-10874, 2003..29)

78) 신용카드에는 여신전문금융업법에 따른 직불카드, 외국에서 발행된 신용카드, 기명식선불카드, 직불전자지급수단, 기명식선불전자지급수단, 기명식전자화폐를 포함한다.

(3) 법정증명서류의 수취의무 제외

접대비라는 증거자료를 구비하기 어려운 다음의 경우에는 그 지출액을 접대비해당액으로 보아 손금에 산입한다.

① 법인이 직접 생산한 제품 등으로 제공한 경우

② 접대비가 지출된 장소 및 인근지역 안의 유사한 장소에서 현금 외에 다른 지출수단이 없어 법정증명서류를 구비하기 어려운 국외지역에서의 지출

③ 농 · 어민으로부터[79] 직접 재화를 공급받는 경우의 지출로서 그 대가를 금융실명법에 따른 금융회사 등을 통하여 지급하고, 법인세 과세표준신고서에 송금사실을 적은 송금명세서를 첨부하여 납세지관할세무서장에게 제출한 경우

사례 ⑮ 법정증명서류와 관련된 접대비에 대한 세무조정

고려(주)의 제7기 사업연도(2022.1.1～2022.12.31) 접대비와 관련된 세무조정을 하시오.

(1) 포괄손익계산서의 판매관리비에 계상된 접대비 61,000,000원은 다음과 같다.

구 분	지출건당 3만원 이하	지출건당 3만원 초과	비 고
세금계산서 수취분	500,000	40,700,000	
신용카드 사용분	1,000,000	1,800,000	종업원명의 신용카드사용액
영수증 수취분	10,000,000	3,000,000	
증명서류 미수취분	4,000,000	0	

(2) 제7기의 접대비 손금산입한도액은 37,200,000원이다.

【해석】

√증빙불비 접대비: 4,000,000원

√법정증명서류미수취 접대비: 3,000,000 + 1,800,000 = 4,800,000원

√접대비해당액: 61,000,000 − 4,800,000 − 4,000,000 = 52,200,000원

√접대비한도초과액: 52,200,000 − 37,200,000 = 15,000,000원

√세무조정:

〈손금불산입〉	증빙불비접대비	4,000,000	상여(대표자)
〈손금불산입〉	법정증명서류미수취접대비	4,800,000	기타사외유출
〈손금불산입〉	접대비한도초과액	15,000,000	기타사외유출

79) 농 · 어민이란 한국표준산업분류에 따른 농업 중 작물재배업 · 축산업 · 복합농업, 임업, 어업에 종사하는 자를 말하며, 법인은 제외한다.

3) 접대비의 손금산입한도액

(1) 손금산입한도액의 계산

법인이 각 사업연도에 지출한 접대비의 손금산입한도액은 사업연도의 개월 수에 따른 기본 한도액과 수입금액별 한도액의 합계액으로 하며, 다음과 같이 계산한다.

구 분	손금산입한도액
일반적인 경우	1,200만원 + (일반수입금액 × 적용률) + (특정수입금액 × 적용률 × 10%)
중소기업	3,600만원 + (일반수입금액 × 적용률) + (특정수입금액 × 적용률 × 10%)
문화접대비가 있는 경우	손금산입한도액 = 일반접대비 한도액 + 문화접대비 한도액 √문화접대비 = Min(문화접대비, 일반접대비 한도액 × 20%)

(2) 수입금액

① 일반수입금액

수입금액은 기업회계기준에 따라 계산한 매출액을 말하고, 이는 중단사업부문의 매출액을 포함한다. 기업회계기준에 따른 매출액이란 상품 또는 제품의 매출액으로 총매출액에서 매출에누리, 매출환입, 매출할인을 차감한 금액으로 한다. 이 경우 일정기간의 거래수량 또는 거래금액에 따라 매출액을 감액하는 것은 매출에누리에 포함하고, 제품 · 부산물 · 작업폐물의 매출액이 중요한 경우에는 이를 매출액의 일부로 본다.

기업회계기준에 따라 계산한 매출액이므로 법인의 장부와 기업회계기준의 차이에 따른 금액은 가감하여야 하나, 기업회계기준에 따른 매출액과 법인세법에 따른 수익금액의 차액을 세무조정으로 익금산입한 경우의 금액은 포함하지 아니한다.

수입금액 = I/S의 매출액 ± 매출액 관련 기업회계기준 위배금액

② 특정수입금액

특정수입금액이란 법인세법에 따른 특수관계인과의 거래에서 발생한 수입금액을 말한다. 사업연도 중에 특수관계가 소멸한 경우에도 해당 사업연도에 특수관계인과 거래한 수입금액은 특정수입금액으로 분류하여 일반수입금액 기준금액의 10%만을 접대비의 손금산입한도액으로 계산한다.

(3) 수입금액 적용률

수입금액에 적용할 율은 수입금액 계급구간별로 다음과 같다. 일반수입금액과 특정수입금액이 함께 있는 법인의 경우에는 일반수입금액에 대하여 먼저 높은 적용률을 곱하여 한도액을 계산하고, 일반수입금액에 적용된 율을 제외한 나머지 적용률에 특정수입금액을 곱하여 한도액을 계산한다.

수입금액	적용률
100억원 이하	0.3%
100억원 초과~500억원 이하	3,000만원 + (수입금액 - 100억원) × 0.2%
500억원 초과	1억 1,000만원 + (수입금액 - 500억원) × 0.03%

(4) 부동산임대업 법인

접대비의 손금산입한도액을 계산하는 경우 다음의 요건을 모두 갖춘 부동산임대업을 주된 사업으로 하는 내국법인의 경우에는 접대비 손금산입한도액의 50%을 초과하는 금액을 해당 사업연도의 소득금액을 계산할 때 손금에 산입하지 아니한다.

① 해당 사업연도 종료일 현재 내국법인의 지배주주등이 보유한 주식의 합계가 해당 내국법인의 발행주식총수의 50%을 초과할 것

② 해당 사업연도에 부동산임대업을 주된 사업으로 하거나 부동산임대업 수입금액·이자소득금액·배당소득금액의 합계가[80] 기업회계기준에 따라 계산한 매출액의[81] 50% 이상일 것. 이 경우 내국법인이 2이상의 서로 다른 사업을 영위하는 경우에는 사업별 사업수입금액이 큰 사업을 주된 사업으로 본다.

③ 해당 사업연도의 상시근로자 수가 5명 미만일 것. 이 경우 상시근로자는 근로기준법에 따라 근로계약을 체결한 내국인 근로자로 한다. 다만, 해당 법인의 최대주주, 최대주주와 국세기본법에 따른 친족관계인 근로자, 소득세법에 따른 근로소득원천징수부에 의하여 근로소득세를 원천징수한 사실이 확인되지 아니하는 근로자, 근로계약기간이 1년 미만인 근로자, 근로기준법에 따른 단시간근로자는 제외한다.

---

80) 익금에 가산한 임대보증금 등의 간주익금을 포함한다.

81) 기업회계기준에 따라 계산한 매출액에 부동산임대업 소득금액, 이자소득금액, 배당소득금액이 포함되지 아니한 경우에는 이를 포함하여 계산한다.

4) 접대비에 대한 세무조정

(1) 접대비 한도초과액

접대비 한도초과액은 다음의 순서에 따라 세무조정을 한다.

① 각 사업연도에 지출한 접대비 중 사적사용경비의 접대비, 증빙이 없는 접대비에 대하여 손금불산입하고 소득의 귀속자에 대하여 상여 등으로 소득처분한다.

② 각 사업연도에 지출한 접대비 중 한 차례의 접대에 3만원(경조금의 경우에는 20만원)을 초과하여 지출한 접대비로서 신용카드 등 법정증명서류를 수취하지 아니한 것은 손금불산입하고 기타사외유출로 소득처분한다.

③ 각 사업연도에 지출한 접대비 중 사적사용경비의 접대비, 증빙이 없는 접대비, 신용카드 등 법정증명서류를 수취하지 아니한 접대비를 뺀 금액이 접대비의 손금산입한도액을 초과하는 경우 그 초과하는 금액은 손금불산입하고 기타사외유출로 소득처분한다.

사례 ⑯ 접대비 한도액의 계산

제조업을 경영하는 (주)고려(중소기업이 아님)의 제7기(2022.1.1~2022.12.31) 접대비 손금산입 한도액을 계산하시오?

(1) 제7기 포괄손익계산서의 매출액은 120억원이고, 이는 국내매출액 82억원(특수관계인에 대한 매출액 15억원 포함)과 국외매출액 40억원 및 특수관계 없는 거래처에 대한 매출할인액 2억원으로 구성되어 있다.

(2) 제7기의 영업외수익에는 작업부산물의 매각대금 160,000,000원과 영업외비용에는 특수관계없는 거래처에 거래수량에 따라 지급한 판매장려금 20,000,000원이 있다.

【해석】

√수입금액: 12,000,000,000 − 20,000,000 + 160,000,000 = 12,140,000,000원

- 판매부대비용 중 거래실적에 따라 지급한 판매장려금은 매출에누리에 해당하므로 회사가 비용으로 계상하여도 수입금액에서 차감하여야 한다.

√접대비 손금산입한도액: 43,580,000원

= 12,000,000 + (100억 × 0.3%)+(640,000,000 × 0.2%) + (15억 × 0.2% × 10%)

- 수입금액에 0.3%적용하는 구간에는 일반수입금액을 우선적용하고, 특정수입금액은 낮은 적용률(0.2%)을 적용하여 손금산입한도액을 계산한다.

(2) 자산으로 계상한 접대비 한도초과액

법인은 접대비지출액을 그 성격에 따라 판매관리비, 제조경비, 건설중인자산, 유형자산 · 무형자산의 취득가액 등에 계상한다. 이 경우 접대비에 대한 세무조정은 다음과 같다.

① 자산으로 계상한 접대비를 포함하여 접대비 해당액을 계산한다.

② 접대비 손금산입한도액을 계산하고, 접대비 한도초과액 전액을 손금불산입(기타사외유출)한다. 이 경우 접대비 한도초과액은 비용계상 접대비 → 건설중인자산에 계상한 접대비 → 유형자산 · 무형자산에 계상된 접대비의 순서로 손금에 산입하지 않는 것으로 본다.

③ 접대비 한도초과액 중 자산으로 계상된 접대비 해당액은 법인이 손금으로 계상하지 아니한 비용이므로 이를 건설중인자산과 유형자산 · 무형자산에서 차례로 감액하여 손금산입(△유보)한다.

④ 기업회계의 취득가액을 기초로 하여 자산을 상각하는 경우 법인이 비용으로 계상한 감가상각비 중 자산감액분에 상당하는 감가상각비를 손금불산입(유보)함으로써[82] 당기 이전에 세무조정에 따른 자산감액분(△유보)을 추인하여 정리한다. 또한 자산을 처분하는 경우에는 처분 당시의 △유보금액을 손금불산입(유보)한다.

(3) 현물접대비에 대한 세무조정

법인이 접대비를 금전 외의 자산으로 제공한 경우에 해당 자산의 가액은 이를 제공한 때의 장부가액과 시가 중 큰 금액으로 산정한다. 이 경우 시가란 법인이 금전 외의 자산을 제공할 때 실제 판매할 수 있는 가액 상당액으로 한다. 장부가액으로 접대비를 계상한 경우에는 법인의 회계처리에 대한 세무조정은 생략하고 시가를 접대비로 보아 시부인계산을 한다.

세무회계에서는 법인이 금전 외의 자산을 시가로 처분하고, 그 처분대금인 현금으로 접대하는 이원거래로 보는 것이다. 자산의 시가와 장부가액의 차액에 대하여 자산처분이익으로 당기에 익금산입(유보)으로 세무조정함과 동시에, 이를 접대비로 보아 당기에 손금산입(△유보)한다. 따라서 현물접대비에 대하여 세무회계상 익금산입과 손금산입이 동시에 이루어지므로 별도의 세무조정을 하지 않고 시가를 접대비로 보아 시부인계산한다.

---

82) 감가상각비의 시부인액은 자산의 취득가액에서 △유보금액을 차감한 것을 감가상각자산의 기초가액으로 상각범위액을 계산하고, 감가상각비 중 자산가액에 대한 △유보금액이 차지하는 비율에 따라 계산한 금액 〔손금불산입액 = 감가상각비 × (△유보금액/자산가액)〕 을 법인이 계상한 감가상각비에서 제외하여 계산한다.

사례 ⑰ 자산으로 계상한 접대비에 대한 세무조정

(주)고려의 제17기 사업연도(2022.1.1~2022.12.31)의 세무조정을 하시오? (CTA 2011수정)

(1) ㈜고려의 제17기의 접대비는 판매관리비에 12,000,000원, 설치중인 기계장치에 8,000,000원, 공장건물에 40,000,000원을 계상하고 있다. 이는 전액 신용카드 사용분이다.

(2) 공장건물은 2022.6.5에 완공되고 2022.7.1부터 사업에 사용하였으며, 내용연수는 10년이고, 취득가액은 500,000,000원이다. (주)고려는 위 건물에 대하여 제17기에 30,000,000원의 감가상각비를 계상하였다.

(3) (주)고려의 제17기의 접대비 손금산입한도액은 35,000,000원이다.

【해석】

√접대비에 대한 세무조정

- 접대비 한도초과액: 25,000,000원
  → (12,000,000 + 8,000,000 + 40,000,000) − 35,000,000 = 25,000,000
- 접대비 한도초과액은 판매관리비 12,000,000원 → 설치중인 기계장치 8,000,000원 → 공장건물 5,000,000원의 순서로 감액한다.

√자산으로 계상한 접대비 해당액은 법인이 손금으로 산입하지 아니한 비용이므로 설치중인 기계장치에 대한 접대비 한도초과액 8,000,000원과 건물에 대한 접대비 한도초과액 5,000,000원을 손금으로 산입한다.

√감가상각비에 대한 세무조정

- 감가상각비 중 자산감액분에 해당하는 금액을 손금불산입한다.
  → 자산감액분에 대한 감가상각비: $30{,}000{,}000 \times \frac{5{,}000{,}000}{500{,}000{,}000} = 300{,}000$
- 감가상각비 한도초과액: (30,000,000 − 300,000) − 24,750,000 = 4,950,000
  → 손금산입 한도액: $(500{,}000{,}000 - 5{,}000{,}000) \times \frac{1}{10} \times \frac{6}{12} = 24{,}750{,}000$

√세무조정:

	〈손금불산입〉	접대비 한도초과액	25,000,000	기타유출
	〈손금산입〉	설치중인 기계장치(접대비 감액분)	8,000,000	△유보
	〈손금산입〉	공장건물(접대비 감액분)	5,000,000	△유보
	〈손금불산입〉	공장건물(접대비 감액분 상계)	300,000	유 보
	〈손금불산입〉	감가상각누계액(공장건물)	4,950,000	유 보

사 업 연 도	. . . ~ . . .	접대비조정명세서(갑)	법 인 명	
			사업자등록번호	

구 분			금 액
① 접대비 해당 금액			
② 기준금액 초과 접대비 중 신용카드 등 미사용으로 인한 손금불산입액			
③ 차감 접대비 해당 금액(①-②)			
일반접대비 한 도	④ 1,200만원 (중소기업 2,400만원) × 해당 사업연도 월수( ) / 12		
	총수입금액 기준	100억원 이하의 금액 × 0.3%	
		100억원 초과 500억원 이하의 금액 × 0.2%	
		500억원 초과 금액 × 0.03%	
		⑤ 소 계	
	일반수입금액 기준	100억원 이하의 금액 × 0.3%	
		100억원 초과 500억원 이하의 금액 × 0.2%	
		500억원 초과 금액 × 0.3%	
		⑥ 소 계	
	⑦ 수입금액 기준	(⑤-⑥)×20(10)/100	
	⑧ 일반접대비 한도액(④+⑥+⑦)		
문화접대비 한 도 (조세특례제한법 제136조제3항)	⑨ 문화접대비 지출액		
	⑩ 문화접대비 한도액 〔⑨과 (⑧×20/100) 중 작은 금액〕		
⑪ 접대비 한도액 합계(⑧+⑩)			
⑫ 한도초과액(③-⑪)			
⑬ 손금산입한도 내 접대비지출액(③과 ⑪ 중 적은 금액)			

<table>
<tr><td rowspan="2">사 업
연 도</td><td rowspan="2">. . .
~
. . .</td><td rowspan="2">접대비조정명세서(을)</td><td>법 인 명</td><td></td></tr>
<tr><td>사업자등록번호</td><td></td></tr>
</table>

1. 수입금액명세

구 분	①일반수입금액	②특수관계인간 거래금액	③합 계(①+②)
금 액			

2. 접대비 해당 금액

<table>
<tr><td colspan="3">④ 계 정 과 목</td><td></td><td></td><td></td><td>합 계</td></tr>
<tr><td colspan="3">⑤ 계 정 금 액</td><td></td><td></td><td></td><td></td></tr>
<tr><td colspan="3">⑥ 접대비계상액 중 사적사용경비</td><td></td><td></td><td></td><td></td></tr>
<tr><td colspan="3">⑦ 접대비 해당 금액 (⑤ - ⑥)</td><td></td><td></td><td></td><td></td></tr>
<tr><td rowspan="9">⑧
신용카드
등 미사용
금 액</td><td rowspan="2">경조사비 중
기준 금액 초과액</td><td>⑨신용카드 등
미사용금액</td><td></td><td></td><td></td><td></td></tr>
<tr><td>⑩총 초과금액</td><td></td><td></td><td></td><td></td></tr>
<tr><td rowspan="2">국외지역 지출액
(법인세법 시행령
제41조 제2항제1호)</td><td>⑪신용카드 등
미사용금액</td><td></td><td></td><td></td><td></td></tr>
<tr><td>⑫총 지출액</td><td></td><td></td><td></td><td></td></tr>
<tr><td rowspan="2">농어민 지출액
(법인세법 시행령
제41조 제2항제2호)</td><td>⑬송금명세서
미제출금액</td><td></td><td></td><td></td><td></td></tr>
<tr><td>⑭총 지출액</td><td></td><td></td><td></td><td></td></tr>
<tr><td rowspan="2">접대비 중
기준금액 초과액</td><td>⑮신용카드 등
미사용금액</td><td></td><td></td><td></td><td></td></tr>
<tr><td>⑯총 초과금액</td><td></td><td></td><td></td><td></td></tr>
<tr><td colspan="2">⑰신용카드 등 미사용 부인액
(⑨ + ⑪ + ⑬ + ⑮)</td><td></td><td></td><td></td><td></td></tr>
<tr><td colspan="3">⑱ 접 대 비 부 인 액 (⑥ + ⑰)</td><td></td><td></td><td></td><td></td></tr>
</table>

8. 대손금의 손금불산입

1) 대손금의 의의

기업회계에서는 회수가 불가능한 채권에 대해서는 대손금으로 처리하고, 회수가 불확실한 채권에 대해서는 합리적이고 객관적인 기준에 따라 대손추정액을 산출하여 대손충당금으로 설정한다. 대손충당금을 설정한 법인이 실제로 채권의 회수가 불가능하게 되면 대손충당금과 상계처리한다.

법인세법에서는 법인이 보유하고 있는 채권 중 채무자의 파산, 채무자의 부존재 등의 사유로 회수할 수 없는 채권의 금액은 해당 사업연도의 소득금액을 계산할 때 손금에 산입한다.[83] 채권의 회수불능 기준이 사실상 모호하므로 대손금의 범위(대손사유)를 엄격하게 세법에서 규정하고 있으며, 대손금의 처리는 대손충당금과 먼저 상계하고 부족액은 당기의 손금으로 처리한다.

2) 대손사유

대손금은 채무자에 대한 청구권이 법적으로 소멸된 경우와[84] 법적으로는 소멸되지 않았으나 채무자의 자산상황 · 지급능력 등에 비추어 사실상 회수불능이라고 회계적으로 인식한 경우로 분류할 수 있다.

(1) 강제대손사유(신고조정사항)

채무자에 대한 청구권이 법적으로 소멸되어 당연히 회수할 수 없게 된 것이므로 법인이 이를 대손으로 회계처리를 하였는지 여부와 관계없이 그 소멸된 날이 속하는 사업연도에 반드시 손금산입하여야 한다. 따라서 결산조정으로 손금계상하지 아니한 경우에는 신고조정으로 손금산입할 수 있다.

법적 청구권이 소멸된 날이 속하는 사업연도에 손금산입하지 않은 금액을 그 이후에 이연하거나 분할하여 손금산입할 수 없으며, 경정청구를 통하여 법적 청구권이 소멸된 날이 속하는 사업연도에 손금산입할 수 있다.

---

83) 주택법에 따른 대한주택보증주식회사가 신용보증계약에 의하여 대위변제한 금액 중 구상채권으로 계상한 금액을 제외하고 해당 사업연도에 손비로 계상한 금액은 구상채권으로 보아 손금불산입한다. 이 경우 손금불산입한 금액은 대손사유가 발생한 날이 속하는 사업연도의 소득금액을 계산할 때 손금에 산입한다.

84) 소멸시효는 청구(소송, 내용증명), 압류(가압류, 가처분), 승인(상환 약정, 부분 상환, 각서) 등에 따라 중단된다.

① 법령에 따라 소멸시효가 완성된 채권

소멸시효란 채권자가 일정한 기간동안 권리를 행사하지 아니하면 권리에 대한 청구권이 법적으로 소멸되는 것을 말한다. 소멸시효가 완성되면 채권자의 법적인 청구권이 소멸되므로 채권자는 채권을 회수할 수 없게 된다.

㉠ 상법에 따라 소멸시효가 완성된 외상매출금 및 미수금[85)]

㉡ 어음법에 따라 소멸시효(3년)가 완성된 어음

㉢ 수표법에 따라 소멸시효(6개월)가 완성된 수표

㉣ 민법에 따라 소멸시효(10년)가 완성된 대여금 및 선급금

② 법령에 따라 회수불능으로 확정된 채권

㉠ 채무자회생법에 따른 회생계획인가의 결정 또는 법원의 면책결정에 따라 회수불능으로 확정된 채권

㉡ 민사집행법에 따라 채무자의 재산에 대한 경매가 취소된 압류채권

㉢ 서민의 금융생활 지원에 관한 법률에 따른 채무조정을 받아 신용회복지원협약에 따라 면책으로 확정된 채권

(2) 임의대손사유(결산조정사항)

채무자에 대한 청구권이 법적으로 소멸되지 않았으나 채무자의 자산상황 · 지급능력 등에 비추어 회수가 불가능한 경우 **법인이 대손을 확정지어 손금으로 계상한 경우**에만 세무회계상 손금산입할 수 있다. 따라서 법인이 이를 결산서에 비용으로 계상하지 않는 경우에는 **신고조정으로 손금산입할 수 없다.**

다만, 법인이 다른 법인과 합병하거나 분할하는 경우로서 임의대손사유에 해당하는 대손금을[86)] 합병등기일 또는 분할등기일이 속하는 사업연도까지 손금으로 계상하지 아니한 경우 그 대손금은 해당 법인의 합병등기일 또는 분할등기일이 속하는 사업연도의 손금으로 한다.

---

85) 상행위에 따른 채권은 상법에 다른 규정이 없을 경우 5년간 행사하지 아니하면 소멸시효가 완성하고, 다른 법령에 이보다 단기시효의 규정이 있는 때에는 그 규정에 따라야 하며, 민법에서는 상거래 채권에 대하여 3년의 단기시효를 적용한다. 다만, 채권자를 보호하기 위하여 판결에 따라 확정된 외상매출금의 소멸시효는 판결이 확정된 날로부터 10년간으로 한다.

86) 임의대손사유 중 물품의 수출 또는 외국에서의 용역제공으로 발생한 채권으로서 한국무역보험공사로부터 회수불능으로 확인된 채권은 제외한다.

① 채무자의 파산, 강제집행, 형의 집행, 사업의 폐지, 부존재(사망, 실종, 행방불명)에 따라 회수할 수 없는 채권

② 부도발생일부터[87] 6개월 이상 지난 수표, 어음상의 채권, 외상매출금(중소기업의 외상매출금으로서 부도발생일 이전의 것에 한정함). 다만, 법인이 채무자의 재산에 대하여 저당권을 설정하고 있는 경우를 제외한다.

③ 중소기업의 외상매출금 및 미수금으로서 회수기일이 2년 이상 지난 외상매출금·미수금. 다만, 특수관계인과의 거래로 인하여 발생한 외상매출금·미수금은 제외한다.

④ 회수기일이 6개월 이상 지난 채권 중 채무자별 채권가액의 합계액이 30만원 이하인 채권

⑤ 재판상 화해 등 확정판결과 같은 효력을 가지는 것으로서 화해, 화해권고결정, 조정, 강제조정결정에 따라 회수불능으로 확정된 채권

⑥ 금융회사 등의 채권으로서 대손처리기준에 따라 금융회사 등이 금융감독원장으로부터 대손금으로 승인받은 것 또는 금융감독원장이 대손처리를 요구한 채권으로서 금융회사 등이 대손금으로 계상한 것

⑦ 벤처투자 촉진에 관한 법률에 따른 중소기업창업투자회사의 창업자에 대한 채권으로서 중소벤처기업부장관이 기획재정부장관과 협의하여 정한 기준에 해당한다고 인정한 것

⑧ 물품의 수출 또는 외국에서의 용역제공으로 발생한 채권으로서 한국무역보험공사로부터 회수불능으로 확인된 채권

3) 대손채권의 범위

법인세법에서 대손처리할 수 있는 채권은 외상매출금, 대여금, 그 밖의 채권 등 원칙적으로 제한이 없다. 다만, 다음의 채권은 대손요건을 충족하더라도 이를 손금으로 인정되지 아니한다.

① 채무보증에 따라 발생한 구상채권[88]

② 대여시점을 기준으로 특수관계인에게 업무와 관련 없이 지급한 가지급금(假支給金)등[89]

87) 부도발생일이란 소지하고 있는 부도수표나 부도어음의 지급기일을 말한다. 다만, 지급기일 전에 부도수표나 부도어음을 제시하여 금융회사 등의 부도확인을 받은 경우에는 그 부도확인일을 말한다.

88) 다만, 조세특례제한법에 따른 합리화기준에 따라 인수되는 회사의 채무와 관련하여 행하는 보증, 기업의 국제경쟁력강화를 위하여 필요한 경우의 채무보증, 금융회사 등이 행한 채무보증, 법률에 따라 신용보증사업을 영위하는 법인이 행한 채무보증, 대·중소기업 상생협력 촉진에 관한 법률에 따른 위탁기업이 수탁기업협의회의 구성원인 수탁기업, 건설업 및 전기통신업을 영위하는 내국법인이 건설사업(미분양주택을 기초로 하는 유동화거래를 포함함)과 직접 관련하여 법인세에 따른 특수관계인에 해당하지 아니하는 자에 대한 채무보증(다만, 사회기반시설에 대한 민간투자법의 사업시행자 등에 대한 채무보증은 법인세법에 따른 특수관계인에 대한 채무보증을 포함함)에 대하여 행한 채무보증을 제외한다.

4) 대손금의 세무조정

(1) 일반적인 경우

법인이 대손요건을 충족한 채권에 대하여 대손금(비용)으로 회계처리하거나 대손충당금에서 감액하여 회계처리한 경우에는 별도의 세무조정을 할 필요가 없다.

법인이 대손요건을 충족하지 아니한 채권에 대하여 대손금 등으로 손금에 산입한 경우에는 이를 손금불산입하고, 그 후 대손요건을 충족하는 날이 속하는 사업연도의 소득금액을 계산할 때 세무조정으로 손금에 산입할 수 있다.

법인이 대손처리한 채권을 회수하여 기업회계기준에 따라 대손상각비와 상계하거나 대손충당금의 증가로 회계처리한 경우로서[90] 대손금으로 손금에 산입하지 아니한 채권이 추심된 경우에는 익금불산입으로 세무조정하고, 대손금으로 손금에 산입한 채권이 추심된 경우에는 별도의 세무조정이 없다.

대손금에 대한 세무조정은 다음과 같다.

구 분			대손금에 대한 회계처리 및 세무조정
대손요건	충 족 분	회계	회계처리 없는 경우
		세무	· 강제대손사유: (손금산입) 매출채권 *** △유보 · 임의대손사유: 세무조정 없음
	불충족분	회계	(차변) 대 손 금 *** (대변) 매출채권 *** 대손충당금 ***
		세무	(손금불산입) 매출채권 *** 유보
대손금 추심액		회계	(차변) 현금 *** (대변) 대손상각비 *** 대손충당금 ***
		세무	· 대손금으로 손금불산입된 채권의 추심: (익금불산입) 매출채권(대손충당금 등) *** △유보 · 대손금으로 손금산입 채권의 추심: 세무조정 없음

89) 특수관계인에게 자산을 고가양도한 경우 시가초과 상당채권에 대하여 대손충당금을 설정할 수 없으나 대손요건을 충족한 경우 대손처리할 수는 있다.

90) 법인이 대손처리한 채권을 회수하여 기업회계기준에 따라 대손상각비와 상계하거나 대손충당금의 증가로 회계처리한 경우 이는 추가로 설정되는 대손상각비(비용)가 감소되거나 환입대상 대손충당금(수익)이 증가한 것이므로 수익으로 계상한 효과가 있다.

(2) 매출채권의 포기액

법인세법에 따른 부당행위에 해당하는 경우를 제외하고 채무자의 부도발생 등으로 장래에 회수가 불확실한 어음 · 수표상의 채권 등을 조기에 회수하기 위하여 채권의 일부를 불가피하게 포기한 경우 채권의 일부를 포기하거나 면제한 행위에 객관적으로 정당한 사유가 있는 때에는 특수관계가 있는지를 불문하고 채권포기액을 대손금으로 보아 손금산입한다.[91][92]

그러나 매출채권에 대하여 채무자의 변제능력이 있음에도 불구하고 강제집행 등 채권의 회수조치를 강구하지 아니하고, 법인세법에 따라 소멸시효가 완성되었다 하여 대손금으로 계상한 경우에는 대손금으로 보지 아니하고 채권을 임으로 포기한 것으로 보아 접대비 또는 기부금으로 본다. 또한, 약정에 따라 채권의 전부 또는 일부를 포기하는 경우에도 이를 대손금으로 보지 아니하며 기부금 또는 접대비로 본다.

사례 ⑱ 대손금에 대한 세무조정

다음은 제조업을 영위하는 영리내국법인 ㈜A(중소기업 아님)의 제17기 사업연도(2022.1.1~2022.12.31)의 대손금 관련 자료이다. 대손금 관련 세무조정이 제17기 각 사업연도의 소득금액에 미친 순영향으로 옳은 것은? (CPA, 2017 수정)

(1) 제17기말 재무상태표의 채권 잔액 : 1,000,000,000원(이 중에는 2022.5.30. 상법에 따른 소멸시효가 완성된 회수 불가능한 외상매출금 50,000,000원이 포함되어 있음)

(2) 제17기 재무상태표의 대손충당금에는 제16기에 대손부인된 채권(미수금) 2,000,000원이 2022.6.20.에 회수되어 대손충당금 증가(상각채권 추심)로 회계처리하였다.

(3) 제17기 재무상태표의 대손충당금에는 부도발생일부터 6개월이 지난 외상매출금으로서 부도발생일 이전의 것 7,000,000원을 대손충당금으로 상계하였다.

【해석】

√대손금 세무조정: △2,000,000+△50,000,000+7,000,000 = △45,000,000원

- 소멸시효 완성분: 〈손금산입〉 외상매출금 50,000,000 △유보
- 전기 대손금 부인액의 추인: 〈익금불산입〉 미수금 회수분 2,000,000 △유보
- 부도 발생분: 〈손금불산입〉 외상매출금 7,000,000 유보
  → 중소기업의 외상매출금으로서 부도발생일 이전의 것에 한하여 대손금으로 계상할 수 있다.

---

91) 직원이 법인의 공금을 횡령한 경우로서 직원과 그 보증인에 대하여 횡령액의 회수를 위하여 법에 따른 제반절차를 취하였음에도 무재산 등으로 회수할 수 없는 경우에는 횡령액을 대손처리할 수 있다. 이 경우 대손처리한 금액에 대하여는 직원에 대한 근로소득으로 보지 아니한다.

92) 익금에 산입한 금액이 사외유출된 것이 분명하여 상여 등으로 특수관계자에게 처분된 소득에 대한 소득세대납액을 가지급금 등으로 계상한 경우에는 대손금으로 처리할 수 없다. 이 경우 해당 소득세대납액을 정당한 사유없이 회수하지 아니하는 때에는 상여등으로 특수관계자에게 소득처분한다.

(3) 채권 · 채무의 조정에 따른 현재가치와의 차액 처리

① 기업회계

회사정리절차 개시, 화의절차 개시, 거래당사자 사이의 합의 등에 따라 원금 · 이자율 · 약정기간 등 계약조건이 채권자에 불리하게 변경되어 조정된 채권 · 채무의 장부가액과 현재가치의 차이가 중요한 경우에는 이를 현재가치로 평가한다.[93]

기업회계기준에 따른 채권의 재조정에 따라 채권을 보유한 법인이 채권을 현재가치로 평가하는 경우 현재가치할인차금은 대손금으로 손비에 계상할 수 있고, 손비에 계상한 금액을 유효이자율법에 따라 익금에 산입한다.

② 세무회계

채권을 보유한 법인이 기업회계기준에 따른 채권의 조정에 따라 채권의 장부가액과 현재가치의 차액을 대손상각비로 인식하는 경우로서 채권에 대한 대손충당금이 설정되어 있는 경우에는 현재가치할인차금 상당액을 대손충당금과 먼저 상계하고 남은 잔액을 대손상각비로 처리하여 손금산입한다. 이 경우 손금산입한 현재가치할인차금 상당액은 기업회계기준의 환입방법에 따라 이를 익금산입한다.[94]

따라서 기업회계와 세무회계의 차이가 없으므로 세무조정이 필요하지 않다.

연 구 | 채권조정에 따른 대손상각

(주)고려는 안암(주)의 채권 및 채무를 재조정하기로 약정하였다. 채권 · 채무의 재조정 당시 (주)고려의 채권액은 10,000원이고, 재조정된 채권액은 7,000원(현재가치 6,000원)이다.

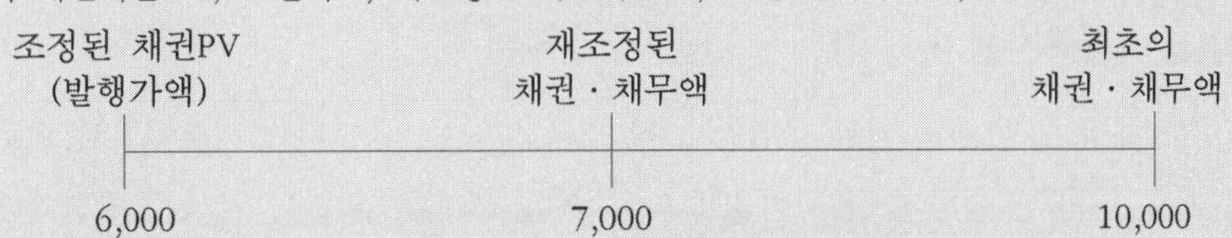

회계처리	대손상각비	대손상각비
세무조정	세무조정 없음	세무조정 없음

93) 원금감면액을 차감한 후 조정된 채권 · 채무의 장부가액과 현재가치의 차액은 현재가치할인차금의 과목으로 하여 조정된 채권 · 채무의 장부가액에서 차감하는 형식으로 기재한다.

94) 기업회계기준에 의한 채무의 재조정에 따라 채무의 장부가액과 현재가치의 차액을 채무면제이익으로 계상한 채무법인은 이를 익금에 산입하지 아니한다.

9. 과다경비 등의 손금불산입

1) 과다경비

(1) 복리후생비

법인이 그 임원 또는 직원을 위하여 지출한 복리후생비 중 과다하거나 부당하다고 인정하는 금액은 법인의 소득금액을 계산할 때 손금에 산입하지 아니한다. 이 경우 직원에는 파견근로자보호 등에 관한 법률에 따른 파견근로자를 포함한다.

다만, 법인이 그 임원 또는 직원을 위하여 지출한 복리후생비 중 직장체육비, 직장문화비, 직장회식비, 우리사주조합의 운영비, 영유아보육법에 의하여 설치된 직장어린이집의 운영비, 국민건강보험법 · 고용보험법 · 노인장기요양보험법에 따라 사용자로서 부담하는 보험료 및 부담금, 임원 또는 직원에게 사회통념상 타당하다고 인정되는 범위 안에서 지급하는 경조사비 등은 손금에 산입한다.

(2) 여비 및 교육훈련비

법인이 그 임원 또는 직원을 위하여 지출한 여비 및 교육훈련비 등의 비용 중 과다하거나 부당하다고 인정하는 금액은 법인의 소득금액을 계산할 때 이를 손금산입하지 아니한다.[95][96]

법인이 임원 또는 직원이 아닌 지배주주등과 그의 특수관계인에게 지급한 여비 또는 교육훈련비는 해당 사업연도의 소득금액을 계산할 때 손금에 산입하지 아니한다.

2) 공동경비의 초과부담액

(1) 출자공동사업자

법인이 해당 법인 외의 자와 동일한 조직 또는 사업 등을 출자에 의하여 공동으로 운영함에 따라 발생 · 지출된 손비 중 출자비율에 따른 분담금액을 초과하는 금액은 법인의 소득금액을 계산할 때 손금에 산입하지 아니한다.

---

95) 법인이 직원에게 지급하는 경조사비, 여비 중 일비 등의 경우에는 법인세법에 따른 지출증빙서류 수취에 관한 규정을 적용하지 않는다.

96) 법인이 임원 또는 직원에게 지급하는 자녀교육비 보조금은 그 임원 또는 직원에 대한 인건비로 보아 손금에 산입한다. 다만, 임원의 경우는 임원상여금 한도초과액 및 지배주주등인 임원 · 직원에게 과다 지급한 보수는 손금에 산입하지 아니한다.

(2) 비출자공동사업자

법인이 해당 법인 외의 자와 동일한 조직 또는 사업 등을 출자 이외의 방법에 따라 공동으로 운영(비출자공동사업자)함에 따라 발생·지출된 비용은 비출자공동사업자 사이의 약정에 따른 분담비율에 따르고, 약정에 따른 분담비율이 없는 경우에는 매출액 비율 및 자산가액 비율에 따른다.

다만, 특수관계가 있는 비출자공동사업자 사이에는 조세회피의 가능성이 있으므로 직전 사업연도 또는 해당 사업연도의 매출액 비율과 자산가액[97] 비율에 따른다.[98][99] 매출액 비율 등은 법인이 선택하여 적용하되, 선택된 매출액 비율 등은 해당 사업연도부터 연속하여 5개 사업연도 동안 적용하여야 하며, 선택하지 아니한 경우에는 직전 사업연도의 매출액 비율을 적용한다.

사례 ⑲ 공동경비의 안분계산

법인세법의 특수관계인이 아니고 출자에 따른 공동사업을 경영하지 않는 (주)고려와 (주)중앙은 공동으로 사업개발비 100,000,000원을 부담하였고, 이에 대해 회계기준에 따라 적정하게 회계처리하였다. (주)고려와 (주)중앙의 세무조정 및 소득처분하시오? (2012, CPA)

사업자	실제분담액	전기매출액	당기매출액	전기자본총액	약정분담비율
(주)고려	51,000,000	100,000,000	300,000,000	50,000,000	40%
(주)중앙	49,000,000	400,000,000	500,000,000	50,000,000	60%
합 계	100,000,000	500,000,000	800,000,000	100,000,000	100%

【해석】

√특수관계가 없는 비출자공동사업자의 공동경비는 약정분담비율에 따라 안분계산한다.
- (주)고려의 초과부담액: 51,000,000 - 100,000,000 × 40% = 11,000,000원
- (주)중앙은 초과부담액이 없으므로 세무조정은 없다.

√세무조정: 〈손금불산입〉 공동사업개발비 11,000,000 기타사외유출

97) 한 공동사업자가 다른 공동사업자의 지분을 보유하고 있는 경우 그 주식의 장부가액은 제외한다.

98) 참석인원수에 비례하여 지출하는 공동행사비는 참석인원수 비율로, 구매금액에 비례하여 지출하는 공동구매비는 구매금액 비율로, 국외 공동광고선전비는 수출금액(대행수출금액은 제외하며, 특정 제품에 대한 광고선전의 경우 해당 제품의 수출금액을 말함) 비율로, 국내 공동광고선전비는 기업회계기준에 따른 매출액 중 국내의 매출액 비율로, 무형자산의 공동사용료는 해당 사업연도 개시일의 기업회계기준에 따른 자본의 총합계액 비율로 안분계산한다.

99) 공동광고선전비의 경우에는 최종 소비자용 재화와 용역을 공급하는 법인의 경우에는 그 매출액의 2배에 상당하는 금액 이하로 안분할 수 있다. 공동사업자 전체에서 해당 법인의 매출액이 차지하는 비율이 1%에 미달하는 법인, 해당 법인의 매출액에서 해당 법인의 광고선전비가 차지하는 비율이 0.1%에 미달하는 법인, 공동광고의 효과가 미치지 아니한다고 인정되는 법인은 공동광고선전비를 분담하지 아니 할 수 있다.

10. 업무와 관련 없는 비용의 손금불산입

내국법인이 지출한 비용 중 해당 법인의 업무와 직접 관련이 없다고 인정되는 비용은 각 사업연도의 소득금액을 계산할 때 손금에 산입하지 아니하고, 그 비용의 지출에 따른 혜택을 받은 자의 소득으로 처분한다.

법인의 업무란 법령에서 업무를 정한 경우에는 그 법령에 규정된 업무 또는 각 사업연도 종료일 현재의 법인등기부상의 목적사업으로 정하여진 업무를 말한다. 다만, 목적사업이 행정관청의 인가·허가 등을 요하는 사업의 경우에는 그 인가·허가 등을 받은 경우에 한정한다.

1) 업무무관자산의 취득·관리비 등

(1) 업무무관자산의 범위

업무무관자산이란 기업이 경영하고 있는 업무와 직접적인 관련이 없는 자산을 말하고, 법인세법에서는 업무무관자산의 취득·관리에 따르는 비용과 지급이자는 손금에 산입하지 않는다. 이는 법인의 부동산투기를 억제하고, 자금을 비생산적으로 활용하는 것을 규제함으로써 재무구조를 개선하기 위한 것이다.

① 업무무관 부동산의 범위

㉠ 법인의 업무에 직접 사용하지 않는 부동산.[100] 다만, 취득일부터 다음의 유예기간이 지나기 전까지의 기간 중에 있는 부동산은 제외한다.

구 분	유예기간
건축물 또는 시설물의 신축용 토지	5년
부동산매매업을 주업으로 하는 법인이 취득한 매매용부동산	5년
그 밖의 부동산	2년

㉡ 유예기간 중에 법인의 업무에 직접 사용하지 아니하고 양도하는 부동산. 다만, 부동산매매업을 주업으로 하는 법인의 경우에는 부동산을 양도하는 것이 사업목적이므로 제외한다.

100) 법령에 따라 사용이 금지되거나 제한된 부동산 또는 유동화전문회사가 자산유동화계획에 따라 양도하는 부동산 등 부득이한 사유가 있는 부동산은 업무무관 부동산으로 보지 않는다.

② 업무무관 동산의 범위

㉠ 서화 및 골동품. 다만, 장식·환경미화 등의 목적으로 사무실·복도 등 여러 사람이 볼 수 있는 공간에 항상 전시하는 것을 제외한다.

㉡ 업무에 직접 사용하지 아니하는 자동차, 선박, 항공기. 다만, 저당권의 실행 및 그 밖의 채권을 변제하기 위하여 취득한 자동차, 선박, 항공기로서 취득일부터 3년이 경과되지 아니한 것은 제외한다.

㉢ 서화, 골동품, 업무에 직접 사용하지 아니하는 자동차 등과 유사한 자산으로서 법인의 업무에 직접 사용하지 아니하는 자산

(2) 업무무관자산의 취득·관리 비용 등

업무무관자산을 취득·관리함으로서 발생하는 비용이란 수선비, 유지비, 관리비, 종합토지세·재산세·공동시설세 등의 세금과공과금, 감가상각비 등을 말한다.

그러나 취득세와 등록면허세는 업무무관 비용으로 보지 않고 자산의 취득원가를 구성하여 양도할 때 손금산입한다. 업무무관 비용의 손금불산입규정은 업무무관자산의 취득 자체를 부인하는 것이 아니고 그 유지관리비를 부인하고자 하는 취지이므로 업무무관자산의 처분손실까지 포함하는 것은 아니다. 업무무관자산도 시가로 취득한 이상 법인소유의 자산이므로 그 처분손실은 법인의 순자산 감소거래에서 발생된 손비가 명백함으로 손금산입한다.

(3) 업무무관 부동산으로 보는 기간

업무무관 부동산에 해당하는 경우 업무와 관련이 없는 것으로 보는 기간은 다음과 같다.

<table>
<tr><th colspan="2">구 분</th><th>업무무관 부동산의 간주기간</th></tr>
<tr><td rowspan="2">유예기간이
경과된 부동산</td><td>계속 보유하는 경우</td><td>업무무관기간에서 유예기간을 제외한 기간</td></tr>
<tr><td>양도하는 경우</td><td rowspan="2">취득일에서[101] 양도일까지의 기간[102]</td></tr>
<tr><td colspan="2">유예기간 중에 양도한 부동산</td></tr>
</table>

101) 법령에 따라 사용이 금지·제한된 경우에는 사용의 금지·제한이 해제된 날을 기산일로 하고, 문화재보호법에 따라 보호구역지정된 경우에는 보호구역지정이 해제된 날을 기산일로 하고, 합병법인이 합병에 따라 취득한 부동산은 합병에 따른 소유권이전일을 그 유예기간의 기산일로 한다.

102) 업무무관 부동산이 법령에 따라 수용되거나 양도하는 경우에는 해당 부동산을 업무에 직접 사용하지 아니한 기간 중 유예기간과 겹치는 기간을 제외한 기간을 해당 부동산에 대하여 업무와 관련이 없는 것으로 보는 기간으로 한다.

(4) 업무무관 부동산의 손금불산입 방법

업무무관자산에 해당하는 부동산이 있는 법인은 업무무관 부동산의 양도일이 속하는 사업연도 이전에 종료한 각 사업연도(종전 사업연도)의 업무와 관련 없는 비용 및 지급이자를 손금산입하지 아니하는 경우 다음의 방법 중 하나를 선택하여 계산한 세액을 양도한 날이 속하는 사업연도의 법인세에 더하여 납부하여야 한다. 이 경우 결정세액 및 산출세액에는 가산세를 제외한다.

① 종전 사업연도의 각 사업연도의 소득금액 및 과세표준 등을 다시 계산함에 따라 산출되는 결정세액에서 종전 사업연도의 결정세액을 뺀 세액

② 종전 사업연도의 과세표준과 손금에 산입하지 아니하는 지급이자 등을 합한 금액에 종전 사업연도의 법인세 세율을 적용하여 산출한 세액에서 종전 사업연도의 산출세액을 뺀 세액

2) 업무무관 지출

업무무관자산 이외에 해당 법인의 업무와 직접 관련이 없다고 인정되는 다음의 지출금액은 손금산입하지 아니한다.

① 법인이 직접 사용하지 아니하고 타인(비출자임원, 소액주주등인 임원 · 직원은 제외함)이 주로 사용하는 장소, 건축물, 물건 등의 유지비 · 관리비 · 사용료와 이에 관련되는 지출금[103)][104)]

② 법인의 출자임원(소액주주 등은 제외함)과 그 친족이 사용하고 있는 사택의 유지비 · 관리비 · 사용료와 이와 관련되는 지출금

③ 업무무관자산을 취득하기 위하여 지출한 자금의 차입과 관련되는 비용

④ 법인이 공여한 형법 또는 국제상거래에 있어서 외국공무원에 대한 뇌물방지법에 따른 뇌물에 해당하는 금전, 금전 외의 자산, 경제적 이익의 합계액

⑤ 노동조합 및 노동관계조정법을 위반하여 노조전임자에게 지급하는 급여

⑥ 채무보증으로 인하여 발생한 구상채권 및 대여시점을 기준으로 특수관계인에게 업무와 관련 없이 지급한 가지급금 등 채권의 처분손실

---

103) 다만, 법인이 대 · 중소기업 상생협력 촉진에 관한 법률에 따른 사업을 제조업을 경영하는 중소기업에게 이양하기 위하여 무상으로 중소기업에 대여하는 생산설비와 관련된 지출금 등을 제외한다.

104) 소액주주등에는 해당 법인의 국가, 지방자치단체가 아닌 지배주주등의 특수관계인을 제외한다.

11. 업무용승용차 관련비용의 손금불산입

1) 업무용승용차

업무용승용차란 개별소비세법에 따른 승용자동차 중 운수업 · 자동차 판매업 · 자동차 임대업 · 운전학원업 · 기계경비업무를 하는 경비업 · 시설대여업에서 사업상 수익을 얻기 위하여 직접 사용하는 승용자동차, 장례식장 · 장의관련 서비스업을 경영하는 법인이 소유하거나 임차한 운구용 승용차, 국토교통부장관의 임시운행허가를 받은 자율주행자동차를 제외한 것을 말한다.[105]

2) 업무사용금액

(1) 업무사용금액의 계산

업무사용금액이란 업무전용자동차보험에 가입한 경우에는 업무용승용차 관련비용에 업무사용비율을 곱한 금액을 말하고, 업무전용자동차보험에 가입하지 아니한 경우에는[106] 업무용승용차 관련비용 전액을 손금으로 인정하지 아니한다.

업무사용금액 = 업무용승용차 관련비용 × 업무사용비율

(2) 업무용승용차 관련비용

업무용승용차 관련비용이란 업무용승용차에 대한 감가상각비, 임차료, 유류비, 보험료, 수선비, 자동차세, 통행료, 금융리스부채에 대한 이자비용 등 업무용승용차의 취득 · 유지를 위하여 지출한 비용을 말한다.

내국법인이 업무용승용차를 취득하거나 임차하여 해당 사업연도에 손금에 산입하거나 지출한 업무용승용차 관련비용 중 업무사용금액에 해당하지 아니하는 금액은 각 사업연도의 소득금액을 계산할 때 손금에 산입하지 아니한다.

---

105) 개별소비세법에 따르면 배기량이 2,000CC를 초과하는 승용자동차, 캠핑용자동차, 배기량이 2,000CC 이하인 승용자동차(배기량이 1,000CC이하인 것으로서 길이가 3.6미터 이하이고 폭이 1.6미터 이한 것을 제외함), 이륜자동차(총배기량이 125CC를 초과하는 것 및 정격출력이 1킬로와트를 초과하는 것으로 한정함), 전기승용자동차는 개별소비세 과세대상 물품으로 규정하고 있다.

106) 해당 사업연도 전체기간(임차한 승용차의 경우 해당 사업연도 중에 임차한 기간을 말함) 중 일부기간만 업무전용자동차보험에 가입한 경우 업무사용금액은 다음의 계산식에 따라 산정한 금액으로 한다.

$$\sqrt{}\ \text{업무용승용차 관련비용} \times \text{업무사용비율} \times \frac{\text{해당 사업연도에 실제로 업무전용자동차보험에 가입한 일수}}{\text{해당 사업연도에 업무전용자동차보험에 의무적으로 가입하여야 할 일수}}$$

(3) 업무사용비율

업무사용비율은 다음의 구분에 따른 비율로 한다.

<table>
<tr><th colspan="2">구 분</th><th>업무사용비율</th></tr>
<tr><td colspan="2">운행기록 등을 작성 · 비치한 경우</td><td>$\frac{\text{업무용 사용거리}}{\text{총 주행거리}}$</td></tr>
<tr><td rowspan="2">운행기록 등을
작성 · 비치하지 아니한 경우</td><td>업무용승용차 관련비용 ≤ 1,500만원</td><td>$\frac{100}{100}$</td></tr>
<tr><td>업무용승용차 관련비용 > 1,500만원</td><td>$\frac{\text{1,500만원}}{\text{업무용승용차 관련비용}}$</td></tr>
</table>

(4) 업무전용자동차보험

업무전용자동차보험이란 해당 사업연도 전체 기간 및 해당 사업연도 중에 임차한 기간 동안 해당 법인의 임원 · 직원, 계약에 따라 해당 법인의 업무를 위하여 운전하는 사람, 해당 법인의 업무를 위하여 필요하다고 인정되는 사람이 운전하는 경우만 보상하는 자동차보험을 말한다. 이 경우 임차 승용차로서 해당 법인의 임원 또는 직원, 계약에 따라 해당 법인의 업무를 위하여 운전하는 사람을 운전자로 한정하는 임대차 특약을 체결한 경우에는 업무전용자동차보험에 가입한 것으로 본다.

3) 업무용승용차의 감가상각비

(1) 감가상각비 이월액

각 사업연도의 소득금액을 계산할 때 업무용승용차에 대한 감가상각비는 정액법을 상각방법으로 하고, 내용연수를 5년으로 하여 계산한 금액을 감가상각비로 하여 손금에 산입하여야 한다.

업무용승용차의 업무사용금액 중 업무용승용차별 감가상각비와 업무용승용차별 임차료 중 감가상각비 상당액이 해당 사업연도에 각각 감가상각비 손금산입한도액인 800만원을 초과하는 경우 그 초과하는 금액(감가상각비 한도초과액)은 해당 사업연도의 손금에 산입하지 아니하고, 이월하여 손금에 산입한다. 이 경우 업무용승용차별 임차료 중 감가상각비 상당액이란 여신전문금융업법에 따른 시설대여업자로부터 임차한 승용차의 경우에는 업무용승용차의 임차료에서 보험료 · 자동차세 · 수선유지비를[107] 차감한 금액을 말하고, 시설대여업자 외의 자동차대여사업자로부터 임차한 승용차는 임차료의 70%에 해당하는 금액을 말한다.

감가상각비 이월액 = (업무용승용차별 감가상각비×업무사용비율) - (800만원×$\frac{\text{사업연도월수}}{12}$)[108)]

(2) 감가상각비 이월액의 손금추인

감가상각비 이월액은 해당 사업연도의 다음 사업연도부터 해당 업무용승용차의 업무사용금액 중 감가상각비가 800만원에 미달하는 경우 그 미달하는 금액을 한도로 손금에 산입한다.

4) 업무용승용차의 처분손실

업무용승용차를 처분하여 발생하는 손실로서 업무용승용차별로 800만원을 초과하는 금액은 해당 사업연도의 손금에 산입하지 아니한다.

업무용승용차의 처분손실로서 손금에 산입하지 아니한 이월액은 해당 사업연도의 다음 사업연도부터 800만원을 균등하게 손금에 산입하되, 남은 금액이 800만원 미만인 사업연도에는 남은 금액을 모두 손금에 산입한다.

5) 부동산임대업법인

부동산임대업을 주된 사업으로 하는 내국법인의 경우 업무용승용차의 업무사용비율을 계산하는 경우에는 1,500만원을 각각 500만원으로 하고, 업무용승용차의 감가상각비 및 업무용승용차의 처분손실을 적용하는 경우에는 800만원을 각각 400만원으로 한다.[109)]

---

107) 수선유지비를 별도로 구분하기 어려운 경우에는 임차료에서 보험료와 자동차세를 차감한 금액의 7%를 수선유지비로 할 수 있다.

108) 해당 사업연도가 1년 미만인 경우 800만원에 해당 사업연도의 월수를 곱하고 이를 12로 나누어 산출한 금액을 말하고, 사업연도 중 일부 기간 동안 보유하거나 임차한 경우에는 800만원에 해당 보유기간 또는 임차기간 월수를 곱하고 이를 사업연도 월수로 나누어 산출한 금액을 말한다. 해당 사업연도가 1년 미만이거나 일부 기간 동안 보유하거나 임차한 경우의 월수의 계산은 태양력에 따라 계산하되 1개월 미만의 일수로 1개월로 한다.

109) 부동산임대업을 주된 사업으로 하는 내국법인이란 ① 해당 사업연도 종료일 현재 내국법인의 지배주주등이 보유한 주식의 합계가 해당 내국법인의 발행주식총수의 50%을 초과할 것, ② 해당 사업연도에 부동산 임대업을 주된 사업으로 하거나 부동산임대업 수입금액·이자소득금액·배당소득금액의 합계가 기업회계기준에 따라 계산한 매출액 50% 이상일 것(이 경우 내국법인이 2이상의 서로 다른 사업을 영위하는 경우에는 사업별 사업수입금액이 큰 사업을 주된 사업으로 본다.), ③ 해당 사업연도의 상시근로자 수가 5명 미만일 것(이 경우 상시근로자는 근로기준법에 따라 근로계약을 체결한 내국인 근로자로 한다. 다만, 해당 법인의 최대주주, 최대주주와 국세기본법에 따른 친족관계인 근로자, 소득세법에 따른 근로소득원천징수부에 의하여 근로소득세를 원천징수한 사실이 확인되지 아니하는 근로자, 근로계약기간이 1년 미만인 근로자, 근로기준법에 따른 단시간근로자는 제외한다.)의 요건을 모두 갖춘 내국법인을 말한다.

사례 ⑳ 업무용승용자동차

다음은 제조업을 영위하는 영리내국법인 ㈜A(한국채택국제회계기준을 적용하지 않으며, 중소기업 아님)의 제18기 사업연도(2022.1.1~2022.12.31.) 업무용승용차(B)의 세무조정을 위한 자료이다. 제18기 말 업무용승용차(B)와 관련된 유보잔액을 계산하시오? (CPA. 2018)

(1) 2022.1.1에 임원전용 업무용승용차(B, 개별소비세법 제1조 제2항 제3호에 해당하는 승용자동차로 제18기 전체기간 동안 업무전용자동차보험에 가입함)를 120,000,000원에 취득하여 사업에 사용하기 시작하였다.

(2) 제18기 손익계산서상 업무용승용차(B) 관련비용

구 분	금 액
감가상각비	20,000,000원
유류비, 보험료, 자동차세, 통행료	4,000,000원
합 계	24,000,000원

(3) 회사는 운행기록 등을 작성 · 비치하였으며, 운행기록 등에 따라 확인되는 업무용승용차(B)의 업무사용비율은 90%이다.

(4) 해당 사업 연도의 상시근로자 수는 10명이다.

(5) 회사의 세무조정은 적정하게 이루어진 것으로 가정한다.

【해석】

√시부인계산: 〈손금산입〉 감가상각누계액(시인부족액) 4,000,000 △유보

- 신고조정 손금산입액: 20,000,000 − 24,000,000 = △4,000,000원

  → 상각범위액: $120,000,000 \times \frac{1}{5} \times \frac{12}{12} = 24,000,000$

√업무미사용금액: 〈손금불산입〉 업무용승용차 업무미사용금액 2,800,000 상여

- (24,000,000 + 4,000,000) × (1-90%) = 2,800,000원

√감가상각비 한도초과액: 〈손금불산입〉 감가상각누계액(한도초과액) 13,600,000 유보

- 【20,000,000(손익계산서) + 4,000,000(세무조정)】 × 90% - 8,000,000
  = 13,600,000원

√업무용승용차의 유보잔액: 13,600,000 − 4,000,000 = 9,600,000원

12. 지급이자의 손금불산입

1) 개념

소유주의 출자 외의 타인자본을 사용하는 대가로 지급하는 사용료를 총칭하여 이자비용이라 한다. 기업회계에서는 차입금의 이자를 비용으로 처리하는 것(기간비용설)을 원칙으로 하고, 특정한 경우 건설자금이자를 건설원가에 가산하여 자본화(취득원가설)하도록 규정하고 있다.

세무회계에서는 차입금의 이자는 순자산감소의 원인이 되는 손비이므로 손금산입하여야 하나, 법인이 차입금 등으로 조달한 자금을 부동산 투기에 사용하는 것을 방지하고, 생산적인 목적에 사용하도록 유도하여 기업의 재무구조를 건실하게 유지하기 위하여 특정한 용도에 사용되는 차입금의 이자는 손금에 산입하지 아니한다.

2) 손금불산입되는 지급이자의 종류 및 적용순서

법인세법에서는 여러 가지 이유에 의해 차입금의 이자를 손금불산입하도록 규정하고 있다. 이 경우 2종류 이상의 차입금의 이자를 손금불산입하는 경우 앞에서 손금부인한 금액이 다시 후순위의 손금불산입 규정에 적용되어 중복 부인되는 문제가 발생할 수 있다. 따라서 법인세법에서는 차입금의 이자의 손금불산입액 계산할 때 부인순서를 정하고, 먼저 부인한 차입금의 이자와 그에 상당하는 차입금의 적수를 후순위의 총차입금의 이자와 총차입금의 적수에서 차감하도록 하고 있다.

차입금 이자에 관한 손금불산입 부인순서	규제이유	소득처분
① 채권자가 불분명한 사채이자	· 변칙적인 자금거래 방지 · 종합소득세 과세	대표자상여 (원천징수세액 : 기타사외유출)
② 지급받은자 불분명한 채권·증권의 이자 등		
③ 건설자금이자 (특정차입금이자, 일반차입금이자)	자본적지출	건설중인자산: 유보 건설완성자산: 즉시상각의제
④ 업무무관자산 등에 대한 지급이자	· 부동산투기 억제 · 자금의 비생산적 활용 규제	기타사외유출

3) 채권자가 불분명한 사채이자

법인이 사채이자를 지급하는 경우에는 지급명세서에 따라 그 이자소득의 귀속자 · 지급일 등을 과세관청에 보고하여야 하며, 과세관청은 지급명세서를 기초로 사채업자에게 이자소득에 대한 종합소득세를 과세하게 된다. 채권자가 불분명한 사채이자의 손금불산입은 변칙적인 자금거래를 통한 이자소득의 누락을 방지하고, 사채이자에 대한 지급명세서의 제출을 유도하여 종합소득세의 과세를 현실화하고자 하는데 그 취지가 있다.

(1) 채권자가 불분명한 경우

채권자가 불분명한 사채란 다음 중 어느 하나에 해당하는 차입금을 말한다. 다만, 거래일 현재 주민등록표에 따라 거주사실 등이 확인된 채권자가 차입금을 변제받은 후 소재불명이 된 경우는 제외한다.

① 채권자의 주소 또는 성명을 확인할 수 없는 차입금
② 채권자의 능력 및 자산상태로 보아 금전을 대여한 것으로 인정할 수 없는 차입금
③ 채권자와의 금전거래사실 및 거래내용이 불분명한 차입금

(2) 채권자가 불분명한 사채이자의 세무조정

채권자가 불분명한 사채이자는 손금불산입하고, 원천징수세액 상당액을 제외한 사채이자의 실제지급액은 귀속이 불분명하므로 대표자에 대한 상여로 소득처분하며, 원천징수세액 상당액은 국가에 귀속되었으므로 기타사외유출로 소득처분한다.

4) 지급받은 자가 불분명한 채권 · 증권의 이자 등

금융회사 등이 이자를 지급하는 경우에는 금융실명제의 적용을 받으므로 지급받은 자의 실명이 확인되고, 금융회사 등은 지급명세서에 따라 그 이자소득의 귀속자 · 지급일 등을 과세관청에 보고한다. 금융회사 등이 아닌 법인이 채권을 발행하고 이자를 지급하는 경우에도 채권의 실명을 확인할 필요성이 있다. 채권 · 증권의 발행 법인이 이자 또는 할인액을 직접 지급하는 경우로서 그 지급사실이 객관적으로 인정되지 아니한 경우에는 그 이자 · 할인액 · 차익을 손금으로 인정하지 아니한다.

지급받은 자가 불분명한 채권 · 증권의 이자 등을 손금불산입하는 규정의 입법취지 및 세무조정은 채권자가 불분명한 사채이자의 경우와 같다.

5) 건설자금이자

(1) 기업회계와 세무회계의 차이

기업회계에서 건설자금이자로 계상할 수 있는 적격자산은 자가사용·임대·투자 등을 위해 매입·제조·건설이 개시된 날로부터 의도된 용도로 사용하거나 판매할 수 있는 상태가 될 때까지 기간이 1년 이상을 필요로 하는 유형자산, 무형자산, 투자자산, 재고자산을 말한다. 그러나 세무회계에서 건설자금이자로 계상할 수 있는 자본화대상자산은 사업용 유형자산과 무형자산으로 한정하고 있다.

기업회계에서 건설자금이자의 자본화는 법인의 선택사항이다. 그러나 세무회계에서 특정차입금의 지급이자는 반드시 자본화하여야 하고 일반차입금의 지급이자는 법인의 선택에 따라 자본화 여부가 결정된다.

(2) 건설자금이자의 개념

법인세법에서 건설자금에 충당한 차입금의 이자란 어떠한 명목이든 관계없이 사업용 유형자산 및 무형자산의 매입, 제작, 건설에 사용되는 특정차입금과 일반차입금에 대한 지급이자 또는 이와 유사한 성질의 지출금을 말하다. 특정차입금이란 자산의 건설 등에 사용된지의 여부가 분명한 차입금을 말하고, 일반차입금이란 자산의 건설 등에 사용된 기간에 실제 발생한 차입금의 이자로서 건설 등에 사용된지의 여부가 불분명한 차입금을 말한다.

(3) 건설자금이자의 계산기간

건설자금이자의 계산기간은 사업용 유형자산 및 무형자산의 매입, 제작, 건설의 개시일로부터 준공일까지의 기간을 말하고, 준공일은 건설 등의 목적물이 전부 준공된 날을 말한다.

구 분	개시일	준 공 일
토 지	계약금 지급일	대금청산일 및 사용개시일[110] 중 빠른 날
건 축 물	착공일	사용승인서 교부일, 임시사용승인일, 사용개시일[111] 중 빠른 날
사업용자산	설치일	사용개시일[112]

110) 토지의 사용개시일은 공장 등의 건설에 착공한 날이나 사업용토지로 업무에 직접 사용한 날을 말한다.

111) 건축물의 사용개시일은 건설의 목적물이 그 목적에 실제로 사용되기 시작한 날을 말한다.

(4) 건설자금이자의 계산

① 특정차입금에 대한 건설자금이자의 계산

건설 등에 사용한 것이 분명한 차입금의 이자로서 건설기간 중에 발생한 지급이자만이 건설자금이자로 계상된다.

다만, 특정차입금의 일부를 운영자금으로 전용한 경우 그 부분에 대한 지급이자는 기간비용으로 보아 당기에 손금산입하며, 특정차입금을 일시 예금함으로 발생하는 수입이자는 원본에 가산하는 자본적 지출액에서 차감한다. 특정차입금의 연체에 따라 발생하는 이자를 원본에 가산한 경우 그 가산한 연체이자는 이를 해당 사업연도의 자본적지출로 하고, 연체이자에 대한 지급이자는 이를 손금으로 한다.[113]

특정차입금의 건설자금이자 = 건설 등에 사용된 차입금이자 − 운영자금전용 차입금이자 − 일시예금의 수입이자

② 일반차입금에 대한 건설자금이자의 계산

건설자금에 충당한 차입금의 이자에서 특정차입금에 따른 이자를 뺀 금액으로서 해당 사업연도 중 사업용자산의 건설 등에 사용된 기간에 실제로 발생한 일반차입금의 지급이자는 내국법인의 각 사업연도의 소득금액을 계산할 때 손금에 산입하지 아니할 수 있다.(선택)

일반차입금의 건설자금이자 = Min(일반차입금의 지급이자, 자본화대상금액)

√자본화대상금액 = (건설비 적수-특정차입금 적수) × $\dfrac{\text{일반차입금 지급이자}}{\text{일반차입금 적수}}$

(5) 건설자금이자의 세무조정

법인이 건설자금이자를 자산의 취득원가(자본적지출)로 계상한 경우에는 별도의 세무조정이 필요 없으나, 건설자금이자를 포괄손익계산서의 이자비용으로 계상한 경우 또는 법인세법에 따라 계산한 건설자금이자보다 과대계상한 경우에는 다음과 같이 세무조정한다.

---

112) 사용개시일이란 사업용자산의 경우에는 정상제품을 생산하기 위하여 실제로 가동되는 날, 선박의 경우에는 최초의 출항일, 전기사업법에 따른 전기사업자가 발전소를 건설하는 경우에는 공작물 사용허가를 받은 날을 말한다.

113) 고정자산을 매입함에 있어서 매입가격을 결정한 후 그 대금 중 일부잔금의 지급지연으로 그 금액이 실질적으로 소비대차로 전환된 경우에 지급하는 이자는 건설 등이 준공된 날까지의 기간 중에는 건설자금이자로 보고, 건설 등이 준공된 날 이후의 이자는 각 사업연도의 소득금액 계산상 손금에 산입한다.

<table>
<tr><th colspan="3">구 분</th><th>건설자금이자에 대한 회계처리 및 세무조정</th></tr>
<tr><td rowspan="4">건설자금이자 과소계상</td><td colspan="2">회계</td><td>(차변) 지급이자 *** / (대변) 현금 ***</td></tr>
<tr><td rowspan="3">세무</td><td>비상각자산</td><td>(손금불산입) 자산(건설자금이자) *** 유보[114)]</td></tr>
<tr><td>건설중인 상각자산</td><td>(손금불산입) 자산(건설자금이자) *** 유보[115)]</td></tr>
<tr><td>완성된 상각자산</td><td>즉시상각의제로 보아 감가상각비 한도액 계산</td></tr>
<tr><td rowspan="4">건설자금이자 과대계상</td><td rowspan="2">계상일</td><td>회계</td><td>(차변) 자산(건설자금이자) *** / 현금 ***</td></tr>
<tr><td>세무</td><td>(손금산입) 자산(건설자금이자) *** △유보</td></tr>
<tr><td rowspan="2">준공일 이후</td><td>회계</td><td>(차변) 감가상각비 *** / (대변) 감가상각누계액 ***</td></tr>
<tr><td>세무</td><td>(손금불산입) 감가상각누계액 *** 유보[116)]</td></tr>
</table>

사례 ㉑ 건설자금이자에 대한 세무조정

(주)고려의 제17기(2022.1.1~2022.12.31)의 건설자금이자에 대하여 세무조정을 하시오.

(1) 본사사옥 신축용 토지와 건물을 취득하기 위한 금융회사 등 차입금에 대한 이자가 다음과 같이 발생하였다. 건물의 준공예정일은 2023.12.31이다.

① 토지취득일(2022.1.1)부터 잔금청산일(2022.3.31.)까지 이자발생액은 7,000,000이고, 잔금청산일 이후 2022.12.31까지 이자발생액은 13,000,000이다.

② 건물신축일(2022.4.1)부터 2022.12.31까지 이자발생액은 14,000,000이다.

(2) 회사는 이자발생액에 대하여 기업회계기준에 따라 다음과 같이 자본화하였다.

(차)	토 지	7,000,000	(대)	현금성자산	34,000,000
	건설중인자산	27,000,000			

【해석】

√ 건설자금이자의 세무조정: 〈손금산입〉 건설중인자산(이자비용) 13,000,000 △유보

√ 기업회계에서는 건물을 건설하기 위하여 토지를 취득하는 경우 해당 건물의 완공시까지 토지에 대한 금융비용을 자본화하고, 건물의 건설기간에 토지와 관련하여 발생한 자본화할 금융비용은 건물의 취득원가로 처리한다. 법인세법에서는 건물의 건설기간에 토지와 관련하여 발생한 이자비용을 건물의 취득원가로 보지 않으므로 세무조정을 하여야 한다.

---

114) 차기 이후 비상각자산을 처분하거나 전기오류수정손익을 계상한 사업연도에 익금불산입(△유보)하여 추인한다.

115) 차기 이후 유형자산의 건설이 완료되어 사용하는 때에 손금불산입된 건설자금이자를 상각부인액으로 의제하여 해당 사업연도의 시인부족액의 범위에서 손금추인을 한다.

116) 손금불산입액 = 감가상각비 × $\frac{\text{△유보금액}}{\text{자산가액}}$

6) 업무무관자산 등 관련 차입금이자

법인이 해당 법인의 업무와 관련 없는 부동산·동산을 취득하여 보유하고 있거나 특수관계인에게 업무와 직접 관련 없이 지급한 가지급금이 있는 경우에는 그에 상당하는 차입금의 이자는 손금산입하지 아니한다. 이는 법인의 부동산투기를 억제하고 자금을 비생산적으로 활용하는 것을 규제함으로써 재무구조를 개선하기 위한 것이다.

(1) 업무무관자산

업무무관자산이란 법인의 업무와 직접적인 관련이 없다고 인정되는 자산을 말한다.117)

① 유예기간이 지난 후에도 법인의 업무에 직접 사용하지 않는 부동산

② 유예기간 중에 법인의 업무에 직접 사용하지 아니하고 양도하는 부동산. 다만, 부동산매매업을 주업으로 하는 법인의 경우에는 부동산을 양도하는 것이 사업목적이므로 제외한다.

③ 서화 및 골동품, 업무에 직접 사용하지 아니하는 자동차·선박·항공기 등

(2) 특수관계인에 대한 업무무관가지급금

업무무관가지급금이란118) 그 명칭 여하에 불구하고 법인의 업무와 직접적인 관련이 없거나 금융회사 등의 주된 수익사업으로 볼 수 없는 자금의 대여액을 말한다. 특수관계인에 대한 대여금만 해당되며, 이자를 수령하고 있는지 여부와는 관계가 없으므로 적정한 이자를 받는 경우에도 지급이자 손금불산입 대상이 된다.

다만, 다음의 가지급금은 근로자의 복지증진 등 조세정책적 목적에서 업무와 관련 없는 가지급금으로 보지 아니한다.

① 소득세법의 지급시기 의제규정에 따라 지급한 것으로 보는 배당소득 및 상여금에 대한 소득세를 법인이 대납하고 이를 가지급금으로 계상한 금액(미지급소득을 실지로 지급할 때까지의 기간에 상당하는 금액에 한함)

---

117) 제3장 2절 10. 1)의 업무무관자산의 범위와 동일하다.

118) 업무무관가지급금에 대한 법인세에 따른 규제내용은 크게 3가지로 분류된다.
① 가지급금에 상당하는 차입금의 이자를 손금에 산입하지 않는다.
② 가지급금과 관련된 수입이자가 세법에 따른 수익에 미달하는 경우에는 그 차액을 익금에 산입한다.
③ 회수가 불가능한 경우에도 대손처리할 수 없으며, 대손충당금의 설정대상 채권에서 제외한다.

② 익금에 산입한 금액의 귀속이 불분명하여 대표자에게 상여처분한 금액에 대한 소득세를 법인이 납부하고 이를 가지급금으로 계상하는 금액(특수관계가 소멸될 때까지의 기간에 상당하는 금액에 한함)
③ 법인이 우리사주조합 또는 그 조합원에게 해당 우리사주조합이 설립된 법인의 주식취득에 사용되는 자금을 대여한 금액(상환할 때까지의 기간에 상당하는 금액에 한함)
④ 국민연금법에 따라 근로자가 지급받는 것으로 보는 퇴직금전환금(해당 근로자가 퇴직할 때까지의 기간에 상당하는 금액에 한함)
⑤ 정부의 허가를 받아 국외에 자본을 투자한 내국법인이 국외투자법인에 종사하거나 종사할 자의 여비·급료 등 비용을 대신 부담하고 이를 가지급금 등으로 계상한 금액(그 금액을 실지로 환부받을 때까지의 기간에 상당하는 금액에 한함)
⑥ 직원에 대한 월정급여액의 범위 내에서의 일시적인 급료의 가불금
⑦ 직원에 대한 경조사비의 대여액
⑧ 직원 및 직원의 자녀에 대한 학자금의 대여액
⑨ 중소기업에 근무하는 직원(지배주주인 직원은 제외함)에 대한 주택구입 또는 전세자금의 대여액
⑩ 한국자산관리공사가 출자총액의 전액을 출자하여 설립한 법인에 대여한 금액

(3) 손금불산입금액의 계산

업무무관자산 등에 대한 지급이자 손금불산입액은 다음과 같다.

$$\text{손금불산입 지급이자} = \text{지급이자} \times \frac{(\text{업무무관자산가액 적수} + \text{업무무관가지급금 적수})}{\text{차입금 적수}}$$

① 업무무관자산 및 업무무관가지급금의 적수

업무무관자산의 가액은 법인세법에 따라 계산한 취득가액으로 하며, 업무무관자산의 적수는 취득가액에 업무무관자산의 보유일수를 곱하여 적수를 계산한다. 이 경우 특수관계인으로부터 시가보다 높은 가액으로 취득함에 따라 부당행위계산의 부인규정이 적용되는 경우에도 취득가액은 시가초과액을 차감하지 아니한 본래의 가액으로 한다.

업무무관가지급금의 적수란 가지급금에 가지급금의 지급일로부터 회수일까지의 일수를 곱한 금액을 말한다. 가지급금 적수를 계산함에 있어서 동일인에 대한 가지급금과 가수금이 함

께 있는 경우에는 가지급금의 적수와 가수금의 적수를 상계한 후 그 차감 적수인 순액으로 지급이자를 부인한다. 다만, 가지급금과 가수금의 발생할 때에 상환기간 및 이자율 등에 관한 약정이 있어 상계할 수 없는 경우에는 상계하지 아니한다.

업무무관자산의 적수와 업무무관가지급금의 적수를 합계한 금액은 총차입금의 적수를 한도로 한다.

② 차입금의 범위

차입금이란 명목 여하에 불구하고 지급이자 및 할인료를 부담하는 모든 부채를 말한다. 다만, 다음의 차입금은 지급이자 손금불산입 대상 차입금에 포함하지 아니한다.

㉠ 금융회사 등이 국가 · 지방자치단체, 한국은행, 법령에 따른 기금 등으로부터[119] 차입한 금액

㉡ 내국법인이 한국은행총재가 정한 규정에 따라 기업구매자금대출로 차입한 금액

③ 차입금의 이자의 범위

차입금의 이자는 업무무관자산 및 업무무관가지급금의 보유기간에 해당하는 지급이자가 아닌 해당 사업연도에 발생한 지급이자의 총액을 의미하고, 업무무관자산 및 업무무관가지급금을 사업연도 중에 취득하거나 처분하는 경우에도 차입금과 지급이자는 업무무관자산 및 업무무관가지급금의 취득 · 양도시기와 관계없이 해당 사업연도 개시일로부터 종료일까지의 합계액을 기준으로 한다.

차입금의 이자는 해당 사업연도에 지급한 이자는 물론 지급이자가 확정되었으나 미지급된 이자를 포함하며 선급이자는 제외하고, 지급이자와 차입금적수는 총지급이자와 총차입금적수에서 선순위에서 부인된 지급이자와 차입금적수를 차감하여 계산한다.[120][121]

---

119) 법령에 따라 설치된 기금 등이란 공공자금관리기금법에 따른 공공자금관리기금, 외국인투자촉진법 · 외국환거래법에 따른 외화차입금, 예금증서를 발행하거나 예금계좌를 통하여 일정한 이자지급 등의 대가를 조건으로 불특정 다수의 고객으로부터 받아 관리하고 운용하는 자금을 포함한다.

120) 지급이자에 포함되는 것은 금융어음(융통어음)할인료, 사채할인발행차금상각액, 회사채이자, 개인사채이자, 미지급이자 계상액, 금융리스에 따른 리스료(유효이자율법에 따라 계산한 이자상당액을 제외함) 등이 있다.

121) 지급이자에 포함되지 않는 것은 상업어음 할인료, 현재가치할인차금상각액, 기업구매자금 대출이자, 선급이자, 운용리스료, 연지급수입에 있어서 취득가액과 구분하여 지급이자로 계상한 금액(Banker' s Usance 이자) 등이 있다.

사례 ㉒ 지급이자의 손금불산입

제조업을 경영하는 ㈜고려의 제17기(2022.1.1～2022.12.31) 지급이자에 대한 다음 자료를 바탕으로 세무조정과 소득처분을 하시오.

(1) 손익계산서의 지급이자의 내역

이자율	지급이자	차입금적수	비 고
연 25%	2,000,000	2,920,000,000	채권자불분명(25% 원천징수세액 포함)
연 15%	18,000,000	43,800,000,000	
연 10%	3,000,000	10,950,000,000	당기말 현재 미완공 건물 신축에 사용
합 계	23,000,000	57,670,000,000	

(2) 가지급금 지급내역

지급대상자	지급일자	금 액	비 고
대표이사	2022.4.16	28,550,000	업무와 직접 관련 없는 대여금
경리부장	2022.7.15	3,500,000	본인 학자금 대여액
합 계		32,050,000	

【해석】

√ 채권자 불분명 사채이자

- 세무조정: 〈손금불산입〉 지급이자(채권자 불분명 사채이자) 1,500,000 상 여
  〈손금불산입〉 지급이자(사채이자, 원천징수세액) 500,000 기타유출

√ 건설자금이자

- 세무조정: 〈손금불산입〉 건물(특정차입금 지급이자) 3,000,000 유 보

√ 업무무관자산 등에 대한 지급이자

- 손금불산입액: $18,000,000 \times \frac{7,423,000,000}{43,800,000,000} = 3,050,548$원
  → 지급이자 잔액 : 23,000,000 − 2,000,000 − 3,000,000 = 18,000,000
  → 차입금적수 잔액 : 57,670,000,000−2,920,000,000−10,950,000,000 = 43,800,000,000
  → 가지급금 적수: 28,550,000 × 260일(4.16～12.31) = 7,423,000,000
- 세무조정: 〈손금불산입〉 지급이자(업무무관자산) 3,050,548 기타유출

사 업 연 도	. . . ~ . . .	건설자금이자조정명세서	법 인 명	
			사업자등록번호	

1. 건설자금이자 조정

구 분	①건설자금이자	②회사계상액	③상각대상자산분	④차감조정액 (①-②-③)
건설완료자산분				
건설중인자산분				
계				

2. 특정차입금 건설자금이자계산 명세

⑤ 건 설 자산명	⑥ 대 출 기관명	⑦ 차입일	⑧ 차입 금액	⑨ 이자율	⑩ 당 기 지급이자	⑪ 준공일또는 준공예정일	⑫ 건설자금이자 계산대상일수	⑬ 건설자금이자 계상대상금액
계								

3. 일반차입금 건설자금이자계산 명세

⑭ 해당 사업연도 중 건설등에 소요된 기간에 실제로 발생한 일반차입금의 지급이자 등 합계			
⑮ 해당 건설등에대하여 해당 사업연도에 지출한 금액의 적수	⑯ 해당 사업연도의 특정차입금의 적수	⑰ 사업연도 일수	⑱ 계산대상금액 (⑮/⑰-⑯/⑰)
⑲ 일반차입금 지급이자 등의 합계	⑳ 해당 사업연도의 일반차입금의 적수	㉑ 자본화이자율 (⑲÷⑳/⑰)	㉒ 비교대상금액 (⑱×㉑)
㉓일반차입금 건설자금이자계상 대상금액[Min (⑭, ㉒)]			

사업연도	. . . ~ . . .	업무무관부동산등에관련한 차입금이자조정명세서(갑)	법 인 명	
			사업자등록번호	

1. 업무무관부동산 등에 관련한 차입금지급이자

① 지급이자	적수				⑥ 차 입 금 (= ⑲)	⑦ ⑤와 ⑥중 적은 금액	⑧ 손금불산입 지 급 이 자 (①×⑦÷⑥)
	② 업무무관부동산	③ 업무무관동산	④ 가지급금 등	⑤ 계 (②+③+④)			

2. 지급이자 및 차입금 적수계산

⑨ 이자율	⑩ 지급이자	⑪ 차입금적수	⑫채권자불분명 사채이자 등		⑮건설자금이자 등		차감	
			⑬ 지급이자	⑭ 차입금적수	⑯ 지급이자	⑰ 차입금적수	⑱ 지급이자 (⑩-⑬-⑯)	⑲ 차입금적수 (⑪-⑭-⑰)
합계								

연습문제

1. 법인세법의 손금에 관한 설명이다. 옳지 않은 것은? (2015. CPA)

① 잉여금의 처분으로 인한 배당금 지급액은 손금에 산입하지 아니한다.

② 특수관계인에 대한 업무무관가지급금의 처분손실은 손금에 산입하지 아니한다.

③ 감자차손은 손금에 산입하지 아니한다.

④ 내국법인이 보유하고 있는 채권이 상법상 소멸시효의 완성으로 인하여 소멸한 경우에는 해당 대손금은 그 사유가 발생하여 손금으로 산입한 날이 속하는 사업연도의 손금에 산입한다.

⑤ 결산을 확정함에 있어서 이미 경과한 기간에 대응하는 지급이자를 손금으로 계상한 경우에는 그 계상한 사업연도의 손금에 산입한다.

【정답】 ④

√손금으로 계상한 날 → 사유가 발생한 날

2. 법인세법의 손금에 관한 설명으로 옳은 것을 모두 고른 것은? (CTA. 2016수정)

ㄱ. 채무자 회생 및 파산에 관한 법률에 따른 회생계획인가의 결정에 따라 회수불능으로 확정된 채권은 당해 채권을 손금으로 계상한 날이 속하는 사업연도의 손금으로 한다.

ㄴ. 법인이 지급한 손해배상금 중 실제 발생한 손해를 초과하여 지급하는 금액으로서 실제 발생한 손해액이 분명하지 아니한 경우에는 내국법인이 지급한 손해배상금에 3분의 2를 곱한 금액을 제외하고 손금에 산입하지 아니한다.

ㄷ. 회수할 수 없는 부가가치세 매출세액미수금으로서 부가가치세법에 따라 대손세액공제를 받지 아니한 것은 손금에 해당한다.

ㄹ. 내국법인이 해당 법인 이외의 자와 출자에 의하여 특정사업을 공동으로 영위함에 따라 발생된 손비에 대한 분담금액은 출자총액 중 당해 법인이 출자한 금액의 비율에 우선하여 당해 공동사업자 사이의 약정에 따른 분담비율을 기준으로 정한다.

① ㄷ　　② ㄴ, ㄷ　　③ ㄷ, ㄹ
④ ㄱ, ㄴ, ㄹ　　⑤ ㄱ, ㄷ, ㄹ

【정답】 ①

√ㄱ: 손금으로 계상한 날 → 사유발생일, ㄴ: 3분의 2를 곱한 금액을 제외하고 → 3분의 2를 곱한 금액을, ㄹ: 출자공동사업자는 출자비율에 따라 안분계산한다.

3. 법인세법의 세무조정이 필요한 항목으로 옳은 것을 모두 고른 것은? (2015. CTA)

ㄱ. 자기주식을 시가에 양도하여 발생한 자기주식처분이익을 자본잉여금으로 계상하였다.

ㄴ. 지방세 과오납금의 환급금에 대한 이자를 수령하고 이자수익으로 계상하였다.

ㄷ. 영유아보육법에 따라 설치한 직장어린이집의 운영비를 지출하고 복리후생비로 비용처리하였다.

ㄹ. 전기요금의 납부지연으로 인한 연체가산금을 납부하고 세금과공과로 비용처리하였다.

ㅁ. 법인의 임원 또는 직원이 아닌 지배주주에게 교육훈련비를 지급하고 비용으로 처리하였다.

ㅂ. 직원에 대한 확정기여형 퇴직연금의 부담금을 납입하고 퇴직급여로 비용처리하였다.

① ㄱ, ㄴ, ㅁ ② ㄱ, ㄹ, ㅂ ③ ㄴ, ㄷ, ㅁ
④ ㄷ, ㄹ, ㅂ ⑤ ㄹ, ㅁ, ㅂ

【정답】①

√ㄱ: 자기주식처분이익(익금산입, 기타), ㄴ: 국세 등 환급가산금(익금불산입, 기타),
ㅁ: 지배주주의 교육훈련비(손금불산입, 배당)

4. 다음의 자료를 이용하여 영리내국법인 ㈜A의 제19기 사업연도(2022.1.1~2022.12.31) 소득금액조정합계표상 가산조정금액과 차감조정금액의 차이금액을 계산하면 얼마인가? 전기까지 회계처리 및 세무조정은 적정하게 이루어졌다. (CPA. 2019)

내 용	금 액
(1) 손익계산서상 당기순이익	1,500,000원
(2) 비용으로 처리된 접대비 중 한도초과액	300,000원
(3) 비용으로 처리된 교통사고벌과금	400,000원
(4) 비용으로 처리된 기부금 중 한도초과액	500,000원
(5) 수익으로 처리된 재산세환급액(전기 납부분)	600,000원
(6) 수익으로 처리된 재산세환급액에 대한 환급금이자	50,000원
(7) 자본조정으로 처리된 자기주식처분이익	2,000,000원
(8) 기타포괄손익누계액으로 처리된 공정가치측정 금융자산 평가이익	1,800,000원
(9) 이월공제가능 기간 이내의 이월결손금	1,300,000원

① 2,650,000원 ② 3,150,000원 ③ 3,350,000원
④ 4,650,000원 ⑤ 6,450,000원

【정답】 ①

√가산조정금액(손금불산입, 익금산입): 4,500,000원

- 300,000(접대비 한도초과액) + 400,000(벌과금) + 2,000,000(자기주식처분이익) + 1,800,000 (기타포괄손익누계액) = 4,500,000원

√차감조정금액(손금산입, 익금불산입): 1,850,000원

- 50,000(국세환급가산금) + 1,800,000(금융자산) = 1,850,000원

5. 다음은 제조업을 영위하는 영리내국법인 ㈜A의 제17기 사업연도(2022.1.1~2022.12.31)의 세무조정관련 사항이며, 제시된 자료 이외의 추가사항은 없다. 전기의 세무조정은 적정하게 이루어졌으며 법인세부담 최소화를 가정할 경우, 소득금액조정합계표와 자본금과 적립금 조정명세서(을)에 영향을 미치는 금액을 각각 순액으로 표시한 것으로 옳은 것은? (CPA. 2017수정)

(1) 무상으로 받은 자산의 가액을 장부상 자산수증이익으로 처리한 금액 : 4,500,000원(수증자산의 시가 5,500,000원)

(2) 부가가치세 매출세액을 장부상 수익 처리한 금액 : 500,000원

(3) 잉여금처분 결의일이 속하는 당기 귀속 배당수입금액으로 당기말까지 해당 금액을 수령하지 못하여 장부상 회계처리하지 않은 금액 : 2,000,000원(수입배당금 익금불산입 적용조건을 만족하며 익금불산입률은 30%임)

(4) 법정기부금 한도초과액 : 1,000,000원

(5) 전기에 업무용 토지에 대한 재산세를 납부하면서 자본적지출로 처리한 금액 중 당기에 환급되어 장부상 잡수익으로 처리한 금액 : 300,000원

	소득금액조정합계표	자본금과적립금조정명세서
①	900,000원	(−)500,000원
②	900,000원	800,000원
③	1,900,000원	2,500,000원
④	1,900,000원	2,800,000원
⑤	800,000원	2,500,000원

【정답】 ③

√자산수증이익: 〈익금산입〉 자산 1,000,000 유보

√부가가치세 매출세액: 〈익금불산입〉 부가가치세 예수금 500,000 △유보

√수입배당금: 〈익금산입〉 미수배당금 2,000,000 유보

〈익금불산입〉 수입배당금 익금불산입액 600,000 기타

√법정기부금 한도초과액은 법인세 과세표준 및 세액조정계산서에 표시된다.

√재산세: 전기에 세무조정으로 손금산입한 금액(토지 300,000 △유보)이 환급된 경우 익금에 산

입하여야 한다. 법인이 잡이익으로 계상하였으므로 세무조정은 없다.

√소득금액조정합계표: 1,900,000원

- 1,000,000 + 2,000,000 − 500,000 − 600,000 = 1,900,000

√자본금과 적립금 조정명세(을): 1,000,000 + 2,000,000 − 500,000 = 2,500,000원

6. 다음은 (주)고려의 제17기 사업연도(2022.1.1~2022.12.31)의 확정급여형 퇴직연금에 대한 자료이다. 확정급여형퇴직연금에 대한 세무조정으로 옳은 것은? (2011. CPA)

(1) 급여 및 퇴직급여충당금 정보는 다음과 같다.

가. (주)고려의 퇴직급여지급규정의 퇴직급여 지급대상자의 총급여액: 99,000,000원

나. 일시퇴직기준에 따른 기말퇴직급여추계액은 49,000,000원이고, 보험수리기준에 따른 기말퇴직급여추계액은 53,000,000원이다.

다. 기말퇴직급여충당금 잔액: 35,000,000원(부인액 16,000,000원 포함)

(2) 당기 퇴직연금운용자산에 대한 내용은 다음과 같다.

퇴직연금운용자산 (단위; 원)

전기이월액	28,000,000	당기지급액	11,000,000
당기증가액	15,000,000	차기이월액	32,000,000

(3) 당기 퇴직연금충당금에 대한 내용은 다음과 같다.

퇴직연금충당금 (단위; 원)

당기지급액	11,000,000	전기이월액	32,000,000*
차기이월액	34,000,000	당기설정액	13,000,000

*한도초과액 5,000,000원이 포함되어 있음.

① 손금산입 1,000,000원(△유보)
② 손금불산입 2,000,000원(유보)
③ 손금산입 3,000,000원(△유보)
④ 손금불산입 8,000,000원(유보)
⑤ 손금불산입 16,000,000원(유보)

【정답】③

√한도액: Min(34,000,000원, 32,000,000원) - 16,000,000 = 16,000,000원

- 퇴직급여추계액 기준: Max(49,000,000원, 53,000,000원) - 19,000,000 = 34,000,000
  → 퇴직급여충당금 잔액: 35,000,000 − 16,000,000 = 19,000,000
- 퇴직연금예치금 기준: 28,000,000 - 11,000,000 + 15,000,000 = 32,000,000
- 이미 손금산입한 부담금: 32,000,000 - 11,000,000 - 5,000,000 = 16,000,000

√신고조정 손금산입액: 16,000,000 - 13,000,000 = 3,000,000원

7. 영리내국법인 ㈜갑의 제19기 사업연도(2022.1.1~2022.12.31) 확정급여형 퇴직연금충당금과 관련된 자료이다. 제19기 세무조정 완료 후 세무상 기말 퇴직연금충당금 잔액은 얼마인가? (CPA. 2019)

(1) 장부상 퇴직급여충당금 계정은 다음과 같으며 기초 잔액에는 손금부인액 15,000,000원이 포함되어 있다.

퇴직급여충당금

당기감소	10,000,000원	기초잔액	30,000,000원
기말잔액	20,000,000원	당기증가	0원

(2) 장부상 퇴직연금운용자산 계정은 다음과 같다.

퇴직연금운용자산

기초잔액	100,000,000원	당기지급	10,000,000원
추가예치	20,000,000원	기말잔액	110,000,000원

(3) 당기중 직원의 현실적 퇴직으로 퇴직연금운용자산에서 10,000,000원을 지급하고, 퇴직연금운용자산과 퇴직급여충당금을 감소시켰다.

(4) ㈜갑은 신고조정에 의하여 퇴직연금충당금을 설정하고 있으며, 세무상 기초잔액은 99,000,000원(△유보)이다.

(5) 당기말 일시퇴직기준 추계액은 110,000,000원, 보험수리기준 추계액은 120,000,000원이다.

① 95,000,000원 ② 105,000,000원 ③ 109,000,000원
④ 110,000,000원 ⑤ 120,000,000원

【정답】 ②

√손금산입한도액: Min(105,000,000원, 110,000,000원) − 89,000,000 = 16,000,000원

• 퇴직급여추계액 기준: Max(110,000,000원, 120,000,000원) − 15,000,000 = 105,000,000원

→ 퇴직급여충당금 잔액: 20,000,000 − 15,000,000 + 10,000,000 = 15,000,000원

→ 퇴직연금운용자산과 상계한 퇴직급여충당금을 손금산입(△유보)하고, 퇴직연금 부담금에 대한 퇴직연금충당금을 손금불산입(유보)한다

• 퇴직연금예치금 기준: 100,000,000 − 10,000,000 + 20,000,000 = 110,0000,000원

• 이미 손금에 산입한 퇴직보험료: 99,000,000 − 10,000,000 = 89,000,000원

√퇴직연금 한도초과액: 20,000,000 − 16,000,000 = 4,000,000원

√퇴직연금충당금 잔액: 99,000,000 − 10,000,000 + 20,000,000 − 4,000,000
= 105,000,000원

8. 제조업을 영위하는 영리내국법인 ㈜A(일반기업회계기준 적용기업)의 제20기(2022.1.1~2022.12.31) 감가상각 관련 자료이다. 감가상각과 관련하여 세무조정금액으로 옳은 것은? (CPA. 2020)

(1) 제20기의 감가상각비 조정을 위한 회계장부의 수치는 다음과 같다.

구 분	취득원가	기말감가상각누계액	기초상각부인누계액	당기감가상각비
건물	900,000,000원	435,000,000원	4,000,000원	30,000,000원
기계장치	400,000,000원	280,000,000원	20,000,000원	25,000,000원

(2) 기준내용연수 및 상각률

구 분	기준내용연수	상각률	
		정액법	정률법
건물	20년	0.050	0.140
기계장치	10년	0.100	0.259

(3) ㈜A는 내용연수 및 감가상각방법을 신고하지 않았다.

(4) 당기 중 건물에 대한 자본적 지출 24,000,000원과 기계장치에 대한 자본적 지출 10,000,000원을 손익계산서상 수선비로 처리하였다.

	건 물	기계장치
①	손금불산입 19,000,000원	손금불산입 3,850,000원
②	손금산입 4,000,000원	손금산입 3,850,000원
③	손금산입 4,000,000원	손금불산입 10,325,000원
④	손금불산입 19,000,000원	손금산입 10,325,000원
⑤	손금산입 4,000,000원	손금산입 10,325,000원

【정답】 ⑤

√건물 세무조정: 〈손금산입〉 감가상각누계액(건물, 상각부인액) 4,000,000 △유보

- 감가상각비 해당액: 30,000,000원
  → 자본적 지출액 24,000,000원은 Max(495,000,000×5%, 6,000,000원)에 미달하므로 수선비에 해당한다.
- 한도초과액: 30,000,000 - 900,000,000 × 0.05 = △15,000,000(시인부족액)
- 상각부인액의 손금추인: Min(4,000,000원, 15,000,000원) = 4,000,000원

√기계장치 세무조정: 〈손금산입〉 감가상각누계액(기계장치, 상각부인액) 10,325,000 △유보

- 감가상각비 해당액: 25,000,000 + 10,000,000 = 35,000,000원
  → 자본적 지출액 10,000,000원은 Max(145,000,000×5%, 6,000,000원)에 미달하지 않으므로

즉시상각의제가 적용된다.

- 미상각잔액: 400,000,000 − 280,000,000 + 25,000,000 +20,000,000 + 10,000,000 = 175,000,000원
- 한도초과액: 35,000,000 - 175,000,000 × 0.259 = △10,325,000(시인부족액)
- 상각부인액의 손금추인: Min(20,000,000원, 10,325,000원) = 10,325,000원

9. 영리내국법인 ㈜갑의 제19기 사업연도(2022.1.1~2022.12.31) 사용수익기부자산과 관련된 자료이다. 사용수익기부자산에 대한 세무조정이 제19기 각사업연도 소득금액에 미치는 순영향은 얼마인가? (CPA. 2019)

(1) ㈜갑은 건물(장부가 80,000,000원, 시가 100,000,000원)을 2022.7.1 준공하여 동 일자로 지방자치단체에 기부하고 향후 10년간 무상 사용하기로 하고 다음과 같이 회계처리하였다.

(차)	사용수익기부자산	100,000,000원	(대)	건 물	80,000,000원
				유형자산처분이익	20,000,000원

(2) 제19기 사용수익기부자산에 대하여 10,000,000원의 감가상각비를 계상하였다.
(3) ㈜갑은 한국채택국제회계기준을 적용하지 않는다.

① (-)14,000,000원 ② (+)14,000,000원 ③ (-)16,000,000원
④ (+)16,000,000원 ⑤ (-)18,000,000원

【정답】 ①

√자산처분이익 과다계상액: 〈익금불산입〉 사용수익기부자산 20,000,000 △유보

- 국가에 무상으로 기부한 사용수익기부자산은 장부가액으로 평가한다.

√감가상각비: 〈손금불산입〉 사용수익기부자산(△유보분) 2,000,000 유보
〈손금불산입〉 사용수익기부자산(한도초과액) 4,000,000 유보

- △유보분: $10,000,000 \times \frac{20,000,000}{100,000,000} = 2,000,000$원
- 한도초과액: $(10,000,000-2,000,000) - 80,000,000 \times \frac{1}{10} \times \frac{6}{12} = 4,000,000$원

10. 다음은 제조업을 영위하는 비상장 영리내국법인(한국채택국제회계기준을 적용하지 않음)인 ㈜A의 제16기(2021.1.1~2021.12.31)와 제17기(2022.1.1~2022.12.31) 감가상각비 관련 자료이다. ㈜A가 기계장치에 대해 신고한 감가상각방법이 정률법일 때 제17기말 유보 잔액을 계산한 것으로 옳은 것은? (CPA. 2016)

(1) 2021.1.1에 신규 기계장치를 100,000,000원에 취득하여 사업에 사용하고 있다.

(2) 손익계산서상 기계장치의 수선비 중 자본적 지출에 해당하는 금액은 제16기에 10,000,000원, 제17기에 1,000,000원이다.

(3) 손익계산서상 기계장치의 감가상각비는 제16기에 20,000,000원, 제17기에 18,000,000원이다.

(4) 정률법 상각률은 0.2이며, 모든 세무조정은 적정하게 이루어진 것으로 가정한다.

① 6,400,000원 ② 8,000,000원 ③ 8,400,000원
④ 9,200,000원 ⑤ 10,000,000원

【정답】④

√제16기 감가상각비 한도초과액: 30,000,000 − 22,000,000 = 8,000,000원

- 미상각잔액: 1억원 − 2,000만원 + 2,000만원 + 1,000만원 = 110,000,000
- 손금산입 한도액: 110,000,000 × 0.2 = 22,000,000
- 회사계상액: 20,000,000 + 10,000,000 = 30,000,000

√제17기 감가상각비 한도초과액: 19,000,000 − 17,800,000 = 1,200,000원

- 미상각잔액: 1억원-3,800만원+1,800만원+100만원+800만원 = 89,000,000
- 손금산입 한도액: 89,000,000 × 0.2 = 17,800,000
- 회사계상액: 18,000,000 + 1,000,000 = 19,000,000

√손금불산입에 따른 유보잔액: 8,000,000 + 1,200,000 = 9,200,000원

11. 다음은 제조업을 영위하는 영리내국법인 ㈜A(한국채택국제회계기준 적용하지 않음, 중소기업 아님)의 제16기(2021.1.1~2021.12.31)와 제17기(2022.1.1~2022.12.31) 건물의 감가상각과 관련된 자료이다. 제17기말 유보잔액으로 옳은 것은? (CPA. 2017)

(1) 본점용 건물을 2021.4.2.에 시가인 1,000,000,000원에 매입하고 장부에 매입가액으로 계상하였다. 동 건물은 매입일부터 사업에 사용하였다.

(2) 제16기에 동 건물의 취득세로 2,500,000원을 지출하고 손익계산서상 세금과공과로 계상하였다.

(3) 제17기에 동 건물에 대한 자본적 지출액(주기적인 수선을 위한 지출 아님) 50,000,000원을 손익계산서상 수선비로 계상하였다.

(4) 동 건물과 관련하여 제16기와 제17기에 각각 100,000,000원을 손익계산서상 감가상각비로 계상하였다.

(5) 건물의 감가상각방법은 신고하지 않았다.(정액법 상각률은 0.1, 정률법 상각률은 0.2로 가정함)

(6) 법인세부담 최소화를 가정하고, 주어진 자료 이외의 다른 사항은 고려하지 않는다

① 0원 ② 47,000,000원 ③ 70,000,000원
④ 72,062,500원 ⑤ 72,312,500원

【정답】 ④

√감가상각방법을 무신고 하였으므로 건물은 정액법을 적용한다.

√제16기 세무조정: 〈손금불산입〉 건물(감가상각누계액) 27,312,500원 유보

- 감가상각비 해당액 : 100,000,000 + 2,500,000 = 102,500,000원
  → 세금과공과로 계산한 취득세는 자산의 취득가액(손금불산입)과 감가상각비(즉시상각, 손금산입)에 포함한다.
- 상각범위액: $(1,000,000,000 + 2,500,000) \times 0.1 \times \frac{9}{12} = 75,187,500$원
- 감가상각비 한도초과액: 102,500,000 - 75,187,500 = 27,312,500원

√제17기 세무조정: 〈손금불산입〉 건물(감가상각누계액) 44,750,000원

- 감가상각비 해당액: 100,000,000 + 50,000,000 = 150,000,000
  → 전기말 재무상태표의 장부가액(900,000,000)의 5%에 미달하지 않으므로 소액수선비에 해당하지 않는다.
- 상각범위액: (1,000,000,000 + 2,500,000 + 50,000,000)×0.1 = 105,250,000원
- 감가상각비 한도초과액: 150,000,000 - 105,250,000 = 44,750,000원

√제17기말 유보잔액: 27,312,500 + 44,750,000 = 72,062,500원

12. 한국채택국제회계기준을 적용하지 않는 주권비상장법인 (주)고려(사업연도: 1.1～12.31)의 감가상각과 관련된 자료이다. 제17기말 유보(△유보)잔액으로 옳은 것은? (2012. CPA)

(1) 건물과 기계장치의 최초 취득가액은 각각 5억원과 1억원이다.

(2) 재무상태표의 제16기말 건물과 기계장치의 감가상각누계액은 각각 455,000,000원과 50,000,000원이다.

(3) 손익계산서의 수선비로 계상한 자본적지출액

사업연도	건 물	기계장치
제15기	10,000,000원	5,000,000원
제16기	6,000,000원	8,000,000원

(4) 손익계산서의 건물의 제16기 감가상각비는 55,000,000원이고 제17기 감가상각비는 45,000,000원이며, 기계장치의 제16기와 제17기의 감가상각비는 각각 20,000,000원이다.

(5) 제15기말 건물의 상각부인액 잔액은 0원이고, 제15기말 기계장치의 상각부인액 잔액은 10,000,000원이다.

(6) 건물과 기계장치의 감가상각방법은 신고하지 않았다(정액법 상각률은 0.1이고, 정률법 상각률은 0.2로 가정함).

① 19,120,000원 ② 25,720,000원 ③ 29,120,000원
④ 31,200,000원 ⑤ 31,920,000원

【정답】 ③

√감가상각방법을 무신고 하였으므로 건물은 정액법을, 기계장치는 정률법을 적용한다.

√건물의 유보잔액: 9,400,000 − 6,600,000 = 2,800,000원

- 제16기의 상각부인액: (55,000,000+6,000,000) - 516,000,000×0.1= 9,400,000
  → 건물의 취득가액: 500,000,000 + 10,000,000 + 6,000,000 = 516,000,000
- 제17기의 시인부족액: 45,000,000 - 516,000,000×0.1= △6,600,000
  → 전기 상각부인액과 당기 시인부족액 중 적은 6,600,000원을 손금추인한다.

√기계장치의 유보잔액: 10,000,000 + 10,400,000 + 5,920,000 = 26,320,000원

- 제16기의 상각부인액; 28,000,000 - 88,000,000 × 0.2 = 10,400,000
  → 기계장치의 미상각잔액: 1억원-5,000만원+2,000만원+1,000만원+800만원=88,000,000
- 제17기의 상각부인액: 20,000,000 - 70,400,000 × 0.2 = 5,920,000
  → 기계장치의 미상각잔액: 1억원 - 7,000만원 + 2,000만원 + 20,400,000원 = 70,400,000

13. 다음은 제조업을 영위하는 영리내국법인 ㈜A(한국채택국제회계기준을 적용하지 않으며, 중소기업 아님)의 제18기 사업연도(2022.1.1~2022.12.31) 기계장치(B)의 감가상각비 관련 자료이다. 제18기말 기계장치(B)의 법인세법상 장부가액으로 옳은 것은? (CPA. 2018)

(1) 2020.1.1.에 기계장치(B)를 시가인 300,000,000원에 취득하여 사업에 사용하기 시작하였으며, 동 금액을 장부상 취득가액으로 계상하였다.

(2) 2021.7.1에 자본적지출에 해당하는 수선비 2,000,000원을 기계장치(B)의 취득원가에 더하였다.

(3) 2021.12.31 현재 재무상태표상 기계장치(B)의 감가상각누계액은 280,000,000원이다.

(4) 기계장치(B)의 제18기초 상각부인액누계는 5,600,000원이다.

(5) 기계장치(B)와 관련하여 제18기에 22,000,000원을 손익계산서상 감가상각비로 계상하였다.

(6) 회사는 기계장치의 감가상각방법을 신고하지 아니하였으며, 정액법 상각률은 0.5, 정률법 상각률은 0.7로 가정한다.

(7) 회사의 세무조정은 적정하게 이루어진 것으로 가정하고, 주어진 자료 이외의 다른 사항은 고려하지 않는다.

① 30,280,000원 ② 15,100,000원 ③ 4,080,000원
④ 2,680,000원 ⑤ 1,000원

【정답】 ⑤

√감가상각방법을 신고하지 않았으므로 기계장치의 감가상각방법은 정률법을 적용한다.

√상각범위액: 27,600,000(미상각잔액) × 0.7(상각률) + 15,000,000 = 34,320,000원

- 미상각잔액: 302,000,000－280,000,000＋5,600,000 = 27,600,000원
- 정률법을 적용하는 경우 취득가액의 5%에 상당하는 금액 15,000,000원은 미상각잔액이 최초로 취득가액의 5% 이하가 되는 사업연도의 상각범위액에 가산하여 상각한다.

√감가상각비 한도초과액: 22,000,000 - 34,320,000원 = △12,320,000원(한도미달)

- 상각부인액 추인: Min(12,320,000원, 5,600,000원) = 5,600,000원

√감가상각이 종료되는 감가상각자산에 대해서는 실물관리를 위한 비망기록용으로 취득가액의 5%와 1,000원 중 적은 금액을 해당 감가상각자산의 장부가액으로 남겨둔다.

14. 다음은 중소기업인 (주)서울의 당기 제7기 사업연도(2022.1.1~2022.12.31)의 기부금 관련 자료이다. 제7기의 각 사업연도 소득금액은? 단, (주)서울은 사업연도 종료일 현재 사회적기업 육성법에 따른 사회적기업이 아니다. (CTA. 2020수정)

(1) 조정후 소득금액: 97,000,000원.(조정후 소득금액은 전기 이전 기부금 한도초과액의 이월손금산입과 당기 기부금 관련 세무조정만을 제외한 모든 세무조정이 이루어진 상태이다.)

(2) 손익계산서에 계상된 기부금 내역

㉠ 천재지변으로 생기는 이재민을 위한 구호금품의 가액: 13,000,000원

㉡ 사립학교법에 따른 사립학교가 운영하는 병원에 시설비로 지출하는 기부금: 5,000,000원

㉢ 법령에 정한 종교단체에 지출한 기부금: 10,000,000원

㉣ 새마을금고에 지출한 기부금: 3,000,000원

(3) 제6기에 발생한 세무상 미공제 이월결손금: 7,000,000원

(4) 제2기에 발생한 법정기부금 한도초과액 미사용 이월잔액 2,000,000원이 있다.

(5) 제3기에 발생한 지정기부금 한도초과액 미사용 이월잔액 3,000,000원이 있다.

① 92,000,000원 ② 95,000,000원 ③ 97,900,000원
④ 98,200,000원 ⑤ 99,120,000원

【정답】③

√기부금의 구분

- 법정기부금: 13,000,000(이재민 구호물품) + 5,000,000(사립학교 시설비) = 18,000,000원
- 지정기부금: 10,000,000(종교단체기부금)

√기준소득금액: 100,000,000 + 18,000,000 + 10,000,000 = 128,000,000원

- 차가감소득금액: 97,000,000 + 3,000,000 = 100,000,000원

→ 새마을금고에 지출한 기부금은 비지정기부금이므로 손금불산입한다.

√법정기부금 세무조정: 〈손금산입〉 이월된 법정기부금 2,000,000 기타

- 법정기부금: 18,000,000 + 2,000,000원(이월된 기부금) = 20,000,000
- 손금산입한도액: (128,000,000−7,000,000) × 50% = 60,500,000
- 이월된 법정기부금: Min(2,000,000원, 60,500,000원) = 2,000,000원
- 당기 지출 법정기부금: 18,000,000 - (60,500,000 - 2,000,000) = △40,500,000원

√지정기부금 세무조정: 〈손금산입〉 지정기부금 3,000,000 기타사외유출
〈손금불산입〉 지정기부금 한도초과 2,900,000 기타사외유출

- 손금산입한도액: (128,000,000−7,000,000-2,000,000) × 10% =10,100,000
- 이월된 지정기부금: Min(3,000,000원, 10,100,000원) = 3,000,000원

• 당기 지출 지정기부금: 10,000,000 - (10.100,000-3,000,000) = 2,900,000원

√각사업연도 소득금액: 100,000,000 − 2,000,000 - 3,000,000 + 2,900,000 = 97,900,000원

15. 영리내국법인(중소기업 임) ㈜A의 제19기 사업연도(2022.1.1~2022.12.31) 세무조정 관련 자료이다. 기부금 관련 세무조정이 각사업연도 소득금액에 미치는 영향은 얼마인가? (CPA. 2019수정)

(1) 손익계산서상 법인세비용차감전순이익은 20,000,000원이다.

(2) 기부금 관련 세무조정사항을 제외한 기타의 모든 세무조정을 완료한 후 익금산입 · 손금불산입액은 12,000,000원이고, 손금산입 · 익금불산입액은 15,000,000원이다.

(3) 손익계산서상 기부금은 현금으로 지급된 국립대학병원 연구비 3,000,000원과 대표이사 대학동창회 기부금 2,000,000원이다.

(4) 당기 중 국가로부터 정당한 사유없이 현금으로 토지를 구입하였다. 구입한 토지의 취득가액은 70,000,000원이고, 취득시 시가는 50,000,000원이다.

(5) 제15기(2018.1.1 ~ 2018.12.31)에 발생한 결손금으로서 이후 과세표준을 계산할 때 공제되지 아니한 금액은 10,000,000원이다.

① (-)6,500,000원 ② (-)5,000,000원 ③ (-)1,000,000원

④ (+)2,000,000원 ⑤ (+)4,000,000원

【정답】 ③

√차가감소득금액: 20,000,000 + (12,000,000 + 2,000,000) - (15,000,000 + 5,000,000)
= 14,000,000원

• 대학동창회 기부금: 〈손금불산입〉 비지정기부금 2,000,000 상여

• 고가매입에 따른 기부금: 〈손금산입〉 토지(기부금) 5,000,000 유보

→ 고가매입 기부금: 70,000,000 - 50,000,000×1.3 = 5,000,000원

√기준소득금액: 14,000,000 + 8,000,000 = 22,000,000원

• 법정기부금: 3,000,000 + 5,000,000 = 8,000,000원

√법정기부금 한도초과액: 8,000,000 - 6,000,000 = 2,000,000원

• 손금산입한도액: (22,000,000 - 10,000,000) × 50% = 6,000,000

√기부금의 각 사업연도소득: 2,000,000 - 5,000,000 + 2,000,000 = △1,000,000원

16. 제조업을 영위하는 영리내국법인 ㈜A(사회적 기업 아님)의 제21기 (2022.1.1~2022.12.31) 기부금 관련 자료이다. 10%한도 기부금(지정기부금)의 한도초과액으로 옳은 것은? (CPA. 2021)

(1) 손익계산서상 당기순이익: 5,000,000원

(2) 기부금 관련 세무조정사항을 제외한 기타의 세무조정을 완료한 후 익금산입 · 손금불산입은 10,000,000원이고, 손금산입 · 익금불산입은 12,000,000원이다.

(3) 전액 현금으로 지급된 손익계산서상 기부금은 천재지변으로 인한 이재민 구호금품은 3,000,000원이고, 무료로 이용가능한 아동복지시설 기부금은 2,000,000원이다.

(4) 당기 중 특수관계 없는 공익법인(10%한도 기부금 대상)에 토지를 양도하였으며, 양도한 토지의 장부가액은 40,000,000원이고, 양도가액은 50,000,000원이고, 양도당시 시가는 80,000,000원이다.

(5) 제18기(2019.1.1.~2019.12.31.)에 발생한 결손금으로서 이후 과세표준을 계산할 때 공제되지 아니한 금액: 10,000,000원

(6) ㈜A는 과세표준 계산시 각 사업연도 소득금액의 60%까지 이월결손금 공제를 할 수 있는 법인이다.

① 200,000원 ② 360,000원 ③ 2,800,000원 ④ 7,720,000원 ⑤ 7,800,000원

【정답】④

√기부금의 구분

- 법정기부금: 3,000,000원(이재민 구호물품)
- 지정기부금: 2,000,000(아동복지시설) + 6,000,000(저가양도) = 8,000,000원
  → 시가의 70%에 해당하는 정상가액 56,000,000원과 양도가액 50,000,000원의 차이액에 대하여 익금산입 및 손금산입의 세무조정을 생략하고 지정기부금으로 보아 세무조정한다.

√기준소득금액: 3,000,000 + 3,000,000(법정) + 8,000,000(지정) = 14,000,000원

- 차가감소득금액: 5,000,000 + 10,000,000 - 12,000,000 = 3,000,000원

√법정기부금 한도초과액: 3,000,000 - 2,800,000 =200,000원

- 손금산입한도액: (14,000,000 − 8,400,000) × 50% = 2,800,000원
  → 이월결손금 공제액: Min(10,000,000원, 14,000,000×60%) = 8,400,000원

√지정기부금 한도초과액: 8,000,000 - 280,000 = 7,720,000원

- 손금산입한도액: (14,000,000−8,400,000-2,800,000) × 10% = 280,000원

17. 제조업을 영위하는 영리내국법인(중소기업이 아님) ㈜A의 제17기(2022.1.1~2022.12.31) 접대비관련 자료는 다음과 같다. 전기까지 세무조정은 적정하게 이루어졌다고 가정할 경우 접대비와 관련된 세무조정 과정에서 기타사외유출로 처분되는 합계액으로 옳은 것은? 단, 별도의 언급이 없는 한 모든 접대비는 건당 사용금액 30,000원을 초과하고 적격증명서류를 수취하였으며, 경조사비와 문화접대비는 없는 것으로 한다. (CPA. 2017)

(1) 장부상 매출액은 35,000,000,000원으로 이 중 특수관계인 매출분은 12,000,000,000원이다. 매출액과 관련된 내용은 다음과 같다.

가. 일반매출에 대한 매출할인 100,000,000원 및 매출에누리 40,000,000원을 영업외비용으로 회계처리 하였다.

나. 전기에 수탁자가 판매한 위탁매출액 500,000,000원(일반매출분)에 대하여 전기에 회계처리 하지 않고 당기에 판매대금을 회수하면서 전액 손익계산서상 매출로 회계처리 하였다.

다. 일반매출과 관련하여 영업외수익에 계상된 부산물 매각대금은 140,000,000원이다.

(2) 손익계산서상 접대비계정으로 비용처리한 금액은 75,000,000원으로 다음의 금액이 포함되어 있다.

가. 업무와 관련하여 사용되었으나 증빙누락분 : 2,000,000원

나. 업무와 관련하여 사용된 개인명의신용카드사용액 : 4,000,000원

(3) 당해연도에 접대가 이루어졌으나 결제하지 못하고 장부에 계상하지 않은 금액 5,000,000원이 있다.

① 410,000원 ② 4,600,000원 ③ 6,100,000원
④ 660,000원 ⑤ 8,600,000원

【정답】 ⑤

√접대비 해당액: 75,000,000-2,000,000-4,000,000+5,000,000 = 74,000,000원

- 증빙누락분: 2,000,000원 손금불산입(상여)
- 증빙불비분(개인명의 신용카드 사용액): 4,000,000원 손금불산입(기타사외유출)
- 장부미계상 접대비: 5,000,000원 손금산입(△유보)

√접대비 손금산입한도액: 69,400,000원

- 수입금액: 350억원 - 1억원 - 4,000만원 - 5억원 +1억 4,000만원 = 345억원
- $12,000,000 \times \frac{12}{12}$+100억원×0.3%+125억원×0.2%+120억원×0.2%×10%=69,400,000

√접대비 한도초과액: 74,000,000 - 69,400,000 = 4,600,000원

√기타사외유출로 처분되는 금액 : 4,000,000 + 4,600,000 = 8,600,000원

18. 다음은 제조업을 경영하는 영리내국법인 ㈜고려(중소기업 아님)의 제17기 사업연도(2022.1.1~2022.12.31)의 접대비 세무조정을 위한 자료이다. 법인세법의 손금불산입으로 세무조정해야 할 접대비 중에서 기타사외유출로 소득처분되어야 할 금액으로 옳은 것은? (2013. CPA)

(1) ㈜고려의 제17기 수입금액은 300억원이며, 이 가운데 50억원은 법인세법의 특수관계인과의 거래에서 발생하였다. 또한 특수관계인이 아닌 자와의 거래에서 발생한 수입금액에는 다음의 금액이 포함되어 있다.

가. 제17기 사업연도 중에 중단된 사업부문의 매출액: 10억원

나. 제품인도일(2022.10.1.)로부터 7개월 동안 매월 말 3억원씩 균등분할하여 회수하는 것을 조건으로 할부판매한 제품매출액: 9억원

(단, ㈜고려는 동 할부판매에 대하여 인도일 이후 실제 회수한 금액 9억원을 제17기의 매출액으로 회계처리하였으며, 명목금액과 현재가치의 차이는 중요하지 않음)

(2) ㈜고려의 포괄손익계산서의 접대비는 106,700,000원이며, 이 중 5,000,000원은 지출증명서류가 구비되어 있지 않다. 또한 접대비 지출액 중에 문화접대비는 없다.

① 25,800,000원 ② 26,300,000원 ③ 27,500,000원
④ 29,800,000원 ⑤ 31,300,000원

【정답】 ②

√수입금액: 300억원 + 12억원 = 312억원

• 할부판매의 손익은 인도일에 매출액으로 인식한다. 법인의 장부(9억원)와 기업회계(21억원)의 차이 12억원은 기업회계의 수입금액에 포함한다.

√접대비 한도액 = 12,000,000 + 100억 × 0.3% + 162억 × 0.2% + 50억 × 0.2% × 10%
= 12,000,000 + 30,000,000 + 32,400,000 + 1,000,000 = 75,400,000

√접대비 해당액: 106,700,000 - 5,000,000(상여처분) = 101,700,000원

√접대비 한도초과액: 101,700,000 - 75,400,000 = 26,300,000원

√ 세무조정 :	〈손금불산입〉	증빙불비 접대비	5,000,000원	상여
	〈손금불산입〉	접대비 한도초과액	26,300,000원	기타사외유출

19. 제조업을 영위하는 영리내국법인 (주)한라(중소기업이 아님)의 제20기 사업연도(2022.1.1~2022.6.30)의 접대비는 모두 국내에서 지출되었으며 문화접대비는 없고 주어진 자료 이외에는 고려하지 않는다고 가정한다면 (주)한라의 제20기 사업연도의 접대비 관련 세무조정으로 옳은 것은? (CTA. 2020)

(1) 기업회계기준에 따라 계산한 매출액은 150억원(세무상 수입금액: 160억원)이며, 매출액 중 법인세법상 특수관계인과의 거래에서 발생한 매출액 30억원(세무상 수입금액: 40억원)이 포함되어 있다.

(2) 제20기 손익계산서상 접대비는 판매비와 관리비에 40,000,000원이 계상되어 있으며 접대비 중 700,000원은 증거자료가 누락되어 있고, 300,000원은 영수증(현금영수증 등 법정 증거자료가 아님)을 수취하였다. 제20기 손익계산서상 판매비와 관리비 항목에서 다음과 같은 사항을 파악하였다.

가. 접대비 관련 부가가치세 매입세액 1,000,000원(공급가액 10,000,000원은 접대비에 포함되어 있음)이 제20기 손익계산서의 판매비와 관리비 항목의 세금과공과 계정에 계상되어 있다.

나. 판매비와 관리비 항목의 복리시설비에는 종업원이 조직한 법인인 단체에 지출한 금액 3,000,000원이 포함되어 있다.

① 손금불산입 3,100,000원(기타사외유출)

② 손금불산입 3,400,000원(기타사외유출)

③ 손금불산입 1,000,000원(대표자 상여)
손금불산입 2,400,000원(기타사외유출)

④ 손금불산입 700,000원(대표자 상여)
손금불산입 2,400,000원(기타사외유출)

⑤ 손금불산입 700,000원(대표자 상여)
손금불산입 2,700,000원(기타사외유출)

【정답】 ⑤

√접대비 손금산입한도액: 40,600,000원

- $12{,}000{,}000 \times \frac{6}{12}$ + (100억×0.3%) + (20억×0.2%) + (30억×0.2% ×10%) = 40,600,000원

√접대비 한도초과액: 43,000,000 − 40,600,000 = 2,400,000원

- 접대비 해당액: 40,000,000 − 700,000 − 300,000 + 1,000,000 + 4,000,000 = 43,000,000원

√세무조정: 〈손금불산입〉 접대비(증빙누락) 700,000 상여
〈손금불산입〉 접대비(법정증명서류 미수취) 300,000 기타사외유출
〈손금불산입〉 접대비 한도초과액 2,400,000 기타사외유출

20. 제조업을 영위하는 영리내국법인 ㈜A(중소기업이 아님)의 제19기 사업연도(2022.1.1~2022.12.31) 접대비 관련 자료이다. 접대비 한도초과액을 계산하면 얼마인가? 접대비 해당액은 적격증명서류를 수취하였고, 전기까지 세무조정은 적정하게 이루어졌다. (CPA. 2019)

(1) 장부상 매출액은 15,000,000,000원으로 이 중 특수관계인에 대한 매출액은 8,000,000,000원이며, 일반매출액은 7,000,000,000원이다. 매출액과 관련된 내용은 다음과 같다.

가. 일반매출에 대한 매출할인 50,000,000원이 매출액에서 차감되어 있다.

나. 일반매출에 부가가치세법상 간주공급에 해당하는 금액 300,000,000원이 포함되어 있다.

(2) 손익계산서상 판매비와관리비 중 접대비로 비용처리한 금액은 44,600,000원으로 다음의 금액이 포함되어 있다.

가. 전기에 접대가 이루어졌으나 당기 지급시점에 비용처리한 금액 : 4,000,000원

나. 문화접대비 : 10,000,000원

(3) 직원이 조직한 단체(법인)에 복리시설비를 지출하고 영업외비용으로 처리한 금액 : 6,000,000원

① 4,840,000원 ② 5,764,000원 ③ 10,840,000원
④ 13,470,000원 ⑤ 17,700,000원

【정답】 ②

√접대비 해당액: 44,600,000 − 4,000,000 + 6,000,000 = 46,600,000원

- 접대비는 접대행위가 발생한 시점에 비용으로 인식하고, 직원이 조직한 법인에 복리시설비를 지출하는 것은 접대비로 한다.

√접대비 손금산입한도액: 34,030,000 + 6,806,000 = 40,836,000원

- 수입금액: 15,000,000,000 − 300,000,000(간주공급) = 14,700,000,000원
- 일반접대비 한도액: 12,000,000 + 22,030,000 = 34,030,000원
  → 수입금액 기준: 67억원×0.3% + 33억원×0.3%×10% + 47억원×0.2%×10% = 22,030,000
- 문화접대비 한도액: Min(10,000,000원, 34,030,000×20%) = 6,806,000원

√접대비 한도초과액: 46,600,000 − 40,836,000 = 5,764,000원

21. 제조업을 영위하는 영리내국법인 ㈜A의 제20기(2022.1.1~2022.12.31) 차입금 및 업무무관자산 관련 자료이다. 법인세법상 손금불산입으로 세무조정하는 지급이자 중에서 기타사외유출로 소득처분되는 금액으로 옳은 것은? (CPA. 2020)

(1) 포괄손익계산서상 지급이자의 내역은 다음과 같고, 사채이자는 채권자가 불분명한 사채의 이자이며 사채이자와 관련하여 원천징수하여 납부한 세액은 1,260,000원이다.

구 분	이자율	이자비용	차입금적수
사채이자	20%	3,000,000원	5,490,000,000원
은행차입금	10%	10,000,000원	36,600,000,000원

(2) 재무상태표상 전기에 특수관계인으로부터 취득하여 보유하고 있는 업무무관자산(취득가액: 20,000,000원, 취득당시 시가: 12,000,000원)에 대한 전기 세무조정은 정확하게 이루어졌고 취득 이후 변동내역은 없다.

(3) 재무상태표상 대여금 5,000,000원(적수: 1,830,000,000원)은 업무와 관련이 없는 특수관계인에 대한 것이다.

① 1,260,000원　② 2,500,000원　③ 2,960,000원
④ 3,760,000원　⑤ 5,500,000원

【정답】 ④

√채권자불분명사채이자: 〈손금불산입〉 채권자불분명사채이자 1,740,000 상여
〈손금불산입〉 채권자불분명사채이자(원천징수세액) 1,260,000 기타유출

√업무무관자산 등 지급이자: 〈손금불산입〉 지급이자(업무무관자산 등) 2,500,000 기타유출

- 지급이자 손금불산입액: $10,000,000 \times \dfrac{9,150,000,000}{36,600,000,000} = 2,500,000$원
- 업무무관자산 등 적수: 20,000,000 × 366 + 5,000,000 × 366 = 9,150,000,000
  → 업무무관자산의 적수를 계산하는 경우 업무무관자산의 취득가액은 법인세법에 따른 취득가액으로 하되, 부당행위계산의 부인에 의한 시가초과액을 포함한다.

22. 다음은 제조업을 영위하는 영리내국법인 ㈜C의 제17기(2022.1.1~2022.12.31) 차입금 및 대여금 관련 자료이다. 법인세법의 손금불산입으로 세무조정해야 하는 지급이자 중에서 기타사외유출로 소득처분되어야 할 금액을 계산한 것으로 옳은 것은? (CPA. 2016)

(1) 제17기 손익계산서상 이자비용의 내역은 다음과 같다.

구 분	이자율	이자비용
사채*	30%	2,000,000원
은행차입금	5%	3,000,000원

* 사채는 채권자 불분명 사채이자이며, 동 이자와 관련하여 원천징수하여 납부한 세액은 836,000원임

(2) 제17기말 재무상태표상 대여금의 내역은 다음과 같다.

내 역	금 액	비 고
대표이사 가지급금	2,000,000원	귀속이 불분명하여 대표자상여로 처분한 금액에 대한 소득세를 법인이 납부한 금액
종업원 대여금	15,000,000원	직원의 자녀에 대한 학자금 대여액
	10,000,000원	직원에 대한 주택자금 대여액

(3) 당기 중 차입금 및 대여금의 변동은 없었다.

① 836,000원 ② 1,136,000원 ③ 1,336,000원
④ 2,186,000원 ⑤ 2,500,000원

【정답】 ③

√채권자 불분명 사채이자 중 원천징수세액 836,000원은 기타사외유출 처분하고, 귀속이 불분명한 사채이자 1,164,000원은 대표자에게 상여처분한다.

√업무무관가지급금 등에 대한 지급이자 손금불산입액: 500,000원

- 업무무관 가지급금: 27,000,000 − 2,000,000 − 15,000,000 = 10,000,000원
- 손금불산입액: $3,000,000 \times \frac{10,000,000 \times 365}{3,000,000 \div 0.05 \times 365}$ = 500,000원

√기타사외유출 처분액: 836,000 + 500,000 = 1,336,000원

23. 법인세법상 손금으로 인정하는 대손금에는 해당 사유가 발생한 날이 속하는 사업연도의 손금으로 산입하는 것과 해당 사유가 발생하여 손비로 계상한 날이 속하는 사업연도의 손금으로 산입하는 것의 2가지로 분류된다. 이 분류를 적용할 경우 다음 중 성격이 다른 하나는? 단, 영리내국법인을 가정한다. (CTA. 2020)

① 민사집행법 제102조에 따라 채무자의 재산에 대한 경매가 취소된 압류채권
② 민사소송법에 따른 화해에 따라 회수불능으로 확정된 채권
③ 중소기업의 외상매출금으로서 부도발생일부터 6개월 이상 지난 어음상의 채권(부도발생일 이전의 것으로서 해당 법인이 채무자의 재산에 대하여 저당권을 설정하고 있지 않음)
④ 중소기업의 외상매출금으로서 회수기일이 2년 이상 지난 것(단, 특수관계인과의 거래로 인하여 발생한 외상매출금은 제외함)
⑤ 회수기일이 6개월 이상 지난 채권 중 채권가액이 30만원 이하(채무자별 채권가액의 합계액을 기준으로 함)인 채권

【정답】 ①
√①은 강제대손사유에 해당하고, 귀속시기는 해당 대손사유가 발생한 날이다.
√②, ③, ④, ⑤는 임의대손사유에 해당하고, 귀속시기는 손비로 계상한 날이다.

24. 법인세법상 손금에 관한 설명이다. 옳지 않은 것은? (CPA. 2021)

① 특정인에게 광고선전 목적으로 기증한 물품(개당 3만원 이하는 제외)의 구입비용으로 연간 5만원 이내의 금액은 손금에 산입한다.
② 법인이 다른 법인과 출자에 의해 공동으로 사업을 운영하는 경우 발생하는 공동경비 중 출자비율에 따른 분담금액을 초과하는 금액은 손금에 산입하지 아니한다.
③ 법인이 영리내국법인으로부터 건당 3만원(부가가치세 포함)을 초과하는 용역을 공급받고 그 대가를 지급하는 경우 법정증명서류 이외의 증명서류를 수취하면 손금에 산입하지 아니한다.
④ 제조업을 영위하는 법인이 보유한 개별소비세 과세대상인 승용자동차의 수선비에 대한 부가가치세 매입세액은 손금에 산입한다.
⑤ 법인이 노동조합 및 노동관계조정법을 위반하여 노조전임자에게 지급한 급여는 손금에 산입하지 아니한다.

【정답】 ③
√손금에 산입하지 아니한다. → 손금에 산입하고 증명서류 수취 불성실가산세를 부과한다.

CHAPTER 04

충당금과 준비금

I 충당금의 손금산입

1. 충당금

기업회계의 충당부채란[1)2)] 지출하는 시기 또는 금액이 불확실한 부채를 말한다. 세법에서는 기업회계의 충당부채를 평가성충당금과 부채성충당금으로 구분한다.

부채성충당금이란 당기의 수익에 대응하는 비용(발생주의에 따른 비용배분)으로서 미래에 지출될 것이 확실하나(사건발생의 확실성) 사건의 발생시기와 지급금액이 불확실한 경우에 그 금액을 합리적으로 추정하여 부채로 계상한 것(추정부채)이다.

평가성충당금은 미래에 사건발생의 가능성은 높지만, 사건의 발생시기 및 지급금액이 불확실한 경우에도 발생주의에 따른 비용배분(수익 · 비용대응)을 목적으로 합리적인 금액을 추정하여 비용으로 계상한 것이다. 평가성충당금은 자산의 적정한 평가에 초점을 둔 것이므로 자산에서 차감하는 형식으로 기재한다.

법인세법에서는 권리의무확정주의에 따르고 있기 때문에 기업회계에 따라 미래에 경제적효익이 유출 · 소비될 가능성이 있다고 인정하여 비용으로 계상하였더라도 원칙적으로 손금산입하지 아니한다. 그러나 조세정책, 기업회계의 관행 존중, 특정법인의 고유목적사업에 충당하기 위하여 세법은 예외적으로 일정한 범위 내에서 충당금을 손금으로 인정하고 있다.

---

1) 충당부채는 과거사건의 결과로 현재의무가 존재하고, 해당 의무를 이행하기 위하여 경제적효익이 있는 자원을 유출할 가능성이 높고, 해당 의무를 이행하기 위하여 필요한 금액을 신뢰성 있게 추정할 수 있는 경우에 인식한다.

2) 현재의무의 존재 여부가 불분명한 경우에는 사용할 수 있는 모든 증거를 고려하여 보고기간 말에 현재의무가 존재할 가능성이 존재하지 않을 가능성보다 높은 경우에는 과거사건이 현재의무를 생기게 한 것으로 본다.

2. 퇴직급여충당금

1) 개념

법인에 용역을 제공한 직원이 퇴직을 하는 경우 직원은 근로자퇴직급여보장법 또는 퇴직급여지급규정에 따라 퇴직급여를 지급받는다. 직원은 근로자퇴직급여보장법에 따라 1년 이상 근무한 경우 또는 4주간 평균하여 1주간의 소정근로시간이 15시간 이상인 경우에는 퇴직급여의 지급을 강제하고 있다. 이 경우 법인의 퇴직급여지급규정에 따른 퇴직급여는 근로자퇴직급여보장법에 따른 퇴직급여보다 많아야 한다.

임원은 상법에 따라 정관 또는 정관에서 위임된 퇴직급여지급규정에서 퇴직급여를 지급하도록 하고 있다. 퇴직급여지급규정의 내용은 특정임원이 퇴직하는 경우 퇴직급여를 임의로 지급할 수 없는 일반적이고 구체적인 것이어야 한다.

기업회계는 퇴직급여추계액 전액을 퇴직급여충당금으로 설정하도록 하고 있다. 퇴직급여충당금은 임원 또는 직원이 퇴직할 때 지급해야 할 퇴직급여의 지급을 위하여 근로용역을 제공한 사업연도에 미리 손비로 계상한 부채성충당금이다.

법인세법은 2016.1.1. 이후부터 퇴직연금제도가 실시됨에 따라 법인이 각 사업연도에 임원 또는 직원의 퇴직급여에 충당하기 위하여 퇴직급여충당금을 손금으로 계상하는 경우에도 손금으로 산입할 수 있는 한도액이 없다.

2) 설정대상

기업회계에서는 퇴직급여충당금의 설정대상자에 아무런 제한이 없으므로 회계연도 말 현재의 모든 임원과 직원을 포함한다.

세무회계에서는 퇴직급여충당금의 설정대상자는 해당 사업연도 종료일 현재 재직하며 퇴직급여의 지급대상이 되는 임원 또는 직원에 한정하여 설정할 수 있다.

3) 손금산입방법

퇴직급여충당금의 손금산입 여부는 기업의 선택사항이고, 내국법인이 각 사업연도의 결산을 확정할 때 퇴직급여충당금을 손비로 계상한 경우에는 손금산입한도액의 범위에서 그 계상한 퇴직급여충당금을 손금에 산입한다.

4) 손금산입한도액의 계산

기업회계에서는 회계연도 말 현재 모든 임원 · 직원이 일시에 퇴직할 경우 지급하여야 할 퇴직급여에 상당하는 금액(퇴직급여추계액)을 퇴직급여충당금으로 설정하도록 하고 있다.[3)]

법인세법에서는 퇴직급여충당금은 다음과 같이 총급여액 기준과 퇴직급여추계액 기준에 따라 계산한 금액 중 적은 금액의 범위에서 이를 손금산입한다.

> **손금산입한도액 = Min(총급여액 기준, 퇴직급여추계액 기준)**
> **√총급여액 기준 = 퇴직급여 지급대상이 되는 임원 · 직원에게 지급한 총급여액 × 5%**
> **√퇴직급여추계액 기준 = Max(퇴직급여추계액, 보험수리추계액) × 0%[4)] + 퇴직금전환금**
> **+ 설정률 감소에 따른 환입제외금액 − 퇴직급여충당금 이월잔액**

(1) 총급여액

총급여액이란 사업연도 종료일 현재 퇴직급여의 지급대상이 되는 임원이나 직원(확정기여형 퇴직연금 등이 설정된 자를 제외함[5)])에게 해당 사업연도에 지급한 것으로서 근로를 제공함으로써 받는 봉급 · 급료 · 보수 · 세비 · 임금 · 상여 · 수당 등의 급여 및 법인의 주주총회 · 사원총회 등의 결의에 따라 상여로 받는 소득(이익처분에 따른 상여금)의 합계액으로 한다.[6)] 다만, 총급여액에는 급여 및 이익처분에 따른 상여금 중 비과세되는 소득을 제외하고, 법인세법에 따라 손금에 산입하지 아니하는 상여금 등을 제외한 금액을 말한다.

총급여액을 계산하는 경우 소득세법에 따른 근로소득 중 법인세법에 따라 상여로 처분된 금액, 퇴직함으로써 받는 소득으로서 퇴직소득에 속하지 아니하는 소득, 종업원 등이 지급받는 직무발명보상금은 총급여액에 포함되지 않는다.

---

3) 퇴직급여지급규정 · 취업규칙의 개정 등으로 퇴직급여 지급제도 변경에 따른 손실보상을 위해 지급하는 금액과 퇴직급여지급규정에 따라 명예퇴직금을 지급하는 경우에는 퇴직급여충당금에서 상계처리 하지 아니하고 직접 당해 사업연도의 손금에 산입할 수 있다

4) 2010.1.1.부터 2010.12.31.까지의 기간 중에 개시하는 사업연도에는 30%이고, 그 다음 사업연도부터 매년 5%씩 경감하여 2016.1.1 이후 개시하는 사업연도부터는 설정에서 제외된다. 2016.1.1.이후 개시하는 사업연도부터 기업회계에 따라 퇴직급여충당금을 설정한 법인은 법인세법에 규정하고 있는 퇴직연금에 가입하는 경우에 퇴직연금의 부담금을 손금으로 산입할 수 있다.

5) 확정기여형 퇴직연금 등이 설정된 자는 사용자가 부담할 기여금이 사전에 확정되며, 적립금은 근로자가 자기책임으로 운용하기 때문에 퇴직급여충당금을 설정할 수 없다.

6) 총급여액에는 임원 · 직원에 대한 미지급급여, 영업사원들의 판매 실적을 고려하여 지급한 판매상여금, 강행법규인 근로자퇴직급여보장법에서 평균임금의 범위 내에 포함시키고 있는 실비변상비적 급여 및 복지후생적 급여를 포함한다.

(2) 퇴직급여추계액 기준

① 퇴직급여추계액

퇴직급여추계액이란 해당 사업연도 종료일 현재 재직하는 임원 또는 직원의 전원이 일시에 퇴직할 경우 퇴직급여로 지급되어야 할 금액의 추계액을 말하며, 법인세법에 따라 손금불산입되는 퇴직급여와 확정기여형 퇴직연금의 부담금으로 손금산입된 금액은 포함하지 않는다.

구 분		퇴직급여추계액의 계산
퇴직급여지급규정이 있는 경우		정관 · 퇴직급여지급규정에 따라 계산한 금액
퇴직급여지급규정이 없는 경우	직원	근로자퇴직급여보장법의 추계액 = 30일분 평균임금[7] × 근속연수
	임 원	임원의 퇴직급여추계액 = Min (①, ②) ① 근로자퇴직급여보장법의 추계액 = 30일분 평균임금 × 근속연수 ② 임원퇴직급여 한도액 = 퇴직 전 1년간 총급여액 × 10% × 근속연수

② 보험수리추계액

확정급여형 퇴직연금제도를 설정하고자 하는 법인은 퇴직급여의 재정건전성을 확보하기 위하여 해당 사업연도 종료일 현재 퇴직급여에 사용되는 비용예상액의 현재가치에서 장래 · 과거 근무기간분에 대하여 발생하는 급여지급을 위하여 산정되는 부담금에 대한 수입예상액의 현재가치를 뺀 금액을 적립하여야 하며, 이를 보험수리추계액이라 한다.

(3) 퇴직급여충당금 이월잔액

퇴직급여충당금 이월잔액이란 당기의 퇴직급여충당금을 설정하기 전의 세법에 따른 퇴직급여충당금의 이월된 잔액을 말하는 것으로서 다음과 같이 계산한다. 계산한 퇴직급여충당금 이월잔액이 부수(−)가 나오는 경우에는[8] 동 금액을 세무조정으로 손금산입하고, 퇴직급여충당금 이월잔액은 영(0)으로 하여 퇴직급여충당금 한도액을 계산한다.

퇴직급여충당금 이월잔액
= 퇴직급여충당금의 기초잔액 − 충당금 환입액 − 퇴직금 지급액 − 기초충당금 부인누계액

---

7) 평균임금 = 퇴직일이전 3월간 지급한 임금총액 ÷ 퇴직일이전 3월간의 일수

8) 퇴직급여충당금의 기초잔액에서 퇴직급여충당금의 부인누계액을 차감한 잔액이 퇴직급여충당금의 당기 감소액을 초과하는 경우를 말한다.

(4) 퇴직금전환금

퇴직금전환금제도는 1993.1.1부터 시행되었으며, 1999.4.1부터는 퇴직금이 없는 자영업자 등을 국민연금 가입대상으로 확대하면서 폐지되었다. 사업자가 납부하는 퇴직금전환금은 일단 자산으로 계상한 후, 이 금액을 차감한 잔액을 퇴직급여로 지급하는 때 손금산입한다. 퇴직급여충당금을 설정하는 경우 퇴직금전환금은 퇴직급여충당금에서 납부하는 것이므로 퇴직급여충당금의 손금산입한도액 범위 내에서 손금산입이 인정된다.

(5) 설정률 감소에 따른 환입제외금액

퇴직급여충당금의 손금산입한도액 범위에서 손금에 산입한 퇴직급여충당금의 누적액에서 퇴직급여충당금을 손금에 산입한 사업연도의 다음 사업연도 중 임원 또는 직원에게 지급한 퇴직금을 뺀 금액이 퇴직급여추계액에 설정률을 곱한 금액을 초과하는 경우 그 초과한 금액은 익금으로 환입하지 아니한다.

> **설정률 감소에 따른 환입제외금액**
> **= Max【 (퇴직급여충당금의 이월잔액 - 세법상 퇴직급여추계액 × 0% - 퇴직금전환금), 0 】**

5) 퇴직급여충당금의 사용

퇴직급여충당금을 손금산입한 법인이 임원 또는 직원에게 퇴직급여를 지급하는 경우에는 해당 퇴직급여충당금에서 먼저 지급한 것으로 본다. 이 경우에 개인별 퇴직급여충당금의 잔액과는 관계없이 지급액 전액을 먼저 퇴직급여충당금과 상계하여야 한다.

다만, 퇴직연금을 손금산입한 법인의 경우에는 직원의 퇴직에 따라 보험회사 등으로부터 수령한 퇴직보험금 → 퇴직일시금신탁 → 퇴직연금 → 퇴직급여충당금의 순서로 차감하여야 하며, 신고조정에 따라 퇴직연금 등을 손금산입한 경우에는 퇴직연금 상당액을 퇴직급여로 계상한 후 비용으로 계상한 퇴직연금 상당액을 손금불산입한다.

6) 퇴직급여충당금의 인계

퇴직급여충당금을 손금에 산입한 내국법인이 합병·분할한 경우 그 법인의 합병등기일·분할등기일 현재의 해당 퇴직급여충당금 중 합병법인 등이 승계받은 금액은 그 합병법인 등이 합병등기일·분할등기일에 가지고 있는 퇴직급여충당금으로 본다.

또한, 사업자가 그 사업을 내국법인에게 포괄적으로 양도하는 경우[9] 사업자의 사업양도일 현재의 해당 퇴직급여충당금 중 사업양수인에게 인계한 금액은 그 사업양수인이 사업양도일에 가지고 있는 퇴직급여충당금으로 본다.[10][11]

7) 퇴직급여충당금의 세무조정

퇴직급여충당금을 설정한 법인이 퇴직급여충당금을 과소상계 또는 과다상계한 경우에는 다음과 같이 세무조정한다.

<table>
<tr><th colspan="3">구 분</th><th>퇴직급여충당금에 대한 회계처리 및 세무조정</th></tr>
<tr><td rowspan="4">퇴직급여충당금
과 소 상 계</td><td rowspan="2">비용계상</td><td>회계</td><td>(차변) 퇴직급여 *** / (대변) 현금 ***</td></tr>
<tr><td>세무</td><td>(손금불산입) 퇴직급여충당금 *** 유보[12]</td></tr>
<tr><td rowspan="2">회계처리
안한 경우</td><td>회계</td><td>회계처리 없음</td></tr>
<tr><td>세무</td><td>(손금산입) 미지급금 *** △유보
(손금불산입) 퇴직급여충당금 *** 유보</td></tr>
<tr><td rowspan="4">퇴직급여충당금
과 다 상 계</td><td rowspan="2">퇴직급여
한도초과액</td><td>회계</td><td>(차변) 퇴직급여충당금 *** / (대변) 현금 ***</td></tr>
<tr><td>세무</td><td>(손금산입) 퇴직급여충당금 *** △유보
(손금불산입) 임원퇴직급여한도초과액 *** 상여 등</td></tr>
<tr><td rowspan="2">비현실적인
퇴직</td><td>회계</td><td>(차변) 퇴직급여충당금 *** / (대변) 현금 ***</td></tr>
<tr><td>세무</td><td>(손금산입) 퇴직급여충당금 *** △유보
(익금산입) 가지급금 *** 유보 등</td></tr>
</table>

9) 포괄적 양도란 사업장별로 해당 사업에 관한 모든 권리(미수금에 관한 것을 제외함)와 의무(미지급금에 관한 것을 제외함) 포괄적으로 양도하는 경우를 말하고, 이는 해당 사업과 직접 관련이 없는 자산을 제외하고 양도하는 경우를 포함한다.

10) 법인이 다른 법인·개인사업자로부터 사업장·사업을 인수한 때, 법인의 합병 및 분할, 특수관계 있는 법인간의 전출입으로 다른 법인·사업자로부터 종업원을 인수하면서 인수시점에 전사업자가 지급하여야 할 퇴직급여충당금상당액 전액을 인수하고, 해당 종업원에 대한 퇴직급여를 지급할 때 전사업자에 근무한 기간을 통산하여 해당 법인의 퇴직급여지급규정에 따라 지급하기로 약정한 경우에는 해당 종업원에 대한 퇴직급여와 퇴직급여추계액은 전사업자에 근무한 기간을 통산하여 계산할 수 있다.

11) 인수당시에 퇴직급여상당액을 전사업자로부터 인수하지 아니하거나 부족하게 인수하고 전사업자에 근무한 기간을 통산하여 퇴직급여를 지급하기로 한 경우에는 인수하지 아니하였거나 부족하게 인수한 금액은 해당 법인에 지급의무가 없는 부채의 인수액으로 보아 종업원별 퇴직급여상당액명세서를 작성하고 인수일이 속하는 사업연도의 각 사업연도 소득금액 계산상 그 금액을 손금산입 유보처분함과 동시에 동액을 손금불산입하고 전사업자에게 소득처분한 후, 인수한 종업원에 대한 퇴직급여지급일이 속하는 사업연도에 해당 종업원에 귀속되는 금액을 손금불산입 유보처분한다.

12) 임원의 퇴직급여 한도초과액을 비용으로 계상하였다면 퇴직급여를 손금불산입하고 상여로 소득처분한다.

<table>
<tr><td rowspan="2">사 업
연 도</td><td rowspan="2">. . .
~
. . .</td><td rowspan="2">퇴직급여충당금 조정명세서</td><td>법 인 명</td><td></td></tr>
<tr><td>사업자등록번호</td><td></td></tr>
</table>

1. 퇴직급여충당금 조정

<table>
<tr><td rowspan="2">법인세법 시행령 제60조 제1항에 따른 한도액</td><td colspan="3">① 퇴직급여 지급대상이 되는 임원 또는 직원에게 지급한 총급여액(⑲의 계)</td><td colspan="2">② 설정률</td><td>③ 한도액
(①×②)</td><td>비 고</td></tr>
<tr><td colspan="3"></td><td colspan="2">5/100</td><td></td><td></td></tr>
<tr><td rowspan="4">법인세법 시행령 제60조 제2 및 제3항에 따른 한 도 액</td><td>④
장 부 상
충 당 금
기초잔액</td><td>⑤
확정기여형 퇴직연금자의 퇴직연금 설정 전 기계상된 퇴직급여충당금</td><td>⑥
기중충당금 환입액</td><td>⑦
기초충당금 부인누계액</td><td>⑧
기중퇴직금 지 급 액</td><td colspan="2">⑨
차 감 액
(④-⑤-⑥-⑦-⑧)</td></tr>
<tr><td></td><td></td><td></td><td></td><td></td><td colspan="2">(△)</td></tr>
<tr><td colspan="2">⑩
추계액 대비 설정액
(㉒ × 설정률)</td><td colspan="2">⑪
퇴직금전환금</td><td colspan="2">⑫
설정률 감소에 따른 환입을 제외하는 금액
MAX(⑨-⑩-⑪, 0)</td><td>⑬
누적한도액
(⑩-⑨+⑪+⑫)</td></tr>
<tr><td colspan="2"></td><td colspan="2"></td><td colspan="2"></td><td></td></tr>
<tr><td rowspan="2">한도초과액
계 산</td><td colspan="2">⑭ 한도액 MIN(③, ⑬)</td><td colspan="3">⑮ 회사계상액</td><td colspan="2">⑯ 한도초과액(⑮-⑭)</td></tr>
<tr><td colspan="2"></td><td colspan="3"></td><td colspan="2"></td></tr>
</table>

2. 총급여액 및 퇴직급여추계액 명세

<table>
<tr><td rowspan="2">구 분
계정명</td><td colspan="2">⑰ 총급여액</td><td colspan="2">⑱퇴직급여 지급대상이 아닌 임원 또는 직원에 대한 급여액</td><td colspan="2">⑲퇴직급여 지급대상이 되는 임원 또는 직원에 대한 급여액</td><td colspan="2">⑳기말 현재 임원 또는 직원 전원의 퇴직 시 퇴직급여 추계액</td></tr>
<tr><td>인 원</td><td>금 액</td><td>인 원</td><td>금 액</td><td>인 원</td><td>금 액</td><td>인 원</td><td>금 액</td></tr>
<tr><td></td><td></td><td></td><td></td><td></td><td></td><td></td><td></td><td></td></tr>
<tr><td></td><td></td><td></td><td></td><td></td><td></td><td></td><td colspan="2" rowspan="2">㉑근로자퇴직급여 보장법에 따른 추계액</td></tr>
<tr><td></td><td></td><td></td><td></td><td></td><td></td><td></td></tr>
<tr><td></td><td></td><td></td><td></td><td></td><td></td><td></td><td>인 원</td><td>금 액</td></tr>
<tr><td></td><td></td><td></td><td></td><td></td><td></td><td></td><td></td><td></td></tr>
<tr><td></td><td></td><td></td><td></td><td></td><td></td><td></td><td colspan="2" rowspan="2">㉒ 세법상 추계액
MAX(⑳, ㉑)</td></tr>
<tr><td></td><td></td><td></td><td></td><td></td><td></td><td></td></tr>
<tr><td>계</td><td></td><td></td><td></td><td></td><td></td><td></td><td></td><td></td></tr>
</table>

3. 대손충당금

1) 개념

대손충당금이란 매출채권 등에 대해서 회수가능성을 검토하고 장래 회수가 불가능할 것으로 추정되는 금액을 당기의 비용으로 계상하는 것이다.

기업회계와 세무회계에서 회수가 불가능한 채권에 대해서는 대손금으로 처리하고, 회수가 불확실한 채권에 대해서는 합리적이고 객관적인 기준에 따라 대손추정액을 산출하여 대손충당금으로 설정한다. 기업회계에서는 수익·비용의 대응에 따른 정확한 기간손익을 계산하기 위하여 충당금법에[13][14] 따라 대손충당금을 설정할 수 있고, 법인세법은 기업회계를 인정한다.

다만, 기업회계와 세무회계의 차이점은 대손추정액을 산정하는 방법에서 차이가 있다. 기업회계에서는 개별적인 채권분석법, 과거경험률분석법, 연령분석법, 경과일수분석법 등 합리적이고 객관적인 기준에 따라 대손율을 추정하지만 세무회계에서는 1%와 대손실적률 중 큰 금액으로 한다.

2) 손금산입액

(1) 설정대상

법인세법에서는 법인이 각 사업연도의 결산을 확정할 때 외상매출금, 대여금, 어음상의 채권, 미수금, 그 밖에 기업회계기준에 따라 대손충당금 설정대상이 되는 채권의[15] 대손에 충당하기 위하여 대손충당금을 손비로 계상한 경우에는 손금산입한도액 범위에서 그 계상한 대손충당금을 해당 사업연도의 소득금액을 계산할 때 손금에 산입한다.

---

13) 충당금법은 발생주의에 따른 수익·비용의 대응을 중요시하는 포괄손익계산서 접근법과 매출채권의 적정한 평가를 중요시하는 재무상태표 접근법이 있다. 포괄손익계산서 접근법은 매출채권에 대한 회수가능성 여부를 추정하여 매출수익을 인식하는 기간에 매출 또는 외상매출금의 발생액에 일정비율로 계산한 금액을 매출수익에 대응하는 대손상각비로 계상하는 방법이고, 재무상태표 접근법은 회계연도 종료일 현재의 매출채권 잔액에 일정비율로 계산한 금액을 대손충당금으로 설정함으로써 매출채권의 장부가액을 순실현가능가액으로 평가하는 방법이다.

14) 직접상각법은 대손이 실제 확인된 때 대손금으로 비용을 인식하는 방법을 말한다. 직접상각법에 따르면 대손은 채권에 의해 발생된 수익이 계상된 때로부터 상당한 기간이 경과한 후에 발생하므로 수익·비용의 대응에 따른 정확한 기간손익을 계산할 수 없게 된다.

15) 특수관계인으로부터 자산을 시가보다 높은 가액으로 매입 또는 현물출자받으므로서 부당행위계산의 부인에 따른 시가초과액에 상당하는 채권은 대손충당금 설정대상이 되는 채권에서 제외한다.

법인세법에서는 원칙적으로 대손충당금의 설정대상채권에 대한 제한이 없어 기업회계기준에 따른 설정대상채권이면 법인세법에서도 대손충당금을 설정할 수 있다. 따라서 기업회계기준에 따른 채권에는 회수기일이 도래하지 않은 할부판매 미수금, 작업진행률에 따라 계상한 공사미수금, 유형자산 등의 매각대금의 미수금이 포함된다. 다만, 채무보증에 따라 발생한 구상채권, 특수관계인에게 법인의 업무와 관련 없이 지급한 가지급금 등의 채권은 대손충당금을 설정할 수 있는 대상에서 제외된다.

법인이 대손충당금을 설정하는 경우 동일인에 대하여 매출채권과 매입채무를 가지고 있는 경우에도 해당 매입채무를 상계하지 아니하고 대손충당금을 계상할 수 있다.(임의선택사항) 다만, 당사자 사이의 약정에 따라 상계하기로 한 경우에는 상계한 잔액에 대해서만 계상하여야 한다.

대손충당금을 손금산입한 법인이 합병하거나 분할하는 경우 그 법인의 합병등기일 · 분할등기일 현재의 대손충당금 중 해당 대손충당금에 대응하는 채권이 함께 승계되는 경우로서 합병법인 등이 승계받은 금액은 그 합병법인등이 합병등기일 · 분할등기일에 가지고 있는 대손충당금으로 본다.

(2) 손금산입방법

법인세법은 대손충당금의 손금산입한도액을 규정하고 법인이 손금산입한도액 범위에서 결산서의 비용으로 계상한 경우에만 이를 손금산입하도록 하고 있다. 따라서 회사가 결산서에 손비로 계상(결산조정)하지 아니하거나 미달하게 계상한 금액은 신고조정으로 손금산입할 수 없다.

(3) 대손충당금 설정방법

대손충당금 설정방법은 총액법과 보충법이 있으며, 법인세법에서는 총액법에 따른 설정을 원칙으로 하고 있다.

총액법이란 전기에 설정한 대손충당금 잔액을 모두 환입하고, 당기의 대손추정액을 다시 설정하는 방법이다. 해당 사업연도 대손충당금의 설정 범위액 내에서 익금산입하여야 할 대손충당금을 차감한 잔액만을 설정한 경우에도 이를 단순한 기표상의 생략으로 보아 각각 익금 또는 손금에 산입한 것으로 보도록 법인세법에서 규정하고 있어 기업회계에 따른 보충법을 인정하고 있다.

(4) 손금산입한도액 계산[16]

대손충당금의 손금산입한도액은 사업연도 종료일 현재의 설정대상채권의 장부가액 합계액(채권잔액)에 대손충당금의 설정률을 곱하여 계산한다. 다만, 대손충당금 적립기준 적용대상 금융회사 등의 경우에는 채권잔액에 대손충당금의 설정률을 곱하여 계산한 금액과 자산건전성 분류에 따른 최소적립금액 중 큰 금액을 손금산입한도액으로 한다.

손금산입한도액 = 채권잔액 × 설정률

① 채권잔액

채권잔액이란 사업연도 종료일 현재의 설정대상채권의 세법에 따른 장부가액 합계액을 말한다. 즉, 해당 사업연도 종료일 현재 재무상태표의 채권금액에서 채권과 관련된 유보잔액을[17] 더하고, 대손충당금의 설정대상에서 제외되는 채권의 금액을 빼는 방법으로 계산한다.

채권잔액 = B/S의 채권가액 ± 채권관련 유보잔액 − 설정대상 제외채권의 가액

② 설정비율

대손충당금의 설정비율은 1%와 해당 사업연도의 대손실적률 중 큰 것으로 한다.[18]

설정률 = Max (1%, 대손실적률)

$$\sqrt{}\ \textbf{대손실적률} = \frac{\text{해당 사업연도 대손금(대손요건 충족분에 한함)}}{\text{직전 사업연도 종료일 현재의 채권가액}}$$

16) 내국법인 또는 국내사업장이 있는 외국법인이 2014.12.31이 속하는 사업연도 이전에 외감법에 따른 한국채택국제회계기준을 최초로 적용하는 경우 해당 사업연도의 소득금액 계산을 할 때 익금에 산입하여야 하는 직전 사업연도 대손충당금의 잔액에서 해당 사업연도의 대손충당금 손금산입액을 뺀 금액을 익금에 산입하지 아니할 수 있다. 한국채택국제회계기준의 적용에 따른 대손충당금 환입액의 익금불산입은 이후 사업연도에 법인세법에 따라 손금에 산입하여야 할 금액이 익금에 산입하여야 할 금액보다 큰 경우 그 차액과 상계하며, 상계하고 남은 금액은 2015.1.1이후 최초로 개시하는 사업연도의 소득금액을 계산할 때 익금에 산입한다.

17) 채권관련 유보잔액이란 기업회계와 세무회계의 차이 또는 세무조정 과정에서 유보로 처분된 채권의 가액을 말한다. 이에 대한 구체적인 사례는 대손금 부인액(+유보잔액), 공사진행기준 또는 위탁판매 등에 따른 귀속시기 차이에 대한 세무조정금액(±유보잔액), 대손처리하지 아니한 강제대손사유에 해당하는 채권의 세무조정금액(△유보잔액) 등이 있다.

18) 대손실적률을 계산할 때 사업연도가 1년 미만인 경우에는 해당 사업연도의 대손금을 그 사업연도의 월수로 나눈 금액에 12를 곱하여 계산하고, 기업회계기준에 따른 채권의 재조정에 따라 채권의 장부가액과 현재가치의 차액을 대손금으로 계상한 금액은 해당 사업연도 대손금에 해당하지 않는다.

사례 ❶ 대손실적률의 계산

다음은 제조업을 경영하는 중소기업인 ㈜고려의 매출채권에 관련 자료이다. 다음 자료를 이용하여 대손충당금을 설정하기 위한 대손실적률을 계산하시오.

(1) 당기 중 대손충당금 상계액 1,001,000원은 다음과 같다.
  ① 소멸시효가 완성된 외상매출금: 950,000원
  ② 부도어음(부도발생일 이전에 수취한 어음 1매): 51,000원

(2) 손익계산서에 대손요건을 충족한 외상매출금의 대손상각비 500,000원이 있다.

(3) 당기의 대손충당금 설정대상 채권잔액은 100,000,000원이다.

(4) 전기의 대손충당금 손금산입 한도액은 750,000원이고, 전기의 대손금 발생은 없다.

【해석】

√당기 대손요건 충족분: 950,000 + (51,000-1,000) + 500,000 = 1,500,000원

- 부도어음은 채권금액에서 어음 1장당 1,000원을 공제한 금액을 대손금으로 한다.
  → 세무조정: 〈손금불산입〉 부도어음 1,000 유보

√전기 대손충당금 설정대상 채권잔액: 750,000 ÷ 1% = 75,000,000원

- 전기에 대손금이 발생한 사실이 없으므로 전기의 대손실적율은 0%이다. 따라서 전기에 대손충당금 설정률은 1%이다.

√대손실적률: $\dfrac{1,500,000}{75,000,000} = 2\%$

3) 대손충당금의 세무조정

(1) 설정 및 상계

대손충당금의 당기설정액은 회사가 보충법에 따라 추가 설정한 금액이 아닌 대손충당금 계정의 기말잔액인 차기이월액을 당기의 회사설정액으로 보아 법인세법에 따라 계산된 손금산입 한도액과 비교한다. 다만, 법인이 기업회계기준에 따른 채권의 재조정에 따라 채권의 장부가액과 현재가치의 차액(현재가치할인차금 상당액)을 대손충당금으로 계상한 경우에는 이를 제외한 대손충당금에서 대하여 세무조정을 한다.

대손충당금을 손금에 산입한 법인은 실제로 대손이 발생한 경우 그 대손금을 대손충당금과 먼저 상계하여야 하고, 상계하고 남은 대손충당금의 잔액은 그 다음 사업연도의 소득금액을 계산할 때 익금에 산입한다. 대손발생액이 설정된 대손충당금의 잔액을 초과하는 경우에는 대손충당금이 부족하여 상계하지 못한 대손금을 해당 사업연도의 손금으로 처리된다.

(2) 대손충당금 한도초과액

법인이 법인세법에 따른 대손의 요건을 갖추지 못한 채권을 대손충당금과 상계하였거나 대손금으로 손금산입한 경우에는 동 금액을 손금불산입(유보)한다. 대손금 부인액은 차기이후 사업연도에 대손충당금을 설정하는 경우 설정대상채권의 잔액에 더하며, 대손요건을 충족하는 때·대손금이 회수되는 때·법인이 수정 분개하는 때에 손금산입(△유보)한다.

법인이 해당 사업연도에 손금으로 산입한 대손충당금 중 손금산입한도액을 초과하는 금액은 손금불산입(유보)하며, 총액법에 따라 전기에 설정한 대손충당금의 잔액을 다음 사업연도에 익금산입하는 경우 전기의 대손충당금 한도초과액만큼 과다환입(이월익금)을 하게 되므로 이를 익금불산입(△유보)한다.

사례 ❷ 대손충당금에 대한 세무조정

제조업을 경영하는 영리내국법인 고려㈜의 제17기 사업연도(2022.1.1~2022.12.31)의 대손충당금 손금한도액을 계산하시오? (2014. CPA수정)

(1) 당기의 재무상태표의 대손충당금의 전기이월액은 10,000,000원, 당기설정액은 8,000,000원, 차기이월액은 12,000,000원이다.
(2) 당기 상계액 중 4,000,000원은 대손요건을 충족하였으나, 매출채권 2,000,000원은 대손요건을 충족하지 못하여 손금불산입(유보)하였다.
(3) 전기말 대손부인액 50,000,000원 중 2,250,000원은 당기 중 대손요건이 충족되어 손금산입하였으며, 나머지는 당기 중 회수되었다.
(4) 재무상태표상 대손충당금 설정대상채권의 잔액은 제16기말 200,000,000원이고, 제17기말 300,000,000원이다.
(5) 전기의 세무조정은 적법하게 이루어진 것으로 가정한다.

【해석】

√회사설정액: 12,000,000원

- 총액법에 따른 설정액(차기 이월액): 12,000,000원
  → 환입할 금액: 10,000,000(기초잔액) - 6,000,000(당기 상계액) = 4,000,000원
- 보충법에 따른 설정액: 4,000,000 + 8,000,000 = 12,000,000원
  → 보충액: 10,000,000(기초잔액) − 6,000,000(당기 상계액) = 4,000,000원
  → 당기 계상액: 8,000,000원

√손금산입한도액: (300,000,000+2,000,000) × Max(1%, 2.5%) = 7,550,000원

- 대손실적률: $\frac{4,000,000 + 2,250,000}{200,000,000 + 50,000,000} = 0.025$

√대손충당금 한도초과액: 12,000,000 − 7,550,000 = 4,450,000원

사 업 연 도	. . . ~ . . .	대손충당금 및 대손금조정명세서	법 인 명	
			사업자등록번호	

1. 대손충당금조정

구분	① 채권잔액 (㉑의금액)	② 설정률			③ 한도액 (①×②)	회사계상액			⑦ 한도초과액 (⑥−③)
						④당기계상액	⑤ 보충액	⑥ 계	
손 금 산입액 조 정		(ㄱ) $\frac{1,2}{100}$	(ㄴ) 실적률 ( )	(ㄷ) 적립기준 ( )					

구분	⑧ 장부상 충당금 기초잔액	⑨ 기중 충당금 환입액	⑩ 충당금 부 인 누계액	⑪ 당기 대손금 상 계 액 (㉗의 금액)	⑫ 당기설정 충당금 보 충 액	⑬ 환입할금 액 (⑧−⑨−⑩ −⑪−⑫)	⑭ 회 사 환입액	⑮ 과소환입 과다환입(△) (⑬−⑭)
익 금 산입액 조 정								

구분	⑯계정과목	⑰ 채권잔액의 장부가액	⑱ 기말 현재 대손금부인누계	⑲ 합계 (⑰+⑱)	⑳ 충당금설정 제 외 채 권	㉑ 채권잔액 (⑲−⑳)	비 고
채 권 잔 액							
	계						

2. 대손금조정

㉒ 일자	㉓ 계정 과목	㉔ 채권 명세	㉕ 대손 사유	㉖ 금액	대손충당금상계액			당기 손금계상액			비 고
					㉗ 계	㉘ 시인액	㉙ 부인액	㉚ 계	㉛ 시인액	㉜ 부인액	
계											

3. 국제회계기준 등 적용 내국법인에 대한 대손충당금 환입액의 익금불산입액의 조정

㉝ 대손충당금 환입액의 익금불산입 금액	익금에 산입할 금액			㊲ 상계 후 대손충당금 환입액의 익금불산입 금 액(㉝-㊱)	비고
	㉞ 법인세법 제34조 제 1 항 에 따 라 손금에 산입해야할 금액 Min(③,⑥)	㉟ 법인세법 제34조 제4항에 따라 익금에 산입해야할 금액 Max[0, (⑧-⑩-⑪)]	㊱ 차 액 Min[㉝,Max(0, ㉞-㉟)]		

4. 구상채권상각충당금

1) 설정대상 법인

법률에 따른 신용보증사업을 하는 신용보증기금, 공제조합, 한국주택금융공사 등이 각 사업연도의 결산을 확정할 때 피보증인의 채무를 대위변제함에 따라 발생한 구상채권의 대손을 충당하기 위하여 구상채권상각충당금을 손비로 계상한 경우에는 손금산입한도액의 범위에서 계상한 구상채권상각충당금을 해당 사업연도의 소득금액을 계산할 때 손금에 산입한다.

2) 손금산입한도액 계산

구상채권상각충당금은 사업연도종료일 현재의 신용보증사업과 관련된 신용보증잔액에 1%와 구상채권발생률 중 낮은 비율을 곱하여 계산한 범위에서 손금산입한다. 구상채권상각충당금은 결산조정사항이지만, 한국채택국제회계기준을 적용하는 주택도시보증공사는 신고조정에 따라 손금에 산입할 수 있다.

손금산입한도액 = 신용보증사업과 관련된 신용보증잔액 × Min(1%, 구상채권발생률)

$$\sqrt{}\ \text{구상채권발생률} = \frac{\text{해당사업연도 구상채권발생액}}{\text{직전사업연도 종료일 현재의 신용보증잔액}}$$

3) 상계 및 환입

(1) 상계

구상채권상각충당금을 손금산입한 법인은 신용보증사업에 따라 발생한 구상채권 중 대손요건에 해당하는 경우와 신용보증사업을 경영하는 법인의 설립에 관한 법률에 따른 운영위원회가 기획재정부장관과 협의하여 정한 기준에 해당하는 경우에는 그 대손금을 구상채권상각충당금과 상계할 수 있다.

(2) 환입

손금산입한 구상채권상각충당금은 다음 사업연도의 소득금액을 계산할 때 대손금과 먼저 상계하여야 하고, 상계하고 남은 구상채권상각충당금의 잔액을 익금에 산입한다.

Ⅱ 압축기장충당금 등의 손금산입

1. 국고보조금 · 공사부담금 · 보험차익

1) 국고보조금 등에 대한 회계처리

세무회계에서는 국고보조금 또는 공사부담금을 수령하는 즉시 국고보조금 또는 공사부담금의 수령에 따른 순자산의 증가분을 수익으로 인식하고, 국고보조금 등으로 사업용자산을 취득한 때에는 그 취득한 자산의 가액을 일시상각충당금 및 압축기장충당금으로 손금산입하고, 자산의 내용연수에 따른 감가상각비 또는 처분원가를 손금에 산입할 일시상각충당금 및 압축기장충당금과 상계함으로써 익금산입한다.

기업회계에서는 국고보조금 등을 수령하는 즉시 수익으로 인식하지 아니하고, 미래에 발생하는 비용 또는 처분원가를 국고보조금 등의 금액 범위에서 상계되도록 함으로써 비용불산입을 통하여 수익을 실현하고 있다.

세무회계에서는 국고보조금 또는 공사부담금에 대한 과세이연을 목적으로 볼 수 있고, 기업회계에서는 수익 · 비용의 적절한 대응을 목적으로 볼 수 있다. 기업회계와 세무회계는 동일한 결과를 가져오지만 수익 · 비용과 익금 · 손금의 계상방식의 차이로 인하여 세무조정이 필요한 것이다.

구 분		국고보조금 등에 대한 회계처리 및 세무조정
보조금 수령일	회계	(차변) 현금 *** / (대변) 국고보조금(현금) ***
	세무	(익금산입) 국고보조금(현금) *** 유보
자 산 취득일	회계	(차변) 기 계 장 치 등 *** / (대변) 현 금 *** 국고보조금(현금) *** / 국고보조금(기계장치) ***
	세무	(손금산입) 국고보조금(현금) *** △유보 (익금산입) 국고보조금(기계장치) *** 유보 (손금산입) 일시상각충당금 · 압축기장충당금(국고보조금) *** △유보
결산일	회계	(차변) 감 가 상 각 비 *** / (대변) 감가상각누계액 *** 국고보조금(기계장치) *** / 감 가 상 각 비 ***
	세무	(익금산입) 일시상각충당금 *** 유보 (손금산입) 국고보조금(기계장치) *** △유보

2) 국고보조금

(1) 국고보조금의 범위

국고보조금이란 사업용자산의 취득·개량 또는 경비보조·손실보전을 위한 운영자금을 지원할 목적으로 국가 등이 기업에게 무상으로 지급하는 보조금을 말한다. 일시상각충당금 등을 설정할 수 있는 국고보조금이란 보조금 관리에 관한 법률 또는 지방재정법 등에[19] 따라 무상으로 교부하는 보조금 중 사업용자산의 취득·개량하는데 사용한 경우 또는 사업용자산을 취득·개량하고 이에 대한 국고보조금을 사후에 지급받은 것을 말한다.

사업용자산이란 사업용 유형자산 및 무형자산과 석유류를 말하고, 국고보조금등을 금전 외의 자산으로 받아 사업에 사용한 경우에는 사업용자산의 취득 또는 개량에 사용된 것으로 본다.

(2) 손금산입

손금에 산입하는 금액은 사업용자산별로 사업용자산의 가액 중 그 취득 또는 개량에 사용된 국고보조금에 상당하는 금액으로 하고, 감가상각자산의 경우에는 일시상각충당금으로 계상하고 비상각자산의 경우에는 압축기장충당금으로 계상한다. 이 경우 사업용자산의 취득 또는 개량 후 국고보조금을 지급받은 때에는 지급일이 속한 사업연도 이전 사업연도에 이미 손금에 산입한 감가상각비에 상당하는 금액은 제외한다.

국고보조금 등을 지급받은 날이 속하는 사업연도의 종료일까지 사업용자산을 취득 또는 개량하지 아니한 법인이 그 사업연도의 다음 사업연도의 개시일부터 1년 이내에 취득 또는 개량하려는 경우에는 그 사용하고자 하는 금액을 그 지급받은 날이 속하는 사업연도의 손금에 산입한다. 이 경우 공사의 허가 또는 인가 등이 지연되는 경우, 공사를 시행할 장소의 미확정 등으로 공사기간이 연장되는 경우, 용지의 보상 등에 관한 소송이 진행되는 경우 등의 사유로 국고보조금을 법정기한 내에 사용하지 못한 경우에는 해당 사유가 끝나는 날이 속하는 사업연도의 종료일까지 손금에 산입할 수 있다.

일시상각충당금 또는 압축기장충당금의 손금산입은 법인의 임의에 맡겨져 있는 사항이므로 결산조정사항이다. 다만, 일시상각충당금 또는 압축기장충당금의 계상은 기업회계기준에 위배되기 때문에 법인세법에서 특별히 신고조정을 허용하고 있다.

19) 국고보조금이 적용되는 법률에는 농어촌 전기공급사업 촉진법, 전기사업법, 사회기반시설에 대한 민간투자법, 한국철도공사법, 농어촌정비법, 도시 및 주거환경정비법, 산업재해보상보험법, 환경정책기본법을 포함한다.

(3) 익금산입

국고보조금등 상당액을 손금에 산입한 법인이 손금에 산입한 금액을 기한 내에 사업용자산의 취득 또는 개량에 사용하지 아니하거나 사용하기 전에 폐업·해산하는 경우 그 사용하지 아니한 금액은 해당 사유가 발생한 날이 속하는 사업연도의 소득금액을 계산할 때 익금에 산입한다. 다만, 합병·분할하는 경우로서 합병법인등이 그 금액을 승계한 경우는 제외하며, 이 경우 그 금액은 합병법인등이 손금에 산입한 것으로 본다.

구분	국고보조금 등에 대한 익금산입
사 용 액	· 감가상각비와 상계(취득가액에 대한 일시상각충당금 등의 비율)[20] · 자산을 처분하는 경우(처분한 자산가액의 비율)[21]
미사용액	· 이연사용기간의 종료일에 일시 익금산입 · 폐업·해산일에 일시 익금산입

3) 공사부담금

(1) 공사부담금의 범위

일시상각충당금 등을 설정할 수 있는 공사부담금이란 전기사업 등을 하는 내국법인이 그 사업에 필요한 시설을 하기 위하여 전기·가스·열 등의 수요자 또는 편익을 받는 자로부터 그 시설을 구성하는 사업용자산을 제공받은 경우, 공사부담금을 제공받아 그 제공받은 날이 속하는 사업연도 종료일까지 해당 시설을 구성하는 사업용자산의 취득에 사용하는 경우, 사업용자산을 취득하고 이에 대한 공사부담금을 사후에 제공받은 경우를 말한다.[22]

이 경우 사업용자산이란 사업시설을 구성하는 토지, 유형자산, 무형자산을 말한다.

(2) 손금산입 및 익금산입

공사부담금으로 사업용자산을 취득하는 경우의 손금산입액 및 익금산입액의 계산과 그 산입방법은 국고보조금의 손금산입과 익금산입을 준용한다.

---

20) 손금으로 계상한 일시상각충당금은 당해 사업용자산의 감가상각비(취득가액 중 해당 일시상각충당금에 상당하는 부분에 대한 것에 한함)와 상계한다.

21) 사업용자산의 일부를 처분하는 경우의 익금산입액은 해당 사업용자산의 가액 중 일시상각충당금 또는 압축기장충당금이 차지하는 비율로 안분계산한 금액을 사업용자산을 처분한 날이 속하는 사업연도에 전액 익금에 산입한다.

22) 공사부담금을 장기할부조건으로 교부받은 경우 각 사업연도에 속하거나 속하게 될 공사부담금은 그 장기할부조건에 따라 각 사업연도에 교부받았거나 교부받을 금전 또는 자재에 상당하는 가액으로 한다.

4) 보험차익

(1) 보험차익의 범위

일시상각충당금 등을 설정할 수 있는 보험차익이란 법인이 보험대상자산인 유형자산의 멸실(滅失)이나 손괴(損壞)로 인하여 보험금을 지급받아 그 지급받은 날이 속하는 사업연도의 종료일까지 멸실한 유형자산과 같은 종류의 자산을 대체 취득하거나 손괴된 유형자산을 개량하는[23] 경우에는 해당 자산의 가액 중 그 자산의 취득 또는 개량에 사용된 보험차익 상당액을 말한다.

이 경우 같은 종류의 자산이란 멸실한 보험대상자산인 유형자산에 대체하여 취득한 유형자산으로서 그 용도나 목적이 멸실한 유형자산과 동일한 것을 말한다.

(2) 손금산입

손금에 산입하는 금액은 개별보험대상자산별로 해당 자산의 가액 중 그 취득 또는 개량에 사용된 보험차익에 상당하는 금액으로 하고, 감가상각자산의 경우에는 일시상각충당금으로 계상한다. 이 경우 해당 보험대상자산의 가액이 지급받은 보험금에 미달하는 경우에는 보험금 중 보험차익 외의 금액을 먼저 사용한 것으로 본다.

손금산입한도액 = Min(보험차익, 장부가액을 초과하는 보험금사용액)
√보험차익 = 보험금수령액 − 멸실자산의 장부가액
√장부가액을 초과하는 보험금사용액 = 대체자산 취득가액 − 멸실자산의 장부가액

보험금을 지급받은 날이 속하는 사업연도의 종료일까지 유형자산을 취득 또는 개량하지 아니한 법인이 그 사업연도의 다음 사업연도의 개시일부터 2년 이내에 취득 또는 개량하려는 경우에는 그 사용하고자 하는 금액을 그 지급받은 날이 속하는 사업연도의 손금에 산입한다.

(3) 익금산입

보험차익으로 자산을 취득하거나 개량하는 경우의 익금산입액의 계산과 그 산입방법은 국고보조금의 익금산입을 준용한다.

---

23) 개량에는 취득한 유형자산의 개량을 포함한다.

사례 ❸ 국고보조금에 대한 세무조정

제조업을 영위하는 영리내국법인 ㈜A의 제21기(2022.1.1~2022.12.31) 자료이다. 국고보조금 및 일시상각충당금 관련 세무조정이 제21기 각 사업연도 소득금액에 미치는 순영향으로 옳은 것은? (CPA. 2021)

(1) 2022.1.1 보조금 관리에 관한 법률에 따른 국고보조금 50,000,000원을 수령하고 건물을 취득하여 사업에 사용하기 시작하였다. 이에 따른 회계처리는 다음과 같다.
  (차) 현 금 50,000,000 (대) 영업외수익 50,000,000
  (차) 건 물 100,000,000 (대) 현 금 100,000,000

(2) 2022.4.1 보조금 관리에 관한 법률에 따른 국고보조금 20,000,000원을 수령하고 기계장치를 80,000,000원에 취득하여 사업에 사용하기 시작하였다. ㈜A는 국고보조금을 기계장치에서 차감하는 형식으로 회계처리하였다.

(3) 건물은 정액법(신고내용연수 10년, 잔존가치 없음)으로 상각하며, 기계장치도 정액법(신고내용연수 5년, 잔존가치 없음)으로 상각한다. ㈜A는 기계장치 관련 국고보조금을 감가상각비와 상계처리하고 있다.(상각부인액 및 시인부족액 없음)

(4) ㈜A는 건물 및 기계장치와 관련하여 일시상각충당금을 신고조정에 의해 손금산입하였다.

【해석】

√건물 국고보조금: 〈손금산입〉 일시상각충당금(건물) 50,000,000 △유보

- 국고보조금을 수령하는 즉시 수익으로 계상하였으므로 사업용자산(건물)을 취득하는 시점에 일시상각충당금으로 손금산입한다.

√기계장치 국고보조금: 〈익금산입〉 국고보조금(기계장치) 20,000,000 유보
〈손금산입〉 일시상각충당금(기계장치) 20,000,000 △유보

- 자산에 차감하는 방법으로 국고보조금을 회계처리한 경우 국고보조금의 수령분에 대하여 익금산입하고, 사업용자산의 취득분에 대하여 손금산입한다.
- 보조금의 수령일 및 자산의 취득일의 회계처리는 다음과 같다.

수령일	(차)	현금	20,000,000	(대)	국고보조금(현금)	20,000,000
취득일	(차)	기계장치	80,000,000	(대)	현금	80,000,000
		국고보조금(현금)	20,000,000	(대)	국고보조금(기계장치)	20,000,000

√감가상각비 상계: 〈손금불산입〉 일시상각충당금(건물) 5,000,000 유보
〈손금산입〉 국고보조금(기계장치) 3,000,000 △유보
〈손금불산입〉 일시상각충당금(기계장치) 3,000,000 유보

- 건물: $100,000,000 \times \frac{1}{10} \times \frac{50,000,000}{100,000,000} = 5,000,000$원
- 기계장치: $80,000,000 \times \frac{1}{5} \times \frac{9}{12} \times \frac{20,000,000}{80,000,000} = 3,000,000$원

사례 ④ 보험차익에 대한 세무조정

(주)고려의 제17기 사업연도(2022.1.1~2022.12.31) 보험차익에 대하여 세무조정을 하시오?

(1) 2022.3.1 화재가 발생하여 공장건물(취득가액: 5억원, 감가상각누계액: 4억원, 상각부인액: 5,000만원)과 재고자산(제조원가: 1억원, 판매가격: 1억 2,000만원)이 소실되었다.

(2) 2022.7.1 보험회사로부터 건물보험금 3억원과 재고자산보험금 1억 2,000만원을 수령하였다. 법인은 보험금을 수령할 당시에 건물의 보험차익 200,000,000원은 자본잉여금으로 계상하였고, 재고자산의 보험차익 20,000,000원은 영업외이익으로 계상하였다.

(3) 법인은 2022.12.1. 같은 종류의 공장건물을 6억원에 취득하고 감가상각비 15,000,000원을 비용계상하였다. 건물에 대한 상각방법과 내용연수를 신고한 사실이 없다. 기준내용연수는 40년이고 정률법 상각률은 0.073, 정액법 상각률은 0.025이다.

【해석】

√보험차익에 대한 익금산입

- 자본잉여금으로 계상된 보험차익 2억원에 대하여 익금산입(기타)하며, 건물에 대한 감가상각누계액의 부인액 50,000,000원을 손금산입(△유보)한다.
- 보험차익(건물): 300,000,000 − (500,000,000 − 400,000,000 + 50,000,000) = 150,000,000
- 보험차익(재고자산): 120,000,000 − 100,000,000 = 20,000,000

√사업용 자산의 취득분에 대한 손금산입

- 손금산입한도액: Min(150,000,000원, 450,000,000원) = 150,000,000원
- 장부가액을 초과하는 보험금사용액: 450,000,000원
  → 600,000,000 − (500,000,000 − 400,000,000 + 50,000,000) = 450,000,000

√감가상각비 한도초과액: 15,000,000 − 1,250,000 = 13,750,000원

- 손금산입한도액: $600,000,000 \times \frac{1}{40} \times \frac{1}{12} = 1,250,000$

√일시상각충당금과 감가상각비의 상계

- △유보에 대한 감가상각비 해당액: $1,250,000 \times \frac{150,000,000}{600,000,000} = 312,500$원

√세무조정:

〈익금산입〉	보험차익(자본잉여금)	200,000,000	기 타
〈손금산입〉	건물(감가상각부인 누계액)	50,000,000	△유보
〈손금산입〉	일시상각충당금(건물)	150,000,000	△유보
〈손금불산입〉	감가상각비 한도초과액	13,750,000	유 보
〈손금불산입〉	감가상각비(일시상각충당금)	312,500	유 보

2. 물적분할에 따른 분할법인의 과세특례

1) 의의

물적분할에 따라 발생하는 자산양도차익에 대하여 분할시점에 법인세를 과세하게 되면 거액의 법인세를 부담하여야 한다. 이는 시가평가에 따른 일시적인 양도차익이며, 실제로 현금유입이 이루어지는 것이 아니기 때문에 법인의 물적분할이 어렵게 된다.

자산의 물적분할에 따른 양도차익의 손금산입은 기업의 구조조정을 지원하기 위하여 자산양도차익에 대한 일시적인 법인세 부담을 줄여주고, 물적분할로 취득한 자산을 매각하거나 감각상각하는 시점까지 법인세의 과세를 이연하는 제도이다.

2) 자산양도차익의 손금산입

(1) 손금산입액의 계산

분할법인이 물적분할에 따라 분할신설법인의 주식을 취득한 경우로서 적격물적분할의 요건을 갖춘 경우 분할법인이 분할신설법인으로부터 취득한 분할신설법인의 주식가액 중 물적분할에 따라 발생한 자산양도차익 상당액은 분할등기일 속하는 사업연도의 소득금액을 계산할 때 손금에 산입할 수 있다.

(2) 손금산입 요건

적격물적분할의 요건은 사업목적의 분할, 지분의 연속성, 사업의 계속성, 고용의 계속성을 갖춘 적격분할의 요건을[24] 말하고, 지분의 연속성을 판정함에 있어서 분할법인의 주주가 분할신설법인으로부터 받은 분할대가의 전액이 주식이어야 한다. 다만, 파산 등 부득이한 사유로 지분의 연속성, 사업의 계속성, 고용의 계속성에 관한 요건을 갖추지 못한 경우에도 물적분할에 따른 자산양도차익 상당액을 손금에 산입할 수 있다.

(3) 손금산입 방법

분할법인은 적격물적분할에 따른 자산양도차익 상당액으로 손금에 산입하는 금액을 분할신설법인주식의 압축기장충당금으로 계상하고, 결산조정을 원칙으로 하되 신고조정에 따라 손금산입할 수 있다.

---

24) 제7장 분할매수차익에 대한 적격분할의 요건에서 자세히 설명하고 있다.

3) 분할 익금산입

(1) 익금산입

분할법인이 손금으로 산입한 압축기장충당금은 다음과 같이 주식 및 승계자산을 처분하는 경우에 그 자산의 처분일이 속하는 사업연도에 분할신설법인주식의 압축기장충당금에 주식 및 승계자산의 처분비율을 고려하여 계산한 금액을 익금에 산입한다.

① 분할법인이 분할신설법인으로부터 받은 주식을 처분하는 경우

② 분할신설법인이 분할법인으로부터 승계받은 감가상각자산, 토지, 주식을 처분하는[25] 경우

익금산입액 = 직전 사업연도종료일 현재 압축기장충당금 잔액 × [(ⓐ + ⓑ) − (ⓐ × ⓑ)]

$$ⓐ\ \textbf{주식 처분비율} = \frac{\text{당기에 처분한 분할신설법인의 주식의 장부가액}}{\text{전기말 물적분할에 따라 취득한 분할신설법인의 주식의 장부가액}}$$

$$ⓑ\ \textbf{승계자산 처분비율} = \frac{\text{당기에 처분한 승계자산의 양도차익}}{\text{전기말 물적분할에 따라 취득한 승계자산의 양도차익}}$$

(2) 익금산입의 배제

분할법인 또는 분할신설법인이 최초로 적격구조조정으로 주식을 처분하거나 승계받은 사업을 폐지하는 경우에는 익금에 산입하지 아니한다. 적격구조조정이란 분할법인 또는 분할신설법인이 최초로 적격합병, 적격분할, 적격물적분할, 적격현물출자, 조세특례제한법에 따라 과세를 이연받은 주식의 포괄적 교환등, 조세특례제한법에 따라 과세를 이연받은 주식의 현물출자를 말한다.

최초로 적격구조조정으로 주식을 처분하거나 승계받은 사업을 폐지하는 경우 분할법인이 보유한 분할신설법인주식의 압축기장충당금은 다음의 금액으로 대체한다.

√분할법인 · 분할신설법인이 새로 취득하는 자산승계법인주식의 압축기장충당금
= 분할신설법인주식의 압축기장충당금잔액 × 적격구조조정에 따른 승계자산의 처분비율
√주식승계법인이 승계한 분할신설법인주식의 압축기장충당금
= 분할신설법인주식의 압축기장충당금잔액 × 적격구조조정에 따른 주식의 처분비율

25) 이 경우 분할신설법인은 그 자산의 처분 사실을 처분일부터 1개월 이내에 분할법인에 알려야 한다.

4) 일시 익금산입

(1) 익금산입

분할법인이 적격물적분할에 따른 자산양도차익 상당액을 손금에 산입한 후, 분할법인은 분할등기일이 속하는 사업연도의 다음 사업연도 개시일부터 2년(고용의 계속성의 경우에는 3년) 이내에 적격요건위반사유가 발생할 경우에는 손금산입한 금액 중 분할하여 익금에 산입하고 남은 금액을 적격요건위반사유가 발생한 날이 속하는 사업연도의 소득금액을 계산할 때 전액 익금에 산입한다.

다만, 파산 등 부득이한 사유로 지분의 연속성, 사업의 계속성, 고용의 계속성에 관한 요건을 갖추지 못한 경우에는 손금에 산입한 자산의 양도차익에 상당하는 금액을 익금에 산입하지 아니한다.

(2) 적격요건위반사유

적격요건위반사유란 다음의 경우를 말한다.

① 분할법인이 분할신설법인의 발행주식총수의 50% 미만으로 주식을 보유하게 되는 경우
② 분할신설법인이 분할법인으로부터 승계받은 사업을 폐지하는 경우
③ 분할신설법인에 종사하는 분할승계대상근로자 수가 분할등기일 1개월 전 당시 분할승계대상근로자 수의 80% 미만으로 하락하는 경우

5) 자산 및 부채의 승계 등

분할법인이 적격물적분할에 따른 자산양도차익 상당액을 손금에 산입한 경우 퇴직급여충당금 또는 대손충당금을 분할신설법인이 승계한 경우에는 그와 관련된 세무조정사항을 분할신설법인이 승계하고, 그 밖의 세무조정사항은 모두 분할신설법인이 승계하지 아니한다.

분할법인이 적격물적분할에 따라 압축기장충당금을 계상한 경우 분할신설법인은 분할법인이 분할 전에 적용받던 감면·세액공제를 승계하여 감면·세액공제의 적용을 받을 수 있다. 이 경우 법인세법 등에 해당 감면·세액공제의 요건 등에 관한 규정이 있는 경우에는 분할신설법인이 그 요건 등을 갖춘 경우에만 적용한다.[26)]

26) 분할신설법인은 이월된 감면·세액공제가 특정 사업·자산과 관련된 경우에는 특정 사업·자산을 승계한 분할신설법인이 공제하고, 이월된 감면·세액공제가 특정 사업·자산과 관련이 없는 경우에는 분할법인의 사업용 자산가액 중 분할신설법인이 각각 승계한 사업용 자산가액 비율로 안분하여 분할신설법인이 각각 공제한다.

3. 현물출자에 따른 과세특례

1) 자산양도차익의 손금산입

(1) 손금산입액의 계산

출자법인이 적격현물출자의 요건을 갖춘 현물출자를 하는 경우 그 현물출자로 취득한 피출자법인의 주식가액 중 현물출자에 따라 발생한 자산양도차익에 상당하는 금액은 현물출자일이 속하는 사업연도의 소득금액을 계산할 때 손금에 산입할 수 있다.

(2) 손금산입 방법

출자법인은 적격현물출자에 따른 자산양도차익 상당액을 주식의 압축기장충당금으로 계상하고, 결산조정을 원칙으로 하되 신고조정에 따라 손금산입할 수 있다.

2) 손금산입의 요건

출자법인이 다음의 요건을 갖춘 적격현물출자를[27] 하는 경우 현물출자에 따라 발생한 자산양도차익 상당액은 손금에 산입할 수 있다. 다만, 파산 등 부득이한 사유로 지분의 연속성, 사업의 계속성에 관한 요건을 갖추지 못한 경우에도 현물출자에 따른 자산양도차익 상당액을 손금에 산입할 수 있다.

① 출자법인이 현물출자일 현재 5년 이상 사업을 계속한 법인일 것(사업목적의 현물출자)
② 피출자법인이 그 현물출자일이 속하는 사업연도의 종료일까지 출자법인이 현물출자한 자산으로 경영하던 사업을 계속할 것(사업의 계속성)
③ 다른 내국인 또는 외국인과 공동으로 출자하는 경우 공동으로 출자한 자가 출자법인의 특수관계인이 아닐 것
④ 출자법인 및 공동출자자가 현물출자일 다음 날 현재 피출자법인의 발행주식총수의 80% 이상의 주식을 보유하고, 현물출자일이 속하는 사업연도의 종료일까지 그 주식을 보유할 것(지분의 연속성)

27) 독립된 사업부문의 승계요건은 2016.1.1.이후 현물출자분부터 2017.12.31. 까지 현물출자분에 대하여 적용한다. 독립된 사업부문의 승계요건이란 출자법인이 분리하여 사업이 가능한 독립된 사업부문을 현물출자를 통하여 피출자법인에 승계하는 것을 말한다.

3) 분할 익금산입

(1) 익금산입

출자법인이 손금으로 산입한 압축기장충당금은 다음과 같이 주식 및 승계자산을 처분하는 경우에 그 자산의 처분일이 속하는 사업연도에 압축기장충당금에 주식 및 승계자산의 처분비율을 고려하여 계산한 금액을 익금에 산입한다.

① 출자법인이 피출자법인으로부터 받은 주식을 처분하는 경우

② 피출자법인이 출자법인으로부터 승계받은 감가상각자산, 토지, 주식을 처분하는[28] 경우

익금산입액 = 직전 사업연도종료일 현재 압축기장충당금 잔액 × [(ⓐ + ⓑ) − (ⓐ × ⓑ)]

$$ⓐ\ \textbf{주식 처분비율} = \frac{\text{당기에 처분한 피출자법인의 주식의 장부가액}}{\text{전기말 현물출자에 따라 취득한 피출자법인의 주식의 장부가액}}$$

$$ⓑ\ \textbf{승계자산 처분비율} = \frac{\text{당기에 처분한 승계자산의 양도차익}}{\text{전기말 현물출자에 따라 취득한 승계자산의 양도차익}}$$

(2) 익금산입의 배제

출자법인 또는 피출자법인이 최초로 적격구조조정으로 주식을 처분하거나 승계받은 사업을 폐지하는 경우에는 익금에 산입하지 아니한다. 적격구조조정이란 출자법인 또는 피출자법인이 최초로 적격합병, 적격분할, 적격물적분할, 적격현물출자, 조세특례제한법에 따라 과세를 이연받은 주식의 포괄적 교환등, 조세특례제한법에 따라 과세를 이연받은 주식의 현물출자를 말한다.

최초로 적격구조조정으로 주식을 처분하거나 승계받은 사업을 폐지하는 경우 출자법인이 보유한 피출자법인주식의 압축기장충당금은 다음의 금액으로 대체한다.

√출자법인 · 피출자법인이 새로 취득하는 자산승계법인주식의 압축기장충당금
= 피출자법인주식의 압축기장충당금잔액 × 적격구조조정에 따른 승계자산의 처분비율
√주식승계법인이 승계한 피출자법인주식의 압축기장충당금
= 피출자법인주식의 압축기장충당금잔액 × 적격구조조정에 따른 주식의 처분비율

28) 이 경우 피출자법인은 그 자산의 처분 사실을 처분일부터 1개월 이내에 출자법인에 알려야 한다.

4) 일시 익금산입

(1) 익금산입

출자법인이 현물출자에 따른 자산양도차익 상당액을 손금에 산입한 후, 출자법인은 현물출자일이 속하는 사업연도의 다음 사업연도 개시일부터 2년 이내에 적격요건위반사유가 발생할 경우에는 손금산입한 금액 중 분할하여 익금에 산입하고 남은 금액을 적격요건위반사유가 발생한 날이 속하는 사업연도의 소득금액을 계산할 때 익금에 산입한다.[29]

적격요건위반사유란 다음의 경우를 말한다.

① 피출자법인이 출자법인이 현물출자한 자산으로 경영하던 사업을 폐지하는 경우[30]

② 출자법인이 피출자법인의 발행주식총수의 50% 미만으로 주식을 보유하게 되는 경우

(2) 익금산입의 배제

출자법인이 파산하여 주식을 처분한 경우, 적격구조조정에 따라 주식을 처분한 경우,[31] 채무자회생법 · 기업구조조정촉진법에 따라 주식을 처분하는 경우, 법령상 의무를 이행하기 위하여 주식을 처분하는 경우로서 피출자법인의 발행주식총수 50% 미만으로 주식을 보유하게 되는 경우에는 적격요건을 위반한 것으로 보지 않으므로 익금에 산입하지 아니한다.

피출자법인이 파산함에 따라 승계받은 자산을 처분한 경우, 적격합병 · 적격분할 · 적격물적분할 · 적격현물출자에 따라 사업을 폐지한 경우, 채무자회생법 · 기업구조조정촉진법에 따라 승계받은 자산을 처분한 경우로서 출자법인이 현물출자한 자산으로 경영하던 사업을 폐지하는 경우에는 적격요건을 위반한 것으로 보지 않으므로 익금에 산입하지 아니한다.

---

29) 출자법인 또는 피출자법인이 최초로 적격구조조정에 따라 새로 압축기장충당금을 설정한 출자법인, 피출자법인, 주식승계법인은 다음의 사유가 발생하는 경우에는 그 사유가 발생한 날이 속하는 사업연도의 소득금액을 계산할 때 주식 및 승계자산의 처분비율을 고려하여 계산한 금액을 익금에 산입한다.
① 출자법인 또는 피출자법인이 적격구조조정에 따라 새로 취득한 자산승계법인주식등을 처분하거나 주식승계법인이 적격구조조정에 따라 승계한 피출자법인주식등을 처분하는 경우
② 자산승계법인이 적격구조조정으로 피출자법인으로부터 승계한 감가상각자산, 토지, 주식 등을 처분하거나 피출자법인이 승계자산을 처분하는 경우

30) 피출자법인이 현물출자일이 속하는 사업연도의 종료일 이전에 출자법인으로부터 출자한 자산가액의 50% 이상을 처분하거나 사업에 사용하지 아니하는 경우에는 출자받은 사업을 계속하는 것으로 보지 아니한다. 다만, 출자법인이 보유하던 피출자법인의 주식을 출자받아 자기주식을 소각하는 경우에는 해당 피출자법인의 주식을 제외하고 출자법인으로부터 출자받은 자산을 기준으로 사업을 계속하는지 여부를 판정하되, 출자받은 자산이 피출자법인의 주식만 있는 경우에는 사업을 계속하는 것으로 본다. 이 경우 출자법인으로부터 출자한 자산가액은 유형자산, 무형자산, 투자자산의 가액을 말한다.

31) 출자법인 또는 피출자법인이 최초로 적격구조조정에 따라 주식을 처분하거나 승계받은 사업을 폐지하는 경우를 말한다.

4. 교환에 따른 과세특례

1) 자산양도차익의 손금산입

소비성서비스업 및 부동산의 임대·중개·매매업을 제외한 사업을 하는 법인이 2년 이상 그 사업에 직접 사용하던 사업용자산을 특수관계인 외의 다른 법인이 2년 이상 그 사업에 직접 사용하던 동일한 종류의 사업용자산과 교환하는 경우 그 교환취득자산의 가액 중 교환에 따라 발생한 사업용자산의 양도차익 상당액은 해당 사업연도의 소득금액을 계산할 때 손금에 산입할 수 있다.

교환에 따른 자산양도차익 상당액을 손금에 산입하고자 하는 법인은 교환취득자산을 교환일이 속하는 사업연도의 종료일까지 그 내국법인의 사업에 사용하여야 하며, 사업용자산은 토지·건축물·사업용 유형자산을[32] 말한다.

2) 손금산입할 금액 및 방법

교환에 따른 자산양도차익 상당액을 사업용자산별로 감가상각자산은 일시상각충당금으로 계상하고, 비상각자산은 압축기장충당금으로 계상하여야 한다.

교환에 따라 손금에 산입하는 양도차익에 상당하는 금액은 다음과 같다.

손금산입액 = Min(교환양도자산의 양도차익, 교환양도자산의 평가차익)
√교환양도자산의 양도차익 = 교환취득자산의 가액 − (교환양도자산의 장부가액 + 현금지급액)
√교환양도자산의 평가차익 = 교환양도자산의 시가 − 교환양도자산의 장부가액

3) 익금산입

손금으로 산입한 일시상각충당금은 사업용자산의 감가상각비와 상계한다. 다만, 사업용자산을 처분하는 경우에는 상계하고 남은 잔액을 그 처분한 날이 속하는 사업연도에 전액 익금에 산입한다.

손금으로 산입한 압축기장충당금은 사업용자산을 처분하는 사업연도에 전액 익금에 산입한다.

---

32) 사업용 유형자산에는 기계장치 등, 연구·시험·직업훈련·에너지 절약·환경보전·근로자복지 증진 등의 목적으로 사용되는 사업용자산, 운수업을 경영하는 자가 사업에 직접 사용하는 차량 및 운반구를 말한다.

Ⅲ 준비금의 손금산입

1. 준비금

1) 준비금제도

준비금은 실제로 발생한 비용은 아니지만 미래 발생할 특정비용, 손실의 보전, 특정한 투자에 필요한 자금에 충당할 목적으로 미리 손비로 계상하는 금액을 말한다. 준비금제도는 준비금으로 설정하는 금액만큼을 손금으로 산입하여 줌으로써 법인세의 부담을 줄여주고, 준비금으로 설정하는 금액만큼 이익처분을 할 때 적립하도록 하여 배당가능이익을 감소시켜 기업의 자기금융기능을 강화하고 재무구조를 건실화할 수 있다.

준비금을 손비로 계상하는 사업연도에는 준비금의 설정액만큼 각 사업연도의 소득이 감소되어 법인세의 부담이 줄어들지만, 준비금을 환입하여 수익으로 계상하거나 실제 발생된 비용과 상계하는 사업연도에는 준비금의 환입액 또는 비용상계액만큼 각 사업연도의 소득이 증가되어 법인세의 부담이 늘어난다. 따라서 법인세의 부담을 일정기간 동안 이연시키는 효과를 가지고 있어 이를 법인세의 간접감면제도라고 하고, 법인세법의 준비금은 법령에 따라 설정이 강제되는 경우가 대부분이고 최저한세의 적용대상이 아니다.

2) 손금산입 특례

내국법인이 조세특례제한법에 따른 준비금을 세무조정계산서에 계상하고 그 금액 상당액을 해당 사업연도의 이익처분을 할 때 그 준비금으로 적립한 경우에는 그 금액을 결산을 확정할 때 손비로 계상한 것으로 보아 해당 사업연도의 소득금액을 계산할 때 손금에 산입한다.(결산조정 의제)[33)]

이 경우 준비금의 손금산입 특례에 따라 손금에 산입한 준비금은 해당 준비금을 익금에 산입할 때 그 적립금을 처분하여야 하고, 해당 준비금을 익금에 산입하기 전에 그 적립금을 처분한 경우에는 고유목적사업준비금을 손비로 계상한 것으로 보지 아니한다.

---

33) 준비금을 손금산입한 사업연도의 이익처분에 있어서 해당 준비금에 상당하는 적립금을 적립하지 아니하거나 일부만을 적립하는 경우에는 해당 준비금을 손금에 계상한 사업연도에 손금불산입한다. 다만 해당 사업연도의 처분가능이익이 없거나 부족한 경우에는 처분가능이익을 한도로 적립할 수 있으며 그 부족액은 다음 사업연도 이후에 추가 적립하여야 한다.

2. 고유목적사업준비금의 손금산입

1) 대상법인

공익성이 있는 비영리법인도 수익사업에서 발생한 소득에 대하여 법인세의 납세의무가 있지만, 수익사업에서 발생한 소득에 대하여 법인세를 과세한다면 고유목적사업 등에 사용할 재원 중 일부가 국가에 귀속되어 공익사업을 원활하게 수행할 수 없다. 고유목적사업준비금의 손금산입은 고유목적 등에 사용할 재원을 비영리법인의 사내에 유보할 수 있는 제도이다.

고유목적사업준비금의 설정대상은 비영리내국법인, 공익법인 등, 법령에 따라 설치된 기금, 공동주택의 입주자대표회의·임차인대표회의 등이다. 다만, 비영리내국법인의 수익사업에서 발생한 소득에 대하여 법인세법 또는 조세특례제한법에 따른 비과세·면제, 준비금의 손금산입, 소득공제, 세액감면(세액공제를 제외함)을 적용받는 경우에는 고유목적사업준비금을 손금에 산입할 수 없다.[34)]

2) 손금산입 요건 및 방법

(1) 손금산입 요건

비영리내국법인이 각 사업연도의 결산을 확정할 때 그 법인의 고유목적사업이나 지정기부금에 지출하기 위하여 고유목적사업준비금을 손비로 계상한 경우에는 손금산입한도액의 범위에서 그 계상한 고유목적사업준비금을 해당 사업연도의 소득금액을 계산할 때 손금에 산입한다. 여기서 고유목적사업이란 비영리내국법인의 법령 또는 정관에 규정된 설립목적을 직접 수행하는 사업으로서 수익사업 외의 사업을 말한다.

(2) 손금산입 방법

비영리내국법인이 고유목적사업준비금을 손금에 산입하기 위해서는 각 사업연도의 결산을 확정할 때 고유목적사업준비금을 손비로 계상하여야 한다.(결산조정)

다만, 외감법에 따른 감사인의 회계감사를 받는 비영리내국법인이 고유목적사업준비금을 세무조정계산서에 계상하고 그 금액 상당액을 해당 사업연도의 이익처분을 할 때 고유목적사업준비금으로 적립한 경우에는 그 금액을 결산을 확정할 때 손비로 계상한 것으로 본다.(결산조정 의제)

34) 다만, 고유목적사업준비금만을 적용받는 것으로 수정신고한 경우에는 제외한다.

3) 손금산입한도액의 계산

고유목적사업준비금의 손금산입한도액은 다음과 같이 계산한다. 이 경우 수익사업에서 결손금이 발생한 경우에는 금융소득을 합한 금액에서 수익사업의 결손금을 뺀 금액을 손금산입한도액으로 한다.

> 손금산입한도액 = 금융소득금액 × 100% + 수익사업소득 × 50% · 80% · 100%
> √수익사업소득 = 수익사업의 소득금액 - 금융소득금액 - 이월결손금 - 법정기부금
> • 수익사업의 소득금액 = 소득금액 + 고유목적사업준비금 + 법정기부금
> - 경정에 따라 특수관계인에게 상여·기타소득 처분금액

(1) 금융소득금액

금융소득금액이란 고유목적사업 또는 수익사업에서 발생한 것을 모두 합산한 금액으로 하며, 소득세법에 따른 이자소득금액 및 배당소득금액의 합계액을 말한다.

이자소득금액에는 비영업대금의 이익을 제외하고, 특별법에 따라 설립된 비영리내국법인이 해당 법률에 따른 복지사업으로서 그 회원 또는 조합원에게 대출한 융자금에서 발생한 이자금액을 포함한다.[35]

배당소득금액에는 공익법인을 통한 계열회사의 지배를 방지하기 위해 상증법에 따라 상속세 또는 증여세의 과세가액에 산입되거나 증여세가 부과되는 주식으로부터 발생한 배당소득금액은 제외한다.

(2) 수익사업소득

수익사업소득이란 해당 사업연도의 수익사업에서 발생한 소득금액에서 금융소득금액, 이월결손금, 법정기부금의 손금산입액을 뺀 금액을 말한다.

이 경우 해당 사업연도의 수익사업에서 발생한 소득금액은 고유목적사업준비금과 법정기부금을 손금에 산입하기 전의 소득금액에서 경정으로 증가된 소득금액 중 해당 법인의 특수관계인에게 상여 및 기타소득으로 처분된 금액을 제외하고 계산하며, 이월결손금은 각 사업연도

35) 이자소득금액에는 금융보험업을 영위하는 비영리내국법인이 금융보험업을 영위하는 법인의 계약기간이 3개월 이하인 금융상품(계약기간이 없는 요구불예금을 포함함)에 자금을 예치함에 따라 발생하는 이자소득금액, 특별법에 의하거나 정부로부터 인가·허가를 받아 설립된 단체가 기금조성·급여사업의 자금을 운용함에 따라 발생하는 이자소득금액, 주택금융신용보증기금이 보증료의 수입을 운용함에 따라 발생하는 이자소득금액을 포함한다.

소득의 60%을 이월결손금 공제한도로 적용받는 법인은 공제한도 적용으로 인해 공제받지 못하고 이월된 결손금을 차감한 금액을 말한다.

(3) 설정률

비영리내국법인은 수익사업소득에 다음의 설정률을 곱하여 손금산입한도액을 계산한다.

① 일반적인 비영리내국법인은 수익사업소득에 50%를 곱하여 산출한 금액으로 한다.

② 공익법인의 설립 · 운영에 관한 법률에 따라 설립된 법인으로서 고유목적사업 등에 대한 지출액 중 50% 이상의 금액을 장학금으로 지출하는 법인의 경우에는 수익사업소득에 80%를 곱하여 산출한 금액으로 한다.

③ 조세특례제한법에서는 사립학교법에 따른 학교법인, 국립대학법인, 국립대학병원, 서울대학교병원, 서울대학교치과병원, 국립암센터, 지방의료원, 대한적십자가 운영하는 병원, 사회복지사업법에 따른 사회복지법인, 도서관법에 따라 등록한 도서관 · 박물관 및 미술관 진흥법에 따라 등록한 박물관 및 미술관을 운영하는 법인 등은 수익사업소득에 100%를 곱하여 산출한 금액으로 한다.

4) 준비금의 사용 및 상계

고유목적사업준비금은 해당 준비금을 손금산입한 날이 속하는 사업연도 종료일 이후 5년이 되는 날까지 고유목적사업 또는 지정기부금으로 지출하여야 한다. 다만, 비영리내국법인이 유형자산 · 무형자산 취득 후 법령 · 정관에 따른 고유목적사업이나 보건업을 경영하는 비영리내국법인인 의료법인에 3년 이상 유형자산 · 무형자산을 직접 사용하지 아니하고 처분하는 경우에는 고유목적사업에 지출 또는 사용한 금액으로 보지 아니한다.

고유목적사업준비금을 손금에 산입한 비영리내국법인이 고유목적사업 또는 지정기부금에 지출한 금액이 있는 경우에는 그 금액을 먼저 계상한 사업연도의 고유목적사업준비금부터 차례로 상계한다. 이 경우 고유목적사업등에 지출한 금액이 직전 사업연도 종료일 현재의 고유목적사업준비금의 잔액을 초과한 경우 초과하는 금액은 그 사업연도에 계상할 고유목적사업준비금에서 지출한 것으로 본다.

고유목적사업준비금을 손금에 산입한 비영리내국법인이 사업에 관한 모든 권리와 의무를 다른 비영리내국법인에 포괄적으로 양도하고 해산하는 경우에는 해산등기일 현재의 고유목적사업준비금 잔액은 그 다른 비영리내국법인이 승계할 수 있다.

5) 익금산입

(1) 고유목적사업 등 미사용분

손금에 산입한 고유목적사업준비금 중 손금에 산입한 사업연도의 종료일 이후 5년이 되는 날이 속하는 사업연도의 종료일까지 고유목적사업·지정기부금에 사용하지 아니한 금액에 상당하는 준비금은 그 준비금을 손금에 산입한 사업연도의 종료일 이후 5년이 되는 날이 속하는 사업연도의 소득금액을 계산할 때 익금산입한다.

손금에 산입한 고유목적사업준비금의 잔액이 있는 비영리내국법인은 고유목적사업준비금을 손금에 산입한 사업연도의 종료일 이후 5년 이내에 그 잔액 중 일부를 감소시켜 익금에 산입할 수 있다.(조기 익금산입) 이 경우 먼저 손금에 산입한 사업연도의 잔액부터 차례로 감소시킨 것으로 본다.

(2) 고유목적사업준비금의 일시 익금산입

손금에 산입한 고유목적사업준비금이 있는 비영리내국법인이 해산한 경우,[36] 고유목적사업을 전부 폐지하는 경우, 법인으로 보는 단체가 승인이 취소되거나 거주자로 변경된 경우에는 그 사유가 발생한 날이 속하는 사업연도의 소득금액을 계산할 때 고유목적사업준비금 잔액을 익금산입한다.

(3) 이자상당액의 납부

고유목적사업준비금을 손금으로 산입한 사업연도 종료일 이후 5년이 되는 날까지 고유목적사업 등에 사용하지 아니하거나 조기에 고유목적사업준비금의 잔액을 익금산입하는 경우에는 이자상당액을 해당 사업연도의 법인세에 더하여 납부한다.

이자상당액 = 미사용준비금에 대한 법인세상당액 × 기간(일수)[37] × $\frac{22}{100,000}$

√미사용준비금에 대한 법인세상당액[38]

= (설정연도 과세표준+미사용준비금)×설정연도 법인세세율 − 설정연도 산출세액

---

36) 다만, 고유목적사업준비금을 포괄적으로 승계한 경우는 제외한다.

37) 기간(일수)은 고유목적사업준비금을 손금산입한 사업연도의 종료일의 다음 날로부터 익금산입한 사업연도의 종료일까지의 일수를 말한다.

38) 고유목적사업준비금의 잔액을 손금에 산입한 사업연도에 고유목적사업준비금의 잔액을 손금산입함에 따라 발생한 법인세액의 차액을 말한다.

사 업 연 도	. . . ~ . . .	고유목적사업준비금조정명세서(갑)	법 인 명	
			사업자등록번호	

1. 손금산입액 조정

①소득금액	②당기계상 고유목적사업 준비금	③법인세법 제24조제3항에 따른 법정기부금	④해당사업연도 소득금액 (①+②+③)	⑤법인세법 제29조제1항 제1호 각목에 따른 금액	⑥-1법인세법제13조 제1항제1호에 따른 결손금 중 공제대상액(=㉔)	⑥-2법인세법제29조 제1항 제2호에 따른 수익사업에서 발생한 결손금

⑦법인세법제24조 제3항에 따른 법정기부금	⑧조세특례제한법 제121조의23, 제121조의25에 따른 금액	⑨수익사업소득금액 [④-⑤-(⑥-1)-⑦-⑧]	⑩손금산입률	⑪손금산입한도액 ((⑤+⑧+⑨)×⑩) 또는 [⑤+⑧-(⑥-2)]	⑫ 손금부인액 [(②-⑪)>0]
			50, 80, 100 / 100		

2. 고유목적사업준비금 명세서

⑬ 사업연도	⑭ 손금산입액	⑮ 직전사업연도까지고유목적사업 지출액	⑯ 해당 사업연도 고유목적사업 지출액	⑰익금산입액	⑱ 잔액 (⑭-⑮-⑯-⑰)	
					⑲ 5년 이내분	⑳ 5년 경과분
(당 기)						
계						

3. 공제대상 이월결손금 명세서

㉑ 사업연도	㉒법 제13조 제1항 제1호의 결손금	㉓공제한도적용으로 공제받지 못하고 이월된 금액(누적분)	㉔공제대상 이월결손금 (㉒-㉓)	㉕기타 수익사업 소득금액 [④-⑤-⑦-⑧]	㉖법 제13조 제1항에 따라 공제받는 이월결손금	㉗공제한도 적용으로 공제받지 못한 이월결손금(당기발생분) [Min(㉔,㉕)-㉖]

3. 보험사업법인에[39] 대한 준비금의 손금산입

1) 책임준비금

(1) 대상법인

책임준비금이란 보험사업을 하는 내국법인 등이 보험계약에 따라 장래의 보험금 지급을 이행하기 위하여 수입보험료 중 일정액 이상을 별도로 적립하는 금액을 말한다. 책임준비금은 보험업법에 따른 보험회사, 수산업협동조합법에 따른 공제사업, 무역보험법에 따른 무역보험사업, 새마을금고법에 따른 공제사업, 건설산업기본법에 따른 공제사업, 중소기업협동조합법에 따른 공제사업을 경영하는 보험사업법인이 손금산입할 수 있다.

(2) 손금산입의 요건 및 방법

보험사업을 하는 내국법인이 각 사업연도의 결산을 확정할 때 보험업법 또는 그 밖의 법률에 따른 책임준비금을 손비로 계상한 경우에는 손금산입한도액의 범위에서 그 계상한 책임준비금을 해당 사업연도의 소득금액을 계산할 때 손금에 산입한다.

책임준비금은 보험업법등 법률에 따른 준비금이며 강제적으로 적용해야 되는 규정이고, 이는 기업회계기준에서 타당한 회계처리로 인정되므로 결산조정에 따른 손금산입만이 인정받는다.

(3) 손금산입한도액의 계산

책임준비금의 손금산입한도액은 다음과 같다.

손금산입한도액 = 보험금 환급액[40] + 보험금 발생손해추정액[41] + 계약자배당준비금[42]

---

39) 보험업은 크게 인보험과 손해보험으로 구분된다. 이는 그 특성에 따라 사람의 생사에 관하여 약정한 급여를 제공하는 생명보험, 우연한 사고로 인하는 발생하는 손해를 보상하는 손해보험, 사람의 질병 · 상해 · 간병에 대하여 약정한 급여를 제공하거나 손해를 보상하는 제3보험으로 나눌 수 있다.

40) 보험금 환급액이란 금융감독원장 등이 인가한 보험약관에 따라 해당 사업연도 종료일 현재 모든 보험계약이 해약된 경우에 계약자 또는 수익자에게 지급하여야 할 환급액(해약공제액 포함)을 말한다. 다만, 한국채택국제회계기준을 적용하는 법인의 경우에는 환급액과 금융위원회가 기획재정부장관과 협의하여 고시한 자산건전성 분류에 따른 최소적립액 중 큰 금액으로 한다.

41) 보험금 발생손해추정액이란 해당 사업연도 종료일 현재 보험사고가 발생하였으나 지급하여야 할 보험금이 확정되지 아니한 경우 추정한 보험금 상당액(개별추산액, 미보고발생손해액)을 말하고, 손해사정 · 보험대위 · 구상권 행사 등에 소요될 것으로 예상되는 금액을 포함한다.

(4) 준비금의 사용 및 상계

책임준비금 중 계약자배당준비금을 손금에 산입한 내국법인이 보험계약자에게 배당하는 경우에는 먼저 계상한 사업연도의 계약자배당준비금으로부터 순차로 상계하여야 한다.

(5) 익금산입

① 보험금 환급액 및 보험금 발생손해추정액

보험금 환급액과 보험금 발생손해추정액에 따라 손금에 산입한 책임준비금은 다음 사업연도의 소득금액을 계산할 때 익금에 산입한다.

② 계약자배당준비금

계약자배당준비금에 따라 손금에 산입한 책임준비금은 손금에 산입한 날이 속하는 사업연도의 종료일 이후 3년이 되는 날까지 상계하고 남은 잔액이 있는 경우에는 그 3년이 되는 날이 속하는 사업연도의 소득금액을 계산할 때 익금에 산입한다.

계약자배당준비금을 손금에 산입한 날이 속하는 사업연도의 종료일 이후 3년이 되기 전에 해산,[43] 보험사업의 허가 취소의 사유가 발생하는 경우에는 해산 등의 사유가 발생한 날 속하는 사업연도의 소득금액을 계산할 때 익금에 산입한다.

계약자배당준비금을 손금에 산입한 날이 속하는 사업연도의 종료일 이후 3년이 되는 날 또는 해산 등의 사유발생일이 속하는 사업연도에 책임준비금을 익금에 산입하는 경우에는 이자상당액을 해당 사업연도의 법인세에 더하여 납부하여야 한다.

√ 이자상당액 = 미사용준비금에 대한 법인세 상당액 × 기간(일수)[44] × 0.022%
- **미사용준비금에 대한 법인세 상당액**
  = (설정연도 과세 표준+미사용준비금) × 설정연도 법인세세율 − 설정연도 산출세액

---

42) 계약자배당준비금이란 보험업을 경영하는 과정에서 보험료 산정기준이 된 이자율 · 위험률 · 사업경비율 등의 여건변화로 실적이 양호한 경우 발생하는 이익을 계약자에게 환급하기 위하여 적립한 금액을 말한다. 계약자배당준비금은 금융감독원장 · 해양수산부장관 · 행정자치부장관이 기획재정부장관과 협의하여 정한 손금산입기준에 따라 승인한 금액을 말하고, 생명보험 · 손해보험(장기손해보험) · 퇴직보험의 경우에는 유배당금액의 90%이다.

43) 합병 또는 분할에 따라 해산한 경우로서 보험사업을 영위하는 합병법인등이 그 잔액을 승계한 경우는 제외하고, 합병법인등이 합병 · 분할에 따라 승계한 금액은 피합병법인등이 손금에 산입한 사업연도에 합병법인등이 손금에 산입한 것으로 본다

44) 기간(일수)은 계약자배당준비금을 손금산입한 사업연도의 종료일의 다음 날로부터 익금산입한 사업연도의 종료일까지의 일수를 말한다.

2) 비상위험준비금

(1) 대상법인

비상위험준비금이란 예측할 수 없는 비경상적인 보험사고로 인하여 책임준비금으로 지급하기 어려운 상황에 대비하고자 적립하는 금액을 말한다. 비상위험준비금은 보험업법에 따른 보험회사, 수산업협동조합법에 따른 공제사업, 무역보험법에 따른 무역보험사업, 새마을금고법에 따른 공제사업을 경영하는 보험사업법인이 손금산입할 수 있다.

(2) 손금산입 요건 및 방법

보험사업을 하는 내국법인이 각 사업연도의 결산을 확정할 때 보험업법 또는 그 밖의 법률에 따라 비상위험준비금을 손비로 계상한 경우에는 손금산입한도액의 범위에서 그 계상한 비상위험준비금을 해당 사업연도의 소득금액을 계산할 때 손금에 산입한다. 이 경우 한국채택국제회계기준을 적용하는 내국법인이 비상위험준비금을 세무조정계산서에 계상하고 그 금액 상당액을 해당 사업연도의 이익처분을 할 때 비상위험준비금으로 적립한 경우에는 보험종목별적립기준금액을 합한 금액의 90% 범위에서 그 금액을 결산을 확정할 때 손비로 계상한 것으로 본다.

(3) 손금산입한도액의 계산

비상위험준비금은 보험종목별적립기준금액의 범위에서 손금산입하며, 비상위험준비금의 누적액은 해당 사업연도의 단기손해보험에 따른 경과보험료의 합계액의 50%(자동차보험: 40%, 보증보험: 150%)을 한도로 한다.[45]

손금산입한도액 = Min(보험종목별적립기준금액, 비상위험준비금 누적액)
√보험종목별적립기준금액 = 단기손해보험에 따른 보유보험료의 합계액 × 적립기준율
√비상위험준비금 누적액 = 단기손해보험에 따른 경과보험료의 합계액 × 50%·40%·150%
− 비상위험준비금 누적액의 이월잔액

(4) 익금산입

비상위험준비금은 다음 사업연도에 환입하는 것이 아니라 누적하여 적립한다.

---

45) 인보험의 경우에는 해약환급금이나 만기지급금이 없는 사망보험 및 질병보험만 해당한다.

연습문제

1. 제조업을 영위하는 영리내국법인 ㈜A(중소기업 아님)의 제17기(2022.1.1~2022.12.31) 대손충당금 손금산입 한도초과액을 계산한 것으로 옳은 것은? (CPA. 2016)

(1) ㈜A의 제16기(2021.1.1~2021.12.31)와 제17기의 재무상태표상 채권 및 대손충당금 금액은 다음과 같다.

과 목	기말잔액	
	제16기	제17기
매출채권	248,000,000원	220,000,000원
대손충당금	(26,000,000원)	(33,000,000원)

(2) 제17기 손익계산서상 대손상각비는 10,000,000원이다.

(3) 2022.7.20.일에 채무자의 파산으로 회수가 불가능해 대손요건이 충족된 거래처 C에 대한 매출채권 3,000,000원을 결산서상 대손충당금과 상계하였다.

(4) 제16기 자본금과적립금조정명세서(을)의 기말 잔액은 다음과 같다.

과목 또는 사항	기말잔액
매출채권 대손부인액*	2,000,000원
대손충당금 한도초과액	10,000,000원

* 거래처 D에 대한 매출채권으로 2022.3.23에 상법에 따른 소멸시효가 완성됨

(5) 모든 세무조정은 적정하게 이루어졌다.

① 28,560,000원　② 28,600,000원　③ 30,780,000원
④ 30,800,000원　⑤ 31,240,000원

【정답】 ②

√손금산입 한도액: 220,000,000 × Max(1%, 2%) = 4,400,000원

- 대손실적률: $\frac{3,000,000 + 2,000,000}{248,000,000 + 2,000,000} = 2\%$

√대손충당금 한도초과액: 33,000,000 − 4,400,000 = 28,600,000원

- 당기 설정액: 26,000,000 − 3,000,000 + 10,000,000 = 33,000,000
- (별해) 법인세법은 총액법에 따라 대손충당금의 한도초과액을 계산하므로 당기설정액은 해당 사업연도 종료일 현재 재무상태표에 대손충당금으로 계상된 잔액인 33,000,000원으로 계산하여도 된다.

2. 다음은 제조업을 경영하는 영리내국법인 ㈜고려의 제7기(2022.1.1~2022.12.31) 대손금 및 대손충당금 관련 자료이다. ㈜고려의 대손금 및 대손충당금 관련 세무조정으로 인하여 제7기 각 사업연도 소득금액이 감소하는 금액을 계산한 것으로 옳은 것은? (2015. CPA)

(1) 제7기 대손충당금 계정

대손충당금

당기상계액	5,000,000원[주1)]	기 초 잔 액	10,000,000원[주2)]
기 말 잔 액	35,000,000원	당기설정액	30,000,000원

주1) 당기상계액은 법령상 대손금 요건을 충족하였다.

주2) 기초잔액 중 전기 대손충당금 한도초과액 5,000,000원이 포함되어 있다.

(2) 제7기말 세무상 채권가액은 800,000,000원이고, 이 금액에는 특수관계인이 아닌 제3자에 대한 채무보증으로 인한 구상채권 200,000,000원이 포함되어 있다.

(3) 전기의 대손실적률은 0.6%이다.

(4) 제6기말 대손 부인된 매출채권 50,000,000원 중 20,000,000원이 채무자의 회생 및 파산에 관한 법률에 따른 법원의 면책결정에 따라 회수불능으로 확정되었다.

① 10,000,000원 ② 14,000,000원 ③ 20,000,000원
④ 22,000,000원 ⑤ 25,000,000원

【정답】 ③

√대손금: 〈손금산입〉 매출채권 20,000,000 △유보

√대손충당금

- 당기 설정액: 〈손금불산입〉 대손충당금 한도초과액 5,000,000 유보
  - → 채권잔액: 800,000,000 − 200,000,000 = 600,000,000
  - → 대손실적률: $\frac{5,000,000 + 20,000,000}{(10,000,000 - 5,000,000) \div 0.01} = 5\%$
  - → 한도초과액: 35,000,000 − 600,000,000 × Max(1%, 5%) = 5,000,000
- 익금산입액 조정: 10,000,000 − 5,000,000(상계액) − 5,000,000(부인액) = 0
- 전기 한도초과액: 〈익금불산입〉 전기 대손충당금 한도초과액 5,000,000 △유보

√각 사업연도 소득 증감액: △20,000,000 + 5,000,000 − 5,000,000 = △20,000,000

3. 다음은 제조업을 경영하는 내국법인 ㈜고려(중소기업 아님)의 제17기 사업연도(2022.1.1~2022.12.31)의 대손충당금에 관한 자료이다. 제17기에 법인세법의 대손충당금 손금산입한도액을 초과하여 손금불산입으로 세무조정해야 하는 금액으로 옳은 것은? 다만, 제16기 이전의 모든 세무조정은 적정하게 이루어 졌다. (2013. CPA수정)

(1) 제17기의 회계상 대손충당금 계정 내역은 다음과 같다.

대손충당금 (단위; 원)

당기상계액	80,000,000	기초잔액	130,000,000
기말잔액	90,000,000	당기설정액	40,000,000

(2) 당기상계액 80,000,000원은 회수가 불가능하다고 판단된 매출채권과 상계한 것이며, 그 내역은 다음과 같다.

가. 제15기에 파산하여 회수할 수 없는 채무자에 대한 채권: 15,000,000원

나. 2022.10.31.에 부도가 발생한 외상매출금: 55,000,000원

다. 제17기에 상법의 소멸시효가 완성된 채권: 10,000,000원

(3) 제16기 말 법인세법의 대손충당금 설정대상 채권은 10억원이며, 동 금액 중 대손 부인된 채권은 없다.

(4) 제17기 말 재무상태표의 채권 총액은 30억원이며, 그 내역은 다음과 같다.

가. 매출채권 20억원이고, 매출채권에는 법인세법의 특수관계인에게 시가로 판매한 제품 매출채권 2억원 포함되어 있다.

나. 대여금 4억원이고, 대여금에는 법인세법의 특수관계인에게 업무와 관련 없이 지급한 가지급금 1억원 포함되어 있다.

다. 미수금 6억원

① 30,900,000원 ② 22,525,000원 ③ 18,625,000원
④ 16,125,000원 ⑤ 11,125,000원

【정답】 ④

√채권잔액: 20억원 + (4억원 - 1억원) + 6억원 + 5,500만원 = 2,955,000,000원

• 업무무관가지급금 1억원을 차감하고, 대손요건을 충족하지 아니하여 손금불산입으로 유보된 외상매출금 55,000,000원을 가산한다.

√대손실적률: (15,000,000 + 10,000,000)/1,000,000,000 = 2.5%

√대손충당금 한도액: 2,955,000,000 × Max(1%, 2.5%) = 73,875,000원

√대손충당금 한도초과액: 90,000,000 - 73,875,000 = 16,125,000원

4. 다음은 제조업을 영위하는 영리내국법인 (주)A의 대손충당금에 관한 자료이다. 다음 자료를 이용하여 제19기(2022.1.1~2022.12.31) 세무조정시 각 사업연도소득금액에 미치는 영향금액은 얼마인가? (단, 전기 이전의 모든 세무조정은 적정하였고, 주어진 자료 이외에는 고려하지 않음) (CTA. 2019)

(1) 대손충당금 변동

가. 회사계상 대손충당금 내역

기초잔액	당기 상계액(감소)	당기 설정액(증가)	기말잔액
20,000원	10,000원	16,000원	26,000원

나. 당기 상계액 10,000원 중 4,000원은 거래처의 파산으로 회수불가능하다고 판단한 매출채권금액이며, 나머지 6,000원은 세법상 대손요건을 충족하지 않았지만 회사가 미수금에 대해 조기에 회수불능으로 판단하여 처리하였음

다. 대손충당금 기초잔액 20,000원 중 대손충당금 한도초과액은 3,000원이다.

(2) 회사계상 기말 자산 내역

구분	당기 말	전기 말	비 고
매출채권	260,000원	160,000원	
미수금	100,000원	40,000원	비품 처분과 관련된 것임
선급금	40,000원		
구상채권	6,000원		자회사의 채무보증으로 발생한 것임

※ 전기 말 채권 중 대손부인된 채권은 없음

① 14,760원 ② 14,880원 ③ 20,880원 ④ 21,050원 ⑤ 21,120원

【정답】 ③

√대손금: 〈손금불산입〉 미수금 6,000 유보

√대손충당금

- 당기 설정액: 〈손금불산입〉 대손충당금 한도초과액 17,880 유보
  - → 채권잔액: 260,000 + 100,000 + 40,000 + 6,000(미수금) = 406,000원
  - → 대손실적률: $\frac{4,000}{160,000+40,000}$ = 2%
  - → 한도초과액: 26,000 − 406,000 × Max(1%, 2%) = 17,880원
- 전기 한도초과액: 〈익금불산입〉 전기 대손충당금 한도초과액 3,000 △유보

√각 사업연도 소득 증감액: 6,000 + 17,880 − 3,000 = 20,880원

5. 법인세법의 충당금의 손금산입에 관한 설명으로 옳은 것은? (CPA. 2016)

① 법인이 기업회계기준에 따라 제품보증충당부채를 손금으로 계상한 때에는 일정한 한도 내에서 이를 손금에 산입한다.

② 동일인에 대하여 매출채권과 매입채무가 함께 있는 경우에는 당사자간 약정 유무와 관계없이 당해 매입채무를 상계하고 대손충당금을 계상한다.

③ 대손충당금을 손금에 산입한 내국법인이 합병한 경우 피합병법인의 대손충당금은 합병법인이 승계할 수 없다.

④ 내국법인이 건물의 화재로 인하여 보험금을 지급받아 그 지급받은 날이 속하는 사업연도에 토지의 취득에 사용한 경우 토지의 취득에 사용된 보험차익에 상당하는 금액은 압축기장충당금 설정을 통해 손금산입이 가능하다.

⑤ 내국법인이 보조금 관리에 관한 법률에 따라 국고보조금을 지급받아 그 지급받은 날이 속하는 사업연도 종료일까지 사업용 기계장치의 취득에 사용한 경우 일시상각충당금의 설정을 통한 손금산입이 가능하다.

【정답】 ⑤

√① 제품보증충당부채는 세법에 따른 충당금에 해당하지 않아 손금불산입한다.

② 당사자 사이의 약정에 따라 상계하기로 한 경우에는 상계한 잔액에 대해서만 계상한다.

③ 합병법인이 승계할 수 없다. → 합병법인이 승계할 수 있다.

④ 같은 종류의 자산을 취득하는 경우 손금산입이 가능하다.

6. 법인세법의 퇴직급여충당금 등에 관한 설명으로 옳지 않은 것은? (2012. CPA)

① 퇴직급여충당금의 손금산입은 결산조정사항이나 확정급여형 퇴직연금 부담금의 손금산입은 신고조정사항이다.

② 확정기여형 퇴직연금이 설정된 임원 또는 직원에 대한 급여는 퇴직급여충당금 손금산입한도액 산정할 때 총급여액에 포함하지 않는다.

③ 퇴직급여충당금의 당기설정액이 세법의 한도액을 초과하는 경우 그 초과액은 손금불산입(유보)으로 처리하고, 그 이후 퇴직급여를 지급하는 경우 손금산입한 퇴직급여충당금과 상계하고 남은 금액에 대하여는 이미 손금불산입된 금액을 손금으로 추인한다.

④ 법령에 따라 퇴직급여충당금을 손금에 산입한 내국법인이 합병한 경우 그 법인의 합병등기일 현재의 해당 퇴직급여충당금 중 합병법인이 승계받은 금액은 그 합병법인이 합병등기일에 가지고 있는 퇴직급여충당금으로 본다.

⑤ 일시퇴직급여지급기준에 따른 퇴직급여추계액을 산정하는 경우 정관이나 기타 퇴직급여지급규정에 따라 계산한 금액과 근로자 퇴직급여보장법에 따라 계산한 금액 중 큰 금액으로 한다.

【정답】 ⑤

√퇴직급여추계액은 정관, 퇴직급여지급규정에 따라 계산한 금액으로 한다. 다만, 퇴직급여지급규정 등이 없는 경우에는 직원은 근로자퇴직급여보장법에 따라 추계액을 계산하고, 임원은 근로자퇴직급여보장법의 추계액과 임원퇴직급여 한도액 중 적은 금액으로 한다.

CHAPTER 05

손익의 귀속사업연도

I 손익의 인식기준

1. 기업회계

1) 수익의 인식기준

(1) 수익의 인식

수익의 인식이란 수익이 귀속되는 회계기간을 결정하여 재무제표에 기록하여 보고하는 과정을 말한다. 기업회계에서는 현금의 수입과 지출을 일어나게 하는 경제적 사건이 발생하였을 때 발생사실을 보고하는 발생주의(Accrual basis)에 따라 수익과 비용을 인식하여 기간손익을 계산하고 있다.[1)]

그러나 수익을 일정시점에서 일시에 인식하는 경우에는 다음과 같이 문제점이 있어, 수익은 명확하고 객관적인 기준을 설정하고 기준이 제시하는 요건을 충족하는 시점에 수익전체가 실현된 것으로 보아 수익을 인식한다.(실현주의, Realization basis)

① 수익은 일정시점에서 일시에 발생하는 것이 아니라 구매, 생산, 판매, 대금회수로 이어지는 수익창출의 과정을 통하여 점진적으로 발생한다.

② 수익창출의 과정에서 부가된 가치를 분리할 수 없다.

③ 수익창출의 과정별로 측정의 객관성을 확보하는 것이 곤란하다.

---

1) 발생주의란 현금주의와 상반된 개념으로 현금의 수수와는 관계없이 수익은 실현되었을 때 인식하고 비용은 발생되었을 때 인식하는 것을 말하고, 현금주의란 수익을 현금수입할 때에 인식하고 비용을 현금지출할 때에 인식하는 것을 말한다.

(2) 수익의 인식요건

수익(Revenue)의 인식요건은 실현요건(Realized or Realizable)과 가득요건(Earned)이 동시에 충족되어야 한다.

실현요건이란 재화 또는 용역이 현금청구권으로 전환되거나 쉽게 전환이 가능한 상태를 말하며, 가득요건이란 수익가득과정이 완료되거나 실질적으로 완료된 것 또는 수익가득과정에서 결정적 사건이 완료된 것을 말한다.

(3) 수익의 인식방법

기업회계에서는 수익의 인식을 위한 일반적 기준으로 발생주의에 바탕을 두면서 확실성과 객관성을 기할 수 있는 시점에서 수익을 인식하는 실현주의에 따른다. 실현주의에 따르면 수익은 재화나 용역이 제공되고 그 대금의 회수가 합리적으로 보증되는 시점 또는 공급되는 재화나 용역에 대한 소유에 따른 유의적인 위험과 보상이 이전되는 시점에 인식한다.

기업회계에서 실현주의에 대한 구체적인 기준으로 상품 · 제품 · 부동산의 판매를 통한 매출의 경우에는 판매기준(인도기준)에 따라 수익을 인식하고, 도급공사 및 예약매출 등의 경우에는 진행기준에 따라 수익을 인식한다.

2) 비용의 인식기준

(1) 비용의 인식

비용의 인식이란 비용이 귀속되는 회계기간을 결정하여 재무제표에 기록하여 보고하는 과정을 말한다. 기업회계에서는 현금의 수입과 지출을 일어나게 하는 경제적 사건이 발생하였을 때 발생사실을 보고하는 발생주의에 따라 비용을 인식한다.

비용은 발생주의로 인식하고, 수익은 실현주의로 인식함에 따라 수익과 비용이 적절하게 대응하지 못하는 경우가 있을 수 있다. 이와 같은 단점을 보완하기 위하여 기업회계기준은 「포괄손익계산서는 기업의 경영성과를 명확히 보고하기 위하여 그 회계기간에 속하는 모든 수익과 이에 대응하는 모든 비용을 적정하게 표시하여야 한다.」라고 규정하고 있다.(수익 · 비용의 대응원칙)[2)]

2) 재무보고를 위한 개념체계에 따르면 자산과 부채의 변동을 인식할 때 수익과 관련 원가의 대응이 나타난다. 개념체계는 재무상태표에서 자산, 부채, 자본의 정의를 충족하지 않는 항목의 인식을 허용하지 않으므로 원가와 수익의 대응은 개념체계의 목적이 아니다.

따라서 비용은 수익을 얻기 위하여 사용된 재화나 용역의 가치에 대해 현금지출 여부를 따지지 않고 사실상 발생된 증감변동을 기준으로 하여 관련되는 수익이 인식되는 시점에 함께 인식된다.

(2) 비용의 인식방법

비용(Expense)의 인식방법은 관련 수익이 인식된 기간에 비용을 보고하는 수익 · 비용대응의 원칙에 따라 인식한다. 대응원칙이란 특정비용과 특정수익 사이에 인과관계에 대한 추적가능성을 의미하고, 이는 직접대응과 간접대응으로 구분한다. 직접대응이란 수익과 비용의 인과관계를 분명하게 추적할 수 있는 것을 말하고, 간접대응이란 수익과 비용의 인과관계가 불분명한 것을 말한다.

① 직접대응

수익과 직접적으로 대응되는 비용을 직접비용이라 하며 수익과 관련된 비용을 동시에 인식하는 경우에 주로 발생되는 매출원가, 판매수수료, 판매보증비 등이 이에 속한다.

② 간접대응(기간비용)

수익과 간접적으로 대응되는 비용을 간접비용이라 하며, 대부분의 판매관리비가 이에 속한다. 간접대응은 기간비용이라고도 하는데, 그 이유는 특정수익과의 인과관계가 명확하지 못하여 일정기간에 발생한 비용을 그 기간에 발생한 수익에 공헌한 것으로 가정하여 비용화하기 때문이다.

기간비용은 자산으로 계상하였다가 자산의 내용연수에 걸쳐 체계적이고 합리적으로 배분하는 방법과 발생 즉시 비용으로 인식하는 방법이 있다.

체계적이고 합리적인 배분방법은 장기간에 걸쳐 미래의 경제적효익이 유입될 것으로 예상되는 비용은 미래의 경제적효익이 유입될 것으로 예상되는 합리적인 기간동안 체계적이고 합리적인 방법에 따라 원가를 배분한다. 이런 비용에는 유형자산의 감가상각비, 무형자산의 상각비, 선급비용의 이연배분액 등이 있다.

발생 즉시 비용으로 인식방법은 발생연도에만 경제적효익이 미치거나 미래 경제적효익에 대한 불확실성이 큰 비용인 경우에는 발생 즉시 비용화한다. 이런 비용에는 광고선전비, 급여, 소모품비 등이 있다.

2. 세무회계

1) 손익의 인식기준

법인세법에서는 손익의 인식기준에 관하여 권리의무확정주의를 일반적인 기준으로 채택하고 있다. 권리의무확정주의란 각 사업연도의 익금과 손금의 귀속사업연도는 그 익금과 손금이 확정되는 날이 속하는 사업연도에 귀속시키는 것을 말한다.

여기서 확정이란 익금의 경우에는 권리의 확정을 뜻하고, 손금의 경우에는 의무의 확정을 뜻한다. 권리의 확정이란 수익의 원인이 되는 권리의 내용이 법이 보장하는 바에 따라 그 실현(상대방의 이행)될 가능성이 객관적으로 인식되는 상태를 말하고, 의무의 확정이란 민사법에 따른 채무성립의 요건을 갖추어야 할 것은 물론이고 현실적으로 지급하여야 할 원인이 되는 사실이 있어 채무를 이행하여야 할 상태를 말한다.

일반적인 거래의 경우 권리의무의 확정시기는 계약에 따라 거래상대방에게 재화나 용역을 제공하거나 제공받고 그 대가를 수수하기로 약정한 날이 도래되는 때이다.

2) 기업회계기준 및 관행의 보충적 적용

법인은 익금과 손금의 귀속사업연도와 자산·부채의 취득 및 평가에 관하여 일반적으로 공정·타당하다고 인정되는 기업회계기준을 적용하거나 관행을 계속적으로 적용하여 온 경우에는 법인세법 및 조세특례제한법에서 달리 규정하고 있는 경우를 제외하고는 기업회계기준 또는 관행에 따른다. 따라서 과세소득을 계산할 때 당연히 세법의 규정을 우선적으로 적용하는 것이며, 세법에 규정이 없는 경우에만 기업회계기준 또는 관행을 보충적으로 적용한다.

기업회계기준 또는 관행이란 다음 중 어느 하나에 해당하는 회계기준 및 해당 회계기준에 배치되지 않는 것으로서 일반적으로 공정·타당하다고 인정되는 관행을 말한다.

① 한국채택국제회계기준 및 한국회계기준원이 정한 회계처리기준
② 증권선물위원회가 정한 업종별회계처리준칙
③ 공공기관의 운영에 관한 법률에 따라 제정된 공기업·준정부기관 회계규칙
④ 상법에 따라 법무부장관이 고시한 중소기업회계기준
④ 그 밖에 법령에 따라 제정된 회계처리기준으로서 기획재정부장관의 승인을 받은 것

Ⅱ 법인세법에 따른 거래형태별 기준

세무회계에서는 원칙적으로 권리의무확정주의에 따라 손금과 익금을 귀속시키고, 기업회계와 세무회계의 차이를 최소화하기 위하여 일부의 거래유형에 대해서는 발생주의에 따른 회계처리도 수용하는 특례규정을 두고 있다.

1. 자산의 판매 등에 따른 귀속사업연도

자산의 양도 및 판매에 따른 익금과 손금의 귀속사업연도는 기업회계와 세무회계의 입장이 유사하다. 다만, 자산을 분류함에 있어서 기업회계에서는 부동산 매매업의 판매용부동산을 재고자산에 포함시켜 수익 · 비용을 인식하고, 세무회계에서는 상품 · 제품 · 기타의 생산품 외의 자산(부동산 등)으로 보아 손익을 인식한다.

자산의 판매 등에 따른 손익의 귀속사업연도를 적용할 때 법인이 매출할인을 하는 경우 그 매출할인금액은 상대방과의 약정에 따른 지급기일, 그 지급기일이 정하여 있지 아니한 경우에는 지급한 날이 속하는 사업연도의 매출액에서 차감한다.

1) 상품 등의 판매

상품(부동산을 제외함), 제품, 기타의 생산품의 판매에 따른 익금과 손금은 그 상품 등을 다음의 인도한 날이 속하는 사업연도에 귀속되는 것으로 한다.

① 납품계약 또는 수탁가공계약에 따라 상품 등을 납품하거나 가공하는 경우에는 상품 등을 계약상 인도하여야 할 장소에 보관한 날

② 계약에 따라 상품 등의 검사를 거쳐 인수 및 인도가 확정되는 경우에는 검사가 완료된 날

③ 상품 등을 수출하는 경우에는 수출하는 상품 등을 계약상 인도하여야 할 장소에 보관한 날[3)]

3) 수출하는 상품 등을 계약상 인도하여야 할 장소에 보관한 날이란 계약상 별단의 명시가 없는 한 선적을 완료한 날을 말한다. 다만, 선적완료일이 분명하지 아니한 경우로서 수출할 상품 등을 관세법에 따라 보세구역이 아닌 다른 장소에 장치하고 통관절차를 완료하여 수출면장을 발급받은 경우에는 수출물품을 계약상 인도하여야 할 장소에 보관한 날에 해당하는 것으로 한다.

2) 부동산 등의 양도

상품(부동산을 제외함), 제품, 기타의 생산품 외의 부동산 등의 양도손익은 그 양도대금을 청산한 날이 속하는 사업연도에 귀속된 것으로 한다. 다만, 대금을 청산하기 전에 소유권 등의 이전등기 · 등록하는 경우, 자산을 인도하는 경우, 상대방이 자산을 사용수익하는 경우에는 소유권이전등기일 · 인도일 · 사용수익일[4] 중 빠른 날이 속하는 사업연도에 귀속되는 것으로 한다.

3) 자산의 위탁매매와 시용판매

자산의 위탁매매에 따른 손익은 수탁자가 그 위탁자산을 매매한 날이 속하는 사업연도에 귀속되는 것으로 한다. 위탁매매란 타인에게 위탁하여 상품 또는 자산 등을 판매하게 하고 그 수탁자에게는 수수료를 지급하는 형태로서, 일체의 위험을 위탁자가 부담하고 수탁자는 미리 약정된 수수료만을 받은 거래의 형태를 말한다.

상품 등의 시용판매의 경우에는 상대방이 그 상품 등에 대한 구입의 의사를 표시한 날 또는 일정기간 내에 반송하거나 거절의사를 표시하지 않으면 특약 등에 따라 그 판매가 확정되는 경우에는 그 기간의 만료일을 손익의 귀속시기로 한다.

사례 ❶ 위탁상품에 대한 세무조정

㈜고려의 제17기 사업연도(2022.1.1～2022.12.31)의 위탁상품에 대한 세무조정을 하시오.

(1) 2022.12.31. 재무상태표의 재고자산에는 적송품 100,000,000원 중 50%는 수탁자가 사업연도 종료일에 판매하였으나 위탁자에게 통지하지 않았다.
(2) 위 적송품은 원가의 120%에 해당하는 가격으로 판매한다.
(3) 위탁수수료는 판매가격의 5%를 지급하기로 약정하였다.

【해석】

√위탁매매에 대한 손익의 인식시기는 수탁자가 위탁품을 판매한 시점이다.
√적송품 매출액: 50,000,000 × 1.2 = 60,000,000원
√위탁수수료: 60,000,000 × 0.05 = 3,000,000원

√세무조정:	〈익금산입〉	적송품 매출액(매출채권)	60,000,000	유 보
	〈손금산입〉	적송품 매출원가(재고자산)	50,000,000	△유보
	〈손금산입〉	적송품 위탁수수료(미지급금)	3,000,000	△유보

4) 사용수익일이란 당사자 사이의 계약에 따라 사용수익을 하기로 약정한 날을 말하는 것이나 별도의 약정이 없는 경우에는 자산을 양도하는 법인의 사용승낙에 따라 매수인이 해당 자산을 실질적으로 사용할 수 있게 된 날을 말한다.

2. 장기할부조건에 따른 손익의 귀속사업연도

장기할부조건으로 자산을 판매 및 양도한 경우 손익의 귀속사업연도는 기업회계와 세무회계 모두 인도기준을 원칙으로 하고, 회수기준을 예외적으로 인정하고 있다.

세무회계는 손익으로 인식할 가액의 평가에 있어서 이자상당액을 포함한 명목가액을 원칙으로 하고, 예외적으로 회사가 결산서에 계상한 경우만 현재가치의 평가를 인정하고 있다. 그러나 기업회계는 현재가치를 기준으로 손익을 인식한다.

1) 장기할부조건의 범위

장기할부조건이란 자산의 판매 및 양도(국외거래에 있어서는 소유권이전조건부약정에 따른 자산의 임대를 포함함)로서 다음의 요건을 모두 갖춘 것을 말한다.

① 수입금액을 월부 · 연부 등의 지불방법에 따라 2회 이상으로 분할하여 수입하는 것

② 목적물의 인도일의 다음날로부터 최종 할부금의 지급기일까지의 기간이 1년 이상인 것

2) 손익의 귀속시기의 일반원칙

자산을[5] 장기할부조건으로 판매한 경우 손익의 귀속사업연도는 다음과 같다.

① 상품 등의 경우에는 그 자산을 인도한 날

② 부동산 등은 대금청산일, 소유권이전등기일, 인도일, 사용수익일 중 가장 빠른 날

3) 손익의 귀속시기의 특례

(1) 회수기준에 따른 손익인식 허용

법인이 장기할부조건으로 자산을 판매하고 그 자산의 인도일이 속하는 사업연도의 결산을 확정할 때 해당 사업연도에 회수하였거나 회수할 금액을 매출액으로 계상하고, 이에 대응하는 비용을 매출원가로 계상한 경우에는 그 장기할부조건에 따라 각 사업연도에 회수하였거나 회수할 금액과 이에 대응하는 비용을 각각 해당 사업연도의 익금과 손금에 산입한다. 다만, 중소기업인 법인이 장기할부조건으로 자산을 판매하거나 양도한 경우에는 그 장기할부조건에 따라 각 사업연도에 회수하였거나 회수할 금액과 이에 대응하는 비용을 신고조정으로 각각 해당 사업연도의 익금과 손금에 산입할 수 있다.

---

5) 장기할부판매의 대상이 되는 자산에는 상품 · 제품 · 기타의 생산품, 부동산 등, 주식을 모두 포함한다.

이 경우 인도일 이전에 회수하였거나 회수할 금액은 인도일에 회수한 것으로 보며, 법인이 장기할부기간 중에 폐업한 경우에는 그 폐업일 현재 익금산입하지 아니한 금액과 이에 대응하는 비용을 폐업일이 속하는 사업연도의 익금과 손금에 각각 산입한다.

(2) 기업회계기준에 따른 현재가치평가의 수용

법인이 장기할부조건 등에 따라 자산을 판매하거나 양도함으로써 발생한 채권에 대하여 기업회계기준에 따라 현재가치로 평가하여 현재가치할인차금을 계상한 경우 채권가액 중 현재가치에 따른 평가액은 인도기준에 따라 수익을 인식하고, 현재가치할인차금 상당액은 해당 채권의 회수기간 동안 유효이자율법에 따라 환입하였거나 환입할 금액(이자수익금액)을 각 사업연도의 익금에 산입한다.[6)]

사례 ❷ 장기할부조건에 따른 판매

중소기업인 (주)고려는 제17기 사업연도(2022.1.1～2022.12.31)에 대하여 법인세의 부담이 최소화 되도록 세무조정을 하시오? (2011. CTA 수정)

(1) (주)고려는 2022.7.5.에 제품을 (주)중앙에 10,000,000원(원가율은 60%)에 할부판매하였다. 판매조건은 제17기에 7,000,000원과 제18기에 3,000,000원을 회수하기로 약정하였으며 최종할부금의 수령일은 2023.9.5이다.

(2) (주)고려는 할부판매거래에 대하여 인도일에 회수하였거나 회수할 금액과 이에 대응되는 비용을 각각 수익과 비용으로 계상하였으며, 800,000원의 현재가치할인차금은 유효이자율법에 따라 제17기에 500,000원과 제18기에 300,000원을 상각하였다.

(3) (주)고려가 실제로 회수한 금액은 제17기 8,000,000원이고, 제18기에 2,000,000원이다.

【해석】

√ 장기할부조건으로 제품을 판매하였으므로 인도기준에 따라 회수하였거나 회수할 금액과 이에 대응되는 비용을 수익과 비용으로 인식하였다. 다만, 중소기업의 경우에는 인도기준을 적용하는 경우에도 회수기준을 적용할 수 있으므로 선회수분에 대하여 신고조정으로 세무조정을 한다.

√ 할부매출 초과 인식액: 8,000,000 － 7,000,000 ＝ 1,000,000원

√ 할부매출원가 초과 인식액: (8,000,000 － 7,000,000) × 0.6 ＝ 600,000원

√ 세무조정:

〈익금불산입〉	장기할부매출	1,000,000	△유보
〈손금불산입〉	장기할부매출원가	600,000	유 보

6) 주식을 장기할부조건으로 양도한 경우 손익의 귀속사업연도는 인도일이 속하는 사업연도로 하며, 해당 주식을 매입한 법인이 기업회계기준에 따라 현재가치로 평가하여 현재가치할인차금으로 계상한 경우에는 현재가치할인차금을 취득가액에 포함하지 않는다.

3. 용역제공에 따른 손익의 귀속사업연도

1) 진행기준

(1) 손익의 귀속시기

건설, 제조, 그 밖의 용역(도급공사 및 예약매출을 포함함)의 제공에 따른 익금과 손금은 그 목적물의 건설 등의 착수일이 속하는 사업연도부터 그 목적물의 인도일이 속하는 사업연도까지 그 목적물의 건설 등을 완료한 정도(작업진행률)를 기준으로 하여 계산한 수익과 비용을 각각 해당 사업연도의 익금과 손금에 산입한다.[7] 다만, 작업진행률에 따른 익금 또는 손금이 공사계약의 해약으로 인하여 확정된 금액과 차액이 발생된 경우에는 그 차액을 해약일이 속하는 사업연도의 익금과 손금에 산입한다.

(2) 진행기준에 따른 손익의 계산

진행기준에 따른 각 사업연도의 익금과 손금에 산입하는 금액의 계산은 다음과 같다.

√익금 = (계약금액 × 작업진행률) − 전기말까지 익금산입한 금액
√손금 = 해당 사업연도에 발생된 총비용

(3) 작업진행률의 계산

법인세법에서 작업진행률은 총공사예정비에 대한 실제 발생한 공사비누적액의 비율(발생원가기준에 따른 작업진행률)로 계산함을 원칙으로 한다. 다만, 건설의 경우 공사수익의 실현이 공사의 투입량(작업시간, 작업일수) 또는 기성공사의 산출량(면적, 물량 등)과 보다 밀접한 비례관계가 있고, 전체공사에서 이미 투입되었거나 완성된 부분이 차지하는 비율을 객관적으로 산정할 수 있는 경우에는 투입량기준 또는 산출량기준에 따른 작업진행률로 계산할 수 있다.

$$\textbf{발생원가기준에 따른 작업진행률} = \frac{\text{당기말까지 발생한 총공사비누적액}}{\text{총공사예정비}}$$

---

7) 기업회계기준에서는 용역매출액 또는 예약매출액은 장·단기를 불문하고 진행기준에 따라 실현된 것으로 규정하고 있다. 다만, 주권상장법인을 제외한 중소기업의 단기용역매출액 및 단기예약매출액은 용역제공을 완료한 날 또는 목적물의 인도일에 실현된 것(완성기준)으로 할 수 있고, 작업진행률의 산정이 불가능한 경우에는 발생원가의 범위에서 회수가능한 금액을 수익으로 인식(회수기준)한다.

이 경우 작업진행률을 계산하기 위한 총공사비 및 총공사누적액은 다음과 같다.

① 총공사비란 공사원가의 구성요소가 되는 재료비 · 노무비 · 공사경비를 말하고, 총공사예정비란 기업회계기준을 적용하여 도급계약 당시 추정한 공사원가에 해당 사업연도 말까지의 변동사항을 반영하여 합리적으로 추정한 공사원가를 말한다. 작업진행률을 계산하는 경우 예상하자보수비는 총공사예정비에 포함하고 공사완료연도의 총공사비누적액에 포함한다.

② 총공사비누적액이란 도급계약에 따라 지급의무가 확정된 공사비가 아니라 해당 사업연도 종료일까지 실제 투입한 총공사비누적액으로 해당 공사원가의 구성요소가 되는 재료비, 노무비, 공사경비의 누적액을 말한다.

2) 완성기준(인도기준)

(1) 선택적 완성기준

다음의 경우에는 그 목적물의 인도일 또는 용역제공을 완료한 날이 속하는 사업연도의 익금과 손금에 산입할 수 있다.

① 중소기업인 법인이 수행하는 계약기간이[8] 1년 미만인 건설 등의 경우[9]

② 기업회계기준에 따라 예약매출 등에 대하여 그 목적물의 인도일이 속하는 사업연도의 수익과 비용으로 계상한 경우

(2) 강제적 완성기준

다음의 경우에는 그 목적물의 인도일 또는 용역제공을 완료한 날이 속하는 사업연도의 익금과 손금에 각각 산입한다.

① 법인이 비치 · 기장한 장부가 없거나 장부의 내용이 충분하지 아니하여 해당 사업연도 종료일까지 실제로 사용된 총공사비누적액 또는 작업시간 등을 확인할 수 없음에 따라 작업진행률을 계산할 수 없다고 인정되는 경우

② 소득공제가 적용되는 유동화전문회사등, 프로젝트금융투자회사로서 한국채택국제회계기준을 적용하는 유동화전문회사 등이 수행하는 예약매출의 경우

---

8) 건설 등의 계약기간은 목적물의 건설 등의 착수일부터 인도일까지의 기간을 말한다.

9) 이는 중소기업이 기업회계의 진행기준에 따라 결산서에 수익과 비용으로 회계처리한 경우에도 인도기준으로 신고조정할 수 있다는 것이다.

사례 ❸ 장기도급공사에 대한 세무조정

다음은 영리내국법인 ㈜고려의 제7기(2022.1.1~2022.12.31) 건설도급공사 자료이다. ㈜고려의 건설도급공사 관련 세무조정으로 인하여 제7기 각 사업연도 소득금액이 증가하는 금액을 계산하시오? (2015. CPA)

(1) 교량공사(공사기간 : 2021.4.1.~2023.10.25.)의 총 도급금액은 300,000,000원이다.

(2) 제6기의 공사진행과 관련된 내역은 다음과 같다.

① 총공사예정원가는 125,000,000원이다.

② 비용으로 계상된 공사원가는 50,000,000원이다.

③ 세무조정은 적절히 이루어졌다.

(3) 제7기의 공사진행과 관련된 내역은 다음과 같다.

① 총공사예정원가는 160,000,000원으로 증액되어 있다.

② 당기에 수익으로 계상된 공사수익은 100,000,000원이다.

③ 당기에 비용으로 계상된 공사원가는 80,000,000원이며, 이 금액에는 하자보수충당금 10,000,000원과 업무와 직접 관련 없는 제비용 2,000,000원이 각각 포함되어 있다.

④ 건설현장 근로자의 인건비 10,000,000원이 판매비와관리비로 계상되어 있다.

【해석】

√공사수익: 〈익금산입〉 공사수익 20,000,000 유보

- 당기 공사수익: 300,000,000 × 80% - 120,000,000 = 120,000,000원
- 작업진행률: $\frac{\text{총공사비 누적액}}{\text{총공사예정비}} = \frac{128,000,000}{160,000,000} = 80\%$

  → 총공사비 누적액: 50,000,000+(80,000,000−12,000,000)+10,000,000=128,000,000
- 전기 공사수익: $300,000,000 \times \frac{50,000,000}{125,000,000} = 120,000,000$원
- 과소계상액: 120,000,000 − 100,000,000 = 20,000,000원

√하자보수충당금 설정액: 〈손금불산입〉 하자보수충당금 10,000,000 유보

- 하자보수충당금은 법인세법에서 규정하는 충당금이 아니므로 충당금을 설정하는 사업연도에 손금불산입하고, 하자보수와 관련하여 충당금이 감소되는 사업연도에 손금산입한다.
- 작업진행률을 계산하는 경우 하자보수충당금을 총공사예정비에 포함하고, 완공연도에 작업진행률을 100%로 맞추기 위하여 분자의 공사원가누적액에 포함한다.

√업무무관비용: 〈손금불산입〉 업무무관비용 2,000,000 유보

√각 사업연도 소득금액 증가액: 20,000,000+10,000,000+2,000,000 = 32,000,000원

4. 이자소득 등의 귀속사업연도

1) 이자소득

(1) 일반법인

① 수입이자

일반법인의 수입이자는 실제로 이자를 지급 받는 날(현금주의) 또는 약정에 따라 이자를 받기로 한 날(권리확정주의)이 속하는 사업연도의 익금으로 한다.

다만, 법인이 결산을 확정할 때 이미 지난 기간에 대응하는 이자(법인세가 원천징수되는 이자 등은 제외함)를 해당 사업연도의 수익으로 계상한 경우에는 그 계상한 사업연도의 익금으로 한다.(발생주의 수용)[10)]

② 이자비용

일반법인의 지급이자는 실제로 이자를 지급한 날(현금주의) 또는 약정에 따라 이자를 지급하기로 한 날(의무확정주의)이 속하는 사업연도의 손금으로 한다.

다만, 법인이 결산을 확정할 때 이미 지난 기간에 대응하는 이자 등을 해당 사업연도의 손비로 계상한 경우에는 그 계상한 사업연도의 손금으로 하고,(발생주의 수용) 손비로 계상할 수 있는 이자 및 할인액에는 차입일부터 이자지급일이 1년을 초과하는 특수관계인과의 거래에 따른 이자 및 할인액은 제외한다.

(2) 금융보험업법인

한국표준산업분류의 금융보험업을 경영하는 법인이 수입하는 수입이자 · 보험료 · 부금 · 보증료 · 수수료는 해당 법인의 사업에서 발생하는 수입금액이며, 금융보험업법인의 수입이자 등은 실제로 수입된 날(현금주의)이 속하는 사업연도의 익금으로 한다.

이 경우 실제로 수입된 이자 등에는 선수입이자 및 선수입보험료 등을 제외하고, 금융보험업을 경영하는 법인이 결산을 확정할 때 이미 지난 기간에 대응하는 이자와 보험료상당액 등을 해당 사업연도의 수익으로 계상한 경우에는 그 계상한 사업연도의 익금으로 한다.(발생주의 수용)

---

10) 금융보험업을 제외한 일반법인이 지급 받는 이자는 국외이자를 제외하고 모두 우리나라 세법에 따른 원천징수대상이다. 따라서 미수이자를 계상하여도 소득세법의 수입시기에 해당하지 않는 경우이면 익금불산입의 세무조정을 하여야 한다. 이는 이자지급자의 원천징수실무의 편의를 고려하여 이자를 지급하는 때 총액에 대하여 원천징수할 수 있도록 하기 위함이다.

(3) 투자회사 등

자본시장법에 따른 투자회사 등의 증권거래에 따른 손익의 귀속시기는 다음과 같다.

① 자본시장법에 따른 투자매매업자 또는 투자중개업자가 정형화된 거래방식으로 증권을 매매하는 경우 그 수수료의 귀속사업연도는 매매계약이 체결된 날이 속하는 사업연도로 한다.

② 투자회사등이 결산을 확정할 때 증권 등의 투자와 관련된 수익 중 이미 지난 기간에 대응하는 이자 및 할인액과 배당소득을 해당 사업연도의 수익으로 계상한 경우에는 그 계상한 사업연도의 익금으로 한다

③ 자본시장법에 따른 신탁업자가 운용하는 신탁재산(투자신탁재산을 제외함)에 귀속되는 원천징수대상 소득금액의 귀속사업연도는 원천징수일이 속하는 사업연도로 한다.

2) 배당금수익

법인이 수입하는 배당금의 귀속사업연도는 소득세법에 따른 배당소득의 수입시기가 속하는 사업연도로 한다. 다만, 금융회사 등이 금융채무 등 불이행자의 신용회복 지원과 채권의 공동추심을 위하여 공동으로 출자하여 설립한 자산유동화에 관한 법률에 따른 유동화전문회사로부터 수입하는 배당금은 실제로 지급받은 날이 속하는 사업연도로 한다.

소득세법에 따른 배당소득의 수입시기는 다음과 같다.

구분		배당소득의 수입시기
실질배당	무기명주식	그 지급을 받은 날
	잉여금처분	잉여금처분결의일
의제배당	자본전입(무상주 교부)	자본으로 전입을 결정한 날
	자본의 감자	감자결의일, 퇴사 · 탈퇴일
	해산	잔여재산가액 확정일
	합병 또는 분할	합병등기일, 분할등기일, 분할합병등기일
인정배당		해당 사업연도의 결산확정일
집합투자기구로부터 이익 파생결합증권 · 파생결합사채로부터 이익		이익을 지급받는 날 (특약에 따라 원본에 전입되는 날)
출자공동사업자의 배당		과세기간 종료일
위와 유사한 배당소득		지급을 받은 날

5. 임대료 등 손익의 귀속사업연도

1) 임대료

(1) 권리의무확정주의와 현금주의

자산의 임대에 따른 익금과 손금의 귀속사업연도는 다음의 날이 속하는 사업연도로 한다.

① 계약 등에 따라 임대료의 지급일이 정하여진 경우에는 약정지급일

② 계약 등에 따라 임대료의 지급일이 정하여지지 아니한 경우에는 지급을 받은 날

(2) 발생주의 수용 및 강제

법인이 결산을 확정할 때 이미 지난 기간에 대응하는 임대료 상당액과 이에 대응하는 비용을 해당 사업연도의 수익과 비용으로 계상한 경우에는 이를 각각 계상한 사업연도의 익금과 손금으로 한다.(발생주의 선택적 수용)

다만, 임대료의 지급기간이 1년을 초과하는 경우 해당 사업연도 중 이미 지난 기간에 대응하는 임대료 상당액과 비용은 이를 각각 해당 사업연도의 익금과 손금으로 한다.(발생주의 강제)

2) 금전등록기를 설치한 경우

영수증을 작성·교부할 수 있는 업종을 경영하는 법인이 금전등록기를 설치·사용하는 경우에 그 수입하는 물품대금과 용역대가의 귀속사업연도는 그 금액이 실제로 수입된 사업연도로 할 수 있다.

3) 사채할인발행차금 상각액

법인이 사채를 발행하는 경우에 발생하는 사채할인발행차금은 기업회계기준에 따라 사채발행일로부터 최종 상환일까지의 기간동안 유효이자율법을 적용하여 상각하고, 그 사채할인발행차금 상각액을 사채이자에 가산한 경우에는 이를 손금산입한다.

사채할인발행차금이란 상환할 사채금액의 합계액에서 사채발행가액의 합계액을 뺀 금액을 말한다. 이 경우 사채발행가액은 사채발행가액에서 사채발행수수료와 사채발행을 위하여 직접 필수적으로 지출된 비용을 뺀 후의 가액을 말한다.

4) 매출채권 등의 양도

자산유동화에 관한 법률에 따른 자산유동화계획에 따라 보유자산을 양도하는 경우 및 매출채권 · 받을어음을 배서양도하는 경우에는 자산 또는 채권에 대한 권리와 의무가 양도인과 분리되어 실질적으로 이전되는 때에는 양도 · 배서양도한 금액을 자산 또는 채권에서 차감하고, 권리와 의무가 실질적으로 이전에 되지 아니한 때에는 자산 또는 채권을 담보제공한 것으로 보아 관련 손익의 귀속사업연도를 정한다.

5) 개발비

법인이 감가상각자산으로 계상한 개발비가 해당 제품의 판매 또는 사용이 가능한 시점이 도래하기 전에 개발을 취소한 경우에는 다음의 요건을 모두 충족하는 날이 속하는 사업연도의 손금에 산입한다.

① 개발로부터 상업적인 생산 또는 사용을 위한 해당 재료 · 장치 · 제품 · 공정 · 시스템 또는 용역을 개선한 결과를 식별할 수 없을 것

② 개발비를 전액 손비로 계상하였을 것

6) 파생상품

계약의 목적물을 인도하지 아니하고 목적물의 가액변동에 따른 차액을 금전으로 정산하는 파생상품의 거래에 따른 손익은 그 거래에서 정하는 대금결제일이 속하는 사업연도의 익금과 손금으로 한다.

7) 유가증권

자본시장법에 따른 증권시장업무규정에 따라 보통거래방식으로 한 유가증권의 매매는 계약을 체결한 날이 속하는 사업연도를 손익의 귀속시기로 한다.

8) 기타 손익의 귀속사업연도

법인세법, 조세특례제한법에서 별도로 규정한 것 외의 익금과 손금의 귀속사업연도는 그 익금과 손금이 확정된 날이 속하는 사업연도로 한다.

연습문제

1. 제조업을 영위하는 영리내국법인 ㈜A(중소기업 아님)의 제17기(2022.1.1~2022.12.31) 손익의 귀속사업연도에 관한 설명으로 옳은 것은? (CPA. 2017)

① 자본시장과 금융투자업에 관한 법률에 따른 증권시장에서 동법에 의한 증권시장업무규정에 따라 보통거래방식의 유가증권 매매로 인한 익금과 손금의 귀속사업연도는 매매계약을 체결한 날이 속하는 사업연도로 한다.

② 장기할부조건으로 자산을 판매하고 인도기준으로 회계처리한 경우 그 장기할부조건에 따라 각 사업연도에 회수하였거나 회수할 금액과 이에 대응하는 비용을 신고조정에 의하여 해당 사업연도의 익금과 손금에 산입할 수 있다.

③ 약정에 의한 지급기일이 2022.12.15.인 매출할인금액을 2023.1.15.에 지급한 경우 그 매출할인금액은 제18기의 매출액에서 차감한다.

④ 이미 경과한 기간에 대응하는 이자 300,000원을 제17기의 비용으로 계상한 경우 그 이자는 법인세법에 따라 원천징수되는 이자에 해당하지 않는 경우에만 제17기의 손금으로 한다.

⑤ 임대료 12,000,000원(임대계약기간 : 2022.10.1.~2023.9.30.)을 2022.10.1. 선불로 받는 조건으로 임대계약을 체결하고, 그 임대료를 제17기의 수익으로 계상하지 않은 경우 제17기의 법인세법상 임대료수익은 3,000,000원이다.

【정답】 ①

√② 신고조정에 의하여 해당 사업연도의 익금과 손금에 산입할 수 있다. → 결산을 확정함에 있어서 해당 사업연도의 익금과 손금에 산입한다.

③ 제18기 → 약정에 따른 지급기일인 2022.12.15,

④ 원천징수되는 이자에 해당하지 않는 경우에만 → 원천징수되는 이자에 해당하는지 여부에 관계없이 결산을 확정함에 있어서,

⑤ 3,000,000원이다. → 12,000,000원이다.(계약에 따른 임대료의 지급기일에 수익을 인식하여야 하고 임대료의 지급기간이 1년을 초과하는 경우에는 안분계산한다.)

2. 다음은 제조업을 주업으로 하는 내국법인 (주)A(중소기업 아님)의 제18기 사업연도(2022.1.1~2022.12.31) 세무조정을 위한 자료이다. 제18기에 필요한 세무조정을 적정하게 하였을 경우 이 같은 세무조정이 제18기 각 사업연도의 소득금액에 미친 순영향으로 옳은 것은? (단, 법인세법에서 정하는 익금과 손금의 요건을 모두 충족하고, 손금에 대한 법정한도금액은 초과하지 않으며, 주어진 자료 이외에는 고려하지 않음) (CTA. 2018)

(주)A의 제18기 결산서에 반영된 사항	비 고
배당금수익 1,000,000원 (해산한 법인 (주)B의 잔여재산 분배로 인한 의제배당)	· (주)B의 해산등기일: 2022.12.31. · (주)B의 잔여재산가액확정일: 2023.1.31.
선급비용 1,000,000원 (지출 후 이연 처리한 접대비)	· 접대비 지출일: 2022.12.31. · 결산상 손비 계상일: 2023.1.31.
영업외비용 1,000,000원 (어음을 발행하여 지출한 기부금)	· 어음발행일: 2022.12.31. · 어음결제일: 2023.1.31.
영업외수익 1,000,000원 (유형자산 양도로 인한 처분이익)	· 매수자의 사용수익일: 2022.12.31. · 대금청산일: 2023.1.31.

① (-)2,000,000원　② (-)1,000,000원　③ 0원
④ (+)1,000,000원　⑤ (+)2,000,000원

【정답】 ②

√해산한 법인의 배당금수익은 해산한 법인의 잔여재산가액확정일이 속하는 사업연도를 익금의 귀속시기로 하고, 유형자산의 양도손익은 대금청산일과 사용수익일 중 빠른 날이 속하는 사업연도를 익금의 귀속시기로 한다.

- 익금불산입: 배당금수익 1,000,000 △유보

√접대비는 접대행위가 발생한 날이 속하는 사업연도를 손금의 귀속시기로 하고, 기부금은 현금이 지출된 날이 속하는 사업연도를 손금의 귀속시기로 한다.

- 손금산입: 선급비용(접대비) 1,000,000 유보
- 손금불산입: 어음지급 기부금 1,000,000 △유보

3. 제조업을 영위하는 영리내국법인 ㈜A의 제17기(2022.1.1~2022.12.31) 각 사업연도소득에 대한 법인세 세무조정에 관한 설명으로 옳지 않은 것은? (CPA. 2016)

① 이미 경과한 기간에 대한 원천징수대상 정기예금 미수이자 10만원을 이자수익으로 계상한 경우에는 이를 익금불산입한다.

② 이미 경과한 기간에 대한 미지급이자 20만원을 이자비용으로 계상한 경우에는 세무조정이 필요 없다.

③ 당기 중 파산한 B회사 주식(2022.12.31. 현재 시가 0원)의 장부가액 100만원을 전액 감액손실로 계상한 경우에는 1,000원을 손금불산입한다.

④ 장기할부조건으로 제품을 판매하고 발생한 장기매출채권을 기업회계기준에 따라 현재가치로 평가하여 현재가치할인차금을 계상한 경우에는 세무조정이 필요 없다.

⑤ 건물을 2022.10.1.부터 2년간 임대하고 2년치의 임대료 2,400만원을 임대 만료일에 회수하기로 약정하여 당기 임대료수익을 계상하지 아니한 경우 세무조정이 필요 없다.

【정답】 ⑤

√임대료의 지급기간이 1년을 초과하는 경우 발생주의를 강제한다.

4. 다음은 영리내국법인 고려㈜(중소기업이 아님)의 제17기 사업연도(2022.1.1~2022.12.31) 회계처리 내역이다. 제17기의 각 사업연도 소득금액 계산을 위하여 세무조정이 반드시 필요한 것은?

① 장식 목적으로 복도에 항상 전시하기 위해 미술품을 400만원에 취득하고 그 취득가액을 손익계산서상 비용으로 계상하였다.

② 은행차입금 이자의 지급기일까지 이자를 지급하지 못하여 연체이자를 납부하고 이를 손익계산서상 이자비용으로 계상하였다.

③ 토지의 취득과 함께 공채를 매입하고 기업회계기준에 따라 그 공채의 매입가액과 현재가치의 차액을 당해 토지의 취득가액으로 계상하였다.

④ 은행이 신용을 공여하는 기한부 신용장방식에 따라 원자재를 연지급수입하면서 연지급수입이자를 부담하고 이를 손익계산서상 이자비용으로 계상하였다.

⑤ 건설용역(계약기간: 2022.8.16.~2023.3.31.)에 대하여 인도기준(완성기준)을 적용하고자 제17기에 공사수익과 공사원가를 계상하지 아니하였다. 단, 작업진행률은 40%로 확인이 된다.

【정답】 ⑤

√중소기업 외의 법인은 장기·단기에 관계없이 작업진행률에 따라 수익을 인식하여야 한다.

5. 법인세법의 손익의 귀속사업연도에 관한 설명으로 옳지 않은 것은? (2015. CTA)

① 자산을 위탁판매하는 경우 수탁자가 그 위탁자산을 매매한 날이 속하는 사업연도의 익금으로 한다.

② 중소기업인 법인이 장기할부조건으로 자산을 판매하거나 양도한 경우에는 그 장기할부조건에 따라 각 사업연도에 회수하였거나 회수할 금액과 이에 대응하는 비용을 각각 해당 사업연도의 익금과 손금에 산입할 수 있다.

③ 법인이 장기할부조건 등에 의하여 자산을 판매하거나 양도함으로써 발생한 채권에 대하여 기업회계기준이 정하는 바에 따라 현재가치로 평가하여 현재가치할인차금을 계상한 경우 해당 현재가치할인차금 상당액은 해당 채권의 회수기간 동안 기업회계기준이 정하는 바에 따라 환입하였거나 환입할 금액을 각 사업연도의 익금에 산입한다.

④ 중소기업인 법인이 수행하는 계약기간이 1년 미만인 건설용역의 경우에는 그 목적물의 인도일이 속하는 사업연도의 익금과 손금에 산입할 수 있다.

⑤ 법인이 사채를 발행하는 경우에 상환할 사채금액의 합계액에서 사채발행가액(사채발행수수료와 사채발행을 위하여 직접 필수적으로 지출된 비용을 뺀 후의 가액을 말한다)의 합계액을 뺀 금액을 기업회계기준에 의한 사채할인발행차금의 상각방법에 따라 상각한 금액은 각 사업연도의 손금에 산입할 수 없다.

【정답】 ⑤

√각 사업연도의 손금에 산입할 수 없다. → 각 사업연도의 손금에 산입할 수 있다.

6. 법인세법상 익금과 손금의 귀속시기에 관한 설명으로 옳지 않은 것은? (CTA. 2019)

① 내국법인의 각 사업연도의 익금과 손금의 귀속사업연도는 그 익금과 손금이 확정된 날이 속하는 사업연도로 한다.

② 금융보험업을 영위하는 법인의 수입보험료(원천징수대상 아님)로서 해당 법인이 결산을 확정할 때 이미 경과한 기간에 대응하는 보험료상당액을 해당 사업연도에 수익으로 계상한 경우에는 그 계상한 사업연도의 익금으로 한다.

③ 제조업을 영위하는 법인이 원천징수대상인 이자에 대하여 결산상 미수이자를 계상한 경우에는 그 계상한 사업연도의 익금에 산입되지 않는다.

④ 중소기업이 아닌 법인이 장기할부조건으로 자산을 판매하고 인도기준으로 회계처리한 경우 그 장기할부조건에 따라 각 사업연도에 회수하였거나 회수할 금액과 이에 대응하는 비용을 신고조정에 의하여 해당 사업연도의 익금과 손금에 산입할 수 있다.

⑤ 계약의 목적물을 인도하지 아니하고 목적물의 가액 변동에 따른 차액을 금전으로 정산하는 파

생상품의 거래로 인한 손익은 그 거래에서 정하는 대금결제일이 속하는 사업연도의 익금과 손금으로 한다.

【정답】 ④

√중소기업이 아닌 법인이 → 중소기업인 법인이

7. 영리내국법인 고려㈜(중소기업임)의 제17기 사업연도(2022.1.1~2022.12.31) 할부판매 관련 자료이다. 할부매출액에 대한 세무조정이 제17기 각 사업연도 소득금액에 미치는 영향으로 옳은 것은? (2014. CPA수정)

(1) 모든 할부판매는 인도일이 속하는 달의 말일부터 매월 1,000,000원씩 할부기간에 걸쳐 대금을 회수하기로 약정하였으며, 거래별 내역은 다음과 같다.

구분	제품인도일	총판매대금	할부기간	제17기의 대금회수액
거래1	2022.11.1.	10,000,000원	10개월	2,000,000원
거래2	2022.3.31.	20,000,000원	20개월	10,000,000원

(2) 제17기 결산에서 거래1에 대하여 대금회수액을 회수일에 각각 매출액으로 계상하였고, 거래2에 대하여 인도일에 총판매대금을 매출액으로 계상하였다.

(3) 할부매출원가에 대한 세무조정은 고려하지 아니하며, 제17기 법인세 부담의 최소화를 가정하여 세무조정할 것

① 영향 없음 ② 10,000,000원 증가 ③ 8,000,000원 증가
④ 10,000,000원 감소 ⑤ 2,000,000원 감소

【정답】 ⑤

√거래1은 단기 할부판매거래이고, 인도기준에 따라 10,000,000원을 익금산입하여야 한다. 따라서 세무조정으로 8,000,000원을 익금산입한다.

- 〈익금산입〉 할부매출(단기) 8,000,000 유보

√거래2는 장기 할부판매거래이고, 중소기업의 장기할부판매는 회수기준의 적용이 허용되므로 선회수분 10,000,000원에 대하여 익금불산입한다.

- 〈익금불산입〉 할부매출(장기) 10,000,000 △유보

CHAPTER 06

자산 및 부채의 평가

I 법인세법에 따른 자산 및 부채의 평가

1. 취득일의 자산 및 부채의 평가

1) 자산의 취득가액

(1) 타인으로부터 매입한 자산

타인으로부터 매입한 자산의 취득가액은 매입가액에 취득세, 등록면허세 등의 부대비용을 더한 금액으로 한다.[1][2] 법인이 토지와 건축물을 함께 취득하여 토지의 가액과 건축물의 가액의 구분이 불분명한 경우 시가에 비례하여 안분계산한다.[3]

다만, 기업회계기준에 따라 단기매매항목으로 분류된 금융자산 및 파생상품(단기금융자산 등)은 매입가액을 취득가액으로 한다.

(2) 자기가 제조 · 생산 · 건설 등에 따라 취득한 자산

자기가 제조, 생산, 건설 등의 방법에 따라 취득한 자산의 취득가액은 제작원가에 부대비용을 더한 금액으로 한다. 즉, 자산의 취득가액은 원재료비, 노무비, 운임, 하역비, 보험료, 수수료, 취득세와 등록면허세 등 공과금, 설치비, 기타 부대비용의 합계액으로 한다.[4]

---

1) 원재료 등을 일시적으로 소비대차한 경우 원재료 등을 차용할 때에는 대여자의 정당한 매입가격에 따라 계상하고, 원재료 등을 상환할 때에는 상환하는 원료의 매입가격에 따라 계상한다.

2) 유가증권(신주인수권을 포함함)을 저렴한 가격으로 매입한 경우에도 실제매입가격을 취득가액으로 한다.

3) 시가가 불분명한 경우에는 감정평가업자가 감정한 가액 → 상증법에 따라 평가한 가액을 차례로 적용한다.

4) 지하층이 있는 건물을 신축하기 위하여 터파기 공사를 하였으나 사업성이 불투명하여 터파기 한 부분을 메운 후, 지상 건축물만을 신축한 경우 터파기의 공사비용 및 원상복구 비용은 손금에 해당된다.(서면2팀-922, 2007.5.15.)

(3) 합병 · 분할 및 현물출자에 따라 취득한 자산

법인세법에서는 합병, 분할, 현물출자에 따라 취득한 자산은 그 자산의 시가를 취득가액으로 한다. 다만, 합병법인 및 분할신설법인은 적격합병 및 적격분할에 따라 합병 · 분할에 따른 양도손익이 없는 것으로 하는 경우 피합병법인 및 분할법인의 장부가액을[5] 취득가액으로 한다. 따라서 비적격합병, 비적격분할, 물적분할, 현물출자에 따라 취득한 자산은 합병등기일, 분할등기일, 현물출자일의 시가를 취득가액으로 한다.

(4) 물적분할 및 현물출자에 따라 취득한 주식

물적분할에 따라 분할법인이 취득하는 주식의 취득가액은 물적분할한 순자산의 시가로 한다.

현물출자에 따라 출자법인이 취득한 주식의 취득가액은 주식의 시가로 하고, 출자법인이 현물출자로 인하여 피출자법인을 새로 설립하면서 그 대가로 주식만 취득하는 현물출자의 경우에는 출자법인이 현물출자한 순자산의 시가를 취득가액으로 한다.

(5) 합병, 인적분할에 따라 취득한 주식

합병 또는 인적분할에 따라 취득한 주식의 취득가액은 종전의 장부가액과 합병 · 분할에 따른 의제배당액 및 불공정자본거래의 분여이익의 합계액에서 합병대가 · 분할대가 중 금전이나 그 밖의 재산가액의 합계액(합병교부금, 분할교부금)을 뺀 금액으로 한다.

<table>
<tr><th rowspan="2">구 분</th><th colspan="2">합병법인 · 분할신설법인 · 피출자법인의 자산</th><th rowspan="2">피합병법인 · 분할법인 · 출자법인의 주식</th></tr>
<tr><th>비적격</th><th>적격</th></tr>
<tr><td>합 병</td><td>시 가</td><td>장부가액</td><td rowspan="2">종전 장부가액 + 의제배당액 + 불공정자본거래의 분여이익 - 합병 · 분할교부금</td></tr>
<tr><td>인적분할</td><td>시 가</td><td>장부가액</td></tr>
<tr><td>물적분할</td><td>시 가</td><td>시 가</td><td>물적분할한 순자산시가</td></tr>
<tr><td>현물출자</td><td>시 가</td><td>시 가</td><td>주식의 시가, 현물출자한 순자산의 시가</td></tr>
</table>

5) 양도받은 자산 및 부채의 가액을 합병등기일, 분할등기일 현재의 시가로 계상하되, 시가에서 피합병법인 및 분할법인의 장부가액을 뺀 금액을 자산조정계정으로 계상하여야 한다.

사례 ❶ 합병에 따른 취득가액의 계산

고려(주)의 합병거래에 대하여 합병교부주식의 취득가액을 계산하고 세무조정을 하시오. 단, 수입배당금액에 대한 이중과세조정은 무시하고, 종속(주)의 주주와 지배(주)의 주주는 특수관계가 없다.

(1) 종속(주)의 주식을 100,000,000원(지분비율 10%)에 2016.7.1에 취득하였다.

(2) 고려(주)는 종속(주)가 지배(주)에 2022.7.1. 흡수합병됨에 따라 액면가액 50,000,000원(시가 120,000,000원)인 지배(주)의 주식과 합병교부금 50,000,000원을 수령하였다.

(3) 합병등기일에 합병교부주식의 취득가액을 80,000,000원으로 계상하였다.

【해석】

√ 의제배당액: 120,000,000 + 50,000,000 − 100,000,000 = 70,000,000원

√ 취득가액 = 종전 장부가액 + 불공정자본거래 이익분여액 + 의제배당액 - 합병교부금
= 100,000,000 + 0 + 70,000,000 − 50,000,000 = 120,000,000원

√ 교부주식의 취득가액 과소계상액: 120,000,000 − 80,000,000 = 40,000,000원

√ 세무조정: 〈익금산입〉 유가증권 40,000,000 유보

(6) 채무의 출자전환에 따라 취득한 주식

법인세법에서는 채무의 출자전환에 따라 취득한 주식의 취득가액은 취득당시 주식의 시가로 한다. 다만, 채무자회생법에 따라 회생계획인가의 결정을 받은 법인, 기업구조조정촉진법에 따라 기업개선계획의 이행을 위한 약정을 체결한 부실징후기업, 금융실명법에 따른 금융회사등과 경영정상화계획의 이행을 위한 협약을 체결한 법인, 기업활력 제고를 위한 특별법에 따른 사업재편계획승인을 받은 법인이 채무의 출자전환으로 취득한 주식 등은 출자전환된 채권의 장부가액으로[6] 한다. 이 경우 출자전환된 채권에는 채무보증에 따른 구상채권과 특수관계인에게 업무와 관련 없이 지급한 가지급금은 제외한다.

(7) 기부받은 지정기부금에 해당하는 자산

상증법에 따른 공익법인 등이 특수관계인 외의 자로부터 기부받은 지정기부금에 해당하는 금전 외의 자산은 기부한 자의 기부 당시 장부가액으로[7] 한다. 다만, 상증법에 따라 증여세 과세가액에 산입되지 아니한 출연재산이 그 후에 과세요인이 발생하여 그 과세가액에 산입되지 아니한 출연재산에 대하여 증여세의 전액이 부과되는 경우에는 기부 당시의 시가로 한다.

---

6) 출자전환된 채권의 장부가액이란 출자전환일 직전 사업연도 종료일 현재의 출자전환된 채권의 세법에 따른 장부가액을 말한다.

7) 사업소득과 관련이 없는 자산(개인인 경우만 해당함)의 경우에는 취득 당시의 소득세법에 따른 취득가액을 말한다.

(8) 교환에 따라 취득한 자산

법인세법에서는 교환으로 취득한 자산의 취득가액은 교환으로 취득한 자산(교환취득자산, 新자산)의 시가로 한다.

기업회계기준에서는 교환으로 취득한 자산의 취득원가는 교환으로 제공한 자산(교환양도자산, 久자산)의 공정가액으로 측정하되, 교환으로 제공한 자산의 공정가액이 불확실한 경우에는 교환으로 취득한 자산(교환취득자산)의 공정가액을 취득원가로 할 수 있다.

그러므로 교환으로 제공한 자산과 취득한 자산의 시가(공정가액)가 다른 경우에는 그 차액을 세무조정하여야 한다.

사례 ❷ 교환취득에 대한 세무조정

(주)고려의 교환거래에 대하여 세무조정을 하시오

(1) 2022.1.23에 기계장치(장부가액 25,000,000원, 시가 18,000,000원)를 (주)중앙의 동종자산(시가 15,000,000원)과 교환하였다.

(2) 교환으로 제공한 자산의 장부가액으로 다음과 같이 자산계상하였다.

(차) 기계장치(신) 25,000,000 /(대) 기계장치(구) 25,000,000

(3) 기계장치의 내용연수는 5년이며, 정액법에 따른 감가상각비 5,000,000원을 계상하였다.

【해석】

√자산의 취득가액에 대한 세무조정

- 교환취득자산의 취득가액은 교환취득자산의 시가 15,000,000원이므로 세법에 따른 분개 및 조정분개는 다음과 같다.

→ 세무회계 :	차)	기계장치(신)	15,000,000	/	대) 기계장치(구)	25,000,000
		기계장치처분손실	10,000,000	/		
→ 조정분개 :	차)	기계장치처분손실	10,000,000	/	대) 기계장치(신)	10,000,000

- 교환취득가액의 세무조정: 〈손금산입〉 기계장치 10,000,000 △유보

√감가상각비에 대한 세무조정

- 감가상각비 중 손금산입으로 유보된 10,000,000원에 대한 감가상각비 상당액을 손금불산입한다.

→ 감가상각비 상계액: $5,000,000 \times \frac{10,000,000}{25,000,000} = 2,000,000$

- 감가상각비 한도초과액: $(5,000,000 - 2,000,000) - 15,000,000 \times \frac{1}{5} = 0$
- 세무조정: 〈손금불산입〉 감가상각비누계액(△유보분 상계액) 2,000,000 유보

(9) 기타

온실가스 배출권의 할당 및 거래에 관한 법률에 따라 정부로부터 무상으로 할당받은 배출권은 영(0)원으로 평가하고, 그 밖의 방법으로 취득한 자산은 취득당시의 시가를 자산의 취득가액으로 한다.

2) 취득가액에 포함 여부

(1) 취득가액에 포함하는 금액

다음의 금액은 취득가액에 포함한다.

① 특수관계인인 개인으로부터 유가증권을 시가보다 낮은 가액으로 매입한 경우 시가와 매입가격의 차액에 상당하는 금액

② 사업용 유형자산 및 무형자산의 건설자금에 충당한 차입금이자

③ 유형자산의 취득과 함께 국·공채를 매입하는 경우 기업회계기준에 따라 그 국·공채의 매입가액과 현재가치의 차액을 유형자산의 취득가액으로 계상한 금액

(2) 취득가액에 포함하지 않는 금액

다음의 금액은 취득가액에 포함하지 않는다.

① 자산을 장기할부조건으로 취득하는 경우 발생한 채무를 기업회계기준에 따라 현재가치로 평가하여 현재가치할인차금을 계상한 경우의 현재가치할인차금

② 연지급수입에 있어서 취득가액과 구분하여 지급이자로 계상한 유산스이자와 D/A이자의 금액[8)]

③ 법인이 특수관계인으로부터 자산을 시가보다 높은 가액으로 매입하는 경우 그 시가초과액[9)]

④ 법인의 자본을 증가시키는 거래에 있어서 신주를 시가보다 높은 가액으로 인수함으로써 특수관계인인 다른 주주에게 이익을 분여한 경우 그 시가초과액

---

8) 법인세법에서는 연지급수입에서 발생하는 유산스이자와 D/A이자는 수입자재의 매입부대비용이나 이자비용으로 선택하여 적용할 수 있다. 따라서 자산의 취득가액에 포함하지 않는 현재가치할인차금의 상각액과 연지급수입에 따른 지급이자는 지급이자 손금불산입 규정, 원천징수, 지급명세서의 제출규정을 적용하지 않는다. 이는 현재가치할인차금과 연지급수입에 따른 지급이자를 취득가액에 계상하는 경우와 형평을 유지하기 위해서이다.

9) 법인이 특수관계 없는 자로부터 자산을 시가보다 높은 가격으로 매입하는 경우 그 정상가액 초과액은 취득가액에 포함되지 않는다.

2. 취득일 이후 자산·부채의 평가

1) 평가원칙

법인이 보유하는 자산 및 부채의 장부가액을 감가상각을 제외하고 증액 또는 감액한 경우(평가)에는 그 평가일이 속하는 사업연도와 그 후의 각 사업연도의 소득금액을 계산할 때 자산 및 부채의 장부가액은 평가 전의 가액(원가법)으로 한다. 즉, 법인세법은 취득일 이후 자산 및 부채의 평가는 원칙적으로 인정하지 아니한다.

2) 취득가액의 변동

법인이 보유하는 자산에 대하여 다음의 사유가 발생한 경우에는 취득가액을 변경한다.

① 보험업법 등의 법률에 따른 유형자산 및 무형자산 등의 평가증액

② 법인세법에 따른 재고자산, 유가증권, 화폐성 외화자산·부채, 통화선도 등, 환위험회피용 통화선도 등, 가상자산의 평가[10)]

③ 법인세법에 따른 재고자산, 유형자산, 주식의 감액평가

④ 자산에 대한 자본적지출이 있는 경우 자본적 지출액을 가산한 금액

⑤ 특수관계에 있는 법인의 합병 및 분할합병에 있어서 불공정한 비율로 합병함으로써 특수관계인으로부터 분여받은 이익

⑥ 법인의 자본을 증가시키는 거래 및 감자에 있어서 불공정한 거래로 인하여 특수관계인으로부터 분여받은 이익

3) 자산의 감액손실

(1) 감액사유

법인세법에 따라 감액평가를 할 수 있는 자산 및 사유는 다음과 같다.

① 재고자산으로서 파손·부패 등의 사유로 정상가격으로 판매할 수 없는 것

② 유형자산으로서 천재지변, 화재, 법령에 따른 수용, 채굴예정량의 채진에 따른 폐광의[11)] 사유로 파손되거나 멸실된 것

---

10) 통화선도 등이란 금융회사 등이 보유하는 통화선도·통화스왑·환변동보험을 말하고, 환위험회피용 통화선도 등이란 일반법인이 화폐성 외화자산·부채의 환위험을 회피하기 위하여 보유하는 것을 말한다.

11) 토지를 포함한 광업용 유형자산이 그 고유목적에 사용될 수 없는 경우를 포함한다.

③ 주권상장법인 및 특수관계에 있지 않는 주권비상장법인의 주식으로서[12] 해당 주식의 발행법인이 부도가 발생한 경우, 채무자회생법에 따른 회생계획인가의 결정을 받은 경우, 기업구조조정촉진법에 따른 부실징후기업이 된 경우. 이 경우 주권비상장법인과 특수관계의 유무를 판단할 때 주식의 발행법인의 발행주식총수의 5% 이하를 소유하고, 그 취득가액이 10억원 이하인 주주에 해당하는 법인은 소액주주로 보아 특수관계인에 해당하는지를 판단한다.

④ 주식으로서 해당 주식의 발행법인이 파산한 경우

(2) 감액손실의 계상방법

법인세법에 따른 감액사유가 발생한 자산의 장부가액을 감액사유가 발생한 사업연도에 해당 사업연도 종료일 현재의 시가평가액으로 감액하고, 그 감액된 금액을 감액사유가 발생한 사업연도의[13] 손비로 계상하는 경우에만 인정된다.(결산조정)

자 산	감액평가 사유	평가액
재고자산	파손, 부패 → 정상가격 판매 불가	처분가능한 시가
유형자산	천재지변, 화재, 수용, 폐광 → 파손 및 멸실	시 가
주 식	부도, 회생계획인가 결정, 기업개선계획 이행약정, 파산	Max(시가, 1,000원)

3. 기업회계기준과 관행의 보충적 적용

법인의 각 사업연도의 소득금액을 계산할 때 법인이 익금과 손금의 귀속사업연도와 자산·부채의 취득 및 평가에 관하여 일반적으로 공정·타당하다고 인정되는 기업회계기준을 적용하거나 관행을 계속 적용하여 온 경우에는 법인세법 및 조세특례제한법에서 달리 규정하고 있는 경우를 제외하고는 기업회계기준 또는 관행에[14] 따른다.

12) 중소기업 창업지원법에 따른 중소기업창업투자회사 또는 여신전문금융업법에 따른 신기술사업금융업자가 보유하는 주식 중 각각 창업자 또는 신기술사업자가 발행한 주식을 포함한다.

13) 유형자산의 감액손실에 해당하는 경우에는 파손 또는 멸실이 확정된 사업연도를 포함한다.

14) 기업회계의 기준 또는 관행이란 한국채택국제회계기준, 주식회사 등의 외부감사에 관한 법률에 따라 한국회계기준원이 정한 회계처리기준, 증권선물위원회가 정한 업종별회계처리준칙, 공공기관의 운영에 관한 법률에 따라 제정된 공기업·준정부기관 회계규칙, 상법에 따른 회계기준, 그 밖에 법령에 따라 제정된 회계처리기준으로서 기획재정부장관의 승인을 받은 것으로 한다.

Ⅱ 자산종류별 평가

1. 재고자산의 평가

재고자산의 평가란 기간손익을 결정하기 위하여 기초재고액과 당기매입액의 합계액(제조원가)을 재무상태표의 기말재고자산과 포괄손익계산서의 매출원가에 배분하는 과정을 말한다. 기말재고수량과 원가흐름에 따른 단가를 결정하여 재고자산의 가액을 확정하고, 이에 따라 당기의 포괄손익계산서에 배분될 매출원가의 크기를 결정하게 된다.

재고자산의 평가는 과세소득의 계산에 중대한 영향을 미치므로 법인세법에서는 평가방법을 구체적으로 규정하여 기업회계기준 또는 관행에 우선하여 적용하며, 이는 기업의 자의적인 평가를 방지하기 위함이다.

1) 재고자산의 평가방법

(1) 재고자산의 범위

법인세법의 평가대상이 되는 재고자산은 제품 및 상품, 반제품 및 재공품, 원재료, 저장품으로 기업회계기준과 동일하다. 다만, 제품 및 상품에는 부동산매매업자가 매매를 목적으로 소유하는 부동산을 포함하며, 유가증권을 제외한다.

(2) 재고자산의 가액

재고자산의 가액은 재고자산의 수량에 재고자산의 단위당 원가를 곱하여 결정된다.

재고자산의 수량결정방법은 기업회계기준과 같이 별도의 규정을 두고 있지 않으나 일반적으로 계속기록법과 실지재고조사법을 적용하고, 재고자산의 원가(단가)결정방법은 원가법과 저가법 중에서 법인이 납세지관할세무서장에게 신고한 방법을 적용한다.

원가법이란 재고자산의 취득원가인 매입원가 또는 제조원가를 그 자산의 평가액으로 하는 방법을 말한다. 법인세법에서는 원가법에 따른 구체적인 평가방법으로 개별법, 선인선출법, 후입선출법, 총평균법, 이동평균법, 매출가격환원법 중에서 하나를 선택하도록 하고 있다.[15)]

15) 매출가격환원법에 따라 재고자산을 평가함에 있어서 해당 사업연도 종료일 현재를 기준으로 하여 판매예정차익이 발생되는 경우에는 판매될 예정가액에서 판매예정차익을 뺀 취득가액을 계산하는 것이고, 판매예정차손이 발생되는 경우에는 판매예정가액을 취득가액으로 본다.

저가법이란 재고자산을 원가법으로 평가한 가액과 기업회계기준에 따라 시가로 평가한 가액 중 낮은 가액을 평가액으로 결정하는 방법을 말한다. 저가법은 법인이 재고자산의 평가방법을 저가법으로 신고한 경우에만 적용하고, 저가법으로 신고하는 때에는 시가와 비교되는 원가법을 선택하여 함께 신고하여야 한다.

2) 재고자산의 평가방법의 적용

(1) 재고자산 종류별 · 영업장별 구분적용

법인은 재고자산을 제품 및 상품, 반제품 및 재공품, 원재료, 저장품으로 구분하여 종류별 · 영업장별로 각각 다른 방법으로 평가할 수 있다. 이 경우 수익과 비용을 한국표준산업분류에 따른 중분류 또는 소분류에 따른 영업의 종목별 및 영업장별로 각각 구분하여 기장하고, 종목별 · 영업장별로 제조원가보고서와 포괄손익계산서를 작성하여야 한다.[16][17]

재고자산평가방법신고서에 영업장별 평가방법을 명시하여야 하며, 영업장별 평가방법신고가 없는 때에는 본점 또는 주사업장의 신고방법을 적용한다.[18]

(2) 평가방법의 신고 및 변경신고

① 평가방법의 신고 및 변경신고

신설법인과 새로 수익사업을 개시한 비영리법인은 각 사업연도의 소득금액을 계산할 때 적용할 재고자산의 평가방법을 설립일 또는 수익사업개시일이 속하는 사업연도의 법인세 과세표준의 신고기한까지 납세지관할세무서장에게 신고하여야 한다.

재고자산의 평가방법을 신고한 법인이 그 평가방법을 변경하고자 하는 경우에는 변경할 평가방법을 적용하고자 하는 사업연도의 종료일 이전 3월이 되는 날까지 납세지관할세무서장에게 신고하여야 한다. 한편, 재고자산의 평가방법의 변경은 감가상각방법의 변경신고와는 달리 납세지관할세무서장의 승인을 요하지 아니하므로 법인의 신고만으로 평가방법을 변경할 수 있다.

---

16) 판매를 목적으로 하지 아니하는 법인의 소유자산인 용기는 고정자산으로 회계처리하는 것이나 내용물을 포함하여 판매하는 용기는 재고자산으로 처리한다.

17) 생산과정에서 발생한 불량품 등을 원재료로 재투입하는 경우에는 재투입하는 때의 원재료 매입가액에 준하여 평가한다.

18) 법인세법은 사업연도 단위로 재고자산을 평가하는 것을 원칙으로 하고 있으나, 법인이 동일한 평가방법을 계속하여 월별 · 분기별 · 반기별로 재고자산을 평가하여도 적법하게 평가한 것으로 본다.

② 무신고 · 임의평가하는 경우의 평가방법

법인이 신고기한 내에 재고자산의 평가방법을 신고하지 않은 경우(무신고), 신고한 평가방법과 다른 방법으로 평가한 경우(임의평가), 신고기한 내에 재고자산의 평가방법 변경신고를 하지 아니하고 다른 방법으로 변경한 경우(임의변경)에는 다음의 방법에 따라 재고자산을 평가한다.[19][20]

√무신고한 경우 = 선입선출법(매매목적의 부동산: 개별법)
√임의평가 · 임의변경한 경우 = Max(신고한 평가방법, 선입선출법)

③ 법정신고기한이 지난 후 신고(변경신고)한 경우의 평가방법

법인이 신고기한이 지난 후에 평가방법을 신고하거나 변경신고하고, 그 신고 및 변경신고한 방법으로 재고자산을 평가한 경우에는 신고일 또는 변경신고일이 속하는 사업연도까지는 무신고 · 임의변경하는 경우의 평가방법에 따르고, 그 이후의 사업연도부터는 법인이 신고한 평가방법에 따른다.

(3) 한국채택국제회계기준 적용 내국법인에 대한 재고자산평가차익 익금불산입 특례[21]

내국법인이 한국채택국제회계기준을 최초로 적용하는 사업연도에 재고자산평가방법을 후입선출법에서 다른 방법으로 변경신고함으로써 재고자산평가차익이 발생한 경우 이를 해당 사업연도에 익금에 산입하지 않고, 한국채택국제회계기준을 최초로 적용한 사업연도의 다음 사업연도 개시일부터 5년간 균등하게 나누어 익금에 산입한다.

재고자산 평가차익
= 변경된 평가방법에 따른 기초재고자산의 평가액 - 후입선출법에 따른 전기말 재고자산 평가액

---

19) 재고자산평가방법을 신고하고 신고한 방법에 의하여 평가하였으나 기장 또는 계산상의 착오가 있는 경우에는 재고자산의 평가방법을 달리하여 평가한 것으로 보지 아니한다.

20) 재고자산 중 일부를 신고방법과 다르게 평가한 경우에는 상품 및 제품, 반제품 및 재공품, 원재료, 저장품으로 구분하여 적용한다.

21) 한국채택국제회계기준(K-IFRS)에서는 후입선출법을 인정하지 않는다. K-IFRS 도입에 따라 후입선출법에서 다른 방법으로 평가방법을 변경한 법인은 자산의 평가에 따른 평가차익에 관한 조세부담 증가문제가 발생할 수 있다. 이를 해소하기 위하여 그 재고자산평가차익에 대하여 과세이연제도를 도입하였다.

3) 재고자산에 대한 세무조정

재고자산에 대한 세무조정은 다음과 같다.

<table>
<tr><th colspan="3">구 분</th><th>재고자산에 대한 회계처리 및 세무조정</th></tr>
<tr><td rowspan="4">단위당원가</td><td rowspan="2">재고자산평가감22)</td><td>당기</td><td>(익금산입) 재고자산 *** 유보</td></tr>
<tr><td>차기</td><td>(손금산입) 재고자산 *** △유보</td></tr>
<tr><td rowspan="2">재고자산평가증23)</td><td>당기</td><td>(손금산입) 재고자산 *** △유보</td></tr>
<tr><td>차기</td><td>(익금산입) 재고자산 *** 유보</td></tr>
<tr><td rowspan="4">수 량 24)</td><td rowspan="2">실제 재고부족</td><td>회계</td><td>회계처리 없음</td></tr>
<tr><td>세무</td><td>(익금산입) 현금(매출누락, 환산액) *** 상여 등
(손금산입) 매출원가(대응원가, 재고부족액) *** △유보</td></tr>
<tr><td rowspan="2">실제 재고과다</td><td>회계</td><td>(차변) 매출원가 *** / (대변) 재고자산 ***</td></tr>
<tr><td>세무</td><td>(손금불산입) 재고자산 *** 유보</td></tr>
<tr><td rowspan="2">평가방법</td><td rowspan="2">저가평가25)</td><td>회계</td><td>(차변) 재고자산평가손실 ***/ (대변) 재고자산평가충당금 ***</td></tr>
<tr><td>세무</td><td>(손금불산입) 재고자산평가충당금 *** 유보</td></tr>
</table>

22) 재고자산평가감이란 법인이 재무상태표에 계상한 기말재고자산의 가액이 법인세법의 평가액보다 적은 경우를 말한다. 즉, 법인이 재고자산을 과소평가함으로써 매출원가의 과대계상을 통하여 당기순이익을 과소계상한 것이다.

23) 재고자산평가증이란 법인이 재무상태표에 계상한 기말재고자산의 가액이 법인세법의 평가액보다 많은 경우를 말한다. 즉, 법인이 재고자산을 과대평가함으로써 매출원가의 과소계상을 통하여 당기순이익을 과대계상한 것이다.

24) 재고자산감모차손이란 파손, 도난, 분실 등의 사유로 장부상 수량에 비하여 실제 재고수량이 부족한 경우에 그 부족한 부분의 가치에 상당하는 금액을 말한다. 재고자산감모차손은 재고자산에서 직접 차감하고, 원가성이 있는 정상적인 감모인 경우에는 매출원가에 포함하고 원가성이 없는 비정상적인 감모인 경우에는 영업외비용으로 보고한다.

25) 파손품, 불량상품, 변질된 제품은 다음과 같이 평가한다.
- ① 파손, 부패 등의 사실이 확인되어 재고상품 평가손실을 계상한 것은 내부규정 등에 의하여 관리종업원에게 변상책임이 있는 경우에도 이를 손금에 산입한다.
- ② 판매상품 등의 흠으로 새로운 상품 등을 교환하여 준 경우 회수한 상품 등은 감액손실에 따라 평가할 수 있다.
- ③ 풍수해, 기타 관리상의 부주의 등으로 품질이 저하된 제품 등을 등급전환 또는 폐기처분하는 경우에는 그 사실이 객관적으로 입증될 수 있는 증거를 갖추어 처리하여야 한다.

사례 ❸ 재고자산에 대한 세무조정

다음은 영리내국법인 (주)한국의 제3기 사업연도(2022.1.1~2022.12.31)의 기말 재고자산 평가와 관련한 자료이다. 제3기 말 세무상 재고자산평가액은? 단, 주어진 자료 이외에는 고려하지 않는다. (CTA. 2020)

구 분	장부상 평가액	후입선출법	총평균법	선입선출법
제 품	10,000,000원	7,000,000원	8,700,000원	10,000,000원
재공품	5,000,000원	4,500,000원	4,800,000원	5,000,000원
원재료	3,000,000원	2,700,000원	3,000,000원	3,500,000원
저장품	1,500,000원	1,000,000원	1,200,000원	1,400,000원

(1) 법인의 설립일이 속하는 사업연도의 법인세 과세표준 신고기한까지 관할세무서장에게 제품, 재공품, 저장품에 대한 평가방법을 모두 총평균법으로 신고하였으나, 원재료에 대한 평가방법은 신고하지 않았다.

(2) 2022.10.5에 제품 평가방법을 총평균법에서 선입선출법으로 변경 신고하였다.

(3) 저장품은 총평균법으로 평가하였으나 계산 착오로 300,000원이 과대계상 되었다.

【해석】

√ 제품의 평가방법(임의변경): 세무조정 없음

- Max(8,700,000원, 10,000,000원) － 10,000,000원 ＝ 0원
- 법인이 변경할 평가방법을 적용하고자 하는 사업연도의 종료일 이전 3월이 되는 날(2022.9.30.)까지 적법하게 재고자산의 평가방법을 변경신고하여야 한다. ㈜한국은 변경신고기한을 지난 후에 신고하였으므로 2022년의 제품의 평가방법은 총평균법이다.
- 제품의 평가방법은 총평균법임에도 불구하고 선입선출법으로 임의변경하였으므로 신고한 평가방법인 총평균법과 선입선출법 중에 큰 금액으로 평가한다.

√ 재공품의 평가방법(임의평가): 세무조정 없음

- Max(4,800,000원, 5,000,000원) － 5,000,000원 ＝ 0원
- 재공품의 평가방법은 총평균법임에도 불구하고 선입선출법으로 임의평가하였으므로 신고한 평가방법인 총평균법과 선입선출법 중에 큰 금액으로 평가한다.

√ 원재료의 무신고: 〈익금산입〉 원재료평가증 500,000 유보

- 3,500,000 - 3,000,000 ＝ 500,000원

  → 재고자산에 대하여 무신고한 경우에는 선입선출법을 적용하여 평가한다.

√ 저장품의 착오계산에 따른 세무조정: 〈손금산입〉 저장품 300,000 △유보

√ 재고자산평가액: 19,500,000 + 500,000 - 300,000 =19,700,000원

<table>
<tr><td rowspan="2">사 업
연 도</td><td rowspan="2">. . .
~
. . .</td><td>□재고자산</td><td rowspan="2">평가조정명세서</td><td>법 인 명</td><td></td></tr>
<tr><td>□유가증권</td><td>사업자등록번호</td><td></td></tr>
</table>

<table>
<tr><td colspan="7">1. 재고자산평가방법검토</td></tr>
<tr><td colspan="2">①자산별</td><td>②평가방법
신고연월일</td><td>③신고방법</td><td>④평가방법</td><td>⑤적부</td><td>⑥비고</td></tr>
<tr><td colspan="2">제품 및 상품</td><td></td><td></td><td></td><td></td><td></td></tr>
<tr><td colspan="2">반제품및재공품</td><td></td><td></td><td></td><td></td><td></td></tr>
<tr><td colspan="2">원 재 료</td><td></td><td></td><td></td><td></td><td></td></tr>
<tr><td colspan="2">저 장 품</td><td></td><td></td><td></td><td></td><td></td></tr>
<tr><td rowspan="2">유가증권</td><td>채권</td><td></td><td></td><td></td><td></td><td></td></tr>
<tr><td>기타</td><td></td><td></td><td></td><td></td><td></td></tr>
</table>

<table>
<tr><td colspan="12">2. 평가조정계산</td></tr>
<tr><td rowspan="3">⑦
과목</td><td rowspan="3">⑧
품명</td><td rowspan="3">⑨
규격</td><td rowspan="3">⑩
단위</td><td rowspan="3">⑪
수량</td><td colspan="2" rowspan="2">회사계산</td><td colspan="4">조정계산금액</td><td rowspan="3">⑱
조정액
Max(⑮,⑰)-⑬)</td></tr>
<tr><td colspan="2">신고방법</td><td colspan="2">선입선출법</td></tr>
<tr><td>⑫
단가</td><td>⑬
금액</td><td>⑭
단가</td><td>⑮
금액</td><td>⑯
단가</td><td>⑰
금액</td></tr>
<tr><td></td><td></td><td></td><td></td><td></td><td></td><td></td><td></td><td></td><td></td><td></td><td></td></tr>
<tr><td></td><td></td><td></td><td></td><td></td><td></td><td></td><td></td><td></td><td></td><td></td><td></td></tr>
<tr><td></td><td></td><td></td><td></td><td></td><td></td><td></td><td></td><td></td><td></td><td></td><td></td></tr>
<tr><td></td><td></td><td></td><td></td><td></td><td></td><td></td><td></td><td></td><td></td><td></td><td></td></tr>
<tr><td></td><td></td><td></td><td></td><td></td><td></td><td></td><td></td><td></td><td></td><td></td><td></td></tr>
<tr><td colspan="5">계</td><td></td><td></td><td></td><td></td><td></td><td></td><td></td></tr>
</table>

2. 유가증권의 평가

1) 기업회계에 따른 평가방법

유가증권이란 유가물 또는 사법상의 재산권을 나타내는 증권 및 권리·증권의 결합체로서 권리의 이전·행사를 원활하고 안전하게 하며 유통성을 높이기 위하여 발행된 증권을 말한다. 유가증권에는 발행회사에 대한 소유지분을 나타내는 지분증권과 발행회사의 채무를 나타내는 채무증권으로 구분된다.

기업회계기준에서는 유가증권의 보유목적과 능력 및 증권의 특성에 따라 유가증권을 당기손익인식금융자산·매도가능금융자산·만기보유금융자산으로 분류하고, 보유기간에 따라 유동자산 및 비유동자산(투자자산)으로 분류한다.

기업회계에서는 취득일 이후의 유가증권에 대하여 증권별로 원가법, 공정가액법, 지분법을 적용하여 평가한다.[26] 저가법의 적용은 배제하고, 유가증권의 본질가치가 하락하여 회복할 수 없는 경우에는 유가증권감액손실을 인식하여 당기의 비용으로 처리하여 유가증권을 감액한다.

2) 세무회계에 따른 평가방법

(1) 유가증권의 범위

법인세법에서 평가대상이 되는 유가증권이란 주식·출자지분, 채권을 말한다. 이는 기업회계기준의 유동자산인 유가증권과 비유동자산인 투자자산을 모두 포함한다.

법인세법에서는 자본시장법에 따른 집합투자재산과 보험업법에 따른 특별계정에 속하는 자산을 유가증권 등에 포함하여 설명하고 있다.

(2) 유가증권의 평가방법

유가증권의 평가는 개별법, 총평균법, 이동평균법 중에서 법인이 납세지관할세무서장에게 신고한 방법에 따른다. 법인이 주식 및 채권에 대하여 시가법을 적용하여 유가증권평가손익을 계상하였더라도 법인세법에서는 원가법만 인정하므로 유가증권평가손익은 모두 부인된다.[27]

---

26) 기업회계에서는 ① 당기손익인식 금융자산은 공정가액법을 적용하여 평가하고 평가손익을 당기의 손익으로 처리하고, ② 시장성이 있는 매도가능 금융자산은 공정가액법을 적용하여 평가하고, 평가손익은 기타포괄손익으로 처리하고, ③ 시장성이 없는 매도가능 금융자산은 원가법을 적용하여 평가하고, ④ 지분법적용 투자주식은 지분법을 적용하여 평가하고 평가손익을 당기의 손익 및 기타포괄손익으로 처리하고, ⑤ 만기보유 금융자산은 상각후원가법을 적용한다.

자본시장법에 따른 집합투자재산은 시가법을 적용하여 평가하고, 보험업법에 따른 특별계정에 속하는 자산은 개별법 · 총평균법 · 이동평균법 · 시가법 중 보험회사가 신고한 방법을 적용하여 평가한다.[28)]

유가증권에 대한 평가방법의 신고 및 변경신고는 재고자산의 평가방법을 준용한다.

종 류	평가방법을 신고하는 경우	무신고	임의평가
주 식	총평균법, 이동평균법	총평균법	Max (신고한 평가방법, 총평균법)
채 권	개별법, 총평균법, 이동평균법		
특별계정자산	개별법, 총평균법, 이동평균법, 시가법		
집합투자재산	시가법[29)]	시가법	시가법

3) 유가증권에 대한 세무조정

(1) 당기손익인식금융자산

당기손익인식금융자산(단기매매증권)에 대한 세무조정은 다음과 같다.

구 분		회계처리 및 세무조정
평가이익	회계	(차변) 단기매매증권 *** / (대변) 단기매매증권평가이익(I/S) ***
	세무	(익금불산입) 단기매매증권 *** △유보
평가손실	회계	(차변) 단기매매증권평가손실(I/S) *** / (대변) 단기매매증권 ***
	세무	(손금불산입) 단기매매증권 *** 유보

27) 경쟁제한적 시장상황 등으로 제3자가 개입할 여지가 없는 자전거래나 제3자가 개입하였을지라도 공정가액에 의한 거래를 기대하기 어려운 상황에서 보유중인 유가증권 등을 매각하고 동시 또는 단기간내에 재취득함으로써 매매가격이 일치하는 등 그 거래의 실질내용이 사실상 해당 유가증권의 장부가액을 시가에 의하여 평가하기 위한 것이라고 인정되는 경우에는 해당 유가증권의 보유 당시의 장부가액과 매각가액의 차액을 익금 또는 손금에 산입하지 아니한다.

28) 보험회사가 특별계정에 속하는 자산에 대한 평가방법을 신고하는 때에는 특별계정평가방법신고서를 제출하여야 한다.

29) 자본시장법에 따른 환매금지형집합투자기구가 보유한 시장성 없는 자산은 개별법, 총평균법, 이동평균법, 시가법 중 해당 환매금지형집합투자기구가 법인세법의 과세표준과 세액의 신고와 함께 납세지관할세무서장에게 신고한 방법에 따라 평가하되, 그 방법을 이후 사업연도에 계속 적용하여야 한다.

(2) 매도가능금융자산

매도가능금융자산(매도가능증권)에 대한 세무조정은 다음과 같다.

구 분		회계처리 및 세무조정
평가이익	회계	(차변) 매도가능증권 *** / (대변) 매도가능증권평가이익(B/S) ***
	세무	(익금산입) 매도가능증권평가이익 *** 기타 (익금불산입) 매도가능증권(기타포괄손익) *** △유보
평가손실	회계	(차변) 매도가능증권평가손실(B/S) *** / (대변) 매도가능증권 ***
	세무	(손금산입) 매도가능증권평가손실 *** 기타 (손금불산입) 매도가능증권(기타포괄손익) *** 유보

(3) 지분법적용투자주식

① 피투자회사의 당기순손익

피투자회사의 당기순손익에 대하여 투자회사의 지분상당액을 지분법평가손익으로 투자회사의 영업외손익에 인식한 경우의 세무조정은 다음과 같다.

구 분		회계처리 및 세무조정
평가이익	회계	(차변) 지분법적용투자주식 *** / (대변) 지분법평가이익(I/S) ***
	세무	(익금불산입) 지분법적용투자주식(지분법평가이익) *** △유보[30]
평가손실	회계	(차변) 지분법평가손실(I/S) *** / (대변) 지분법적용투자주식 ***
	세무	(손금불산입) 지분법적용투자주식(지분법평가손실) *** 유보[31]

② 피투자회사의 자본잉여금 및 이익잉여금

피투자회사의 자본잉여금과 이익잉여금에 대한 투자회사의 지분상당액을 지분법자본변동과 지분법이익잉여금으로 투자회사의 자본으로 인식한 경우의 세무조정은 다음과 같다.

30) 익금불산입된 지분법적용투자주식은 차기 이후에 지분법평가손실이 발생하여 지분법적용투자주식의 가액이 감액될 때 또는 지분법적용투자주식을 매각할 때 익금산입(유보)한다.

31) 손금불산입된 지분법적용투자주식은 지분법평가이익이 발생하여 지분법적용투자주식의 가액이 증액될 때 또는 지분법적용투자주식을 매각할 때 손금산입(△유보)한다.

구 분		회계처리 및 세무조정
자본증가	회계	(차변) 지분법적용투자주식 ***/ (대변) 지분법이익잉여금변동(B/S) *** 지분법자본변동(B/S) ***
	세무	(익금산입) 지분법이익잉여금변동 *** 기타 지분법자본변동 *** 기타 (익금불산입) 지분법적용투자주식(지분법이익잉여금변동) ***△유보 지분법적용투자주식(지분법자본변동) *** △유보
자본감소	회계	(차변) 지분법이익잉여금변동(B/S) *** / (대변) 지분법적용투자주식 *** 지분법자본변동(B/S) ***
	세무	(손금산입) 지분법이익잉여금변동 *** 기타 지분법자본변동 *** 기타 (손금불산입) 지분법적용투자주식(지분법이익잉여금변동) *** 유보 지분법적용투자주식(지분법자본변동) *** 유보

사례 ④ 지분법에 대한 세무조정

지배(주)는 중대한 영향력을 행사하고 있는 종속(주)의 투자주식을 지분법으로 평가함에 따라 당기에 발생한 지분법평가이익 50,000,000원이고, 지분법평가이익 중 30,000,000원은 종속(주)의 당기순이익에 따른 것이고 20,000,000원은 종속(주)의 자본잉여금의 증가에 따른 것이다. 지배(주)는 기업회계기준에 따라 적정하게 회계처리하였다. 세무조정을 하시오.

【해석】

√ 지배(주)의 기업회계기준에 따른 회계처리 내용은 다음과 같다.

(차)	지분법적용투자주식	50,000,000	(대)	지분법평가이익	30,000,000
				지분법자본변동	20,000,000

√ 세무회계에서는 유가증권의 평가와 관련하여 원가법만을 인정하고 있다.

√ 세무조정을 위한 조정분개는 다음과 같다.

(차)	지분법평가이익	30,000,000	(대)	지분법적용투자주식	50,000,000
	지분법자본변동	20,000,000			

√ 세무조정:	〈익금불산입〉	지분법적용투자주식(지분법평가이익)	30,000,000	△유보
	〈익금불산입〉	지분법적용투자주식(지분법자본변동)	20,000,000	△유보
	〈익금산입〉	지분법자본변동	20,000,000	기 타

사례 ⑤ 유가증권에 대한 세무조정

다음은 제조업을 영위하는 영리내국법인 ㈜K가 제17기 사업연도(2022.1.1~2022.12.31) 말 현재 보유하고 있는 주식과 관련한 자료이다. 이들에 대하여 필요한 세무조정을 완료한 후, 이를 반영한 개별 주식의 법인세법상 주식가액을 계산한 것으로 옳은 것은? 단, 법인세부담 최소화를 가정하고, 주어진 자료 이외의 다른 사항은 고려하지 않는다. (CPA. 2017)

구 분	장부가액	제17기말 재무상태표상 장부가액에 대한 세부내역
㈜A의 주식	25,000,000원	· 2022.5.4. 시가 10,000,000원인 주식을 정당한 사유 없이 특수관계인 외의 자로부터 15,000,000원에 매입하였고, 2022.12.31.의 시가인 25,000,000원으로 평가하였다.
㈜B의 주식	5,000,000원	· 2022.2.5. 시가 5,000,000원에 주식을 매입하고, 장부에 매입가액으로 계상하였다. · 2022.10.25. ㈜B가 이익준비금의 일부를 자본전입함에 따라 무상주 200주(1주당 액면가액 5,000원, 발행가액 6,000원)를 수령한 후 기업회계기준에 따라 회계처리하였다.
㈜C의 주식	1,250,000원	· 2022.5.4. 시가 1,250,000원에 주식을 매입하고, 장부에 매입가액으로 계상하였다. · 2022.7.5. ㈜C가 파산하였으며, 사업연도종료일 현재 ㈜C 주식의 시가는 500원이나 이에 대해서는 회계처리하지 않았다.

【해석】

√A주식: 25,000,000 - 2,000,000 - 10,000,000 = 13,000,000원

- 정상가액 13,000,000원(10,000,000×1.3=13,000,000)을 초과하는 2,000,000원에 대하여 손금산입(유가증권, △유보) 및 익금산입(비지정기부금, 기타사외유출)으로 세무조정한다.
- 유가증권평가이익(기타포괄손익) 10,000,000원에 대하여 법인세법은 원가법을 원칙으로 하므로 이를 손금산입(유가증권, △유보) 및 익금산입(유가증권평가이익, 기타)으로 세무조정한다.

√B주식: 5,000,000 + 1,000,000 = 6,000,000원

- 잉여금의 자본전입에 따른 의제배당가액 1,000,000원(200주 ×5,000원=1,000,000)을 익금산입(유보)으로 세무조정한다.

√C주식: 1,250,000원

- 주식발행법인이 파산한 경우 감액사유가 발생한 사업연도에 사업연도 종료일 현재의 시가(시가로 평가한 가액이 1,000원 이하인 경우에는 1,000원으로 함)로 평가한 가액으로 감액하고, 그 감액한 금액을 당해 사업연도의 손비로 계상(결산조정)하여야 한다.

3. 외화자산 · 부채의 평가

1) 외화환산 및 환율

(1) 개념

외화환산이란 다른 나라의 통화로 측정, 표시, 확정된 금액을 기업의 자국 보고통화로 환산(표현)하는 과정이다. 여기서 보고통화란 기업실체가 재무제표를 작성하여 재무보고를 할 때 사용되는 통화의 단위로서, 우리나라의 경우에는 원화(₩)이다.

환율이란 한 나라의 통화단위와 다른 나라의 통화가 교환되는 비율을 말한다. 이는 외환시장의 수요와 공급에 따라서 통화 간의 가격으로 표현된다. 환율은 역사적환율, 현행환율, 평균환율로 구분할 수 있다.

① 역사적환율은 자산을 취득하거나 부채를 부담할 거래발생 당시의 환율을 말한다. 역사적환율을 기준으로 외화를 환산하는 경우에는 외화환산손익이 발생하지 않는다.

② 현행환율은 재무제표의 작성일 현재 또는 재무상태표의 결산일 현재의 환율을 말한다. 현행환율을 기준으로 외화를 환산하는 경우에는 자산을 취득 · 부채를 부담할 거래발생 당시의 환율과 현행환율의 변동에 따라 외화환산손익이 발생한다.

③ 평균환율은 매일의 환율을 가중평균한 계산에 따른 환율을 말한다.

(2) 외화의 구분

화폐성 외화자산 · 부채란 화폐가치의 변동과 상관없이 자산 · 부채의 금액이 계약 등에 따라 일정액의 화폐액으로 고정되어 있는 것을 말한다. 화폐성항목을 예시하면 외화현금 및 현금성자산, 외화금융상품, 외화유가증권(외화채무증권), 외화매출채권, 외화대여금, 외화채무, 외화차입금, 외화사채 등이 있다.

비화폐성 외화자산 · 부채란 시간이 경과하거나 화폐가치가 변동함에 따라 화폐평가액이 변하는 항목으로 일정액의 화폐액으로 확정되어 있지 않아 재표시할 수 있는 것을 말한다. 비화폐성항목을 예시하면 선급금, 재고자산, 유형자산, 선수금 등이 있다.

다만, 유가증권과 같이 화폐성과 비화폐성의 양면적인 성격을 동시에 가지고 있는 자산 · 부채는 해당 자산 · 부채의 보유목적 또는 성질에 따라 분류한다.

2) 외화자산 · 부채의 평가방법

(1) 금융회사 등

금융회사 등이 보유하는 화폐성 외화자산 · 부채는 사업연도 종료일 현재의 매매기준율 또는 재정(裁定)된 매매기준율로 평가하여야 한다. 이 경우 매매기준율 또는 재정된 매매기준율이란 외국환거래규정에 따른 매매기준율 또는 재정된 매매기준율을 말한다.

금융회사 등이 보유하는 통화선도 등은 계약의 내용 중 외화자산 및 부채를 계약체결일 또는 사업연도 종료일 현재의 매매기준율로 평가하는 방법 중 관할세무서장에게 신고한 방법에 따라 평가하여야 한다.

(2) 일반회사

일반회사이 보유하는 화폐성 외화자산 · 부채와 환위험회피용 통화선도 등은 계약 내용 중 외화자산 및 부채를 취득일, 발생일, 계약체결일, 사업연도 종료일 현재의 매매기준율 등으로 평가하는 방법 중 관할세무서장에게 신고한 방법에 따라 평가하여야 한다.

(3) 평가방법의 적용

금융회사 등이 보유한 통화선도 등과 일반회사가 보유한 외화자산 · 부채에 대하여 법인이 신고한 평가방법은 그 후의 사업연도에도 계속하여 적용하여야 한다. 다만, 일반회사가 보유한 외화자산 · 부채에 대하여 신고한 평가방법을 적용한 사업연도를 포함하여 5개 사업연도가 지난 후에는 다른 방법으로 신고를 하여 변경된 평가방법을 적용할 수 있다.

최초로 사업연도 종료일 현재의 매매기준율 등으로 평가하는 방법을 신고하여 적용하기 이전 사업연도에는 계약체결일 · 발생일 · 취득일의 매매기준율 등으로 평가하는 방법을 적용하여야 한다.

3) 외화자산 · 부채에 대한 세무조정

(1) 외화평가손익

기업회계기준에 따른 화폐성 외화자산 · 부채, 통화선도 등, 환위험회피용 통화선도 등을 평가함에 따라 발생하는 평가한 원화금액과 원화기장액의 차익 또는 차손(외화평가손익)은 해당 사업연도의 익금 또는 손금에 산입한다. 이 경우 통화선도 등 및 환위험회피용 통화선도 등의 계약 당시 원화기장액은 계약의 내용 중 외화자산 및 부채의 가액에 계약체결일의 매매기준율 등을 곱한 금액을 말한다.

(2) 외화상환손익

법인이 상환받거나 상환하는 외화채권 · 채무의 원화금액과 원화기장액의 차익 또는 차손은 (외화상환손익) 해당 사업연도의 익금 또는 손금에 산입한다. 다만, 한국은행법에 따른 한국은행의 외화채권 · 채무 중 외화로 상환받거나 상환하는 외화금액의 환율변동분은 한국은행이 정하는 방식에 따라 해당 외화금액을 매각하여 원화로 전환한 사업연도의 익금 또는 손금에 산입한다.

사례 ❻ 화폐성 외화자산 · 부채의 평가손익에 대한 세무조정

제조업을 경영하는 중소기업인 (주)고려의 제17기 사업연도(2022.1.1~2022.12.31)의 외화자산 · 부채의 평가내용에 대하여 세무조정을 하시오? (CTA 2011)

(1) 외화평가 전 재무상태표의 가액은 제16기 사업연도 종료일 현재의 매매기준율로 평가한 금액이고, 제17기 사업연도 종료일 현재의 매매기준율은 1,000원/$이다.

과 목	외화금액	평가전 재무상태표의 가액	평가손익
외화대여금	$12,000	11,400,000	600,000
선급금(제품)	$25,000	23,750,000	1,250,000
유형자산	$50,000	47,500,000	2,500,000
외화차입금	$35,000	33,250,000	△1,750,000

(2) ㈜고려는 외화자산 · 부채의 평가손익을 영업외손익으로 회계처리하였으며, 평가방법을 적법하게 신고하였다.

【해석】

√법인세법에 따라 외화평가손익으로 익금과 손금에 산입되는 것은 화폐성 외화자산 · 부채이다. 제품과 관련된 선급금과 유형자산은 비화폐성 외화자산 · 부채이므로 비화폐성 외화자산 · 부채의 평가손익 3,750,000원은 익금에 산입하지 않는다.

√세무조정: 〈익금불산입〉 외화자산(선급금) 1,250,000 △유보

〈익금불산입〉 외화자산(유형자산) 2,500,000 △유보

사 업 연 도	. . . ~ . . .	외화자산등평가차손익조정명세서(갑)	법 인 명	
			사업자등록번호	

1. 손익 조정금액

① 구 분		② 당기손익금 해 당 액	③ 회사손익금 계 상 액	조 정		⑥ 손 익 조정금액 ((②-③))
				④차익조정 ((③-②))	⑤차손조정 ((②-③))	
가. 화폐성 외화자산 · 부채평가손익						
나.통화선도 · 통화스왑 · 환변동보험 평가손익						
다. 환 율 조 정 계 정 손 익	차 익					
	차 손					
계						

2. 환율조정계정 손익계산 명세

⑦ 구 분	⑧ 최종상환 · (회수)기일	⑨ 전기이월액	⑩ 당기경과일수 / 잔존일수	⑪손익금 해당액 (⑨×⑩)	⑫차기 이월액 (⑨-⑪)	비 고
계	차 익					
	차 손					

4. 유형자산

1) 역사적 원가주의

(1) 취득원가

유형자산은 재화의 생산, 용역의 제공, 타인에 대한 임대, 자체적으로 사용할 목적으로 보유하는 물리적 형체가 있는 자산으로서 1년을 초과하여 사용할 것이 예상되는 자산이다.

유형자산은 미래의 경제적효익이 기업에 유입될 가능성이 매우 높고 취득원가를 신뢰성있게 측정할 수 있는 경우에 역사적 원가주의에 따른 취득원가로 유형자산의 취득가액을 결정한다. 취득원가에는 자산을 취득하여 본래의 용도로 사용할 수 있을 때까지 지출·투입된 모든 원가를 말한다. 따라서 취득원가에는 유형자산의 구입가격, 운반비, 설치비, 관세, 시운전비, 취득과 직접 관련된 부대비용이 포함된다.

(2) 취득일이후 평가

유형자산은 영업활동에 장기간 사용할 목적으로 보유하는 자산이므로 취득일 이후에도 역사적 원가주의에 따라 평가한다. 따라서 유형자산은 판매목적이 아니라 사용목적이므로 취득일 이후 자산평가의 문제가 중요한 것이 아니라, 수익창출에 공헌하는 기간동안 용역잠재력의 감소를 체계적이며 합리적인 방법에 따라 수익에 대응시키는 감가상각비의 결정이 훨씬 더 중요한 것으로 보고 있다.

법인이 진부화, 물리적 손상 등에 따라 시장가치가 급격히 하락한 자산에 대하여 기업회계기준에 따라 유형자산손상차손을 계상한 경우 그 금액을 법인세법의 감가상각비로서 손비에 계상하는 것으로 보아 감가상각비의 시부인 규정을 적용한다.

2) 유형자산의 감액평가

법인세법에서는 천재지변, 화재, 법령에 따른 수용, 채굴예정량의 채진에 따른 폐광(토지를 포함한 광업용 유형자산이 그 고유목적에 사용될 수 없는 경우를 포함함)등의 사유로 파손 또는 멸실된 유형자산에 한정하여 사업연도 종료일 현재의 시가로 평가할 수 있다. 법인은 유형자산이 파손·멸실된 사업연도 및 파손·멸실이 확정된 사업연도에 시가평가액으로 감액하고, 그 감액한 금액을 해당 사업연도의 손비로 계상하여야 한다.

3) 자본적 지출과 수익적 지출

(1) 자본적 지출

유형자산을 취득한 이후에 일반적으로 해당 자산의 성능유지 또는 개선을 위하여 계속적인 지출이 이루어진다. 자본적 지출이란 이러한 추가지출에 따라 유형자산의 내용연수가 증가하거나 유형자산이 제공하는 서비스의 양(quantity)과 질(quality)이 증가되어 최근에 평가된 성능수준을 초과하여 미래의 경제적효익을 증가시키는 경우를 말하며, 이를 유형자산의 취득원가에 가산하여 자산의 내용연수에 걸쳐 감가상각비를 통하여 비용화한다.

특정의 수선비가 자본적 지출이냐 수익적 지출이냐 하는 것은 그 지출의 성격과 효과뿐만 아니라 그 기업의 유형 및 경영방식을 고려하여 판단하여야 한다. 자산의 내용연수를 연장시키거나 유형자산의 가치를 현실적으로 증가시켜 생산능력의 증대, 상당한 원가절감 또는 품질향상이 이루어진 경우에는 자본적 지출로 처리하는 예이다.[32]

(2) 수익적 지출

수익적 지출이란 취득일 이후의 추가적 지출이 본래의 성능수준을 회복시키거나 유지하는 일상적인 지출을 말하며 이는 지출한 사업연도에 손금에 산입한다.[33]

5. 가상자산의 평가

특정 금융거래정보의 보고 및 이용 등에 관한 법률에 따른 가상자산은 선입선출법에 따라 평가해야 한다.[34] 가상자산이란 경제적 가치를 지닌 것으로서 전자적으로 거래 또는 이전될 수 있는 전자적 증표 및 그에 관한 전부의 권리를 말한다.

---

32) 법인세법에서는 본래의 용도를 변경하기 위한 개조, 엘리베이터 또는 냉난방장치의 설치, 빌딩 등에 있어서 피난시설 등의 설치, 재해 등으로 인하여 멸실 또는 훼손되어 본래의 용도에 이용할 가치가 없는 건축물·기계·설비 등의 복구, 기타 개량·확장·증설 등과 같은 지출을 자본적 지출로 본다.

33) 법인세법에서는 건물 또는 벽의 도장, 파손된 유리 또는 기와의 대체, 기계의 소모된 부속품 또는 벨트의 대체, 자동차 타이어의 대체, 재해를 입은 자산에 대한 외장의 복구·도장 및 유리의 삽입, 기타 조업가능한 상태의 유지 등과 같은 지출을 수익적 지출로 본다.

34) 가상자산의 가액은 특정 금융거래정보의 보고 및 이용 등에 관한 법률에 따라 신고가 수리된 가상자산사업자 중 국세청장이 고시하는 가상자산사업자의 사업장에서 거래되는 가상자산은 평가기준일 전·이후 각 1개월 동안에 해당 가상자산사업자가 공시하는 일평균가액의 평균액으로 평가하고, 그 밖의 가상자산은 해당하는 가상자산사업자 외의 가상자산사업자 및 이에 준하는 사업자의 사업장에서 공시하는 거래일의 일평균가액 또는 종료시각에 공시된 시세가액 등 합리적으로 인정되는 가액으로 한다.

연습문제

1. 법인세법의 자산의 취득가액에 관한 설명으로 옳지 않은 것은? (CPA. 2016)

① 적격물적분할에 따라 분할법인이 취득하는 주식의 세무상 취득가액은 물적분할한 순자산의 장부가액이다.

② 주식배당으로 A회사 주식 1,000주(1주당 발행가액 10,000원, 1주당 액면가액 5,000원)를 수령한 경우 동 무상주의 세무상 취득가액은 1,000만원이다.

③ 매입대금을 매월 100만원씩 30회에 걸쳐 분할하여 지급하는 조건으로 기계장치를 취득하고 명목가액인 3,000만원(현재가치 2,000만원)을 장부상 취득원가로 계상한 경우 동 기계장치의 세무상 취득가액은 3,000만원이다.

④ 특수관계인인 개인으로부터 토지를 10억원(시가 12억원)에 매입하고 실제지급액인 10억원을 장부상 취득원가로 계상한 경우 동 토지의 세무상 취득가액은 10억원이다.

⑤ 본사건물 신축을 위하여 10억원에 토지를 매입하고 동 토지의 취득을 위한 특정차입금 이자 1,000만원을 장부상 이자비용으로 계상한 경우 동 토지의 세무상 취득가액은 10억 1,000만원이다

【정답】 ①

√물적분할한 순자산의 장부가액이다. → 물적분할한 순자산의 시가이다.

2. 법인세법의 자산·부채의 평가 등에 관한 설명으로 옳지 않은 것은? (2015. CTA)

① 천재·지변 또는 화재 등으로 인해 파손되거나 멸실된 유형자산은 사업연도 종료일 현재 시가로 장부가액을 감액할 수 있다.

② 보험업법이나 그 밖의 법률에 따른 유형자산·무형자산의 평가손실은 평가일이 속하는 사업연도의 손금에 산입할 수 있다.

③ 재고자산으로서 파손·부패 등의 사유로 정상가격으로 판매할 수 없는 것은 사업연도 종료일 현재 처분가능한 시가로 감액할 수 있다.

④ 주식 등을 발행한 법인이 파산한 경우의 해당 주식은 사업연도 종료일 현재 시가(시가로 평가한 가액이 1,000원 이하인 경우에는 1,000원)로 장부가액을 감액할 수 있다.

⑤ 시설개체 또는 기술의 낙후로 인하여 생산설비의 일부를 폐기한 경우에는 당해 자산의 장부가액에서 1,000원을 공제한 금액을 폐기일이 속하는 사업연도의 손금에 산입할 수 있다.

【정답】 ②

√평가손실은 평가일이 속하는 사업연도의 손금에 산입할 수 있다. → 평가(장부가액을 증액한 경우만 해당한다)는 평가일이 속하는 사업연도의 익금에 산입할 수 있다.

3. 다음 자료는 제조업을 경영하는 영리내국법인 ㈜고려가 제17기(2022.1.1~2022.12.31)에 취득하여 해당 사업연도 말 현재 보유하고 있는 토지의 내역이다. 이들에 대하여 필요한 세무조정을 완료한 후 이를 반영한 법인세법의 각 토지가액을 모두 합계한 금액으로 옳은 것은? (2013. CPA수정)

구 분	B/S의 장부가액	장부가액에 대한 세부내역
토지 A	54,000,000원	취득시 지불한 현금 50,000,000원(시가)과 취득세 3,000,000원, 취득세에 대한 가산세 1,000,000원을 장부가액으로 계상하였다.
토지 B	25,000,000원	시가 20,000,000원인 토지를 정당한 사유 없이 현금 25,000,000원을 지불하고 특수관계인이 아닌 자로부터 취득하였다.
토지 C	30,000,000원	취득일로부터 4년간 매년 말 10,000,000원씩 총 40,000,000원을 지불하는 장기할부조건으로 취득하였다. 이때 발생한 채무의 현재가치는 30,000,000원이며, 회계상 10,000,000원의 현재가치할인차금을 계상하였다.
토지 D	5,000,000원	취득당시 시가인 5,000,000원에 취득하였으나 천재지변으로 인해 멸실되어 고유목적에 정상적인 사용이 불가능하며, 당해 사업연도 종료일 현재 시가는 1,000,000원이다.

① 108,000,000원 ② 109,000,000원 ③ 113,000,000원
④ 119,000,000원 ⑤ 123,000,000원

【정답】 ③

√토지A는 가산세를 제외하고, 토지B는 정상가액의 범위 내이며, 토지C는 현재가치할인차금을 계상한 경우에는 기업회계기준을 준용하며, 유형자산의 감액손실은 결산조정사항이므로 재무상태표의 장부가액으로 한다.

√토지가액: 53,000,000+25,000,000+30,000,000+5,000,000 = 113,000,000원

4. 법인세법상 자산 · 부채의 평가에 관한 설명으로 옳지 않은 것은? (CPA. 2017)

① 기업회계에 따른 상업적 실질이 결여되어 있는 자산 간의 교환으로 취득한 자산의 취득원가는 교환으로 인하여 취득한 자산의 취득 당시의 시가로 한다.

② 유형자산의 취득과 함께 국 · 공채를 매입하는 경우 기업회계기준에 따라 그 국 · 공채의 매입가액과 현재가치의 차액을 당해 유형자산의 취득가액으로 계상한 금액은 유형자산의 취득가액에 포함한다.

③ 상품매매업을 영위하는 법인이 보유하는 화폐성 외화자산 · 부채에 대한 평가방법을 사업연도 종료일 현재의 매매기준율로 신고하면 이후에는 변경할 수 없으며 신고된 평가방법을 계속하여 적용하여야 한다.

④ 제조업을 영위하는 법인이 기한 내에 신고한 재고자산 평가방법 외의 방법으로 평가한 경우 납세지관할세무서장은 회사가 신고한 평가방법에 의하여 평가한 가액과 선입선출법에 의하여 평가한 가액 중 큰 금액으로 재고자산을 평가한다.

⑤ 자산을 장기할부조건 등으로 취득하는 경우 발생한 채무를 기업회계기준에서 정하는 바에 따라 현재가치로 평가하여 현재가치할인차금으로 계상한 경우 해당 현재가치할인차금을 취득가액에 포함하지 않는다.

【정답】 ③

√이후에는 변경할 수 없으며 → 신고한 평가방법을 적용한 사업연도를 포함하여 5개 사업연도가 지난 후에는 다른 방법으로 신고를 하여 변경된 평가방법을 적용할 수 있으며

5. 법인세법상 영리내국법인이 보유하는 자산에 대한 평가손실을 허용하지 않는 경우는? (CTA. 2020)

① 보험업법이나 그 밖의 법률에 따른 유형자산의 평가로 장부가액을 감액한 경우

② 주권상장법인이 발행한 주식으로서 주식의 발행법인이 부도가 발생한 경우

③ 유형자산으로서 천재지변 · 화재 등의 사유로 파손되거나 멸실된 경우

④ 재고자산으로서 파손 · 부패 등의 사유로 정상가격으로 판매할 수 없는 경우

⑤ 주권상장법인이 발행한 주식으로서 그 주식의 발행법인이 기업구조조정촉진법에 따른 부실징후기업이 된 경우

【정답】 ①

√보험업법 등에 따른 유형자산 및 무형자산의 평가증을 인정하며, 평가감은 인정되지 않는다.

6. 법인세법의 손익의 귀속사업연도와 자산 및 부채의 평가에 관한 설명으로 옳지 않은 것은? (2013. CPA)

① 업무에 사용하던 트럭의 양도손익은 그 대금을 청산하기 전에 소유권이전에 관한 등록을 한 경우에는 그 등록일이 속하는 사업연도의 익금 및 손금으로 한다.

② 제조업을 경영하는 법인이 다른 법인(제조업)에게 지급하는 차입금이자에 대하여 약정에 따른 이자지급일이 도래하지 않았지만 결산을 확정함에 있어서 이미 경과한 기간에 대응하는 이자를 해당 사업연도의 손비로 계상한 경우에는 그 계상한 사업연도의 손금으로 한다.

③ 재고자산의 평가방법으로 저가법을 신고하는 경우에는 시가와 비교되는 원가법을 함께 신고해야 한다.

④ 제조업을 경영하는 법인이 보유하는 주식을 시가법으로 평가하고 회계상 평가이익을 계상한 경우에는 그 계상한 사업연도의 익금으로 한다.

⑤ 주식을 발행한 법인이 파산한 경우 해당 파산법인이 발행한 주식을 보유하는 내국법인은 그 장부가액을 파산한 사업연도 종료일 현재의 시가(시가로 평가한 가액이 1,000원 이하인 경우에는 1,000원으로 함)로 감액하고, 그 감액한 금액을 해당 사업연도의 손금으로 계상할 수 있다.

【정답】 ④

√ 세법은 유가증권을 원가법으로 평가하므로 기업회계에 따라 유가증권평가이익을 계상한 경우에는 계상한 사업연도의 익금으로 할 수 없다.

7. 법인세법의 손익의 귀속사업연도 및 자산·부채의 평가에 관한 설명으로 옳지 않은 것은? (2012. CPA)

① 중소기업인 법인이 수행하는 계약기간이 1년 미만인 건설의 경우에는 그에 대한 수익과 비용을 각각 그 목적물의 인도일이 속하는 사업연도의 익금과 손금에 산입할 수 있다.

② 자재를 외국으로부터 연지급수입하면서 연지급수입에 따른 이자를 취득가액과 구분하여 결산서에 지급이자로 비용계상한 경우 동 비용계상한 금액은 해당 수입자재의 법인세법의 취득가액에 포함한다.

③ 영수증을 작성·교부할 수 있는 업종을 경영하는 법인이 금전등록기를 설치·사용하는 경우 그 수입하는 물품대금과 용역대가의 귀속사업연도는 그 금액이 실제로 수입된 사업연도로 할 수 있다.

④ 임대료 지급기간이 1년을 초과하는 경우 이미 경과한 기간에 대응하는 임대료 상당액과 비용은 이를 각각 해당 사업연도의 익금과 손금으로 한다.

⑤ 재고자산이 파손되어 정상가격으로 판매할 수 없게 된 경우에는 해당 재고자산의 장부가액을

파손사유가 발생한 사업연도에 해당 사업연도 종료일 현재의 처분가능한 시가로 감액할 수 있다.

【정답】 ②

√연지급수입에 따른 이자는 취득가액에 포함하거나 지급이자를 비용계상 할 수 있다.

8. 제조업을 영위하는 영리내국법인 ㈜A(한국채택국제회계기준을 적용하지 않으며, 중소기업 아님)의 제18기 사업연도(2022.1.1~2022.12.31) 법인세법상 자산·부채의 평가 및 감가상각자산의 감가상각에 관한 설명으로 옳은 것은? (CPA. 2018)

① ㈜A가 2022.3.1에 파산한 ㈜C의 주식을 2022.12.31 현재 시가로 감액하고, 그 감액한 금액을 당해 사업연도의 손비로 계상한 경우 ㈜A와 ㈜C가 법인세법상 특수관계가 아니어야 ㈜C 주식의 장부가액을 감액할 수 있다.

② 회사가 보유한 모든 외화자산·부채는 취득일 또는 발생일 현재의 매매기준율 등으로 평가하는 방법과 사업연도 종료일 현재의 매매기준율 등으로 평가하는 방법 중 납세지관할세무서장에게 신고한 방법에 따라 평가해야 한다.

③ (주)A에게 적용되는 기계장치의 기준내용연수가 5년일 때 기준내용 연수의 50% 이상이 경과된 기계장치를 다른 법인으로부터 취득한 경우 당해 중고자산의 내용연수는 2년과 5년의 범위에서 선택하여 납세지관할세무서장에게 신고한 연수로 할 수 있다.

④ 2022.7.2에 취득 즉시 사업에 사용한 기계장치에 대한 상각범위액은 7월 2일부터 12월 31일까지 월수에 따라 계산한다. 이때 월수는 태양력에 따라 계산하되 1월 미만의 일수는 없는 것으로 한다.

⑤ 제18기부터 법인세법상 재고자산의 평가방법을 선입선출법(적법하게 신고)에서 총평균법으로 변경할 경우 회사는 재고자산 등 평가방법변경신고서를 2023.3.31일까지 납세지관할세무서장에게 제출해야 한다.

【정답】 ③

√① ㈜A와 ㈜C가 법인세법상 특수관계가 아니어야 → 삭제, ② 모든 외화자산·부채 → 화폐성 외화자산·부채, ④ 1월 미만의 일수는 없는 것으로 한다. → 1월 미만의 일수는 1월로 한다. ⑤ 2023.3.31.일까지 → 2022.9.30.일까지

9. (주)고려의 제17기 사업연도(2022.1.1~2022.12.31.) 재고자산 평가와 관련하여 올바르게 세무조정한다면 필요한 가산조정과 차감조정의 차이는 얼마인가? 이전연도의 세무조정은 정확하게 했다고 가정한다.

(1) 재고자산 평가내용

구 분	장부계상금액	선입선출법	후입선출법	총평균법
제 품	10,000	12,000	10,000	9,000
재공품	5,000	6,000	5,000	4,000
원재료	3,000	3,000	4,000	2,000
저장품	2,000	1,500	2,000	1,000

(2) 제품의 평가방법은 총평균법으로 신고하여 평가하였으나 제17기부터 후입선출법으로 변경할 목적으로 2022.10.10에 제품 평가방법의 변경신고를 하였다.

(3) 재공품의 평가방법을 신고하지 아니하였으나 2022.10.10에 재공품 평가방법을 최초로 후입선출법으로 신고하였다.

(4) 원재료의 평가방법은 총평균법으로 신고하여 평가하였으나 제17기부터 선입선출법으로 변경할 목적으로 2022.9.10에 원재료 평가방법의 변경신고를 하였다.

(5) 저장품의 평가방법을 신고하지 아니하였으나 2021.9.10에 저장품 평가방법을 최초로 후입선출법으로 신고하였다.

① 2,000 ② 1,500 ③ 3,000 ④ 2,500

【정답】 ④

√제품의 평가방법 임의변경에 따른 세무조정: 〈익금산입〉 제품평가감 2,000 유보

- Max(12,000원, 9,000원) − 10,000 = 2,000원

√재공품의 평가방법 무신고에 따른 세무조정:〈익금산입〉 재공품평가감 1,000 유보

- 기한이 경과된 후에 재고자산의 평가방법을 최초로 신고한 경우에는 그 신고일이 속하는 사업연도까지는 무신고로 보며, 그 다음 사업연도에 있어서는 법인이 신고한 평가방법에 따른다.
- 재공품: 6,000(선입선출법) − 5,000(장부계상금액) = 1,000원

√저장품의 평가방법 무신고에 따른 세무조정:〈손금산입〉 저장품평가증 500 △유보

- 저장품: 1,500(선입선출법) − 2,000(장부계상금액) = △ 500원

CHAPTER 07

합병(분할)회계

I 합병

1. 합병의 의의

1) 회사합병의 개념

회사의 합병이란 두 개 이상의 회사가 상법의 특별절차에 따라 하는 회사간의 행위로서 청산절차를 거치지 않고 합쳐지면서 최소한 한 개 이상 회사의 법인격을 소멸시키되, 합병 이후에 존속하는 회사 또는 합병에 따라 신설되는 회사가 소멸하는 회사의 권리의무를 포괄적으로 승계하고, 합병에 따라 소멸하는 회사의 사원을 수용하는 회사법의 법률사실을 말한다.

합병의 목적은 경쟁력의 강화를 위한 기업의 효율성 증대, 영업적 · 재무적인 시너지 효과, 경영합리화, 시장참여시간의 단축과 신규시장 참여할 때 진입비용의 감소를 통하여 필요 없는 경쟁의 배제, 시장지배의 확대 등을 들 수 있다.

합병의 방법에는 합병당사회사 중에서 한 회사가 존속하고 다른 회사는 해산하여 해산회사의 사원 및 재산이 존속회사에 포괄적으로 승계되는 흡수합병과 합병당사회사가 모두 해산하고 새로운 회사를 설립하여 해산회사의 사원 및 재산이 새로운 회사에 포괄적으로 승계시키는 신설합병이 있다. 실제는 신설합병은 거의 없고 흡수합병이 대부분을 차지한다. 그 이유는 신설합병의 경우에는 기존회사의 영업에 관한 주무관청의 인가 · 허가 효력을 상실하므로 이를 전부 다시 받아야 하고, 주식의 상장절차도 다시 밟아야 하고, 모든 합병당사회사의 주주에게 새로운 주권을 발행하는 등 많은 비용과 인력이 들기 때문이다.

합병의 절차는 다음과 같다.

첫째, 먼저 합병당사회사 사이에 합병계약을 체결하여 합병의 조건, 존속회사 또는 신설회사의 정관 내용 등을 정한다.

둘째, 각 합병당사회사에서 합병결의를 한다. 합병결의는 합명·합자회사에서 총사원의 동의에 따르고, 주식·유한회사에서는 주주총회·사원총회의 특별결의에 따른다. 이 경우 채권자보호절차를 실천하여야 하고, 신설합병의 경우에는 각 회사에서 합병결의와 동일한 방법에 따라 선출된 설립위원이 공동으로 정관 작성 및 회사설립에 필요한 행위를 한다.

셋째, 합병등기를 함으로써 합병의 효력을 발생하게 된다.

2) 합병에 따른 회계처리 및 과세

(1) 기업회계

기업회계에서는 거래실질과 매수회사의 파악 가능성에 따라 매수법과 지분통합법을 적용하여 회계처리한다.

매수법은 합병의 경제적 실질이 다른 회사의 지배에 있는 경우로서 합병법인이 피합병법인의 자산과 부채를 공정한 시장가치로 평가하여 일괄 취득(매입)하는 것이다. 따라서 영업권 또는 염가매수차익이 발생하고 피합병법인의 잉여금이 승계되지 않는다.

지분통합법은 합병 후 회사에 대한 위험과 효익을 공동으로 분담하기 위하여 합병법인 및 피합병법인의 인격·사업의 동일성과 계속성을 유지하면서 각자의 지분을 통합하는 것이다. 따라서 영업권 또는 염가매수차익이 발생하지 않고 피합병법인의 잉여금이 그대로 승계된다.

(2) 세무회계

법인세법은 합병의 본질 또는 회계처리에 대하여 자본거래로 보아 익금에 산입하지 않는다. 다만, 합병법인의 합병에 따른 매수손익과 피합병법인의 합병에 따른 양도손익은 손익거래로 보아 매수법을 적용하고, 법인세법의 적격한 요건을 갖춘 합병의 경우에는 합병법인과 피합병법인에 대한 과세특례 규정을 적용한다.

2. 합병법인에 대한 과세

1) 합병매수차익

(1) 합병매수차익의 개념

기업회계에서는 합병법인이 피합병법인의 주주에게 지급한 합병대가가 피합병법인으로부터 취득한 식별가능한 개별 순자산의 공정가액에 미달하는 것을 합병매수차익으로 처리하지 않고 염가매수차익으로 계상하거나, 그 차액을 주식발행초과금으로 계상하고 자본금에 부가하는 형식으로 기재한다.[1)]

법인세법에서는 합병법인이 피합병법인으로부터 승계한 자산과 부채를 합병등기일 현재의 시가로 양도받은 것으로 보고, 그 대가로 피합병법인에게 합병법인의 주식을 발행·교부하거나 금전·그 밖의 재산가액을 지급하게 된다. 이 경우 합병법인이 승계한 순자산시가가 지급한 양도가액을 초과하는 경우 그 초과금액을 합병매수차익이라고 한다.

(2) 합병매수차익의 계산

합병법인이 피합병법인의 자산을 합병등기일 현재의 시가로 양도받은 것으로 보는 경우에는 다음과 같이 합병매수차익을 계산한다.

합병매수차익 = 피합병법인의 순자산시가 − 피합병법인에게 지급한 양도가액
√순자산시가 = (자산의 시가총액 − 부채의 시가총액) + 환급되는 법인세액
√양도가액 = 합병대가 + 합병포합주식의 가액 + 피합병법인의 법인세 등 납부액

합병대가란 합병법인이 합병으로 인하여 피합병법인의 주주에게 지급한 합병법인 또는 합병법인의 모법인의 주식(합병교부주식)의 가액과 금전·그 밖의 재산가액(합병교부금)의 합계액을 말한다.

합병포합주식이란 합병법인이 합병등기일 전에 취득한 피합병법인의 주식을[2)] 말하고, 합병포합주식의 가액이란 합병포합주식에 대하여 합병교부주식을 교부하지 아니하더라도 그 지분비율에 따라 합병교부주식을 교부한 것으로 보아 계산한 합병교부주식의 가액을 말한다. 또한,

---

1) 염가매수차익 또는 주식발행초과금의 발생원천은 피합병법인의 평균이하의 수익력과 시장의 불완전성에 따라 발생하는 것으로 보고 있다. 즉, 피합병법인의 순자산을 과대평가하여 취득한 경우 또는 합병법인이 지급한 합병대가가 현저히 낮은 가액인 경우(피합병법인의 순자산을 염가취득한 경우)에 염가매수차익이 발생한다.

2) 합병포합주식에는 신설합병 또는 3 이상의 법인이 합병하는 경우 피합병법인이 취득한 다른 피합병법인의 주식을 포함한다.

양도가액에는 합병법인이 납부하는 피합병법인의 법인세, 그 법인세에 부과되는 국세, 법인지방소득세의 합계액을 포함한다.

(3) 합병매수차익에 대한 세무조정

합병법인은 비적격합병에 따라 피합병법인의 자산을 시가로 양도받은 것으로 보는 경우로서 피합병법인에게 지급한 양도가액이 피합병법인의 합병등기일 현재의 순자산시가보다 적은 경우에는 그 차액(합병매수차익)을 세무조정계산서에 계상하고, 합병등기일이 속하는 사업연도부터 합병등기일부터 5년이 되는 날이 속하는 사업연도까지 균등하게 나누어 익금에 산입한다. 이 경우 월수는 태양력에 따라 계산하되 1월 미만의 일수는 1월로 하고, 합병등기일이 속한 월을 1월로 계산한 경우에는 합병등기일부터 5년이 되는 날이 속한 월은 계산에서 제외한다.

합병법인이 피합병법인의 자산을 시가로 양도받은 것으로 보는 경우로서 퇴직급여충당금 또는 대손충당금을 합병법인이 승계한 경우에는 그와 관련된 세무조정사항을 승계하고, 그 밖의 세무조정사항은 모두 합병법인에 승계하지 아니한다.

<table>
<tr><th colspan="2">구 분</th><th>합병매수차익에 대한 회계처리 및 세무조정</th></tr>
<tr><td rowspan="2">합병등기일</td><td>회계</td><td>(차변) 자 산 *** (대변) 부 채 ***
현 금 등 ***
자 본 금 ***
주식발행초과금 ***
염가매수차익(I/S) ***</td></tr>
<tr><td>세무</td><td>(익금불산입) 합병매수차익[3] *** △유보</td></tr>
<tr><td rowspan="2">결산일</td><td>회계</td><td>회계처리 없음</td></tr>
<tr><td>세무</td><td>(익금산입) 합병매수차익[4] *** 유보</td></tr>
</table>

3) 법인세법에 따른 합병매수차익을 말한다.

4) $\text{익금산입할 합병매수차익} = \text{합병매수차익} \times \dfrac{\text{해당 사업연도의 월수}}{\text{60개월}}$

사례 ❶ 비적격합병에 대한 세무조정

(주)고려(사업연도: 1.1~12.31)는 (주)종속을 2022.1.1 흡수합병하였다. (주)종속의 합병에 따른 양도손익을 계산하고, (주)고려의 합병과 관련된 세무조정을 하시오.

(1) 2022.1.1 (주)종속의 재무상태표는 다음과 같다.

자 산			부채 및 자본		
계정과목	장부가액	시 가	계정과목	장부가액	시 가
토 지	80	160	부 채	50	50
건 물	70	100	자 본 금	30	
			잉 여 금	70	
계	150		계	150	

(2) (주)고려는 (주)종속에게 주식 20주(액면가액 5/주, 시가 10/주)을 교부하였다.

(3) 적격합병의 요건을 갖추지 못한 합병이며, (주)고려는 합병등기일에 기업회계기준에 따라 다음과 같이 회계처리하였다.

(차변)	토지	160	/	(대변)	부 채	50
	건물	100	/		자 본 금	100
					주식발행초과금	100
					염가매수차익	10

【해석】

√피합병법인 (주)종속의 합병에 따른 양도손익: 20주 × 10 - (150 − 50) = 100

√합병법인 고려(주)의 세무조정

- 합병매수차익: (260 − 50) - 20주 × 10 = 10
- 합병매수차익 분할 익금산입액: $10 \times \frac{12}{60} = 2$
- 세무조정: 〈익금불산입〉 합병매수차익 10 △유보
  〈익금산입〉 합병매수차익 2 유 보

√합병에 따른 손익의 귀속

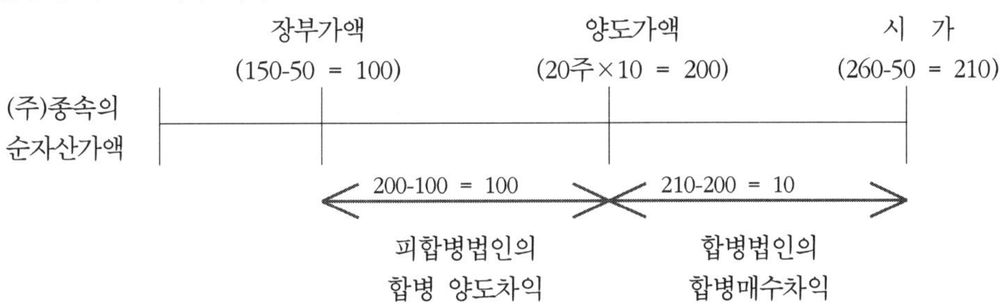

2) 합병매수차손

(1) 합병매수차손의 개념

기업회계에서는 합병법인이 피합병법인의 주주에게 지급한 합병대가가 피합병법인으로부터 취득한 식별가능한 개별 순자산의 공정가액에 초과하는 부분은 합병매수차손으로 처리하지 않고, 영업권(무형자산)으로 계상한다.

법인세법에서는 합병법인이 피합병법인의 자산을 시가로 양도받은 것으로 보는 경우에 피합병법인에 지급한 양도가액이 합병등기일 현재의 순자산시가를 초과하는 경우 그 초과금액을 합병매수차손이라고 한다.

(2) 합병매수차손의 계산

합병법인이 피합병법인의 자산을 합병등기일 현재의 시가로 양도받은 것으로 보는 경우에는 다음과 같이 합병매수차손을 계산한다.

합병매수차손 = 피합병법인에게 지급한 양도가액 − 피합병법인의 순자산시가
√양도가액 = 합병대가 + 합병포합주식의 가액 + 피합병법인의 법인세 등 납부액
√순자산시가 = (자산의 시가총액 − 부채의 시가총액) + 환급되는 법인세액

(3) 합병매수차손에 대한 세무조정

합병법인은 비적격합병에 따라 피합병법인의 자산을 시가로 양도받은 것으로 보는 경우에 피합병법인에게 지급한 양도가액이 피합병법인의 합병등기일 현재의 순자산시가를 초과하는 경우로서 영업권에 해당하는 경우에는 그 차액(합병매수차손)을 세무조정계산서에 계상하고,[5] 합병등기일이 속하는 사업연도부터 합병등기일부터 5년이 되는 날이 속하는 사업연도까지 균등하게 나누어 손금에 산입한다.[6]

법인세법에서 영업권이란 사업의 양도 · 양수과정에서 사업에 관한 허가 · 인가 등 법률상의 지위, 사업상 편리한 지리적 여건, 영업상의 비법, 신용 · 명성(상호) · 거래관계 등 영업상의 이점 등을 감안하여 적절한 평가방법에 따라 유상으로 취득한 금액을 말한다.[7]

---

5) 법인은 합병등기일에 기업회계에 따라 영업권으로 계상한 것을 손금산입(△유보)하고, 법인세법에 따라 계상한 합병매수차손을 손금불산입(유보)으로 세무조정한다.

6) 손금산입할 합병매수차손 = 합병매수차손 × $\frac{\text{해당 사업연도의 월수}}{\text{60월}}$

3. 합병법인에 대한 과세특례

1) 적격합병의 요건

(1) 사업목적의 합병

합병등기일 현재 1년 이상 사업을 계속하던 내국법인 간의 합병이어야 한다. 다만, 다른 법인과 합병하는 것을 유일한 목적으로 하는 자본시장법에 따른 기업인수목적회사의 경우는 1년 이상 사업을 계속하던 내국법인 간의 합병으로 본다.

따라서 합병당사법인 중 어느 한 법인이라도 사업개시 후 1년이 경과되지 아니하거나 합병등기일부터 소급하여 1년 내 기간 중에 휴업·폐업 상태에 있었다면 합병매수차익에 대한 과세특례를 적용할 수 없다.

(2) 지분의 연속성

피합병법인의 주주 등이 합병으로 인하여 받은 합병대가의 총합계액 중 합병법인 또는 합병법인의 모회사의[8] 주식(합병교부주식)의 가액이 80% 이상으로서 합병교부주식이 피합병법인의 주주가 소유하던 주식의 비율에 따라 배정되고,[9] 피합병법인의 경영지배주주는 합병등기일이 속하는 사업연도의 종료일까지 그 주식 등을 보유하여야 한다.

피합병법인의 주주가 받은 합병대가의 총합계액은 합병교부주식의 가액, 합병교부금, 합병포합주식의 가액의 합계액을 말한다. 여기서 합병포합주식의 가액이란 합병법인이 합병등기일 전 2년 내에 취득한 합병포합주식으로서 합병법인이 합병등기일 현재 피합병법인의 지배주주등인 경우에는 합병포합주식에 대하여 교부한 합병교부주식의 가액을 말하고, 지배주주등이 아닌 자로서 합병포합주식이 피합병법인의 발행주식총수의 20%을 초과하는 경우에는 그 초과하는 합병포합주식에 대하여 교부한 합병교부주식의 가액을 말한다.

합병교부주식의 처분을 제한받는 피합병법인의 경영지배주주란 피합병법인의 지배주주등 중에서 친족 중 4촌 이상의 혈족 및 인척, 합병등기일 현재 피합병법인에 대한 지분비율이 1%

---

7) 영업권에는 설립인가, 특정사업의 면허, 사업의 개시등과 관련하여 부담한 기금·입회금 등으로서 반환청구를 할 수 없는 금액과 기부금 등이 포함되는 것으로 한다.

8) 합병등기일 현재 합병법인의 발행주식총수 또는 출자총액을 소유하고 있는 내국법인을 말한다.

9) 피합병법인의 주주에게 합병으로 인하여 받은 주식을 배정할 때에는 경영지배주주에게 합병법인이 피합병법인의 주주에게 지급한 합병교부주식의 가액에 경영지배주주의 피합병법인에 대한 지분비율을 곱하여 계산한 가액 이상의 주식을 각각 배정하여야 한다.

미만이면서 시가로 평가한 그 지분가액이 10억원 미만인 자, 기업인수목적회사와 합병하는 피합병법인의 지배주주등인 자, 피합병법인인 기업인수목적회사의 지배주주등인 자를 제외한 주주를 말한다.

다만, 경영지배주주가 다음의 사유에 따라 합병교부주식을 처분하는 경우에는 지분의 연속성을 갖추지 못한 경우에도 합병매수차익에 대한 과세특례를 적용한다.

① 합병으로 교부받은 전체 주식의 50% 미만을 처분한 경우. 이 경우 경영지배주주가 합병으로 교부받은 주식을 서로 간에 처분하는 것은 경영지배주주가 그 주식을 처분한 것으로 보지 아니하며, 경영지배주주가 합병법인의 주식을 처분하는 경우에는 합병법인이 선택한 주식을 처분하는 것으로 본다.

② 사망하거나 파산하여 주식을 처분한 경우

③ 적격합병, 적격분할, 적격물적분할, 적격현물출자에 따라 주식을 처분한 경우

④ 주식의 현물출자 또는 주식의 포괄적 교환 · 이전하고 과세이연을 받으면서 주식을 처분한 경우

⑤ 채무자회생법에 따른 회생절차에 따라 법원의 허가를 받아 주식을 처분하는 경우

⑥ 기업구조조정촉진법 등에 따른 기업개선계획의 이행을 위한 약정 및 특별약정에 따라 주식을 처분하는 경우

⑦ 법령에 따른 의무를 이행하기 위하여 주식을 처분한 경우

(3) 사업의 계속성

합병법인이 합병등기일이 속하는 사업연도 종료일까지 피합병법인으로부터 승계받은 사업을 계속하여야 한다. 다만, 피합병법인이 다른 법인과 합병하는 것을 유일한 목적으로 하는 자본시장법에 따른 기업인수목적회사의 경우는 승계받은 사업을 계속하는 것으로 본다. 이 요건은 합병매수차익에 대한 과세특례를 판정하는 경우에만 적용되는 것으로 사실상 합병등기일 이후의 사후관리 성격의 요건이다.

합병법인이 합병등기일이 속하는 사업연도의 종료일 이전에 피합병법인으로부터 승계한 유형자산 · 무형자산 · 투자자산의 가액의 50% 이상을 처분하거나 사업에 사용하지 아니하는 경우에는 사업의 계속성이 없는 것으로 한다. 다만, 피합병법인이 보유하던 합병법인의 주식을 승계받아 자기주식을 소각하는 경우에는 해당 합병법인의 주식을 제외하고 피합병법인으로부

터 승계받은 자산을 기준으로 사업을 계속하는지 여부를 판정하되, 승계받은 자산이 합병법인의 주식만 있는 경우에는 사업을 계속하는 것으로 본다.

다만, 합병법인이 다음의 사유가 있는 경우에는 사업의 계속성을 갖추지 못한 경우에도 합병매수차익에 대한 과세특례를 적용한다.

① 파산에 따라 승계받은 자산을 처분한 경우
② 적격합병, 적격분할, 적격물적분할, 적격현물출자에 따라 사업을 폐지한 경우
③ 채무자회생법에 따른 회생절차에 따라 법원의 허가를 받아 승계받은 자산을 처분한 경우
④ 기업구조조정촉진법 등에 따른 기업개선계획의 이행을 위한 약정 및 특별약정에 따라 승계받은 자산을 처분하는 경우

(4) 고용의 계속성

합병법인은 합병등기일 1개월 전 당시 피합병법인에 종사하는 합병승계대상근로자 중 합병법인이 승계한 근로자의 비율이 80% 이상이고, 합병등기일이 속하는 사업연도의 종료일까지 그 비율을 유지하여야 한다.

합병승계대상근로자란 근로기준법에 따라 근로계약을 체결한 내국인 근로자를 말한다. 다만, 합병승계대상근로자에는 임원,[10] 합병등기일이 속하는 사업연도의 종료일 이전에 정년이 도래하여 퇴직이 예정된 근로자 · 사망한 근로자 · 질병 등의 사유로 퇴직한 근로자, 소득세법에 따른 일용근로자, 근로계약기간이 6개월 미만인 근로자,[11] 금고 이상의 형을 선고받는 등 근로자의 중대한 귀책사유로 퇴직한 근로자를 제외한다.

다만, 합병법인이 다음의 사유가 있는 경우에는 고용의 계속성을 갖추지 못한 경우에도 합병매수차익에 대한 과세특례를 적용한다.

① 파산함에 따라 근로자의 비율을 유지하지 못한 경우
② 적격합병, 적격분할, 적격물적분할, 적격현물출자에 따라 근로자의 비율을 유지하지 못한 경우
③ 채무자회생법에 따른 회생계획을 이행 중인 경우
④ 합병등기일 1개월 전 당시 피합병법인에 종사하는 근로기준법에 따라 근로계약을 체결한 내국인 근로자가 5명 미만인 경우

10) 임원이란 법인의 회장 · 사장 · 부사장 · 이사장 · 대표이사 · 전무이사 · 상무이사 등 이사회의 구성원 전원과 청산인, 합명회사 · 합자회사 · 유한회사의 업무집행사원 또는 이사, 유한책임회사의 업무집행자, 감사 등을 말한다.

11) 근로계약의 연속된 갱신으로 인하여 합병등기일 1개월 전 당시 그 근로계약의 총 기간이 1년 이상인 근로자는 제외한다.

2) 과세특례의 적용방법

(1) 의의

법인세법은 합병매수차익을 합병에 따른 자산의 양수도거래에서 발행한 이익으로 보아 합병등기일부터 5년간 균등하게 나누어 익금산입한다. 합병매수차익에 대한 익금산입은 합병의 걸림돌이 되고, 기업의 구조조정을 저해하는 결과를 초래한다.

따라서 법인세법에서 적격요건을 갖춘 합병의 경우에는 형식적인 조직개편에 불과하므로 합병법인이 피합병법인에게 지급한 양도가액과 피합병법인으로부터 승계받은 자산가액을 각각 피합병법인의 합병등기일 현재의 자산의 장부가액 총액에서 부채의 장부가액 총액을 뺀 가액(순자산장부가액)으로 보아 합병매수차익이 없는 것으로 할 수 있다.

(2) 합병매수차익

적격합병을 한 합병법인은 피합병법인의 자산을 장부가액으로 양도받은 것으로 보아 합병매수차익을 없는 것으로 계산할 수 있다.

합병매수차익 = 피합병법인의 순자산장부가액 − 피합병법인의 순자산장부가액
√순자산장부가액 = (자산의 장부가액 총액 − 부채의 장부가액 총액) + 환급되는 법인세액

(3) 자산조정계정

합병법인이 적격합병에 따라 피합병법인의 자산을 장부가액으로 양도받은 경우 합병에 따라 양도받은 자산 및 부채의 가액을 합병등기일 현재의 시가로 계상하되, 피합병법인의 합병등기일 현재의 시가에서 장부가액을 뺀 금액은 다음과 같이 세무조정한다. 이 경우 자산 및 부채에 대한 세무조정사항이 있는 경우에는 그 세무조정사항 중 익금불산입액은 더하고 손금불산입액은 뺀 가액으로 한다.

① 합병등기일 현재의 시가에서 장부가액을 뺀 금액이 0보다 큰 경우에는 그 차액을 익금에 산입하고, 익금에 산입한 금액을 자산조정계정으로 손금에 산입한다.

② 합병등기일 현재의 시가에서 장부가액을 뺀 금액이 0보다 작은 경우에는 시가와 장부가액의 차액을 손금에 산입하고, 손금에 산입한 금액을 자산조정계정으로 익금에 산입한다.

자산조정계정의 금액은 다음의 구분에 따라 익금·손금에 각각 산입하여 소멸한다.

구 분		손금산입(자산조정계정 > 0)	익금산입(자산조정계정 < 0)
감가상각자산	보유기간	감가상각비와 상계	감가상각비에 가산
	처분시점	상계 후 잔액을 익금산입	가산 후 잔액을 손금산입
비상각자산[12)]	처분시점	일시 익금산입	일시 손금산입

(4) 이월결손금 승계 및 공제

적격합병을 한 합병법인은 피합병법인의 합병등기일 현재의 결손금을 승계하며, 다음의 소득금액의 60%(중소기업 등은 100%임)을 한도로 공제한다.

① 합병법인의 합병등기일 현재 결손금의[13)] 경우에는 합병법인의 소득금액에서 피합병법인으로부터 승계받은 사업에서 발생한 소득금액을 차감한 금액으로 한다.

② 합병법인이 승계한 피합병법인의 결손금의 경우에는 피합병법인으로부터 승계받은 사업에서 발생한 소득금액으로 한다.

합병법인이 각 사업연도의 과세표준을 계산할 때 승계하여 공제하는 결손금은 합병등기일을 사업연도 개시일로 보아 계산한 합병등기일 현재의 피합병법인의 결손금으로 하고, 합병등기일이 속하는 사업연도의 다음 사업연도부터는 매년 차례로 1년이 지난 것으로 보아 계산한 금액(승계결손금의 범위액)으로 한다.

(5) 합병승계자산의 처분손실

적격합병을 한 합병법인은 합병등기일 이후 5년 이내에 끝나는 사업연도에 발생한 합병법인과 피합병법인이 합병 전 보유하던 자산의 처분손실을 각각 합병 전 해당 법인의 사업에서 발생한 소득금액에서[14)] 해당 사업연도의 소득금액을 계산할 때 손금에 산입한다.

이 경우 합병법인과 피합병법인이 합병 전 보유하던 자산의 처분손실은 합병등기일 현재 해당 자산의 시가가 장부가액보다 낮은 경우로서 그 차액을 한도로 하며, 손금에 산입하지 아니한 처분손실은 자산을 처분할 때 각각 합병 전 해당 법인의 사업에서 발생한 승계한 결손금으로 보아 이월결손금 승계규정을 적용한다.

12) 자기주식을 소각하는 경우에는 익금 또는 손금에 산입하지 아니하고 소멸한다.

13) 적격합병에 따라 합병법인이 승계한 결손금을 제외한다.

14) 합병승계자산의 처분손실을 공제하기 전 소득금액을 말한다.

(6) 기부금한도초과액의 승계 및 공제

적격합병을 한 합병법인은 피합병법인의 합병등기일 현재 기부금한도초과액을 승계하며, 다음의 소득금액을 기준으로 법정기부금 및 지정기부금 각각의 손금산입한도액의 범위에서 손금에 산입한다.

① 합병법인의 합병등기일 현재 이월된 기부금으로서 그 후의 각 사업연도의 소득금액을 계산할 때 손금에 산입하지 아니한 기부금한도초과액 중 적격합병에 따라 합병법인이 승계한 기부금한도초과액을 제외한 금액은 합병법인의 각 사업연도의 소득금액을 계산할 때 합병 전 합병법인의 사업에서 발생한 소득금액

② 피합병법인의 합병등기일 현재 기부금한도초과액으로서 적격합병에 따라 합병법인이 승계한 금액은 합병법인의 각 사업연도의 소득금액을 계산할 때 피합병법인으로부터 승계받은 사업에서 발생한 소득금액

(7) 세무조정사항 등의 승계

적격합병을 한 합병법인은 피합병법인의 각 사업연도의 소득금액 및 과세표준을 계산할 때 익금 또는 손금에 산입하거나 산입하지 아니한 금액(세무조정사항), 그 밖의 자산 및 부채 등은 일괄승계하는 것을 원칙으로 한다.

(8) 감면 · 세액공제의 승계

① 감면 · 세액공제의 요건

적격합병을 한 합병법인은 피합병법인이 합병 전에 적용받던 감면 또는 세액공제를 승계하여 적용을 받을 수 있다. 이 경우 법인세법 등에 해당 감면 또는 세액공제의 요건 등에 관한 규정이 있는 경우에는 합병법인이 그 요건 등을 모두 갖춘 경우에만 이를 적용한다.

② 감면

합병법인은 적격합병에 따라 피합병법인으로부터 승계받은 각 사업연도의 소득에 대하여 일정기간에 걸쳐 감면되는 것의 경우에는 합병법인이 승계받은 사업에서 발생한 소득에 대하여 합병 당시의 잔존감면기간 내에 종료하는 각 사업연도분까지 그 감면을 적용받을 수 있다.

③ 세액공제

합병법인은 적격합병에 따라 피합병법인으로부터 승계받은 이월공제가 인정되는 세액공제로서 이월된 미공제액의 경우에는 합병법인이 다음의 구분에 따라 이월공제잔여기간 내에 종료하는 각 사업연도분까지 공제를 받을 수 있다.

이월된 미공제액	이월된 미공제액에 대한 세액공제의 범위
외국납부세액공제	산출세액 × $\frac{\text{승계받은 사업의 국외원천소득}}{\text{과세표준}}$
법인세 최저한세액	Min(승계받은 사업부문의 최저한세액, 합병법인의 최저한세액)
납부할 세액 없는 경우	승계받은 사업부문에 대하여 계산한 법인세 산출세액

3) 적격요건위반에 따른 익금산입 등

(1) 적격요건위반사유

적격합병을[15] 한 합병법인은 합병등기일이 속하는 사업연도의 다음 사업연도 개시일부터 2년(고용의 계속성의 경우에는 3년) 이내에 적격요건위반사유가 발생하는 경우에는 합병법인에 대한 과세특례를 적용하지 아니한다. 다만, 파산 등 부득이한 사유로[16] 지분의 연속성, 사업의 계속성, 고용의 계속성에 관한 요건을 갖추지 못한 경우에는 적격합병의 요건을 위반한 것으로 보지 아니한다.

적격요건위반사유란 다음의 경우를 말한다.

① 합병법인이 피합병법인으로부터 승계받은 사업을 폐지하는 경우
② 피합병법인의 경영지배주주가 합병법인으로부터 받은 주식을 처분하는 경우
③ 각 사업연도 종료일 현재 합병법인에 종사하는 근로기준법에 따라 근로계약을 체결한 내국인 근로자 수가 합병등기일 1개월 전 당시 피합병법인과 합병법인에 각각 종사하는 근로자 수의 합의 80% 미만으로 하락하는 경우

15) 내국법인이 완전자법인을 합병하는 경우, 내국법인이 완전자법인에 합병되는 경우, 동일한 내국법인의 완전자법인 간에 합병하는 경우에는 적격합병의 요건(사업목적의 합병, 지분의 연속성, 사업의 계속성, 고용의 계속성)을 갖추지 아니하더라도 적격합병으로 보아 양도손익이 없는 것으로 하고, 적격요건위반사유가 발생하는 경우에도 익금산입의 규정을 적용하지 아니한다.

16) 적격합병의 요건 중 부득이한 사유가 있는 경우를 말한다.

(2) 자산조정계정 등의 일시 익금산입

합병법인이 적격합병의 요건을 위반하는 사유가 발생하는 경우에는 적격요건위반사유 발생일이 속하는 사업연도에 자산조정계정 잔액의 총합계액을 익금에 산입한다. 이 경우 자산조정계정 잔액의 총합계액이 0보다 큰 경우에 한정하며, 자산조정계정 잔액의 총합계액이 0보다 작은 경우에는 익금에 산입할 금액이 없는 것으로 보고, 적격합병에 따라 손금 및 익금에 계상된 자산조정계정은 소멸하는 것으로 한다.

(3) 합병매수손익의 균등분할 익금산입

합병법인이 적격요건위반의 사유에 해당하여 자산조정계정 잔액의 총합계액을 익금에 산입한 경우에는 합병매수차익 또는 합병매수차손에 상당하는 금액을 적격요건위반사유가 발생한 날부터 합병등기일 이후 5년이 되는 날까지 다음의 방법에 따라 분할하여 익금 또는 손금에 산입한다.

여기서 합병매수차손은 영업권에 해당하는 것에만 적용하고, 익금 또는 손금에 산입함에 있어서 경과된 월수는 합병등기일부터 적격요건위반사유가 발생한 날이 속하는 사업연도 종료일까지의 월수를 말한다.

구 분		사유발생일이 속하는 사업연도	사유발생일 이후의 사업연도
합병매수차익	손금	합병등기일의 합병매수차익	
	익금	합병매수차익 $\times \dfrac{\text{경과된 월수}}{60}$	합병매수차익 $\times \dfrac{\text{사업연도 월수}}{60}$
합병매수차손	익금	합병등기일의 합병매수차손	
	손금	합병매수차손 $\times \dfrac{\text{경과된 월수}}{60}$	합병매수차손 $\times \dfrac{\text{사업연도 월수}}{60}$

(4) 결손금 및 감면 · 세액공제의 추징

합병법인이 적격합병의 요건을 위반하는 사유가 발생하는 경우에는 적격요건위반사유 발생일이 속하는 사업연도에 승계받은 결손금 중 공제한 금액 등을 익금에 산입한다.

합병법인은 적격합병의 요건을 위반하는 사유가 발생하는 경우에는 피합병법인으로부터 승계받아 공제한 감면 · 세액공제액 등을 적격요건위반사유가 발생한 날이 속하는 사업연도의 법인세에 더하여 납부한 후, 해당 사업연도부터 감면 · 세액공제를 적용하지 아니한다.

(5) 세무조정사항의 제거

합병법인이 적격합병의 요건을 위반하는 사유가 발생하는 경우에는 적격요건위반사유 발생일이 속하는 사업연도에 합병법인의 소득금액 및 과세표준을 계산할 때 합병할 때 승계한 세무조정사항 중 익금불산입액은 더하고 손금불산입액은 뺀다.

4) 완전자법인이 합병하는 경우

내국법인이 완전자법인을 합병하는 경우, 내국법인이 완전자법인에 합병되는 경우, 동일한 내국법인의 완전자법인 간에 합병하는 경우에는 적격합병의 요건을 갖추지 아니하더라도 적격합병으로 보아 양도손익이 없는 것으로 할 수 있다.

이 경우 적격요건을 위반하는 경우에도 익금산입의 규정을 적용하지 아니한다.

5) 구분경리

(1) 독립된 계정과목에 따른 구분경리

다른 내국법인을 합병하는 법인은 다음의 기간동안 피합병법인으로부터 승계받은 사업에 속하는 것과 그 밖의 사업에 속하는 것을 사업 또는 재산별로 자산, 부채, 손익을 법인의 장부상 각각 독립된 계정과목에 따라 구분경리하여야 한다. 다만, 각 사업 또는 재산별로 구분할 수 없는 공통되는 익금과 손금은 그러하지 아니한다.

① 합병등기일 현재 공제대상 이월결손금이 있는 경우 또는 적격합병의 요건을 갖추어 피합병법인의 이월결손금을 공제받으려는 경우에는 이를 공제받는 기간
② 그 밖의 경우에는 합병 후 5년간

(2) 안분계산에 따른 구분경리

중소기업 간 또는 동일사업을 하는 법인 간에 합병하는 경우에는 구분경리하지 아니할 수 있다. 중소기업의 판정은 합병 전의 현황에 따르고, 동일사업을 경영하는 법인의 판정은 한국표준산업분류에 따른 세분류에 따른다.[17)]

---

17) 이 경우 합병법인과 피합병법인이 2이상의 세분류에 해당하는 사업을 경영하는 경우에는 사업용 자산가액 중 동일사업에 사용하는 사업용 자산가액 비율이 각각 70%을 초과하는 경우에만 동일사업을 경영하는 것으로 본다.

합병법인이 구분경리를 하지 아니한 경우에는 소득금액을 합병등기일 현재 합병법인과 피합병법인의 사업용 자산가액의 비율로 안분계산한 금액으로 한다. 여기서 합병법인이 승계한 피합병법인의 사업용 자산가액은 승계결손금을 공제하는 각 사업연도의 종료일 현재 계속 보유(처분 후 대체하는 경우를 포함)·사용하는 사업용 자산에 한정하여 그 사업용 자산의 합병등기일 현재 가액에 따른다.

사례 ❷ 적격합병에 대한 세무조정

(주)고려는 (주)종속을 2022.1.1 흡수합병하였다. (주)고려의 2022.1.1. 세무조정을 하시오.

(1) 2022.1.1 (주)종속의 재무상태표는 다음과 같다.

자산			부채 및 자본		
계정과목	장부가액	시 가	계정과목	장부가액	시 가
토 지	80	160	부 채	50	50
건 물	70	100	자 본 금	30	
			잉 여 금	70	
계	150		계	150	

(2) (주)고려는 (주)종속에게 주식 20주(액면가액 5/주, 시가 10/주)을 교부하였다.

(3) 적격합병의 요건을 모두 갖춘 합병이며, (주)종속은 기업회계기준에 따라 회계처리하고 법인세법에 따라 합병에 따른 양도손익이 없는 것으로 하였다.

【해석】

√기업회계와 세무회계의 처리

• 기업회계	(차)	토 지	160	(대)	부 채	50
		건 물	100		자 본 금	100
					주식발행초과금	100
					염가매수차익	10
• 세무회계	(차)	토 지	80	(대)	부 채	50
		건 물	70		자 본 금	100
• 조정분개	(차)	주식발행초과금	100	(대)	토 지	80
		염가매수차익	10		건 물	30

√세무조정

- 피합병법인의 합병등기일 현재 시가(260)에서 장부가액(150)을 뺀 금액이 0보다 크므로 그 차액 110 중 합병법인이 익금에 산입하지 아니하고 주식발행초과금으로 계상한 100원을 익금에 산입하고, 익금에 산입한 110을 토지 및 건물에 대한 자산조정계정으로 손금에 산입한다.
- 세무조정:

〈익금산입〉	주식발행초과금	100	기 타
〈손금산입〉	자산조정계정(토지)	80	△유보
〈손금산입〉	자산조정계정(건물)	30	△유보

4. 피합병법인의 과세

1) 합병에 따른 양도손익

피합병법인이 합병으로 해산하는 경우 그 법인의 자산을 합병법인에 양도한 것으로 본다. 이 경우 합병에 따른 양도손익(의제청산소득금액)은 피합병법인이 합병등기일이 속하는 사업연도의 소득금액을 계산할 때 익금 또는 손금에 산입한다.

합병에 따른 양도손익은 피합병법인이 합병법인으로부터 받은 양도가액에서 피합병법인의 합병등기일 현재의 순자산장부가액을 뺀 금액을 말한다.

합병에 따른 양도손익 = 합병법인으로부터 받은 양도가액 − 피합병법인의 순자산장부가액
√양도가액 = 합병대가 + 합병포합주식의 가액 + 피합병법인의 법인세 등 납부액
√순자산장부가액 = (자산의 장부가액 총액-부채의 장부가액 총액) + 환급되는 법인세액

2) 합병에 따른 양도손익의 과세특례

합병에 따른 양도손익을 계산할 때 적격합병의 요건(사업목적의 합병,[18] 지분의 연속성,[19] 사업의 계속성,[20] 고용의 계속성[21])을 모두 갖춘 합병의 경우에는 피합병법인이 합병법인으로부터 받은 양도가액을 피합병법인의 합병등기일 현재의 순자산장부가액으로 보아 양도손익이 없는 것으로 할 수 있다.[22]

또한, 내국법인이 발행주식총수를 소유하고 있는 다른 법인(완전자법인)을 합병하거나 그 완전자법인에 합병되는 경우 및 동일한 내국법인이 발행주식총수를 소유하고 있는 서로 다른 법인 간에 합병하는 경우에는 적격합병의 요건을 갖추지 못한 경우에도 적격합병으로 보아 양도손익이 없는 것으로 할 수 있다.

---

18) 합병등기일 현재 1년 이상 사업을 계속하던 내국법인 간의 합병이어야 한다. 다만, 다른 법인과 합병하는 것을 유일한 목적으로 하는 자본시장법에 따른 기업인수목적회사의 경우는 1년 이상 사업을 계속하던 내국법인 간의 합병으로 본다.

19) 피합병법인의 주주 등이 합병으로 인하여 받은 합병대가의 총합계액 중 합병법인 또는 합병법인의 모회사의 주식의 가액이 80% 이상으로서 합병교부주식이 피합병법인의 주주가 소유하던 주식의 비율에 따라 배정되고, 피합병법인의 경영지배주주는 합병등기일이 속하는 사업연도의 종료일까지 그 주식 등을 보유하여야 한다.

20) 합병법인이 합병등기일이 속하는 사업연도 종료일까지 피합병법인으로부터 승계받은 사업을 계속하여야 한다.

21) 합병법인은 합병등기일 1개월 전 당시 피합병법인에 종사하는 합병승계대상근로자 중 합병법인이 승계한 근로자의 비율이 80%이상이고, 합병등기일이 속하는 사업연도의 종료일까지 그 비율을 유지하여야 한다.

22) 파산 등 부득이한 사유로 지분의 연속성, 사업의 계속성, 고용의 계속성에 관한 요건을 갖추지 못한 경우에도 적격합병으로 보아 양도손익에 없는 것으로 할 수 있다.

사례 ③ 합병매수차익 등의 계산

고려(주)의 합병매수차익, 종속(주)의 양도차익, 지배(주)의 의제배당금액을 각각 계산하시오? 단, 고려(주), 종속(주), 지배(주)은 모두 영리내국법인이다.(2014. CPA)

(1) 고려(주)는 종속(주)을 2022.1.1.에 비적격 흡수합병하였다.

(2) 합병 직전 종속(주)의 재무상태는 다음과 같다.

구 분	장부가액	시 가
자 산	100,000원	120,000원
부 채	30,000원	30,000원
자 본 금	40,000원	
자본잉여금	20,000원	
이익잉여금	10,000원	

(3) 고려(주)는 종속(주)의 주주인 지배(주)에게 합병대가로 고려(주) 주식 100주(1주당 액면가액 500원, 1주당 시가 800원)를 교부하고 다음과 같이 회계처리하였다. 다만, 미지급법인세는 종속(주)의 합병에 따른 양도차익에 대한 법인세를 고려(주)가 대신 납부하는 금액이다

(차)	자 산	120,000원	(대)	부 채	30,000원
				자 본 금	50,000원
				주식발행초과금	30,000원
				미지급법인세	2,500원
				염가매수차익	7,500원

(4) 지배(주)는 고려(주)와 종속(주)의 합병 전에 종속(주)의 주식을 100% 소유하고 있었으며, 합병 직전 주식의 장부가액(취득가액과 동일)은 70,000원이었다.

【해석】

√피합병법인 종속(주)의 양도차익: 82,500 − 70,000 = 12,500원

- 합병대가: 100주 × 800원 + 2,500원 = 82,500원
- 순자산장부가액: 100,000 − 30,000 + 0 = 70,000원

√합병법인 고려(주)의 합병매수차익: 90,000 − 82,500 = 7,500원

- 순자산시가: 120,000 − 30,000 = 90,000원
- 합병대가: 100주 × 800원 + 2,500원 = 82,500원

√피합병법인의 주주인 지배(주)의 의제배당금액: 80,000 − 70,000 = 10,000원

Ⅱ 분할

1. 분할의 의의

1) 회사분할의 개요

회사의 분할이란 상법의 특별절차에 따라 하는 회사간의 행위로서 한 개의 회사가 두 개 이상으로 나누어져 분할 전(前) 회사의 권리의무가 분할 후(後) 회사에 포괄승계되고, 원칙적으로 분할 전 회사의 사원이 분할 후 회사의 사원이 되는 것을 말한다.[23)]

분할에 따라 설립된 회사(분할신설법인) 또는 분할합병 후에 존속하는 회사(분할합병의 상대방법인)는 원칙적으로 분할 전의 회사채무에 대하여 연대하여 책임을 지며, 분할하는 회사(분할법인)의 권리의무를 분할계획서 또는 분할합병계획서에 따라 승계하므로 분할되는 회사가 분할 후에 소멸하는 경우에도 합병에 있어서와 같이 청산절차를 요하지 않는다.

분할의 효력은 분할 등에 따라서 설립되는 회사 또는 존속하는 회사의 설립등기 및 변경등기를 한 때에 발생한다.

2) 분할의 유형

법인이 분할하는 경우 분할에 따라 분할되는 법인을 분할법인이라 하고, 분할에 따라 설립된 법인을 분할신설법인이라 한다.

(1) 완전분할과 불완전분할

완전분할이란 분할법인이 자산과 부채의 전체를 다른 회사에 이전하고 자신은 청산절차 없이 소멸하는 것을 말하며, 불완전분할은 분할법인이 자산과 부채의 일부를 다른 회사에 이전하고 분할법인은 분할 후에도 축소된 형태로 존속하는 것을 말한다.

인적분할은 완전분할과 불완전분할 모두가 가능하나, 물적분할은 불완전분할의 경우에만 가능하다.

---

23) 상법에 따르면 회사는 분할에 의하여 1개 또는 수개의 회사를 설립할 수 있고, 1개 또는 수개의 존립 중의 회사와 분할합병할 수 있고, 1개 또는 수개의 회사를 설립과 동시에 분할합병할 수 있다.

(2) 단순분할과 분할합병

단순분할이란 여러 사업부문을 가진 법인이 일부 사업부문의 자산과 부채를 출자하여 1개 또는 수개의 법인을 새로이 설립하는 것을 말하며, 분할합병이란 일부 사업부문의 자산과 부채를 1개 또는 수개의 기존 법인에 출자하는 흡수분할합병과 동일한 사업을 경영하는 둘 이상의 법인이 공동 사업부문을 출자하여 새로운 법인을 설립하는 등의 신설분할합병으로 나눌 수 있다.

그림 분할의 종류

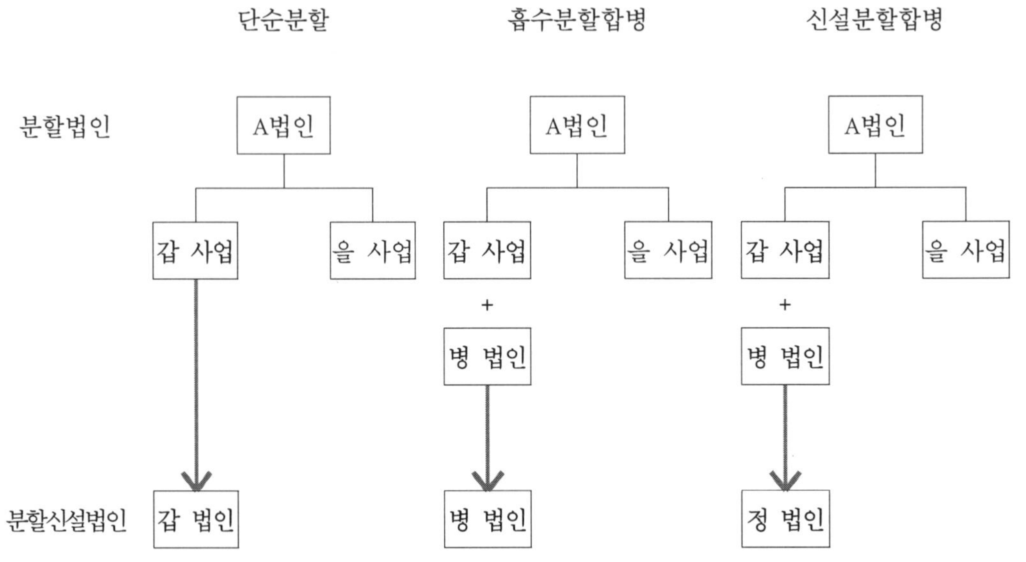

(3) 인적분할과 물적분할

분할은 분할신설법인이 발행한 주식 등의 분할대가가 누구에게 귀속되느냐에 따라 인적분할과 물적분할로 구분된다.

인적분할이란 분할대가를 분할법인의 주주가 교부받는 경우를 말하며, 물적분할이란 분할대가를 분할법인이 전부 교부받는 경우를 말한다. 따라서 인적분할은 분할법인의 주주가 분할신설법인의 주주가 되며, 물적분할은 분할신설법인이 분할법인의 자회사가 되므로 분할법인이 분할신설법인에게 현물출자를 한 것과 효과가 동일하다.

2. 분할신설법인의 과세

1) 분할매수손익

(1) 분할매수차익

분할신설법인 등이 분할로 분할법인 등의 자산을 승계한 경우에는 그 자산을 분할법인 등으로부터 분할등기일 현재의 시가로 양도받은 것으로 본다.

분할신설법인 등은 분할법인 등에게 지급한 양도가액이 분할법인 등의 분할등기일 현재의 순자산시가보다 적은 경우에는 그 차액(분할매수차익)을 세무조정계산서에 계상하고, 분할등기일이 속하는 사업연도부터 분할등기일부터 5년이 되는 날이 속하는 사업연도까지 균등하게 나누어 익금에 산입한다. 이 경우 월수는 태양력에 따라 계산하되 1월 미만의 일수는 1월로 한다.

(2) 분할매수차손

분할신설법인 등은 다음의 요건을 모두 갖춘 경우에는 분할에 따른 매수차손을 세무조정계산서에 계상하고, 분할등기일이 속하는 사업연도부터 분할등기일부터 5년이 되는 날이 속하는 사업연도까지 균등하게 나누어 손금에 산입한다.

① 분할법인 등의 자산을 시가로 양도받은 것으로 보는 경우
② 분할법인 등에게 지급한 양도가액이 분할등기일 현재의 순자산시가를 초과하는 경우
③ 분할신설법인 등이 분할법인 등의 상호, 거래관계, 그 밖의 영업상의 비밀 등에 대하여 사업상 가치가 있다고 보아 대가를 지급한 경우

(3) 준용규정

분할신설법인의 각 사업연도의 소득금액을 계산할 때 분할매수차익에 대한 익금산입액 계산 및 산입방법 등, 분할매수차손에 대한 손금산입액 계산 및 산입방법 등에 관하여는 합병법인에 대한 합병매수차익 또는 합병매수차손을 준용한다.[24)]

분할신설법인의 분할매수차익에 대한 과세특례는 적격분할의 요건을 제외하고 합병매수차익에 대한 과세특례의 규정과[25)] 동일하게 처리한다.

---

24) 제7장(합병 · 분할 회계) 제1절(합병) 2. 합병법인에 대한 과세 참조

25) 제7장(합병 · 분할 회계) 제1절(합병) 3. 합병법인에 대한 과세특례 참조

2) 적격분할의 요건

(1) 사업목적의 분할

① 의의

분할등기일 현재 5년 이상 사업을 계속하던 내국법인이 사업목적으로 분할하여야 한다. 다만, 분할합병의 경우에는 소멸한 분할합병의 상대방법인 및 분할합병의 상대방법인이 분할등기일 현재 1년 이상 사업을 계속하던 내국법인이어야 한다.

사업목적의 분할이란 다음의 요건을 모두 갖추어 분할하는 것을 말하고, 부동산 임대업을 주업으로 하는 사업부문을 분할하는 경우에는 적격분할로 보지 아니한다.

㉠ 분리하여 사업이 가능한 독립된 사업부문을 분할하는 것일 것

㉡ 분할하는 사업부문의 자산 및 부채가 포괄적으로 승계될 것[26)]

㉢ 분할법인만의 출자에 따라 분할하는 것

② 독립된 사업부문으로 보지 않는 경우

분할법인의 분할을 통하여 분할신설법인이 승계하는 사업부문이 다음의 사업부문인 경우에는 분리하여 사업이 가능한 독립된 사업부문을 분할하는 것으로 보지 아니한다.

㉠ 분할법인으로부터 승계하는 사업부문이 승계하는 자산총액 중 부동산 임대업에 사용된 자산의 가액이 50% 이상인[27)] 부동산 임대업을 주업으로 하는 사업부문

㉡ 분할법인으로부터 승계한 사업용 자산가액 중 토지, 건물, 부동산에 관한 권리에 해당하는 자산이 80% 이상인 사업부문. 다만, 분할일 현재 3년 이상 계속하여 사업을 경영한 사업부문이 직접 사용한 자산(부동산 임대업에 사용되는 자산은 제외함)으로서 토지, 건물, 부동산에 관한 권리에 해당하는 사업용 자산가액은 제외한다.

---

26) 다음의 자산 및 부채는 분할하기 어려운 자산과 부채로 보아 포괄적으로 승계될 자산과 부채에서 제외한다.
① 공동으로 사용하던 자산: 변전시설, 폐수처리시설, 전력시설, 용수시설, 증기시설, 사무실, 창고, 식당, 연수원, 사택, 사내교육시설, 물리적으로 분할이 불가능한 공동의 생산시설 · 사업지원시설과 그 부속토지 및 자산, 공동으로 사용하는 상표권 등
② 채무자의 변경이 불가능한 부채: 지급어음, 차입조건상 차입자의 명의변경이 제한된 차입금, 분할로 인하여 약정상 차입자의 차입조건이 불리하게 변경되는 차입금, 분할하는 사업부문에 직접 사용되지 아니한 공동의 차입금 등
③ 분할하는 사업부문이 승계하여야 하는 자산 · 부채로서 분할 당시 시가로 평가한 총자산가액 및 총부채가액의 각각 20% 이하인 자산 · 부채 등

27) 이 경우 하나의 분할신설법인이 여러 사업부문을 승계하였을 때에는 분할신설법인 등이 승계한 모든 사업부문의 자산가액을 더하여 계산한다.

③ 독립된 사업부문으로 보는 경우

주식등과 그와 관련된 자산부채만으로 구성된 사업부문의 분할은 분할하는 사업부문이 다음의 사업부문인 경우로 한정하여 분리하여 사업이 가능한 독립된 사업부문을 분할하는 것으로 본다.

㉠ 분할법인이 분할등기일 전일 현재 지배주주등으로서 3년 이상 보유한 주식과 그와 관련된 자산·부채만으로 구성된 사업부문. 다만, 분할 후 분할법인이 존속하는 경우에는 해당 주식에서 분할존속법인이 분할등기일 전일 현재 법령상 의무로 보유하거나 인허가를 받기 위하여 보유한 주식, 분할존속법인이 30% 이상을 매출하거나 매입하는 법인의 주식과 분할하는 사업부문에 30% 이상을 매출 또는 매입하는 법인의 주식,[28] 분할하는 사업부문과 한국표준산업분류에 따른 세분류상 동일사업을 영위하는 법인의 주식은 제외할 수 있다.

㉡ 독점규제 및 공정거래에 관한 법률에 따른 지주회사 또는 금융지주회사법에 따른 금융지주회사를 설립하는 사업부문.[29] 다만, 분할법인의 분할을 통하여 분할신설법인이 승계하는 사업부문이 분할법인이 지배주주등으로서 보유하는 주식과 그와 관련된 자산·부채만을 승계하는 경우로 한정한다.

(2) 지분의 연속성

분할법인등의 주주가 분할신설법인 등으로부터 받은 분할대가의 전액이 주식인[30] 경우로서 그 주식이 분할법인등의 주주가 소유하던 주식의 비율에 따라 배정되고, 분할법인등의 경영지배주주가 분할등기일이 속하는 사업연도의 종료일까지 그 주식을 보유하여야 한다. 이 경우 분할법인의 주주가 받은 분할대가의 총합계액은 분할교부주식의 가액과 분할교부금의 합계액을 말한다. 분할교부주식의 처분을 제한받는 분할법인등의 경영지배주주란 분할법인의 지배주주등 중에서 친족 중 4촌 이상의 혈족 및 인척, 분할등기일 현재 분할법인등에 대한 지분비율이 1%미만이면서 시가로 평가한 그 지분가액이 10억원 미만인 자를 제외한 주주를 말한다.

---

28) 이 경우 매출 또는 매입 비율은 분할등기일이 속하는 사업연도의 직전 3개 사업연도별 매출 또는 매입 비율을 평균하여 계산한다.

29) 지주회사를 설립할 수 있는 사업부문에는 분할합병하는 경우로서 분할합병의 상대방법인이 분할합병을 통하여 지주회사로 전환되는 경우 및 분할합병의 상대방법인이 분할등기일 현재 지주회사인 경우를 포함한다.

30) 분할합병의 경우에는 분할대가의 80% 이상이 분할신설법인등의 주식인 경우 또는 분할대가의 80% 이상이 분할합병의 상대방 법인의 발행주식총수를 소유하고 있는 내국법인의 주식인 경우를 말한다.

다만, 분할법인의 경영지배주주가 다음의 사유에 해당하는 경우에는 지분의 연속성을 갖추지 못한 경우에도 분할매수차익에 대한 과세특례를 적용한다.

① 분할로 교부받은 전체 주식의 50% 미만을 처분한 경우. 이 경우 경영지배주주가 분할로 교부받은 주식을 서로 간에 처분하는 것은 경영지배주주가 그 주식을 처분한 것으로 보지 아니하며, 경영지배주주가 분할신설법인의 주식을 처분하는 경우에는 분할법인이 선택한 주식을 처분하는 것으로 본다.
② 사망하거나 파산하여 주식을 처분한 경우
③ 적격합병, 적격분할, 적격물적분할, 적격현물출자에 따라 주식을 처분한 경우
④ 주식의 현물출자 또는 주식의 포괄적 교환·이전하고 과세이연을 받으면서 주식을 처분한 경우
⑤ 채무자회생법에 따른 회생절차에 따라 법원의 허가를 받아 주식을 처분하는 경우
⑥ 기업구조조정촉진법 등에 따른 기업개선계획의 이행을 위한 약정 및 특별약정에 따라 주식을 처분하는 경우
⑦ 법령에 따른 의무를 이행하기 위하여 주식을 처분한 경우

(3) 사업의 계속성

분할신설법인 등이 분할등기일이 속하는 사업연도의 종료일까지 분할법인 등으로부터 승계받은 사업을 계속하여야 한다. 이 요건은 분할매수차익의 과세특례를 판정하는 경우에만 적용되는 것으로 사실상 분할등기일 이후의 사후관리 성격의 요건이다.

다만, 분할신설법인이 다음의 사유가 있는 경우에는 사업의 계속성을 갖추지 못한 경우에도 분할매수차익에 대한 과세특례를 적용한다.

① 파산에 따라 승계받은 자산을 처분한 경우
② 적격합병, 적격분할, 적격물적분할, 적격현물출자에 따라 사업을 폐지한 경우
③ 채무자회생법에 따른 회생절차에 따라 법원의 허가를 받아 승계받은 자산을 처분한 경우
④ 기업구조조정촉진법 등에 따른 기업개선계획의 이행을 위한 약정 및 특별약정에 따라 승계받은 자산을 처분하는 경우

(4) 고용의 계속성

분할신설법인은 분할등기일 1개월 전 당시 분할하는 사업부문에 종사하는 분할승계대상근로자 중 분할신설법인이 승계한 근로자의 비율이 80% 이상이고, 분할등기일이 속하는 사업연도의 종료일까지 그 비율을 유지하여야 한다.[31]

분할승계대상근로자란 근로기준법에 따라 근로계약을 체결한 내국인 근로자를[32] 말한다. 다만, 분할 후 존속하는 사업부문과 분할하는 사업부문에 모두 종사하는 근로자 및 분할하는 사업부문에 종사하는 것으로 볼 수 없는 인사 · 재무 · 회계 · 경영관리 업무 등을 수행하는 근로자는 제외할 수 있다.

고용의 계속성에 관한 요건은 분할할 때 고용 유지를 담보하기 위한 것이며, 분할신설법인은 분할등기일이 속하는 사업연도의 다음 사업연도의 개시일로부터 3년간 분할신설법인에 종사하는 분할승계대상근로자 수가 분할등기일 1개월 전 당시 분할승계대상근로자 수의 80% 미만으로 하락하는 경우에는 고용의 계속성이 없는 것으로 본다.[33] 이는 사실상 분할등기일 이후의 사후관리의 성격을 지니고 있다.

다만, 분할신설법인이 다음의 사유가 있는 경우에는 고용의 계속성을 갖추지 못한 경우에도 분할매수차익에 대한 과세특례를 적용한다.

① 파산함에 따라 근로자의 비율을 유지하지 못한 경우

② 적격합병, 적격분할, 적격물적분할, 적격현물출자에 따라 근로자의 비율을 유지하지 못한 경우

③ 채무자회생법에 따른 회생계획을 이행 중인 경우

④ 분할등기일 1개월 전 당시 분할하는 사업부문에 종사하는 근로기준법에 따라 근로계약을 체결한 내국인 근로자가 5명 미만인 경우

---

31) 고용의 계속성에 관한 규정은 2018.1.1.이후 분할하는 분부터 적용한다.

32) 분할승계대상근로자에는 임원, 분할등기일이 속하는 사업연도의 종료일 이전에 정년이 도래하여 퇴직이 예정된 근로자 · 사망한 근로자 · 질병 등의 사유로 퇴직한 근로자, 소득세법에 따른 일용근로자, 근로계약기간이 6개월 미만인 근로자, 금고 이상의 형을 선고받는 등 근로자의 중대한 귀책사유로 퇴직한 근로자를 제외한다.

33) 분할합병의 경우 고용의 계속성에 대한 적격요건위반 사유는 다음과 같다.

① 각 사업연도 종료일 현재 분할합병의 상대방법인에 종사하는 근로자 수가 분할등기일 1개월 전 당시 분할하는 사업부문과 분할합병의 상대방법인에 각각 종사하는 근로자 수의 합의 80% 미만으로 하락하는 경우

② 각 사업연도 종료일 현재 분할신설법인에 종사하는 근로자 수가 분할등기일 1개월 전 당시 분할하는 사업부문과 소멸한 분할합병의 상대방법인에 각각 종사하는 근로자 수의 합의 80% 미만으로 하락하는 경우

3. 분할법인의 과세

1) 분할에 따른 양도손익

(1) 분할 후 분할법인이 해산하는 경우

내국법인이 분할로 해산하는 경우(물적분할은 제외함) 그 법인의 자산을 분할신설법인 또는 분할합병의 상대당법인에게 양도한 것으로 본다. 이 경우 분할에 따른 양도손익은 분할법인 등이 분할등기일이 속하는 사업연도의 소득금액을 계산할 때 익금 또는 손금에 산입한다.

> **분할에 따른 양도손익 = 분할신설법인으로부터 받은 양도가액 − 분할법인의 순자산장부가액**
> **√양도가액 = 분할교부주식의 가액 + 분할교부금 + 분할신설법인의 법인세 등 납부액[34)]**
> **√순자산장부가액 = (자산의 장부가액 총액 − 부채의 장부가액 총액) + 환급되는 법인세액**

(2) 분할 후 분할법인이 존속하는 경우

인적분할의 경우 분할사업부문의 자산 이전에 따른 분할대가는 분할법인이 교부받는 것이 아니고 분할법인의 주주에게 직접 교부된다. 따라서 분할법인의 자산과 부채 중에서 분할사업부문에 대한 청산이 이루어진 것으로 보아 분할에 따른 양도손익을 계산한다.

내국법인이 분할(물적분할은 제외함)한 후 존속하는 경우 분할한 사업부문의 자산을 분할신설법인 등에 양도함으로써 발생하는 양도손익은 분할법인이 분할등기일이 속하는 사업연도의 소득금액을 계산할 때 익금 또는 손금에 산입한다.

> **분할사업부문의 양도손익 = 분할신설법인으로부터 받은 양도가액 − 분할한 사업부분의 순자산장부가액**

2) 분할에 따른 양도손익의 과세특례

분할에 따른 양도손익을 계산할 때 적격분할의 요건을 모두 갖춘 분할의 경우에는 양도가액을 분할법인 등의 분할등기일 현재의 순자산장부가액으로 보아 양도손익이 없는 것으로 할 수 있다. 분할법인등은 법인세의 과세표준 신고를 할 때 분할신설법인등과 함께 분할과세특례신청서를 납세지관할세무서장에게 제출하여야 하고, 분할신설법인등은 자산조정계정에 관한 명세서를 분할법인등의 납세지관할세무서장에게 함께 제출하여야 한다.

---

34) 분할합병의 경우에는 분할합병포합주식의 취득가액 상당액을 양도가액에 포함한다.

4. 분할에 따른 자산 및 부채의 승계

1) 이월결손금의 승계

분할합병의 상대방법인의 분할등기일 현재의 이월결손금은 합병법인의 이월결손금의 규정을 준용하고, 분할신설법인 등이 승계한 분할법인 등의 결손금은 합병법인이 승계한 피합병법인의 이월결손금의 규정을 준용한다.

다만, 분할 후 분할법인이 존속하는 경우에는 분할신설법인 등은 분할법인의 결손금을 승계하지 못한다.

2) 분할승계자산의 처분손실 등

분할신설법인 등이 분할법인 등으로부터 양도받은 자산의 처분손실(분할승계자산의 처분손실), 기부금한도초과액, 세무조정사항, 감면 및 세액공제, 그 밖의 자산 및 부채 등의 승계는 합병의 규정을 준용한다.

3) 구분경리

내국법인이 분할(물적분할을 제외함)하는 경우 분할신설법인 등은 다음의 기간동안 자산, 부채, 손익을 분할신설법인 등으로부터 승계받은 사업에 속하는 것과 그 밖의 사업에 속하는 것을 각각 별개의 회계로 구분하여 경리하여야 한다.[35)]

① 적격분할의 요건을 충족하여 분할법인 등의 이월결손금을 공제받으려는 경우에는 이를 공제받는 기간

② 그 밖의 경우에는 분할 후 5년간

---

35) 중소기업 간 또는 동일사업을 경영하는 법인 간에 분할하는 경우에는 합병의 규정을 준용한다.

연습문제

1. (주)A는 (주)B를 흡수합병하고 2022.3.10. 합병등기를 하였다. 두 법인은 모두 영리내국법인으로 사업연도는 제19기(2022.1.1~2022.12.31.)이다. 다음의 자료를 이용하여 ㉠ 비적격합병이라 가정할 때의 (주)B의 양도손익에서 ㉡ 적격합병이라 가정할 때의 (주)B의 양도손익을 차감하면 얼마인가? (단, 전기 이전의 세무조정은 적정하였으며, 주어진 자료 이외에는 고려하지 않음) (CTA. 2019)

(1) 합병등기일 현재 (주)B의 재무상태표는 다음과 같다.

재무상태표

건물	150,000원	부채	100,000원
		자본금	30,000원
		자본잉여금	15,000원
		이익잉여금	5,000원
	150,000원		150,000원

(2) 합병등기일 현재 (주)B의 건물의 시가는 250,000원이었고, (주)A는 (주)B의 구주주에게 현금 15,000원과 주식(액면가액 75,000원, 시가 135,000원)을 교부하고, 다음과 같이 회계처리하였다.

(차)	건물	250,000원	(대)	부채	100,000원
				자본금	75,000원
				주식발행초과금	60,000원
				현금	15,000원

① 0원 ② 50,000원 ③ 100,000원 ④ 150,000원 ⑤ 200,000원

【정답】 ③

√비적격합병인 경우 피합병법인 ㈜B의 양도손익: 100,000원

- 비적격합병의 경우 피합병법인의 자산을 합병법인에 시가로 양도한 것으로 본다.
- 양도손익: 15,000 + 135,000 - (150,000 − 100,000) = 100,000원

√적격합병인 경우 피합병법인 ㈜B의 양도손익: 0원

- 적격합병의 경우에는 피합병법인이 합병법인으로부터 받은 양도가액을 피합병법인의 합병등기일 현재의 순자산장부가액으로 보아 양도손익이 없는 것으로 할 수 있다.
- 양도손익: (150,000 − 100,000) - (150,000 − 100,000) = 0원

2. 법인세법상 합병 및 분할 등 특례 규정에 관한 설명으로 옳은 것은? (CPA. 2017)

① 법인세법상 요건을 모두 갖춘 적격합병에 해당하여 피합병법인이 합병으로 인한 양도손익이 없는 것으로 한 경우 합병법인은 피합병법인의 자산을 합병등기일 현재의 시가로 양도받은 것으로 한다.

② 내국법인이 발행주식총수 또는 출자총액을 소유하고 있는 다른 법인을 합병하거나 그 다른 법인에 합병되는 경우에는 합병에 따른 양도손익이 없는 것으로 할 수 있다.

③ 법인세법상 요건을 모두 갖춘 적격합병의 경우에는 합병법인의 합병등기일 현재 이월결손금은 합병법인의 각 사업연도의 과세표준을 계산할 때 피합병법인으로부터 승계받은 사업에서 발생한 소득금액의 범위에서 공제할 수 있다.

④ 법인세법상 요건을 모두 갖춘 적격합병의 경우에만 합병법인이 피합병법인의 대손충당금 관련 세무조정사항을 승계할 수 있다.

⑤ 적격합병에 해당하기 위해서는 합병법인이 합병등기일이 속하는 사업연도의 다음 사업연도 개시일부터 5년이 되는 날까지 피합병법인으로부터 승계받은 사업을 계속해야 한다.

【정답】 ②

√① 시가로 양도받은 것 → 장부가액으로 양도받은 것, ③ 공제할 수 있다. → 공제하지 아니한다. ④ 대손충당금 및 퇴직급여충당금에 관련된 세무조정사항은 적격합병여부와 관계없이 승계할 수 있다. ⑤ 합병등기일이 속하는 사업연도의 다음 사업연도 개시일부터 5년이 되는 날까지 → 합병등기일이 속하는 사업연도의 종료일까지

3. 법인세법상 영리내국법인의 합병 및 분할 등에 관한 설명으로 옳지 않은 것은? 단, 조세특례제한법은 고려하지 않는다. (CTA. 2020)

① 적격합병의 경우 피합병법인이 합병법인으로부터 받은 양도가액을 피합병법인의 합병등기일 현재의 순자산 장부가액으로 보아 양도손익이 없는 것으로 할 수 있다.

② 적격합병의 경우 합병법인이 승계한 피합병법인의 결손금은 피합병법인으로부터 승계받은 사업에서 발생한 소득금액의 범위에서 합병법인의 각 사업연도의 과세표준을 계산할 때 공제한다.

③ 적격합병의 경우 합병법인은 피합병법인의 자산을 장부가액으로 양도받은 것으로 한다. 이 경우 장부가액과 시가와의 차액을 법령으로 정하는 바에 따라 자산별로 계상하여야 한다.

④ 합병 시 피합병법인의 대손충당금 관련 세무조정사항의 승계는 적격합병의 요건을 갖추고, 대손충당금에 대응하는 채권이 합병법인에게 함께 승계되는 경우에만 가능하다.

⑤ 합병법인이 합병등기일이 속하는 사업연도의 종료일까지 피합병법인으로부터 승계받은 사업을 계속 영위하는 것도 적격합병의 요건 중 하나이다.

【정답】 ④

√대손충당금 및 퇴직급여충당금에 관련된 세무조정사항은 적격합병여부와 관계없이 승계할 수 있다.

4. 6년간 사업을 경영한 (주)서울은 갑사업부와 을사업부로 구성되어 있는데, 을사업부를 2022.1.1 분리하여 (주)독도를 설립하였다. 다음의 자료를 이용하여 (주)독도의 분할 첫 해의 위의 분할로 인한 각 사업연도 소득금액 순증가액은 얼마인가? (CTA. 2005)

(1) 을사업부 분리 전 을사업부의 재무상태표

현 금	100,000,000	부 채	200,000,000
재고자산	200,000,000	자 본 금	300,000,000
토 지	300,000,000	주식발행초과금	100,000,000

(2) ㈜독도는 (주)서울의 주주들에게 신주(액면가액 5,000만원, 시가 3억원)를 시가로 발행 · 교부하였으며, 주식발행초과금 250,000,000원을 계상하였다.

(3) 분할시 재고자산과 토지의 시가는 각각 250,000,000원과 400,000,000원이다.

(4) (주)독도는 을사업부의 사업을 계속 경영할 예정이고, 분할은 법인세법의 적격분할 요건을 충족하지 못하였다.

① 0원 ② 50,000,000원 ③ 100,000,000원
④ 150,000,000원 ⑤ 250,000,000원

【정답】 ②

√분할매수차익: 550,000,000 - 300,000,000 = 250,000,000원

- 분할법인의 순자산의 시가: 750,000,000 − 200,000,000 = 550,000,000원

√분할매수차익을 분할등기일이 속하는 사업연도부터 분할등기일부터 5년이 되는 날이 속하는 사업연도까지 균등하게 분할하여 익금산입한다.

- 균등분할 익금산입액: 250,000,000 × $\frac{12}{60}$ = 50,000,000원

√세무조정:	〈익금산입〉	주식발행초과금	250,000,000	기 타
	〈손금산입〉	분할매수차익	250,000,000	△유보
	〈익금산입〉	분할매수차익	50,000,000	유 보

CHAPTER 08

부당행위계산의 부인

I 부당행위계산의 부인

1. 부당행위계산의 부인

1) 부당행위계산의 부인

(1) 경제적 합리성

부당행위계산의 부인이란 법인의 행위 또는 소득금액의 계산이 그 법인과 특수관계인과의 거래로 인하여 그 법인의 소득에 대한 조세의 부담을 부당하게 감소시킨 것으로 인정되는 경우에는 그 법인의 행위 또는 소득금액의 계산과 관계없이 정부가 그 법인의 각 사업연도의 소득금액을 다시 계산하는 것을 말한다.

법인이 특수관계인과의 거래에 있어서 그 행위 또는 계산이 법률적으로 효력이 있는 거래라 하더라도 그 거래를 통하여 해당 법인의 조세를 부당하게 감소시켰을 경우에는 거래 자체를 인정하나 합리적인 경제인이라면 선택하였을 기준에 따라 법인의 소득금액을 재계산하는 것을 부당행위계산의 부인이라 한다.

(2) 실질과세 이념

부당행위계산의 부인에 관한 제도는 세법 외의 일반법률 관계에서는 적법유효하게 성립된 거래의 행위 또는 계산을 세법관점에서 보아 그 행위 또는 계산을 부인하고 세법의 기준에 따라 새로이 소득금액을 계산함으로써 실질과세원칙을 구체화하여 공평과세를 실현하고자 한다.

실질과세원칙이란 조세평등주의의 이념을 실현하기 위한 제도의 하나로서 법률상의 형식과 경제적 실질이 서로 부합하지 않는 경우에 그 경제적 실질을 추구하여 과세함으로써 조세를 공평하게 부과하겠다는 것이다.

(3) 조세평등주의 이념

조세평등주의는 정의의 이념에 따라 평등한 것은 평등하게 취급하고, 불평등한 것은 불평등하게 취급함으로써 조세법의 입법과정 및 집행과정에서 조세정의를 실현하는 원칙이라 할 수 있다.[1)]

이러한 조세평등주의 원칙에 따른 과세는 법인의 경제적 급부능력을 고려한 것이어야 하고, 동일한 담세능력자에 대하여는 원칙적으로 평등한 과세가 있어야 한다. 또한 특정의 납세의무자를 불리하게 차별하는 것이 금지될 뿐만 아니라 합리적 이유없이 특별한 이익을 주는 것도 허용되지 않는다.

2) 행위와 계산의 구분

부당행위계산에 있어 행위란 대외적 관계에 있어서 법인의 재산상태에 영향을 미치게 하는 법률효과를 수반하는 것을 의미하고, 계산이란 법인의 대내적 관계에 있어서 법인의 소득금액 또는 재산상태에 영향을 미칠 수 있는 회계처리를 말한다.

행위의 부인은 계산의 부인을 수반하지 않는 한 감소된 조세의 회복이 가능하지 않으므로 결국은 모두 계산의 부인으로 귀착된다. 따라서 양자의 구별은 실익이 없다.

3) 부당성의 판단

행위 또는 계산의 부당성을 판단함에 있어서 납세의무자인 법인의 조세회피 의사에 관계없이 부당행위계산의 부인규정을 적용할 수 있다. 부당성의 판단은 조세부담을 회피하거나 경감시킬 의도가 주관적으로 있어야 되는 것은 아니며 거래행위의 제반사정을 구체적으로 고려하여 그 행위가 건전한 사회통념이나 상거래 관행에 비추어 경제적 합리성이 결여된 경우에는 부당한 것으로 판단한다.

---

1) 헌법에 따르면 모든 국민은 법 앞에 평등하고 누구든지 합리적인 이유 없이 생활의 모든 영역에 있어서 차별을 받지 아니한다는 평등의 원칙을 선언하고 있고, 이와 같은 헙법에 따른 평등의 원칙이 세법의 영역에서 구체적으로 실현된 것이 조세평등주의이다.

2. 특수관계인

1) 의의

(1) 특수관계인

법인세법에 따른 특수관계인의 범위는 열거규정이므로 법인세법에 열거되지 아니한 자는 특수관계인이 될 수 없으며 유추해석 또는 확대해석이 허용되지 아니한다.

법인세법에 따른 특수관계인이란 법인과 경제적 연관관계 또는 경영지배관계 등에 있는 자를 말한다. 이 경우 관계란 2이상의 주체가 서로 관련을 맺는 것을 의미한다. 납세의무자인 법인을 기준으로 하여 특수관계에 해당하는 경우 뿐만 아니라, 거래상대방을 기준으로 하여 납세의무자인 법인이 특수관계에 해당하는 경우에도 특수관계에 있다고 할 수 있다. 따라서 본인도 특수관계인의 특수관계인으로 본다.(쌍방관계)[2]

(2) 특수관계인 적용시기

부당행위계산의 부인에 해당하는 지 여부는 행위당시를 기준으로 특수관계인 사이의 거래에 대하여 이를 적용한다. 특수관계가 성립되기 이전에 발생한 거래나 특수관계가 소멸된 이후에 발생한 거래에 대해서는 부당행위계산의 부인규정을 적용할 수 없다.[3]

다만, 불공정합병을 적용할 때 특수관계에 있는 법인의 판정은 합병등기일이 속하는 사업연도의 직전 사업연도 개시일(그 개시일이 서로 다른 법인이 합병한 경우에는 먼저 개시한 날로 함)부터 합병등기일까지의 기간에 따른다.

(3) 소액주주등

특수관계인을 판정함에 있어서 소액주주등이란 발행주식총수의 1%에 미달하는 주식을 소유한 주주 등을 말하고, 해당 법인의 국가지방자치단체가 아닌 지배주주등의 특수관계에 있는 자는 소액주주등으로 보지 아니한다. 지배주주등이란 해당 법인의 발행주식총수의 1% 이상의 주식을 소유한 주주로서 그와 특수관계인의 소유주식합계가 해당 법인의 주주 중 가장 많은 경우의 해당 주주를 말한다.

---

2) 법인이 채무자회생법에 따라 파산선고를 받은 경우 해당 법인과 그 법인의 임원간에는 상법 민법에 따라 위임관계가 소멸되므로 임원의 지위로 인한 특수관계는 소멸된다. 다만, 채무자회생법에 따른 회생절차의 개시로 인하여 주주권을 행사할 수 없는 주주에 대하여는 특수관계가 존속되는 것으로 한다.

3) 부당행위계산 부인규정은 청산 중에 있는 법인에 대하여도 적용한다.

(4) 경영지배관계

다음의 요건을 갖춘 경우에는 법인의 경영에 대하여 지배적인 영향력을 행사하고 있는 것으로 본다.4)5)

구 분	경영지배관계인
영 리 법 인	· 영리법인의 발행주식총수 30% 이상을 출자한 경우 · 임원의 임면권의 행사·사업방침의 결정 등 법인의 경영에 대하여 사실상 영향력을 행사하고 있다고 인정되는 경우
비영리법인	· 비영리법인의 이사의 과반수를 차지하는 경우 · 비영리법인의 설립을 위한 출연재산의 30% 이상을 출연하고 그 중 1인이 설립자인 경우

2) 특수관계인의 범위

(1) 경제적 관계인

① 임원의6) 임면권의 행사, 사업방침의 결정 등 해당 법인의 경영에 대해 사실상 영향력을 행사하고 있다고 인정되는 경영지배자와7) 그 친족8)

② 비소액주주와 그 친족

③ 법인의 임원·직원, 비소액주주의 직원,9) 법인 또는 비소액주주의 금전 등의 자산에 따라 생계를 유지하는 자10) 및 이들과 생계를 함께하는 친족11)

4) 지배적인 영향력을 행사하고 있는지 여부는 국세기본법에 따른다.

5) 법인이 현물출자를 통해 새로운 법인을 설립하는 경우 해당 법인과 신설법인간에는 경제적 연관관계 또는 경영지배관계에 있는 자에 해당된다.

6) 임원이란 법인의 회장·사장·부사장·이사장·대표이사·전무이사·상무이사 등 이사회의 구성원 전원과 청산인, 합명회사·합자회사·유한회사의 업무집행사원 또는 이사, 유한책임회사의 업무집행자, 감사 등을 말한다.

7) 경영지배자에는 상법에 따라 이사로 보는 업무집행지시자 및 업무집행자를 포함한다. 업무집행지시자란 회사에 대한 자신의 영향력을 이용하여 이사에게 업무집행을 지시한 자를 말하고, 업무집행자란 이사의 이름으로 직접 업무를 집행한 자 또는 이사가 아니면서 회사의 업무를 집행할 권한이 있는 것으로 인정될 만한 명칭(회장, 사장 등)을 사용하여 업무를 집행하는 자를 말한다.

8) 친족관계란 6촌 이내의 혈족, 4촌 이내의 인척, 배우자(사실상의 혼인관계에 있는 자를 포함함), 친생자로서 다른 사람에게 친양자 입양된 자 및 그 배우자·직계비속에 해당하는 관계를 말한다.

9) 비소액주주가 영리법인인 경우에는 그 임원을, 비영리법인인 경우에는 그 이사 및 설립자를 말한다.

10) 생계유지자란 주주 등으로부터 급부를 받는 금전·기타의 재산수입과 급부를 받은 금전·기타의 재산운용에 따라 발생하는 수입을 일상생활비의 주된 원천으로 하고 있는 자를 말한다.

11) 생계를 함께 하는 친족이란 주주 등 또는 생계를 유지하는 자와 일상생활을 공동으로 하는 친족을 말한다.

(2) 제1차 경영지배관계인

해당 법인이 직접 또는 해당법인 · 경제적 관계인을 통하여 어느 법인의 경영에 대해 지배적인 영향력을 행사하고 있는 경우 그 법인

(3) 제2차 경영지배관계인

① 해당 법인이 직접 또는 해당법인 · 경제적 관계인 · 제1차 경영지배관계인을 통하여 어느 법인의 경영에 대해 지배적인 영향력을 행사하고 있는 경우 그 법인
② 해당 법인에 30% 이상을 출자하고 있는 법인에 30% 이상을 출자하고 있는 법인 또는 개인

(4) 기업집단의 계열회사 및 계열회사의 임원

해당 법인이 독점규제 및 공정거래에 관한 법률에 따른 기업집단에 속하는 법인인 경우 그 기업집단에 소속된 다른 계열회사 및 계열회사의 임원

그림 특수관계자의 범위

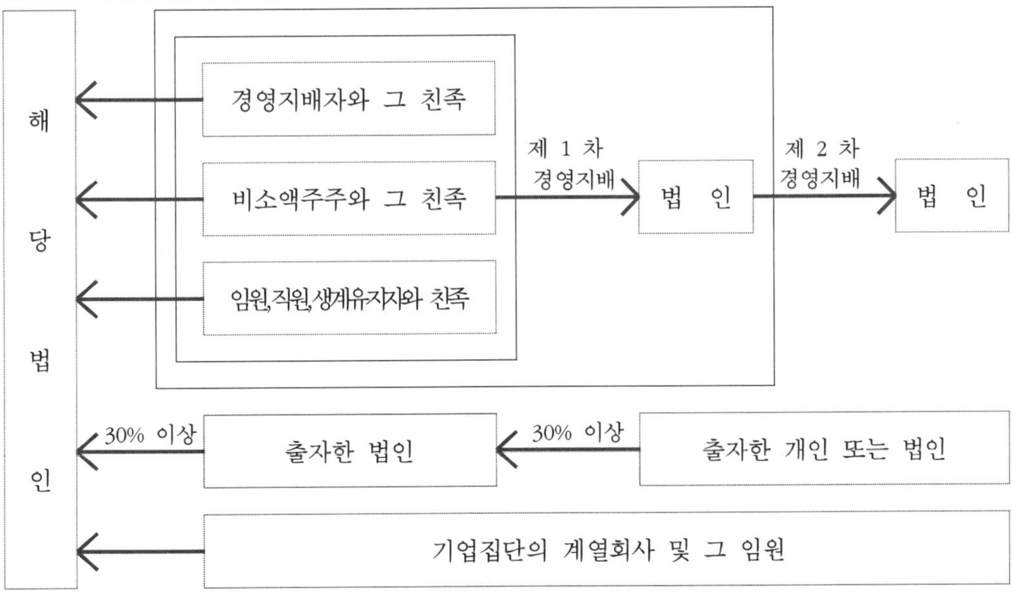

3. 시가

1) 시가가 분명한 경우

부당행위계산의 부인규정을 적용할 때 시가란 건전한 사회통념 및 상거래 관행과 특수관계인이 아닌 자간의 정상적인 거래에서 적용되거나 적용될 것으로 판단되는 가격, 요율, 이자율, 임대료, 교환비율 등을 말한다.

시가를 적용할 때 해당 거래와 유사한 상황에서 해당 법인이 특수관계인 외의 불특정다수인과 계속적으로 거래한 가격 또는 특수관계인이 아닌 제3자간에 일반적으로 거래된 가격이 있는 경우에는 그 가격을 시가로 적용한다.

이 경우 주권상장법인이 발행한 주식을 증권시장 외에서 거래하거나 일정 수량·금액 이상의 요건을 충족하는 경우에 한정하여 매매가 성립되는 대량매매의 방법으로 거래한 경우 해당 주식의 시가는 그 거래일의 거래소 최종시세가액으로[12] 하며, 상속세 및 증여세법에 따른 최대주주가 변경되거나 최대주주등 간의 거래에서 주식의 보유비율이 1% 이상 변동되어 사실상 경영권의 이전이 수반되는 경우에는 시가에 그 가액의 20%을 가산한다.

2) 시가가 불분명한 경우

(1) 일반적인 경우

시가를 적용함에 있어서 시가가 불분명한 경우에는 다음의 가액을 차례로 적용하여 계산한 금액에 따른다.

① 감정평가 및 감정평가사에 관한 법률에 따른 감정평가법인등이 감정한 가액이 있는 경우 그 감정한 가액.[13] 다만, 감정한 가액이 2 이상인 경우에는 그 감정한 가액의 평균액을 적용하고, 주식 및 가상자산은 제외한다.

② 상속세 및 증여세법의 평가방법에 따라 평가한 가액[14][15]

---

12) 거래소 휴장 중에 거래한 경우에는 그 거래일의 직전 최종시세가액을 적용한다.

13) 상법에 따라 법원이 선임한 검사인은 감정평가업자에 해당되지 아니하므로 현물출자자산에 대한 법원검사인의 감정가액은 시가가 분명한 것으로 보지 아니한다.

14) 상증법에 주권비상장법인의 주식을 평가할 때 해당 주권비상장법인의 주식을 발행한 법인이 보유한 주권상장법인의 주식의 평가금액은 평가기준일의 거래소 최종시세가액으로 한다.

15) 주권비상장법인의 주식은 1주당 순손익가치와 1주당 순자산가치를 각각 3과 2의 비율로 가중평균에 따라 평가한다. 다만, 부동산법인의 경우에는 1주당 순손익가치와 1주당 순자산가치의 비율을 각각 2와 3의 비율로 가중평균에 따라 평가한다.

(2) 금전

금전의 대여 또는 차용의 경우에는[16] 시가, 감정가액, 상증법의 평가액에도 불구하고 가중평균차입이자율을 시가로 한다. 금전의 대여 또는 차용의 경우에는 채권자 및 채무자의 신용도, 원금의 크기, 대여 및 차용의 기간, 대여일 및 차용일의 경제적 상황 등에 따른 시가의 불완전성을 고려하여 획일적으로 가중평균차입이자율을 시가로 하는 것이다.

가중평균차입이자율이란 자금을 대여한 법인의 대여시점 현재 특수관계인으로부터의 차입금을 제외한 각각의 차입금 잔액에 차입 당시 각각의 이자율을 곱한 금액의 합계액을 해당 차입금 잔액의 총액으로 나눈 비율을[17] 말한다.

다만, 다음의 경우에는 당좌대출이자율을 시가로 한다. 당좌대출이자율이란 금융회사 등의 당좌대출이자율을 고려하여 기획재정부령으로 정하는 이자율(4.6%)을 말한다.

① 가중평균차입이자율의 적용이 불가능한 경우에는 해당 대여금 또는 차입금에 한정하여 당좌대출이자율을 시가로 한다. 이 경우 가중평균차입이자율의 적용이 불가능한 경우란 특수관계인이 아닌 자로부터 차입한 금액이 없는 경우, 차입금 전액이 채권자가 불분명한 사채 또는 매입자가 불분명한 채권·증권의 발행으로 조달된 경우, 자금을 대여한 법인의 가중평균차입이자율이 해당 대여시점 현재 자금을 차입한 법인의 가중평균차입이자율 보다 높은 경우를 말한다.

② 법인세의 과세표준 신고와 함께 당좌대출이자율을 시가로 선택한 경우에는 시가로 선택한 사업연도와 이후 2개 사업연도는 당좌대출이자율을 시가로 한다. 이 경우 3년 의무적용기간이 경과한 후 다시 당좌대출이자율을 시가로 선택하여 신고하는 경우에는 다시 3년간 의무적용한다.

③ 대여기간이 5년을 초과하는 대여금 또는 차입금이 있는 경우 해당 대여금·차입금에 한정하여 당좌대출이자율을 시가로 한다. 대여기간이란 대여한 날부터[18] 해당 사업연도 종료일 또는 해당 사업연도에 상환하는 경우는 상환일까지의 기간을 말한다.

---

16) 근로자의 복지증진 등 조세정책적 목적에 따른 금전의 대여는 부당행위를 적용하지 아니하며, 이는 제3장 제2절 지급이자를 손금산입하지 아니하는 업무무관가지급금과 동일하다.

17) 가중평균차입이자율을 계산함에 있어서 변동금리로 차입한 경우에는 차입 당시의 이자율로 차입금을 상환하고 변동된 이자율로 그 금액을 다시 차입한 것으로 보며, 차입금이 채권자가 불분명한 사채 또는 매입자가 불분명한 채권(債券)·증권의 발행으로 조달된 차입금에 해당하는 경우에는 해당 차입금의 잔액은 가중평균차입이자율 계산을 위한 잔액에 포함하지 아니한다.

18) 계약을 갱신한 경우에는 그 갱신일을 말한다.

(3) 금전 외의 자산 또는 용역

금전 외의 자산 또는 용역을 제공하거나 제공받는 경우로서 시가가 분명하지 아니하거나 감정가액 · 상증법의 평가액 · 가중평균차입이자율에 따라 시가를 적용할 수 없는 경우에는 다음과 같이 계산한 금액을 시가로 한다.

① 유형 · 무형의 자산제공거래

유형 또는 무형의 자산을 제공하거나 제공받은 경우에는 해당 자산 시가의 50%에 상당하는 금액에서 그 자산의 제공과 관련하여 받은 전세금 또는 보증금을 뺀 금액에 정기예금이자율을 곱하여 산출한 금액을 시가로 한다.

$$\text{적정임대료} = (\text{자산 시가의 적수} \times 50\% - \text{전세금 · 보증금의 적수}) \times \frac{1}{365} \times \text{정기예금이자율}$$

② 건설 등의 용역제공거래

건설 등 용역을 제공하거나 제공받는 경우에는 해당 용역의 제공에 소요된 원가(직접비 및 간접비를 포함함)와 원가에 해당 사업연도 중 특수관계인 외의 자에게 제공한 유사한 용역제공거래 또는 특수관계인이 아닌 제3자간의 일반적 용역제공거래를 할 때의 수익률을 곱하여 계산한 금액을 더한 금액을 시가로 한다.

$$\begin{aligned} \text{시가} &= \text{원가} + \text{원가} \times \text{수익률} \\ &= \text{원가} \times (1 + \text{수익률}) \\ &= \text{원가} \times \left[1 + \frac{(\text{유사용역의 매출액} - \text{유사용역의 원가})}{\text{유사용역의 원가}} \right] \end{aligned}$$

Ⅱ 부당행위계산의 유형[19] 및 세무조정

1. 손익거래에 따른 부당행위계산의 부인

자산의 양수도거래, 금전의 대차거래, 그 밖의 자산·용역의 제공거래 등 손익거래를 불공정하게 하는 경우에는 법인의 행위 또는 소득금액의 계산과 관계없이 거래가액과 시가의 차액에 대하여 부당행위계산의 부인규정을 적용한다.

다만, 납세자의 조세부담과 시가에 대한 분쟁의 소지를 줄이기 위하여 자산의 고가매입과 저가양도, 금전의 고율차입과 저율대여, 자산의 임대차거래, 건설·기타 용역의 제공거래에는 시가와 거래가액의 차액이 3억원 이상인 경우 또는 시가의 5%에 상당하는 금액 이상인 경우에만 적용한다. 그러나 주권상장법인이 발행한 주식을 거래한 경우에는 시가가 명확하므로 시가와 거래가액의 차액에 대하여 부당행위계산의 부인규정을 적용한다.

1) 자산의 저가양도

법인이 특수관계인에게 자산을 무상 또는 시가보다 낮은 가액으로 양도 및 현물출자한 경우에는 부당행위계산의 부인으로 시가와 거래가액의 차액에 대하여 익금산입하고 귀속자에 따라 상여 등으로 소득처분한다.

다만, 상법, 벤처기업법, 소재부품장비특별법, 근로복지기본법에 따라 법인의 발행주식총수의 10% 범위에서 부여하거나 지급한 주식매수선택권 등의 행사 또는 지급에 따라 주식을 양도하는 경우는 제외한다.

사례 ❶ 자산의 저가양도에 대한 세무조정

㈜고려는 제16기 사업연도 중 주주에게 시가 200,000,000원(장부가액 150,000,000원)인 기계장치를 150,000,000원에 양도하였다. 기계장치의 양도에 대한 세무조정을 하시오.

【해석】

√부당행위계산의 부인 적용여부: (2억원 － 15,000만원) ≥ Min(2억원 × 5%, 3억원)

√세무조정: 〈익금산입〉 부당행위계산의 부인(저가양도) 50,000,000 배당

19) 법인세법에 따른 특수관계인의 범위는 열거규정인데 반하여 부당행위계산의 유형은 예시규정이다. 따라서 조세회피 의도가 없어도 경제적 합리성이 결여된 거래는 부당행위계산의 부인 규정을 적용한다.

2) 자산의 고가매입

자산을 시가보다 높은 가액으로 매입 또는 현물출자받았거나 그 자산을 과대상각한 경우의 세무조정은 다음과 같다.

구 분			자산의 고가매입에 대한 회계처리 및 세무조정
취득일	전액지급	회계	(차변) 자산(토지 등) *** / (대변) 현금 ***
		세무	(익금산입) 부당행위계산 부인액(현금) *** 상여 등 (손금산입) 자산(토지 등, 시가초과액) *** △유보
	일부지급[20]	회계	(차변) 자산(토지 등) *** / (대변) 현 금 *** 미지급금 ***
		세무	(익금산입) 미지급금 *** 유보 (손금산입) 자산(토지 등,시가초과액) *** △유보
취득일 이 후	미지급금의 지급	회계	(차변) 미지급금 *** / (대변) 현금 ***
		세무	(익금산입) 부당행위계산 부인액(현금) *** 상여 등 (손금산입) 미지급금 *** △유보
	결산일	회계	(차변) 감가상각비 *** / (대변) 감가상각누계액 ***
		세무	(손금불산입) 감가상각누계액(시가초과액)[21] *** 유보
	처분일	회계	(차변) 현 금 *** / (대변) 자 산 *** 감가상각누계액 *** / 자산처분이익 ***
		세무	(익금산입) 자산(토지 등, 시가초과액)[22] *** 유보 (손금산입) 감가상각누계액(시가초과액)[23] *** △유보

20) 자산매입대금의 일부만 지급한 경우에는 대금지급액 중 시가상당액이 먼저 지급되고 그 다음에 시가초과액이 지급되는 것으로 한다.

21) 법인이 계상한 감가상각비 중에서 취득가액에 대한 시가초과액으로 손금산입된 △유보금액의 비율을 곱하여 계산한 금액을 손금불산입(유보)하고, 이를 자산의 취득일에 시가초과액으로 손금산입한 △유보금액과 상계한다. 따라서 법인이 계상한 감가상각비에서 시가초과액에 대한 감가상각비 상당액을 차감한 금액을 법인이 손금산입한 감가상각비로 보아 감가상각비의 한도초과액을 계산한다.

22) 처분일 현재 자본금과적립금조정명세서에 △유보로 기록되어 있는 잔액을 말한다.

23) 결산일에 시가초과액에 해당하는 감가상각비를 손금산입된 자산의 △유보금액에서 차감하는 방법으로 자본금과적립금조정명세서를 기재한 경우에는 처분일 현재의 △유보잔액만을 익금산입한다.

사례 ❷ 자산의 고가매입에 대한 세무조정

고려(주)의 건물 거래분에 대하여 제16기 사업연도(2021.1.1.~2021.12.31.) 및 제17기 사업연도(2022.1.1~2022.12.31)의 세무조정을 하시오.

(1) 고려(주)는 2021.7.1.에 법인의 대주주로부터 5,000,000원(시가 3,000,000)에 건물을 구입하고, 2021.7.1.에 3,000,000원을 현금으로 지급하고 잔액은 미지급하였다.

(2) 고려(주)는 2021.12.31. 건물에 대한 감가상각비 125,000원을 계상하였다. 건물의 신고내용연수는 30년이고 감가상각방법은 정액법으로 신고하였다.

(3) 고려(주)는 2022.3.1. 건물의 취득과 관련된 잔금을 현금 지급하고, 대주주로부터 취득한 건물을 2022.7.1 특수관계 없는 제3자에게 4,000,000원에 양도하였다.

【해석】

√취득일(2021.7.1.)의 세무조정

- 부당행위계산 여부: (5,000,000 − 3,000,000) ≥ Min(3억원, 3,000,000원 × 5%)
- 기업은 고가매입분에 대하여 자산(건물)과 부채(미지급금)를 과대계상하였다.
- 세무조정 :

〈손금산입〉	건물(시가초과액)	2,000,000	△유보
〈익금산입〉	미지급금(부당행위계산 부인액)	2,000,000	유 보

√결산일(2021.12.31.)의 세무조정

- 시가초과액에 대한 감가상각비: $125,000 \times \frac{2,000,000}{5,000,000} = 50,000$원
- 감가상각비 한도초과액: $(125,000-50,000) - 3,000,000 \times \frac{1}{30} \times \frac{6}{12} = 25,000$원
- 세무조정:

〈손금불산입〉	건물(시가초과액)	50,000	유 보
〈손금불산입〉	감가상각누계액(한도초과액)	25,000	유 보

√잔금 지급일(2022.3.1.)의 세무조정

- 2022.3.1 미지급금을 현금으로 지급할 때 대주주에게 배당처분을 위한 세무조정을 한다.
- 세무조정:

〈익금불산입〉	미지급금(부당행위계산 부인액)	2,000,000	△유보
〈익금산입〉	부당행위계산 부인액	2,000,000	배 당

√처분일(2022.7.1.)의 세무조정

- 기업회계는 2022.7.1 건물의 양도일에 장부상의 취득가액 5,000,000원을 기준으로 자산처분손익을 계산하였으므로 세법에 따른 취득원가 3,050,000원(취득일의 시가 3,000,000원과 유보처분된 50,000원의 합계액)보다 1,950,000원이 과다하게 손금으로 산입하였다. 이를 손금불산입한다.
- 기업회계는 법인이 계상한 감가상각누계액 125,000원을 기준으로 자산처분손익을 계산하였으므로 이미 과세된 감가상각비 한도초과액 25,000원을 익금불산입한다.
- 세무조정:

〈손금불산입〉	건물(시가초과액)	1,950,000	유 보
〈익금불산입〉	감가상각누계액(한도초과액)	25,000	△유보

3) 금전등의 저율대여 및 고율차입

(1) 금전등의 부당행위계산

법인이 특수관계인에게 금전 · 그 밖의 자산 및 용역을 무상 또는 시가보다 낮은 이율 · 요율 · 임대료로 대부하거나 제공한 경우(저율대여)와 금전 · 그 밖의 자산 및 용역을 시가보다 높은 이율 · 요율 · 임차료로 차용하거나 제공받은 경우(고율차입)에는 시가와 제공한 가액의 차액을 자금으로 지원한 것으로 보아 세무조정을 한다.

금전등을 다음과 같이 제공하는 경우에는 조세를 부당하게 감소시킨 것으로 보지 않는다.

① 주주가 아닌 임원(소액주주인 임원을 포함함) 및 직원에게 사택을 제공한 경우

② 상법, 벤처기업법, 소재부품장비특별법, 근로복지기본법에 따라 법인의 발행주식총수의 10% 범위에서 부여하거나 지급한 주식매수선택권 등의 행사 또는 지급에 따라 금전을 제공하는 경우

③ 용역의 거래가격에 따른 연결납세방식을 적용받는 연결법인 간에 연결법인세액의 변동이 없는 것으로 해당 용역의 착수일 등 용역을 제공하기 시작한 날이 속하는 사업연도부터 그 용역의 제공을 완료한 날이 속하는 사업연도까지 연결납세방식을 적용하는 연결법인 간의 용역거래인 경우

(2) 가지급금의 범위

법인이 보유한 금전으로 차입금을 상환하면 지급이자의 부담을 줄일 수 있고, 법인의 자금을 대여 및 예금을 하면 수입이자를 얻을 수 있고, 법인은 외부에서 자금을 차입하면 지급이자를 부담하여야 한다. 이렇게 법인이 보유한 금전 및 차입한 자금을 특수관계인에게 무상 또는 차입이자율보다 낮은 이율로 대여하면(업무무관가지급금) 특수관계인으로부터 수입해야 하는 이자(가지급금인정이자)와 실제 수입이자의 차액을 익금산입한다.

업무무관가지급금이란 그 명칭 여하에 불구하고 법인의 업무와 직접적인 관련이 없거나 금융회사 등의 주된 수익사업으로 볼 수 없는 자금의 대여액을 말한다. 특수관계인에 대한 대여금만 해당되며, 이자를 수령하고 있는지 여부와는 관계가 없다.

업무무관가지급금 중 가지급금인정이자를 계산하지 아니하는 금전의 대여는 근로자의 복지증진 등 조세정책적 목적에서 지출된 금액으로 규정하고 있는데, 이는 지급이자를 손금산입하지 아니하는 업무무관가지급금과 동일하다.

(3) 가지급금인정이자의 계산

가지급금인정이자는 다음과 같이 계산한다.

√인정이자 = (가지급금 적수 − 가수금 적수) × $\frac{1}{365}(\frac{1}{366})$ × 인정이자율

√익금산입액 = 인정이자 − 회사계상 수입이자

동일인에 대한 가지급금과 가수금이 함께 있는 경우에는 가지급금의 적수에서 가수금의 적수를 차감한 적수에 대하여 인정이자를 계산한다. 다만, 가지급금 및 가수금이 발생할 때에 상환기간 · 이자율 등에 대한 약정이 있어 이를 서로 상계할 수 없는 경우에는 상계하지 아니한다.

인정이자율은 금전의 대여 또는 차용하는 경우에 일반적인 시가산정기준에 불구하고 가중평균차입이자율을 시가로 한다. 다만, 가중평균차입이자율의 적용이 불가능한 사유가[24] 있는 경우 또는 법인세의 과세표준 신고와 함께 당좌대출이자율을 시가로 선택한 경우에는 당좌대출이자율을[25] 시가로 한다.

(4) 가지급금인정이자에 대한 세무조정

가지급금인정이자에 대한 세무조정은 다음과 같다.

구 분			가지급금인정이자에 대한 회계처리 및 세무조정
일반적인 경우		회계	회계처리 없음
		세무	(익금산입) 가지급금인정이자 *** 상여 등
미수이자	약정이 없는 경우[26]	회계	(차변) 미수이자 *** / (대변) 이자수익 ***
		세무	(익금산입) 가지급금인정이자 *** 상여 등 (손금산입) 미수이자 *** △유보
	약정이 있는 경우	회계	(차변) 미수이자 *** / (대변) 이자수익 ***
		세무	(익금산입) 가지급금인정이자(인정이자 - 미수이자) *** 상여 등

24) 가중평균차입이자율의 적용이 불가능한 사유란 특수관계인이 아닌 자로부터 차입한 금액이 없는 경우, 차입금 전액이 채권자가 불분명한 사채 또는 매입자가 불분명한 채권 · 증권의 발행으로 조달된 경우, 대여한 법인의 가중평균차입이자율과 대여금리가 해당 대여시점 현재 자금을 차입한 법인의 가중평균차입이자율보다 높아 가중평균차입이자율이 없는 것으로 보는 경우를 말한다.

25) 기획재정부령으로 정하는 당좌대출이자율은 연간 4.6%(2016.3.7. 이전 분은 연간 6.9%)이다.

사례 ❸ 가지급금 인정이자에 대한 세무조정[27)]

제조업을 영위하는 영리내국법인 ㈜A의 제21기(2022.1.1~2022.12.31) 자료이다. 가지급금 관련 세무조정(지급이자 손금불산입은 제외)이 제21기 각 사업연도 소득금액에 미치는 순영향으로 옳은 것은? 단, 전기의 세무조정은 정확하게 이루어졌다.(CPA. 2021수정)

(1) ㈜A는 특수관계인 을에게 2021.9.1에 20,000,000원을 업무와 무관하게 대여(이자율 약정 없음)하였고, 당기 말 현재 회수하지 아니하였으며, 이자수익으로 계상한 금액은 없다.

(2) ㈜A의 당기 말 현재 차입금과 지급이자의 내역은 다음과 같다. 차입금은 모두 은행(특수관계인 아님)으로부터 차입하였다.

차입일	연 이자율	지급이자	차입금
2021.8.1	5%	10,000,000원	200,000,000원
2021.6.1	10%	30,000,000원	300,000,000원

(3) ㈜A는 금전대차거래의 시가를 신고하지 아니하였고, 당좌대출이자율은 연 4.6%로 가정한다.

【해석】

√ 업무무관가지급금: 20,000,000 × 8% = 1,600,000원

• 가중평균차입이자율: $\frac{(200,000,000 \times 5\%) + (300,000,000 \times 10\%)}{200,000,000 + 300,000,000} = 8\%$

√ 세무조정: 〈익금산입〉 가지급금인정이자 1,600,000 상여

4) 합병 · 분할에 따른 자산양도손익을 감소시킨 경우

특수관계에 있는 법인 사이의 합병 · 분할에 있어서 불공정한 비율로 합병 · 분할하여 피합병법인이 합병 · 분할에 따른 양도손익을 감소시킨 경우에는 부당행위계산의 부인규정을 적용한다. 다만, 자본시장법의 합병 등 특례에 따라 주권상장법인이 합병 · 분할하는 경우는 부당행위계산의 부인규정을 적용하지 아니한다.[28)29)]

26) 법인이 금전소비대차에 따른 상환기간 및 이자율 등의 약정이 없는 대여금에 대하여 결산확정할 때 미수이자를 계상한 경우 동 미수이자는 이자계산의 근거 없이 소득처분만을 회피할 목적으로 계상한 가공자산으로 본다.

27) 법인이 국세기본법에 따른 제2차 납세의무자로서 특수관계인의 국세를 대신 납부하고 가지급금 등으로 처리한 경우에는 조세의 부담을 부당하게 감소시킨 것으로 인정되지 아니한다.

28) 주권상장법인 간 합병의 경우에는 합병을 위한 이사회 결의일과 합병계약을 체결한 날 중 앞서는 날의 전일을 기산일로 하여 최근 1개월간 평균종가, 최근 1주일간 평균종가, 최근일의 종가를 산술평균한 기준시가를 30%(계열회사 간 합병의 경우에는 10%)의 범위에서 할인 또는 할증한 가액을 합병가액으로 한다.

29) 주권상장법인과 주권비상장법인 간 합병의 경우에는 주권상장법인의 경우에는 기준시가의 30%(계열회사 간 합병의 경우에는 10%)의 범위에서 할인 또는 할증한 가액, 주권비상장법인의 경우에는 자산가치와 수익가치를 가중산술평균한 가액을 합병가액으로 한다.

5) 무수익자산을 매입 또는 현물출자받은 경우

법인세법에서는 무수익자산에 대한 명문규정이 없으나, 판례에서는 법인의 수익창출에 공헌하지 못하거나 법인의 수익과 관련 없는 자산으로서 장래에도 그 자산의 운용으로 수익을 얻을 가망성이 희박한 자산을 의미하는 것으로 해석하고 있다.

무수익자산의 매입에 따른 세무조정방법에 대해서 법인세법에서 명문규정이 없으나 판례에서 무수익자산의 매입금액을 특수관계인에게 대여한 것으로 보아 업무무관가지급금으로[30] 해석하고 있다. 무수익자산을 매입하거나 현물출자받은 경우의 세무조정은 다음과 같다.

<table>
<tr><th colspan="3">구 분</th><th>무수익자산에 대한 회계처리 및 세무조정</th></tr>
<tr><td colspan="2" rowspan="2">취득일</td><td>회계</td><td>(차변) 자산(토지 등) *** / (대변) 현금***</td></tr>
<tr><td>세무</td><td>(익금산입) 가지급금(현금) *** 유보[31]
(손금산입) 자산(토지 등, 무수익자산)***△유보</td></tr>
<tr><td rowspan="10">결
산
일</td><td rowspan="2">대금회수</td><td>회계</td><td>(차변) 현금 *** / (대변) 자산수증이익 ***</td></tr>
<tr><td>세무</td><td>(익금불산입) 가지급금(자산수증이익) *** △유보</td></tr>
<tr><td rowspan="2">유지비용</td><td>회계</td><td>(차변) 세금과공과금 등 *** / (대변) 현금 ***</td></tr>
<tr><td>세무</td><td>(손금불산입) 세금과공과금 등 *** 상여 등</td></tr>
<tr><td rowspan="2">감가상각비</td><td>회계</td><td>(차변) 감가상각비 *** / (대변) 감가상각누계액 ***</td></tr>
<tr><td>세무</td><td>(손금불산입) 감가상각누계액(무수익자산) *** 유보</td></tr>
<tr><td rowspan="2">인정이자</td><td>회계</td><td>회계처리 없음</td></tr>
<tr><td>세무</td><td>(익금산입) 가지급금인정이자 *** 상여 등</td></tr>
<tr><td rowspan="2">지급이자</td><td>회계</td><td>회계처리 없음</td></tr>
<tr><td>세무</td><td>(손금불산입) 지급이자 *** 기타사외유출</td></tr>
<tr><td colspan="2" rowspan="2">처분일</td><td>회계</td><td>(차변) 현 금 *** / (대변) 자산(토지 등) ***
감가상각누계액 *** /
자산처분손실 *** /</td></tr>
<tr><td>세무</td><td>(손금불산입) 자산(토지 등,무수익자산) *** 유보
(손금산입) 감가상각누계액(무수익자산) *** △유보
(익금불산입) 가지급금(자산양도가액) *** △유보
(익금불산입) 가지급금(△유보금액-자산양도가액) *** △유보
(익금산입) 부당행위계산 부인(가지급금 미회수액) ***상여 등[32]</td></tr>
</table>

30) 시가에 따라 매입한 이상 이를 양도할 때 회수할 수 있으므로 고가매입에 해당하는 경우를 제외하고 세무조정을 하지 않아야 된다는 견해도 있다.

6) 불량자산을 차환하였거나 불량채권을 양수한 경우

불량자산을 차환하는 경우 및 불량채권을 양수한 경우의 세무조정은 다음과 같다. 다만, 취득일이후 처분일까지 법인의 장부에 계상된 불량자산과 불량채권의 감가상각비, 세금과공과금, 유지관리비 등의 세무조정은 무수익자산을 매입한 경우에 준용하여 처리한다.

<table>
<tr><th colspan="3">구 분</th><th>불량자산 등에 대한 회계처리 및 세무조정</th></tr>
<tr><td rowspan="4">불량자산</td><td rowspan="2">차환일</td><td>회계</td><td>(차변) 자산A(불량자산) *** / (대변) 자산 B ***</td></tr>
<tr><td>세무</td><td>(익금산입) 부당행위계산 부인액 *** 상여 등
(손금산입) 자산A(불량자산) *** △유보</td></tr>
<tr><td rowspan="2">처분일</td><td>회계</td><td>(차변) 현 금 *** / (대변) 자산A(불량자산) ***
자산처분손실 ***</td></tr>
<tr><td>세무</td><td>(손금불산입) 자산A(불량자산의 장부가액) *** 유보
(익금불산입) 현금(불량자산의 처분가액) *** 기타</td></tr>
<tr><td rowspan="4">불량채권</td><td rowspan="2">양수일</td><td>회계</td><td>(차변) 매출채권A *** / (대변) 현금 ***</td></tr>
<tr><td>세무</td><td>(익금산입) 부당행위계산 부인액 *** 상여 등
(손금산입) 매출채권A *** △유보</td></tr>
<tr><td rowspan="2">대손일</td><td>회계</td><td>(차변) 대손금 *** / (대변) 매출채권A ***</td></tr>
<tr><td>세무</td><td>(손금불산입) 매출채권A *** 유보</td></tr>
</table>

7) 그 밖의 손익거래에 따른 부당행위계산의 유형

다음의 경우에는 조세의 부담을 부당하게 감소시킨 것으로 인정된다.

① 출연금을 대신 부담한 경우

② 파생상품에 근거한 권리를 행사하지 아니하거나 그 행사기간을 조정하는 등의 방법으로 이익을 분여하는 경우. 파생상품이란 기업회계기준에 따른 선도거래, 선물, 스왑, 옵션, 그 밖에 이와 유사한 거래 또는 계약을 말한다.

31) 가지급금을 회수할 수 있다는 가정 하에 유보처분을 하고, 가지급금의 회수가 불가능한 경우에는 특수관계인에게 상여 · 배당 · 기타 · 기타사외유출 등의 처분을 한다.

32) 가지급금의 △유보금액에서 회수된 가지급금(자산의 양도가액)을 차감한 잔액에 대하여 부당행위계산의 부인규정을 적용한다.

사 업 연 도	. . . ~ . . .	가지급금 등의 인정이자 조정명세서(갑)	법 인 명	
			사업자등록번호	

1. 적용 이자율 선택

[ ] 원칙 : 가중평균차입이자율

[ ] 법인세법 시행령 제89조제3항제1호에 따라 해당 사업연도만 당좌대출이자율을 적용

[ ] 법인세법 시행령 제89조제3항제1호의2에 따라 해당 대여금만 당좌대출이자율을 적용

[ ] 법인세법 시행령 제89조제3항제2호에 따른 당좌대출이자율

2. 가중평균차입이자율에 따른 가지급금 등의 인정이자 조정

① 성 명	② 가지급금 적 수	③ 가수금 적 수	④ 차감적수 (②-③)	⑤ 인정이자	⑥ 회 사 계상액	시가인정범위		⑨ 조정액(=⑦) ⑦≧3억이거나 ⑧≧5%인경우
						⑦ 차 액 (⑤-⑥)	⑧ 비 율(%) (⑦/⑤)×100	
계								

3. 당좌대출이자율에 따른 가지급금 등의 인정이자 조정

⑩ 성명	⑪ 가지급금 적 수	⑫ 가수금 적 수	⑬ 차감적수 (⑪-⑫)	⑭ 이자율	⑮ 인정이자 (⑬×⑭)	⑯ 회 사 계상액	시가인정범위		⑲ 조정액(=⑰) ⑰≧3억이거나 ⑱≧5%인경우
							⑰ 차 액 (⑮-⑯)	⑱ 비율(%) (⑰/⑮)×100	
계									

2. 자본거래에 따른 부당행위계산의 부인

1) 의의

합병 · 분할, 증자 · 감자, 전환사채 등에 따른 주식의 전환 · 인수 · 교환에 있어서 법인의 자본거래를 불공정하게 하는 경우에는 주식 등의 지분비율이 변동하게 되어 특정주주가 다른 주주에게 일정한 이익을 무상으로 이전하는 경제적 효과가 발생한다. 불공정한 자본거래에 따라 자본거래의 전후 지분비율이 동일하게 유지되지 않음으로써 자동적으로 이익을 분여하고 분여받게 된다.

불공정한 자본거래를 통해 소액주주를 제외한 법인주주가 특수관계에 있는 다른 주주에게 이익을 분여한 경우에는 이익을 분여한 법인주주에게 부당행위계산의 부인규정을 적용한다. 다만, 상법, 벤처기업법, 소재부품장비특별법, 근로복지기본법에 따라 법인의 발행주식총수의 10% 범위에서 부여하거나 지급한 주식매수선택권 등의 행사에 따라 주식을 발행하는 경우는 제외한다.

한편, 이익을 분여받은 주주가 법인인 경우에는 유가증권의 과소계상액을 익금산입하여 법인세를 과세하며, 이익을 분여받은 주주가 개인(비영리법인)인 경우에는 상증법에 따라 증여세를 과세한다.

2) 불공정한 자본거래에 대한 과세문제

불공정한 자본거래에 따른 거래상대방별 과세문제는 다음과 같다.

구 분		과 세 내 용
이익을 분여한 주주	개인, 비영리법인	과세문제가 없음
이익을 분여한 주주	영리법인	부당행위계산의 부인규정 적용
이익을 분여받은 주주	개인, 비영리법인	의제배당으로 소득세 과세 증여세 과세(대주주, 불공정합병)[33]
이익을 분여받은 주주	영리법인	부당행위계산의 부인규정 적용 의제배당으로 법인세 과세

33) 불공정자본거래에 따라 이익을 분여받는 귀속자에게 상증법에 따른 증여세(대주주인 경우에만 과세)가 과세되는 금액은 기타사외유출로 처분한다.

3) 불공정합병

(1) 의의

불공정합병이란 특수관계가 있는 법인 사이의 합병·분할합병에 있어서 주식 등을 시가보다 높거나 낮게 평가하여 불공정한 비율로 합병한 경우로서 합병법인 또는 피합병법인의 법인주주가 특수관계에 있는 다른 주주에게 이익을 분여한 경우를 말한다. 이러한 합병의 경우에는 합병당사법인 중 일방의 주주가 상대방회사의 주주에게 일정한 이익을 분여한 것으로 본다.

(2) 적용요건

① 특수관계가 있는 법인 사이의 합병

불공정합병에 대한 부당행위계산의 부인규정은 합병법인과 피합병법인이 법인세법에 따른 특수관계에 있는 법인사이의 합병에 대하여 적용한다.

특수관계가 있는 법인의 판정기준은 합병등기일이 속하는 사업연도의 직전 사업연도 개시일로부터 합병등기일까지의 기간동안 한번이라도 특수관계가 있었으면 특수관계가 있는 법인 사이의 합병으로 본다. 이 경우 사업연도 개시일이 서로 다른 법인이 합병한 경우에는 먼저 개시한 날부터 합병등기일까지의 기간동안을 기준으로 판정한다.

② 불공정한 비율에 따른 합병

불공정한 비율에 따른 합병이란 합병법인과 피합병법인의 주식가치비율과 합병비율이 일치하지 아니하여 발생하는 다음의 불공정한 합병이어야 한다.

㉠ 합병법인의 1주당 평가가액에서 주가가 과대평가된 법인의 합병 후 1주당 평가가액을 뺀 금액이 합병법인의 1주당 평가가액의 30%이상 차이가 있는 경우

㉡ 합병법인의 1주당 평가가액에서 주가가 과대평가된 법인의 합병 후 1주당 평가가액을 뺀 금액에 주가가 과대평가된 법인의 법인주주의 합병 후 주식수를 곱하여 계산한 평가가액의 차액이 3억원 이상인 경우[34]

㉢ 합병당사법인의 1주당 평가가액이 액면가액에[35] 미달하는 경우로서 그 평가가액을 초과하여 합병대가를 주식 외의 재산으로 지급한 경우에는 액면가액에서 그 평가가액을 차감한 가액에 합병당사법인의 법인주주의 주식수를 곱한 금액이 3억원 이상인 경우

34) 평가가액의 차액이 3억원 이상인 경우의 판정은 주가가 과대평가된 합병당사법인의 대주주 1인을 기준으로 하여 적용한다.

35) 합병대가가 액면가액에 미달하는 경우에는 당해 합병대가를 말한다.

③ 특수관계에 있는 주주 사이의 이익분여

이익을 **분여하는 주주**와 이익을 **분여받는 주주**가 합병등기일 현재 법인세법에 따른 **특수관계**가 있어야 한다. 이 경우 동일한 법인이 합병법인과 피합병법인의 주식을 동시에 보유하고 있는 경우 자기에게 분여한 이익에 대해서는 부당행위계산의 부인규정을 적용하지 아니한다.

(3) 주식가치의 평가

① 합병법인

합병 후 신설·존속하는 법인이 주권비상장법인인 경우 합병법인의 1주당 평가가액은 **단순평균법**에 따라 평가한 가액으로 한다.

합병 후 신설·존속하는 법인이 자본시장법에 따른 증권시장에서 거래되는 주권상장법인인 경우 합병법인의 1주당 평가가액은 상증법에 따른 주권상장법인의 평가방법에 따라 평가한 가액과 합병당사법인의 단순평균법에 따른 평가액 중 적은 가액으로 한다. 이 경우 합병직전 주식가액의 평가기준일은 상법에 따른 대차대조표 공시일 또는 자본시장법에 따라 합병의 증권신고서를 제출한 날 중 빠른 날로 하고, 주권상장법인에 해당하지 아니하는 법인인 경우에는 상법에 따른 대차대조표 공시일로 한다.

주권상장된 합병법인의 1주당 평가가액 = Min(상증법 평가액, 단순평균법 평가액)

$$\sqrt{}\,\textbf{단순평균법} = \frac{\text{주가가 과대평가된 법인의 합병직전 주식가액} + \text{주가가 과소평가된 법인의 합병직전 주식가액}}{\text{합병법인의 합병후 주식수}}$$

② 합병당사법인

주가가 과대평가 및 과소평가된 합병당사법인의 합병직전 주식가액은[36] **상증법의 유가증권 평가방법**에 따라 평가한 가액에 의한다.[37]

다만, 주권상장법인의 경우 상증법에 따른 주권비상장법인의 평가방법을 적용하여 계산한 평가차액이[38] 상증법에 따른 주권상장법인의 평가방법을 적용하여 계산한 평가차액보다 적게 되는 때에는 상증법에 따른 주권비상장법인의 평가방법을 적용하여 평가할 수 있다.

---

36) 평가가액의 차액을 계산하는 경우 주가가 과대평가된 법인의 1주당 평가가액을 포함한다.

37) 분할합병을 위하여 분할하는 법인(분할법인)의 분할사업부문에 대한 합병직전 주식가액은 다음과 같이 계산한 금액으로 한다.

$$\sqrt{}\,\text{분할법인의 합병직전 주식가액} = \text{분할법인의 분할직전 주식가액} \times \frac{\text{분할사업부문의 순자산가액}}{\text{분할법인의 순자산가액}}$$

38) 평가차액 = 【합병법인의 1주당 평가가액 - (주가가 과대평가된 법인의 1주당 평가가액 × 합병비율)】
× 주가가 과대평가된 합병당사법인의 대주주의 합병 후 주식수

주권상장된 합병당사법인의 합병직전 주식가액
= Max(주권상장법인 평가액, 주권비상장법인의 평가방법에 따른 평가액)

(4) 부당행위계산의 부인금액의 계산

불공정합병에 따른 부당행위계산의 부인금액은 다음과 같다.

√불공정합병에 따른 부당행위계산 부인액(분여한 이익액)
= 불공정합병에 따른 총손실 × 특수관계비율
=(주가가 과소평가된 법인의 합병직후 1주당 평가가액 − 합병법인의 1주당 평가가액)
× 주가가 과소평가된 법인의 법인주주의 합병 후 주식수
× 이익을 분여받은 특수관계주주의 합병 전 지분비율

√불공정합병에 따른 부당행위계산 부인액(분여받은 이익액)
= 불공정합병에 따른 총이익 × 특수관계비율
=(합병법인의 1주당 평가가액-주가가 과대평가된 법인의 합병직후 1주당 평가가액)
× 주가가 과대평가된 법인의 법인주주의 합병 후 주식수
× 이익을 분여한 특수관계주주의 합병 전 지분비율

(5) 불공정합병에 대한 세무조정

불공정합병에 따라 특수관계인에게 분여한 이익의 귀속시기는 합병등기일 속하는 사업연도이고, 불공정합병에 대한 세무조정은 다음과 같이 한다.

세무조정의 원인		불공정합병에 대한 세무조정 및 소득처분
이익분여한 자	합병등기일	(익금산입) 부당행위계산 부인액 *** 상여 등
이익분여받은 자	법인주주	(익금산입) 유가증권 *** 유보
	개인주주	증여세(대주주), 소득세(의제배당)

사례 ❹ 불공정합병에 대한 세무조정

(주)고려는 제17기 사업연도(2022.1.1~2022.12.31)에 특수관계에 있는 (주)종속을 흡수합병하였는데 그 자료는 다음과 같다. ㈜고려의 주주인 (주)C의 세무조정과 소득처분을 하시오? (2011, CPA수정)

(1) ㈜고려와 (주)종속은 모두 주권비상장법인인 내국법인에 해당하며, 합병직전 각 회사의 발행주식 현황은 다음과 같다.
   가. (주)고려의 1주당 평가액: 17,500원(발행주식총수 30,000주)
   나. (주)종속의 1주당 평가액: 10,000원(발행주식총수 20,000주)

(2) ㈜고려와 (주)종속의 합병 직전 주주구성은 다음과 같고, 이 중 (주)C와 (주)F는 특수관계인에 해당한다.
   가. (주)고려: (주)C(60%), 개인주주D(40%)
   나. (주)종속: 개인주주E(60%), (주)F(40%)

(3) ㈜고려는 (주)종속의 주주들에게 (주)종속의 주식 1주당 (주)고려의 주식 1주를 교부했으며, 합병교부금은 지급하지 않았다.

(4) (주)고려와 (주)종속의 합병은 적격합병의 요건을 만족한다.

【해석】

√합병법인의 1주당 평가가액: 14,500원

- 단순평균법에 따른 1주당 평가가액: $\frac{(17,500 \times 30,000 + 10,000 \times 20,000)}{(30,000 + 20,000)}$ = 14,500원
  → 합병 후 존속하는 ㈜고려는 주권비상장법인이므로 합병법인의 1주당 평가가액은 단순평균법에 따라 평가한다.

√불공정합병 여부: 여

- 불공정 자본거래 해당 여부: (14,500 - 10,000) ≥ 14,500 × 30%
  → 합병법인인 ㈜고려의 1주당 평가가액 14,500원에서 주가가 과대평가된 ㈜종속의 합병 후 1주당 평가가액 10,000원을 뺀 금액 4,500원은 합병법인의 1주당 평가가액의 30%인 4,350원 이상의 차이가 있는 발생한다.

√부당행위계산 부인액((주)C): 21,600,000원

- 분여한 이익금액((주)C): (17,500 - 14,500) × 18,000주 × 40% = 21,600,000원
- 분여받은 이익금액((주)F): (14,500 - 10,000) × 8,000주 × 60% = 21,600,000원

√세무조정: 〈익금산입〉 부당행위계산 부인액 21,600,000 기타사외유출

4) 불공정증자

(1) 의의

불공정증자란 법인의 자본을 증가시키는 거래에 있어서 신주, 전환사채, 신주인수권부사채, 교환사채 등을 배정·인수받을 수 있는 권리의 전부 또는 일부를 포기하거나 신주를 시가보다 높은 가액으로 인수함에 따라 법인주주가 특수관계에 있는 다른 주주에게 이익을 분여한 경우를 말한다.

다만, 법인주주가 신주를 배정받을 수 있는 신주인수권의 전부 또는 일부를 포기한 경우로서 해당 법인이 그 포기한 실권주를 자본시장법에 따른 일반공모증자의 방법으로[39][40] 배정하는 경우에는 불공증증자에 따른 부당행위계산의 부인을 적용하지 아니한다.

(2) 부당행위계산 부인액의 계산방법

① 평가액의 산정

증자 후 1주당 평가가액은 단순평균에 따른 평가방법으로 계산한다. 다만, 주권상장법인의 경우에는 단순평균에 따른 증자 후의 1주당 평가가액과 상증법의 평가방법에 따른 증자 후의 1주당 평가가액(증자일이후 2월간의 거래소 최종시세가액의 평균액) 중 적은 금액으로 한다.

단순평균에 따른 증자 후 1주당 평가가액 = $\frac{㉠ + ㉡}{㉢}$

㉠ 증자 전 주가총액 = 증자전의 1주당 평가가액 × 증자전의 발행주식총수
㉡ 증자금액 = 신주 1주당 인수가액 × 증자에 따라 증가한 주식수
㉢ 증자 후 주식수 = 증자전의 발행주식총수 + 증자에 따라 증가한 주식수

② 현저한 이익

현저한 이익이란 증자 후 1주당 평가가액에서 신주 1주당 인수가액을 뺀 가액이 증자 후 1주당 평가가액의 30%이상이거나 분여이익이 3억원 이상인 경우를 말한다.

---

39) 공모는 자본시장법에 따라 50인 이상의 불특정다수인을 대상으로 주식 및 채권 등을 발행 또는 매각하는 것을 말한다.

40) 모집이란 청약의 권유를 하는 날 이전 6개월 이내에 해당 증권과 같은 종류의 증권에 대하여 모집이나 매출에 따르지 아니하고 청약의 권유를 받은 자를 합산하여 산출한 50인 이상의 투자자에게 새로 발행되는 증권의 취득의 청약을 권유하는 것을 말한다. 다만, 합산대상자에는 전문투자자, 회계법인, 신용평가회사 등 전문가를 제외하고, 발행인의 최대주주와 발행주식 총수의 5% 이상을 소유한 주주, 발행인의 임원 및 근로복지기본법에 따른 우리사주조합원, 발행인의 계열회사와 그 임원 등 연고자를 제외한다.

(3) 저가발행한 경우

신주인수가액이 시가보다 적은 경우(저가발행)로서 법인주주가 신주를 배정받을 수 있는 신주인수권의 전부·일부를 포기한 경우에는 실권한 법인주주가 그의 특수관계있는 주주에게 이익을 분여한 것으로 본다.

이 경우 1주당 평가차액은 다음과 같이 계산한다.

1주당 평가차액 = 증자 후 1주당 평가가액 − 신주 1주당 인수가액

① 실권주를 재배정한 경우

신주발행법인이 그 포기한 신주(실권주)를 배정하는 경우에는 실권한 법인주주가 그 실권주를 배정받은 그의 특수관계있는 주주에게 분여한 이익을 익금산입한다.

부당행위계산 부인액

$$= \text{1주당 평가차액} \times \text{법인주주의 실권주식수} \times \frac{\text{특수관계주주가 재배정받은 실권주식수}}{\text{재배정한 실권주식총수}}$$

② 실권주를 재배정하지 아니한 경우

신주발행법인이 실권주를 배정하지 아니한 경우에는 실권한 법인주주가 그 신주 인수를 포기한 그의 특수관계인에게 분여한 현저한 이익을 익금산입한다.

부당행위계산 부인액

= 1주당 평가차액 × 법인주주의 실권주식수 × 특수관계있는 주주의 증자 후 지분율

③ 실권주를 제3자에게 배정한 경우 등

법인의 주주가 아닌 실권한 법인주주의 특수관계인이 신주발행법인으로부터 신주를 직접 배정받음으로써 얻은 이익과 실권한 법인주주의 특수관계인이 소유한 주식의 수에 비례하여 균등한 조건으로 배정받을 수 있는 수를 초과하여 신주를 직접 배정받음으로써 분여받은 이익을 익금으로 산입한다.

부당행위계산 부인액

$$= \text{1주당 평가차액} \times \text{법인주주에게 미배정한 주식수} \times \frac{\text{특수관계주주가 초과배정받은 주식수}}{\text{초과배정한 주식 총수}}$$

(4) 고가발행한 경우

신주인수가액이 시가를 초과하는 경우(고가발행)한 경우로서 법인주주의 특수관계인이 신주인수권의 전부 · 일부를 포기한 경우에는 실권주를 인수한 법인주주가 그의 특수관계있는 주주에게 이익을 분여한 것으로 본다.

이 경우 1주당 평가차액은 다음과 같이 계산한다.

1주당 평가차액 = 신주 1주당 인수가액 - 증자 후 1주당 평가가액

① 실권주를 재배정한 경우

신주발행법인이 실권주를 배정하는 경우에는 그 실권주를 배정받은 법인주주가 그 실권주를 인수함으로써 실권한 그의 특수관계인에게 분여한 이익을 익금산입한다.

부당행위계산 부인액

$$= \text{1주당 평가차액} \times \text{법인주주가 재배정받은 주식수} \times \frac{\text{특수관계주주의 실권주식수}}{\text{실권주식 총수}}$$

② 실권주를 재배정하지 아니한 경우

신주발행법인이 실권주를 배정하지 아니한 경우에는 법인주주가 그 신주를 인수함으로써 실권한 그의 특수관계인에게 분여한 현저한 이익을 익금산입한다.

부당행위계산 부인액

$$= \text{1주당 평가차액} \times \text{법인주주가 인수한 주식수} \times \frac{\text{특수관계주주의 실권주식수}}{\text{균등증자하는 경우 증자주식총수}}$$

③ 실권주를 제3자에게 배정한 경우 등

법인의 주주가 아닌 법인주주가 신주발행법인으로부터 신주를 직접 배정받아 인수함으로써 그의 특수관계인인 주주가 얻은 이익과 법인주주가 소유한 주식의 수에 비례하여 균등한 조건으로 배정받을 수 있는 수를 초과하여 신주를 직접 배정받아 인수함으로써 그의 특수관계인인 주주에게 분여한 이익을 익금산입한다.

부당행위계산 부인액

$$= \text{1주당 평가차액} \times \text{법인주주가 초과배정 받은 주식수} \times \frac{\text{특수관계주주에게 미달배정한 주식수}}{\text{미달배정한 주식총수}}$$

(5) 불공정증자에 대한 세무조정

불공정증자에 따라 특수관계인에게 분여한 이익의 귀속시기는 주금납입일[41] 또는 권리락이 있는 날이[42] 속하는 사업연도이고, 불공정증자에 대한 세무조정은 다음과 같다.

세무조정의 원인		불공정증자에 대한 세무조정 및 소득처분
이익분여한 자	저가발행	(익금산입) 부당행위계산 부인액 *** 상여 등
	고가발행	(익금산입) 부당행위계산 부인액 *** 상여 등 (손금산입) 유가증권 *** △유보
이익분여받은 자	법인주주	(익금산입) 유가증권 *** 유보
	개인주주	증여세(대주주), 소득세(의제배당)

사례 ❺ 불공정증자(저가발행+재배정한 경우)에 따른 부당행위계산

성장(주)의 불공정증자에 대하여 (주)지배의 세무조정을 하시오

(1) 지배(주)는 장기투자목적으로 지분을 참여한 주권비상장법인인 성장(주)으로부터 2022.7.1 신주인수권 2,000주를 배정받았으나 법인은 신주인수권을 포기하였다.

(2) 성장(주)는 증자과정에서 발생한 실권주는 5,000주인데 이는 모두 다른 주주들에게 재배정되었고 이 중 4,000주는 지배(주)와 특수관계있는 고려(주)에게 재배정되었다.

(3) 성장의 증자 전 발행주식총수는 20,000주이고 1주당 시가는 100,000원(1주당 액면가액은 10,000원)이고, 증자한 주식수는 10,000주이고 인수가액은 50,000원이다.

【해석】

√증자 후 1주당 평가가액: $\frac{(100{,}000\text{원} \times 20{,}000\text{주}) + (50{,}000\text{원} \times 10{,}000\text{주})}{20{,}000\text{주} + 10{,}000\text{주}} = 83{,}333\text{원}$

√불공정증자에 따른 부당행위계산 부인금액(이익분여액)

- 성장(주)의 신주인수가액 50,000원은 시가 83,333원보다 저가발행 되었으며, 신주인수권을 포기한 ㈜지배는 실권주를 재배정받은 특수관계인 고려(주)에게 이익을 분여하였다.
- 1주당평가차액 × 법인주주의 실권주식수 × $\frac{\text{특수관계주주가 재배정받은 실권주식수}}{\text{재배정한 실권주식 총수}}$
- $(83{,}333 - 50{,}000) \times 2{,}000\text{주} \times \frac{4{,}000}{5{,}000} = 53{,}332{,}800\text{원}$

√세무조정: 〈익금산입〉 부당행위계산 부인액 53,332,800 기타유출

41) 주식대금 납입일 이전에 실권주를 배정받은 자가 신주인수권증서를 교부받은 경우에는 그 교부일을 말한다.

42) 자본시장법에 따른 증권시장에 주권이 상장된 법인이 해당 법인의 주주에게 신주를 배정하는 경우에는 권리락(權利落)이 있은 날을 기준으로 이익을 계산한다.

사례 ⑥ 불공정증자(고가발행+재배정한 경우)에 따른 부당행위계산

(주)지배의 불공정증자에 대하여 세무조정을 하시오?

(1) 주권비상장법인인 성장(주)은 2022.1.1.에 100% 유상증자를 실시하였다. 성장(주)의 주주는 다음과 같이 구성되어 있다.

주주명	주식수	지분비율	비고
(주)지배	400주	40%	
개인A	400주	40%	(주)지배의 대주주
개인B	200주	20%	

(2) 성장(주)는 증자과정에서 개인A와 개인B가 실권한 600주를(개인A: 400주, 개인B: 200주) 재배정하였으며, 실권한 주식은 모두 (주)지배가 인수하였다.

(3) 성장(주)이 증자 전·후 발행주식 현황은 다음과 같다.

구 분	증자 전 현황	증자내용	증자 후 현황
1주당 액면금액	5,000원	5,000원	5,000원
1주당 상증법의 평가액	5,000원	10,000원	
발행주식 총수	1,000주	1,000주	2,000주

(4) 개인A는 상속세 및 증여세법에 따라 증여세를 부담하였다.

【해석】

√증자 후 1주당 평가가액 : 7,500원

- $\dfrac{(1{,}000\text{주} \times 5{,}000\text{원}) + (1{,}000\text{주} \times 10{,}000\text{원})}{(1{,}000\text{주} + 1{,}000\text{주})} = 7{,}500\text{원}$

√불공정증자에 따른 부당행위계산 부인금액(이익분여액)

- 성장(주)의 신주인수가액 10,000원은 시가 7,500원보다 고가발행 되었으며, 신주인수권을 인수한 ㈜지배는 실권한 특수관계인 개인A에게 이익을 분여하였다.
- $1\text{주당평가차액} \times \text{법인주주의 재배정받은 신주식수} \times \dfrac{\text{특수관계주주의 실권주식수}}{\text{실권주식 총수}}$
- $(10{,}000 - 7{,}500) \times 600\text{주} \times \dfrac{400}{600} = 1{,}000{,}000\text{원}$

√세무조정:

〈익금산입〉	부당행위계산 부인액	1,000,000	기타사외유출
〈손금산입〉	유가증권	1,000,000	△유보

5) 불공정감자

(1) 의의

불공정감자란 법인이 자본을 감소시키기 위하여 주식을 소각함에 있어서 주주가 소유한 주식의 비율에 따르지 아니하고 일부 주주의 주식을 소각함에 따라 주식을 소각한 법인주주가 소각하지 아니한 특수관계에 있는 주주에게 현저한 이익을 분여한 경우를 말한다. 현저한 이익이란 1주당 평가차액이 감자한 주식 1주당 평가액의 30% 이상이거나 그 분여받은 금액이 3억원 이상인 경우를 말한다.

이 경우 1주당 평가차액은 다음과 같이 계산한다.

1주당 평가차액 = 감자한 주식 1주당 평가액 − 주식소각시 지급한 1주당 금액

(2) 시가보다 낮은 대가를 지급받은 경우

주식을 소각한 법인주주가 주식의 시가보다 낮은 대가를 지급받은 경우에는 다음의 이익을 분여한 것으로 보아 익금산입한다.

부당행위계산 부인액
= 1주당 평가차액 × 법인주주가 감자한 주식수 × 특수관계있는 주주의 감자 후 지분비율

(3) 시가보다 높은 대가를 지급받은 경우

감자한 주식 1주당 평가액이 액면가액[43] 이하인 경우로서 주식을 소각한 법인주주가 주식의 시가보다 높은 대가를 지급받은 경우에는 다음의 이익을 분여받은 것으로 보아 익금산입한다.

부당행위계산 부인액 = 1주당 평가차액 × 법인주주가 감자한 주식수

(4) 불공정감자에 대한 세무조정

불공정감자에 따라 특수관계인에게 분여한 이익의 귀속시기는 감자를 위한 주주총회 결의일이 속하는 사업연도이고, 불공정감자에 대한 세무조정은 다음과 같다.

43) 주식소각시 지급한 대가가 액면가액 이하인 경우에는 당해 대가를 말한다.

세무조정의 원인		불공정감자에 대한 세무조정 및 소득처분
이익분여한 자	주총결의일	(익금산입) 부당행위계산 부인액 *** 상여 등
이익분여받은 자	법인주주	(익금산입) 유가증권 *** 유보
	개인주주	증여세(대주주), 소득세(의제배당)

사례 ⑦ 불공정감자에 대한 세무조정

(주)지배의 불공정감자에 대하여 세무조정을 하시오.

(1) 지배(주)가 보유하고 있던 종속(주)의 주식 6,000주 중 3,000주가 무상소각되었다. 종속(주)는 사전에 지배(주)와 협의에 따라 소각을 하였으며 주식소각에 동의를 하지 아니한 무작정(주)의 주식은 소각되지 아니하였다.

(2) 감자 전에 종속(주)의 주식은 지배(주)(지분율: 60%)와 무작정(주)(지분율: 40%)으로 구성되어 있다.

(3) 지배(주)의 대주주 A는 무작정(주)의 의결권이 있는 보통주식을 35%와 의결권이 없는 우선주 10%을 보유하고 있다.

(4) 종속(주)의 1주당 액면가액은 10,000원이고, 소각 전 시가는 14,000원이다.

【해석】

√불공정감자에 따른 부당행위계산 부인금액(이익분여액)

- (14,000 − 0) × 3,000주 × 0.35 = 14,700,000원

연습문제

1. 다음은 제조업을 영위하는 영리내국법인 ㈜A(중소기업 아님)의 제18기 사업연도(2022.1.1~2022.12.31) 사택 제공 관련 자료이다. 법인세법상 부당행위계산부인과 관련한 세무조정이 제18기 각 사업연도의 소득금액에 미친 순영향으로 옳은 것은? (CPA. 2018)

(1) ㈜A는 출자임원(소액주주 아님) B씨에게 제17기부터 사택을 제공하고 있다. 사택의 시가는 200,000,000원이며 B씨로부터 보증금 40,000,000원을 수령하였고, 임대료로 매월 말 200,000원을 수령하고 동 임대료를 임대료수익으로 계상하였다.

(2) ㈜A는 출자임원(소액주주 아님) C씨에게 제16기부터 사택을 제공하고 있다. 사택의 시가는 120,000,000원이며 C씨로부터 임대료로 매월 말 240,000원을 수령하고 동 임대료를 임대료 수익으로 계상하였다.

(3) 사택의 제공에 대한 임대료의 시가는 불분명하며, 감정평가법인이 감정한 가액 및 상속세 및 증여세법에 의한 보충적 평가방법에 의한 임대료를 적용할 수 없다.

(4) 기획재정부령으로 정하는 1년 만기 정기예금이자율은 5%이며, 주어진 자료 이외의 다른 사항은 고려하지 않는다.

① (+)600,000원 ② (+)720,000원 ③ (+)800,000원
④ (+)820,000원 ⑤ (+)900,000원

【정답】 ①

√B씨의 부당행위계산 부인액: 3,000,000 - 2,400,000 = 600,000원

- 시가: $(200{,}000{,}000 \times 50\% \times 365 - 40{,}000{,}000 \times 365) \times \frac{1}{365} \times 5\% = 3{,}000{,}000$원
- 시가(3,000,000원)와 거래가액(2,400,000원)의 차액(600,000원)이 시가의 5%에 상당하는 금액(150,000원) 이상이므로 부당행위계산 부인규정을 적용한다.

√C씨의 부당행위계산 부인액: 0원

- 시가: $(120{,}000{,}000 \times 50\% \times 365 - 0 \times 365) \times \frac{1}{365} \times 5\% = 3{,}000{,}000$원
- 시가(3,000,000원)와 거래가액(2,880,000원)의 차액(120,000원)이 시가의 5%에 상당하는 금액(150,000원) 미만이므로 부당행위계산 부인규정을 적용하지 아니한다.

2. 법인세법상 부당행위계산의 부인에 관한 설명으로 옳지 않은 것은? (CTA. 2019)

① 내국법인의 행위 또는 소득금액의 계산이 특수관계인과의 거래로 인하여 그 법인의 소득에 대한 조세의 부담을 부당하게 감소시킨 것으로 인정되는 경우에는 그 법인의 행위 또는 소득금액의 계산과 관계없이 그 법인의 각 사업연도의 소득금액을 계산한다.

② 부당행위계산에 있어서의 시가란 건전한 사회통념 및 상관행과 특수관계인이 아닌 자 간의 정상적 거래에서 적용되거나 적용될 것으로 판단되는 가격을 말한다.

③ 토지의 시가가 불분명한 경우로 감정평가 및 감정평가사에 관한 법률에 의한 감정평가업자가 감정한 가액이 2이상인 경우에는 그 감정한 가액의 평균액을 적용한다.

④ 특수관계인에 대한 금전 대여의 경우 대여기간이 5년을 초과하는 대여금이 있으면 해당 대여금에 한정하여 가중평균차입이자율을 시가로 한다.

⑤ 특수관계인에게 자산을 무상 또는 시가보다 낮은 가액으로 양도하는 경우에는 시가와 거래가액의 차액이 3억원 이상이거나 시가의 5%에 상당하는 금액 이상인 경우에 한하여 부당행위계산의 부인규정을 적용한다.

【정답】④

√가중평균차입이자율을 → 당좌대출이자율을

3. 법인세법의 부당행위계산의 부인에 관한 설명으로 옳지 않은 것은? (2013. CPA수정)

① 특수관계인에게 자산을 무상 또는 시가보다 낮은 가액으로 양도하는 경우에는 시가와 거래가액의 차액에 관계없이 부당행위계산의 부인규정을 적용한다.

② 특수관계인에게 주식을 시가보다 낮은 가액으로 양도한 것에 대하여 부당행위계산의 부인규정을 적용하기 위한 시가를 정할 때 그 시가가 불분명한 경우라도 감정평가법인이 감정한 가액은 적용하지 않는다.

③ 임원의 임면권 행사, 사업방침의 결정 등 법인의 경영에 대하여 사실상 영향력을 행사하고 있다고 인정되는 자는 해당 법인의 특수관계인에 해당된다.

④ 현실적으로 퇴직하지 않은 임원 또는 직원에게 지급한 퇴직급여는 그 임원 또는 직원이 현실적으로 퇴직할 때까지 업무와 관련 없이 지급한 가지급금으로 본다.

⑤ 특수관계인과의 금전의 대여 또는 차용에 대하여 부당행위계산의 부인규정을 적용하기 위한 시가를 정할 때 특수관계인이 아닌 자로부터 차입한 금액이 없어 가중평균차이자율의 적용이 불가능한 경우에는 해당 대여금에 한정하여 당좌대출이자율을 시가로 한다.

【정답】 ①

√자산의 저가양도는 시가와 거래가액의 차액이 3억원 이상인 경우 또는 시가의 5%에 상당하는 금액 이상인 경우에만 적용한다.

4. ㈜고려는 제16기 사업연도(2021.1.1~2021.12.31)에 대주주인 대표이사로부터 토지를 105,000,000원에 매입하고, 매입대금을 지급하였다. 동 토지의 시가는 불분명하며 개별공시지가는 95,000,000원이고, 감정평가법인이 감정한 가액은 100,000,000원이다. 동 토지는 제17기에 150,000,000원에 매각하였으며 이에 대하여 회계기준에 따라 적정하게 회계처리하였다. 제16기와 제17기의 세무조정 및 소득처분으로 옳은 것은? (2012. CPA)

	제16기	제17기
①	손금산입 5,000,000원(△유보) 익금산입 5,000,000원(상 여)	익금산입 5,000,000원(유 보)
②	손금산입 10,000,000원(△유보) 익금산입 10,000,000원(상 여)	익금산입 10,000,000원(유 보)
③	익금산입 10,000,000원(배 당)	손금산입 10,000,000원(△유보)
④	익금산입 5,000,000원(배 당)	익금산입 5,000,000원(유 보)
⑤	세무조정 없음	세무조정 없음

【정답】 ①

√제16기

- 부당행위계산의 부인 적용 여부: (105,000,000-100,000,000) ≥ 100,000,000×5%
- 부당행위계산 부인액: 〈익금산입〉 부당행위계산부인 5,000,000 상여(대표이사)
- 자산 과대계상 분: 〈손금산입〉 토지(시가초과액) 5,000,000 △유보

√제17기

- 토지의 처분에 따른 기업회계의 취득가액 105,000,000원과 세무회계의 취득가액 100,000,000원의 차이액 5,000,000원에 대하여 처분일에 세무조정을 한다.
- 취득가액 과대계상 분: 〈손금불산입〉 토지(시가초과액) 5,000,000 유보

5. 다음 자료에 따라 (주)고려의 제17기(사업연도 2022.1.1~2022.12.31) 가지급금 등의 인정이자와 관련된 세무조정 및 소득처분은 어느 것인가?

(1) (주)고려의 제17기 포괄손익계산서에 계상된 지급이자는 63,000원에 대한 거래내용이다.

차입일자	차입처	차입금	이자율	이 자	차입기간
2021.1.1	한국은행	100,000	10%	10,000	3년
2022.1.1	한국신용금고	200,000	13%	26,000	2년
2022.1.1	특수관계인 A	300,000	9%	27,000	2년
합 계		600,000		63,000	

(2) 제17기의 국세청장이 정하는 당좌대출이자율은 4.6%라고 가정하고, 법인은 금전의 대여와 관련하여 당좌대출이자를 시가로 신고로 하지 아니하였다.

(3) (주)고려는 2022.1.1. 해당법인의 대표이사 홍길동에게 150,000원(이자율: 연 4.6%, 대여기간: 2년)을 소비대차계약을 체결에 따라 대여하였다. 이와 관련하여 (주)고려는 제17기의 포괄손익계산서에 10,350원을 이자수익으로 계상하고 있다.

① 세무조정 없음
② 가지급금인정이자 7,650원(상여)
③ 가지급금인정이자 5,400원(상여)
④ 가지급금인정이자 18,000원(기타사외유출)
⑤ 가지급금인정이자 18,000원(상여)

【정답】 ②

√가중평균차입이자율: $\frac{(100,000 \times 10\%) + (200,000 \times 13\%)}{300,000} = 12\%$

- 특수관계인으로부터의 차입금을 제외하고 가중평균차입이자율을 산출한다.

√시가: $150,000 \times 365 \times 12\% \times \frac{1}{365} = 18,000$원

√부당행위계산의 부인 적용여부: $(18,000 - 10,350) \geq$ Min(3억, $18,000 \times 5\%$)

√가지급금인정이자: $18,000 - 10,350 = 7,650$원

6. 다음의 자료를 이용하여 법인주주 갑과 법인주주 을이 행할 세무조정 및 소득처분으로 옳은 것은? (2015. CPA)

(1) 주권비상장 영리내국법인 ㈜A는 특수관계에 있는 주권비상장 영리내국법인 ㈜B를 적격 흡수합병하였다.

(2) 합병직전 ㈜A와 ㈜B의 발행주식 현황은 다음과 같다.

구분	1주당 평가액	발행주식총수
㈜A	40,000원	40,000주
㈜B	10,000원	20,000주

(3) ㈜A는 ㈜B의 주주에게 ㈜B의 주식 2주당 ㈜A의 주식 1주를 교부하였다.

(4) 합병직전 ㈜A의 법인주주 갑(지분율 40%)과 ㈜B의 법인주주 을(지분율 20%)은 특수관계인에 해당한다.

	법인주주 갑		법인주주 을	
①	익금산입 6,400,000원	유 보	익금산입 6,400,000원	기타사외유출
②	익금산입 12,800,000원	기타사외유출	익금산입 12,800,000원	유 보
③	익금산입 12,800,000원	유 보	익금산입 12,800,000원	기타사외유출
④	익금산입 25,600,000원	기타사외유출	익금산입 25,600,000원	유 보
⑤	익금산입 25,600,000원	유 보	익금산입 25,600,000원	기타사외유출

【정답】 ②

√합병법인의 1주당 평가액: $\frac{40,000주 \times 40,000원 + 20,000주 \times 10,000원}{40,000주 + (20,000 \times 0.5)}$ = 36,000원

√이익을 분여한 갑의 부당행위계산 부인액: 12,800,000원

- (40,000 - 36,000) × 16,000주 × 20% = 12,800,000원
- 세무조정: 〈익금산입〉 부당행위계산부인액 12,800,000 기타사외유출

√이익을 분여받은 을의 유가증권 과소계상액: 12,800,000원

- (36,000 - 10,000×2) × (20,000×20%×0.5) ×40% = 12,800,000원
- 세무조정: 〈익금산입〉 유가증권 12,800,000 유보

7. (주)성장의 불공정증자에 대하여 (주)대한의 세무조정을 하시오.

(1) (주)성장은 증자를 위하여 신주 10,000주를 지분에 따라 배정하였다. (주)성장의 대주주인 (주)대한이 신주인수를 포기하였으며 포기한 신주를 재배정하지 않았다.

(2) (주)성장의 증자 전 주주는 (주)대한(7,500주), (주)민국(3,000주), 개인A(1,500주) 및 개인B(3,000주)로 구성되어 있으며, (주)대한과 (주)민국 및 개인A는 특수관계인이다.

(3) (주)성장의 증자 전 1주당 평가액은 50,000원이고, 액면가액은 10,000원이며, 신주인수가액은 1주당 20,000원이다

【정답】

√이익분여 요건검토: (38,000 − 20,000) ≥ 38,000 × 30%

- 균등증자시 신주1주당 평가액: $\frac{(15{,}000\text{주} \times 50{,}000\text{원} + 10{,}000\text{주} \times 20{,}000\text{원})}{25{,}000\text{주}} = 38{,}000$

√분여받은 이익의 계산

- (주)민국의 세무조정: 〈익금산입〉매도가능증권 22,500,000 (유보)

  → 분여받은 이익의 계산: $(38{,}000-20{,}000)\times 5{,}000\times \frac{5{,}000}{20{,}000} = 22{,}500{,}000$원

- A개인주주: 특수관계인으로부터 분여받은 이익은 대주주인 경우 증여세를 과세한다.

  → 분여받은 이익계산: $(38{,}000 - 20{,}000) \times 5{,}000 \times \frac{2{,}500}{20{,}000} = 11{,}250{,}000$원

- B개인주주의 분여받은 이익: 없음

  → 이익을 분여한 주주와 특수관계가 없으므로 과세문제가 발생하지 않는다.

√(주)대한의 세무조정: 〈익금산입〉 부당행위계산 부인액 33,750,000 (기타사외유출)

- 부당행위계산 부인금액: $(38{,}000 - 20{,}000) \times 5{,}000 \times \frac{7{,}500}{20{,}000} = 33{,}750{,}000$원

8. 다음의 자료를 이용하여 ㈜D가 부당행위계산 부인에 따라 익금산입할 금액을 계산하면 얼마인가? (CPA. 2009)

(1) 주권비상장법인인 ㈜C는 신주발행을 결의하고 주주 지분비율에 따라 1,000주를 증자하였다. 그러나 주주들 중 일부가 인수를 포기하여 다음과 같이 신주를 추가 배정하였다.

주주	증자 전	신주 배정	추가 배정	증자 후
㈜D	800	포기	-	800
㈜E	400	200	300	900
㈜F	400	포기	-	400
개인 갑	400	200	300	900
합계	2,000주	400주	600주	3,000주

(2) ㈜D와 ㈜E는 특수관계자이다.

(3) ㈜C의 증자 전 1주당 평가액은 15,000원이며, 증자시 1주당 발행가액은 6,000원이다.

① 900,000원 ② 1,800,000원 ③ 1,600,000원
④ 2,400,000원 ⑤ 1,200,000원

【정답】 ⑤

√증자 후 1주당 평가액: $\frac{(15,000원 \times 2,000주 + 6,000원 \times 1,000주)}{3,000주} = 12,000원$

√(주)D의 부당행위계산 부인금액: $(12,000-6,000)\times 400 \times \frac{300}{600} = 1,200,000원$

√세무조정: 〈익금산입〉 부당행위계산 부인액 1,200,000 기타사외유출

CHAPTER 09

과세표준과 세액의 계산

I 과세표준의 계산

1. 과세표준의 계산구조

내국법인의 각 사업연도의 소득에 대한 법인세의 과세표준은 각 사업연도의 소득의 범위에서 이월결손금, 비과세소득, 소득공제액을 차례로 공제한 금액으로 한다.

과세표준 ＝ 각 사업연도의 소득 － 이월결손금 － 비과세소득 － 소득공제액

과세표준 및 산출세액의 계산

	각사업연도소득금액	· 결산서의 당기순이익 + 익금산입 등 − 손금산입 등 · 기부금의 한도초과액 가산 및 이월액 손금추인
−	이월결손금	· 이월공제(해당 사업연도 개시일 전 15년 이내)
−	비과세소득	· 이월공제할 수 없음
−	소득공제	· 이월공제할 수 없음
=	과세표준	
×	세율	· 4단계 초과누진세율
=	산출세액	· 토지등 양도소득에 대한 법인세액 포함

2. 이월결손금

1) 이월결손금의 개념

내국법인의 각 사업연도의 결손금이란 그 사업연도에 속하는 손금의 총액이 그 사업연도에 속하는 익금의 총액을 초과하는 경우에 그 초과하는 금액을 말한다. 내국법인의 이월결손금은 각 사업연도의 개시일 전에 발생한 각 사업연도의 결손금으로서 그 후의 사업연도의 과세표준을 계산할 때 공제되지 아니한 금액을 말한다.

2) 이월결손금의 공제

(1) 공제대상 이월결손금

각 사업연도의 소득에 대한 법인세 과세표준을 계산하는 경우 공제하는 이월결손금은 다음의 요건을 모두 갖추어야 하고, 공제대상 이월결손금의 범위는 각 사업연도 소득의 60%로[1] 한다. 다만, 중소기업, 채무자회생법에 따라 법원이 인가 결정한 회생계획을 이행 중인 법인, 기업구조조정촉진법에 따라 기업개선계획을 이행 중인 법인, 금융실명법에 따른 경영정상화계획을 이행 중인 법인,[2] 자본시장법에 따라 유동화자산을 기초로 하여 유동화거래를 할 목적으로 설립된 법인, 자산유동화에 관한 법률에 따른 유동화전문회사 등, 기업활력제고를 위한 특별법에 따른 사업재편계획 승인을 받은 법인의 경우에는 각 사업연도 소득의 100%를 이월결손금의 공제대상으로 한다.

① 각 사업연도의 손금총액이 그 사업연도에 속하는 익금총액을 초과하는 금액으로서 신고 및 수정신고하거나 결정 및 경정된 과세표준에 포함된 결손금

② 각 사업연도 개시일 전 15년 이내에 개시한 사업연도에서 발생한 결손금

③ 결손금 발생일 이후의 각 사업연도의 과세표준을 계산할 때 공제되지 아니한 금액

(2) 이월결손금의 공제순서

이월결손금의 공제에 있어서는 먼저 발생한 사업연도의 결손금부터 차례대로 공제하며, 임의로 특정사업연도에서 발생한 것을 선택하여 공제받을 수 없다.

---

1) 2016.1.1.부터 2017.12.31.까지 개시하는 사업연도에는 80%를 적용하고, 2018.1.1.부터 2018.12.31.까지 개시하는 사업연도에는 70%를 적용한다.

2) 경영정상화계획을 이행 중인 법인을 판단하는 경우 금융회사 등 채권단과 체결한 재무구조 개선약정은 금융회사 등과 체결한 경영정상화계획에 해당하지 않는다.

(3) 이월결손금의 소멸

법인세법에 따른 결손금은 과세표준을 계산할 때 이월되어 공제받은 경우, 소급공제받은 경우, 자산수증이익과 채무면제이익으로 충당되는 경우에만 소멸되므로 그 외의 경우에는 소멸되지 않는다.

자산수증이익과 채무면제이익으로 보전된 이월결손금은 각 사업연도 과세표준을 계산할 때 공제된 것으로 본다. 이 경우 자산수증이익과 채무면제이익은 결손금의 발생연도에 관계없이 과세표준의 계산할 때 공제되지 아니한 이월결손금에 충당할 수 있다. 따라서 자산수증이익과 채무면제이익을 15년이 경과한 이월결손금의 보전에 충당하였다면 15년 이내에 발생한 이월결손금은 계속 공제가 가능하다.

이에 반하여 이월결손금이 자본잉여금, 이익잉여금, 재평가적립금으로 보전 또는 충당된 경우에는 잉여금으로 충당된 이월결손금은 각 사업연도의 과세표준을 계산할 때 공제된 것으로 보지 아니한다. 따라서 잉여금으로 충당된 이월결손금은 소멸되지 않으며 각 사업연도의 과세표준을 계산할 때 공제대상이 된다.

이월결손금의 공제방법으로는 결손금이 발생한 사업연도의 이후 사업연도의 소득에서 공제하는 이월공제방법과 이전 사업연도의 소득에서 보전하여 이미 납부한 세금을 환급해 주는 소급공제방법이 있다. 법인세법에서는 원칙적으로 이월공제방법을 선택하고 있으나 중소기업에 대해서는 예외적으로 소급공제방법도 허용하고 있다.

(4) 이월결손금의 공제배제

법인세 과세표준을 추계결정·경정하는 경우에는 이월결손금의 공제규정을 적용하지 않는다. 다만, 천재지변 등의 불가항력에 따라 장부 또는 증명서류가 멸실되어 동업자권형에 따라 추계하는 경우에는 이월결손금의 공제규정을 적용할 수 있다. 과세표준을 추계함에 따라 공제되지 못한 이월결손금도 공제시한이 경과되지 않은 경우에는 그 후의 사업연도에서 공제할 수 있다.[3)]

당기순이익을 기준으로 과세하는 조합법인 등의 경우 당기순이익 과세를 포기하기 전에는 이월결손금을 공제하지 아니한다.

---

3) 특수관계인 간의 사업양수도로서 자산의 70% 이상과 순자산의 90% 이상을 이전하는 사업양수의 경우에는 사업양수일 현재 양수법인의 기존 이월결손금은 사업을 양수한 내국법인의 각 사업연도의 과세표준을 계산할 때 양수한 사업부문의 소득금액에서 공제할 수 없다.

사례 ❶ 이월결손금의 공제

다음은 영리내국법인 (주)백두의 제20기 사업연도(2022.1.1~2022.12.31.) 세무조정 관련 자료이다. 세부담 최소화를 가정할 경우 제20기의 법인세 과세표준금액은? 단, 주어진 자료 이외에는 고려하지 않는다. (CTA. 2020)

(1) 세무조정 내역(매입채무에 대한 채무면제이익 10,000,000원이 영업외수익으로 당기순이익에 포함되어 있으며, 이와 관련된 세무조정은 포함되지 않음)

손익계산서상 당기순이익	10,000,000원
익금산입 및 손금불산입	17,000,000원
손금산입 및 익금불산입	(-)12,000,000원
계	15,000,000원

(2) 과거 사업연도에 공제되지 않은 세무상 이월결손금 내역

제8기 사업연도 (2010.1.1.~2010.12.31.)	5,000,000원
제18기 사업연도 (2020.1.1.~2020.12.31.)	5,000,000원
제19기 사업연도 (2021.1.1.~2021.12.31.)	5,000,000원
계	15,000,000원

(3) (주)백두는 조세특례제한법상 중소기업이 아니며 회생계획을 이행 중인 기업 등 대통령령으로 정하는 법인에 해당하지 않는다.

【해석】

√각 사업연도 소득: 15,000,000 - 10,000,000 = 5,000,000원

- 채무면제이익 10,000,000원은 이월결손금의 발생연도에 관계없이 공제할 수 있으므로 제8기 및 제18기의 이월결손금 10,000,000원에 충당한다.

√과세표준: 5,000,000 - Min(5,000,000원, 5,000,000×60%) = 2,000,000원

3) 결손금 소급공제에 따른 환급

(1) 개요

법인세법에서는 결손금에 대하여 원칙적으로 이월공제방법을 적용하고 있으나, 중소기업에 대해서는 예외적으로 소급공제방법도 허용하고 있다. 이 경우 소급공제한 결손금은 공제받은 금액으로 보아 그 후 사업연도의 과세표준을 계산할 때 다시 공제하지 아니한다.

(2) 요건

결손금 소급공제에 따른 법인세 환급은 다음의 요건을 모두 갖춘 법인에만 적용한다.

① 조세특례제한법 시행령에 따른 중소기업에 해당하는 법인
② 직전 사업연도의 법인세액이 있는 법인
③ 결손금이 발생한 사업연도와 그 직전 사업연도의 소득에 대한 법인세 과세표준 및 세액을 각각 신고기한까지 신고한 법인
④ 결손금이 발생한 사업연도의 법인세 과세표준 신고기한까지 소급공제에 따른 환급신청을 한 법인

(3) 환급세액의 계산

① 환급세액의 계산방법

결손금 소급공제에 따른 법인세 환급액은 다음과 같이 계산한다.

> **환급세액 = Min(환급대상세액, 직전 사업연도의 법인세액)**
> **√환급대상세액 = 직전 사업연도 법인세 산출세액 − (직전 사업연도 과세표준 − 소급공제 결손금액) × 직전 사업연도 법인세 세율**
> **√직전 사업연도 법인세액 = 직전 사업연도 법인세 산출세액 − 직전 사업연도 감면세액**

② 직전 사업연도 법인세 산출세액

직전 사업연도 법인세 산출세액이란 감면세액이 있는 경우에는 이를 차감하기 전의 세액을 말하며, 토지등 양도소득에 대한 법인세액 · 가산세 · 감면분 추가납부세액 등은 결손금 소급공제에 따라 환급되지 않는다.

③ 소급공제 결손금액

소급공제 결손금액이란 해당 사업연도의 결손금으로서 소급공제를 받고자 하여 납세지관할 세무장에게 결손금소급공제세액 환급신청서에 제출한 금액을 말하고, 이는 직전 사업연도의 과세표준을 한도로 한다. 따라서 환급대상세액은 직전 사업연도의 과세표준을 한도로 하여 법인이 스스로 결정하여 소급공제한 결손금에 대한 법인세의 산출세액을 의미한다.

(4) 환급세액의 추징

① 추징사유

결손금 소급공제에 따라 법인세를 환급한 후 다음의 사유에 해당하는 경우에는 환급세액에 이자상당액을 더하여 해당 결손금이 발생한 사업연도의 법인세로서 징수한다.

㉠ 결손금이 발생한 사업연도에 대한 법인세 과세표준과 세액을 경정함으로써 결손금이 감소된 경우

㉡ 결손금이 발생한 사업연도의 직전 사업연도에 대한 법인세 과세표준과 세액을 경정함으로써 환급세액이 감소된 경우

㉢ 중소기업에 해당하지 아니하는 내국법인이 법인세를 환급받은 경우

② 추징세액

결손금이 감소됨에 따라 징수하는 법인세액의 계산은 다음과 같다. 다만, 결손금 중 그 일부 금액만을 소급공제받은 경우에는 소급공제받지 아니한 결손금이 먼저 감소된 것으로 보고, 환급취소세액에는 이자상당액을[4][5] 더하여 징수한다.

$$\text{환급취소세액} = \text{당초 환급세액} \times \frac{Max(\text{감소된 결손금액} - \text{소급공제받지 아니한 결손금}, 0)}{\text{소급공제 결손금액}}$$

(5) 환급세액의 재계산

당초 환급세액을 결정한 후 당초 환급세액의 계산의 기초가 된 직전 사업연도의 법인세액 또는 과세표준금액이 달라진 경우에는 즉시 당초 환급세액을 경정하여 추가로 환급하거나 과다하게 환급한 세액상당액을 징수하여야 한다. 이 경우 과다하게 환급한 세액상당액을 징수하는 경우에는 이자상당액을 더하여 징수한다.

이처럼 당초 환급세액을 재결정할 때 소급공제 결손금액이 직전 사업연도의 과세표준금액을 초과하는 경우 그 초과하는 결손금액은 소급공제 결손금으로 보지 않으므로, 그 초과하는 결손금은 이월공제방법에 따라 차기 이후 사업연도에 이월하여 공제한다.

---

4) 환급취소세액(법인세 추징세액)에 가산하는 이자상당액은 환급취소세액에 기간(일수) 및 100,000분의 22를 곱하여 계산한다. 다만, 납세자가 법인세액을 과다하게 환급받은데 정당한 사유가 있는 때에는 국세환급금을 지급할 때 적용되는 기본이자율을 곱하여 이자상당액을 계산한다.

5) 기간(일수)란 당초 환급세액의 통지일의 다음날부터 추징세액의 고지일까지의 기간을 말한다.

사례 ❷ 결손금 소급공제에 따른 환급세액 계산

주권비상장 영리내국법인(중소기업)인 ㈜고려의 세무조정 자료를 이용하여 제17기(2022.1.1~2022.12.31)의 환급세액은 얼마인가? (2015, CPA수정)

(1) 제17기 결손금 200,000,000원이 발생하였으며, 제17기 법인세 신고할 때 결손금 소급공제를 최대한 적용받았다.
(2) 제16기 사업연도까지 발생한 결손금은 없었다.
(3) 제16기 법인세 과세표준은 320,000,000원이고, 공제감면세액은 18,000,000원이다.
(4) 법인세율은 2억원까지 10%이고, 2억원 초과~200억 미만은 20%로 한다.

【해석】

√환급세액: Min(26,000,000원, 26,000,000원) = 26,000,000원

- 환급대상세액: 44,000,000 − (320,000,000 − 140,000,000) × 10% = 26,000,000원
  → 결손금으로 소급공제 가능한 최대의 결손금액 : 140,000,000원
  (20,000,000 − 18,000,000) ÷ 10% + (24,000,000 ÷ 20%) = 140,000,000
- 직전 사업연도 법인세액: 44,000,000 − 18,000,000 = 26,000,000원

사례 ❸ 결손금 소급공제에 따른 환급세액의 추징

제조업을 영위하는 영리내국법인 ㈜A(중소기업)의 제20기(2022.1.1~2022.12.31) 각 사업연도 소득에 대한 법인세 환급과 관련된 자료이다. 법인세 환급 후 결손금 경정으로 징수되는 법인세액(이자상당액은 고려하지 말 것)으로 옳은 것은? (CPA. 2020)

(1) 제19기(2021.1.1~2021.12.31) 법인세 관련 내역

법인세 과세표준	산출세액	공제·감면세액	가산세액
350,000,000원	50,000,000원	30,000,000원	3,000,000원

(2) 당기에 결손금 100,000,000원이 발생하여 이 중 80,000,000원을 소급공제신청하고 이에 대한 법인세를 환급받았다.
(3) 법인세 환급 이후 제20기에 대한 법인세 과세표준과 세액의 경정으로 인해 당초의 결손금 100,000,000원이 70,000,000원으로 감소하였다.
(4) 제19기 사업연도까지 발생한 결손금은 없었다.
(5) ㈜A는 결손금소급공제에 필요한 모든 조건을 충족하고 있다.

【해석】

√환급세액: Min(16,000,000원, 17,000,000원) = 16,000,000원

- 환급대상세액: 50,000,000 − (350,000,000 − 80,000,000) × 누진20% = 16,000,000원
- 직전 사업연도 법인세액: 50,000,000 − 30,000,000 − 3,000,000 = 17,000,000원

√환급세액의 추징: $16,000,000 \times \frac{Max(30,000,000원 - 20,000,000원, 0원)}{80,000,000원}$ = 2,000,000원

3. 비과세소득 및 소득공제

1) 비과세소득

(1) 개념

비과세소득은 법인의 순자산을 증가시키는 소득이므로 익금이다. 그러나 비과세소득은 조세정책적인 목적 등에 따라 국가가 과세권을 포기한 소득이므로 특별한 규정이 없는 한 납세자의 신청 등의 절차를 기다릴 필요 없이 과세소득에서 제외된다.[6)]

해당 사업연도의 과세표준을 계산할 때 공제되지 아니한 비과세소득은 해당 사업연도의 다음 사업연도 이후로 이월하여 공제할 수 없다.

(2) 공익신탁의 재산에서 발생하는 소득

법인세법에서는 공익신탁의 재산에서 발생하는 소득을 비과세소득으로 규정하고 있다. 신탁이란 신탁설정자인 위탁자가 특정의 재산권을 신탁인수자인 수탁자에게 이전하거나 기타의 처분을 하고, 수탁자로 하여금 수익자의 이익을 위하여 또는 특정의 목적을 위하여 그 재산권을 관리·처분하게 하는 법률관계를 말한다. 공익신탁이란 학술, 종교, 제사, 자선, 기예 등의 공익을 목적으로 하는 신탁을 말한다.

2) 소득공제

(1) 개념

소득공제란 과세표준을 계산할 때 각 사업연도의 소득의 일부를 공제해 줌으로써 조세부담을 감면시켜주는 제도이다. 법인세의 소득공제는 유동화전문회사 등에 대한 소득공제가 있다.[7)]

해당 사업연도의 과세표준을 계산할 때 공제되지 아니한 소득공제액과 조세특례제한법에 따른 최저한세의 적용으로 인하여 공제되지 아니한 소득공제액은 해당 사업연도의 다음 사업연도 이후로 이월하여 공제할 수 없다.

---

6) 익금불산입 항목은 익금불산입에 따라 이월결손금의 크기에 반영되어 해당 사업연도의 소득이 없는 경우에도 차기이후의 소득에서 공제받을 수 있는데 비하여, 비과세소득은 이월결손금에 반영되지 않는다.

7) 투자회사와 유사한 투자회사로서 조세특례제한법의 요건을 모두 갖춘 법인이 2022.12.31 이전에 끝나는 사업연도에 대하여 대통령령으로 정하는 배당가능이익의 90% 이상을 배당한 경우 그 금액은 해당 배당을 결의한 잉여금 처분의 대상이 되는 사업연도의 소득금액에서 공제한다.

(2) 유동화전문회사 등에 대한 소득공제

① 유동화전문회사 등

명목회사는 투자자로부터 자금을 모집하여 특정 자산 또는 사업에 투자하고, 여기에서 발생한 이익을 투자자에게 배분하는 도관의 기능을 수행하는 회사이다. 따라서 자산유동화에 관한 법률에 따른 유동화전문회사 등 명목회사의 설립을 지원하기 위해 유동화전문회사 등이 배당가능이익의 90% 이상을 배당하는 경우 그 금액을 배당을 결의한 잉여금처분의 대상이 되는 사업연도의 소득금액에서 공제한다.

다만, 배당을 받은 주주에 대하여 그 배당에 대한 소득세 또는 법인세가 비과세되는 경우,[8] 배당을 지급하는 내국법인이 사모방식으로 설립된 것으로 개인 2인 이하이거나 개인 1인 및 그 친족이 발행주식총수의 95% 이상의 주식을 소유한 경우에는 적용하지 아니한다.

② 공제대상금액

명목회사가 배당가능이익의 90% 이상을 배당하는 경우 그 배당금 전액을 공제한다. 따라서 배당금이 배당가능이익의 90% 보다 적은 경우에는 전액 공제할 수 없으며, 공제하는 배당금 상당액이 해당 사업연도의 소득금액을 초과하는 경우 그 초과금액은 없는 것으로 본다.

배당가능이익이란 기업회계기준에 따라 작성한 재무제표의 법인세비용 차감 후 당기순이익에 이월이익잉여금을 더하거나 이월결손금을 빼고 상법에 따라 적립한 이익준비금 등을 차감한 금액을 말한다.

배당가능이익
= 법인세비용차감후 당기순이익+이월이익잉여금−이월결손금−상법의 이익준비금
− 자본준비금을 감액하여 받은 배당 ± 유가증권평가손익[9]

8) 이 경우 배당을 받은 주주 등이 조세특례제한법의 동업기업과세특례를 적용받는 동업기업인 경우로서 그 동업자들에 대하여 배분받은 배당에 대한 소득세 또는 법인세가 전부 과세되는 경우는 제외한다.

9) 당기순이익 · 이월이익잉여금 · 이월결손금 중 주식등 · 채권 · 자본시장법에 따른 집합투자재산의 평가손익을 제외하고, 투자회사 등이 보유한 자본시장법에 따른 집합투자재산을 시가법에 따라 평가하는 경우 시가법으로 평가한 투자회사의 자산평가손익은 배당가능이익에 포함한다.

Ⅱ 세액의 계산

1. 산출세액의 계산

1) 각 사업연도의 소득에 대한 법인세액

(1) 사업연도가 1년인 경우

내국법인의 각 사업연도의 소득에 대한 법인세액은 과세표준에 다음의 세율을 적용하여 계산한 금액으로 한다.[10)] 각 사업연도의 소득에 대한 법인세의 세율은 사업연도가 1년인 법인의 과세표준을 기준으로 하여 4단계 초과누진세율을 적용하고 있다.

각 사업연도의 소득에 대한 법인세 산출세액 = 과세표준 × 법인세 세율

과세표준	법 인 세 세 율
2억원 이하	과세표준액 × 10%
2억원 초과~200억원 이하	2,000만원 + (과세표준-2억원) × 20%
200억원 초과~3,000억원 이하	39억 8,000만원 + (과세표준 - 200억원) × 22%
3,000억원 초과	655억 8,000만원 + (과세표준 - 3,000억원) × 25%

(2) 사업연도가 1년 미만인 경우

사업연도가 1년 미만인 내국법인의 각 사업연도의 소득에 대한 법인세는 그 사업연도의 소득을 그 사업연도의 월수로 나눈 금액에 12를 곱하여 산출한 금액을 그 사업연도의 과세표준으로 하여 산출세액을 계산하고, 그 산출세액에 그 사업연도의 월수를 12로 나눈 수를 곱하여 산출한 세액으로 한다. 이 경우 월수는 태양력에 따라 계산하되, 1월 미만의 일수는 1개월로 한다.

$$\text{산출세액} = 【\text{각 사업연도의 소득} \times \frac{12}{\text{사업연도 월수}} \times \text{법인세 세율}】 \times \frac{\text{사업연도 월수}}{12}$$

10) 조세특례제한법에 따른 투자·상생 협력 촉진을 위한 과세특례를 적용하여 계산한 법인세액이 있으면 이를 합한 금액으로 한다.

2) 토지 등 양도소득에 대한 법인세액

내국법인이 토지 및 건물을 양도한 경우에는 토지등 양도소득에 대한 법인세액을 각 사업연도의 소득에 법인세액에 추가하여 납부하여야 한다. 이 경우 하나의 자산이 2이상의 세율이 적용되는 경우에는 그 중 가장 높은 세액을 적용한다.

토지등 양도소득에 대한 법인세 산출세액 = 토지등 양도소득 × 10% · 20% · 40%

사례 ❹ 사업연도가 1년 미만인 경우의 산출세액

제조업을 경영하는 영리내국법인 ㈜고려는 2022.10.19에 법인설립등기를 하였으며, 정관에 따른 사업연도는 매년 1월 1일부터 12월 31일까지이다. 다음 자료를 이용하여 제1기 사업연도의 법인세법의 차감납부할세액을 계산한 금액으로 옳은 것은? (2013. CPA수정)

(1) ㈜고려의 제1기 사업연도의 과세표준은 120,000,000원이다.
(2) 제1기 각 사업연도의 소득금액에는 다음의 금액(원천징수세액을 차감하기 전 금액)이 포함되어 있는데, 이는 모두 국내에서 지급받은 것이며 법인세법에 따라 적법하게 원천징수가 이루어졌다.
　가. 은행으로부터 수령한 예금이자: 5,000,000원
　나. 특수관계인이 아닌 다른 내국법인(제조업)에게 자금을 일시적으로 대여하고 수령한 이자: 10,000,000원
(3) 실제 사업을 개시한 날은 2022.11.5.이다.
(4) ㈜고려는 합병이나 분할에 따라 설립된 법인이 아니다.

【해석】

√환산 과세표준: 120,000,000 × $\frac{12}{3}$ = 480,000,000원

- 내국법인의 최초 사업연도의 개시일은 설립등기일로 한다.

√산출세액: 76,000,000 × $\frac{3}{12}$ = 19,000,000원

- 환산 과세표준에 따른 산출세액: 76,000,000원
  → 20,000,000 + (480,000,000-200,000,000)×20% = 76,000,000

√원천징수세액: 5,000,000 × 14% + 10,000,000 × 25% = 3,200,000원

√차가감 납부할 세액: 19,000,000 - 3,200,000 = 15,800,000원

2. 세액감면

1) 세액감면액의 계산

세액감면이란 특정한 사업 또는 자산에서 발생한 소득에 대한 산출세액을 사후적으로 완전히 면제하거나(세액면제) 일정한 비율만큼 감면해 주는 것(세액감면)을 말한다. 세액감면의 대상금액은 다른 법률에 특별한 규정이 있는 경우를 제외하고는 다음과 같이 계산한다.

$$\text{세액감면 대상금액} = \text{법인세 산출세액} \times \frac{\text{감면(면제)소득}}{\text{과세표준}} \times \text{감면비율}$$

법인세 산출세액에는 토지등 양도소득에 대한 법인세를 제외한다. 또한, 감면소득이란 감면사업에서 발생한 소득에 대한 과세표준 상당액을 말한다. 감면사업과 기타사업을 겸업하는 법인은 감면사업과 기타사업의 소득금액을 구분하여 기록하여야 한다. 따라서 감면소득은 감면사업의 각 사업연도의 소득금액에서 감면사업에서 발생한 것이 분명한 이월결손금 · 비과세소득 · 소득공제액을 공제하여 계산하며, 이월결손금 등이 어떤 사업에서 발생하였는지 여부가 불분명한 경우에는 감면소득금액과 기타소득금액에 비례하여 안분계산한 금액을 감면사업의 각 사업연도의 소득금액에서 공제하여 감면소득을 계산한다.[11]

2) 세액감면의 종류

법인세법에는 세액감면의 규정이 없으나 조세특례제한법에서는 조세정책의 목적에 따라 여러 가지의 세액감면을 규정하고 있는데, 이를 감면대상소득이 발생하면 감면기간의 제한이 없는 일반감면과[12] 감면대상소득이 발생한 사업연도부터 일정기간 동안만 감면하는 기간감면으로[13] 분류된다.

---

11) 법인이 조세특례제한법에 따라 제출한 법인세의 감면 또는 세액공제신청서에 기재된 소득금액과 납세지 관할세무서장 또는 관할지방국세청장이 결정·경정한 소득금액이 동일하지 아니한 경우 감면의 기초가 될 소득금액은 납세지 관할세무서장 또는 관할지방국세청장이 결정·경정한 금액에 의한다.

12) 일반감면에는 중소기업에 대한 특별세액감면(조특법 제7조), 기술이전 및 기술취득 등에 대한 과세특례(조특법 제12조), 국제금융거래에 따른 이자소득 등에 대한 법인세의 면제(조특법 제21조), 해외자원개발투자 배당소득에 대한 법인세의 면제(조특법 제22조) 등이 있다.

13) 기간감면에는 창업중소기업 등에 대한 세액감면(조특법 제6조), 수도권과밀억제권역 밖으로 이전하는 중소기업에 대한 세액감면(조특법 제63조), 법인의 공장 및 본사를 수도권 밖으로 이전하는 경우 법인세의 감면(조특법 제63조의2), 농공단지입주기업 등에 대한 세액감면(조특법 제64조), 농업회사법인에 대한 법인세의 면제(조특법 제68조), 외국인투자에 대한 법인세의 감면(조특법 제121의2조)이 있다.

3. 법인세법의 세액공제

1) 외국납부세액공제

(1) 의의

내국법인은 국내 또는 국외의 원천소득을 불문하고 전 세계에서 발생한 소득에 대하여 우리나라 법인세의 납세의무가 있다. 따라서 내국법인이 국외에서 얻은 소득에 대해서는 우리나라의 법인세와 함께 원천지국의 법인세를 동시에 부담하게 되는데, 이것을 국제적 이중과세라고 한다. 법인세법에서는 국외원천소득에 대한 이중과세를 조정하기 위하여 외국납부세액의 공제 방법을 적용하고 있다.

(2) 직접외국납부세액

직접외국납부세액이란 내국법인의 각 사업연도의 소득에 대한 과세표준에 국외원천소득이 포함되어 있는 경우로서 그 국외원천소득에 대하여 외국법인세액을 납부하였거나 납부할 세액을 말한다. 이 경우 내국법인의 각 사업연도의 소득에 대한 과세표준에 간접투자회사등으로부터 지급받은 소득이 있는 경우로서 그 소득에 대하여 해당 간접투자회사등이 납부한 외국법인세액이[14] 있는 경우에는 이를 내국법인이 납부한 외국법인세액으로 보아 공제할 수 있다. 직접외국납부세액은 실제 납부한 세액이므로 조세조약의 체결여부와 상관없이 외국납부세액공제를 적용한다.

직접외국납부세액을 계산할 때 국외원천소득 및 외국법인세액은 다음과 같이 계산한다.

① 국외원천소득은 국외에서 발생한 소득으로서 내국법인의 각 사업연도 소득의 계산에 관한 규정을 준용하여 산출한 금액으로 한다.

② 외국법인세액이란 외국의 정부나 지방자치단체에 의하여 법인의 소득을 과세표준으로 하여 과세된 세액을 말하고, 외국법인세액에는 가산세를 포함하지 아니한다. 다만, 국제조세조정에 관한 법률에 따라 내국법인의 소득이 감액 조정된 금액 중 국외특수관계인에게 반환되지 아니하고 내국법인에 유보되는 금액에 대하여 외국정부가 과세한 금액과 해당 세액이 조세조약에 따른 비과세 · 면제 · 제한세율에 관한 규정에 따라 계산한 세액을 초과하는 경우에는 그 초과하는 세액은 외국법인세액에서 제외한다.

14) 투자신탁이익에 대하여 납부한 외국법인세액은 제외한다.

(3) 간접외국납부세액

① 외국자회사가 외국법인세액을 부담하는 경우

간접외국납부세액이란 내국법인의 각 사업연도의 소득금액에 외국자회사로부터 받는 수입배당금액이 포함되어 있는 경우 그 외국자회사의 소득에 대하여 부과된 외국법인세액 중 그 수입배당금액에 대응하는 것을 말한다. 외국자회사란 내국법인이 의결권 있는 발행주식총수의 25% 이상(해외자원개발사업을 하는 외국법인: 5%)을 출자하고 있는 외국법인으로서 외국자회사의 배당확정일 현재 6개월 이상 계속하여 보유하고 있는 법인을 말한다.

간접외국납부세액의 공제액은 다음과 같이 계산한다.

$$\text{간접외국납부세액} = \text{외국자회사의 법인세액} \times \frac{\text{수입배당금액}}{\text{외국자회사의 세후소득금액}}$$

② 출자자인 내국법인이 외국법인세액을 부담하는 경우

내국법인의 각 사업연도의 소득금액에 외국법인으로부터 받는 수입배당금액이 포함되어 있는 경우로서 그 외국법인의 소득에 대하여 해당 외국법인이 아니라 출자자인 내국법인이 직접 납세의무를 부담하는 경우에는 그 외국법인의 소득에 대하여 출자자인 내국법인에게 부과된 외국법인세액 중 해당 수입배당금액에 대응하는 것은 외국법인세액으로 본다.

출자자인 내국법인이 직접 납세의무를 부담하는 경우란 다음의 경우를 말한다.

㉠ 외국법인의 소득이 그 본점 또는 주사무소가 있는 거주지국에서 발생한 경우에는 거주지국의 세법에 따라 그 외국법인의 소득에 대하여 해당 외국법인이 아닌 그 주주 또는 출자자인 내국법인이 직접 납세의무를 부담하는 경우

㉡ 외국법인의 소득이 거주지국 이외의 원천지국에서 발생한 경우에는 거주지국의 세법에 따라 그 외국법인의 소득에 대하여 해당 외국법인이 아닌 그 주주 또는 출자자인 내국법인이 직접 납세의무를 부담하는 것으로 원천지국의 세법에 따라 그 외국법인의 소득에 대하여 해당 외국법인이 아닌 그 주주 또는 출자자인 내국법인이 직접 납세의무를 부담하는 경우

간접외국납부세액의 공제액은 다음과 같이 계산한다.

$$\text{간접외국납부세액} = \text{내국법인이 부담한 외국법인의 법인세액} \times \frac{\text{수입배당금액}}{\text{내국법인의 세후소득금액}}$$

(4) 의제외국납부세액

국외원천소득이 있는 내국법인이 조세조약의 상대국에서 국외원천소득에 대하여 법인세를 감면받은 경우 감면받은 세액상당액은 조세조약이 정하는 범위에서 세액공제의 대상이 되는 외국법인세액으로 본다.

면제소득에 대한 의제외국납부세액공제의 취지는 개발도상국이 자국의 경제발전을 위한 외국기업의 투자를 유치하기 위하여 외국법인의 국내원천소득에 대한 법인세를 감면한 경우 그 감면효과가 상대국의 법인세 과세에서도 유지되도록 하기 위한 데 있다.

(5) 공제한도금액의 계산방법

외국납부세액공제의 한도금액은 다음과 같이 계산하고, 외국납부세액의 공제한도금액을 계산할 때 국외사업장이 2 이상의 국가에 있는 경우에는 국가별로 구분하여 계산한다.

$$\text{공제한도금액} = \text{해당 사업연도의 산출세액} \times \frac{\text{과세표준에 포함된 국외원천소득}}{\text{과세표준}}$$

공제한도금액을 계산할 때 산출세액, 국외원천소득은 다음과 같다.

① 산출세액에는 토지등 양도소득에 대한 법인세액 및 투자·상생협력 촉진을 위한 과세특례를 적용하여 계산한 법인세액을 제외한다.

② 국외원천소득은 그 국외원천소득에서 해당 사업연도의 과세표준을 계산할 때 손금에 산입된 금액으로서[15] 국외원천소득대응비용을 뺀 금액으로 하고, 법률에 따라 세액감면·면제를 적용받는 경우에는 세액감면·면제 대상 국외원천소득에 세액감면·면제 비율을 곱한 금액은 제외한다. 국외원천소득대응비용은 직접비용과 배분비용으로 구분되며, 직접비용이란 해당 국외원천소득에 직접적으로 관련되어 대응되는 비용을 말하고, 배분비용이란 해당 국외원천소득과 그 밖의 소득에 공통적으로 관련된 비용 중 수입금액 또는 개별 손금액에[16] 따라 계산한 국외원천소득 관련 비용을 말한다.[17]

---

15) 국외원천소득이 발생한 국가에서 과세할 때 손금에 산입된 금액은 제외한다.

16) 국외원천소득과 그 밖의 소득의 업종이 동일한 경우의 공통손금은 국외원천소득과 그 밖의 소득별로 수입금액 또는 매출액에 비례하여 안분계산하고, 국외원천소득과 그 밖의 소득의 업종이 다른 경우의 공통손금은 국외원천소득과 그 밖의 소득별로 개별 손금액에 비례하여 안분계산한다.

17) 이 경우 내국법인이 연구개발 활동에 따라 발생한 비용(연구개발비)에 대하여 매출액 방법 및 매출총이익 방법을 선택하여 계산하는 경우에는 그에 따라 계산한 금액을 국외원천소득대응비용으로 하고, 그 선택한 계산방법을 적용받으려는 사업연도부터 5개 사업연도동안 연속하여 적용해야 한다.

(6) 이월공제

외국납부세액은 해당 국외원천소득이 과세표준에 산입되어 있는 사업연도의 산출세액에서 공제한다. 외국법인세액이 해당 사업연도의 공제한도금액을 초과하는 경우 그 초과하는 금액은 해당 사업연도의 다음 사업연도 개시일부터 10년 이내에 끝나는 각 사업연도에 이월하여 그 이월된 사업연도의 공제한도금액 내에서 공제받을 수 있다. 이 경우 외국납부세액의 공제한도금액을 초과하는 외국법인세액 중 국외원천소득에 대응하는 직접비용 및 배분비용과 관련된 외국법인세액에 대해서는 이월공제를 적용하지 않는다.

다만, 외국정부에 납부하였거나 납부할 외국법인세액을 이월공제기간 내에 공제받지 못한 경우 그 공제받지 못한 외국법인세액은 이월공제기간의 종료일 다음 날이 속하는 사업연도의 소득금액을 계산할 때 손금에 산입할 수 있다.

사례 ⑤ 외국납부세액공제

영리내국법인 ㈜갑의 제19기 사업연도(2022.1.1～2022.12.31) 외국납부세액 관련 자료이다. ㈜갑이 외국납부세액공제를 적용하는 경우 제19기 법인세 산출세액에서 공제할 외국납부세액공제액은 얼마인가? (CPA. 2019)

(1) 외국자회사: A법인(외국에서 사업을 영위함)
(2) 투자지분: 의결권 있는 주식의 40% (2019.1.1. 취득 후 지분율 변동 없음)
(3) A법인으로부터의 배당금은 1,000,000원(원천징수세액 100,000원 포함)이며 다음과 같이 회계처리하였다.
  (차) 현금 900,000원 (대) 영업외수익 900,000원
(4) A법인의 해당 사업연도 소득금액: 3,000,000원
(5) A법인의 해당 사업연도 법인세: 500,000원
(6) ㈜갑의 법인세비용차감전순이익은 100,000,000원이며, 이월결손금은 없다.

【해석】

√(주)갑의 과세표준: 100,000,000 + 100,000 + 200,000 = 100,300,000원

- 수익배당금 과소계상액: 〈익금산입〉 수입배당금 100,000 기타
- 간접외국납부세액: 〈익금산입〉 간접외국납세액(이중과세조정) 200,000 기타

  → 간접외국납부세액: $500,000 \times \frac{900,000 + 100,000}{3,000,000 - 500,000} = 200,000$원

√외국납부세액공제액: Min(300,000원, 120,000원) = 120,000원

- 외국납부세액: 100,000(직접) + 200,000(간접) = 300,000원
- 세액공제한도금액: $10,030,000 \times \frac{900,000 + 100,000 + 200,000}{100,300,000} = 120,000$원

  → (주)갑의 산출세액: 100,300,000 × 10% = 10,030,000원

2) 재해손실세액공제

(1) 재해손실세액공제의 범위

재해손실세액공제란 법인이 각 사업연도 중 천재지변 등의 재해로 인하여 자산총액의 20% 이상을 상실하여 납세가 곤란하다고 인정되는 경우에는 그 자산상실비율에 해당하는 법인세를 산출세액에서 공제하는 것을 말한다.

재해손실세액공제 = Min(공제대상 법인세 × 자산상실비율, 상실된 자산가액)

(2) 자산상실비율

자산상실비율을 계산할 때 자산가액은 재해발생일 현재 그 법인의 장부가액에 따라 계산하되, 장부가 소실 또는 분실되어 장부가액을 알 수 없는 경우에는 납세지관할세무서장이 조사하여 확인한 재해발생일 현재의 가액에 따라 계산한다.

$$\textbf{자산상실비율} = \frac{\text{재해로 인하여 상실된 자산가액}}{\text{상실 전 자산총액}}$$ [18)]

① 상실 전 자산총액

자산총액이란 토지의 가액을 제외한 사업용 자산가액을 말한다. 다만, 타인 소유의 자산으로서 그 상실에 따른 변상책임이 해당 법인에게 있는 것은 자산가액에 포함한다.

② 재해로 인하여 상실된 자산가액

법인이 재해로 인하여 수탁받은 자산을 상실하고 그 자산가액의 상당액을 보상하여 주는 경우에는 재해로 인하여 상실된 자산가액에 포함하고, 예금 · 받을어음 · 외상매출금 등으로 채권추심에 관한 증서가 멸실된 경우에는 상실된 자산가액에 포함하지 아니한다. 이 경우 그 재해자산이 보험에 가입되어 보험금을 수령하는 때에도 그 재해로 인하여 상실된 자산가액을 계산할 때 수령한 보험금을 차감하지 아니한다.[19)]

---

18) 법인이 동일한 사업연도중에 2회 이상 재해를 입은 경우 재해상실비율의 계산은 다음 산식에 따른다.

$$\sqrt{} \text{자산상실비율} = \frac{\text{재해로 인하여 상실된 자산가액의 합계액}}{\text{최초 재해발생전 자산총액} + \text{최종 재해발생 전까지의 증가된 자산총액}}$$

19) 법인의 사업에 직접 사용하고 있는 사업용자산이 수해로 상실되어 수해책임자로부터 손해배상금을 수령한 경우 재해손실에 대한 세액공제 적용이 가능한 것이며, 재해로 인하여 상실된 자산의 가액을 계산함에 있어서 손해배상금을 차감하지 않는다.

(3) 공제대상 법인세

공제대상 법인세는 재해발생일 현재 부과되지 아니한 법인세, 부과된 법인세로서 미납된 법인세, 재해발생일이 속하는 사업연도의 소득에 대한 법인세의 합계액을 말한다. 법인세에는 장부의 기록·보관 불성실가산세, 무신고가산세, 과소신고가산세, 납부지연가산세를 포함한다.

재해발생일이 속하는 사업연도의 소득에 대한 법인세란 재해발생일이 속하는 사업연도의 법인세 산출세액에 가산세를[20] 더하고 다른 법률에 따른 감면세액·세액공제를 뺀 금액으로 한다. 여기서 다른 법률은 법인세법 외의 법률을 말하므로 법인세법에 따른 외국납부세액공제 등은 차감하지 아니한다.

공제대상 법인세 = 법인세 산출세액 + 신고·납부 불성실 가산세액- 공제·감면세액

(4) 재해손실세액공제의 신청 및 징수유예

① 재해손실세액공제의 신청

재해손실세액공제를 받으려는 법인은 다음의 기한 내에 재해손실세액공제신청서를 납세지 관할세무서장에게 제출하여야 한다.

㉠ 재해발생일 현재 미납된 법인세와 납부하여야 할 법인세의 경우에는 재해발생일로부터 3개월로 한다.

㉡ 과세표준 신고기한이 지나지 아니한 법인세의 경우에는 그 신고기한. 다만, 재해발생일로부터 신고기한까지의 기간이 3개월 미만인 경우에는 재해발생일로부터 3개월로 한다.

② 징수유예

납세지관할세무서장은 재해발생일 현재 미납된 법인세와 납부하여야 할 법인세(신고기한이 지나지 아니한 것은 제외함)에 대한 공제신청을 받으면 그 공제세액을 결정하여 해당 법인에게 알려야 하며, 법인이 재해손실세액공제를 받을 법인세에 대하여 재해손실세액공제가 확정될 때까지 국세징수법에 따라 그 법인세를 지정납부기한·독촉장에서 정하는 기한을 연장하거나 납부고지를 유예할 수 있다.

---

20) 가산세란 장부의 기록·보관 불성실가산세, 무신고가산세, 과소신고가산세, 납부지연가산세를 말한다.

사례 ⑥ 재해손실세액공제액

영리내국법인 (주)A(제조업)의 제17기 사업연도(2022.1.1～2022.12.31)에 대한 법인세법의 재해손실에 대한 세액공제액은 얼마인가? (단, 주어진 자료 이외에는 고려하지 않음) (CTA. 2016)

(1) 2022.3.20.에 발생한 화재로 인한 (주)A 사업용자산 가액의 변동

구 분	화재발생 직전 장부가액	화재발생 후 장부가액
토지	100,000,000원	90,000,000원
건물	200,000,000원	60,000,000원
기타 자산	100,000,000원	30,000,000원

한편, 상기 사업용자산과는 별개로 (주)A가 보관하던 타인소유 자산 60,000,000원이 당해 화재로 상실되었으며, (주)A는 이에 대한 변상책임을 부담하지 않는다.

(2) 당해 화재로 인해 보험회사로부터 보험금 90,000,000원을 수령하였다.

(3) 제17기 각 사업연도의 소득에 대한 법인세 산출세액은 280,000,000원이며, 재해발생일 현재 부과되지 아니한 법인세와 부과된 법인세로서 미납된 세액은 없다. 또한 국세기본법에 따른 원천징수등 납부지연가산세가 40,000,000원 있으며, 당해 재해손실에 대한 세액공제 이외에 다른 공제 및 감면세액은 없다.

【해석】

√ 재해손실세액공제액: Min(320,000,000원×70%, 210,000,000원) = 210,000,000원

- 공제대상 법인세액: 280,000,000 + 40,000,000 = 320,000,000원
  → 공제대상 법인세액에는 법인세법(장부의 기록 · 보관 불성실가산세)과 국세기본법(무신고가산세, 과소신고가산세, 납부지연가산세)의 가산세를 포함하므로 국세기본법에 따른 원천징수등 납부지연가산세는 공제대상 법인세액으로 한다.
- 자산상실비율: $\frac{(200,000,000-60,000,000)+(100,000,000-30,000,000)}{200,000,000+100,000,000}$ = 70%
  → 재해로 상실된 사업용자산에는 토지를 제외한다.
  → 타인 소유의 자산으로서 그 상실로 인한 변상책임이 해당 법인에 있는 경우에는 자산총액과 재해로 상실된 자산의 가액에 포함하여 계산하나, 변상책임이 없는 자산은 자산상실비율에 반영하지 아니한다.
  → 재해자산이 보험에 가입되어 있어 보험금을 수령하는 때에도 그 재해로 인하여 상실된 자산의 가액을 계산함에 있어서 보험금 수령액을 차감하지 아니한다.
- 상실된 자산가액: 140,000,000 + 70,000,000 = 210,000,000원

3) 사실과 다른 회계처리로 인한 경정에 따른 세액공제

(1) 개요

법인이 사실과 다른 회계처리(분식회계)와 관련하여 자본시장법 및 주식회사등의 외부감사에 관한 법률(외감법)에 따라 시정조치를 받은 경우로서 법인이 과세표준과 세액을 과다하게 계상하여 납부한 법인세를 국세기본법에 따라 경정청구를 한 때에는 납세지관할세무서장은 당초 신고한 과세표준에 대한 세액을 감액경정하여야 한다.

(2) 분식회계처리에 따른 환급 제한

① 규제대상 분식회계의 범위

분식회계에 따른 환급세액 제한규정은 내국법인이 자본시장법에 따른 사업보고서 및 외감법에 따른 감사보고서를 제출할 때 수익 또는 자산을 과다계상하거나 손비 또는 부채를 과소계상하는 등 사실과 다른 회계처리를 함에 따라 해당 내국법인, 그 감사인, 그에 소속된 공인회계사가 경고·주의 등의 조치를 받은 경우에 적용한다.

② 세액공제방법

분식회계로 인한 경정을 받은 경우에는 그 경정일이 속하는 사업연도 개시일로부터 5년 이내에 끝나는 각 사업연도의 법인세액에서 과다납부한 세액을 차례로 공제한다. 이 경우 각 사업연도별로 공제하는 금액은 과다 납부한 세액의 20%을 한도로 한다.

다만, 법인이 분식회계와 관련하여 경정일이 속하는 사업연도 이전의 사업연도에 국세기본법에 따른 수정신고를 하여 납부할 세액이 있는 경우에는 그 납부할 세액에서 감액경정에 따른 과다납부한 세액의 20%을 한도로 먼저 공제하여야 한다.

③ 환급금 및 환급가산금

과다 납부한 세액을 공제 받은 내국법인으로서 합병 또는 분할에 따라 해산하는 경우에는 합병법인·분할신설법인·분할합병의 상대방 법인이 남아 있는 과다 납부한 세액을 승계하여 세액공제하고, 합병 또는 분할 외의 방법에 따라 해산하는 경우에는 납세지관할세무서장 또는 관할지방국세청장은 남아 있는 과다 납부한 세액에서 청산소득에 대한 법인세 납부세액을 빼고 남은 금액을 즉시 환급하여야 한다.

4. 감면 및 세액공제의 배제 등

1) 감면 및 세액공제의 배제

다음의 경우에는 감면 및 세액공제를 적용하지 아니한다.

① 법인세의 과세표준과 세액을 추계결정 · 경정하는 경우에는 외국납부세액공제를 적용하지 아니한다. 다만, 천재지변 등으로 장부나 그 밖의 증명서류가 멸실되어 기장이 가장 정확하다고 인정되는 동일업종의 다른 법인의 소득금액을 고려하여 그 과세표준을 결정 또는 경정하는 방법으로 추계하는 경우에는 외국납부세액공제를 적용한다.

② 법인세의 과세표준과 세액을 추계결정 · 경정하는 경우에는 조세특례제한법에서 규정하고 있는 감면 및 세액공제의 규정을 적용하지 아니한다. 다만, 추계를 하는 경우에도 투자에 관한 증거서류를 제출하는 경우에는 거주자에 대해서만 고용창출투자세액공제와 중소기업투자세액공제를 적용한다.

③ 법인세법에 따라 무신고자에 대한 결정을 하는 경우 또는 국세기본법에 따라 기한후신고를 하는 경우에는 법인세의 감면을 적용하지 아니한다.

④ 법인세의 과세표준 및 세액을 경정하는 경우로서 국세기본법에 따른 부당과소신고금액에 대하여 법인세의 감면을 적용하지 아니한다. 따라서 총 감면소득금액에서 부당과소신고소득금액을 차감한 금액을 감면소득으로 보고 감면세액을 계산한다.

2) 감면 및 세액공제의 적용순위

법인세법 및 다른 법률의 적용에 있어서 법인세의 감면과 세액공제가 동시에 적용되는 경우에는 그 적용순위는 별도의 규정이 있는 경우를 제외하고 다음의 순서에 따른다.[21)22)]

① 각 사업연도 소득에 대한 세액감면 · 면제

② 이월공제가 인정되지 아니하는 세액공제

③ 이월공제가 인정되는 세액공제

④ 사실과 다른 회계처리로 인한 경정에 따른 세액공제

21) 이 경우 각 사업연도 소득에 대한 세액감면 · 면제와 이월공제가 인정되지 아니하는 세액공제를 합한 금액이 법인이 납부할 법인세액(토지등 양도소득에 대한 법인세, 조세특례제한법에 따른 투자 · 상생협력 촉진을 위한 과세특례를 적용하여 계산한 법인세액, 가산세는 제외함)을 초과하는 경우에는 그 초과하는 금액은 없는 것으로 본다.

22) 이월공제가 인정되는 세액공제와 사실과 다른 회계처리로 인한 경정에 따른 세액공제를 적용할 때 해당 사업연도 중에 발생한 세액공제액과 이월된 미공제액이 함께 있는 때에는 이월된 미공제액을 먼저 공제한다.

5. 최저한세의 계산

1) 의의

조세특례제한법에서는 각 조문별로 조세감면에 대한 개별적인 한도를 규정하고 있으나, 조세감면을 중복적으로 적용받게 되면 조세지원제도가 특정법인에 편중되어 조세부담의 불공평을 초래할 우려가 있다. 조세감면에 따른 조세부담의 불공평을 제거하기 위하여 최저한세제도를 두고 있다.

최저한세(Alternative Minimum Tax: AMT)제도란 기업이 조세감면을 적용받음에 따라 최저한세액에 미달하는 조세부담을 하게 되는 경우 그 미달하는 세액에 상당하는 부분에 대하여 조세감면을 배제하는 제도를 말한다. 여러 가지 세제의 혜택을 일괄 계산하여 과다한 조세감면을 배제함으로써 최소한 일정수준 이상의 조세를 부담시키기 위한 것이다.

법인세법의 내국법인의 각 사업연도의 소득에 대한 법인세와 외국법인의 국내원천소득에 대한 법인세(국내원천소득이 종합과세되는 경우에 한정함)에 대하여 최저한세를 적용한다.

2) 최저한세의 계산

(1) 최저한세 조정후세액

최저한세 조정후세액이란 법인이 부담하여야 할 산출세액으로 감면후세액과 최저한세액 중 큰 금액을 말한다.

최저한세 조정후세액 = Max(감면후세액, 최저한세액)
√감면후세액 = 과세표준 × 법인세세율 − 최저한세 적용대상 감면세액 · 세액공제
√최저한세액 = 감면 전 과세표준 × 최저한세율

(2) 감면후세액

감면후세액이란 최저한세 적용대상이 되는 특별감가상각비, 연구 · 인력개발준비금, 손금산입액, 익금불산입액, 비과세소득, 소득공제액을 공제한 금액을 과세표준으로 한 산출세액에서 최저한세 적용대상인 감면세액과 세액공제를 차감한 후의 세액을 말한다. 따라서 최저한세 적용대상이 아닌 법인세법에 따른 외국납부세액공제 · 재해손실세액공제 등을 빼지 아니하고, 토지등 양도소득에 대한 법인세 · 가산세 · 감면분 추가납부세액 · 이자상당액가산액을 더하기 전의 금액을 말한다.

(3) 최저한세액

① 감면 전 과세표준

최저한세는 감면 전 과세표준에 최저한세의 세율을 적용하여 계산한다.

감면 전 과세표준이란 감면후세액의 산출대상인 과세표준에 최저한세 적용대상이[23] 되는 특별감가상각비, 연구・인력개발준비금, 손금산입액, 익금불산입액, 비과세소득, 소득공제액을 더한 금액을 말한다.

② 최저한세 세율

최저한세 세율은 감면 전 과세표준을 기준으로 다음과 같이 적용한다.

<table>
<tr><th colspan="3">구 분</th><th>세 율</th></tr>
<tr><td colspan="3">중소기업(유예기간 4년 포함)</td><td>7%</td></tr>
<tr><td colspan="3">최초로 중소기업에 해당하지 않게 된 경우(유예기간 경과 후 1년~5년차)</td><td>8%, 9%</td></tr>
<tr><td rowspan="3">일반기업</td><td rowspan="3">과세표준</td><td>100억원 이하</td><td>10%</td></tr>
<tr><td>100억원 초과~1,000억원 이하</td><td>12%</td></tr>
<tr><td>1,000억원 초과</td><td>17%</td></tr>
</table>

3) 최저한세의 공제방법

(1) 조세감면의 적용배제순서

감면후세액이 최저한세액보다 적은 경우에는 감면후세액이 최저한세액 이상이 되도록 최저한세 적용대상 조세감면 중 일부를 배제하여야 한다. 이 경우 법인이 신고 또는 수정신고하는 경우에는 법인의 임의선택에 따라 배제하고, 정부가 경정하는 경우에는 특별감가상각비 → 준비금의 손금산입액 → 손금산입액・익금불산입액 → 세액공제액 → 감면세액 → 비과세소득・소득공제액의 순서에 따라 추징세액을 계산한다.

최저한세 적용으로 공제받지 못한 조세특례제한법에 따른 세액공제액은 해당 사업연도의 다음 사업연도 개시일로부터 5년 이내에 끝나는 사업연도에 이월하여 공제한다.

---

23) 조세특례제한법이 아닌 다른 법률(법인세 등)에 따른 조세특례 및 감면에 대해서는 최저한세 규정이 적용되지 아니하고, 중소기업의 연구・인력개발비에 대한 세액공제액은 최저한세 적용대상에서 제외하고 있다.

(2) 최저한세 적용 법인의 자진납부세액 계산

감면후세액과 최저한세액 중 큰 금액에서 최저한세 검토할 때 고려하지 아니한 세액공제와 세액감면을 차감하고, 토지등 양도소득에 대한 법인세 · 가산세 · 감면분 추가납부세액 · 이자상당액가산액을 더하여 총부담세액을 계산한다.

사례 ⑦ 최저한세의 적용에 따른 손금산입액 계산

제조업을 영위하는 영리내국법인 ㈜A(2008.1.1.부터 중소기업 아님)의 제18기 사업연도(2022.1.1~2022.12.31)의 법인세 신고 관련 자료이다. ㈜A의 제18기 차감납부할 법인세액을 계산한 것으로 옳은 것은? (CPA. 2017)

(1) 각 사업연도의 소득금액 : 100,000,000원
(2) 제16기(2020.1.1.~2020.12.31.)에 이월결손금의 발생액은 90,000,000원이고, 이 중 5,000,000원은 2021.5.20. 채무면제이익으로 충당되었다.
(3) 연구 · 인력개발비에 대한 세액공제액 : 100,000원
(4) 외국납부세액공제액 : 200,000원
(5) 중간예납세액 : 50,000원
(6) 토지등 양도소득에 대한 법인세액, 가산세, 추징세액은 없다.
(7) 중소기업이 아닌 내국법인의 과세표준 100억원 이하 부분에 적용되는 최저한세율 : 10%
(8) ㈜A는 유동화거래를 목적으로 설립된 법인이 아니며, 회생계획, 기업개선계획, 경영정상화계획을 이행 중에 있지 않다.
(9) 법인세부담 최소화를 가정하며, 주어진 자료 이외의 다른 사항은 고려하지 않는다.

【해석】
√과세표준 : 100,000,000 − Min(85,000,000원, 100,000,000원 × 60%) = 40,000,000원
√산출세액 : 40,000,000 × 10% = 4,000,000원
√최저한세 조정후세액: Max(3,900,000원, 4,000,000원) = 4,000,000원
- 감면후세액: 4,000,000 − 100,000(연구 · 인력개발비세액공제액) = 3,900,000원
- 최저한세액 : 40,000,000 × 10% = 4,000,000원

√총부담세액 :4,000,000 − 200,000(외국납부세액공제액) = 3,800,000원

Ⅲ 법인세의 신고 및 납부

1. 과세표준의 신고

1) 확정신고

(1) 법정신고기한

법인세는 납세의무자가 스스로 세법에 따라 과세표준과 세액을 계산하여 이를 정부에 신고함으로써 조세채권이 확정되는 신고납세제도의 조세이다. 납세의무가 있는 내국법인은 각 사업연도의 종료일이 속하는 달의 말일부터 3개월 이내에 해당 사업연도의 소득에 대한 법인세의 과세표준과 세액을 납세지관할세무서장에게 신고하여야 한다.

각 사업연도의 소득금액이 없거나 결손금이 있는 법인의 경우에도 신고의무를 지며, 내국법인이 성실신고확인서를 제출하는 경우에는 각 사업연도 종료일이 속하는 달의 말일부터 4개월 이내에 신고하며, 장부 및 증명서류가 소실된 경우 국세기본법에 따라 정부의 승인을 얻어 신고기한을 연장할 수 있다.

(2) 외부감사대상법인에 대한 법인세 신고기한 연장

외감법에 따라 감사인에 의한 감사를 받아야 하는 내국법인이 해당 사업연도의 감사가 종결되지 아니하여 결산이 확정되지 아니하였다는 사유로 신고기한의 종료일 3일 전까지 신고기한 연장신청서를 납세지관할세무서장에게 제출하는 경우에는 그 신고기간을 1개월의 범위에서 연장할 수 있다.

이는 회계투명성을 제고하고 정확한 법인세 신고를 유도하기 위하여 외부감사가 종결되지 아니한 법인이 신고기한 연장을 신청하면 별도의 승인 없이 연장을 하며, 내국법인은 법인세 과세표준 신고기한의 종료일 3일 전까지 신고기한연장신청서를 납세지관할세무서장에게 제출하여야 한다.

신고기한이 연장된 내국법인이 세액을 납부할 때에는 기한연장일수에 시중은행의 1년 만기 정기예금 평균 수신금리를 고려한 기본이자율을 적용하여 계산한 금액을 더하여 납부하여야 한다. 이 경우 기한연장일수는 법정신고기한의 다음날로부터 신고 및 납부가 이루어진 날 또는 연장된 날까지의 일수를 말한다.

(3) 제출서류

① 필수적 첨부서류

법인세의 과세표준과 세액을 신고할 때에는 기업회계기준을 준용하여 작성한 개별 내국법인의 재무상태표, 포괄손익계산서, 이익잉여금처분계산서(결손금처리계산서), 법인세 과세표준 및 세액조정계산서의 서류를 반드시 첨부하여야 한다.

재무상태표 등의 필수적 첨부서류를 첨부하지 아니하는 경우 법인세법에 따른 신고로 보지 아니하므로(무신고) 무신고가산세가 부과된다. 다만, 사업소득과 채권매매이익에 해당하는 수익사업을 하지 아니하는 비영리내국법인이 과세표준과 세액을 신고하는 경우에는 필수적 첨부서류를 첨부하지 않은 경우에도 신고한 것으로 본다.

② 임의적 첨부서류

법인세의 과세표준과 세액을 신고할 때에는 기업회계기준에 따라 작성한 현금흐름표,[24] 세무조정계산서의 부속서류 등을 제출하여야 한다.

③ 전자신고에 따른 신고서류 간소화

국세기본법에 따라 전자신고를 하는 법인이 표준재무상태표, 표준손익계산서, 표준손익계산서의 부속명세서를 제출한 경우 재무상태표, 포괄손익계산서, 잉여금처분계산서, 현금흐름표를 제출한 것으로 본다.[25]

④ 합병 · 분할하는 경우

내국법인이 합병 또는 분할로 해산하는 경우에는 그 신고서에 합병등기일 · 분할등기일 현재의 피합병법인 등의 재무상태표, 합병법인 등이 그 합병 · 분할에 따라 승계한 자산 및 부채의 명세서, 합병법인 등의 본점 등의 소재지 · 대표자의 성명 · 피합병법인 등의 명칭 · 합병등기일 · 분할등기일 등이 기재된 서류를 첨부하여야 한다.

다만, 합병 또는 분할에 따라 소멸하는 법인이 최종 사업연도의 과세표준과 세액을 신고하는 경우에는 이익잉여금처분계산서(결손금처리계산서)를 제출하지 아니하는 경우에도 법인세법에 따른 신고를 한 것으로 본다.

24) 주식회사등의 외부감사에 관한 법률에 따라 외부감사의 대상이 되는 법인에 해당한다.

25) 이 경우 외감법에 따른 외부감사 대상 법인이 전자신고를 통하여 법인세 과세표준과 세액을 신고하는 때에는 그 신고서에 대표자가 서명날인하여 서면으로 납세지관할세무서장에게 제출하여야 한다.

(4) 성실신고확인서

다음의 내국법인은 성실한 납세를 위하여 법인세의 과세표준과 세액을 신고할 때 성실신고확인서를 납세지관할세무서장에게 제출하여야 한다. 다만, 주식회사등의 외부감사에 관한 법률에 따라 감사인에 의한 감사를 받은 내국법인은 이를 제출하지 아니할 수 있다.

① 부동산임대업을 주된 사업으로 하는 내국법인

② 소득세법에 따른 성실신고확인대상사업자가 사업용 유형자산 및 무형자산의 현물출자 및 사업의 양도·양수하는 등의 방법에 따라 내국법인으로 전환한 경우로서 사업연도 종료일 현재 법인으로 전환한 후 3년 이내의 내국법인

③ 사업용자산을 현물출자등의 방법에 전환한 내국법인이 그 전환에 따라 경영하던 사업을 현물출자등의 방법으로 인수한 다른 내국법인[26]

2) 수정신고

수정신고란 과세표준신고서를 법정신고기한까지 제출한 자 및 기한후과세표준신고서를 제출한 자가 그 신고한 과세표준과 세액이 과소신고, 초과환급신고, 불완전한 신고에 해당할 때에는 국세의 과세표준과 세액을 결정·경정하여 통지하기 전으로서 국세부과의 제척기간이 끝나기 전까지 스스로 고쳐 과세표준과 세액을 증액하여 신고하는 것을 말한다.

<table>
<tr><th>구분</th><th colspan="2">수 정 신 고 내 용</th></tr>
<tr><td>신고자</td><td colspan="2">· 법정신고기한까지[27] 과세표준신고서를 제출한 자
· 기한후과세표준신고서를 제출한 자
· 근로소득, 퇴직소득, 연금소득, 원천징수대상 사업소득이 발생한 원천징수대상자</td></tr>
<tr><td>신고사유</td><td colspan="2">· 과소신고(신고한 과세표준·세액 < 신고하여야 할 과세표준·세액)
· 초과환급신고(신고한 결손금액·환급세액 > 신고하여야 할 결손금액·환급세액)
· 불완전한 신고(익금과 손금에 동시에 산입하지 않은 경우 등)</td></tr>
<tr><td>신고기한</td><td colspan="2">· 결정·경정하여 통지하기 전으로서 국세부과의 제척기간이 끝나기 전까지</td></tr>
<tr><td rowspan="2">신고효력</td><td>증액확정력</td><td>정부부과제도(없음), 신고납세제도(있음)</td></tr>
<tr><td>가산세감면</td><td>신고불성실가산세 기간별 차등 감면</td></tr>
</table>

26) 현물출자등에 따른 전환일부터 3년 이내인 경우로서 그 다른 내국법인의 사업연도 종료일 현재 인수한 사업을 계속 경영하고 있는 경우로 한정한다.

27) 법정신고기한이란 세법에 따른 과세표준과 세액에 대한 신고기한 또는 신고서의 제출기한을 말한다. 다만, 세법에 따라 신고기한이 연장된 경우에는 그 연장된 기한을 법정신고기한으로 한다.

3) 경정청구

(1) 일반적 사유에 따른 경정청구

과세표준신고서를 법정신고기한까지 제출한 자 및 기한후과세표준신고서를 제출한 자는 그 신고한 과세표준과 세액이 초과신고, 과소환급신고에 해당할 때에는 최초신고 및 수정신고한 국세의 과세표준 · 세액의 결정 또는 경정을 법정신고기한이 지난 후 5년 이내에 관할세무서장에게 청구할 수 있다. 다만, 결정 · 경정에 따라 증가된 과세표준 · 세액에 대하여는 해당 처분이 있음을 안 날 또는 처분통지를 받은 날로부터 90일 이내(법정신고기한이 지난 후 5년 이내에 한함)에 경정을 청구할 수 있다.

(2) 후발적 사유에 따른 경정청구

과세표준신고서를 법정신고기한까지 제출한 자 또는 국세의 과세표준 및 세액의 결정을 받은 자는 후발적 사유가 발생하였을 때에는 그 사유가 발생한 것을 안 날부터 3개월 이내에 결정 또는 경정을 청구할 수 있다. 후발적 사유란 최초의 신고·결정·경정에서 과세표준 및 세액의 계산 근거가 된 거래 또는 행위 등이 소송에 대한 판결 · 화해, 조세조약에 따른 상호합의, 계약이 해제권의 행사에 따른 해제되거나 계약의 성립 후 발생한 부득이한 사유로 해제·취소된 경우, 결정 · 경정으로 인하여 그 결정·경정의 대상이 되는 과세기간 외의 과세기간에 대하여 초과신고한 경우 등을 말한다.

(3) 경정청구의 통지

결정 · 경정의 청구를 받은 세무서장은 그 청구를 받은 날부터 2개월 이내에 과세표준 및 세액을 결정 · 경정하거나 결정 · 경정하여야 할 이유가 없다는 뜻을 그 청구를 한 자에게 통지하여야 한다. 다만, 청구를 한 자가 2개월 이내에 아무런 통지를[28] 받지 못한 경우에는 통지를 받기 전이라도 그 2개월이 되는 날부터 이의신청, 심사청구, 감사원법에 따른 심사청구를 할 수 있다.

결정 · 경정의 청구를 받은 세무서장은 청구를 받은 날부터 2개월 이내에 과세표준 및 세액의 결정 · 경정이 곤란한 경우에는 청구를 한 자에게 관련 진행상황 및 이의신청, 심사청구, 심판청구, 감사원법에 따른 심사청구를 할 수 있다는 사실을 통지하여야 한다.

---

28) 경정 등 청구의 지연처리 시 진행상황등 통지를 제외한다.

4) 비영리법인의 과세표준 신고특례

(1) 원천징수된 이자소득

비영리내국법인은 원천징수된 이자소득(비영업대금의 이익을 제외하고 투자신탁이익을 포함함)에 대하여 과세표준을 신고하지 아니할 수 있으며, 원천징수된 이자소득 중 일부만 과세표준을 신고하지 아니할 수도 있다. 이는 비영리법인의 영세성과 기장능력을 감안하고 조세부담을 감면해 주기 위한 것으로 과세표준 신고를 하지 아니한 이자소득은 원천징수방법에 따라 납세의무가 종결한다.

과세표준 신고를 하지 아니한 이자소득은 비영리법인의 각 사업연도의 소득금액을 계산할 때 포함하지 아니하며, 과세표준을 신고하지 아니한 이자소득에 대해서는 수정신고·경정청구·기한후신고 및 경정 등에 따라 과세표준에 포함할 수 없다. 따라서 원천징수 납부한 법인세를 환급받고자 하는 비영리법인은 반드시 법정신고기한 이내에 이자소득을 과세표준에 포함하여 법인세를 신고하여야 한다.

(2) 자산양도소득

한국표준산업분류에 따른 사업소득이 없는 비영리내국법인으로서 자산양도소득이 있는 경우에는 과세표준 신고를 하지 아니할 수 있다. 이 경우 과세표준 신고를 하지 아니한 자산양도소득은 각 사업연도의 소득금액을 계산할 때 포함하지 아니하고, 자산의 양도소득에 대한 과세특례는 자산의 양도일이 속하는 각 사업연도 단위별로 이를 적용한다.

과세표준을 신고를 하지 아니한 자산양도소득에 대하여는 소득세법에 따른 양도소득세 계산규정을 준용하여 계산한 과세표준에 양도소득세의 세율을 적용하여 계산한 금액을 법인세로 납부하여야 한다. 이 경우 소득세법에 따라 가중된 세율을 적용하는 경우에는 토지등 양도소득에 대한 과세특례를 적용하지 아니한다.

자산양도소득은 유형자산·무형자산·부동산에 관한 권리·기타자산의[29] 양도에 따라 발생하는 소득을 말하고, 자산양도소득 중 자산의 처분일 현재 3년 이상 계속하여 법령 또는 정관에 규정된 고유목적사업에 직접 사용한 유형자산·무형자산의 처분으로 인하여 생기는 수입은 제외한다.

29) 기타자산이란 사업용 자산과 함께 양도하는 영업권, 특정시설이용권(골프회원권, 콘도미니엄회원권, 헬스클럽회원권 등), 부동산법인의 주식, 부동산과다보유법인의 특정주식을 말한다.

2. 법인세의 납부

1) 납부할 세액

법인은 각 사업연도의 소득에 대한 법인세 산출세액에서[30] 감면세액·세액공제액과 기납부세액을[31] 빼고 가산세액과 감면분 추가납부세액을 더한 금액을 각 사업연도의 소득에 대한 법인세로서 과세표준 신고기한까지 납세지관할세무서, 한국은행, 체신관서에 납부하여야 한다.

납부할 세액 = 산출세액 − 공제감면세액 − 기납부세액 + 가산세액 + 감면분 추가납부세액

2) 분납

(1) 법인세

법인이 과세표준 신고할 때 납부할 세액이 1,000만원을 초과하는 경우에는 다음의 금액을 납부기한이 지난 날부터 1개월(중소기업의 경우에는 2개월) 이내에 분납할 수 있다. 다만, 가산세액과 감면분 추가납부세액은 분납대상 세액에 포함하지 않는다.

법인세 분납의 경우에는 별도의 분납신청절차가 필요하지 아니하며, 법인세 과세표준 및 세액조정계산서의 해당란에 분납할 세액을 기재하기만 하면 된다.

구 분	분납할 수 있는 금액
납부할 세액이 2,000만원 이하인 경우	1,000만원을 초과하는 금액
납부할 세액이 2,000만원을 초과하는 경우	납부할 세액의 50% 이하의 금액

(2) 농어촌특별세

농어촌특별세를 자진 납부하는 법인이 본세인 법인세를 분납하는 경우에는 농어촌특별세도 법인세의 분납금액의 비율 및 법인세의 분납의 예에 따라 분납할 수 있다. 그러나 법인세가 1,000만원을 초과하지 아니한 경우에도 농어촌특별세액이 500만원을 초과하는 경우에는 분납할 수 있다.

---

30) 산출세액에는 가산세를 제외하고 토지등 양도소득에 대한 법인세 포함한다.

31) 기납부세액이란 해당 사업연도의 중간예납세액, 수시부과세액, 원천징수세액을 말한다.

3. 사업연도 중의 신고 및 납부

1) 중간예납

(1) 중간예납 대상법인

사업연도의 기간이 6개월을 초과하는 내국법인은 각 사업연도 중 중간예납기간(中間豫納期間)에 대한 법인세액을 납부할 의무가 있다. 이 경우 중간예납기간은 해당 사업연도의 개시일부터 6개월이 되는 날까지로 한다

다만, 사업연도의 기간이 6개월 이하인 법인, 합병이나 분할에 의하지 아니하고 신설된 법인, 사립학교법인, 산학협력단, 국립대학법인 서울대학교, 국립대학법인 인천대학교, 직전 사업연도의 중소기업으로서 중간예납세액이 30만원 미만인 내국법인은 중간예납세액을 납부할 의무가 없다.

(2) 직전 사업연도의 산출세액을 기준으로 하는 중간예납세액

직전 사업연도에[32] 확정된 법인세 산출세액이 있는 법인의 경우에는 직전 사업연도의 산출세액을 기준으로 다음 산식에 따라 중간예납세액을 계산한다.

$$\text{중간예납세액} = (A - B - C - D) \times \frac{6}{E}$$

A: 해당 사업연도의 직전 사업연도에 대한 법인세로서 확정된 산출세액[33][34]
B: 해당 사업연도의 직전 사업연도에 감면된 법인세액[35]
C: 해당 사업연도의 직전 사업연도에 법인세로서 납부한 원천징수세액
D: 해당 사업연도의 직전 사업연도에 법인세로서 납부한 수시부과세액
E: 직전 사업연도 개월 수[36]

32) 합병법인이 합병 후 최초의 사업연도에 중간예납세액을 납부하는 경우에는 합병법인의 직전 사업연도 및 각 피합병법인의 합병등기일이 속하는 사업연도의 직전 사업연도를 모두 직전 사업연도로 본다.

33) 직전 사업연도 법인세로서 확정된 산출세액이란 중간예납기간 종료일까지 신고·수정신고 및 결정·경정에 따라 확정된 세액을 말하며, 가산세를 포함하고, 토지등 양도소득에 대한 법인세액 및 조세특례제한법에 따른 투자·상생협력 촉진을 위한 과세특례를 적용하여 계산한 법인세액은 제외한다.

34) 연결납세방식을 적용하지 아니하게 된 법인이 연결납세방식을 적용하지 아니하는 최초의 사업연도에 중간예납세액을 납부하는 경우에는 직전 연결사업연도의 연결법인별 산출세액을 직전 사업연도에 대한 법인세로서 확정된 산출세액으로 본다.

35) 직전 사업연도의 감면된 법인세액에는 소득에서 공제되는 금액은 제외한다.

36) 이 경우 개월 수는 태양력에 따라 계산하되, 1개월 미만의 일수는 1개월로 한다.

(3) 해당 중간예납기간의 법인세액을 기준으로 하는 중간예납세액

해당 중간예납기간을 1사업연도로 보고 법인세법에 따라 계산한 법인세액을 중간예납세액으로 계산하는 방법이다.

> **중간예납세액 = (A − B − C − D)**
> **A: 해당 중간예납기간을 1사업연도로 보고 계산한 법인세액**[37]
> **B: 해당 중간예납기간에 감면된 법인세액**[38]
> **C: 해당 중간예납기간에 법인세로서 납부한 원천징수세액**
> **D: 해당 중간예납기간에 법인세로서 부과한 수시부과세액**

(4) 중간예납세액의 계산방법

중간예납세액은 직전 사업연도의 산출세액을 기준으로 하는 방법과 해당 중간예납기간의 법인세액을 기준하는 방법 중 내국법인 선택하여 계산한다. 중간예납의 납부기한까지 중간예납세액을 납부하지 아니한 경우에는 직전 사업연도의 산출세액을 기준으로 하는 방법을 적용하고, 다음의 경우에는 해당 중간예납기간의 법인세액을 기준하는 방법을 적용한다.

① 직전 사업연도의 법인세로서 확정된 산출세액이 없는 경우[39][40][41]

② 해당 중간예납기간 만료일까지 직전 사업연도의 법인세액이 확정되지 아니한 경우

③ 분할신설법인등의 분할 후 최초의 사업연도의 경우

(5) 중간예납세액의 신고 · 납부

내국법인은 중간예납기간이 지난 날부터 2개월 이내에 중간예납세액을 납세지관할세무서, 한국은행, 체신관서에 납부하여야 한다. 이 경우 납부할 중간예납세액이 1,000만원을 초과하는 경우에는 확정신고 할 때의 분납방법에 따라 분납할 수 있다.

중간예납기간 중 휴업 등의 사유로 수입금액이 없는 법인에 대하여 그 사실이 확인된 경우에는 해당 중간예납기간에 대한 법인세를 징수하지 아니한다.

---

37) 이 경우 공제대상 이월결손금은 중간예납기간의 소득금액의 범위에서 전액 공제한다.

38) 직전 사업연도의 감면된 법인세액에는 소득에서 공제되는 금액은 제외한다.

39) 직전 사업연도의 법인세 산출세액은 있으나 중간예납세액, 원천징수세액, 수시부과세액이 산출세액을 초과함으로써 납부한 세액이 없는 경우에는 직전 사업연도의 법인세액이 없는 경우로 보지 아니한다.

40) 확정된 산출세액에는 가산세를 제외한다.

41) 유동화전문회사 등 및 프로젝트금융투자회사에 대한 소득공제를 적용받는 법인의 경우는 제외한다.

2) 원천징수

(1) 개요

원천징수란 납세의무자 자신이 직접 세금을 납부하지 아니하고 납세의무자에게 소득금액 또는 수입금액을 지급하는 원천징수의무자가 지급하는 때에 세법에 따라 일정액의 세금을 징수하여 국가에 납부하게 하는 제도이다.

법인세법에서는 내국법인에게 이자소득금액 또는 투자신탁이익의 금액을 지급하는 자는 법인세를 원천징수하여 그 징수일이 속하는 달의 다음달 10일까지 납세지관할세무서, 한국은행, 체신관서에 납부하여야 한다.

(2) 원천징수의무자

법인세법의 원천징수의무자는 내국법인에게[42] 원천징수 대상소득인 이자소득금액 또는 투자신탁이익의 금액을 지급하는 자를 말한다.

원천징수의 대리 또는 위임은 원칙적으로 본인과 대리인 사이의 계약에 따라 성립한다. 원천징수의무를 당사자 사이의 계약에 따라 대리나 위임하는 경우에는 원천징수의무자를 대리하거나 그 위임을 받은 자의 행위는 수권 및 위임의 범위에서 본인 또는 위임인의 행위로 본다. 이 경우 금융회사 등이 내국법인(거주자를 포함함)이 발행한 어음 또는 채무증서를 인수·매매·중개·대리하는 경우에는 금융회사 등과 내국법인 간에 대리 또는 위임의 관계가 있는 것으로 보아 원천징수한다.[43]

법인이 해산한 경우에 원천징수하여야 할 법인세를 징수하지 아니하였거나 징수한 법인세를 납부하지 아니하고 잔여재산을 분배한 때에는 청산인과 잔여재산의 분배를 받은 자가 각각 그 분배한 재산의 가액과 분배받은 재산의 가액을 한도로 그 법인세를 연대하여 납부할 책임을 진다.

또한, 법인이 합병 또는 분할에 따라 소멸한 경우 합병법인 등은 피합병법인 등이 원천징수하여야 할 법인세를 징수하지 아니하였거나 징수한 법인세를 납부하지 아니한 것에 대하여 납부할 책임을 진다.

---

42) 내국법인에는 금융회사 등을 제외한다.

43) 외국법인이 발행한 채권 또는 증권에서 발생하는 이지소득금액, 투자신탁이익의 금액을 내국법인에 지급하는 경우에는 국내에서 그 지급을 대리하거나 그 지급권한을 위임받거나 위탁받은 자가 그 소득에 대한 법인세를 원천징수하여야 한다.

(3) 원천징수 대상소득

원천징수제도는 국내에서 내국법인에게 지급하는 소득세법 제127조 제1항 제1호의 이자소득금액과 소득세법 제17조 제1항 제5호의 배당소득금액 중 투자신탁이익의 금액에 대하여 적용한다.

국외에서 지급하는 소득에 대해서는 그 지급하는 자가 우리나라의 법률을 적용받지 않기 때문에 원천징수의무를 지울 수 없고, 법인세가 부과되지 아니하거나 면제되는 소득 등에[44] 대해서는 법인세를 원천징수하지 아니한다.

또한 금융보험업을 경영하는 법인의 수입금액을 구성하는 이자소득금액도 원칙적으로 원천징수 대상소득에 포함되나, 금융보험업을 경영하는 법인의 이자수입은 사업수입에 해당하는 것으로서 일반법인과 동일하게 원천징수하는 경우에는 사업수입에 대해서 과다하게 원천징수하는 결과를 초래하므로 대출이자 등 일반적인 이자수입에 대해서는 원천징수 대상소득에서 제외하도록 하고 있다. 다만, 금융회사 등에 지급하는 원천징수대상채권 등의 이자 및 투자신탁의 이익은 원천징수대상이다.

(4) 원천징수세율

법인세법의 원천징수세율은 다음과 같다.

구 분		원천징수 세율
이자소득금액	일 반	14%
	비영업대금의 이익	25%
투자신탁이익의 금액		14%

(5) 원천징수세액의 납부

원천징수의무자는 소득을 지급하는 때에 원천징수한 법인세를 그 징수일이 속하는 달의 다음달 10일까지 원천징수의무자의 관할세무서 등에 납부하여야 한다.

다만, 직전연도의[45] 상시 고용인원이 20인 이하인 원천징수의무자(금융보험업을 경영하는 법인은 제외함)로서 원천징수 관할세무서장으로부터 원천징수세액을 반기별로 납부 할 수 있도록 승인을 얻거나 국세청장이 정하는 바에 따라 지정을 받은 경우에는 그 징수일이 속하는

44) 원천징수대상이 되지 않는 이자소득금액 등에 대하여 법인세법 시행령 제111조 제1항에서 열거하고 있다.

45) 신규로 사업을 개시한 사업자의 경우 신청일 속하는 반기를 말한다.

반기의 마지막 달의 다음달 10일까지 납부할 수 있다.[46] 여기서 직전연도의 상시 고용인원수는 직전연도의 1월부터 12월까지의 매월 말일 현재 상시 고용인원의 평균인원수로 한다.

(6) 미납된 원천징수세액의 징수

원천징수의무자가 원천징수세액을 징수하지 않았거나 징수한 세액을 납부기한까지 납부하지 않은 때에는 지체없이 원천징수의무자로부터 원천징수하여 납부하여야 할 세액상당액에 원천징수등 납부지연가산세를 더한 금액을 법인세로서 징수하여야 한다.

다만, 원천징수의무자가 원천징수를 하지 아니한 경우로서 납세의무자가 법인세액을 이미 납부한 경우에는 원천징수의무자에게 원천징수등 납부지연가산세만 징수한다. 납세의무자가 법인세액을 이미 납부한 경우란 원천징수대상소득에 대한 법인세를 납세의무자가 자진 신고·납부한 경우와 관할세무서장·지방국세청장이 부과·징수함에 따라 법인세액을 납부한 경우 등을 말한다.

이 경우 원천징수세액이 1,000원 미만인 경우에는 소액부징수에 해당하여 원천징수를 하지 않는다.

(7) 채권 등 보유기간 이자상당액에 대한 원천징수세액

① 개요

내국법인이 원천징수대상채권등을 타인에게 매도·중개·알선을[47] 하는 경우 그 내국법인은 채권 등의 취득하여 보유한 기간에 발생한 보유기간 이자상당액에 14%의 세율을 적용하여 계산한 금액에 상당하는 법인세를 원천징수하여야 한다. 원천징수대상채권등이란 소득세법에 따른 채권등 또는 투자신탁의 수익증권을 말한다.

다만, 법인세가 비과세되거나 면제되는 채권 또는 조세특례제한법에 따른 외화표시채권·외화표시어음·외화예금증서(이자지급할 때 그 이자 등에 대하여 원천징수된 사실을 입증할 수 있는 서류를 제출한 경우를 제외함)는 보유기간이자상당액에 대한 원천징수세액공제를 적용하지 아니한다.

---

46) 반기별 납부승인을 얻고자 하는 법인은 반기별로 납부하고자 하는 반기의 직전 월의 1일부터 말일까지 원천징수 관할세무서장에게 신청하여야 하며, 신청을 받은 원천징수 관할세무서장은 원천징수의무자의 원천징수세액 신고·납부의 성실도 등을 참작하여 승인여부를 결정한 후 신청일이 속하는 반기의 다음달 말일까지 이를 알려야 한다.

47) 환매조건부 채권매매등은 제외한다.

② 원천징수세액의 계산

채권 등 보유기간 이자상당액에 대한 원천징수세액은 다음과 같이 계산한다.

보유기간 이자상당액에 대한 원천징수세액 = 보유기간 이자상당액 × 원천징수세율
√보유기간 이자상당액 = 채권 등의 액면가액 × 보유기간 × 적용이자율

(8) 선이자지급방식의 채권 등을 중도매도 시 원천징수세액

선이자지급방식의 채권 등은 취득시점에 발행일로부터 만기일까지의 전체 이자계산기간에 대한 원천징수가 이루어진다. 선이자지급방식의 채권 등을 보유한 법인은 채권 등을 취득한 시점의 법인세 신고할 때 선이자지급방식의 채권 등에 대한 원천징수세액을 기납부세액으로 공제하게 된다. 이와 같은 선이자지급방식의 채권 등을 보유한 법인이 해당 채권 등을 만기일이 도래하기 전에 매도하는 경우에는 채권을 보유하지 아니한 기간의 이자상당액에 대한 원천징수세액까지 공제하는 모순이 발생한다.

법인이 선이자지급방식의 채권 등을 취득한 후 사업연도가 종료되어 원천징수된 세액을 전액 공제하여 법인세를 신고하였으나, 그 후의 사업연도 중 채권 등의 만기상환일이 도래하기 전에 이를 매도함으로써 해당 사업연도 전에 공제한 원천징수세액이 채권 등 보유기간 이자상당액에 대한 원천징수세액을 초과하는 경우에는 그 초과하는 금액을 해당 채권 등을 매도한 날이 속하는 사업연도의 법인세에 더하여 납부하여야 한다.

3) 수시부과

(1) 의의

수시부과결정이란 법인의 정상적인 신고납부 및 정부의 결정·경정의 절차로는 조세채권을 확보하기 어렵다고 인정되는 경우에는 정부는 사업연도가 진행 중에 해당 사업연도 개시일부터 수시부과사유 발생일까지를 수시부과기간으로 하여 미리 법인세를 징수하는 제도이다.

수시부과제도는 조세포탈을 방지하기 위한 행정편의 수단으로 납세의무자에 대한 납세기한의 이익을 제한하는 제도이며, 수시부과세액은 중간예납세액 및 원천징수세액과 함께 예납적 조세에 불과하다.

(2) 수시부과사유

납세지 관할세무서장 또는 관할지방국세청장은 법인이 그 사업연도 중에 다음의 사유에 따라 법인세를 포탈할 우려가 있다고 인정되는 경우에는 수시로 그 법인에 대한 법인세를 수시부과할 수 있다.

① 신고를 하지 아니하고 본점 등을 이전한 경우

② 사업부진 등의 사유에 따라 휴업 또는 폐업상태에 있는 경우

③ 그 밖의 조세를 포탈할 우려가 있다고 인정되는 상당한 이유가 있는 경우

④ 납세지관할세무서장은 법인이 주한국제연합군 또는 외국기관으로부터 사업수입금액을 외국환은행을 통하여 외환증서나 원화로 영수하는 경우[48)]

(3) 수시부과 과세표준의 계산

수시부과결정은 장부 및 증명서류에 따른 실지조사를 원칙으로 하며, 실지조사가 불가능한 경우에만 추계결정할 수 있다.

휴업 및 폐업한 법인에 대하여 수시부과를 하는 경우로서 납세지 관할세무서장 또는 관할지방국세청장의 조사결과 명백한 탈루혐의가 없다고 인정되는 경우에는 동업자권형에 따라 과세표준과 세액을 결정하되, 동일 업종의 다른 법인이 없는 경우에는 직전 사업연도의 소득률에 따라 과세표준과 세액을 결정할 수 있다.

(4) 수시부과 세액의 계산

수시부과하는 경우의 산출세액은 사업연도가 1년 미만인 법인에 대한 세액계산을 준용하여 계산한다.[49)] 다만, 법인세법에 따른 가산세는 부과하지 아니한다.

(5) 수시부과결정과 확정신고

법인세를 수시부과결정한 경우에도 법인세법에 따라 정기분 법인세의 신고는 하여야 한다. 이 경우 수시부과된 세액은 기납부세액으로 공제한다.

---

48) 이는 주한국제연합군 또는 외국기관의 경우에는 법인세법의 지급명세서 제출의무가 없으므로 외국기관 등의 거래에 대하여 과세자료의 포착이 곤란하기 때문에 대금을 수령하는 시점에 수시부과하는 것이다.

49) 법인이 주한국제연합군 또는 외국기관으로부터 사업수입금액을 외국환은행을 통하여 외환증서나 원화로 영수하여 수시부과하는 경우에는 추계결정·경정의 방법으로 계산한 금액에 법인세 세율을 곱하여 산출한 금액을 그 세액으로 한다.

Ⅳ 결정 · 경정 및 징수 · 환급

1. 과세표준의 결정 · 경정

1) 개요

법인세는 신고납세제도를 선택하고 있으므로 원칙적으로 법인세의 납세의무는 법인의 과세표준 및 세액의 신고에 따라 확정된다. 다만, 법인의 과세표준 및 세액의 신고가 없는 경우에만 정부가 과세표준과 세액을 결정하며, 과세표준 및 세액의 신고 또는 결정의 내용에 오류·누락이 있는 경우에는 정부가 과세표준 및 세액을 경정하고, 법인세의 과세표준과 세액을 결정·경정한 후 그 결정·경정에 오류나 누락이 있는 것을 발견한 경우에는 즉시 이를 다시 경정한다.[50)]

법인세의 과세표준 및 세액의 결정 또는 경정은 납세지관할세무서장이 하여야 한다.[51)] 다만, 국세청장이 특히 중요하다고 인정하는 것에 대해서는 납세지 관할지방국세청장이 이를 결정 또는 경정할 수 있으며, 이 경우 납세지관할세무서장은 과세표준의 결정 또는 경정 등에 필요한 서류를 납세지 관할지방국세청장에게 지체없이 송부하여야 한다.

2) 결정 및 경정의 사유

(1) 결정사유

법인이 법인세의 과세표준 및 세액을 신고하지 아니한 경우에는 법인의 각 사업연도의 소득에 대한 법인세의 과세표준 및 세액을 결정하여야 한다.

결정은 과세표준 신고기한으로부터 1년 이내에 완료하여야 한다. 다만, 국세청장이 조사기간을 따로 정하거나 부득이한 사유에 따라 국세청장의 승인을 얻은 경우에는 그러하지 아니하다.

50) 과세표준 및 세액의 결정이란 정부가 납세의무를 처음으로 확정하는 처분이며, 경정이란 이미 확정된 납세의무를 정부가 변경하는 처분을 말한다.

51) 국세기본법에 따르면 국세의 과세표준과 세액의 결정 또는 경정은 결정 또는 경정하는 때의 그 국세의 납세지를 관할하는 세무서장이 한다.

(2) 경정사유

법인이 법인세의 과세표준 및 세액을 신고한 경우에도 다음의 사유가 있는 때에는 경정하여야 한다.

① 신고내용에 오류 또는 누락이 있는 때
② 지급명세서, 매출 · 매입처별계산서합계표의 전부 또는 일부를 제출하지 아니한 때
③ 신용카드가맹점의 가입대상자로 지정된 법인이 정당한 사유가 없이 신용카드가맹점으로 가입하지 않은 경우 및 신용카드매출전표의 발급을 거부하거나 사실과 다르게 발급하는 경우로서 시설규모나 영업 현황을 고려하여 신고내용이 불성실하다고 판단되는 경우
④ 현금영수증가맹점의 가입대상자로 지정된 법인이 정당한 사유가 없이 현금영수증가맹점으로 가입하지 않은 경우 및 현금영수증 발급을 거부하거나 사실과 다르게 발급하는 경우로서 시설규모나 영업 현황을 고려하여 신고내용이 불성실하다고 판단되는 경우

3) 실지조사에 따른 결정 및 경정

각 사업연도의 소득에 대한 법인세의 과세표준과 세액을 결정 또는 경정하는 경우에는 장부 및 증명서류를 근거로 하여야 한다(실지조사방법).

실지조사란 법인이 비치 · 기장하고 있는 장부와 증명서류 등을 대조 및 확인, 자산과 부채의 존부 · 현황 등의 실사, 거래선에 대한 거래의 유무 · 수량 · 금액의 확인 등 장부에 기재된 수익과 비용의 금액이 정확한 지의 여부를 확인하여 법인의 조세부담의 관계를 적정하게 실현하기 위한 사실행위를 말한다.

4) 추계에 따른 결정 및 경정

(1) 추계결정 · 경정 사유

실지조사에 따라 각 사업연도의 소득에 대한 법인세의 과세표준과 세액을 결정 및 경정할 수 없는 부득이한 경우에는 과세표준과 세액을 추계할 수 있다.[52] 추계의 방법으로 소득금액을 결정 및 경정하는 경우에는 그 추계과세의 적법성에 대해서는 과세관청이 입증하여야 한다.

52) 장부를 비치 기장하고 있는 경우로서 일부 재고자산의 수불내용이 상이한 경우 및 재무상태표의 제품 · 재공품액이 사실과 다른 경우만으로는 추계결정을 하지 않는다.

추계결정 · 경정은 다음의 사유로 장부나 증명서류에 따라 소득금액을 계산할 수 없는 경우에만 추정하여 계산을 할 수 있도록 엄격히 제한하고 있다.

① 소득금액을 계산할 때 필요한 장부 또는 증명서류가 없거나 그 중요한 부분이 미비 또는 허위인 경우
② 기장의 내용이 시설규모, 종업원수, 원자재 · 상품 · 제품 · 각종 요금의 시가 등에 비추어 허위임이 명백한 경우
③ 기장의 내용이 원자재사용량, 전력사용량, 기타 조업상황에 비추어 허위임이 명백한 경우

(2) 추계결정 · 경정의 방법

추계과세하는 경우 법인의 각 사업연도의 사업소득에 대한 과세표준(사업소득금액)은 다음의 방법으로 경정한다.

① 기준경비율에 따른 방법[53][54]
② 기준경비율이 결정되지 아니하였거나 천재지변 등 불가항력으로 장부나 증명서류가 멸실된 경우에는 동업자권형에 따른 방법.[55] 다만, 동일업종의 다른 법인이 없는 경우로서 과세표준 등을 신고한 후 장부 등을 멸실한 경우에는 신고서 및 그 첨부서류에 따르고, 과세표준 등을 신고하기 전에 장부 등을 멸실한 경우에는 직전 사업연도의 소득률에 따른다.
③ 조세특례제한법에 따른 소기업이 폐업한 때에는 수입금액에서 수입금액에 단순경비율을 곱한 금액을 뺀 금액, 수입금액에 직전사업연도의 소득률을 곱하여 계산한 금액, 기준경비율에 따라 계산한 금액 중 적은 금액을 과세표준으로 결정 · 경정하는 방법[56]

53) 과세표준 = 사업수입금액 - (매입비용 + 임차료 + 인건비 + 사업수입금액 × 기준경비율)

54) 매입비용 등을 공제할 금액이 사업수입금액을 초과하는 경우에는 그 초과금액은 없는 것으로 본다. 추계결정방법을 적용할 때에 기준경비율이 있는 업종과 기준경비율이 없는 업종을 겸영하는 법인의 경우에는 기준경비율이 있는 업종에 대하여는 기준경비율에 따른 방법을 적용하고, 기준경비율이 없는 업종에 대하여는 동업자권형에 따른 방법을 적용한다.

55) 동업자권형에 따른 방법은 기장이 가장 정확하다고 인정되는 동일 업종의 다른 법인의 소득금액을 고려하여 그 과세표준을 결정 또는 경정하는 방법을 말하고, 동일업종의 다른 법인은 추계조사결정법인과 동일행정구역 내에 소재하는 법인에 한정하는 것이 아니다.

56) 다만, 무자료거래 및 위장 · 가공거래 등 거래내용이 사실과 다른 혐의가 있는 경우, 구체적인 탈세제보가 있는 경우, 거래상대방이 조세범처벌법에 따른 범칙행위를 하여 조사를 받고 조사과정에서 해당 법인과 거래냉용이 파악된 경우, 법인의 사업내용 · 대표자의 재산상황 등을 고려할 때 명백한 탈루혐의가 있다고 인정되는 경우에는 소기업이 폐업한 대로 보지 않는다.

(3) 과세표준의 계산

추계결정 · 경정에 따른 과세표준은 사업소득금액에 사업외소득금액, 부당행위계산 부인금액, 법인세법의 대손충당금 및 조세특례제한법에 따라 익금산입하여야 할 준비금 · 충당금을 더한 금액으로 계산한다.

추계결정 · 경정에 따른 과세표준
= 사업소득금액 + 사업외소득금액 + 부당행위계산 부인액 + 익금산입할 준비금 · 충당금[57)]
√사업소득금액: 기준경비율 및 동업자권형 등에 따라 계산한 사업소득금액
√사업외소득금액 = 사업외수익 - 사업외수익 대응 원가 - 손비 중 환급액 - 간주임대료

사업외소득금액이란 사업외수익의 금액에서 사업외수익에[58)] 직접 대응되고 증명서류나 객관적인 자료에 의하여 확인되는 원가상당액, 사업외수익에 해당 사업연도 중에 지출한 손비 중 환입된 금액이 포함된 경우에는 그 금액, 부동산을 임대하는 법인의 수입이자가 사업외수익에 포함된 경우에는 부동산임대에 의한 전세금 또는 임대보증금에 대한 수입이자 상당액을 뺀 금액을 말한다.

추계결정 · 경정에 따라 법인세의 과세표준을 계산하는 경우에는 이월결손금의 공제 및 외국납부세액공제의 적용을 배제한다. 다만, 천재지변 등으로 장부나 증명서류가 멸실되어 동업자권형에 따라 추계결정 · 경정하는 경우에는 이월결손금 및 외국납부세액을 공제한다.

5) 과세표준과 세액의 통지

납세지관할세무서장이 과세표준과 그 세액을 통지하는 경우에는 납세고지서에 그 과세표준과 세액의 계산명세를 첨부하여 고지하여야 하며, 각 사업연도의 과세표준이 되는 금액이 없거나 납부할 세액이 없는 경우에도 그 결정된 내용을 통지하여야 한다.

이 경우 납세지 관할지방국세청장이 과세표준이 결정된 것은 납세지 관할지방국세청장이 조사 · 결정하였다는 뜻을 부기하고, 납세지관할세무서장은 추계결정에 따라 법인의 과세표준이 결정된 때에는 그 기준이 된 수입금액을 과세표준과 세액의 계산명세에 기재하여 통지하여야 한다.

57) 익금에 산입할 준비금·충당금이란 대손충당금 또는 조세특례제한법에 따라 익금에 산입하여야 할 준비금·충당금이 있는 법인의 경우 그 익금에 산입하여야 할 준비금·충당금을 말한다.

58) 사업외수익이란 한국표준산업분류에 따른 각 사업에서 생기는 사업수입금액을 제외한 수익을 말한다. 이 경우 비영리법인의 경우에는 수익사업에서 생기는 수익으로 한정한다.

2. 가산세

1) 의의

가산세는 세법에서 규정하는 의무의 성실한 이행을 확보하기 위하여 세법에 따라 산출한 세액에 가산하여 징수하는 금액을 말한다.

납세의무자가 납세의무를 알지 못한 것이 무리가 아니었다는 사정이 있거나 납세의무자에게 납세의무의 이행을 기대하는 것이 무리라고 하는 사정이 있는 등 납세의무의 해태를 탓할 수 없는 경우에는 가산세를 부과할 수 없다.

2) 장부의 기록·보관 불성실가산세

법인세법에 따라 장부를 갖추어 두고 복식부기 방식으로 장부를 기장할 의무가 있는 법인이 장부의 비치·기장 의무를 이행하지 아니한 경우에는 산출세액의 20%와 법인의 수입금액의 1만분의 7 중 큰 금액을 법인세로서 징수한다. 다만, 비영리내국법인과 법인세가 비과세되거나 전액 면제되는 소득만 있는 법인은 장부의 기록·보관 불성실가산세를 적용하지 않는다.

장부의 기록·보관 불성실가산세 = Max(산출세액 × 20%, 수입금액 × 0.07%)

3) 신고불성실가산세

(1) 계산방법

신고불성실가산세를 다음과 같은 방법으로 계산한다.[59]

① 국세의 과세표준 신고에는 예정신고 및 중간신고를 포함하며, 교육세법에 따른 금융보험업자가 아닌 자의 신고와 농어촌특별세법에 따른 신고는 제외한다.[60]

② 무신고납부세액, 과소신고납부세액, 초과신고환급세액에는 세법에 따른 가산세와 세법에 따라 가산하여 납부하여야 할 이자상당가산액을 제외한다.

---

59) 부가가치세법에 따른 사업자가 과세표준과 납부세액 등을 신고하지 아니하거나 과소신고한 경우로서 영세율이 적용되는 과세표준이 있는 경우에는 영세율과세표준의 0.5%에 상당하는 금액을 무신고가산세 및 과소신고가산세에 더한 금액으로 부과한다

60) 무신고가산세를 적용하는 경우 신고에는 종합부동산세법에 따른 신고도 제외한다.

(2) 무신고가산세

납세의무자가 법정신고기한까지 세법에 따른 국세의 과세표준 신고를 하지 아니한 경우에는 무신고가산세를 부과한다.

> **√일반 무신고가산세액 = Max(무신고납부세액 × 20%, 무신고수입금액 × 0.07%)**
> **√부정 무신고가산세액 = Max(무신고납부세액 × 40%·60%, 무신고수입금액 × 0.14%)**

(3) 과소신고·초과환급신고가산세

납세의무자가 법정신고기한까지 세법에 따른 국세의 과세표준 신고를 한 경우로서 납부할 세액을 신고하여야 할 세액보다 과소신고하거나 환급받을 세액을 신고하여야 할 금액보다 초과신고한 경우에는 과소신고한 납부세액과 초과신고한 환급세액을 합한 금액에 따른 과소신고가산세·초과환급신고가산세를 부과한다.

> **과소신고가산세액 = 일반 과소신고가산세액 + 부정 과소신고가산세액**
> **√일반 과소신고가산세액 = 일반 과소신고납부세액등 × 10%**
> **√부정 과소신고가산세액**
> **= Max(부정 과소신고납부세액등 × 40%·60%, 부정 과소신고수입금액 × 0.14%)**

(4) 부정행위

부정행위란 납세자가 국세의 과세표준 또는 세액 계산의 기초가 되는 사실의 전부 또는 일부를 은폐하거나 가장하는 것에 기초하여 다음의 행위로서 조세의 부과와 징수를 불가능하게 하거나 현저히 곤란하게 하는 적극적 행위를 말한다.

① 이중장부의 작성 등 장부의 거짓 기장
② 장부와 기록의 파기
③ 고의적으로 장부를 작성하지 아니하거나 비치하지 아니하는 행위
④ 거짓 증빙 또는 거짓 문서의 작성 및 수취
⑤ 계산서, 세금계산서, 전자세금계산서, 계산서합계표, 세금계산서합계표의 조작
⑥ 조세특례제한법에 따른 전사적 기업자원 관리설비의 조작
⑦ 재산의 은닉, 소득·수익·행위·거래의 조작 또는 은폐
⑧ 그 밖에 위계(僞計)에 의한 행위 또는 부정한 행위

4) 납부불성실가산세

(1) 납부지연가산세

납세의무자가 법정납부기한까지 국세의 납부를 하지 아니한 경우(무납부), 납부하여야 할 세액보다 적게 납부한 경우(과소납부), 환급받아야 할 세액보다 많이 환급받은 경우(초과환급), 국세를 납부고지서에 따른 납부기한까지 완납하지 아니한 경우(고지분에 대한 무납부 및 과소납부)에는 다음의 금액을 납부지연가산세로 부과한다.[61)]

이 경우 납세의무자에는 연대납세의무자 · 제2차 납세의무자 · 보증인을 포함하고, 국세에는 인지세를[62)] 제외하고, 납부에는 중간예납 · 예정신고납부 · 중간신고납부를 포함하고, 무납부 · 과소납부 · 초과환급에 따른 세액에는 세법에 따라 가산하여 납부하여야 할 이자상당가산액이 있는 경우에는 그 금액을 더한다.

√납부지연가산세(과소납부등) = 무납부세액 · 과소납부세액 × 기간[63)] × 0.025%
√납부지연가산세(초과환급) = 초과환급받은 세액 × 기간[64)] × 0.025%
√납부지연가산세(고지분) = 무납부세액 · 과소납부세액 × 3%

(2) 원천징수등 납부지연가산세

원천징수의무자가 원천징수하였거나 원천징수하여야 할 세액을 법정납부기한까지 납부하지 아니하거나 과소납부하는 경우에는 무납부세액 또는 과소납부세액의 50%을[65)] 한도로 하여 원천징수등 납부지연가산세를 부과한다. 다만, 원천징수의무자가 국가 · 지방자치단체 · 지방자치단체조합인 경우, 우리나라에 주둔하는 미군인 경우, 공적연금 관련법에 따라 받는 각종 연금 · 일시금을 지급하는 경우에는 원천징수등 납부지연가산세를 적용하지 아니한다.

원천징수등 납부지연가산세 = 무납부세액 · 과소납부세액 × Min(10%, 3% + 기간 × 0.022%)

---

61) 납부지연가산세를 적용할 때 납부고지서에 따른 납부기한의 다음 날부터 납부일까지의 기간(국세징수법에 따라 지정납부기한과 독촉장에서 정하는 기한을 연장한 경우에는 그 연장기간은 제외함)이 5년을 초과하는 경우에는 그 기간은 5년으로 한다.

62) 인지세법에 따른 인지세의 납부를 하지 아니하거나 과소납부한 경우에는 납부하지 아니한 세액 또는 과소납부분 세액의 100%~300%에 상당하는 금액을 가산세로 한다.

63) 법정납부기한의 다음 날로부터 납부일까지의 기간(납부고지일부터 납부고지서에 따른 납부기한까지의 기간은 제외함)을 말한다.

64) 환급받은 날의 다음 날로부터 납부일까지의 기간(납부고지일부터 납부고지서에 따른 납부기한까지의 기간은 제외함)을 말한다.

65) 법정납부기한의 다음 날부터 납부고지일까지의 기간에 해당하는 금액을 합한 금액은 10%을 한도로 한다.

5) 신용카드 및 현금영수증 발급 불성실가산세

(1) 신용카드 발급 불성실가산세

신용카드가맹점으로 가입한 내국법인이 신용카드에 의한 거래를 거부하거나 신용카드매출전표를 사실과 다르게 발급한 경우에는 건별로 발급거부금액 또는 신용카드매출전표를 사실과 다르게 발급한 금액(건별로 발급하여야 할 금액과의 차액을 말함)의 5%에 상당하는 금액을 법인세로서 징수하여야 한다.[66]

신용카드 발급 불성실가산세 = Max(건별 거부금액 · 불분명금액 × 5%, 건별 5천원)

(2) 현금영수증 발급 불성실가산세

현금영수증가맹점으로 가입한 내국법인이 건당 5,000원 이상의 거래금액에 대하여 현금영수증 발급을 거부하거나 사실과 다르게 발급한 경우에는 건별로 발급거부금액 또는 현금영수증을 사실과 다르게 발급한 금액(건별로 발급하여야 할 금액과의 차액을 말함)의 5%에 상당하는 금액을 법인세로서 징수하여야 한다.

√현금영수증 발급 불성실가산세 = Max(건별 거부금액 · 불분명금액 × 5%, 건별 5천원)
√현금영수증 미발급가산세 = 미발급금액 × 10% · 20%[67]

또한, 현금영수증가맹점으로 가입하여야 할 법인이 현금영수증가맹점으로 가입하지 아니 하거나 그 가입기간이 지나서 가입한 경우는 가입하지 아니한 사업연도의 수입금액의 1%에 미가맹한 기간비율을 곱한 금액을 법인세로서 징수하여야 한다. 2이상의 업종을 하는 법인의 경우에는 소비자상대업종에서 발생한 수입금액만 해당되고, 미가입한 기간비율은 가입하지 아니한 사업연도의 일수에서 현금영수증가맹점의 가입요건에 해당하는 날이 속하는 달의 말일부터 3개월이 지난 날의 다음날부터 가입한 날의 전일까지의 일수가 차지하는 비율을 말한다.

현금영수증 미가입가산세 = 미가입한 사업연도의 수입금액 × 미가입한 기간비율 × 1%

66) 건별로 계산한 신용카드 및 현금영수증 발급 불성실가산세액이 5,000원 미만이면 5,000원으로 한다.

67) 현금영수증 의무발행 업종을 경영하는 내국법인이 현금영수증을 발급하지 아니한 경우에 적용하고, 착오나 누락으로 인하여 거래대금을 받은 날부터 7일 이내에 관할세무서에 자진 신고하거나 현금영수증을 자진 발급한 경우에는 10%로 한다.

6) 거짓계산서등 가산세

내국법인이 다음의 경우에는 공급가액의 2%에 상당하는 금액을 가산세로 해당 사업연도의 법인세액에 더하여 납부하여야 한다. 다만, 전자계산서를 발급하지 아니하였으나 전자계산서 외의 계산서를 발급한 경우와 계산서의 발급시기가 지난 후 해당 재화 또는 용역의 공급시기가 속하는 사업연도 말의 다음 달 25일까지 계산서를 발급한 경우는 공급가액의 1%에 상당하는 금액을 가산세로 해당 사업연도의 법인세액에 더하여 납부하여야 한다.

① 재화 또는 용역을 공급한 자가 계산서를 발급시기에 발급하지 아니한 경우
② 재화 또는 용역을 공급하지 아니하고 신용카드 매출전표, 현금영수증, 계산서를 발급한 경우
③ 재화 또는 용역을 공급받지 아니하고 계산서등을 발급받은 경우
④ 재화 또는 용역을 공급하고 실제로 재화 또는 용역을 공급하는 법인이 아닌 법인의 명의로 계산서등을 발급한 경우
⑤ 재화 또는 용역을 공급받고 실제로 재화 또는 용역을 공급하는 자가 아닌 자의 명의로 계산서등을 발급받은 경우

√계산서 미발급 가산세 = 발급하지 않은 계산서의 공급가액 × 2%
√계산서 지연발급 가산세 = 지연발급한 계산서의 공급가액 × 1%
√거짓계산서 가산세 = 거짓계산서의 공급가액 × 2%

7) 성실신고확인서 제출 불성실가산세

성실신고 확인대상인 내국법인이 각 사업연도의 종료일이 속하는 달의 말일부터 4개월 이내에 성실신고확인서를 납세지관할세무서장에게 제출하지 아니한 경우에는 법인세 산출세액에 5%를 곱하여 계산한 금액과 수입금액의 0.02%를 곱하여 계산한 금액 중 큰 금액을 납부할 세액에 더한다. 이 경우 법인세 산출세액이 경정으로 0보다 크게 된 경우에는 결정된 산출세액을 기준으로 가산세를 계산하고 산출세액이 없는 경우에도 적용한다.

성실신고확인서 제출 불성실가산세 = Max(법인세 산출세액 × 5%, 수입금액 × 0.02%)

8) 업무용승용차 관련비용 명세서 제출 불성실가산세

업무용승용차 관련비용 등을 손금에 산입한 내국법인이 업무용승용차 관련비용 등에 관한 명세서를 제출하지 아니하거나 사실과 다르게 제출한 경우에는 다음의 금액을 가산세로 해당 사업연도의 법인세액에 더하여 납부하여야 한다. 업무용승용차 관련비용 명세서 제출 불성실가산세는 산출세액이 없는 경우에도 적용한다.

업무용승용차 관련비용 명세서 제출 불성실가산세 = 미제출 · 불분명금액 × 1%

9) 최고한도 적용대상 가산세

최고한도 적용대상 가산세는 법인세의 산출세액이 없는 경우에도 적용하며, 의무위반의 종류별로 각각 5,000만원을 한도로 한다. 다만, 해당 의무를 고의적으로 위반한 경우에는 가산세의 한도규정을 적용하지 아니하고, 중소기업이 아닌 일반기업은 의무위반의 종류별로 각각 1억원을 한도로 한다.

이 경우 세법에 따른 제출 · 신고 · 가입 · 등록 · 개설의 기한이 지난 후 1개월 이내에 세법에 따른 의무를 이행하는 경우에는 세법에 따른 가산세액의 50%를 감면한다.

(1) 주주등명세서 제출 불성실가산세

법인은 그 설립등기일로부터 2개월 이내에 법인설립신고서에 주주등명세서를 첨부하여 납세지관할세무서장에게 신고하여야 한다.[68)]

주주등명세서를 제출하여야 하는 법인이 주주등명세서를 제출하지 아니한 경우, 주주등명세서에 주주등의 명세의 전부 또는 일부를 누락하여 제출한 경우, 제출한 주주등명세서가 필요적 기재사항이 불분명하여 주주등의 명세를 확인할 수 없는 경우에는 주주등명세서 제출 불성실가산세를 적용한다. 이 경우 산출세액이 없는 경우에도 가산세는 징수한다.

주주등명세서 제출 불성실가산세 = 미제출 · 누락제출 · 불분명분 주식등의 액면금액[69)] × 0.5%

---

68) 신규로 사업을 시작하는 법인은 사업장마다 해당 사업의 개시일부터 20일내에 사업자등록신청서를 납세지관할세무서장에게 등록하여야 한다. 이 경우 내국법인이 법인 설립신고를 하기 전에 등록하는 때에는 주주등의명세서를 제출하여야 한다.

69) 무액면주식인 경우에는 그 주식을 발행한 법인의 자본금을 발행주식총수로 나누어 계산한 금액을 말한다.

(2) 주식등변동상황명세서 제출 불성실가산세

사업연도 중에 주식 등의 변동사항이 있는 법인(조합법인 등을 제외함)은 각 사업연도의 종료일이 속하는 달의 말일부터 3개월 이내에 주식등변동상황명세서를 납세지관할세무서장에게 제출하여야 한다. 주식등변동상황명세서를 제출하여야 하는 내국법인이 주식등변동상황명세서를 제출하지 아니한 경우, 주식등변동상황명세서에 주식의 변동상황을 누락하여 제출한 경우, 제출한 주식등변동상황명세서의 필요적 기재사항이 불분명하여 주식 등의 변동사항을 확인할 수 없는 경우에는 다음의 금액을 법인세로서 징수한다.

> **주식등변동상황명세서 제출 불성실가산세**
> **= 미제출 · 누락제출 · 불분명분 주식등의 액면금액(출자가액) × 1%**

다만, 다음의 주식에 대해서는 주식등변동상황명세서를 제출하지 아니할 수 있다.

① 주권상장법인으로서 사업연도 중 주식의 명의개서 또는 변경을 취급하는 자를 통하여 1회 이상 주주명부를 작성하는 법인의 경우에는 지배주주와 그 특수관계인 외의 주주가 소유하는 주식

② 소액주주가 소유하는 주식. 이 경우 소액주주란 주권상장법인의 경우에는 보유하고 있는 주식의 액면금액의 합계액이 3억원에 미달하고 그 주식의 시가의 합계액이 100억원 미만인 주주를 말하고, 주권비상장법인의 경우에는 보유하고 있는 주식의 액면금액의 합계액이 500만원 이하인 주주를 말한다. 다만, 코스닥시장상장 전에 주식을 취득한 경우에는 해당 주식의 액면금액의 합계액이 500만원 이하인 주주와 중소기업의 주식을 코스닥시장을 통하여 양도한 주주를 소액주주에 포함한다.

(3) 증명서류 수취 불성실가산세

법인이 사업과 관련하여 법인 또는 개인사업자로부터 건당 거래금액(부가가치세 포함)이 3만원을 초과하는 재화 또는 용역을 공급받고 신용카드매출전표,[70] 현금영수증, 세금계산서, 계산서, 매입자발행세금계산서, 원천징수영수증을 받지 아니하거나 사실과 다른 증명서류를 받은 경우에는 그 받지 아니하거나 사실과 다르게 받은 금액으로 손금에 산입하는 것이 인정되는 금액에 대하여 가산세로 납부하여야 한다.

---

70) 신용카드에는 직불카드영수증, 외국에서 발행된 신용카드매출전표, 기명식선불카드영수증을 포함한다.

증명서류 수취 불성실가산세 = 지출증명 미수취 · 불분명한 금액 × 2%

다만, 다음의 경우에는 증명서류 수취 불성실가산세를 적용하지 아니한다.

① 국가 및 지방자치단체, 비영리법인(수익사업과 관련된 부분을 제외함), 금융 · 보험업을 경영하는 법인, 국내사업장이 없는 외국법인은 가산세 적용대상 법인에서 제외한다.

② 거래상대방이 읍 · 면지역에 소재하는 간이과세자로서 신용카드가맹점 · 현금영수증가맹점이 아닌 사업자로부터 수취한 지출증빙

③ 법인세법에 따라 법정증명수취의무가 면제되는 경우

④ 건당 3만원 초과 접대비로서 법정증명서류 미수취로 손금불산입되는 접대비

(4) 지급명세서 제출 불성실가산세

지급명세서와 근로소득간이지급명세서를 제출하여야 할 자가 명세서를 기한까지 제출하지 아니한 경우, 제출된 명세서의 기재사항이 불분명한 경우,[71] 제출된 명세서에 기재된 지급금액이 사실과 다른 경우에는 지급명세서 제출 불성실가산세로 해당 사업연도의 법인세액에 더하여 납부하여야 한다.

이 경우 지급명세서를 제출기한이 지난 후 3개월 이내에 제출하는 경우에는 지급명세서 제출 불성실가산세의 50%로 경감하고, 지급명세서 제출 불성실가산세는 산출세액이 없는 경우에도 적용한다.

√지급명세서 미제출가산세 = 미제출한 지급금액 × 1%
√지급명세서 불성실가산세 = 불분명한 지급금액 × 1%
√근로소득간이지급명세서 미제출가산세 = 미제출한 지급금액 × 0.25%
√근로소득간이지급명세서 불성실가산세 = 불분명한 지급금액 × 0.125%

---

71) 지급명세서의 기재사항이 불분명한 경우란 다음의 경우를 말한다. 다만, 지급일 현재 사업자등록증의 발급을 받은 자 또는 고유번호를 부여받은 자에게 지급한 경우와 지급 후에 그 지급받은 자가 소재불명으로 확인된 경우에는 지급명세서의 기재사항이 불분명한 경우로 보지 아니한다.

① 제출된 지급명세서에 지급자 또는 소득자의 주소, 성명, 고유번호, 주민등록번호, 사업자등록번호, 소득의 종류, 소득귀속연도, 지급액을 적지 아니하였거나 잘못 적어 지급사실을 확인할 수 없는 경우

② 제출된 지급명세서 및 이자 · 배당소득 지급명세서에 유가증권표준코드를 적지 아니하였거나 잘못 적어 유가증권의 발행자를 확인할 수 없는 경우

③ 내국법인인 금융회사 등으로부터 제출된 이자 · 배당소득 지급명세서에 해당 금융회사 등이 과세구분을 적지 아니하였거나 잘못 적은 경우

④ 이연퇴직소득세를 적지 아니하였거나 잘못 적은 경우

(5) 계산서 등 제출 가산세

① 계산서 불성실가산세

법인이 계산서 등에 필요적 기재사항의[72] 전부 또는 일부를 적지 아니하거나 사실과 다르게 적은 경우에는 그 공급가액의 1%에 상당하는 금액을 계산서 등 불성실가산세로 한다.[73]

다만, 계산서합계표 불성실가산세가 적용되는 분(分)은 제외하고, 교부한 계산서의 필요적 기재사항 중 일부가 착오로 사실과 다르게 기재되었으나 당해 계산서의 그 밖의 기재사항으로 보아 거래사실이 확인되는 경우에는 사실과 다르게 기재된 계산서로 보지 아니한다.

② 계산서합계표 불성실가산세 및 매입처별 세금계산서합계표 불성실가산세

법인이 매출·매입처별 계산서합계표 및 매입처별 세금계산서합계표를 매년 2월 10일까지 제출하지 아니하는 경우, 매출·매입처별 계산서합계표 및 매입처별 세금계산서합계표에 필요적 기재사항의[74] 전부 또는 일부를 적지 아니하거나 사실과 다르게 적은 경우에는 그 공급가액의 0.5%에 상당하는 금액을 계산서합계표 불성실가산세로 한다.

다만, 전자계산서 발급명세 전송불성실가산세가 적용되는 분의 매출가액·매입가액은 제외하고, 제출된 매출·매입처별계산서합계표 및 매입처별 세금계산서합계표의 기재사항이 착오로 사실과 다르게 기재된 경우로서 교부한 또는 교부받은 계산서에 의하여 거래사실이 확인되는 경우에는 사실과 다르게 기재된 매출·매입처별계산서합계표 및 매입처별 세금계산서합계표로 보지 아니한다.

③ 전자계산서 발급명세 전송 불성실가산세

법인이 전자계산서 발급일의 다음 날이 지난 후 재화 또는 용역의 공급시기가 속하는 사업연도 말의 다음 달 25일까지 국세청장에게 전자계산서 발급명세를 전송하는 경우에는 공급가

---

72) 계산서의 필요적 기재사항이란 공급하는 사업자의 등록번호·성명·명칭, 공급받는 자의 등록번호·성명·명칭, 공급가액, 작성연월일을 말한다. 다만, 공급받는 자가 사업자가 아니거나 등록한 사업자가 아닌 경우에는 고유번호 또는 공급받는 자의 주민등록번호로 한다.

73) 법인이 실물거래 없이 가공으로 계산서를 교부한 경우에는 그 교부금액에 대하여 계산서 불성실가산세를 적용하고, 법인이 세금계산서 교부대상 재화를 공급하면서 착오로 계산서를 교부함에 따라 부가가치세법의 세금계산서 미교부가산세가 적용되는 부분에 대하여는 계산서 불성실가산세를 적용하지 아니한다.

74) 매출·매입처별 계산서합계표 및 매입처별 세금계산서합계표의 필요적 기재사항이란 거래처별 사업자등록번호 및 공급가액을 말한다.

액의 0.3%에 상당하는 금액을 가산세로 한다.(전자계산서 발급명세 지연전송 가산세) 다만, 2016.12.31 이전에 재화 또는 용역을 공급하는 분에 대해서는 0.1%로 하고, 계산서 미교부가산세 등이 적용되는 분은 제외한다.

법인이 전자계산서 발급일의 다음 날이 지난 후 재화 또는 용역의 공급시기가 속하는 사업연도 말의 다음 달 25일까지 국세청장에게 전자계산서 발급명세를 전송하지 아니한 경우에는 공급가액의 0.5%에 상당하는 금액을 가산세로 한다.(전자계산서 발급명세 미전송 가산세) 다만, 2016.12.31 이전에 재화 또는 용역을 공급하는 분에 대해서는 0.3%로 하고, 계산서 미교부가산세 등이 적용되는 분은 제외한다.

(6) 기부금영수증 발급 · 작성 · 보관 불성실가산세

기부금영수증 및 전자기부영수증을[75] 발급하는 내국법인이 기부금영수증을 사실과 다르게 적어 발급한 경우와 기부자별 발급명세를 작성 · 보관하지 아니한 경우에는 다음의 금액을 법인세로서 징수한다. 다만, 상증법에 따라 보고서 제출의무를 이행하지 아니하거나 출연받은 재산에 대한 장부의 작성 · 비치 의무를 이행하지 아니하여 가산세가 부과되는 경우에는 기부자별 발급명세와 관련된 가산세를 적용하지 아니한다.

기부금영수증 발급 · 작성 · 보관 불성실가산세

√기부금영수증의 경우 = (사실과 다르게 발급된 금액 - 발급할 금액) × 5%

√기부자별 발급명세의 경우 = 작성 · 보관하지 아니한 금액 × 0.2%

(7) 특정외국법인의 유보소득계산명세서 제출 불성실가산세

국제조세조정에 관한 법률에 따른 특정외국법인의 유보소득계산명세서를 제출하여야 하는 내국법인이 그 제출기한까지 특정외국법인의 유보소득계산명세서를 제출하지 아니하거나 제출한 명세서의 전부 또는 일부를 적지 아니하는 등 불분명한 경우에는 해당 특정외국법인의 배당 가능한 유보소득금액의 0.5%에 상당하는 금액을 법인세로서 징수한다. 이 경우 산출세액이 없는 경우에도 가산세는 징수한다.

특정외국법인의 유보소득계산명세서 제출 불성실가산세 = 배당가능 유보소득금액 × 0.5%

75) 기부금영수증이란 법인세법에 따라 기부금을 손금에 산입하기 위하여 필요한 영수증, 소득세법에 따라 기부금을 필요경비에 산입하거나 기부금세액공제를 받기 위하여 필요한 영수증을 말한다.

연 습 문 제

1. 법인세법상 영리내국법인의 각 사업연도의 소득에 대한 법인세 과세표준 및 세액의 계산과 신고 및 납부에 관한 설명으로 옳지 않은 것은? (CPA. 2017수정)

① 조세특례제한법상 중소기업의 경우 납부할 세액이 1,000만원을 초과하면 납부기한이 지난 날부터 2개월 이내에 분납할 수 있다.

② 외국정부에 납부하였거나 납부할 외국법인세액이 공제한도를 초과하는 경우 그 초과하는 금액은 다음 사업연도로 이월하여 공제받을 수 없다.

③ 천재지변 등으로 장부나 그 밖의 증명서류가 멸실되어 법인세를 추계하여 결정하는 경우에는 이월결손금 공제와 외국납부세액공제 모두 적용 가능하다.

④ 법인세의 과세표준과 세액을 납세지관할세무서장에게 신고할 때 기업회계기준을 준용하여 작성한 개별 내국법인의 재무상태표 · 포괄손익계산서 및 이익잉여금처분계산서(또는 결손금처리계산서)를 신고서에 첨부하지 아니하면 법인세법에 따른 신고로 보지 아니한다.

⑤ 조세특례제한법상 중소기업이 아닌 내국법인은 결손금 소급공제에 따른 환급을 적용받을 수 없다.

【정답】 ②

√다음 사업연도로 이월하여 공제받을 수 없다. → 다음 사업연도 개시일부터 10년 이내에 끝나는 각 사업연도에 이월하여 공제받을 수 있다.

2. 조세특례제한법의 중소기업인 ㈜A의 제18기(2022.1.1~2022.12.31) 각사업연도소득에 대한 법인세 과세표준과 세액 계산에 관한 설명으로 옳지 않은 것은? (CPA. 2016수정)

① 이월결손금공제는 각사업연도소득의 60%까지만 할 수 있다.

② 당기에 발생한 결손금에 대하여 소급공제를 신청한 경우 환급가능액은 직전 사업연도의 소득에 대하여 과세된 법인세액(토지등 양도소득에 대한 법인세액 제외)을 한도로 한다.

③ 천재지변으로 자산총액의 20% 이상을 상실하여 납세가 곤란하다고 인정되는 경우에는 재해손실세액공제를 적용 받을 수 있다.

④ 과세표준에 국외원천소득이 포함되어 있는 경우에는 국외원천소득에 대한 외국법인세액을 일정한도로 세액공제할 수 있다.

⑤ 사실과 다른 회계처리로 인하여 경정을 받은 경우에는 그 경정일이 속하는 사업연도 개시일부터 5년 이내에 끝나는 각 사업연도의 법인세액에서 과다 납부한 세액의 20%을 한도로 공제한다.

【정답】 ①

√중소기업과 회생계획을 이행 중인 기업 등은 각 사업연도의 소득의 범위에서 공제 가능하다.

3. 법인세법상 내국법인의 과세표준 및 세액의 계산에 관한 설명으로 옳지 않은 것은? (단, 중소기업의 경우 법령상 요건을 모두 갖추고 있는 것으로 가정함) (CTA. 2017수정)

① 중소기업은 결손금 소급공제 시 직전 사업연도의 소득에 대하여 과세된 법인세액을 한도로 한다. 여기에서 과세된 법인세액이란 법령에 따른 토지등 양도소득에 대한 법인세를 제외하고 직전 사업연도의 소득에 대한 법인세로서 공제 또는 감면된 법인세액을 차감한 금액을 말한다.

② 중소기업은 결손금이 발생한 사업연도와 직전 사업연도의 소득에 대한 법인세 과세표준 및 세액을 각각의 과세표준신고기한 내에 적법하게 신고하고 환급신청을 한 경우에만 결손금 소급공제를 적용할 수 있으나 발생한 결손금의 일부만을 소급공제 신청할 수는 없다.

③ 결손금 공제 중 이월공제는 신청을 요건으로 하지 않는다.

④ 각 사업연도 소득에 대한 법인세의 과세표준은 각 사업연도 소득의 범위에서 법정 이월결손금, 비과세소득, 소득공제액을 차례로 공제한 금액으로 한다. 다만, 중소기업과 회생계획을 이행 중인 기업 등 법령으로 정하는 법인을 제외한 내국법인의 경우 법정 이월결손금 금액에 대한 공제의 범위는 각 사업연도 소득의 60%로 한다.

⑤ 법인세의 과세표준과 세액을 추계하는 경우에는 이월결손금 공제규정을 적용하지 아니한다. 다만, 천재지변 등으로 장부나 그 밖의 증명서류가 멸실되어 법령으로 정하는 바에 따라 추계하는 경우에는 그러하지 아니하다.

【정답】 ②

√일부만을 소급공제 신청할 수는 없다. → 일부만을 소급공제 신청할 수는 있다.

4. 제조업을 영위하는 영리내국법인 (주)A(중소기업 및 회생계획을 이행 중인 기업은 아님)의 다음 자료에 따른 제21기 사업연도(2022.1.1~2022.12.31) 법인세 과세표준은? (단, 전기 이전의 모든 세무조정은 적절하게 이루어졌으며, 주어진 자료 이외에는 고려하지 않는다. 또한 수입배당금액에 대한 익금불산입 규정은 적용하지 않음) (CTA. 2021)

(1) 제21기 사업연도 포괄손익계산서상 당기순이익은 300,000,000원이다.

(2) 제21기 말 재무상태표에는 2021.1.1.에 (주)A의 대표이사로부터 현금을 지불하고 취득한 건물(취득가액: 400,000,000원)이 계상되어 있으며, (주)A는 동 건물에 대하여 정액법(매기 상각률: 0.05)에 따른 감가상각비를 제21기 포괄손익계산서에 비용으로 계상하였다. 동 건물의 취득 당시 시가는 350,000,000원, 신고내용연수는 20년이며 감가상각방법은 신고하지 않았다.

(3) (주)A의 경영에 대해 사실상 영향력을 행사하고 있다고 인정되는 자의 배우자인 甲에게 (주)A의 업무와 관련 없이 대여한 5,000,000원이 회수불능하게 됨에 따라 전액 대손처리하고, 이를 제21기 포괄손익계산서에 비용으로 계상하였다. 단, (주)A는 동 대여금에 대해서 법인세법상 시가를 초과하는 이자를 수령하고 있다.

(4) (주)A는 (주)B가 발행한 주식 20,000주(주당 액면가액 5,000원)를 1주당 6,000원에 취득하여 보유하고 있었는데, 제21기 중 (주)B는 발행주식의 10%를 1주당 10,000원의 현금을 지급하고 일괄 매입하여 소각하였다. (주)A는 (주)B로부터 수취한 20,000,000원에 대하여 아무런 회계처리를 하지 않고 보유주식수만 감소시켰다.

(5) (주)A는 제20기에 법인세법상 결손금 200,000,000원이 발생하였으며, 자산수증이익 및 채무면제이익으로 충당된 결손금은 없다.

① 102,700,000원 ② 110,500,000원 ③ 115,500,000원
④ 126,200,000원 ⑤ 137,700,000원

【정답】 ④

√각사업연도소득: 300,000,000 + 2,500,000 + 5,000,000 + 8,000,000 = 315,500,000원

- 감가상각비: 〈손금불산입〉 건물(시가초과액) 2,500,000원 유보
  → 제20기에 부당행위계산의 부인에 따라 익금산입 50,000,000원(상여) 및 손금산입 50,000,000원(△유보)로 세무조정을 하였고, 제21기에 비용으로 계상한 감가상각비 중 손금산입으로 유보된 건물의 시가초과액에 상당하는 금액을 감가상각비에서 상계처리한다.

  → 손금불산입액: $20,000,000 \times \frac{50,000,000}{400,000,000} = 2,500,000$원
- 대손금: 〈손금불산입〉 대여금(대손금) 5,000,000원 기타소득

• 감자에 따른 의제배당: 〈익금산입〉 의제배당(감자) 12,000,000원 유보
  → 의제배당액: 2,000주×10,000원 − 2,000주×6,000원 = 8,000,000원

√과세표준: 315,500,000 − Min(200,000,000원, 315,500,000×60%) = 126,200,000원

5. 중소기업에 해당하는 영리내국법인 (주)A는 제17기 사업연도(2022.1.1~2022.12.31)에 발생한 법령에 따른 결손금 100,000,000원 전액에 대하여 법인세법상 결손금소급공제에 의한 법인세액의 환급을 신청하는 경우 (주)A가 환급받을 수 있는 금액은 얼마인가? (단, 결손금 소급공제에 필요한 모든 요건은 충족하며, 주어진 자료 이외에는 고려하지 않음) (CTA. 2016)

(1) 제16기 법인세 과세표준 등 신고 내역

과세표준	300,000,000원
산출세액	40,000,000원
공제 · 감면세액	(21,000,000원)
가산세액	3,000,000원
기납부세액	(10,000,000원)
차감납부세액	12,000,000원

(2) 제16기 법인세율은 과세표준 2억원 이하인 경우에는 10%이고, 2억원 초과 200억원 이하인 경우에는 2,000만원+(2억원 초과금액의 20%)이다.

① 19,000,000원 ② 20,000,000원 ③ 21,000,000원
④ 22,000,000원 ⑤ 25,000,000원

【정답】①

√환급세액: Min(19,000,000원, 19,000,000원) = 19,000,000원

• 환급대상세액: 40,000,000 - (300,000,000−95,000,000)×누진 20% = 19,000,000원
  → 소급공제 결손금액: 19,000,000 ÷ 0.2 = 95,000,000원

• 직전사업연도 법인세액: 40,000,000 − 21,000,000 = 19,000,000원

6. 다음의 자료에 따라 고려(주)가 추가로 징수하여야 할 법인세액(이자상당액은 무시)은 얼마인가? (2007. CPA수정)

(1) 고려(주)는 제조업을 경영하는 중소기업이다.

(2) 제16기(사업연도 2021.1.1~2021.12.31)의 법인세과세표준은 225,000,000원, 산출세액은 25,000,000원, 공제 · 감면세액은 5,000,000원으로 신고하였다.

(3) 제17기(사업연도 2022.1.1~2022.12.31)에 결손금 200,000,000원이 발생하여 최대한 소급공제 할 수 있는 한도까지 소급공제를 신청하고 이에 대한 법인세를 환급받았다.

(4) 결손금 소급공제에 따른 환급이후 결손금이 발생한 사업연도에 대한 법인세의 과세표준과 세액을 경정하므로써 당초의 결손금이 150,000,000원으로 감소하였다.

(5) 제16기 및 제17기의 법인세의 세율은 2억원을 초과하고, 200억원 이하의 경우에는 20%이고, 2억원 이하의 경우에는 10%이다.

① 2,250,000원 ② 2,425,000원 ③ 2,500,000원
④ 2,857,142원 ⑤ 6,150,000원

【정답】 ④

√환급세액: Min(20,000,000원, 20,000,000원) = 20,000,000원

- 환급대상세액: 25,000,000 − (225,000,000−175,000,000) × 10% = 20,000,000원
- 결손금 소급공제 가능금액: $\frac{(20,000,000-5,000,000)}{0.1}+\frac{5,000,000}{0.2}$ = 175,000,000원
- 환급한도액: 25,000,000 − 5,000,000 = 20,000,000원

√환급취소세액: 20,000,000 × $\frac{50,000,000-25,000,000}{175,000,000}$ = 2,857,142원

- 소급공제받지 아니한 결손금액: 200,000,000 - 175,000,000 = 25,000,000원

7. 제조업을 경영하는 내국 중소기업인 (주)고려의 제17기 사업연도(2022.1.1~2022.12.31)에 관한 법인세 신고 관련 자료이다. (주)고려의 제17기 사업연도의 차감 납부할 법인세액으로 옳은 것은? (2012. CPA수정)

(1) 제17기 손익계산서의 당기순이익은 350,000,000원이다

(2) 제17기 세무조정사항으로 손익계산서의 법인세비용 2,000,000원, 접대비 한도초과액 1,500,000원, 연구인력개발비준비금의 신고조정 손금산입액 10,000,000원이 있다.

(3) 제17기 세액공제(적법하게 계산되었으며 이외의 세액공제액은 없음)

가. 외국납부세액 공제액	10,000,000원
나. 고용창출투자세액 공제액	30,000,000원
다. 연구인력개발비세액 공제액	4,000,000원

(4) 제17기 각 사업연도 소득금액에는 국내은행으로부터 받은 예금이자 10,000,000원이 포함되어 있다. 이 금액은 원천징수세액을 차감하지 않은 총액이며 이에 대해 적법한 원천징수가 이루어졌고 이외의 다른 이자수익은 없다.

(5) 세무상 이월결손금, 비과세소득, 소득공제, 가산세 해당액, 중간예납세액, 수시부과세액은 없는 것으로 가정한다.

① 3,300,000원 ② 4,700,000원 ③ 5,500,000원
④ 9,345,000원 ⑤ 10,745,000원

【정답】 ④

√과세표준: 350,000,000 + 2,000,000 + 1,500,000 - 10,000,000 = 343,500,000원

√산출세액: 20,000,000 + (343,500,000-200,000,000) × 20% = 48,700,000원

√최저한세 조정후세액: Max (18,700,000원, 24,745,000원) = 24,745,000원

- 감면후세액: 48,700,000 - 30,000,000 = 18,700,000원
- 최저한세: (343,500,000 + 10,000,000) × 7% = 24,745,000원
- 최저한세 적용대상인 고용창출투자세액 공제액 30,000,000원 중 23,955,000원에 대하여 세액공제를 적용하고, 6,045,000원(24,745,000-18,700,000=6,045,000)은 세액공제를 배제한다.

√차감납부할세액: 24,745,000 − 14,000,000 − 1,400,000 = 9,345,000원

- 최저한세 적용대상이 아닌 외국납부세액 10,000,000원과 중소기업의 연구인력개발비세액 4,000,000원을 세액공제액으로 차감한다.
- 이자소득에 대한 원천징수세액 1,400,000원(10,000,000 × 14%)을 기납부세액으로 보아 공제한다.

8. 제조업을 영위하는 영리내국법인 ㈜A(중소기업)의 제21기(2022.1.1~2022.12.31) 자료이다. 차감납부할 법인세액으로 옳은 것은? 단, ㈜A는 외국납부세액에 대하여 세액공제방법을 적용한다. (CPA. 2021)

(1) 제21기 과세표준은 260,000,000원(국내 및 국외원천소득 포함)이며, 최저한세 대상인 조세특례제한법상 손금산입액 20,000,000원이 반영된 금액이다.

(2) 제21기에 외국 자회사B로부터 배당금 2,000,000원(원천징수세액 262,500원이 차감된 금액임)을 받아 배당금수익으로 회계처리하였다. 익금산입된 자회사B에 대한 간접외국납부세액은 500,000원이며, 외국납부세액공제 요건을 충족하는 것으로 가정한다.

(3) 세무상 이월결손금 및 중간예납세액은 없다.

(4) 중소기업의 최저한세율은 7%이다.

① 8,560,000원 ② 19,260,000원 ③ 24,375,000원
④ 28,300,000원 ⑤ 31,660,000원

【정답】 ⑤

√산출세액: 200,000,000×10% + (260,000,000-200,000,000)×20% = 32,000,000원

√최저한세 조정후세액: Max(32,000,000원, 19,600,000원) = 32,000,000원

- 감면후세액 : 32,000,000 - 0 = 32,000,000원
- 최저한세액 : (260,000,000+20,000,000) × 7% = 19,600,000원

√총부담세액 : 32,000,000 − Min(762,500원, 340,000원) = 31,660,000원

- 외국납부세액: 262,500(직접) + 500,000(간접) = 762,500원
- 세액공제한도금액: $32,000,000 \times \frac{2,000,000+262,500+500,000}{260,000,000}$ = 340,000원

9. 제조업을 영위하는 영리내국법인 ㈜A의 제20기(2022.1.1~2022.12.31)에 발생한 화재와 관련된 자료이다. 재해손실세액공제액으로 옳은 것은? (CPA. 2020)

(1) 사업용 자산의 화재내역

구 분	화재 전 장부가액	재해상실가액	화재 후 장부가액
건물	250,000,000원	250,000,000원	
토지	500,000,000원		500,000,000원
기계장치	150,000,000원	50,000,000원	100,000,000원
계	900,000,000원	300,000,000원	600,000,000원

(2) 건물은 화재보험에 가입되어 있어 보험금 250,000,000원을 수령하였다.

(3) 재해발생일 현재 미납법인세액은 200,000,000원이다.

(4) 당기 사업연도의 법인세 관련 자료는 다음과 같다.

구 분	금 액	비고
법인세 산출세액	150,000,000원	
공제·감면세액	25,000,000원	조세특례제한법상 투자세액공제액임
가산세액	5,000,000원	무신고가산세 해당액임

① 93,750,000원 ② 150,000,000원 ③ 232,500,000원

④ 243,750,000원 ⑤ 247,500,000원

【정답】⑤

√재해손실세액공제액: Min(330,000,000원×75%, 300,000,000원) = 210,000,000원

- 공제대상 법인세액: 200,000,000 + (150,000,000-25,000,000+5,000,000)

  = 330,000,000원

- 자산상실비율: $\frac{250,000,000 + 50,000,000}{250,000,000 + 150,000,000}$ = 75%

  → 재해로 상실된 사업용자산에는 토지를 제외한다.

10. 법인세법상 비영리내국법인에 관한 설명으로 옳은 것은? (CTA. 2017)

① 비영리내국법인이 수익사업을 영위하는 경우 구분경리하지 않는 것을 원칙으로 한다.

② 비영리내국법인의 청산소득에 대하여는 법인세가 과세된다.

③ 비영리내국법인은 소득세법에 따른 비영업대금의 이익에 대해서 반드시 법인세 과세표준신고를 하여야 한다.

④ 비영리내국법인은 고유목적사업준비금을 손금에 산입한 날이 속하는 사업연도 종료일 이후 3년이 되는 날까지 고유목적사업에 사용하여야 한다.

⑤ 축산업을 영위하는 비영리내국법인은 지상권의 양도로 인하여 발생하는 소득이 있는 경우 법인세 과세표준신고를 하여야 한다.

【정답】 ③

√① 구분경리하지 않는 것을 → 구분경리하는 것을, ② 법인세가 과세된다. → 법인세의 납세의무가 없다. ④ 3년이 되는 날까지 → 5년이 되는 날까지, ⑤ 축산업은 수익사업에서 제외되므로 지상권의 양도로 인하여 발생하는 소득이 있는 경우 법인세 과세표준신고를 하지 않을 수 있다.(비영리내국법인의 자산양도소득에 대한 과세특례)

11. 비영리내국법인의 법인세 납세의무와 과세소득에 관한 설명으로 옳지 않은 것은? (CPA. 2016)

① 출자지분의 양도로 인하여 생기는 수입과 정기예금에서 발생한 이자소득은 수익사업에서 생기는 소득에 포함된다.

② 고유목적사업준비금을 손금으로 계상한 사업연도의 종료일 이후 5년이 되는 날까지 고유목적사업등에 사용하지 아니한 때에는 그 잔액을 익금에 산입한다.

③ 직전 사업연도 종료일 현재의 고유목적사업준비금의 잔액을 초과하여 해당 사업연도의 고유목적사업등에 지출한 금액은 그 사업연도에 계상할 고유목적사업준비금에서 지출한 것으로 본다.

④ 해당 법인의 고유목적사업 또는 법정기부금에 지출하기 위하여 고유목적사업준비금을 손금으로 계상한 경우에는 법정한도까지 이를 손금에 산입한다.

⑤ 토지 · 건물의 양도소득만 있는 경우 법인세 과세표준 신고를 하지 않고 소득세법을 준용하여 계산한 금액을 법인세로 납부할 수 있다.

【정답】 ④

√법정기부금에 지출하기 위하여 → 지정기부금에 지출하기 위하여

12. 법인세법상 과세표준 및 세액의 신고 및 결정 · 경정에 관한 설명으로 옳지 않은 것은? (CTA. 2018)

① 내국법인으로서 각 사업연도의 소득금액이 없는 법인도 그 사업연도의 소득에 대한 법인세의 과세표준과 세액을 납세지관할세무서장에게 신고하여야 한다.

② 납세지관할세무서장은 제출된 신고서에 오류가 있을 때에는 보정할 것을 요구 할 수 있다.

③ 납세지관할세무서장은 법인세 과세표준과 세액을 신고한 내국법인의 신고 내용에 누락이 있는 경우에는 그 법인의 각 사업연도의 소득에 대한 법인세의 과세표준과 세액을 경정한다.

④ 주식회사등의 외부감사에 관한 법률에 따라 감사인에 의한 감사를 받아야 하는 내국법인이 해당 사업연도의 감사가 종결되지 아니하여 결산이 확정되지 아니 하였다는 사유로 신고기한의 연장을 신청한 경우에는 그 신고기한을 1개월의 범위에서 연장할 수 있다.

⑤ 납세지관할세무서장은 법인세의 과세표준과 세액을 결정한 후 그 결정에 오류가 있는 것을 발견한 경우에는 1개월 이내에 이를 경정한다.

【정답】 ⑤

√1개월 이내에 → 즉시

CHAPTER 10

기타의 법인세

I 법인과세 신탁재산에 대한 법인세 과세특례

1. 신탁재산에 대한 법인세 과세특례의 적용

1) 신탁재산에 대한 법인세 과세방식

(1) 과세특례의 적용

2021.1.1. 이후 신탁계약을 체결하는 분부터 내국법인으로 보는 신탁재산(법인과세 신탁재산)[1] 및 이에 귀속되는 소득에 대하여 법인세를 납부하는 신탁의 수탁자(법인과세 수탁자)에 대해서는 법인세에 관한 과세특례를 적용한다.

신탁계약의 변경 등으로 법인과세 신탁재산이 내국법인으로 보는 신탁에 해당하지 아니하게 되는 경우에는 그 사유가 발생한 날이 속하는 사업연도분부터 법인과세 신탁재산에 대한 법인세 과세특례를 적용하지 아니한다.

(2) 과세소득의 구분

법인과세 수탁자는 법인과세 신탁재산에 귀속되는 소득에 대하여 그 밖의 소득과 구분하여 법인세를 납부하고, 법인과세 신탁재산이 그 이익을 수익자에게 분배하는 경우에는 배당으로 본다.

---

1) 신탁법에 따른 목적신탁 · 수익증권발행신탁 · 유한책임신탁으로서 수익자가 둘 이상이고 신탁재산을 실질적으로 통제하지 않는 신탁(자본시장법에 따른 투자신탁은 제외함)의 경우에는 신탁재산에 귀속되는 소득에 대하여 신탁계약에 따라 그 신탁의 수탁자가 법인세를 납부할 수 있고, 신탁의 이익을 받을 수익자가 특별히 정하여지지 아니하거나 존재하지 아니하는 신탁 또는 위탁자가 신탁재산을 실질적으로 통제하는 신탁의 경우에는 신탁재산에 귀속되는 소득에 대하여 그 신탁의 위탁자가 법인세를 납부할 의무가 있다.

재산의 처분 등에 따라 법인과세 수탁자가 법인과세 신탁재산의 재산으로 그 법인과세 신탁재산에 부과되거나 그 법인과세 신탁재산이 납부할 법인세 및 강제징수비를 충당하여도 부족한 경우에는 그 신탁의 수익자는 분배받은 재산가액 및 이익을 한도로 그 부족한 금액에 대하여 제2차 납세의무를 진다.

(3) 법인과세 신탁재산의 설립 및 해산 등

법인과세 신탁재산은 신탁법에 따라 그 신탁이 설정된 날에 설립된 것으로 보고, 법인과세 신탁재산은 신탁법에 따라 그 신탁이 종료된 날[2]에 해산된 것으로 본다.

법인과세 수탁자는 법인과세 신탁재산에 대한 사업연도를 따로 정하여 법인 설립신고 또는 사업자등록과 함께 납세지관할세무서장에게 사업연도를 신고하여야 한다. 이 경우 사업연도의 기간은 1년을 초과하지 못하고, 법인과세 신탁재산의 최초 사업연도의 개시일은 신탁법에 따라 그 신탁이 설정된 날로 한다.

(4) 법인과세 신탁재산의 납세지

법인과세 신탁재산의 법인세 납세지는 그 법인과세 수탁자의 납세지로 한다.

관할 지방국세청장이나 국세청장은 법인과세 신탁재산의 납세지가 그 법인과세 신탁재산의 납세지로 적당하지 않다고 인정되는 경우로서 다음의 경우에는 그 납세지를 지정할 수 있다.

① 법인과세 수탁자의 본점 등의 소재지가 등기된 주소와 동일하지 않은 경우

② 법인과세 수탁자의 본점 등의 소재지가 자산 또는 사업장과 분리되어 있어 조세포탈의 우려가 있다고 인정되는 경우

(5) 공동수탁자가 있는 법인과세 신탁재산에 대한 적용

하나의 법인과세 신탁재산에 신탁법에 따라 둘 이상의 수탁자가 있는 경우에는 신탁의 수탁자 중 신탁사무를 주로 처리하는 대표수탁자로 신고한 자가 법인과세 신탁재산에 귀속되는 소득에 대하여 법인세를 납부하여야 한다. 이 경우 대표수탁자 외의 수탁자는 법인과세 신탁재산에 관계되는 법인세에 대하여 연대하여 납부할 의무가 있다.

---

2) 신탁이 종료된 날이 분명하지 아니한 경우에는 부가가치세법에 따른 폐업일을 말한다.

2. 과세표준

1) 법인과세 신탁재산에 대한 소득공제

법인과세 신탁재산이 수익자에게 배당한 경우에는 그 금액을 해당 배당을 결의한 잉여금 처분의 대상이 되는 사업연도의 소득금액에서 공제한다. 소득공제하는 배당금액이 해당 배당을 결의한 잉여금 처분의 대상이 되는 사업연도의 소득금액을 초과하는 경우 그 초과금액은 없는 것으로 본다.

배당을 받은 법인과세 신탁재산의 수익자에 대하여 법인세법 또는 조세특례제한법에 따라 그 배당에 대한 소득세 또는 법인세가 비과세되는 경우에는 법인과세 신탁재산에 대한 소득공제를 적용하지 아니한다. 다만, 배당을 받은 수익자가 조세특례제한법에 따른 동업기업과세특례를 적용받는 동업기업인 경우로서 그 동업자들에 대하여 배분받은 배당에 해당하는 소득에 대한 소득세 또는 법인세가 전부 과세되는 경우에는 법인과세 신탁재산에 대한 소득공제를 적용한다.

2) 신탁의 합병 및 분할

법인과세 신탁재산에 대한 신탁법에 따른 신탁의 합병은 법인의 합병으로 보아 법인세법을 적용한다. 이 경우 신탁이 합병되기 전의 법인과세 신탁재산은 피합병법인으로 보고, 신탁이 합병된 후의 법인과세 신탁재산은 합병법인으로 본다.

법인과세 신탁재산에 대한 신탁법에 따른 신탁의 분할은 법인의 분할로 보아 법인세법을 적용한다. 이 경우 신탁의 분할에 따라 새로운 신탁으로 이전하는 법인과세 신탁재산은 분할법인등으로 보고, 신탁의 분할에 따라 그 법인과세 신탁재산을 이전받은 법인과세 신탁재산은 분할신설법인등으로 본다.

3) 법인과세 신탁재산의 소득금액 계산

수탁자의 변경에 따라 법인과세 신탁재산의 수탁자가 그 법인과세 신탁재산에 대한 자산과 부채를 변경되는 수탁자에게 이전하는 경우 그 자산과 부채의 이전가액을 수탁자 변경일 현재의 장부가액으로 보아 이전에 따른 손익은 없는 것으로 한다.

3. 신고 · 납부 및 징수

1) 법인과세 신탁재산의 신고 및 납부

법인과세 신탁재산의 신고 및 납부는 내국법인의 각 사업연도 소득에 대한 법인세를 준용한다. 다만, 법인과세 신탁재산에 대해서는 성실신고확인서의 제출 및 중간예납 의무를 적용하지 아니한다.

2) 법인과세 신탁재산의 원천징수

법인과세 신탁재산이 소득세법에 따른 이자소득의 금액[3] 또는 집합투자기구로부터의 이익 중 투자신탁이익의 금액을 지급받고, 법인과세 신탁재산의 수탁자가 금융회사 등에 해당하는 경우에는 원천징수하지 아니한다.

법인과세 신탁재산에 속한 원천징수대상채권등을 매도하는 경우 법인과세 수탁자를 원천징수의무자로 본다.

---

3) 금융보험업을 하는 법인의 수입금액을 포함하고, 원천징수대상채권등(주식 · 사채 등의 전자등록에 관한 법률에 따른 단기사채등 중 만기 1개월 이내의 것은 제외함)의 이자등을 자본시장법에 따른 투자회사 또는 조세특례제한법에 따른 자본확충목적회사가 아닌 법인에 지급하는 경우는 제외한다.

Ⅱ 각 연결사업연도의 소득에 대한 법인세

1. 연결납세방식의 적용

1) 연결대상법인

연결납세방식이란 둘 이상의 내국법인을 하나의 과세표준과 세액을 계산하는 단위로 하여 법인세를 신고·납부하는 방식을 말한다. 다른 내국법인을 완전지배하는 내국법인과[4] 연결모법인의 완전지배를 받는 다른 내국법인(완전자법인)은[5] 연결납세방식을 적용할 수 있다.

이 경우 연결자법인이 둘 이상인 때에는 완전자법인 모두가 연결납세방식을 적용하여야 하고, 연결납세방식을 적용받는 각 연결법인의 사업연도는 연결사업연도와 일치하여야 한다.[6] 다만, 연결법인의 본래사업연도가 법령 등에 규정되어 임의로 변경하는 것이 불가능하여 연결사업연도와 일치시킬 수 없는 완전자법인의 경우에는[7] 연결사업연도를 해당 내국법인의 사업연도로 본다. 이 경우 법령·기업회계기준 등에 따라 연결사업연도말에 분기별 또는 반기별 재무제표를 작성하여 감사인의 감사의견을 받아야 한다.

완전지배란 내국법인이 다른 내국법인의 발행주식총수의 전부를 보유하는 경우를 말하며, 완전모법인과 완전자법인이 보유한 다른 내국법인의 주식의 합계가 그 다른 내국법인의 발행주식총수의 전부인 경우를 포함한다. 발행주식총수에는 의결권 없는 주식을 포함하고, 상법·자본시장법에 따라 보유하고 있는 자기주식을 제외한 주식을 전부 보유하고 있는 경우에는 그 자기주식은 제외하며, 전부 보유에는 근로복지기본법에 따른 우리사주조합을 통하여 근로자가 취득한 주식으로서[8] 발행주식총수의 5% 이내의 주식은 제외한다.

---

4) 내국법인 중 비영리내국법인, 해산으로 청산 중인 법인, 유동화전문회사 등, 동업기업과세특례를 적용하는 법인, 해운기업과세표준계산특례를 적용하는 법인, 다른 내국법인으로부터 완전지배를 받는 법인은 제외한다.

5) 완전자법인에는 해산으로 청산 중인 법인, 유동화전문회사 등, 동업기업과세특례를 적용하는 법인, 해운기업과세표준계산특례를 적용하는 법인은 제외한다.

6) 이 경우 연결사업연도의 기간은 1년을 초과하지 못하며, 연결사업연도의 변경에 관하여는 내국법인의 각 사업연도의 변경을 준용한다. 또한 연결법인의 납세지는 연결모법인의 납세지로 한다.

7) 자본시장법에 따른 금융투자업법인, 보험업법에 따른 보험회사, 상호저축은행법에 따른 상호저축은행을 말한다.

8) 근로복지기본법에 따른 우리사주조합을 통하여 근로자가 취득한 주식이란 우리사주조합이 보유한 주식, 주식매수선택권 등의 행사에 따라 발행되거나 양도된 주식, 주식매수선택권 등을 행사한 자가 제3자에게 양도한 주식을 포함한다.

2) 연결납세방식의 승인

(1) 승인

연결대상법인은 최초의 연결사업연도 개시일 전날까지 연결납세방식적용신청서를 납세지관할세무서장을 경유하여 완전모법인의 납세지 관할지방국세청장에게 제출하여야 한다. 납세지 관할지방국세청장은 최초의 연결사업연도 개시일로부터 2개월이 되는 날까지 승인 여부를 서면으로 알려야 하며, 그 날까지 알려주지 아니한 경우에는 승인한 것으로 본다.

(2) 연결자법인의 추가 및 배제

연결모법인은 연결자법인이 변경된 경우에는 변경일 이후 중간예납기간 종료일과 사업연도 종료일 중 먼저 도래하는 1개월 이내에 납세지 관할지방국세청장에게 신고하여야 한다.

연결모법인이 새로 다른 내국법인을 완전지배하게 된 경우에는 완전지배가 성립한 날이 속하는 연결사업연도의 다음 연결사업연도부터 해당 내국법인은 연결납세방식을 적용하여야 한다. 다만, 법인의 설립등기일부터 연결모법인이 완전지배하는 내국법인은 설립등기일이 속하는 사업연도부터 연결납세방식을 적용하여야 한다.

연결모법인의 완전지배를 받지 아니하게 되거나 해산한 연결자법인은 해당 사유가 발생한 날이 속하는 연결사업연도의 개시일부터 연결납세방식을 적용하지 아니한다. 다만, 연결자법인이 다른 연결법인에 흡수합병되어 해산하는 경우에는 해산등기일이 속하는 연결사업연도에 연결납세방식을 적용할 수 있다.

3) 연결납세방식의 취소

(1) 취소사유

연결모법인의 납세지 관할지방국세청장은 다음의 경우에는 연결납세방식의 적용 승인을 취소할 수 있다. 연결납세방식의 적용 승인이 취소된 경우 취소된 날이 속하는 연결사업연도의 개시일부터 그 연결사업연도의 종료일까지의 기간과 취소된 날이 속하는 연결사업연도 종료일의 다음 날부터 본래사업연도 개시일 전날까지의 기간을 각각 1사업연도로 본다.

① 연결법인의 사업연도가 연결사업연도와 일치하지 아니하는 경우
② 완전모법인이 완전지배하지 아니하는 내국법인에 대하여 연결납세방식을 적용하는 경우
③ 완전모법인의 완전자법인에 대하여 연결납세방식을 적용하지 아니하는 경우

④ 추계결정 · 경정에 따른 사유로 장부나 그 밖의 증명서류에 의하여 연결법인의 소득금액을 계산할 수 없는 경우
⑤ 연결법인이 수시부과사유가 있는 경우
⑥ 연결모법인이 비영리내국법인을 제외한 다른 내국법인의 완전지배를 받는 경우

(2) 취소의 효과

연결납세방식의 적용 승인이 취소된 연결법인은 취소된 날이 속하는 사업연도와 그 다음 사업연도 개시일부터 4년 이내에 끝나는 사업연도까지는 연결납세방식의 적용 당시와 동일한 법인을 완전모법인으로 하여 연결납세방식을 적용받을 수 없다.

연결납세방식을 적용받은 각 연결법인은 연결납세방식을 적용받은 연결사업연도와 그 다음 연결사업연도의 개시일부터 4년 이내에 끝나는 연결사업연도 중에 연결납세방식의 적용 승인이 취소된 경우 다음의 구분에 따라 소득금액이나 결손금을 연결납세방식의 적용 승인이 취소된 사업연도의 익금 또는 손금에 각각 산입하여야 한다. 다만, 연결모법인이 비영리내국법인을 제외한 다른 내국법인의 완전지배를 받음에 따라 연결납세방식의 적용 승인이 취소된 연결집단이 취소된 날부터 1개월 이내에 새로운 모법인을 기준으로 연결납세방식의 적용 신청서를 제출하여 승인받은 경우에는 그러하지 아니하다.

① 연결사업연도 동안 다른 연결법인의 결손금과 합한 해당 법인의 소득금액은 익금에 산입한다.
② 연결사업연도 동안 다른 연결법인의 소득금액과 합한 해당 법인의 결손금은 손금에 산입한다.

4) 연결납세방식의 포기

연결납세방식의 적용을 포기하려는 연결법인은 연결납세방식을 적용하지 아니하려는 사업연도 개시일 전 3개월이 되는 날까지 연결납세방식의 포기를 완전모법인의 납세지 관할지방국세청장에게 신고하여야 한다. 다만, 연결납세방식을 최초로 적용받은 연결사업연도와 그 다음 연결사업연도 개시일부터 4년 이내에 끝나는 연결사업연도까지는 연결납세방식의 적용을 포기할 수 없다.

2. 과세표준

1) 과세표준의 계산

(1) 과세표준의 계산구조

각 연결사업연도의 소득에 대한 과세표준은 각 연결사업연도 소득의 범위에서 이월결손금, 비과세소득, 소득공제액을 차례로 공제한 금액으로 한다.

과세표준 = 각 연결사업연도의 소득 − 이월결손금 − 비과세소득 − 소득공제액

(2) 이월결손금

연결사업연도의 이월결손금이란 각 연결사업연도 개시일 전 15년 이내에 개시한 연결사업연도의 결손금으로서 그 후의 각 연결사업연도의 과세표준을 계산할 때 공제되지 아니한 금액을 말한다. 공제대상 이월결손금의 범위는 연결소득 개별귀속액의 60%을 한도로 한다. 다만, 중소기업, 채무자회생법에 따라 법원이 인가 결정한 회생계획을 이행 중인 법인, 기업구조조정촉진법에 따라 기업개선계획을 이행 중인 법인, 금융실명법에 따른 경영정상화계획을 이행 중인 법인, 자본시장법에 따라 유동화자산을 기초로 하여 유동화거래를 할 목적으로 설립된 법인, 자산유동화에 관한 법률에 따른 유동화전문회사 등, 기업활력제고를 위한 특별법에 따른 사업재편계획 승인을 받은 법인의 경우에는 연결소득 개별귀속액의 100%를 이월결손금의 공제대상으로 한다.

이 경우 연결사업연도의 결손금은 다음의 결손금을 포함한다.

① 각 연결사업연도의 소득이 0보다 적은 경우의 금액으로서 신고·수정신고하거나 결정·경정된 과세표준에 포함된 결손금

② 연결법인의 연결납세방식의 적용 전에 발생한 결손금

③ 연결사업연도의 손금에 산입하지 아니한 자산처분손실의 금액[9)][10)]

9) 완전모법인이 합병등기일 현재 연결법인이 아닌 다른 법인을 적격합병(연결모법인을 분할합병의 상대방 법인으로 하여 적격분할합병하는 경우를 포함함)하는 경우 합병등기일 이후 5년 이내에 끝나는 연결사업연도에 발생한 합병 전 연결모법인 및 연결자법인인 기존연결법인과 피합병법인·분할법인이 합병 전 각각 보유하던 자산의 처분손실(합병등기일 현재 해당 자산의 시가가 장부가액보다 낮은 경우로서 그 차액을 한도로 함)은 기존연결법인의 소득금액(연결모법인의 연결소득개별귀속액 중 합병 전 연결모법인의 사업에서 발생한 소득금액 및 연결자법인의 연결소득개별귀속액을 말함.) 및 연결모법인의 연결소득개별귀속액 중 피합병법인·분할법인으로부터 승계받은 사업에서 발생한 소득금액을 한도로 이후 연결사업연도의 과세표준에서 공제한다.

2) 각 연결사업연도의 소득

각 연결사업연도의 소득은 각 연결법인별로 다음의 순서에 따라 계산한 소득 또는 결손금을 합한 금액으로 한다.

(1) 연결법인별 각 사업연도의 소득의 계산

내국법인의 각 사업연도의 소득에 대한 법인세를 계산하는 방법을 준용하여 각 연결법인의 각 사업연도의 소득 또는 결손금을 계산한다.

(2) 연결법인별 연결조정항목의 제거

수입배당금액, 기부금, 접대비에 대하여 연결법인별 연결 조정항목을 제거한다.

① 내국법인 및 지주회사의 수입배당금에 대하여 익금에 산입하지 아니한 각 연결법인의 수입배당금액 상당액을 익금에 산입한다.

② 손금산입한도를 초과하여 손금에 산입하지 아니한 기부금 및 접대비 상당액을 손금에 산입한다.

(3) 연결법인 간 거래손익의 조정

수입배당금, 접대비, 대손충당금, 자산양도손익에 대하여 연결법인 간 거래손익을 조정한다.

① 다른 연결법인으로부터 받은 수입배당금액 상당액을 익금에 산입하지 아니한다.

② 다른 연결법인에 지급한 접대비 상당액을 손금에 산입하지 아니한다.

③ 다른 연결법인에 대한 채권에 대하여 설정한 대손충당금 상당액을 손금에 산입하지 아니한다.

④ 양도손익이연자산을 다른 연결법인에 양도함에 따라 발생하는 손익을 익금 또는 손금에 산입하지 아니한다.[11] 양도손익이연자산이란 토지, 건축물, 자본시장법에 따른 금융투자상품, 거래 건별 자산의 장부가액이 1억원을 초과하는 유형자산(토지와 건축물을 제외)·무형자산·채권(매출채권, 대여금, 미수금 등)을 말한다.

---

10) 내국법인이 다른 내국법인의 완전자법인이 된(설립등기일부터 완전자법인이 된 경우는 제외함) 이후 연결납세방식을 적용한 경우 연결납세방식을 적용한 사업연도와 그 다음 사업연도의 개시일부터 4년 이내에 끝나는 연결사업연도에 발생한 자산(연결납세방식을 적용하기 전 취득한 자산으로 한정함)의 처분손실은 연결모법인의 연결소득개별귀속액 및 연결자법인의 연결소득개별귀속액을 한도로 이후 연결사업연도의 과세표준에서 공제한다.

11) 해당 양도손익이연자산의 양도에 대하여 부당해위계산의 부인이 적용되는 경우에는 연결법인 간 거래손익을 조정하지 아니한다.

(4) 연결조정항목의 연결법인별 배분

① 연결법인의 수입배당금액의 익금불산입

연결집단을 하나의 내국법인으로 보아 연결법인의 수입배당금액의 익금불산입액을 계산하고, 그 익금불산입액은 수입배당금액을 지급한 내국법인에 출자한 각 연결법인의 출자비율의 합계액 중 해당 연결법인의 출자비율이 차지하는 비율에 따라 해당 연결법인에 배분하여 익금에 산입하지 아니한다.

이 경우 출자비율은 각 연결법인이 수입배당금액을 지급한 내국법인에 출자한 비율을 더하여 계산하고, 차입금·차입금의 이자는 각 연결법인의 차입금·차입금의 이자를 더하여 계산하되, 연결법인간 차입금·차입금의 이자(해당 차입거래에 대하여 부당행위계산의 부인이 적용되는 경우는 제외함)를 뺀 금액으로 한다.

② 연결법인의 기부금의 손금불산입

연결집단을 하나의 내국법인으로 보아 연결법인의 기부금의 손금불산입액을 계산하고, 그 손금불산입액 중 각 연결법인별 배분액은 비지정기부금으로서 해당 연결법인이 지출한 기부금과 법정기부금·지정기부금의 한도초과액에 대하여 기부금의 지출액비율로 계산한 금액의 합계액으로 한다.

각 연결사업연도의 소득을 계산할 때 손금에 산입하지 아니한 지정기부금 및 법정기부금의 손금산입한도초과액을 이월하여 손금에 산입하는 경우 먼저 발생한 사업연도의 손금산입한도초과액부터 손금에 산입하며, 그 이월하여 손금에 산입하는 금액 중 각 연결법인별 배분액은 기부금의 손금산입한도 초과금액의 비율로 계산한 금액으로 한다.

③ 연결법인의 접대비의 손금불산입

연결집단을 하나의 내국법인으로 보아 연결법인의 접대비의 손금불산입액을 계산하고, 그 손금불산입액 중 각 연결법인별 배분액은 법정증명서류 미수취에 따른 접대비로서 해당 연결법인이 지출한 접대비와 접대비 한도초과액에 대하여 접대비의 지출액비율로 계산한 금액의 합계액으로 한다.

접대비 손금산입한도액을 계산할 수입금액은 각 연결법인의 수입금액의 합계액에서 연결법인 간 양도손익이연자산의 양도에 따른 수입금액을 뺀 금액으로 한다.

사례 ❶ 연결조정항목의 연결법인별 배분

(주)고려는 ㈜종속을 완전지배하고 있으며, 제17기 사업연도(2022.1.1~2022.12.31)부터 연결납세를 적용하기 위하여 연결납세방식적용신청서를 적절하게 제출하여 승인을 받았다. 각 연결법인별 접대비 손금불산입액의 배분액을 계산하시오? (2012, CPA수정)

(1) 수익금액 및 접대비 지출액은 다음과 같다.

구 분	(주)고려	(주)종속
손익계산서의 매출액	3,000,000,000원	1,500,000,000원
손익계산서의 접대비	30,000,000원	18,000,000원

(2) ㈜고려의 손익계산서의 매출액 중 특수관계에 있는 ㈜종속에 대한 매출액 50,000,000원이 포함되어 있다.

(3) (주)고려의 손익계산서의 접대비에는 건당 3만원 초과 적격증명서류 미수취 접대비 3,000,000원과 (주)종속에게 지출한 접대비 5,000,000원이 포함되어 있으며, 위에서 언급한 내용 이외의 접대비는 모두 적격증명을 구비하였고, 전기에 세무조정은 조정하게 이루어졌다.

(4) (주)고려와 (주)종속은 제조업을 경영하는 내국법인이며, 중소기업이 아니다.

【해석】

√연결법인의 접대비 한도초과액: 40,000,000 − 25,500,000 = 14,500,000원

- 한도액: 12,000,000 + 4,450,000,000×0.3% + 50,000,000×0.3%×10% = 25,500,000원
  → 일반 수입금액: 3,000,000,000 + 1,500,000,000 − 50,000,000 = 4,450,000,000
- 접대비 해당액: 48,000,000 - 3,000,000 - 5,000,000 = 40,000,000원
  → 다른 연결법인에 지출한 금액은 접대비 해당액에서 제외한다.

√각 연결법인별 배분액

- 법정증명서류 미수취에 따른 접대비 해당액은 해당 연결법인이 지출한 접대비로 보아 손금불산입하고, 접대비 한도초과액은 각 연결법인별 접대비의 지출액의 비율로 계산한 금액을 손금불산입한다.
- (주)고려: 3,000,000 + 7,975,000 = 10,975,000원
  → 배분액: $14,500,000 \times \frac{22,000,000}{40,000,000} = 7,975,000$원
- (주)종속: $14,500,000 \times \frac{18,000,000}{40,000,000} = 6,525,000$원

3. 세액의 계산

1) 연결산출세액

연결산출세액은 연결사업연도의 과세표준에 법인세의 세율을 적용하여 계산한 금액으로 한다. 연결산출세액 중 각 연결법인에 귀속되는 연결법인별 산출세액은 과세표준 개별귀속액에 연결세율을 곱하여 계산한다.

연결산출세액 = 과세표준 × 법인세 세율 + 토지 등 양도소득 × 10%·20%·40%

2) 세액감면 등

연결산출세액에서 공제하는 연결법인의 감면세액과 세액공제액은 각 연결법인별로 계산한 감면세액과 세액공제액의 합계액으로 한다.

각 연결법인의 감면세액과 세액공제액은 각 연결법인별 산출세액을 기준으로 법인세법 및 조세특례제한법에 따른 세액감면과 세액공제를 적용하여 계산한 금액으로 하며, 연결집단을 하나의 내국법인으로 보아 최저한세를 적용한다.

4. 신고 및 납부 등

1) 연결과세표준 등의 신고

연결모법인은 각 연결사업연도의 종료일이 속하는 달의 말일부터 4개월 이내에 해당 연결사업연도의 소득에 대한 법인세의 과세표준과 세액을 납세지관할세무서장에게 신고하여야 한다. 연결사업연도의 소득에 대한 법인세의 과세표준과 세액을 신고할 때에는 그 신고서에 연결소득금액 조정명세서, 각 연결법인의 재무상태표·포괄손익계산서·이익잉여금처분계산서·세무조정계산서, 연결법인 간 출자현황 및 거래명세 등을 제출하여야 한다.

2) 준용규정

각 연결사업연도의 소득에 대한 법인세액의 계산, 연결중간예납, 연결법인세액의 납부, 결정·경정 및 징수 등, 가산세 등은 내국법인의 각 사업연도의 소득에 대한 법인세의 규정을 준용한다.

Ⅲ 내국법인의 청산소득에 대한 법인세

1. 개요

1) 청산소득의 범위

(1) 청산의 개념

청산이란 법인격의 소멸의 원인이 되는 해산을 위하여 상법 등에 따라 그 법인의 법률관계를 정리하고, 채권의 추심 · 채무의 부담 · 자산의 환가처분 등의 잔여재산을 정리하는 절차를 말한다.

해산에 따라 회사가 바로 소멸하는 것이 아니고 기존의 법률관계가 종결될 때까지 존속한다. 청산과정에 있는 회사는 해산 전의 회사와 동일한 인격을 유지하고, 단지 청산이라는 목적의 범위 내에서 존속하는 것으로 해석된다.

해산에 따라 회사의 권리능력은 청산의 목적 범위내로 축소되므로 종전의 이사와 대표이사는 그 지위를 잃게 되고, 청산인이[12] 이사에 대신하여 청산법인을 대표한다. 다만, 감사는 그 임기만료할 때까지 청산회사의 감사로 유임한다.

영리법인인 회사의 경우 사원의 출자와 책임 등은 그대로 존속하지만, 영업을 전제로 하는 여러 제도는 적용되지 않는다. 회사의 청산방법에는 임의청산과 법정청산이 있다. 임의청산은 정관 또는 총사원의 동의로써 자유로이 정한 방법에 따라서 하는 청산으로 합명회사와 합자회사에만 인정된다. 법정청산은 법률이 정하는 방법에 따라서 하는 청산으로 모든 종류의 회사에 적용된다.

비영리법인의 경우 청산절차에 들어가면 청산인이 이사에 갈음하여 임무를 집행하여 현존사무를 종결하고, 채권의 추심과 채무의 변제를 한다. 이 경우 청산 중에 법인의 재산보다 채무가 많은 것이 분명하게 된 때에는 청산인이 파산선고를 신청하고, 재산을 정리하여 잔여재산이 있으면 그것을 일정한 귀속권리자에게 인도한다. 귀속권리자가 없는 때에는 국고에 귀속한다.

---

12) 회사가 해산한 때에는 합병, 분할, 분할합병, 파산의 경우 외에는 이사가 청산인이 되며, 정관에 다른 정함이 있거나 주주총회에서 타인을 선임한 때에는 선임된 사람이 청산인이 된다. 청산인이 없는 때에는 법원은 이해관계인의 청구에 의하여 청산인을 선임한다.

(2) 청산소득

청산소득에 대한 법인세는 계속기업의 공준과는 달리 법인이 청산절차를 거쳐 해산하는 과정에서 실현된 소득에 대하여 과세하는 법인세이다. 청산소득이란 법인이 해산한[13] 경우에 그 법인의 해산에 따른 잔여재산가액이 해산등기일 현재의 자기자본총액을 초과하는 경우 그 초과하는 금액을 말한다.

따라서 청산소득에 대한 법인세의 과세는 각 사업연도의 소득에 대한 법인세의 불완전함을 보완하기 위한 것으로서 각 사업연도의 소득에 대한 법인세의 최종 정산에 해당된다. 청산소득에 대해 과세하는 이유는 크게 두 가지를 들 수 있다.

① 과세의 형평을 유지하기 위한 것이다. 법인의 지속적인 사업활동에 따른 순자산증가를 사업연도로 구분하여 과세하는 데 비해서, 청산행위에 따른 순자산증가액은 지속적인 사업행위가 아닌 것으로 보아 과세하지 않는다면 과세형평상 문제가 발생한다.

② 청산소득은 이연소득의 실현에 대한 과세로 볼 수 있다. 물가가 상승하는 경우 법인 소유의 자산은 장부가액과는 다른 실질가치를 갖고 있다. 청산절차를 통하여 기업자산에 실제가치가 부여되고 이연되어 왔던 자산소득이 실현되는 것이므로 청산소득에 대한 과세가 필요한 것이다. 그리고 각 사업연도의 소득을 계산할 때 착오, 오류, 누락이 있었을 경우 그 영향이 청산소득에 포함될 수 있으므로 각 사업연도의 소득으로서 과세되지 못했던 소득에 대해 과세할 수 있는 것이다.

(3) 조직변경에 따른 청산소득에 대한 과세특례

상법에 따라 조직변경을 하는 법인은 실질적 의미에서 청산이 아니라고 보기 때문에 청산소득이 과세되지 않는다. 조직변경은 법인의 법적 형식 측면에서 기존의 법인이 소멸된 것으로 볼 수 있으나, 정관에서 조직변경을 해산사유로 정하고 있지 않는 한 법인의 기존 권리·의무의 실질관계가 변하지 않고 동일성이 유지되므로 청산으로 보지 않는다.

그러나 상법의 조직변경은 모든 회사형태 사이에 가능한 것이 아니라 인적회사인 합명회사와 합자회사, 물적회사인 유한회사와 주식회사 사이에서만이 가능하다. 따라서 상법에서 인정되지 않는 조직변경은 청산소득의 과세대상이 된다. 예를 들어 합명회사의 주식회사로 변경은 상법에서 인정되지 않는 임의변경이므로 청산소득이 과세된다.

13) 해산에는 합병이나 분할에 의한 해산은 제외한다

법인세법에서는 다음의 경우에는 청산소득에 대한 법인세를 과세하지 않는다.

① 상법에 따라 조직변경을 하는 경우
② 특별법에 따라 설립된 법인이 그 특별법의 개정 또는 폐지로 인하여 상법에 따른 회사로 조직변경하는 경우
③ 변호사법에 따라 법무법인이 법무법인(유한)으로 조직변경하는 경우
④ 관세사법에 따라 관세사법인이 관세법인으로 조직변경하는 경우
⑤ 협동조합기본법에 따라 영리법인 등이 협동조합으로 조직변경하는 경우
⑥ 지방공기업법에 따라 지방공사가 지방공단으로 조직변경하거나 지방공단이 지방공사로 조직변경하는 경우

2) 납세의무자

(1) 본래의 납세의무자

청산소득에 대한 법인세의 납세의무자는 해산에 따라 소멸하는 영리내국법인이며, 비영리법인과 외국법인은 청산소득에 대한 법인세의 납세의무를 지지 않는다. 일반적으로 비영리법인은 해산되면 잔여재산이 국고에 귀속되기 때문에 비영리법인이 수익사업을 운영함으로써 법인세 납세의무가 있던 경우일지라도 청산소득에 대한 납세의무를 배제한다.

(2) 청산인 등의 제2차 납세의무

해산하여 청산하는 법인의 국세 등에 대하여 청산인 또는 잔여재산의 분배받거나 인도받은 자는 제2차 납세의무를 진다. 이 경우 청산인은[14] 분배하거나 인도한 재산의 가액을 한도로 하고, 잔여재산을 분배받거나 인도를 받은 자는 각자가 받은 재산의 가액을 한도로 한다.

청산인 등은 법인이 해산한 경우, 해산된 법인에게 부과되거나 그 법인이 납부할 국세·강제징수비를[15] 납부하지 아니하고 잔여재산을 분배하거나 인도한 경우, 해산된 법인에 대하여 체납처분을 집행하여도 징수할 금액에 부족한 경우에는 제2차 납세의무를 진다.

---

14) 청산인이란 정관의 규정, 주주총회의 결의, 법원의 선임(법정청산인)에 따라 현존사무의 종결·잔여재산의 분배 등 해산된 법인의 청산사무를 집행하는 자를 말한다.

15) 법인에게 부과되거나 그 법인이 납부할 국세란 해당 법인이 결과적으로 납부하여야 할 모든 국세를 말하며, 해산하여 청산할 때 또는 분배·인도하는 때에 이미 납세의무가 성립된 국세에 한정하지 아니한다.

2. 과세표준과 세액의 계산

1) 해산에 따른 청산소득금액

(1) 일반적인 경우

법인이 해산한 경우 청산소득금액은 그 법인의 해산에 따른 잔여재산의 가액에서 해산등기일 현재의 자기자본의 총액을 공제한 금액으로 한다. 청산소득금액을 계산할 때 법인이 해산등기일 현재의 자산을 청산기간 중에 처분한 금액은 청산소득에 포함하고, 해산등기일 현재의 잔여재산의 추심 또는 환가처분과 관련하여 발생한 계약서 작성비용·공증비용·인지대·소개비 및 수수료, 청산인의 보수, 청산사무소의 비용 등을 공제한다.

해산에 따른 청산소득금액 = 잔여재산가액 − 해산등기일 현재의 자기자본총액

(2) 계속등기를 하는 경우

해산으로 인하여 청산 중인 내국법인이 그 해산에 따른 잔여재산의 일부를 주주에게 분배한 후 상법에 따라 사업을 계속하는 경우에는[16] 그 해산등기일부터 계속등기일까지의 사이에 분배한 잔여재산의 분배액의 총 합계액에서 해산등기일 현재의 자기자본의 총액을 뺀 금액을 그 법인의 해산에 따른 청산소득의 금액으로 한다.

2) 과세표준의 계산

(1) 잔여재산가액

내국법인의 청산소득에 대한 법인세의 과세표준은 해산에 따른 청산소득금액으로 한다.

해산에 따른 잔여재산가액은 자산총액에서 부채총액을 뺀 금액으로 한다. 여기서 자산총액이란 해산등기일 현재의 자산의 합계액을 말하고, 추심한 채권과 환가처분한 자산은 추심 또는 환가처분한 날 현재의 금액으로, 추심 또는 환가처분 전에 분배한 경우에는 그 분배한 날 현재의 시가에 따라 평가한 금액으로 계산한다.

잔여재산가액 = 자산총액 − 부채총액

16) 상법에 따르면 회사의 존립기간의 만료, 정관에 정한 사유의 발생, 주주총회의 결의에 따라서 해산한 경우에는 출석한 주주의 의결권의 3분의 2이상의 수와 발행주식총수의 3분이 1이상의 수로서 특별결의를 통하여 주식회사를 계속할 수 있다.

(2) 자기자본 총액

해산등기일 현재의 자기자본 총액은 자본금과 잉여금의 합계액으로 한다. 이 경우 해산등기일 전 2년 이내에 자본금에 전입한 잉여금이 있는 경우에는 해당 금액을 자본금에 전입하지 아니한 것으로 보고, 청산기간에 국세기본법에 따라 환급되는 법인세액이 있는 경우에는 환급법인세액을 해산등기일 현재의 자기자본의 총액에 더한다.[17)]

자기자본의 총액을 계산할 때 해산등기일 현재의 이월결손금이 있는 경우에는 법인의 자기자본의 총액에서 상계한다. 이월결손금이란 각 사업연도의 개시일 전 발생한 각 사업연도의 결손금으로서 그 후의 각 사업연도의 과세표준을 계산할 때 공제되지 아니한 금액으로 하고, 자기자본의 총액에서 이미 상계되었거나 상계된 것으로 보는 이월결손금을 제외한다. 다만, 상계하는 이월결손금의 금액은 자기자본의 총액 중 잉여금의 금액을 초과하지 못하며, 초과하는 이월결손금이 있는 경우에는 그 이월결손금은 없는 것으로 본다.

자기자본 총액 = 자본금 + Max(잉여금 − 이월결손금, 0) + 환급법인세액
√잉여금 = 재무상태표의 자본잉여금 · 이익잉여금 ± 세무조정계산서의 유보금액

(3) 청산기간에 발생하는 각 사업연도의 소득

내국법인의 해산에 따른 청산소득금액을 계산할 때 그 청산기간에 발생하는 각 사업연도의 소득금액이 있는 경우에는 그 법인의 각 사업연도의 소득금액에 산입한다.[18)] 따라서 청산기간에 해산 전의 사업을 계속하여 운영하는 경우 사업에서 발생하는 사업수입, 임대수입, 공채 · 사채 및 예금이자의 수입 등과 이에 관련되는 손비는 각 사업연도의 소득금액 계산할 때 익금 또는 손금에 산입한다.

3) 청산소득에 대한 세액의 계산

청산소득에 대한 법인세는 해산에 따른 과세표준에 법인세의 세율을 적용하여 계산한 금액으로 한다. 청산소득에 대한 법인세의 세율은 해산등기일이 속하는 사업연도에 적용되는 각 사업연도의 소득에 대한 법인세의 세율을 적용한다.

17) 해산에 의한 청산소득금액을 계산함에 있어서 보유중인 자기주식의 가액은 해산등기일 현재의 자본금 또는 출자금에서 차감하지 아니하며, 잔여재산가액 계산시의 자산총액에도 포함하지 아니한다.

18) 특수관계에 있는 법인간의 합병에 있어서 불공정한 비율로 합병함으로써 주주인 법인이 특수관계자인 다른 주주에게 이익을 분여한 경우에는 부당행위계산 부인을 하는 것이나, 피합병법인의 청산소득금액 계산에 있어서는 준용하지 않는다.

사례 ❷ 청산소득금액의 계산

다음은 제조업을 영위하는 영리내국법인 ㈜A가 제17기(2022.1.1~2022.12.31)말에 해산하기로 결의한 후의 해산등기일 현재 재무상태 등에 관한 자료이다. ㈜A의 청산소득금액을 계산한 것으로 옳은 것은? (CPA. 2016)

(1) 제17기 해산등기일(2022.12.31.) 현재 재무상태표는 다음과 같고, 청산과정 중 토지는 40,000,000원, 건물은 70,000,000원, 기계장치는 15,000,000원으로 환가하여 차입금 상환 등에 사용되었다.

재무상태표 (단위: 원)

토 지	35,000,000*	차 입 금	35,000,000
건 물	66,000,000*	자 본 금	50,000,000
기계장치	12,000,000*	자본잉여금	10,000,000
		이익잉여금	18,000,000
합 계	113,000,000	합 계	113,000,000

(2) 제17기말 현재 세무에 따른 이월결손금은 37,000,000원이다.

(3) 합병이나 분할에 의한 해산이 아니며, ㈜A는 채무자의 회생 및 파산에 관한 법률에 따른 회생계획인가 결정 또는 기업구조조정촉진법에 따른 기업개선계획의 이행에 대한 약정을 체결한 법인이 아니다.

【해석】

√잔여재산가액: 90,000,000원

- (40,000,000 + 70,000,000 + 15,000,000) - 35,000,000 = 90,000,000원
  → 추심할 채권과 환가처분할 자산은 추심 또는 환가처분한 날 현재의 금액을 해산등기일 현재의 자산의 합계액으로 한다.

√자기자본: 50,000,000 + 0 = 50,000,000원

- 이월결손금 37,000,000원은 잉여금 28,000,000원의 범위내에서 차감한다.
  → 해산등기일 현재의 이월결손금이 있는 경우에는 법인의 자기자본의 총액에서 상계하며, 상계하는 이월결손금의 금액(37,000,000원)은 자기자본의 총액 중 잉여금의 금액(28,000,000원)을 초과하지 못하고 초과하는 이월결손금(9,000,000원)이 있는 경우에는 그 이월결손금은 없는 것으로 본다.
  → 해산등기일 전 2년 이내에 자본금에 전입한 잉여금이 있는 경우에는 해당 금액을 자본금에 전입하지 아니한 것으로 본다.

√청산소득금액: 90,000,000 - 50,000,000 = 40,000,000원

3. 신고 및 납부

1) 확정신고 및 납부

(1) 확정신고

청산소득에 대한 법인세의 납세의무가 있는 내국법인은 다음의 기한까지 청산소득에 대한 법인세 과세표준과 세액을 납세지관할세무서장에게 신고하여야 한다.[19] 이 경우 청산소득이 없는 때에도 신고는 하여야 한다.

① 해산하는 경우에는 잔여재산가액확정일이 속하는 달의 말일부터 3개월 이내. 이 경우 잔여재산가액의 확정일이란 해산등기일 현재의 잔여재산의 추심·환가처분을 완료한 날 또는 해산등기일 현재의 잔여재산을 그대로 분배하는 경우에는 그 분배를 완료한 날을 말한다.

② 사업을 계속하는 경우에는 계속등기일이 속하는 달의 말일부터 3개월 이내

(2) 확정신고 납부세액

청산소득에 대한 법인세를 확정신고한 법인은 그 해산으로 인한 청산소득의 금액에 법인세의 세율을 적용하여 계산한 세액에서 중간신고에 따라 납부한 세액의 합계액을 공제한 금액을 법인세로서 신고기한까지 납세지관할세무서등에 납부하여야 한다.

2) 중간신고 및 납부

(1) 해산에 따른 잔여재산가액이 확정되기 전에 그 일부를 주주에게 분배하는 경우

해산에 따른 잔여재산가액이 확정되기 전에 그 일부를 주주에게 분배하는 경우에는 분배한 날 현재의 분배하는 잔여재산가액이 해산등기일 현재의 자기자본의 총액을 초과하는 금액을 과세표준으로 한다. 중간신고에 따라 납부할 법인세액은 분배한 날이 속하는 달의 말일부터 1개월 이내에 납세지관할세무서장에게 신고하고 이를 납부하여야 한다.

중간신고납부세액 = (분배하는 잔여재산가액 − 해산등기일 현재의 자기자본총액) × 세율

---

19) 확정신고를 할 때에는 그 신고서에 잔여재산가액 확정일·계속등기일 현재의 그 해산한 법인의 재무상태표, 해산(합병 또는 분할에 의한 해산을 제외함)의 경우에는 해산한 법인의 본점 등의 소재지·청산인의 성명 및 주소 또는 거소·잔여재산가액의 확정일 및 분배예정일 등의 서류를 첨부하여야 한다.

이 경우 잔여재산가액이 확정되기 전에 분배한 자산의 가액이 있는 경우에는 이를 분배하는 잔여재산가액에 더하고, 잔여재산가액이 확정되기 전에 잔여재산의 일부를 분배함으로써 납부한 법인세액이 있는 경우에는 그 납부세액을 납부하여야 할 법인세액에서 뺀다.

(2) 해산등기일부터 1년이 되는 날까지 잔여재산가액이 확정되지 아니한 경우

해산등기일로부터 1년이 되는 날까지 잔여재산가액이 확정되지 아니한 경우에는 해산등기일로부터 1년이 되는 날 현재의 잔여재산가액 예정액이 그 해산등기일 현재의 자기자본의 총액을 초과하는 금액을 과세표준으로 한다.

중간신고에 따른 납부할 법인세액은 해산등기일로부터 1년이 되는 날이 속하는 달의 말일부터 1개월 이내에 납세지관할세무서장에게 신고하고 이를 납부하여야 한다.

다만, 국유재산법에 따른 청산절차에 따라 청산하는 법인의 경우에는 중간신고에 관한 규정을 적용하지 아니한다.

중간신고납부세액 = (잔여재산가액 예정액[20] − 해산등기일 현재의 자기자본총액) × 세율

4. 결정 · 경정 및 징수 등

1) 납부지연가산세의 적용배제

청산소득에 대한 법인세를 징수할 때에는 납부고지서에 따른 납부기한의 다음 날부터 부과되는 과소납부 및 고지분에 대한 납부지연가산세를 적용하지 아니하고, 납부고지서에 따른 납부기한의 다음 날부터 납부일까지의 기간이 5년을 초과하는 경우에도 그 기간은 5년으로 적용하지 아니한다.

2) 각 사업연도의 소득에 관한 규정의 준용

청산소득금액의 계산, 결정 · 경정 및 징수, 신고 및 납부 등에 있어서는 위에 서술한 것을 제외하고는 각 사업연도의 소득금액 계산에 관한 규정을 준용한다.

20) 여기서 잔여재산가액 예정액이란 해산등기일부터 1년이 되는 날 현재의 자산을 시가에 따라 평가한 금액의 합계액에서 부채총액을 공제한 금액을 말한다.

Ⅳ 외국법인의 각 사업연도의 소득에 대한 법인세

1. 외국법인

외국법인이란 사업의 실질적 관리장소가 국내에 있지 아니하는 경우로서 본점·주사무소가 외국에 있는 단체로서 설립된 국가의 법에 따라 법인격이 부여된 단체, 구성원이 유한책임사원으로만 구성된 단체, 그 밖에 해당 외국단체와 동종·유사한 국내의 단체가 상법 등 국내의 법률에 따른 법인인 경우의 그 외국단체를 말한다. 국세청장은 외국법인의 유형별 목록을 고시할 수 있고, 법인세법에 따른 외국법인 기준의 적용은 조세조약 적용대상의 판정에 영향을 미치지 아니한다

외국법인에 대한 법인세 과세문제는 법인세법, 국세조세 조정에 관한 법률, 외국인투자촉진법, 조세특례제한법, 조세조약 등에서 규정하고 있어 그 체계가 복잡하므로 이들 법률 및 조약에서의 외국법인에 대한 과세규정을 알아야 한다.

2. 국내사업장

1) 국내사업장의 개념

국내사업장의 개념은 법인세법과 조세조약에 규정되어 있다. 국내사업장이란 외국법인이 국내에서 사업의 전부 또는 일부를 수행하는 고정된 장소를 말하고, 조세조약에서는 항구적 시설 또는 고정사업장(Permanent Establishment, PE)을 말한다.

국내사업장은 사업소득에 대한 과세여부, 과세방법, 투자소득에 대한 제한세율의 적용여부를 결정하는데 있어서 그 기준이 된다.

(1) 국내원천 사업소득에 대한 과세여부

국내사업장은 국내원천 사업소득에 대한 과세권의 유무를 판정하는 기준이다. 외국법인은 모든 국내원천소득의 총 합계액에 대하여 과세하는 하는 것이 아니고, 조세조약에 따라 국내사업장의 소재지국에서 국내사업장을 통하여 수행한 사업활동에 따른 소득만 과세할 수 있다.(귀속주의 과세원칙)

(2) 과세방법

국내사업장에 귀속되는 외국법인의 각 사업연도의 소득은 각 사업연도에서 발생한 국내원천소득을 종합하여 소득금액과 세액을 신고 · 납부하는 방법으로 납세의무를 이행한다.(종합과세, 신고납부방법)

국내사업장이 없는 외국법인의 소득과 국내사업장은 있으나 국내사업장과 실질적으로 관련되지 아니하거나 국내사업장에 귀속되지 아니하는 소득은 국내원천소득을 지급하는 자가 소득별로 분리하여 법인세를 원천징수하는 방법으로 납세의무를 이행한다.(분리과세, 원천징수방법)

(3) 투자소득에 대한 제한세율의 적용여부

조세조약에서 외국법인의 이자소득, 배당소득, 사용료소득에 대해서는 10%부터 15%까지의 낮은 세율(제한세율)을 적용하여 원천징수하나, 국내사업장이 이러한 투자소득의 발생에 관여한 경우에는 조세조약의 제한세율을 적용하지 아니하고 국내사업장에 귀속되는 국내원천 사업소득으로 종합과세를 한다.

2) 법인세법의 국내사업장

(1) 물리적 및 기능적 요건에 따른 국내사업장

국내사업장이 되기 위하여 일반적으로 사업장소가 존재할 것, 사업장소가 고정되어 있을 것, 그 사업장소를 통하여 사업을 수행할 것의 요건을 갖추어야 한다. 국내사업장이란 외국법인이 국내에서 사업의 전부 또는 일부를 수행하는(기능적인 요건) 고정된 장소를 가지고 있는(물리적인 요건) 경우 그 고정된 장소를 말한다.

국내사업장에는 다음의 장소를 포함하는 것으로 한다.

① 지점, 사무소, 영업소, 상점 등의 고정된 판매장소, 작업장, 공장, 창고
② 6개월을 초과하여 존속하는 건축장소, 건설 · 조립 · 설립공사의 현장, 이와 관련되는 감독활동을 수행하는 장소
③ 고용인을 통하여 용역을 제공하는 경우로서 용역의 제공이 계속되는 12개월 기간 중 합계 6개월을 초과하는 기간동안 용역이 수행되는 장소 또는 6개월을 초과하지 아니하는 경우로서 유사한 종류의 용역이 2년 이상 계속적 · 반복적으로 수행되는 장소

④ 광산, 채석장, 해저천연자원, 그 밖의 천연자원의 탐사 및 채취장소. 이 경우 국제법에 따라 우리나라가 영해 밖에서 주권을 행사하는 지역으로서 우리나라의 연안에 인접한 해저지역의 해상과 하층토에 있는 것을 포함한다.

(2) 외국법인의 대리인에 따른 국내사업장

외국법인이 국내사업장이 되는 고정된 장소를 가지고 있지 아니한 경우에도 국내에 외국법인의 대리인을 두고 사업을 경영하는 경우에는 외국법인의 대리인의 사업장소재지에 국내사업장을 둔 것으로 본다. 이 경우 외국법인의 대리인의 사업장이 없는 경우에는 주소지로 하고, 주소지가 없는 경우에는 거소지로 한다.

외국법인의 대리인에 해당하는 자는 다음과 같다.

① 국내에서 그 외국법인을 위하여 외국법인 명의 계약등을 체결할 권한을 가지고 그 권한을 반복적으로 행사하는 자.[21][22][23] 이 경우 외국법인 명의 계약등이란 외국법인 명의의 계약, 외국법인이 소유하는 자산의 소유권 이전 또는 소유권·사용권을 갖는 자산의 사용권 허락을 위한 계약, 외국법인의 용역제공을 위한 계약을 말한다.

② 국내에서 그 외국법인을 위하여 외국법인 명의 계약등을 체결할 권한을 가지고 있지 아니하더라도 계약을 체결하는 과정에서 중요한 역할을[24] 반복적으로 수행하는 자

③ 외국법인의 자산을 상시 보관하고 관례적으로 이를 배달 또는 인도하는 자

④ 중개인, 일반위탁매매인, 그 밖의 독립적 지위의 대리인으로서 주로 특정 외국법인만을 위하여 계약체결 등 사업에 관한 중요한 부분의 행위를 하는 자. 이 경우 독립적 지위의 대리인등이 자기사업의 정상적인 과정에서 활동하는 경우를 포함한다.

⑤ 보험사업을[25] 경영하는 외국법인을 위하여 보험료를 징수하거나 국내소재 피보험물에 대한 보험을 인수하는 자

---

21) 계약이란 외국법인의 고유사업과 관련하여 체결하는 계약을 말하며, 해당 외국법인의 사무실의 임차 또는 종업원의 고용 등 기업의 내부적인 경영·관리활동과 관련하여 체결하는 계약은 포함되지 아니한다.

22) 계약을 체결할 수 있는 권한이란 대리인이 해당 외국법인을 구속할 수 있는 계약의 중요하고 세부적인 사항에 관하여 상담 협의할 수 있는 권한을 말하며, 대리인이 그 계약체결권을 가지고 있는 경우에는 비록 그 외국법인이나 그 외국법인이 있는 국가의 제3자가 그 계약서에 서명 또는 날인할지라도 그 대리인이 한국에서 그 권한을 행사한 것으로 본다.

23) 반복적 행사에는 장기의 대리계약에 따라 계약체결권을 계속적·반복적으로 행사하는 경우 뿐만 아니라 2개 이상의 단기 대리계약에 따라 계약체결권을 계속적·반복적으로 행사하는 경우도 포함된다.

24) 외국법인이 계약의 중요사항을 변경하지 아니하고 계약을 체결하는 경우로 한정한다.

25) 보험사업에는 재보험사업을 제외한다.

(3) 국내사업장으로 보지 않는 특정 활동 장소

물리적인 요건인 고정된 장소를 가지고 있음에도 불구하고 기능적인 요건인 사업수행을 충족하지 못하는 경우에는 국내사업장으로 보지 않는다.

다음의 특정 활동 장소가 외국법인의 사업 수행상 예비적 또는 보조적인 성격을 가진 활동을 하기 위하여 사용되는 경우에는 국내사업장에 포함되지 아니한다. 사업 수행상 예비적 또는 보조적인 성격을 가진 활동인지의 여부는 특정 활동 장소에서 수행하는 활동이 해당 외국법인의 전체 사업활동 중 본질적이고 중요한 부분을 구성하고 있는지에 따라 판단한다.[26)]

① 자산의 단순한 구입만을 위하여 사용하는 일정한 장소
② 판매를 목적으로 하지 아니하는 자산의 저장 · 보관만을 위하여서만 사용하는 일정한 장소
③ 광고, 선전, 정보의 수집 및 제공, 시장조사 등의 활동을 하기 위하여 사용하는 일정한 장소
④ 자기의 자산을 타인으로 하여금 가공할 목적으로만 사용하는 일정한 장소

(4) 국내사업장으로 보는 특정 활동 장소

특정 활동 장소가 다음의 경우에는 국내사업장에 포함한다.

① 외국법인 또는 특수관계가 있는 외국법인이[27)] 특정 활동 장소와 같은 장소 또는 국내의 다른 장소에서 사업을 수행하고, 특정 활동 장소와 같은 장소 또는 국내의 다른 장소에 해당 외국법인 또는 특수관계가 있는 외국법인의 국내사업장이 존재하는 경우로서 특정 활동 장소에서 수행하는 활동과 외국법인 또는 특수관계가 있는 외국법인의 국내사업장에서 수행하는 활동이 상호 보완적인 경우
② 외국법인 또는 특수관계가 있는 외국법인이 특정 활동 장소와 같은 장소 또는 국내의 다른 장소에서 상호 보완적인 활동을 수행하고, 각각의 활동을 결합한 전체적인 활동이 외국법인 또는 특수관계가 있는 외국법인의 사업 활동에 비추어 예비적 또는 보조적인 성격을 가진 활동에 해당하지 아니하는 경우

---

26) 예비적 또는 보조적인 성격을 가진 활동이 해당 외국법인을 위한 것이 아니고 타인 및 특수관계가 있는 외국법인을 위하여 수행하는 경우에는 그 특정 활동 장소를 해당 외국법인의 국내사업장으로 본다.

27) 비거주자를 포함한다.

3. 국내원천소득

1) 국내원천소득의 개념

국내원천소득이란 소득을 발생시키는 요인이 되는 자산의 소재지, 사업활동의 수행장소, 용역의 제공장소, 권리의 사용장소 등이 국내에 있는 소득을 말한다. 외국법인의 납세의무는 법인세법에 열거한 국내원천소득에 대하여서만 과세함으로써 제한적인 납세의무를 지고 있다.

법인세법에서는 이자소득 · 배당소득 등 10개의 소득만을 국내원천소득으로 열거하고, 소득종류별로 과세방법 · 원천징수세율 등을 다르게 적용하고 있다. 그러나 법인세법에서 국내원천소득으로 열거하고 있는 소득이라도 조세조약에서 국내원천소득이 아닌 경우에는 특별법우선의 원칙에 따라 과세할 수 없고, 조세조약에서는 국내원천소득이라 하더라도 법인세법의 국내원천소득이 아닌 경우에도 과세할 수 없다.

다만, 국내원천 이자소득, 국내원천 배당소득, 국내원천 사용료소득은 거주지국과 원천지국 중 어느 한 나라에만 독점적인 과세권을 부여하는 것이 현실적으로 불가능하기 때문에 과세권을 거주지국과 소득원천지국 모두에게 부여하면서 원천지국에서의 적용세율을 일정률 이하로 제한하고 있다.(제한세율 적용)

2) 국내원천소득의 범위

(1) 국내원천 이자소득

외국법인이 소득세법에 따른 이자소득, 그 밖의 대금의 이자, 신탁의 이익으로서 다음의 소득은 국내원천소득으로 본다. 다만, 내국법인의 국외사업장을 위하여 그 국외사업장이 직접 차용한 차입금의 이자는 제외하고, 소득세법에 따른 이자소득에는 국외에서 받는 예금의 이자와 국내 · 국외에서 받는 파생결합사채로부터의 이익은 제외한다.

① 국가 · 지방자치단체, 내국법인, 외국법인의 국내사업장, 거주자, 비거주자의 국내사업장으로부터 지급받은 소득(지급자의 거주지국 기준)

② 외국법인 또는 비거주자로부터 지급받는 소득으로서 소득을 지급하는 외국법인 또는 비거주자의 국내사업장과 실질적으로 관련하여 그 국내사업장의 소득금액을 계산할 때 필요경비 또는 손금에 산입되는 것(사용지 기준)

(2) 국내원천 배당소득

국내원천 배당소득이란 내국법인, 법인으로 보는 단체, 그 밖에 국내에 소재하는 자로부터 지급받는 다음의 소득을 말한다. 외국법인이 받는 배당소득 중 국내원천소득이 되는 것은 배당을 지급하는 주체가 내국법인이어야 한다.(지급지 기준)

① 소득세법에 따른 배당소득. 다만 외국법인으로부터 받는 이익 또는 잉여금의 배당은 제외한다.
② 국내·국외에서 받는 파생결합사채의 이익
③ 파생결합증권으로부터 발생한 이익. 이 경우 상장지수증권를 계좌 간 이체, 계좌의 명의변경, 상장지수증권의 실물양도의 방법으로 거래하여 발생한 이익을 포함한다.
④ 집합투자증권의 환매·양도 및 집합투자기구의 해지·해산으로 발생하는 이익과 적격집합투자기구이익금 중 금융투자소득에 해당하는 부분으로부터 분배받은 금액
⑤ 국제조세조정에 관한 법률에 따라 배당으로 처분된 금액

(3) 국내원천 부동산소득

국내원천 부동산소득이란 국내에 있는 부동산, 국내에 있는 부동산에 관한 권리, 국내에서 취득한 광업권·조광권·토사석 채취에 관한 권리, 지하수의 개발·이용권의 양도·임대·그 밖의 운영으로 인하여 발생하는 소득을 말한다.(부동산의 소재지 기준)

다만, 과세방법을 달리하는 토지 및 건물 등의 양도소득은 국내원천 부동산소득에서 제외한다. 국내원천 부동산소득은 소득의 발생원천이 되는 부동산 자체가 하나의 국내사업장이므로 외국법인의 국내원천 부동산소득은 신고납부에 따른 종합과세를 한다.

(4) 국내원천 선박등임대소득

국내원천 선박등임대소득이란 내국법인, 거주자, 외국법인의 국내사업장, 비거주자의 국내사업장에 선박, 항공기, 등록된 자동차나 건설기계, 산업상·상업상·과학상의 기계·설비·장치, 운반구, 공구, 기구, 비품을 임대함으로써 발생하는 소득을 말한다.

선박·항공기 등의 임대소득을 국내원천소득으로 과세할 수 있는지 여부는 선박·항공기 등의 운용장소가 아니라 임차인이 누구인지를 기준으로 판단한다.(임차인 기준) 선박·항공기 등을 사용하는 임차인이 내국법인, 거주자, 외국법인 및 비거주자의 국내사업장에 해당되면 사용장소에 관계없이 국내원천소득이 된다.

(5) 국내원천 사업소득

국내원천 사업소득이란 소득세법에 따른 사업 중 외국법인이 국내에서 경영하는 사업에서 발생하는 소득을 말한다.(사업수행지 기준) 이 경우 조세조약에 따라 국내원천 사업소득으로 과세할 수 있는 소득과 국외에서 발생하는 소득으로서 국내사업장에 귀속되는 것은 국내원천 사업소득에 포함한다.

다만, 외국법인이 국내에서 영위하는 사업을 위해 국외에서 광고, 선전, 정보의 수집과 제공, 시장조사, 그 밖에 그 사업수행상 예비적 또는 보조적인 성격을 가진 행위를 하는 경우 또는 국외에서 영위하는 사업을 위해 국내에서 사업수행상 예비적 또는 보조적인 성격을 가진 행위를 하는 경우에는 해당 행위에서는 소득이 발생하지 않는 것으로 본다.

(6) 국내원천 인적용역소득

국내원천 인적용역소득이란 외국법인이 국내에서 그의 피고용인을 통하여 인적용역을 제공함으로써 발생하는 소득(독립적 인적용역소득)을 말한다. 독립적 인적용역이란 용역제공의 결정할 권한을 가지고, 용역수행에 필요한 자본과 설비를 자신이 제공하고, 용역대가를 성과급의 형태로 산정되는 경우의 용역을 말한다.

외국법인이 받는 인적용역소득이 국내원천소득이 되기 위하여 해당 용역의 제공이 국내에서 이루어져야 한다. 이는 용역수행의 모든 활동이 국내에서 행하여지는 경우는 물론 용역수행과정의 제반 활동 중의 일부가 국내에서 이루어지는 경우도 포함한다.(용역수행지 기준)

국내원천 인적용역소득은 다음의 용역을 제공함에 따라 발생하는 소득을 말한다. 이 경우 인적용역을 제공받은 자가 인적용역의 제공과 관련하여 항공회사, 숙박업자, 음식업자에게 실제로 지급한[28] 사실이 확인되는 항공료, 숙박비, 식사대를 부담하는 경우에는 그 항공료 등을 제외한 금액을 국내원천소득으로 한다.

① 영화 · 연극의 배우, 음악가, 그 밖의 공중연예인이 제공하는 용역
② 직업운동가가 제공하는 용역
③ 변호사, 공인회계사, 건축사, 측량사, 변리사 등의 자유직업자가 제공하는 용역
④ 과학기술 · 경영관리 · 기타 분야에 관한 전문적 지식 또는 특별한 기능을 가진 자가 해당 지식 또는 기능을 활용하여 제공하는 용역[29]

28) 인적용역을 제공하는 자를 통해 지급하는 경우를 포함한다.
29) 국외에서 제공하는 인적용역으로서 조세조약에 따라 국내에서 발생하는 것으로 간주되는 소득을 포함한다.

(7) 국내원천 부동산등양도소득

국내원천 부동산등양도소득이란 국내에 있는 다음의 자산 또는 권리의 양도에 따라 발생하는 소득을 말한다.(부동산소재지 기준)

① 토지, 건축물, 부동산에 관한 권리, 기타자산30)

② 증권시장에 상장되지 아니한 내국법인의 주식으로서31) 양도일이 속하는 사업연도 개시일 현재의 그 법인의 자산총액 중 토지·건물·부동산에 관한 권리의 자산가액과 내국법인이 보유한 다른 부동산법인의 주식가액에 그 다른 법인의 부동산 보유비율을 곱하여 산출한 가액의 합계액이 50% 이상인 법인의 주식(부동산주식). 이 경우 조세조약의 해석·적용과 관련하여 그 조세조약 상대국과 상호합의에 따라 우리나라에 과세권한이 있는 것으로 인정되는 부동산주식등도 포함한다.

(8) 국내원천 사용료소득

국내원천 사용료소득이란 다음의 권리·자산·정보를 국내에서 사용하거나 그 대가를 국내에서 지급하는 경우의 그 대가 및 그 권리·자산·정보의 양도함으써 발생하는 소득을 말한다.(사용지 기준 및 지급지 기준)32) 이 경우 산업상·상업상·과학상의 기계·설비·장비 등을 임대함으로써 발생하는 소득을 조세조약에서 사용료소득으로 구분하는 경우 그 사용대가를 포함한다.

① 학술 또는 예술상의 저작물·영화필름의 저작권, 특허권, 상표권, 디자인, 모형, 도면, 비밀의 공식·공정, 라디오·텔레비젼 방송용 필름 및 테이프, 그 밖에 이와 유사한 자산 또는 권리

② 산업상·상업상·과학상의 지식·경험에 관한 정보 또는 노하우

③ 사용지(使用地)를 기준으로 국내원천소득 해당 여부를 규정하는 사용지 기준 조세조약에서 사용료의 정의에 포함되는 그 밖에 이와 유사한 재산 또는 권리33)

---

30) 기타자산이란 사업용 자산과 함께 양도하는 영업권 및 특정시설물이용권을 말한다.

31) 주식에는 출자지분을 포함하고, 주식 등을 기초로 하여 발행한 예탁증서 및 신주인수권을 포함한다.

32) 자산·권리·정보를 국내에서 사용하는데 대한 대가에는 자산·권리·정보를 사용할 권리에 대한 대가도 포함하고, 자산·권리·정보 및 지식·경험에 관한 정보는 그 자산·권리·정보 등이 공부에 등록되었는지 여부에 관계가 없으며 또한 등록되어야 할 것을 요건으로 하지 아니한다.

33) 권리란 특허권, 실용신안권, 상표권, 디자인권 등 그 행사에 등록이 필요한 권리가 국내에서 등록되지 아니하였으나 그에 포함된 제조방법·기술·정보 등이 국내에서의 제조·생산과 관련되는 등 국내에서 사실상 실시되거나 사용되는 것을 말한다.

(9) 국내원천 유가증권양도소득

국내원천 유가증권양도소득이란 내국법인이 발행한 주식 및 그 밖의 유가증권,[34] 외국법인이 발행한 주식으로서 자본시장법에 따라 증권시장에 상장된 것, 외국법인의 국내사업장이 발행한 그 밖의 유가증권을 양도함으로써 발생하는 소득을 말한다.

국내원천 유가증권양도소득은 다음의 소득을 말한다.

① 국내사업장을 가지고 있는 외국법인이 주식을 양도함으로써 발생하는 소득

② 국내사업장을 가지고 있지 아니한 외국법인이 주식을 양도함으로써 발생하는 소득[35][36]

③ 국내사업장을 가지고 있는 외국법인이 주식 외의 유가증권을 양도함으로써 발생하는 소득[37]

④ 국내사업장을 가지고 있지 아니한 외국법인이 내국법인, 거주자, 비거주자 · 외국법인의 국내사업장에 주식 외의 유가증권을 양도함으로써 발생하는 소득

(10) 국내원천 기타소득

국내원천 기타소득이란 외국법인이 위에서 열거한 국내원천소득 외에 국내에 있는 자산, 국내에서 하는 사업, 국내에서 제공하는 인적용역과 관련하여 제공받은 경제적 이익으로 발생하는 소득으로서 법인세법에서 기타소득으로 열거하고 있는 소득을 말한다.[38]

---

34) 그 밖의 유가증권이란 재산적 이익을 얻을 수 있는 모든 종류의 유가증권을 말한다.

35) 우리나라의 증권시장을 통하여 주식을 양도함으로써 발생한 소득으로서 해당 양도법인 및 그와 특수관계인이 해당 주식의 양도일이 속하는 연도와 그 직전 5년의 기간 중 그 주식을 발행한 법인의 발행주식총수(외국법인이 발행한 주식의 경우에는 증권시장 등에 상장 또는 등록된 주식총수)의 25% 미만을 소유한 경우에는 과세대상에서 제외한다.

36) 국내사업장이 없는 외국법인이 자본시장법에 따른 장내파생상품의 거래를 통하여 취득한 소득은 국내원천소득으로 보지 아니한다.

37) 다만, 주식 외의 유가증권의 양도시에 국내원천소득 중 이자소득으로 과세되는 소득을 제외한다.

38) 국내에 있는 부동산 및 그 밖의 자산이나 국내에서 경영하는 사업과 관련하여 받은 보험금 · 보상금 · 손해배상금, 국내에서 지급하는 위약금이나 배상금, 국내에 있는 자산을 증여받아 생기는 소득, 국내에서 지급하는 상금 등, 국내에서 발견된 매장물로 인한 소득, 국내법에 따른 면허 · 허가 등에 따라 설정된 권리와 부동산 외의 국내자산을 양도함으로써 생기는 소득, 국내에서 발행된 복권 등에 의하여 받는 당첨금품과 승마투표권 등의 구매자가 받는 환급금, 법인세법에 따라 기타소득으로 처분된 금액, 국외특수관계인이 보유하고 있는 내국법인의 주식 등이 자본거래로 인하여 그 가치가 증가함으로써 발생하는 소득, 사용지 기준 조세조약 상대국의 법인이 소유한 특허권등으로서 국내에서 등록되지 아니하고 국외에서 등록된 특허권등을 침해하여 발생하는 손해에 대하여 국내에서 지급하는 손해배상금 · 보상금 · 화해금 · 일실이익 등(이 경우 해당 특허권등에 포함된 제조방법 · 기술 · 정보 등이 국내에서의 제조 · 생산과 관련되는 등 국내에서 사실상 실시되거나 사용되는 것과 관련되어 지급하는 소득으로 한정한다.), 소득세법에 따른 가상자산소득(외국법인이 가상자산사업자 등이 보관 · 관리하는 가상자산을 인출하는 경우 인출시점을 양도시점으로 보아 세법에 따라 계산한 금액을 포함함) 등을 말한다.

4. 과세표준 및 세액의 계산

1) 국내사업장 등이 있는 외국법인

(1) 개요

국내사업장이 있는 외국법인과 국내원천 부동산소득이 있는 외국법인의 각 사업연도 소득에 대한 법인세의 과세표준은 국내사업장에 귀속되는 각 사업연도의 국내원천소득을 종합하여 계산한다.(신고납부에 따른 종합과세)

다만, 국내사업장에 귀속되지 아니하거나 국내사업장과 실질적으로 관련 되지 아니한 소득에 대해서는 법인세의 원천징수 납부에 따라 납세의무가 종결되고, 원천징수되는 소득에 대한 법인세의 과세표준은 각 소득별 수입금액으로 한다.(원천징수에 따른 분리과세)

(2) 과세표준의 계산

국내사업장을 가진 외국법인과 국내원천 부동산소득이 있는 외국법인의 과세표준 및 산출세액은 다음과 같이 계산한다.

√국내원천소득금액 = 익금총액 − 손금총액
√과세표준 = 국내원천소득금액 − 이월결손금 − 비과세소득 − 외국항행소득
√산출세액 = 과세표준 × 세율

국내원천소득금액, 이월결손금, 비과세소득은 내국법인의 각 사업연도의 소득에 대한 법인세를 준용하며, 합병법인 및 분할신설법인등은 피합병법인 및 분할법인등의 결손금을 승계하지 아니하는 것으로 보아 각각의 규정을 준용한다.

여기서 각 사업연도의 국내원천소득금액이란 각 사업연도 중에 발생한 국내원천소득의 익금총액에서 그 익금에 대응되는 손금총액을 뺀 금액을 말한다. 국내원천소득의 익금총액에서 차감되는 손금은 국내사업장에서 발생된 판매관리비 및 그 밖의 경비 중 국내원천소득의 발생과 관련된 것과 국내원천소득에 합리적으로 배분되는 것에 한정한다.

법인세법은 외국항행소득에 대하여 상호면세주의를 채택하고 있으므로 외국항행에 종사하는 외국법인의 본점 또는 주사무소가 있는 외국이 우리나라의 법인이 운영하는 선박 또는 항공기에 대하여 면세를 하고 있는 경우에는 외국법인의 외국항행소득은 한국에서 과세되지 아니한다.

2) 국내사업장 등이 없는 외국법인

(1) 개요

국내사업장이 없는 외국법인에게 국내원천소득을 지급하는 경우에는 그 지급하는 국내원천소득에 일정한 세율을 적용하여 계산한 법인세를 원천징수하여 다음 달 10일까지 납부함으로써 과세가 종결된다.(원천징수에 따른 분리과세)

(2) 과세표준의 계산

국내사업장 등이 없는 외국법인에 대한 각 사업연도의 소득에 대한 법인세의 과세표준은 국내원천소득의 종류별로 다음의 그 국내원천소득의 금액으로 한다.

① 국내원천 이자소득, 국내원천 배당소득, 국내원천 선박등 임대소득, 국내원천 사업소득, 국내원천 인적용역소득, 국내원천 사용료소득, 국내원천 기타소득의 경우에는 각 소득별 수입금액을 국내원천소득의 금액으로 한다.

② 국내원천 유가증권양도소득은 유가증권의 양도와 관련된 수입금액으로 한다. 다만 유가증권의 취득가액 및 양도비용이 확인된 경우에는 수입금액에서 취득가액 및 양도비용을 뺀 금액을 국내원천소득의 금액으로 할 수 있다. 이 경우 국내사업장이 없는 외국법인으로서 국내원천 유가증권양도소득이 국내사업장이 없는 외국법인과 특수관계가 있는 외국법인(비거주자를 포함함) 간의 거래이고 그 거래에 따른 거래가격이 정상가격보다 낮은 경우에는 정상가격을 해당 수입금액으로 한다.

과세표준 = Min【 수입금액, (수입금액 − 취득가액 − 양도비용) 】

③ 국내원천 부동산등양도소득은 소득을 발생시키는 토지등의 양도가액에서 취득가액 및 양도비용을 뺀 금액을 국내원천소득의 금액으로 할 수 있다.[39)]

④ 국내원천 기타소득 중 가상자산소득은 수입금액에서[40)] 취득가액 등을[41)] 공제하여 계산한 금액을 국내원천소득의 금액으로 할 수 있다.

---

39) 양도가액 및 취득가액, 양도시기 및 취득시기, 부당행위계산에 관하여는 소득세법을 준용한다.

40) 외국법인이 특정 금융거래정보의 보고 및 이용 등에 관한 법률에 따른 가상자산사업자등이 보관·관리하는 가상자산을 인출하는 경우에는 인출시점의 가상자산 시가로서 그 가상자산 1개의 가액과 인출한 가상자산의 수량을 곱한 금액을 말한다.

41) 취득가액 등이란 소득세법에 따른 가상자산의 필요경비 계산 규정을 준용하여 산출한 금액을 말한다. 다만, 외국법인이 가상자산사업자등에게 가상자산을 직접 입고한 경우에는 입고한 가상자산의 취득가액은 입고시점에 해당 가상자산사업자등이 표시한 그 가상자산 1개의 가액에 입고한 가상자산의 수량을 곱한 금액으로 한다.

(3) 세액의 계산

국내원천소득의 종류별 원천징수세율 및 원천징수세액은 다음과 같다.

구 분	원천징수세율 및 원천징수세액
국내원천 이자소득	지급금액 × 14% · 20%
국내원천 배당소득	지급금액 × 20%
국내원천 선박등임대소득 국내원천 사업소득	지급금액 × 2%
국내원천 인적용역소득	지급금액 × 20% · 3%[42]
국내원천 사용료소득	지급금액 × 20%
국내원천 기타소득	지급금액 × 15% · 20%[43]
국내원천 부동산등양도소득 국내원천 유가증권의 양도소득	Min(지급금액 × 10%, 양도차익 × 20%)

3) 외국법인의 토지 등 양도소득에 대한 과세특례

외국법인이 법인세법에 따른 토지등 양도소득이 있는 경우에는 토지등 양도소득에 대한 법인세를 추가 납부하여야 한다. 이 경우 국내사업장 등이 없는 외국법인의 토지등 양도소득은 토지 등의 양도가액에서 취득가액과 토지 등을 양도하기 위하여 직접 지출한 비용을 뺀 금액으로 한다.

4) 외국법인의 국내사업장에 대한 과세특례(지점세)

(1) 개념

외국법인이 국내에 진출하는 형태는 자회사와 지점형태가 있다. 자회사는 독립된 법인이므로 자회사의 소득에 대해서는 국내에서 법인세가 과세되며 그 소득을 모회사에 배당하는 경우에는 배당금에 대하여 다시 과세하게 된다. 그러나 외국법인이 국내사업장(국내지점)의 형태로 진출하는 경우에는 국내원천소득에 대하여 법인세만 과세하고 그 소득을 본점으로 송금하는

42) 조세조약에 따라 국내에서 발생하는 것으로 간주되는 인적용역소득에 대해서는 그 지급액의 3%로 한다.

43) 가상자산소득으로서 가상자산의 취득가액 등이 확인되는 경우에는 지급금액의 10%에 해당하는 금액과 양도차익의 20%에 해당하는 금액 중 적은 금액을 원천징수하고, 가상자산의 취득가액 등이 확인되지 아니한 경우에는 지급금액의 10%를 원천징수한다.

경우에는 법인세가 과세되지 않는다. 이와 같이 외국법인이 우리나라에 진출하는 형태에 따라 조세부담의 차이가 발생하게 되므로 이를 시정하기 위하여 외국법인에 대해서는 각 사업연도의 소득에 대한 법인세에 추가하여 지점세를 부과하는 것이다.

법인세법에서는 외국법인(비영리외국법인을 제외함)의 국내사업장은 우리나라와 그 외국법인의 거주지국과 체결한 조세조약에 따른 과세대상소득금액에 지점세의 세율을 적용하여 계산한 세액을 국내지점에 대한 법인세에 추가하여 납부하여야 한다. 다만, 그 외국법인의 거주지국이 그 국가에 있는 우리나라의 법인의 국외사업장에 대하여 추가하여 과세하지 아니하는 경우에는 지점세를 적용하지 아니한다.

(2) 과세대상소득금액

지점세가 부과되는 과세대상소득금액은 다음과 같이 계산한다. 다만, 우리나라와 해당 외국법인의 거주지국과 체결한 조세조약에서 이윤의 송금액에 대하여 과세할 수 있도록 규정하고 있는 경우에는 각 사업연도의 소득 중 실제로 송금된 이윤을 과세대상소득금액으로 한다.

과세대상소득금액 = 각 사업연도의 소득금액 − 법인세 등 − 재투자할 금액 − 과소자본지급이자

재투자할 금액이란 국내사업장이 사업을 위하여 재투자할 것으로 인정되는 금액으로서 해당 사업연도 종료일 현재의 자본금상당액이[44] 해당 사업연도 개시일 현재의 자본금상당액을 초과하는 금액(자본금상당액증가액) 및 미과세누적유보소득에서[45][46] 음의 부호를 뗀 금액을 말한다. 이 경우 해당 사업연도개시일 현재의 자본금상당액이 해당 사업연도종료일 현재의 자본금상당액을 초과하는 경우에는 그 초과하는 금액(자본금상당액감소액)을 해당 사업연도의 소득금액에 합산한다.[47]

---

44) 자본금상당액이란 해당 사업연도 종료일 현재 재무상태표의 자산의 합계액에서 부채(충당금을 포함하며, 미지급법인세를 제외함)의 합계액을 뺀 금액을 말한다.

45) 미과세누적유보소득이 음수인 경우만 해당한다.

46) 미과세누적유보소득이란 각 사업연도의 소득금액 중 지점세로 과세되지 아니한 부분으로서 해당 사업연도의 직전 사업연도까지의 각 사업연도 소득금액의 합계액에서 해당 사업연도의 직전 사업연도까지의 각 사업연도 결손금 합계액과 해당 사업연도의 직전 사업연도까지의 각 사업연도의 소득에 대한 법인세 및 법인지방소득세의 합계액을 차감한 금액에서 해당 사업연도의 직전 사업연도까지의 각 사업연도의 지점세로 과세된 과세대상소득금액의 합계액을 차감한 금액을 말하고, 미과세누적유보소득은 국내사업장의 각 사업연도의 소득금액에서 법인세 등, 과소자본지급이자, 자본금상당액증가액을 뺀 금액을 한도로 한다.

47) 자본금상당액감소액을 합산하는 경우 합산되는 금액은 직전 사업연도종료일 현재의 미과세누적유보소득(음수가 아닌 경우만 해당함)을 초과하지 못한다.

5. 신고 · 납부 · 결정 · 경정 및 징수

1) 개요

국내사업장이 있는 외국법인으로서 국내원천소득이 있는 외국법인의 각 사업연도의 소득에 대한 법인세와 토지등 양도소득에 대한 법인세의 신고, 납부, 결정, 경정, 징수에 관하여는 내국법인의 관련 규정을 준용한다.

또한, 국내사업장 등이 없는 외국법인으로서 토지 및 건물 등의 양도소득이 있는 외국법인의 각 사업연도의 소득에 대한 법인세의 경우 신고, 납부, 결정, 경정, 징수에 관하여는 내국법인의 관련 규정을 준용한다.

법인세법에서 외국법인의 신고, 납부, 결정, 경정, 징수에 관하여 특별히 규정하고 있는 사항은 신고기한, 신고시의 첨부서류, 가산세가 있다.

2) 신고

(1) 신고기한

국내원천소득이 있는 외국법인은 각 사업연도의 종료일이 속하는 달의 말일부터 3개월 이내에 해당 사업연도의 소득에 대한 법인세의 과세표준과 세액을 납세지관할세무서장에게 신고하여야 한다.[48)]

다만, 각 사업연도의 소득에 대한 법인세의 과세표준을 신고하여야 할 외국법인이 본점 또는 주사무소의 결산이 확정되지 않았거나 그 밖의 부득이한 사유로 그 신고기한 내에 신고서를 제출할 수 없는 외국법인은 사업연도 종료일로부터 60일 이내에 사유서를 갖추어 납세지관할세무서장에게 신고기한 연장승인 신청을 하여야 하며, 납세지관할세무서장은 신청을 받은 날로부터 7일 이내에 그 승인여부를 결정하여 이를 외국법인에게 알려야 한다. 이 경우 신고기한의 연장승인을 얻은 외국법인은 신고기한의 다음 날부터 승인을 얻은 날까지의 일수(기한연장일수) 또는 연장승인기한 내에 고지 및 납부가 이루어진 날까지의 일수에 국세기본법에 따른 기본이자율을 적용하여 계산한 금액을 가산하여 납부하여야 한다.

48) 국내사업장으로 보지 아니하는 외국법인의 국내지점은 법인세의 납세의무는 없으나 원천징수의무와 지급명세서 제출의무가 있다.

(2) 신고시의 첨부서류

외국법인이 법인세의 과세표준을 신고하는 경우에는 내국법인에 대한 규정이 준용된다. 그러나 이익잉여금처분계산서는 제출대상에서 제외된다.

국내사업장의 과세소득을 계산할 때 일반관리비 등으로 본점 등에서 발생한 경비를 손금에 계상한 외국법인은 외국기업 본점 등의 공통경비배분계산서, 배분대상 공통경비명세와 입증자료, 본점 및 지역통할점의 수입금액명세 및 입증자료, 본점 및 지역통할점의 조직도·부서별 업무분장규정 등 본점의 공통경비 배분내역을 입증할 수 있는 자료를 추가로 첨부하여야 한다.

3) 가산세

내국법인에 대한 가산세 규정은 외국법인에게도 준용된다. 그리고 외국법인이 법인세법의 비과세소득 또는 다른 법률 및 조세조약에 따라 법인세가 면제되는 소득만 있는 경우에는 장부의 기록·보관 불성실가산세, 무신고가산세, 미납부가산세, 과소신고가산세는 적용하지 아니한다.[49]

---

49) 조세특례제한법에 따라 법인세가 감면되는 외국법인의 국내지점이 조세특례제한법에 따른 면제소득만이 있는 때에는 신고서를 제출하지 아니한 경우에도 장부의 기록·보관 불성실가산세를 적용하지 아니하며, 법인세가 면제되는 소득과 면제되지 아니하는 소득으로 구성되어 있는 경우에는 장부의 기록·보관 불성실가산세 및 주주등명세서 제출 불성실가산세를 적용한다.

V 토지등 양도소득에 대한 법인세

1. 개요

2001.12.31. 이전에는 부동산투기를 억제하고, 동일한 종류의 부동산 양도소득에 대한 개인과 법인의 조세부담의 불균형을 시정할 목적으로 법인의 부동산 양도차익에 대하여 양도차익에 일정률을 곱한 금액에 상당하는 특별부가세를 자산처분이익에 따른 각 사업연도의 법인세에 추가하여 납부하도록 하여 왔다. 그러나 특별부가세는 감면세액의 비중이 높아 세제로서의 실효성에 문제가 있어 2001.12.31 이를 폐지하였다.

그러나 부동산투기에 대비할 목적으로 지정지역에 있는 부동산, 주택 및 별장, 조합원입주권 및 분양권, 비사업용토지의 양도소득에 대한 산출세액을 법인세에 추가하여 납부하도록 하는 토지등 양도소득에 대한 과세특례 제도를 신설하였다.

2. 과세대상

1) 지정지역에 있는 부동산

지정지역에 있는 주택 및 주택부수토지, 비사업용토지, 그 밖에 부동산가격이 급등하거나 급등할 우려가 있어 부동산가격의 안정을 위하여 필요한 경우의 부동산을 2012.12.31까지 양도한 경우에는 토지 등 양도소득에 대한 법인세를 적용한다. 다만, 법인이 미등기된 주택 및 주택부수토지, 비사업용토지를 양도한 경우에는 지정지역에 있는지에 관계없이 토지등 양도소득에 대한 법인세를 적용한다.

2) 주택 및 별장

국내에 소재하는 주택 및 주택부수토지, 별장을 양도한 경우에는 토지등 양도소득에 대한 법인세를 적용한다. 이 경우 별장에는 주거용 건축물로서 상시 주거용으로 사용하지 아니하고 휴양·피서·위락 등의 용도로 사용하는 건축물을 포함하고, 지방자치법에 따른 읍 또는 면에 있는 농어촌주택 및 그 부수토지는 제외한다.

다음의 주택은 토지등 양도소득의 과세대상에서 제외된다.

① 법정요건을 갖춘 민간매입임대주택, 공공매입임대주택, 민간건설임대주택, 공공건설임대주택, 미분양주택

② 주주가 아닌 임원 및 직원에게 제공하는 사택 및 그 밖에 무상으로 제공하는 법인소유의 주택으로서 사택제공기간 또는 무상제공기간이 10년 이상인 주택

③ 저당권의 실행에 따라 취득하거나 채권변제를 대신하여 취득한 주택으로서 취득일로부터 3년이 경과하지 아니한 주택

④ 주택도시기금법에 따른 주택도시보증공사가 매입한 주택

3) 조합원입주권 및 분양권

주택을 취득하기 위한 권리로서 소득세법에 따른 조합원입주권 및 분양권을 양도한 경우에는 토지등 양도소득에 대한 법인세를 적용한다.

조합원입주권이란 도시 및 주거환경정비법에 따른 관리처분계획의 인가, 빈집 및 소규모주택 정비에 관한 특례법에 따른 사업시행계획인가로 인하여 취득한 입주자로 선정된 지위를 말한다. 이 경우 도시 및 주거환경정비법에 따른 재건축사업 또는 재개발사업, 빈집 및 소규모주택 정비에 관한 특례법에 따른 자율주택정비사업 · 가로주택정비사업 · 소규모재건축사업 · 소규모재개발사업을 시행하는 정비사업조합의 조합원으로서 취득한 것(그 조합원으로부터 취득한 것을 포함함)으로 한정하며, 이에 딸린 토지를 포함한다.

분양권이란 주택법 등 법률에 따른 주택에 대한 공급계약을 통하여 주택을 공급받는 자로 선정된 지위(해당 지위를 매매 또는 증여 등의 방법으로 취득한 것을 포함함)를 말한다.

4) 비사업용토지

(1) 기간기준

다음의 3가지 기간요건 중 어느 하나를 충족하는 경우에는 사업용토지로 보고, 사업용토지 외의 토지는 비사업용토지이다.

① 양도일 직전 3년 중 2년 이상을 직접 사업에 사용

② 양도일 직전 5년 중 3년 이상을 직접 사업에 사용

③ 보유기간 중 60% 이상을 직접 사업에 사용

(2) 용도기준

비사업용토지란 토지를 소유하는 기간 중 토지의 본래의 용도에 사용하지 아니하는 다음의 토지를 말한다. 다만, 토지의 소유자, 소재지, 이용상황, 보유기간, 면적 등을 고려하여 법인의 업무와 직접 관련이 있다고 인정할 만한 상당한 이유가 있는 토지는 제외한다.

구 분	용도기준에 따른 비사업용토지
농지 (논, 밭, 과수원)	· 농업을 주된 사업[50]으로 하지 아니하는 법인이 소유하는 농지 · 도시지역[51]에 있는 농지
임 야	· 공익상 필요하거나 산림의 보호육성에 필요한 임야는 제외 · 임업을 주된 사업[52]으로 하는 법인 또는 산림자원의 조성 및 관리에 관한 법률에 따른 독림가인 법인이 소유하는 임야는 제외
목장용지	· 축산업을 주된 사업으로 하는 법인이 소유하는 목장용지로서 축산용 토지의 기준면적을 초과하거나 도시지역에 있는 목장용지 · 축산업을 주업으로 하지 아니하는 법인이 소유하는 목장용지
비사업용 나대지	· 지방세법 등에 따라 재산세가 비과세되거나 면제되는 토지는 제외 · 지방세법에 따른 재산세 별도합산과세대상 또는 분리과세대상이 되는 토지는 제외
주택부속토지	· 지방세법에 따른 주택부속토지 중 주택이 정착된 면적에 지역별로 주택면적의 5배(도시지역 밖은 10배) 배율을 곱하여 산정한 면적을 초과하는 토지
별장부속토지	· 주거용 건축물로서 상시주거용으로 사용하지 아니하고 휴양 · 피서 · 위락 등의 용도로 사용하는 건축물(별장)의 부속토지[53]

50) 주업은 2 이상의 서로 다른 사업을 영위하는 경우에는 주업은 사업별 사업수입금액이 큰 사업으로 한다. 다만, 해당 법인이 농업에 직접 사용한 농지에서 생산한 농산물을 당해 법인이 제조 · 생산하는 제품의 원료로 사용하고 그 농업과 제조업 등을 구분하여 경리하는 경우에는 농업을 주업으로 하는 것으로 판정 하며, 이 경우 해당 법인이 생산한 농산물 중 당해 법인이 제조하는 제품의 원재료로 사용하는 것의 사용비율이 50% 미만인 경우에는 당해 농지의 면적 중 그 사용비율에 상당하는 면적의 2배 이내의 농지에 한하여 농업을 주업으로 하는 것으로 본다.

51) 도시지역이란 특별시, 광역시(광역시에 있는 군지역을 제외함), 특별자치시, 특별자치도, 시지역(지방자치법에 따른 도 · 농 복합형태의 시의 읍 · 면 지역을 제외함) 중 국토의 계획 및 이용에 관한 법률에 따른 도시지역을 말한다. 다만, 특별시, 광역시, 시지역의 도시지역에 편입된 날부터 3년 이내에 양도하는 경우에는 제외한다.

52) 주업은 2 이상의 서로 다른 사업을 경영하는 경우에는 사업연도 종료일 현재 해당 법인의 총자산가액 중 해당 사업에 공여되는 자산의 가액이 큰 사업으로 판정한다.

53) 다만, 지방자치법에 따른 읍 · 면에 있으면서 건물의 연면적이 150㎡이내이고, 그 건물의 부속토지의 면적이 660㎡ 이내이고, 건물과 그 부속토지의 가액이 2억원 이하인 농어촌주택의 부속토지는 제외한다. 또한 별장에 부속된 토지의 경계가 명확하지 아니한 경우에는 그 건축물 바닥면적의 10배에 해당하는 토지를 별장의 부속토지로 한다.

3. 토지등 양도소득 및 세액의 계산

1) 토지등 양도소득 계산

토지등 양도소득은 양도금액에서 양도당시의 장부가액을 차감한 금액으로 한다. 다만, 비영리 내국법인이 1990.12.31 이전에 취득한 토지등 양도소득은 양도금액에서 장부가액과 1991.1.1 현재 상속세 및 증여세법에 따라 평가한 가액 중 큰 가액을 뺀 금액으로 할 수 있다.

토지등 양도소득 = 토지 등의 양도금액 − 양도당시의 장부가액

법인이 각 사업연도에 과세대상이 되는 2 이상의 토지 등을 양도하는 때에는 양도한 자산별로 계산한 양도소득금액을 합산한 금액을 토지등 양도소득금액으로 한다. 이 경우 양도한 자산 중 양도 당시의 장부가액이 양도금액을 초과하여 양도손실이 있는 경우에는 그 양도손실을 양도손실이 발생한 자산과 같은 세율을 적용받는 자산의 양도소득 → 양도손실이 발생한 자산과 다른 세율을 적용받는 자산의 양도소득에서 차례로 차감하여 토지등 양도소득을 계산한다.

2) 세액의 계산

토지등 양도소득에 대한 법인세는 토지등 양도소득에 다음의 세율을 곱하여 산출한 세액을 일반 법인세액에 추가하여 납부하여야 한다. 이 경우 하나의 자산이 2 이상의 세율이 적용될 때에는 그 중 높은 세액을 적용한다.

과세대상 자산	세율
· 2012.12.31.까지 양도한 지정지역에 있는 부동산으로서 주택 등, 비사업용토지	10%
· 주택 및 상시 주거용으로 사용하지 아니하는 별장[54]	20%(미등기: 40%)
· 조합원입주권, 분양권	20%
· 비사업용토지	10%(미등기: 40%)

54) 지방자치법에 따른 읍 · 면에 있으면서 세법에 따른 농어촌주택 및 그 부수토지는 제외한다.

3) 토지등 양도소득의 귀속사업연도

토지등 양도소득의 귀속사업연도, 양도시기, 취득시기는 원칙적으로 그 대금을 청산한 날이 속하는 사업연도로 한다. 다만, 대금을 청산하기 전에 소유권 등의 이전등기 · 등록을 하는 경우, 자산을 인도하는 경우, 상대방이 자산을 사용수익하는 경우에는 그 이전등기 · 등록일, 인도일, 사용수익일 중 빠른 날이 속하는 사업연도로 한다.

토지등 양도소득에 있어서는 장기할부조건의 경우에 회사가 회수기준에 따라 회계처리하였더라도 이를 인정하지 않고 대금청산기준을 적용한다.

4. 비과세

다음에 해당하는 토지등 양도소득에 대해서는 토지등 양도소득에 대한 법인세를 과세하지 않는다. 다만, 등기하지 아니한 토지 등에 대해서는 과세한다.

① 파산선고에 따른 토지 등의 처분으로 인하여 발생하는 소득

② 법인이 직접 경작하던 농지의 교환, 분할, 통합으로 인하여 발생하는 소득

③ 도시 및 주거환경정비법 등의 법률에 따른 환지처분 등의 사유로 발생하는 소득

연습문제

1. 법인세법의 각 연결사업연도의 소득에 대한 법인세에 관한 설명이다. 옳지 않은 것은? (2015. CPA수정)

① 둘 이상의 연결법인에서 발생한 결손금은 연결법인간 균등배분하여 결손금 공제를 할 수 있다.

② 연결모법인은 각 연결사업연도의 종료일이 속하는 달의 말일부터 4개월 이내에 해당 연결사업연도의 소득에 대한 법인세의 과세표준과 세액을 납세지관할세무서장에게 신고하여야 한다.

③ 각 연결사업연도의 기간이 6개월을 초과하는 연결모법인은 해당사업연도 개시일부터 6개월간을 중간예납기간으로 하여 연결중간예납세액을 중간예납기간이 지난 날부터 2개월 이내에 납세지관할세무서에 납부하여야 한다.

④ 연결납세방식의 적용을 포기한 연결법인은 연결납세방식이 적용되지 않는 최초 사업연도와 그 다음 사업연도의 개시일부터 4년 이내에 끝나는 사업연도까지는 연결납세방식의 적용당시와 동일한 법인을 연결모법인으로 하여 연결납세방식을 적용받을 수 없다.

⑤ 연결모법인이 연결자법인으로부터 지급받은 연결법인세액 할당 상당액은 익금에 산입하지 않고, 연결자법인이 지급한 연결법인세액 할당 상당액은 연결자법인의 손금으로 산입하지 아니한다.

【정답】 ①

√2 이상의 연결법인에서 발생한 결손금이 있는 경우에는 해당 연결법인에서 발생한 결손금부터 연결소득 개별귀속액을 한도로 공제하고, 해당 연결법인에서 발생하지 아니한 2 이상의 다른 연결법인의 결손금은 해당 결손금의 크기에 비례하여 각각 공제된 것으로 본다.

2. 법인세법상 연결납세제도에 관한 설명으로 옳지 않은 것을 모두 고른 것은? (CTA. 2019)

ㄱ. 내국법인인 완전모법인과 그 다른 내국법인인 완전자법인은 완전모법인의 납세지 관할지방국세청장의 승인을 받아 연결납세방식을 적용할 수 있다.

ㄴ. 연결납세방식을 적용받으려는 내국법인과 해당 내국법인의 완전자법인은 최초의 사업연도 개시일부터 20일 이내에 연결납세방식 적용신청서를 해당 내국법인의 납세지관할세무서장을 경유하여 관할지방국세청장에게 제출하여야 한다.

ㄷ. 같은 사업연도에 2 이상의 연결법인에서 발생한 결손금이 있는 경우에는 연결법인 간 균등하게 배분하여 결손금 공제를 할 수 있다.

ㄹ. 연결납세방식의 적용 승인이 취소된 연결법인은 취소된 날이 속하는 사업연도와 그 다음 사업연도의 개시일부터 4년 이내에 끝나는 사업연도까지는 연결납세방식의 적용 당시와 동일한 법인을 연결모법인으로 하여 연결납세방식을 적용받을 수 없다.

ㅁ. 각 연결사업연도의 기간이 6개월을 초과하는 연결모법인은 해당 연결사업연도 개시일부터 6개월간을 중간예납기간으로 하여 연결중간예납세액을 중간예납기간이 지난 날부터 2개월 이내에 납세지관할세무서등에 납부하여야 한다.

① ㄱ, ㄴ ② ㄴ, ㄷ ③ ㄹ, ㅁ ④ ㄴ, ㄷ, ㄹ ⑤ ㄷ, ㄹ, ㅁ

【정답】 ②

√ㄴ: 최초의 사업연도 개시일부터 20일 이내에 → 최초의 사업연도 개시일 전날까지
ㄷ: 균등하게 배분하여 → 결손금의 크기에 비례하여 각각

3. 법인세법의 연결납세제도에 관한 설명으로 옳지 않은 것은? (2011. CPA)

① 연결납세방식을 적용하는 경우 완전자법인이 둘 이상일 때에는 해당 법인 모두 연결납세방식을 적용하여야 한다.

② 추계조사결정 사유로 장부나 그 밖의 증명서류에 따라 연결법인의 소득금액을 계산할 수 없는 경우 국세청장은 연결납세방식의 적용승인을 취소할 수 있다.

③ 연결납세방식을 최초로 적용받은 연결사업연도와 그 다음 연결사업연도의 개시일부터 5년 이내에 끝나는 연결사업연도까지는 연결납세방식의 적용을 포기할 수 없다.

④ 법인의 설립등기일로부터 연결모법인이 완전지배하는 내국법인은 설립등기일이 속하는 사업연도부터 연결납세방식을 적용하여야 한다.

⑤ 연결모법인은 각 연결사업연도의 종료일이 속하는 달의 말일부터 4개월 이내에 연결사업연도의 소득에 대한 법인세 과세표준 및 세액신고서를 납세지관할세무서장에게 신고하여야 한다.

【정답】 ③

√5년 이내 → 4년 이내

4. 외국법인의 법인세 납세의무에 대한 설명으로 옳지 않은 것은? (2011. CPA)

① 외국법인은 청산소득에 대한 법인세 납세의무를 부담하지 않는다.

② 외국법인이 국내에 사업의 전부 또는 일부를 수행하는 고정된 장소를 가지고 있지 아니한 경우에도 국내에 그 외국법인을 위하여 계약을 체결할 권한을 가지고 그 권한을 반복적으로 행사하는 자를 두고 사업을 경영하는 경우에는 그 자의 사업장 소재지에 국내사업장을 둔 것으로 본다.

③ 국내사업장을 가진 외국법인의 경우에는 외국법인의 국내원천소득의 구분에 따른 각 국내원천소득의 금액을 그 법인의 각사업연도의 소득에 대한 법인세의 과세표준으로 한다.

④ 외국법인의 국내사업장에는 지점, 사무소, 영업소를 포함하는 것으로 한다.

⑤ 각 사업연도의 소득에 대한 법인세의 과세표준을 신고하여야 할 외국법인으로서 본점 등의 결산이 확정되지 아니하여 그 신고기한까지 신고서를 제출할 수 없는 경우에는 납세지 관할세무서장 또는 관할지방국세청장의 승인을 받아 그 신고기한을 연장할 수 있다.

【정답】 ③

√국내사업장을 가진 외국법인은 국내원천소득의 총합계액에서 이월결손금, 비과세소득, 외국항행소득을 공제한 금액을 과세표준으로 한다.

5. 다음 자료를 이용하여 제17기 사업연도(2022.1.1~2022.12.31) 말에 해산을 결의하고 청산절차에 착수한 영리내국법인 (주)A의 법인세법상 청산소득금액을 계산하면 얼마인가? (단, 주어진 자료 이외에 다른 사항은 고려하지 않음) (CTA. 2016)

(1) 해산등기일 현재 재무상태표상 자본의 내역

자본금	80,000,000원
자본잉여금	30,000,000원
이익잉여금	10,000,000원

(2) 해산등기일 현재 법령으로 정하는 이월결손금은 50,000,000원이며, 이 금액 중 자기자본의 총액에서 이미 상계되었거나 상계된 것으로 보는 금액은 없다.

(3) 해산에 의한 잔여재산의 가액은 1억원으로 확정되었다.

(4) 해산등기일 전 2년 이내에 자본금에 전입한 잉여금은 없다.

① 10,000,000원 ② 20,000,000원 ③ 30,000,000원
④ 40,000,000원 ⑤ 50,000,000원

【정답】 ②

√잔여재산가액: 100,000,000원

√자기자본: 80,000,000 + 0 = 80,000,000원

- 이월결손금 50,000,000원은 잉여금 40,000,000원의 범위내에서 차감한다.

√청산소득금액: 100,000,000 − 80,000,000 = 20,000,000원

저자 소개

■ 박준석

국립세무대학 내국세학과 졸업
고려대학교 경영대학원 졸업(경영학 석사)
고려대학교 대학원 졸업(경영학 박사)

(전) 동국대학교 경영학부 강사
성신여자대학교 경영학부 강사
숭실대학교 경영대학원 강사
한국세무학회 이사
한국회계학회 이사

(현) 서울지방국세청 행정사무관
중앙대학교 지식경영학부 겸임교수
고려대학교 경영대학원 강사
세무사

세법개론 Ⅱ (국세기본법, 법인세)

2022년 2월 20일 초판 인쇄
2022년 2월 25일 초판 발행

저 자 박준석
발행인 추일재
발행처 비즈프레스

저자와의 협의하에 인지생략

서울시 강동구 천호 359-23
E-mail : bizpress@hanmail.net
등록 : 2006년 11월 27일 제324-2006-0044호
전화 : 010-3300-8981

정가 35,000원

ISBN 979-11-86331-74-3 (93320)